Zur
Geschichte der Steuer-Reform
in Preußen
von 1810 bis 1820.

Archiv-Studien

von

Dr. Carl Dieterici,
Königl. Preußischem Regierungs-Rath.

Berlin.
Druck und Verlag von Georg Reimer.
1875.

Vorwort.

Habent sua fata — leges. Diese Schicksale kennen zu lernen, ist, wenn es sich um die großen Finanzgesetze aus den ersten Decennien unseres Jahrhunderts handelt, nicht blos von historischem Interesse, sondern für Jeden, der an der Lösung einer der brennendsten Fragen, die gegenwärtig in Preußen auf der Tagesordnung stehen — der Reform der inneren Besteuerung — Theil nehmen soll, ein unmittelbar practisches Bedürfniß.

Zwar haben die reformatorischen Gesetze der Jahre 1810 bis 1820, — anerkannt wegen der Klarheit und Präcision ihrer Fassung, — für das leichtere Verständniß den Vorzug vor neueren Gesetzen, daß sie entweder in einem eigens hierzu bestimmten Gesetz, oder aber im Ein= und Ausgange der einzelnen Gesetze, programmmäßig die Hauptgrundsätze angeben, nach welchen sie erlassen sind. Das Edict vom 27. October 1810 über die Finanzen des Staats und die neuen Einrichtungen wegen der Abgaben ist ein solches Programmgesetz ersten Ranges. —

Auch die allgemeinen großen Gedanken, — der Zusammenhang der Finanzgesetze mit den Reformen auf den andern Gebieten sind leicht erkennbar. Der Freistellung des Individuums entspricht die allgemeine Personensteuer, der Freigabe der Gewerbe seitens des Staats, die Gewerbesteuer, der Aufhebung der an dem Grund und Boden haftenden Eigenthumsbeschränkungen, die Grundsteuer; die auf dem Gebiete der inneren Verwaltung sich Bahn brechenden Prinzipien des self governments finden bei der Steuerverfassung durch die Einschätzung unter Mitwirkung der Steuerpflichtigen und Klassenbildung ihre Verwirklichung. —

Man sieht indeß immer nur die Resultate; welche Arbeit vollbracht worden ist, um zu diesen zu gelangen, welche Kämpfe der Meinungen und Interessen stattgefunden haben und welches die Auffassungen Derjenigen waren, die hierbei die Sieger geblieben sind, mit einem Worte die Entstehungsgeschichte der Gesetze hat bisher für weitere Kreise eine Darstellung noch nicht erfahren. —

Ein reiches, ja überreiches Material für diese Darstellung liegt vor Allem in den, dem Geheimen Staatsarchiv einverleibten Acten des Staatskanzleramts, da vermöge der eigenthümlichen Stellung, welche der Staatskanzler einnahm, in ihnen alle die Wege zusammenlaufen, die die höchst complicirten Verhandlungen genommen haben.

Das Gebiet der äußeren Besteuerung hat in den Werken „Ueber den Volkswohlstand in Preußen" und „Ueber den Verkehr und Verbrauch im deutschen Zollverein" vom Professor C. F. W. Dieterici (meinem verstorbenen Vater) ihre eingehende und wohl anerkannte Beleuchtung erfahren. Für die vorliegende Arbeit war vornehmlich bestimmend, nachzuweisen, welchen Gang die von der Steuerkommission des Staatsraths zuerst so bezeichnete innere Besteuerung genommen hat.

Bezüglich der Form der Darstellung konnte es zweifelhaft sein, ob es sich mehr empfehle, unter freier Benutzung des Materials selbstständig zu referiren, oder, wenn auch, selbstverständlich mit kritischer Sichtung lediglich die Quellen selbst mitzutheilen, beziehungsweise aneinander zu reihen. Ein Vorbild für die letztere Darstellungsweise lag in dem Werke „das Leben Steins" vor und mit Recht hebt der Verfasser hervor, daß die ursprüngliche Ausprägung von Gedanken durch Brief und Schrift, wie im Alterthum durch die Rede unmittelbar zu der Seele spricht, und die Einsicht der Unterrichteten beflügelt. Schwieriger wie eine Biographie ist es indeß, in dieser Weise einen Stoff, wie den vorliegenden zu gestalten.

Wenn dennoch dieser Darstellungsweise der Vorzug gegeben worden ist, so lag der Grund dafür einmal in dem gegebenen Material insofern es sich fügte, daß große entscheidende Documente als Angelpunkte der gesammten Entwickelung, wie beispielsweise die Motive zum fernerweiten Edikt über die Finanzen des Staats vom 7. September 1811 in Gestalt einer Kabinetsordre an Hardenberg vom 6. September 1811, oder wie der Immediatbericht der Steuerkommission des Staatsraths vom 20. Juni 1817 — eine Menge von monatelang gepflogenen Verhandlungen der Landesrepräsentanten resp. des Staatsraths in verhältnißmäßig recht gedrängter Form zusammenfaßten, dann aber auch in dem Bestreben, große Geister, wie W. v. Humboldt, Schön, Hardenberg, Hoffmann rc. selbst in ihrer Anschauungsweise zu weiteren Kreisen sprechen zu lassen. Hier verliert die Sache selbst von ihrem Reiz, wenn man die Form ändert. Männer wie W. v. Humboldt, den August Boeckh „den Staatsmann von Plerikleischer Hoheit des Sinnes" nennt, sind Meister des Stils und es kann nur belebend wirken, wenn auch bei einem Vorwurf wie der vorliegende der von Pertz und anderwärts auch von Carlyle in seiner Geschichte Friedrich's des Großen eingeschlagene Weg ebenfalls versucht wird.

Eine Tendenz liegt der vorliegenden Arbeit nicht zum Grunde, es sei denn die, erkennen zu lassen, daß in den Verhandlungen und Erörterungen, denen wir die Reform unseres inneren Steuersystems verdanken, ein reicher Schatz liegt, dessen Benutzung für die Lösung der Probleme, welche unsere Zeit auf diesem Gebiete hat, nicht minder werthvoll sein dürfte, wie bloße theoretische Erörterungen.

Berlin, Weihnachten 1874.

Der Verfasser.

Inhaltsübersicht.

Seite

Mitgetheilte Urkunden und Schriftstücke.

Im ersten Theil.

Im zweiten Theil.

Vorzüglich durchforschte Acten.

Departement für die Einkünfte des Staats, directe und indirecte Abgaben aller Art.

Acta generalia wegen Einführung der neuen Consumtionssteuern 2c. enthalten die Originaledicte v. 27. u. 28. October 1810 Vol. I.

Acta generalia wegen Einführung der neuen Consumtionssteuern, namentlich des Blasenzinses und der Personal- und Kopfsteuer vom Februar 1811 bis ultimo Juni 1813 . . . . . . Vol. II.

Acta generalia über die nach örtlichen Verhältnissen zu treffenden Modificationen der verschiedenen Steuergesetze und die deshalb angeordnete Konferenz mit den Deputirten der einzelnen Stände.

Acta der Geheimen Registratur des Staatskanzlers, betreffend das Abgabensystem überhaupt und die deshalb mit den Ständen gepflogenen Verhandlungen dazu Vol. I. Vol. II. Vol. III.–1811. und Acta betreffend Vorschläge zur Einführung einer Kopfsteuer nach Klassen. 1810.

Acta betreffend die Ausschreibung einer Vermögens- und Einkommensteuer Vol. I. Mai bis ultimo Juli 1812, — Vol. II. August bis ultimo December 1812, — Vol. III. 1813. — Dazu ein Anhang: Lose Piecen. Gutachten von Staatsrathsmitgliedern über die Vermögens- und Einkommensteuer von 1812.

Acta der Geheimen Registratur des Staatskanzlers, betreffend das Abgabensystem überhaupt, besonders in den rheinischen Provinzen; ingleichem die Aufhebung der Binnenzölle 1816 bis Decenber 1817 . . . . Vol. Iᵃ.

Acta der Geheimen Registratur des Staatskanzlers, betreffend das neue Abgabensystem überhaupt vom März bis Juli 1817 . . . . Vol. I^b.

Acta der Geheimen Registratur des Staatskanzlers, betreffend die Einführung eines neuen Abgabensystems vom Januar 1818 bis ultimo December 1818 . . . . Vol. II.

„**Beilagen (lose)** zu den Acten im Büreau des Staatskanzlers, betreffend das neue Steuersystem ad Vol. I^a. enthaltend Ladenberg's und Hoffmann's Vorschläge zu einer Klassensteuer und besonderen Gewerbesteuer."

Acta der Geheimen Registratur des Staatskanzlers, betreffend die Einführung eines neuen Abgabensystems von 1819. . . . . Vol. III^a.

Acta der Geheimen Registratur des Staatskanzlers, betreffend die Einführung eines neuen Abgabensystems vom Januar bis Februar 1820 . . . . Vol. III^b.

Acta der Geheimen Registratur des Staatskanzlers, betreffend die Einführung eines neuen Abgabensystems vom März bis December 1820 . . . . Vol. IV.

Acta der Geheimen Registratur des Staatskanzlers rc. bis Juli 1821 . . . . Vol. V.

Bisher streng secretirt und völlig unzugänglich Hardenberg's Manualacten, nämlich:

a. Acta der Geheimen Registratur des Staatskanzlers, betreffend die Einführung eines neuen Steuersystems von 1817—1820. Dies Actenstück und noch zwei kleinere nach Hardenberg's Tode von Tschoppe 1822 zusammengestellt, ist im Repertorium des Geh. Staatsarchivs mit „Hardenberg's Nachlaß, Staatshaushalt, Steuersystem" bezeichnet. Dasselbe enthält Ladenberg's Abhandlung „über die altpreußische Accise und Zollverfassung rc. cf. s. pl. „Einleitung," außerdem zerstreut und wenig geordnet sehr wichtige Staatsrathsprotocolle, Kabinetsordres, Briefe rc. rc."

Die lose anliegenden zwei Beilagen enthalten fragmentarisch, von Scharnweber geschrieben, zwei unvollendete Abhandlungen Hardenberg's „Darstellungen seiner politischen und finanziellen reformatorischen Gesetzgebung." Letztere beiden bezeichnen die Archivare als seinen Nachlaß.

b. Ein Heft mit „Ausschuß" überschrieben: enthält die wichtigsten Verhandlungen resp. Correspondenzen des Ausschusses aus der zur Prüfung des Entwurfs zum neuen Steuersystem (14 Januar 1817) angeordneten Staatsrathskommission, unter anderm: Korrespondenz des Kronprinzen mit Hardenberg, Wilhelm v. Humboldt's mit Hardenberg, Graf Bülow's mit Hardenberg. Die Schreiben Hardenberg's an Rother über den Staatshaushaltsetat. — Hardenberg's Bericht an den König vom 13. Januar 1820 wegen **Octroirung** der auf den Staatshaushalt und die Steuerreform bezüglichen Verordnungen cf. s. pl. Urkunde 16 auch Urkunde 17 und Urkunde 18 (kurz: die eigentliche Intrigue).

Staatsrathsacten.

Acta der Kommission: Kommissionsverhandlungen und Aufsätze, welche sich auf die Prüfung des von dem Finanzministerio vorgelegten Entwurfs zu einem Gesetz über die Steuerverfassung des Königreichs beziehen mit Ausnahme der besonders gesammelten Protocolle über die Verhandlungen der durch die Kabinetsordre vom 30. März 1817 angeordneten Kommission des Staatsraths und deren Beilagen 1817—1820.

Acta der von Sr. Majestät mittelst Kabinetsordre vom 12. Februar 1820 zur Prüfung der darin bezeichneten neuen Gesetzentwürfe verordneten Kommission des Königlichen Staatsraths über ihre deshalb gepflogenen Berathungen unter Vorsitz des Staatsministers v. Schuckmann Acta commiss. I. und II. 1820.

Erster Theil.

I.

Einleitung.

Wie durch das Edict über die Finanzen des Staats und die neuen Einrichtungen wegen der Abgaben vom 27. October 1810 die großartigen, reformatorischen Gedanken beschlossen sind, denen der Staat seine Wiedergeburt aus tiefer Schmach und Erniedrigung dankt, so hat das Edict über die neuen Consumtions- und Luxus-Steuern und das Edict über die Einführung einer allgemeinen Gewerbesteuer vom 28. October 1810 die Grundlagen für die fernere Entwickelung der preußischen Steuer-Gesetzgebung gelegt.

Sowohl die Bedeutung des allgemeinen Abgaben-Gesetzes, als auch die Wichtigkeit des Consumtions-Steuer- und des Gewerbesteuer-Edicts für die Umgestaltung der Zustände, wie sie sich seit dem Tode Friedrichs des Großen, jede freie Entwickelung in Handel und Wandel lähmend, gestaltet hatten, ist schon wiederholt nicht nur von Staats- und Finanzmännern, sondern auch von den Geschichtsschreibern dargestellt worden.

War daher, auch für das Quellenstudium, der Anschluß an Werke wie Steins Leben in historischer und politischer Hinsicht und an den Volkswohlstand im Preußischen Staate in volkswirthschaftlicher, naheliegend und erforderlich, so war doch andererseits ein Eingehen auf die recht eigentlich steuerlichen Interessen, selbst der Vergangenheit vor 1806, sachlich um deshalb geboten, weil das Verständniß für die an das Consumtions-Steuer-Edict sich anschließenden Kämpfe ohne einen solchen Rückblick nicht gut möglich ist. —

Das Geheime-Staats-Archiv besitzt in den Acten des Staats-Kanzlers Fürsten v. Hardenberg „Acta der geheimen Registratur des Staats-Kanzlers betreffend die Einführung eines neuen Steuer-Systems“ (Hardenberg's Manual-Acten)*) eine umfangreiche Abhandlung Ladenberg's „über die altpreußische Accise und Zollverfassung bis zum Jahre 1810, über das in jenem Jahre gesetzlich ausgesprochene Abgabe-System und über die indirecten Abgaben in den seit dem Jahre 1813 wieder eroberten und neu erworbenen Provinzen“, welche in ihrem einleitenden Theil ein anschauliches Bild über die von Friedrich dem Großen ererbte Steuer- und Accise-Verfassung giebt und die ihrem wesentlichen Inhalte nach an die Spitze dieser Arbeit gestellt worden ist, weil Ladenberg bekanntlich Mitglied der Kommission zur Ausarbeitung der Steuer- und Abgaben-Gesetze der Jahre 1810 war und eine lange Reihe von Jahren gerade diesem Zweige der Verwaltung vorstand, die Abhandlung selbst aber neben darin bekundeter großer allgemeiner Auffassung das volle Gepräge des speciell in dem Berufe der Steuer-Verwaltung, man kann sagen, technisch gebildeten Staatsmannes trägt.

„Die Hauptprincipien der indirecten Steuer-Verwaltung beruhten bis zum Jahre 1810:

In Bezug auf die Accise-Verfassung

in dem Unterschiede zwischen städtischen und ländlichen Gewerben. — Auf dem platten Lande durften in der Regel nur fünf städtische Gewerbe, nämlich die der Schmiede, Rad-Stellmacher, Zimmermeister, Maurer und Leineweber betrieben werden. — Die Brauerei und Brennerei zum debit war in den Provinzen zwischen der Oder und Weser größtentheils auf diejenigen Aemter und Rittergüter beschränkt, welche vor dem Jahre 1714 mit der Braugerechtigkeit beliehen gewesen, oder sich vom Jahre 1663 bis 1713 in einem ununterbrochenen Besitz befunden hatten. Auch in andern Provinzen war die Ausübung der Brauerei und Brennerei zum feilen Verlage auf dem platten Lande mehr oder minder beschränkt. — Bei der strengen Absonderung der ländlichen von der städtischen Beschäftigung und Beschränkung der ersteren auf die Betreibung des landwirth-

---

*) Dies Actenstück, sowie noch 2 kleinere nach Hardenberg's Tode von Tschoppe 1822 zusammengestellt, ist im Repertorium des Archivs mit „Hardenberg's Nachlaß, Staatshaushalt, Steuer-System bezeichnet.

schaftlichen Gewerbes in engerem Wortverstande war es natürlich, daß ein bedeutender Theil der Staats-Einkünfte bequem aus den Städten gewonnen werden konnte und auch mußte. — Dazu bot die Accise die beste und einzige Gelegenheit dar. — Nur in Städten, wo auf einer kleinen Fläche eine bedeutende Menschenzahl consumirt und fabricirt, wo viele Bedürfnisse von Wenigen fabricirt und durch sie die Steuer nur vorgeschossen, von dem Käufer aber in sehr kleinen, mit den Verkaufspreisen schon verbundenen Summen wieder eingezogen wird, in Städten, aus welchen der Landmann zum großen Theil seine Getränke, die ausländischen Verzehrungs-Objecte und fast sämmtliche Gegenstände des Verbrauchs beziehen und so unmittelbar zu der städtischen Accise bedeutend beisteuern mußte, war diese Abgabe mit Erfolg durchzuführen. — Denn das schon mit Abgaben belastete platte Land konnte im siebzehnten Jahrhundert nicht mehr zu erhöhten Abgaben vermogt werden.

Die schon 1472 eingeführten Ziesen, die 1572 angeordnete Mahlziese von jedem Scheffel Getreide zu Brod und jedem Scheffel Gerste zu Schrot, welche mit einem Groschen „zu Rathhause" gebracht werden mußten, und die 1624 auf vier Groschen für den Scheffel Weizen erhöht wurden; die während des dreißigjährigen Krieges gesteigerten und neuen Abgaben als 6 Ggr. vom Eimer Wein, 1 Pf. vom Pfd. Fleisch, 3 Ggr. von einem jeden außer Landes gehenden Stück Tuch, sowie die städtische Brennholz-Accise mit 5 Ggr. für den Haufen Fichtenholz, endlich die 1636 bewilligte Kriegsmetze, reichten schon damals nicht hin, die öffentlichen Ausgaben zu bestreiten.

Nach dem Regierungs-Antritt Friedrich Wilhelm des großen Kurfürsten, wurde daher nach vorhergegangener Versammlung der Landstände und mit deren Bewilligung am 30. Juli 1641 die erste Accise und Steuer-Einrichtung publicirt. — Am 27. Mai 1680 ward eine neue Accise-Ordnung, am 2. Januar 1684 eine revidirte General-Steuer- und Consumtions-Ordnung und Tarif (Steuer- und Consumtions-Tabelle genannt) für die Kurmark bekannt gemacht. In derselben heißt es wörtlich:

„Hiegegen wollen Wir alle und jede Unser getreuen Unterthanen und Einwohner in den Städten hiemit in Gnaden versichert haben, daß aus denen Geldmitteln, welche aus dem in dieser Constitution enthaltenen Impost erfolgen werden, zuvörderst das monatliche Contingent und nach Innhalt Unsrer zugleich publicirten neuen

Ordonnance Unsrer Miliz vom höchsten bis zum niedrigsten und zweiten Offizier die Quartier, denen Gemeinen aber die Servis und Rauchfutter-Gelder und was sonsten zu dergleichen Behuf erfordert werden möchte, bezahlt und abgeführt und dieselben außerdem mit keinerlei Neben-Collecte gravirt und belegt werden soll."

Auch die Großhandluugs-Accise, die Handlungs-Accise von Vieh und Holz, die Vieh-, die Aussaat-, Wiesen- und Gartensteuer kommen neben den Verzehrungssteuern schon damals zur Erhebung.

1701 erfolgte eine Erhöhung der Accise-Abgabe. —

1704 wurde der Versuch zur Verpachtung der Accise gemacht, der glücklicher Weise scheiterte.

Das Patent vom 20. September 1704 verordnete, daß diejenigen, welche Thee, Chocolade und Kaffee trinken wollten, bei der Accise einen Permissionsschein für 2 Rthlr. lösen sollten, ferner wurde eine Steuer von 8 Rthlr. jährlich für diejenigen, so in Karossen oder Celtischen Wagen fahren wollten, angeordnet. Wer nicht von Adel, oder Königlicher Rath war, mußte das Doppelte geben.

Fortdauernd ergingen unter Friedrich I. Bestimmungen wegen erhöhter Abgaben.

Sein Nachfolger machte durch Patent vom 12. Februar 1715 bekannt, daß die verbreiteten Gerüchte von Erhöhung der Accise-Abgaben falsch seien. Dagegen erhöhte man die Abgaben von fremden Fabrikaten.

Ein Edict vom 24. Juni 1734 ordnete an, daß die sonst verbotenen Waaren, Kattun, leinene Waaren, Tücher und wollene Waaren rc. auch nicht auf dem platten Lande eingeführt werden sollten. Die erhöhten Abgaben von den fremden erlaubten Waaren wurden unter anderen für ein Paar seidene Strümpfe auf 12 Ggr., für einen Kastorhut auf 2 Rthlr., für eine Elle Molton auf 8 Ggr. bestimmt und erklärt, daß es dem König zum Gefallen gereiche, wenn die Beamten sich dieser Dinge enthielten und inländische Fabrikate brauchten.

Ferner publicirte man für einzelne Objecte neue Tarife, als am 5. Februar 1720 für Berlin, 7. December 1720 für die kurmärkischen Städte wegen Besteurung der Victualien, Apotheker-Materialisten- und Kaufmanns-Waaren. —

Friedrich der Große änderte in der Abgaben-Verfassung der alten Provinzen bis 1766 nichts. Für Schlesien ward 1756 ein

Accise-Reglements-Tarif ausgearbeitet. — Die damaligen Kriegs- und Domainen-Kammern verwalteten die indirecten Abgaben unter der oberen Leitung der Provinzial-Minister. Dadurch entstanden natürlich Abweichungen in Form und Materie. Der Ertrag war unverhältnißmäßig gering. In dem Etatsjahr 1764—65 beliefen sich sämmtliche Accise wie Zoll, Licent und Transit-Einnahmen in den Provinzen diesseits und jenseits der Weser nur auf 3,926,538 Rthlr. Brutto und nach Abzug der Administrations-Kosten auf 3,437,820 Rthlr. Dazu kam die laue Administration durch die Kammern. Ein jeder Departements-Rath behandelte die Accise und Zollsachen nur nach dem Umfange seines Arrondissements. —

Die französische Regie unter Friedrich dem Großen.

Nach dem 7jährigen Kriege verlangte Friedrich II. 1765 eine Vermehrung seiner Revenuen um 2,000,000 Rthlr. — Die Minister erklärten, das sei unmöglich. Der König faßte daher den Entschluß zur Bearbeitung der indirecten Steuersachen ein unabhängiges Departement zu errichten und dazu französische Finanzbediente kommen zu lassen. — Zum großen Unglück für die Nation und für die Staats-Kasse selbst erfolgte sofort das Engagement eines großen Heeres französischer fermiers und niederer Officianten. Der mit den indirecten Abgaben unzertrennlich verbundene Haß wurde dadurch zu einer für die Ergiebigkeit der Abgabe selbst sehr nachtheiligen Höhe gesteigert.

Folgende an das General-Directorium gerichtete Kabinets-Ordre erschien am 9. April 1766.

„Wir sind in Rücksicht, daß die Sachen, anlangend die Accise bis dato so schlecht und unordentlich gewesen, zu Coupirung der dabei vorfallenden Defraudationen Allerhöchst bewogen worden, Fermiers aus Frankreich kommen zu lassen, so die Administration derselben übernehmen, und soll die Administration gedachter Fermiers vom Juny a. c. angehen und die dieserhalb zu bestellenden neuen Bedienten im nächst kommenden Mai sogleich in Activität gesetzt werden; auch sollt Ihr vom 1. Juny cr. an nichts weiter mit den accises und douanes zu thun haben, dergestalt, daß die Summen, die dies Jahr von den Accisen zur General Kriegs-Kasse fließen, durch bekannte Administration an die General Kriegs-Kasse gezahlt und die Summen von den Zöllen nach dem Etat an die Kassen, wohin sie gehören und sonst bezahlt worden sind, gleichergestalt in den gewöhnlichen Terminen berichtigt und abgeführt und daß diejenigen Summen von den Zöllen, so Wir aparte erhoben und eingezogen haben, auch hinfüro dergestalt direct berechnet und eingesandt werden sollen, daher Wir Euch solches zur Nachricht und ganz ohnfehlbaren genausten Achtung bekannt machen."

gez. Friedrich.

Am 14. April 1766 erschien ein vorläufiges Declarations-Patent wegen der gut befundenen neuen Einrichtung der Accise und Zollsachen. — Das Patent kündigte Erleichterungen an, die in Wirklichkeit nicht eintraten, denn, wenngleich die Brod-Accise erlassen wurde, so erhob man dagegen eine Eingangs-Accise von Getreide und Mehl mit resp. 4 und 6 Pf. pro Scheffel (Umschüttegeld); Zettel- und Plombage-Gelder wurden eingeführt, die Abgaben auf Bier, Branntwein und Fleisch wurden bedeutend erhöht; — dazu kam der s. g. Umschlags-Impost. Die Tonne Bier und das Quart Branntwein zahlte schon damals den hohen Accisesatz von resp. 18 Ggr. und 1 Ggr. Die Fleisch-Accise betrug zwar nur 1 Pf. pro Pfd., außer dieser s. g. Pfund-Accise mußte jedoch von dem Schlachtvieh z. B. in Berlin vom Ochsen 1 Rthlr 13 Gr. 6 Pf. Eingangs und 10 Ggr. Handlungs-Accise, ferner eine besondere Fell- und Talg-Accise bezahlt werden.

In den Westphälischen Provinzen veranlaßte die neue Accise-Einrichtung die lebhaftesten Beschwerden, in deren Folge Fixation eintrat. Diese Einrichtung bestand aber nur bis 1777, weil die Aufbringung des Fixations Quanti auf directem Wege drückend und die Gewerbe behindernd wirkte; es wurden daher neue Accise-Tarifs für die einzelnen Städte und zwar nach sehr verschiedenen Sätzen entworfen und mit dem 1. July 1777 zur Ausführung gebracht. Die Leitung dieser Administration der Revenuen in den über-Weser'schen Provinzen übertrug man jedoch **nicht** der Regie, sondern einem besonderen Departement mit der Abweichung, daß diese Provinz in Bezug auf die jährlich abzuliefernden Ueberschüsse nach wie vor fixirt bleibe. — Die **Zollrevenuen** in den über-Weser'schen Provinzen verblieben dagegen der Regie.

Neben einer umfangreichen Organisation eines Ober-Accise und Zollgerichts und der Provinzial-Accise- und Zollrichter schritt man bald zu erheblicher Erhöhung der Abgaben.

1769 stellte man die vor 1766 bestandenen Abgaben vom

Weizenmehl unter der Benennung Fabriquen-Steuer wieder her und erließ dagegen die Accise von der Wolle.

1772 wurde der Wein und Kaffee mit einem bedeutenden Aufschlags-Impost belegt, welcher noch neben den bisher gezahlten Zoll- und Licent-Gefällen entrichtet und von Jedem ohne Unterschied, mithin auch von dem sonst Accise-frei gewesenen Adel bezahlt werden mußte.

Das Edict vom 21. Januar 1781 endlich ernannte den Staat zum ausschließlichen Verkäufer des zur inländischen Consumtion bestimmten Kaffees.

Nach dem Abgange mehrerer fränzösischer regisseurs wurden 1772 zwar deutsche Staatsdiener zu ihren Nachfolgern ernannt, der zur Einrichtung des Ganzen aber herbeigerufene nachherige Geheimrath de Launay bis zum Tode Friedrichs des Großen beibehalten. — Diese Franzosen bezogen ein bedeutendes Gehalt, de Launay allein jährlich 15,000 Rthlr. und die jährlichen Remisen, die sich auf 5 bis 13000 Rthlr. beliefen. In den Jahren 1776/86 betrugen dieselben im Durchschnitt jährlich 8008 Rthlr. Außerdem Geschenke. Die persönlichen Kosten der Regie betrugen in dem Etats-Jahr 1785/86 allein bei der General-Administration 119,583 Rthlr. fur den General-Aministrator und 90 Beamte. Dem gegenüber verstand es de Launay die Resultate seiner Verwaltung in das glänzendste Licht zu stellen. In seinem compte rendu vom 1. October 1786 behauptet er gegen das wirkliche Einkommen von 1765/66 den Staats-Kassen eine Mehreinnahme von 42,718,000 Rthlr. verschafft zu haben. Diese Rechnungslegung, die im Wesentlichen von relativen, nicht von positiven Zahlen ausging, indem dieselbe auf einer angenommenen Fixation der Accise-Gefälle von 1765/66 beruhte, wurde als eine falsche nachgewiesen. Immerhin blieb ein allerdings mit vieler Härte erreichtes plus von circa 20,000,000 Rthlr., welches als der finanzielle Erfolg der französischen Einrichtung in dem Zeitraum von 20 Jahren zu bezeichnen ist.

Friedrich der Große prüfte 1783 die Special-Etats selbst, verringerte das Dienstpersonal um 830 Subjecte mit 110,592 Rthlr. und setzte die der bleibenden auf 150,000 Rthlr. und erlangte schließlich selbst die Ueberzeugung, daß das eingeschlagene System und dessen Befolgung zum Schaden gereicht habe. Daß man gleich nach seinem Tode die französischen Bedienten aus der Accise-Verwaltung entfernte entsprach nur Demjenigen, was der große Monarch selbst beabsichtigt hatte. Bereits am 1. December 1784 hatte er an seinen Minister von Werder nachstehende Kabinets-Ordre erlassen.

„Mein lieber Etats-Minister von Werder."

„Ich habe Euren Bericht vom gestrigen Datum wegen der untersuchten Beschwerden des gewesenen General-Inspector Pagan wider die General-Accise-Administration erhalten und Euch darauf zu erkennen geben wollen, daß es lauter solch Schurken Zeug ist, die Franzosen, das kann man wegjagen, wann man will, und wenn man das thut, so verliehrt man nichts an sie: was diesen Pagan anbetrifft, so kann der nur gleich abgeschafft werden, wobei ich Euch noch sage, daß ich überhaupt darauf denken und suchen werde, Mir nach und nach alle Franzosen vom Halse zu schaffen und sie los zu werden, welches Ich Euch zur Antwort melden wollen, als Euer wohl affectionirter König." gez. Friedrich.

Eine Kabinets-Ordre an den Geheim-Rath de Launay vom 30. April 1783 betreffend die Resolution auf seine Beschwerde wegen der herabgesetzten Besoldungen enthält den eigenhändig geschriebenen Zusatz: „On trouve des honettes gens à 50 Ecus de „Rente et forts fripons avec 1000 Ecus ou plus de revenues „ainsi la Somme n'empêche pas de Voler mais bien L'honneteté „et les moeurs de la Personne; mes dès qu'on fait un Ramas „de Canaille, qu'on décore du Nom d'Employez et de Gar„cons d'enscrise, on ne les empechera de voler, qu'on les sur„veillant et en punissant sevérement les coupables.

Frederic."

Nach Friedrich des Großen Tode ward eine eigene Kommission unter dem Vorsitz des Ministers v. Werder ernannt, welche die neuen Accise-Tarifs und Reglements ausarbeiten mußte. Diese Arbeit war am 1. Juni 1787 beendet.

Die General-Tabaks-Administration, sowie die Kaffee-Brennerei-Anstalt wurden aufgehoben, die Pfund-Accise in eine Abgabe vom Schlachtvieh nach Stückzahl verwandelt; die Accise-Erhebung vom Branntwein und Bier eingestellt und dagegen angeordnet, daß solche von dem Malze und dem Branntweinschrot entrichtet werden sollte. Die Nachschuß-Accise von inländischen städtischen Fabrikaten fiel weg, desgleichen der Leibzoll von inländischen Juden. — Als Deckungsmittel erfolgte die Einführung der Mahlaccise vom Roggen mit 2 Ggr. pro Scheffel seit 1788 1 Ggr. pro Scheffel; eine Erhöhung der Accise vom Tabak, von Weizen zu Mehl, von Zucker und Syrup; ein Uebertrag von 1 Ggr. von einem Thaler Accise; eine Erhöhung des 4 Ggr. Stempels auf 6 Ggr.

In der Organisation der Verwaltung selbst trat eine wesentliche Umgestaltung durch Vereinigung des Accise- und Zoll-Departements, durch Errichtung „des General Fabriquen und Commercial, wie auch Accise- und Zoll-Departements des General Directorii" ein. Die Provinzial-Verwaltung geschah noch ferner durch besondere von den Kriegs- und Domainen-Kammern getrennte Accise- und Zoll-Directionen, und die nächste Aufsicht auf die practische Klasse der Accise- und Zoll-Officianten führten die Provinzial-Inspectoren mit dem Prädicat „Accise- und Zollräthe." In den größeren Städten waren Stadt-, Ober-, General-, auch Packhofs-Inspectoren angestellt.

Waren schon durch diese anderweite Organisation die Mängel der französischen Regie-Verwaltung zum Theil beseitigt, so wurde andrerseits auch das Prinzip der Besteuerung selbst in vieler Hinsicht verändert und verbessert.

Im Jahre 1788 erfolgte zwar eine Erhöhung der Accise vom Kaffee und von in- und ausländischen Tabaksblättern bis auf 2 Ggr. 6 Pf. pro Pfd., resp. 12 Ggr. pro. Ctr inländischen, und 8 Pf. von jedem Pfd. ausländischen Tabaksblättern. Auch bestimmte ein Tarif vom 24. März 1788 die zu Frankfurt a. O. zu erhebenden Meß-Eingangs- und Ausgangsgefälle.

Andrerseits aber wurden die Seide, Baumwolle, die wollenen und baumwollenen Garne, die rohen Häute und Felle, auch die Lumpen von allen Eingangs-Abgaben befreit und zur Deckung des Ausfalls angeordnet, daß die sonst üblich gewesene Nachschuß-Accise von inländischen städtischen Fabrikaten wieder zur Hebung kommen solle, und auch diese Beschränkung fiel 1792 durch Anordnung ganz Abgaben-freien Verkehrs dieser Fabrikate fort, indem der Ausfall der Kassen durch einen um 4 Pf. erhöhten Uebertrag ersetzt werden sollte.

In diesem Sinne freieren Verkehrs und freierer Steuergesetzgebung wurde in dem neuerworbenen Süd- und Neu-Ostpreußen die Accise nur von den ausländischen Objecten eingeführt; inländische Objecte der Besteuerung waren nur Bier, Branntwein, Fleisch und Tabaksblätter. Die Abgaben davon wurden unter der Benennung „Consumtions-Steuern“ entrichtet.

Durchgreifende, den ganzen Staat berührende, Maßregeln traten aber nicht ein. — In Geldverlegenheit wurde sogar durch Patent vom 18. Juni 1797 die General-Tabaks-Administration wieder eingeführt.

Friedrich Wilhelm III hob diese Administration durch Patent vom 25. December 1797 wegen ihrer großen Gehässigkeit wieder auf und deckte den Ausfall durch Erhöhung der Abgabe von fremdem und inländischem Tabak und durch Erhöhung der Uebertrags-Accise.

Die Kalamität der schlechten Besoldung und Verpflegung der dienstthuenden Unterofficiere und Soldaten veranlaßte durch Edict vom 25. Januar 1799 die Aufhebung aller (ständischen) Steuerbefreiungen von ausländischen Gegenständen; der Handel mit Getreide und andern Producten, welche zu Wasser nach dem Auslande expedirt wurden, wurde für unbedingt zoll- und licentpflichtig erklärt, die Wein-Accise erhöht und der Uebertrag auf 3 Sgr. pro Thaler Accise festgestellt. —

Das Bedürfniß in diesem Wirrwar von Verordnungen einen ungefähren Anhalt über die Höhe der Staats-Einkünfte aus der Accise-Verwaltung zu haben, veranlaßte für das Etatsjahr 1799 bis 1800 den Entwurf von Special-Accise- und Zoll-Etats. Die wirklichen Einnahmen von 1792 bis 1798 waren fractionsmäßig zum Grunde gelegt, die erhöhte Tabaks-Accise, sowie die durch das Edict vom 25. Januar 1799 behufs Erhöhung des Soldatensoldes angeordnete Abgabe zugesetzt und in dieser Art Etats gebildet, welche in den alten Provinzen diesseits der Elbe inclusive Danzig bis 1817 in Geltung blieben. —

Man fühlte an höchster Stelle sehr wohl die Gebrechen der inländischen Steuer-Verfassung und macht eine Kabinets-Ordre vom 21. August 1802 den damaligen Chef der Accise und Zoll Departements von Struensee ausdrücklich auf die Nachtheile des complicirten Accise und Zollsystems aufmerksam. Der König erklärte, daß die Anzahl der wirklich ergiebigen Gegenstände sehr mäßige Schranken habe und verlangte, daß die Accise- und Zoll-Einnahmen in ein zusammenhängendes System gebracht würden.

Anlangend

Die Zoll-Verfassung,

welche sich nach und nach ohne feste Grundsätze gebildet hatte, so war diese noch verwickelter als die Accise, denn in den älteren Provinzen Kurmark, Neumark, Magdeburg entschied in zweifelhaften Fällen die Observanz, deren Fundament um so gebrechlicher war, als ein großer Theil der Zoll-Beamten auf Tantieme und Accidentien angesetzt und die Zölle in früheren Zeiten verpachtet gewesen.

In den Marken, Pommern und im Magdeburgischen bestanden Land- und Wasser-Binnen-Zoll-Aemter mit bestimmten Districten, bei deren Ueberschreitung jedesmal wieder Zoll entrichtet werden mußte, sobald die Objecte durch oder ausgingen.

Bei dem Eingang und Verbleib im Zoll-District fand keine Verzollung statt. Diese erfolgte in der Regel nach Tonnensätzen zu 4 bis 5 Kubikfuß Inhalt. —

Die uralten Zoll-Abgaben waren höchst unbedeutend; ihnen gesellte sich der s. g. neue Korn-, Wein- und Tonnenzoll im 15. und 16. Jahrhundert hinzu. Von dem neuen Korn-Zoll war selbst der Adel nicht frei. — Daneben bestand seit 1754 der Oder-Cours-Zoll, der die Gleichstellung der Abgaben auf dem Elbe- und Oder-Course bezweckte. Für den See-Zoll in Preußen waren schon 1724, für den in Pommern 1726 besondere Zoll-Tarifs publicirt. —

Mit Einem Worte, die ganze Zoll-Verfassung stand so verworren da, daß selbst die an der Spitze der Verwaltung stehenden Beamten die Sätze rc. nicht kannten.

Zwei Jahre nach Errichtung der Regie erschien am 8. Mai 1768 eine Declaration, wonach überall an der Grenze Zoll-Aemter errichtet werden sollten. Diese Declaration ergiebt, daß noch Zollämter verpachtet waren.

Die Regie errichtete Brigaden zur Bewachung der Grenzen, welchen Inspectoren vorgesetzt waren, (gardes à pied et à cheval), ein höchst kostbarer Apparat. In der Kur- und Neumark waren z. B. 13 s. g. Brigade-Chefs, 42 gardes à cheval und 54 gardes à pied mit 19,300 Rthlr. Besoldung angestellt.

Der Transito-Verkehr gab reichlichen Stoff zu unendlichen Bestimmungen. Der Durchfuhrzoll betrug 1½ bis 50 %. — Durch ein besonderes unmittelbar vollzognes circulare vom 19. Juni 1778 wurde der Grundsatz ausgesprochen, daß kein anderes commercium intermedium anerkannt werden sollte, als welches durch Wieder-Verkauf in den Preußischen Staaten geschehe.

Solche Zölle und Anordnungen mußten natürlich allen Handel verscheuchen.

Nach Aufhebung der General-Regie-Administration wurde durch das Edict vom 25. Januar 1787 zwar die allgemeine Revision des Zoll- und Transito-Tarifs in sämmtlichen Provinzen angeordnet. Das ist aber nicht geschehen, vielmehr sind für die einzelnen Provinzen neue Tarifs wiederholt ins Leben gerufen, so für Schlesien vom 10. November 1788, für den Verkehr von Preußen mit Polen vom 29. August 1789.

Unterm 26. October 1805 erschien das wichtige Edict wegen Aufhebung der Land-Binnenzölle in den Provinzen Pommern, Neumark, Kurmark, Magdeburg, Halberstadt, Mannsfeld und Hohenstein und wegen der Provinzial-Zölle in sämmtlichen alten Provinzen excl. Schlesien. Dabei wurde bestimmt:

„daß die an den Grenzen des Reichs gegen das Ausland zu entrichtenden Grenz- Ein- und Ausgangs-Zölle nicht nur beibehalten, sondern auch die für diese bestehenden Zollrollen revidirt und derart eingerichtet werden sollten, daß die vom Transito und Speditions-Verkehr bisher eingekommenen Staats-Einkünfte sicher gestellt würden."

Die Fremdherrschaft.

So lagen die Verhältnisse als Napoleon I. das geschlagene Preußen occupirte. Des abgeschlossenen Friedens ungeachtet verblieb der Feind bis October 1808 in den Provinzen diesseits der Weichsel, er hielt die Festungen inne, die umfassendsten Requisitionen für die Occupations-Armee und für die Etappen drückten das Land darnieder. Der damalige Finanz-Minister v. Altenstein war nicht der Mann, unter diesen Verhältnissen eine Umformung des Zoll- und Accisewesens in Angriff zu nehmen. Und doch war die Regelung dieser Fragen auch von der unmittelbarsten politischen Wichtigkeit. Hardenberg äußerte sich ganz in Widerspruch zu Altenstein, der jeden Entschluß von der Hand wies, dahin:

„Es ist allerdings unmöglich in diesem Augenblicke politische Unabhängigkeit zu begründen, es ist unmöglich die letzten Absichten des Kaisers Napoleon zu enthüllen, allein es ist unbezweifelt gewiß, daß die Inconsequenz der politischen Maßregeln seit dem Tilsiter Frieden und insbesondere während des österreichischen Krieges dazu beigetragen hat, die Gesinnungen des Kaisers Napoleon gegen den Preußischen Staat ungünstiger zu machen. . . . . .

„Die Behauptung, es sei unmöglich, im Innern große Aufopferungen zu machen, erklärt indirect, daß man den Staat aufgiebt; die Behauptung, es würde dadurch nicht unbedingt Sicherheit und Ruhe erworben, kann zwar nicht durchaus widerlegt werden, allein da das negative Verfahren, das Nichterfüllen der Verpflichtung, augenblicklich ganz gewiß den Untergang herbeiführt, so ist eine Argumentation über künftige Möglichkeiten keineswegs von erster und nächster Wichtigkeit. Gleich irrig erscheint die Behauptung, daß innere Reformen nicht an der Zeit wären und nur Unzufriedenheit erregen würden. Im Gegentheil kann das Bedürfniß der Reformen nie größer, der Wunsch der Nation nie dringender, der Augenblick nie günstiger sein. Das wahrhaft Heilsame wirkt nicht zerstörend, hier aber werden alle große Maßregeln durch eine Argumentation im Cirkel hinwegdemonstrirt. Den Finanzen kann nicht ohne große Reform im Innern abgeholfen werden, die Reformen müssen aber unterbleiben, bis sie nicht mehr mit den Finanz-Operationen in verdrießlichen Conflict gerathen“ . . . . . .

Aber dies Programm v. Hardenberg's wurde erst seit Juni 1810, wo er als Staats-Kanzler die obere Leitung sämmtlicher Staats-Angelegenheiten übernahm, bestimmend und die Zwischenzeit hatte das französische Gouvernement genügend benutzt, um die Zustände der Accise und Zollgesetzgebung noch heilloser, die Confusion noch größer zu machen.

Ein französisches Decret vom 13. Januar 1807 untersagte den Handel mit englischen Produkten und Fabrikaten. Am 11. März 1807 wurde vornehmlich im Interesse der französischen Industrie die Einfuhr mehrerer, sonst verbotener, Waaren erlaubt und ein Tarif publicirt mit Abgaben auf diese Waaren bis zu 25 %. Mit wenigen Abänderungen ist dieser Tarif bis 1813 in Kraft geblieben. Um Parität innerhalb der Provinzen herzustellen, gestattete eine Königl. Kab.-Ordre vom 30. Mai 1807 die Einfuhr der fremden Fabrikate in die damals vom Feinde nicht besetzten Länder, weil diese Mangel daran hatten gegen $8^1/_3$ % als Eingangszoll erhobene Abgabe. — Dagegen nahm man allerdings schon in Folge der reformatorischen Gesetze vom 9. October 1807 und der Städte-Ordnung auf die Abstellung im Innern bestehender harter Lasten bedacht.

1808 war in der Provinz Preußen das Mühlstein-Regal auf v. Schrötter's Antrag aufgehoben. Dasselbe geschah am 20. März 1809 auch in der Kurmark, Neumark und in Pommern. Am 2. Juni 1809 wurde durch Kabinets-Ordre das seit Jahrhunderten bestandene Verbot der Wollausfuhr aufgehoben und diese gegen Zahlung einer Abgabe von 2 Rthlr. pro Stein erlaubt. Ebenso trat Freigabe der Ausfuhr der rohen Tabaksblätter gegen 1 Rthlr. 3 Gr. pro Ctr.; auch Ermäßigung einiger Zölle, wie von Arrac und Rum in den Seestädten ein.

Durch Kabinets-Ordre vom 21. October 1809 wurde die Ausfuhr des wollenen Garns erlaubt. Im November desselben Jahres erfolgte die Bestimmung, daß sämmtliche zur Consumtion versteuerten Objecte bei der Ausfuhr keinen Zoll entrichten sollten. — Ein Publicandum vom 12. März 1810 stellte den freien Handel auf den Messen zu Frankfurt a. O. wieder her. Der s. g. neue Kornzoll wurde wegen der sehr gesunkenen Getreidepreise erlassen. Ein Edict vom 9. April 1810 erlaubte die Niederlassung der Stuhlarbeiter auf dem platten Lande in Ost- und Westpreußen sammt Litthauen, beide Marken und Pommern gegen Zahlung eines Nahrungsgeldes von 1 Rthlr. 10 Sgr. für eine ohne Gehilfen arbeitende Familie; außerdem sollte für jeden männlichen Gehilfen 21 Sgr. und für jeden weiblichen 12 Sgr. bezahlt werden. —

Characterisiren sich diese Anordnungen im Sinne freieren Verkehrs bereits als die Vorboten der reformatorischen Edicte vom October 1810, so waren sie doch nur im letzten Augenblick gewährte, unzusammenhängend gemachte Concessionen.

Das dringende Geldbedürfniß, — Edict vom 12. Februar 1810 betreffend das Darlehen von 1,500,000 Rthlr., — drängte auf umfassendere Maaßregeln hin. Selbst v. Altenstein konnte sich denselben nicht mehr entziehen. Das in Gemäßheit dieses Edicts neu ausgearbeitete Gesetz, welches eine Getränksteuer auf dem platten Lande und zwar mit 1 Sgr. 8 Pf. pro Quart Branntwein und 18 Sgr. für die Tonne Bier anordnete, die Einführung des Blasenzinses ankündigte, für die Städte höhere Schlachtsteuersätze, ferner die Steigerung der Umschüttegelder von 4 Pf. auf 1 Sgr. 4 Pf. pro

Scheffel Getreide bei dem Eingang in die Städte, auch erhöhte Abgaben von den Weinen und mehreren Material- und Gewürz-Waaren vorschrieb; dagegen aber die Quittungsgelder, Salz-Accise, Nachschüsse (excl. der von dem Getränk), den schlesischen Einfuhr-Impost vom Wein, die Handlungs-Accise von mehreren Objecten aufhob — —, war bereits vollendet, als im Mai 1810 die Ministerial-Veränderung eintrat und v. Hardenberg am 7. Juni 1810 an die Spitze der Verwaltung trat.

II.

Die Finanz-Gesetze vom October 1810 und die Berathungen mit den Landes-Repräsentanten wegen Umgestaltung derselben, sowie das fernerweite Edict über die Finanzen des Staats vom 7. September 1811.

Läßt die obige einleitende Betrachtung erkennen, in wie namenloser Verwirrung sich die Zoll- und Accise-Gesetzgebung im Mai 1810 befand, und welcher Aufgabe der Staats-Kanzler gegenübertrat, so giebt Pertz in dem Abschnitte seines Werks Stein's Leben „der Staats-Kanzler von Hardenberg" Bd. II. Buch 4 Abschnitt 6 im Allgemeinen den Plan an, durch welchen die Mißstände der Vergangenheit gehoben, der Ruin des Landes vermieden werden sollte. — Der Oberpräsident Sack, welchem Hardenberg die Verwaltung der Domainen, Forsten und Steuern übertragen hatte, präcisirte diesen Finanz-Plan des Staats-Kanzlers dahin: „Es bestehe derselbe im Wesentlichen in Schaffung von fundirbarem Vermögen durch einen Theil der directen Contribution, Ausdehnung der Accise auf das platte Land, Fundirung der Tresor-Scheine und aller Staatsschulden, sowie Einrichtung einer Nationalbank." —

Um indessen die heftigen Kämpfe, die die Hardenberg'schen Projecte sofort hervorriefen, vom technisch-finanziellen Standpunkt prüfen zu können, erschien auch eine Skizze der beiden Haupt-Specialgesetze, des Consumtions-Steuer- und des Gewerbsteuer-Gesetzes als das eigentliche Fundament der Betrachtung erforderlich.

Das Consumtionssteuer-Edict.

I. In Absicht des Erlasses und der Ermäßigung der Abgaben wurde angeordnet:

1. Die Consumtionssteuern sollen künftig nicht mehr von sehr vielen, sondern etwa von 20 Objecten erhoben, alle übrigen aber freigelassen werden, und die Thor-Accise wegfallen.

2. Die bleibenden, in dem Edict erwähnten, Consumtionssteuern werden für die ganze Monarchie gleichgestellt und jeder darin bisher zwischen einzelnen Provinzen stattgefundene Unterschied hört auf. In allen Provinzen Accise- und Zoll-Freiheit der rohen Fabrik-Materialien. Aufhebung des Einfuhr-Imposts der Weine in Schlesien, der landschaftlichen Kämmerei- und Domanial-Gefälle von Getränken, Schlachtvieh, Mahlgetreide; Abschaffung der Handlungs-Accisen für bestimmte Waaren als Glas, Theer rc. beim inländischen Verkehr, desgleichen der Großhandlungs-Accisen bei allen unversteuerten Sendungen fremder Materialien rc., Spezereien im Innern des Landes. —

3. Keine Gebühr mehr für Ausstellung von Accise- und Zoll-Quittungen, ebenso nicht mehr Umschütte-Gelder vom Getreide.

4. Aufhebung der fixirten Winter- und Sommer-Aussaat-, der Garten- und Wiesensteuer, der Viehsteuer, endlich der fixirten Steuer der Vorstädte.

5. Die bisher in den Städten erhobene außerordentliche Consumtions-Accise von Salz hört auf.

II. Die Erhebung folgender neuen Steuer.

1. Consumtions-Abgaben vom Fleisch, Gemahl, Bier und Branntwein werden künftig auf dem platten Lande, wie in den Städten erhoben, dagegen können jene Objecte auch steuerfrei in die Städte eingebracht werden.

2. Vom Schlachtvieh wird von den Schlächtern, für Jeden der zum Wiederverkauf schlachtet, für einen Ochsen und Stier

a. in den Städten Berlin, Königsberg, Stettin, Memel, Elbing, Breslau, Frankfurt a. O. für's Stück 5 Rthlr., in den übrigen Städten 4 Rthlr., für eine Kuh oder Ferse in den Städten überhaupt 3 Rthlr. gezahlt, — außerdem ist das Schaaf mit 10 resp. 6 Ggr., das Schwein resp. Ferkel mit 12 resp. 4 Ggr. besteuert.

b. Wer blos zur eigenen Consumtion schlachtete, hatte je nach dem Gewichte für den Ochsen oder Stier bis 200 Berliner Pfund 2 Rthlr., wenn er mehr wog, 4 Rthlr., für eine Kuh oder Ferse bis 200 Pfund Gewicht 1 Rthlr. 12 Sgr., wenn sie mehr wog, 3 Rthlr., für ein Kalb, Schaaf, Ziege, Hammel bis 25 Pfund 5 Sgr., wenn das Stück mehr wog, 10 Sgr., für ein Schwein bei 80 Pfund Gewicht 6 Sgr., bis 120 Pfund 8 Sgr., über 120 Pfund 12 Sgr. zu zahlen.

3. An Mahl-Accise vom Getreide war zu zahlen vom Berliner Scheffel Weizen zu Mehl, Puder zc. 12 Sgr., desgleichen vom Scheffel Roggen und Gerste auch Hafer und andern Hülsenfrüchten zu Mehl oder Futterschrot, zu Graupe und Grütze 2 Sgr. 6 Pf.

4. Vom Getreide zu Bier und Essig sollte in allen Provinzen für den Berliner Scheffel Weizen 18 Sgr., für den Scheffel Gerstenmalz 12 Sgr. gezahlt werden.

5. Vom Getreide zum Branntweinbrennen sollte erhoben werden vom Berliner Scheffel Weizen 18 Sgr., vom Roggen 14 Sgr., von der Gerste 12 Sgr., von dem aus andern Früchten gezogenen Branntwein 1 Sgr. für das Berliner Quart.

6. Zu diesen inländischen Consumtionssteuern trat die Besteuerung der ausländischen Verzehrungs-Gegenstände, nämlich: vom Kaffee 3 Sgr. pro Pfund, vom Berliner Centner Zucker je nach der Qualität und Bestimmung 6 bis 13 Rthlr., vom Syrup 2 Rthlr. pro Centner, Reis 1 Rthlr., Rosinen 1 Rthlr. 12 Sgr., Mandeln 1 Rthlr. 12 Sgr., Pfeffer 3 Rthlr., englische Gewürz 4 Rthlr., ausländischer Puder und Stärke 1 Rthlr. 12 Sgr., von 100 Stück Austern 1 Rthlr.

7. Besteuerung des fremden Weins in Flaschen ohne Unterschied für's Berliner Quart 6 Sgr., für in Fässern eingebrachten nach der Qualität pro Berliner Eimer 13, 11, 9 Rthlr.

Alle Befreiungen der Rittergüter, Domainen-Beamten, Klöster, Geistlichen von den Consumtions-Abgaben hören auf.

III. Luxus-Steuern.

Folgende Luxussteuern treten in's Leben:

a. Für männliche Bediente, Haushofmeister zc. für einen 6 Rthlr., wer zwei hält, zahlt für Jeden 8 Rthlr., bei dreien für Jeden 10 Rthlr., bei vier für Jeden 12 Rthlr., bei fünf für Jeden 15 Rthlr., bei sechs für Jeden 20 Rthlr.

b. Für weibliche Dienstboten. Jede Familie kann einen Dienstboten halten ohne Abgaben zu entrichten; für den zweiten werden jährlich 2 Rthlr. gezahlt, wer drei hält, zahlt für zwei 6 Rthlr., bis wer 6 hält, für 5, 30 Rthlr.

c. Besteuerung der Hunde, die nicht gewerblichen Zwecken dienen, mit 1 Rthlr.

d. Besteuerung der Reit- und Kutschpferde mit jährlich 6 bis 15 Rthlr. pro Pferd je nach der Anzahl.

e. Besteuerung der Wagen. Zweirädrige pro Stück 5 Rthlr., vierrädrige 8 Thlr.

Durch das Edict über die Einführung einer allgemeinen Gewerbesteuer

ward zuerst eine solche directe Abgabe eingeführt und mit der durch dasselbe ausgesprochenen Gewerbefreiheit in Verbindung gesetzt. Nach diesem Gesetz sollten Alle, welche ein Gewerbe für eigne Rechnung treiben, das nicht blos Landwirthschaft oder bloße Tagelöhner-Arbeit wäre, dazu nur durch Lösung eines Patents berechtigt sein, welches nach Verschiedenheit der Verhältnisse jährlich von 1 Rthlr. bis 200 Rthlr. kostete. Dem Edict lag ein Tarif an, welcher die verschiedenen Gewerbe-Kategorien in 6 Klassen theilte, und in diesen Klassen nach Verschiedenheit des Erwerbes in der ersten 1 Rthlr. bis 1 Rthlr. 16 Sgr., in der zweiten 2 bis 3 Rthlr. 16 Sgr., in der dritten Klasse 4 Rthlr. bis 6 Rthlr. 16 Sgr., in der vierten Klasse 8 bis 20 Rthlr., in der fünften 24 bis 84 Rthlr., in der sechsten Klasse 96 bis 200 Rthlr. erhob. —

Hält man daran fest, daß diesen Special-Gesetzen gegenüber das Edict über die Finanzen des Staats und die neuen Einrichtungen wegen der Abgaben zwar ein an wichtigen Versprechungen reiches, politisches Programm ist, das jedoch den eigentlichen Plan zur Beschaffung der dringendsten Mittel nicht enthält, hat man mithin in den skizzirten beiden Special-Gesetzen das rettende Finanz-Project zu erkennen, so wird man leicht den Angelpunkt desselben darin finden, daß, immerhin im Anschluß an die Vergangenheit, das finanzielle Resultat von der Vereinfachung der Accise und Ausdehnung derselben auf das platte Land erhofft wurde.

Hiergegen richtete sich von vornherein die ganze Opposition, hiergegen sprach auch schließlich der Erfolg. Ein Hauptgegner war Freiherr v. Stein. Er äußerte sich dahin, daß er von den neuen vorgeschlagenen Steuern keinen großen Erfolg hoffe, da ein bedeutender Ausfall in den Städten entstehen werde, wenn man dem platten Lande das Brennen, Brauen, Backen gegen eine Verbrauchssteuer und Betreibung von Fabriken gegen eine Patent-Steuer freigebe; ihm den Handel mit Kolonial-Waaren und ausländischen Producten zu gestatten, sei nicht rathsam, der müsse den Städten verbleiben. Statt erhöhter Accise empfehle sich eine Abgabe auf die bisher unbesteuerten Kleidungsstoffe aus inländischen Fabriken; die gleichförmigste und einträglichste sei eine Einkommensteuer, wodurch zugleich die privilegirten Stände zur Mitleidenschaft herbeigezogen würden. Eine solche sei in Oesterreich, England, Ostpreußen und Litthauen eingeführt, und werde auch die Auflagen einer gezwungenen Anleihe erleichtern, oder sofern man nur gleich vervielfache, entbehrlich machen. —

„Auf die Opinion, so schloß er, ist im Preußischen wenig Rücksicht zu nehmen. Hier herrscht ein tief eingewurzelter Egoismus, halbe Bildung, Ungebundenheit vereinigt mit der nordischen Gemüthslosigkeit und Rohheit. — Diese verwilderte öffentliche Meinung muß durch ernsthafte Strafmittel berichtigt und nicht durch Schonung und Nachgiebigkeit noch mehr irre geleitet werden.“

„Es ist schwer mehr übeln Willen und Mißstellung in dem Grade vereinigt zu finden, als in den Protokollen und Verhandlungen der Kurmärkischen Stände über die Einkommensteuer.“ (Es handelte sich um die Kriegssteuer des Jahres 1808.)

Die im Juli 1810 von Stein verfaßte Denkschrift enthält die Stelle: „die Einkommensteuer ist unter allen Umständen die billigste Abgabe, da sie alle Staatsbürger und alle Quellen des National-Einkommens betrifft; die Principien der Besteuerung, das Verfahren bei der Erhebung sind bekannt, und es ist überflüssig, sich weiter darüber zu verbreiten.“ — Ein Beispiel sollte seine Ansicht illustriren. — „Hat das Königreich Westphalen 21,000,000 Francs gezwungenes Anleihen von 3 Millionen Menschen erhoben, so wird der Preußische Staat der 4,600,000 Einwohner in sich faßt, 7 Millionen Thlr. oder 24,700,000 Frs. aufbringen. Ueberhaupt ist das Staats-Vermögen des Preuß. Staats bei Weitem größer als das des Königreichs Westphalen. Dies Land hat den größten Theil seiner Domainen verloren, es hat eine Schuldenlast von 100 Millionen Frcs., dieser sind circa 50 Millionen Thaler hannöversche Schulden zugewachsen, — so daß das Ganze 77 Millionen Thlr. beträgt — sein Einkommen ist 27 Millionen Frcs., es unterhält einen sehr kostbaren Hof, ein großer Theil der Truppen steht außer Landes und hierzu kommt der Unterhalt eines großen Corps französischer Truppen. —

Wird die Einkommensteuer zu 7 Millionen Rthlr. gerechnet, die Ersparungen zu 3 Millionen, so bleiben noch 10 Millionen zur Anleihe, die sich hoffentlich effectuiren lassen."

Da erst am Schlusse des Edicts über die Finanzen des Staats und die neuen Einrichtungen wegen der Abgaben vom 27. October 1810 die künftige Mitwirkung der Stände an der Gesetzgebung in Aussicht genommen war, so fehlte natürlich eine solche den in Folge dieses allgemeinen Gesetzes bereits am 28. October 1810 erlassenen Special-Gesetzen, welche lediglich durch eine im Juni 1810 eingesetzte Kommission bestehend aus v. Heydebreck, Ladenberg, v. Raumer, Beuth, v. Beguelin I. ausgearbeitet worden waren.

Wie sich übrigens Hardenberg eine solche Repräsentation und speciell deren Mitwirkung an der Finanz-Gesetzgebung dachte, darüber hat er sich im September 1810 gegen Stein ausgesprochen *).

Danach sollte die Repräsentation nur consultirend sein, die neuen Finanzeinrichtungen aber jetzt allein von der Regierung ausgehen. — —

Daß für den ersten und entscheidendsten Schritt die Mitwirkung einer auch nur consultirenden Repräsentation ausgeschlossen war, war vielleicht politisch geboten, in der Sache selbst aber zu beklagen.

Die Gedanken Steins über die Vertheilung der Staatslast durch Besteuerung waren sehr verbreitet.

Die Acten des Staats-Kanzler-Amts „betreffend das Abgaben-System überhaupt und die deshalb mit den Ständen gepflogenen Berathungen vom Jahr 1811 (Vol. I bis III.) sind voll der heftigsten Beschwerden namentlich der preußischen und litthauischen Stände speciell über die hohe Abgabe vom Gemahl auf dem Lande. Wieder und immer wieder wird von den Ständen auf Beseitigung dieser harten Abgabe, (2 Ggr. 6 Pf. für den Scheffel Roggen ꝛc., 12 Ggr. für

*) cf. Pertz Stein's Leben, der Abschnitt „der Staats-Kanzler v. Hardenberg" Bd. II. Buch 4. Abschn. 6.

Weizen), gedrungen. Das Reglement zum Consumtionssteuer-Edict, welches mit großer Rigorosität die neue Einrichtung durchzuführen suchte, eine Menge von Vorschriften über den Verkehr der Consumenten mit den Müllern, peinigende Controlen dieser Gewerbetreibenden enthielt; eine große Anzahl von Officianten, welche den Bauer wegen des Gemahls und der Schlachtsteuer, den Gutsherrn wegen des hohen Blasenzinses beständig belästigten, ins Leben rief, stieß überall auf dem Lande auf großen Widerstand, der sogar offene Auflehnung der erregten Gemüther gegen die staatliche Autorität befürchten ließ.

Der Immediat-Bericht der litthauischen Regierung zu Gumbinnen, an deren Spitze Schoen stand, vom 30. November 1810 enthält neben vielen Klagen Folgendes:

„Aber außerdem bestimmt das Reglement, daß alle Handmühlen confiscirt werden sollen. Das Edict vom 20. März 1808, wodurch der Mühlenzwang hier aufgehoben und die Einrichtung von Mühlen aller Art freigegeben wurde, hatte hier sehr wohlthätig gewirkt. Die statt der Mahlmetze angeordnete als Grundsteuer fixirte, geringe, (nach den jetzigen Vorschriften zu erlassende Abgabe) wurde mit äußerst geringer Ausnahme von den Grundbesitzern sogleich angenommen, um sich und ihren Leuten Theilnahme an dem Recht eigener Mühlen zu beschaffen. In sicherem Vertrauen auf das königliche Wort wurden unzählige Quirdeln (kleine Handmühlen) angefertigt. Der Instmann, deren Zahl hier höchst bedeutend ist, weil sehr wenig Bauern auf den Domainen existiren und diese dienstfrei sind, bereiten sich die Quirdeln selbst und zum Mahlen werden müßige Stunden der Frauenspersonen verwendet; sein Mahlwerk kostete ihm also nichts. Dies Alles hört jetzt auf: er muß die selbst verfertigte Quirdel fortnehmen und zerstören sehen, muß das Getreide versteuern, zur Mühle bringen, wo ihn der Müller, weil er nur 6—8 Metzen bringt, soviel als möglich aufhält, und wieder abholen und den Mahllohn, der bei dem ordinairen Brodmehl mindestens 4—5 Ggr. pro Scheffel beträgt, dem Müller bezahlen.“......

„Wir schließen nur noch mit der gehorsamsten Bitte, es huldreichst zu berücksichtigen, daß die mit der Land-Accise verbundenen zahllosen Förmlichkeiten die neue Einrichtung auch ohne die uns unerschwinglich scheinende Höhe der Abgaben selbst sehr gehässig machen werden, daß diese Provinz außer den schon bestehenden älteren Abgaben eine sehr lästige, auch stark den gemeinen Mann treffende, Kriegs-Contribution zahlt, daß sie kürzlich Kriegsschaden erlitten hat, der als Minimum 10 Millionen Rthlr. beträgt." —

Ein ausführliches Votum Ladenberg's zu diesem Berichte erklärte zwar im Allgemeinen die Klagen der litthauischen Regierung für unerheblich. — „Soll indessen bei der Provinz Litthauen eine Ausnahme gemacht werden, so schlage ich vor, die Hälfte des Tarifsatzes bis Ende Mai 1811 festzusetzen, dabei aber zu bestimmen, daß, da die Vorschrift nicht auf die Städte Anwendung finden kann, die Einfuhr des Branntweins mit 8 Ggr. impostirt sein soll." —

Unterm 18. December 1810 berichtet die Polizei- und Abgaben-Deputation der ostpreußischen Regierung (Schoen), nachdem nochmals wegen Beseitigung der Quirdeln Klage geführt: „überhaupt würde die Besteuerung des Brotgetreides auf den gemeinen Mann, bei der ihm eigenen Rechnungsart einen gehässigen Eindruck machen. Man zweifle, daß er sich dieselbe ruhig gefallen lassen werde, da auf die bloße Nachricht davon die Gährung schon groß gewesen. Der Blasenzins sei zu hoch und schädige das landwirthschaftliche Nebengewerbe der Brennerei. — Es fehlten die Organe, um das Gesetz auszuführen. Qualificirte Dorfs-Einwohner, die die complicirten Vorschriften handhaben könnten, Schulzen ꝛc. seien nicht vorhanden. Es seien Fälle vorgekommen, die die offene Auflehnung der Landbevölkerung gegen die Steuerbehörden constatirten.

Wenn auch Beuth in seiner Eigenschaft als Referent der Section für die Abgaben unterm 25. December 1810 dieserhalb Schoen den Vorwurf der Engherzigkeit machte und glaubte, daß nur auf zwei Umstände des Berichts, den Blasenzins und die Quirdeln Rücksicht zu nehmen sei, dieserhalb Uebergangs-Bestimmungen vorschlug und behauptete, das Reglement würde sehr wohl durch den Prediger, Küster, Schulmeister ꝛc. auf dem platten Lande gehandhabt werden können —, so war doch der Widerspruch nicht blos dieser Regierung, sondern auch der verschiedenen Kreisstände derartig, daß man darüber nicht hinweggehen konnte. Es ist interessant, daß die Stände übereinstimmend aus den verschiedensten Gegenden der Monarchie auf Ersatz der Land-Consumtions-Steuer durch eine directe Personensteuer hindrängten.

Es möge folgender bezüglicher Passus aus einer umfangreichen Immediat-Vorstellung der Stände Heilsberger Kreises vom 21. December 1810 hier einen Platz finden:

„Wir haben nämlich immer sagen hören, daß sich die Volksmenge der Preuß. Monarchie auf 5 Millionen belaufe. Wenn nun von jedem Individuum ein Beitrag von 1 Rthlr. zwei Jahre hinter einander aufgebracht würde, so würde dadurch schon ²/₃ dieser Contribution gedeckt werden können.

Der König antwortete in einer Kab.-Ordre von Hardenberg's Hand am 19. Januar 1811:

„Es ist weder so leicht als es die adelichen und Köllmischen Gutsbesitzer des Heilsberger Kreises vermeynen: durch einen Ausschlag nach der Volksmenge eine beträchtliche Summe Geldes aufzubringen, als es mit der Gerechtigkeit vereinbar sein würde, diesen Ausschlag nach einem gleichen Maßstab auf alle Köpfe zu legen, wodurch der Arme mit einer zahlreichen Familie oft zehnfach mehr ohne Rücksicht auf alle Verhältnisse besteuert werden würde, als der Reiche ohne Familie. Die erwähnten Gutsbesitzer müssen sich bescheiden, daß sie von ihrem Standpunkte weder das Bedürfniß des Staats zu übersehen, noch die Mittel richtig zu beurtheilen vermögen, wodurch diesen Bedürfnissen genügt werden kann. Sie müssen Mir die landesväterliche Fürsorge zutrauen, daß diese Mittel nur nach reifer Prüfung gewählt und nach gerechten Grundsätzen vertheilt werden. Aus der Maßregel die Ich angeordnet habe, aus den Provintzen unterrichtete Männer aus allen Ständen hieher zu berufen, um sie über die durch Local-Umstände nothwendig werdenden Modificationen bei der Steuer-Erhebung zu Rath zu ziehen, werden sie entnommen haben, wie geneigt Ich bin, auf jede gegründete Vorstellung zu achten. Diesemnach erwarte Ich von ihrer Pflichtmäßigkeit und von ihrem Patriotismus, Gehorsam und Entfernung übertriebener Besorgnisse um so mehr, da sie nur das Edict vom 28. October v. J. aufmerksam hätten lesen dürfen, um sich diese ganz zu ersparen, indem darin für die Gegenden, welche durch den Krieg vorzüglich gelitten haben, besonders für Preußen, besondere Hilfe in Absicht auf die neuen Consumtionssteuern ausdrücklich zugesagt ist." — gez. Friedrich Wilhelm."

Es mag dahin gestellt bleiben, in welchem Grade namentlich in Preußen durch Schoen, der persönlich und aus Ueberzeugung gegen die Land-Accise eintrat, der Widerspruch der Stände, wo nicht angeregt, so doch nicht behindert wurde; — daß diese Steuer nach Art und Wesen gerade den Landmann nicht nur hart belastete, sondern auch arg belästigte, kann gar keinem Zweifel unterliegen. —

Ein Rescript vom 27. December 1810 an die ostpreußische Regierung gestattete vorläufig die fernere Beibehaltung der Handmühlen. — Die Section für die Abgaben verlangte aber gutachtlichen Bericht darüber:

1. Ob die Quirdeln nicht wenigstens da wegfallen könnten, wo eine Wind- oder Wassermühle nicht über eine Meile entfernt ist.

2. Wie die noch bleibenden Handmühlen auf eine geringere Anzahl zu reduciren.

3. Wie sie zu controliren sein würden, bezüglich des Branntweinschrots.

4. Ob es räthlich sei, den Besitzern der in der Nähe größerer Mühlen entbehrlichen Handmühlen eine Entschädigung zu geben.

Sehr glücklich waren also die Erfolge der neuen Steuergesetze, namentlich bezüglich der wichtigsten Landesabgabe, von denen v. Raumer einen Ertrag von nahezu 4 Millionen Rthlr. erwartet hatte, keineswegs. Man kam mit der Sache eben nicht vorwärts und erwiesen sich auch die Aushilfen, welche man durch eine Fixation für Preußen eintreten lassen wollte, ebenfalls als ungenügend. — In dieser Beziehung hatte Ladenberg im Januar 1811 an die Abgaben-Deputation der Regierung zu Litthauen verfügt:

„Nachdem durch die Verfügung Sr. Excellenz des Staats-Kanzlers die Beibehaltung der s. g. Quirdeln im Litthauischen vor der Hand nachgelassen worden, ist die fixation der Ortschaften, die sich derselben statt der Mühlen bedienen, nothwendig geworden. Das Präsidium wird sie ohne Zweifel eingeleitet haben und der Bericht über die zur Sicherung der Consumtions-Steuern getroffenen Maßregeln wird ergeben, welche Modificationen getroffen sind. — Folgende Gesichtspunkte sind dabei indeß nicht aus dem Auge zu verlieren und werden für den Fall aufgestellt, daß sie unbeachtet geblieben sein sollten.

1. Die Fixation tritt nicht blos für die einzelnen Individuen ein, die sich der Quirdeln bedienen, sondern, da diese verliehen werden können und Mißbrauch unvermeidlich ist, für die ganze Ortschaft.

2. Wer nichts desto weniger in solchen Ortschaften auf Mühlen Brodtgetreide mahlen läßt, bezahlt zwar dort die Consumtions-Abgabe, diese wird aber halbjährlich zur Restitution bei uns liquidirt.

3. Die Fixation geschieht auf den Grund jährlicher Consignationen und wird dabei von Personen über 12 Jahren eine Con-

sumtion von 6 Scheffeln, unter 12 Jahren aber von 4 Scheffeln angenommen.

4. Die Zahlung geschieht monatlich an die Bezirks-Einnehmer, welche auch die zu 2 bemerkte Gegenrechnung anlegen.

5. Das Edict (§ 12) schreibt vor, welche Atteste des Consumtions-Steuer-Amts bei der Einbringung von Fabricaten aus Getreide in die Städte nöthig sind. Dieser Fall wird zwar im dortigen Departement selten eintreffen, in solchem Fall muß aber der Bezirks-Einnehmer bei Fabricaten der Quirdeln und Handmühlen statt des Attestes einen auf die jedesmal einzubringende Quantität lautenden Passir-Zettel ertheilen.

6. Die Anschaffung neuer Handmühlen oder Quirdeln ohne Genehmigung der Section ist verboten.

7. Ueber die Maßregeln zur Controlirung derjenigen Handmühlen, deren Benutzung nicht auf die Zubereitung des eigenen Bedarfs beschränkt wird, werden Vorschläge erwartet." —

An dem Ernst und der Absicht die neuen Abgaben auf diese oder jene Weise durchzusetzen, fehlte es, wie dies energische Rescript erkennen läßt, nicht. Dadurch wurde aber der Widerstand nur noch mehr gereizt, wie sich aus einem Bericht Schoens an Hardenberg vom 16. Januar 1811 ergiebt. Darin wird ausgeführt: Die unterm $\frac{\text{28. November 1810}}{\text{3. Januar 1811}}$ von der Section für die Abgaben getroffenen Anordnungen widersprächen dem schon durch Friedrich den Großen etablirten Grundsatz, daß kein neuer Impost auf das Land gelegt werden dürfe, ohne von höchster Stelle justificirt zu sein. In Folge der eingetretenen Fixation seien die Bestände an Fleisch und Brodmehl am 1. Januar 1811 versteuert worden. So üblen Eindruck dies auch gemacht habe, so habe man doch angenommen, daß hierfür ein Königlicher Befehl vorläge. Dies könne aber keineswegs zugestanden werden bezüglich des unterm 3. Januar 1811 erfolgten Erlasses, wonach in den Dörfern, wo eine Handmühle existirt (was von Hunderten hier in vielen Gegenden in neunzigen der Fall ist) statt der vom Könige befohlenen Consumtionssteuern eine Kopfsteuer eingeführt werden soll die an sich nicht fehlerhaft indessen in Verbindung mit den tief eingreifenden Consumtions-Steuern unmöglich sei. —

Nach wenigen Monaten lag die allgemeine Ueberzeugung, das Consumtions-Steuer-Edict sei ohne die Verletzung der ersten und wichtigsten Grundlagen des ländlichen Erwerbes nicht durchzuführen klar zu Tage und entschloß man sich daher die ins Leben gerufene

Besteuerung anderweitig zu gestalten. Am 29. Mai 1811 erließ der König an Hardenberg nachstehende Kabinets-Ordre.

„Aus der beikommenden Vorstellung des Landschafts-Raths von Herrmann und des Erbpächters Golenzig aus Litthauen ersehe Ich, daß die neuen Consumtionssteuern vom Landmann auch dann entrichtet werden sollen, wenn er, statt das Brodkorn zu mahlen, dasselbe wie in Westpreußen und Litthauen geschieht, quellt und zu einem Teig stampft, den er statt des Brodes genießt. Das Prinzip, worauf die Bestimmung der Abgabe-Section beruht, daß nämlich die Consumtion, nicht das Gemahl besteuert sei und die Mühlen nur zur Controle dienen sollen, ist ganz richtig: wenn es aber soweit gekommen ist, daß der Landmann, um die Consumtions-Abgabe nicht zu erlegen, sich einen der Gesundheit gewiß nicht zuträglichen Teig bereitet, von welchem er lebt, so muß man wohl annehmen, daß es ihm voritzt wenigstens, bei den so überaus niedrigen Getreidepreisen unmöglich wird, die geordnete Consumtionssteuer zu entrichten und dann ist es nicht mehr strafbare Defraudation der öffentlichen Gefälle, sondern wahre Noth, die den soweit zurückgekommenen Landmann zu diesem Benehmen zwingt und die also durch kein Strafgesetz zu beseitigen ist, vielmehr zur Verzweiflung treiben muß, nicht zu gedenken, daß die Gesundheits-Polizei ein solches Teigbereiten statt des Brodes nicht gestatten kann. Hierinn scheint also die Abgaben-Section zu weit zu gehen und eine Abänderung dieser im Amtsblatt der Westpreußischen Regierung aufgenommenen Anordnung dringend nothwendig zu sein. Ich übergebe Ihnen demzufolge diese sehr wichtige Angelegenheit zur Beherzigung und bin im Voraus überzeugt, daß Sie das in der Sache angemessene Mittel zur Behebung einer so begründeten Beschwerde zu finden wissen werden."

gez. Friedrich Wilhelm.

Im Anschluß an diese sehr wichtige Ordre, die geradezu die durch das Consumtionssteuer-Edict hervorgerufene Landes-Kalamität anerkannte, erging schon am 18. Juni 1811 an Hardenberg eine fernere, die in eingehendster Weise auf die Härten und Ungleichheiten hinwies, die bei den gleichen Steuersätzen wegen der in den verschiedenen Landestheilen sehr divergirenden Getreidepreise durch das Edict hervorgerufen würden, so daß die Steuer in dem einen

District den vierten, in anderen nur den 12. Theil des Gemahls betrage. —

Zwar dürfte im Allgemeinen durch die bisherige Schilderung der Gang, den die Sache nahm, klar gestellt sein und sich daran die Berathung mit den zusammenberufenen Landes-Repräsentanten, deren schließlicher Erfolg das fernerweite Edict über die Finanzen des Staats und das Abgabensystem vom 7. September 1811 war, unmittelbar anreihen können.

Da jedoch die Kernfrage, daß man durch eine Personensteuer einen erheblichen Theil des Staatsbedürfnisses decken könnte, bereits vor Erlaß des Consumtions-Steuer-Edicts vielfach und an maßgebender Stelle erörtert worden ist, so ist es zur Kritik der Specialsteuer-Gesetze von 1810 schon um deshalb nicht unwichtig auch auf diese Versuche zurückzugreifen, weil sie gewissermaßen den Anhaltspunkt für die Opposition bildeten.

Wenn v. Raumer in seiner Abhandlung „über das britische Steuersystem, insbesondere die Einkommensteuer" Berlin 1810 S. 233 die Ansicht der zur Ausarbeitung der Steuergesetze eingesetzten Kommission, deren Mitglied er war, dahin vertritt:

„Ich halte die Einkommensteuer für ein lehrreiches und auf „immer schreckendes Beispiel der radicalen Untauglichkeit aller auf „eine große Sphäre berechneten directen Abgaben für einen redenden „Beweis von der Falschheit aller der verführerischen Theorieen, die „uns die Freiheit und den Wohlstand der Völker an diese Aufgabe „ausschließend gebunden zeigen wollen" —, so theilten schon viele Staatsmänner damaliger Zeit diese Ansicht gar nicht. — Wie Stein darüber dachte, ist schon erwähnt worden. Labaye, später Vorsitzender der Immediat-Kommission zur Verwaltung der Vermögens- und Einkommensteuer von 1812, eine Finanz-Kapacität seiner Zeit, der bei allen schwierigen Anleihen, welche die Regierung wegen der Napoleonischen Contribution contrahiren mußte, als Vermittler betheiligt war, hatte am 15. July 1810 mit Bezug auf die Auflegung einer gezwungenen Anleihe ein interessantes pro memoria ausgearbeitet, dem nicht nur der Gedanke zum Grunde lag, den Kapitalisten zu beschatzen, wie dies wohl Stein vornehmlich wollte, sondern auch eine directe persönliche Landes-Abgabe durchzuführen. Er kannte die Verhältnisse der reichen Berliner jüdischen Banquiers (44) sehr genau, vindicirte denselben unter Nennung der Namen ein Vermögen von 10 Millionen und machte die Proposition von 4 Millionen Einwohnern à $1\frac{1}{2}$ Rthlr. pro Kopf nach allen Ausfällen 5,000,000 Rthlr. durch eine Klassen- resp. eine Einkommensteuer zu erreichen. — Acta des Departements für die Einkünfte des Staats, directe und indirecte Abgaben aller Art.

„Vorschläge zur Einführung einer Kopfsteuer nach Klassen 1810.“—

Der Geheime Finanz-Rath von Prittwitz berichtete am 18. Mai 1810 an Hardenberg. Er habe bereits im April d. J. dem Geh. Staats-Rath und Ober-Präsidenten Sack einen Vorschlag zu einer Kopfsteuer nach Klassen eingereicht und halte es für seine Pflicht, „da Sr. Excellenz, als Stand des Lebuser Kreises, ihn mit dem so schätzbaren Vertrauen beehrt habe, hochdenselben beim General-Landtage zu repräsentiren,“ auf verschiedene Vorschläge der Einkommensteuer und Kopfsteuer hinzuweisen. Eine Einkommensteuer empfehle sich nicht, da dieselbe ohne die gehässigsten Maßregeln nicht durchzuführen sei, da sie ihrer Natur nach gewaltsam in die Geheimnisse des Eigenthums eindringe, dadurch die Nation demoralisire, den vermögenden Ausländer abhalte, in das Land zu ziehen und den bemittelten Einwohner aus dem Lande treibe. Dagegen sei eine Kopfsteuer nach Klassen zu empfehlen. Man könne auf 500,000 Familien im Staate rechnen, diese in zehn Klassen gruppiren, von denen die größere Anzahl der ersten 3 Klassen (150,000 Familien) jährlich 1 Rthlr., die 4. und 5. Klasse (100,000 Familien) jährlich 2 Rthlr., die 6. Klasse (50,000 Familien) jährlich 4 Rthlr., die 7. mit gleicher Familienzahl monatlich 1 Rthlr., die 8. monatlich 2 Rthlr., die 9. 3 Rthlr., die 10. als niedrigsten Satz 5 Rthlr. monatlich entrichten könnte. Unmöglich wäre hier die untere Volks-Klasse gedrückt, da schwerlich von dieser irgend Jemand mehr als 1 bis 2 % geben würde. — Fände man aber die Reichen noch zu niedrig angesetzt, so mache man für diese noch erhöhte Sätze und lasse die fünf ersten Klassen völlig ausfallen und die 350,000 Rthlr. auch noch von der letzten Klasse übertragen. Jeder solle durch Korporations-Repräsentanten classificirt werden, wer sich aber prägravirt glaube, solle das Recht haben zu liquidiren.“

Wir haben hier in ihren ersten Anfängen mit fast allen ihren Eigenthümlichkeiten, Vorzügen und Schwächen die nachherige Klassensteuer und daß man sich über diese Vorzüge und Schwächen schon damals klar war, beweist die Kritik, die Labaye zu diesen Vorschlägen machte. Er hielt für die höheren Stufen die Klassen-Gruppirung für sehr schwierig und hatte an den Rand geschrieben:

„So lange wir nicht einen bestimmten Procentsatz des Einkommens zur Richtschnur nehmen, spielen wir immer Blinde-Kuh.“ —

Prittwitz beruhigte sich noch nicht mit seinem Berichte an Hardenberg, sondern trug unterm 6. Januar 1811 kurz vor der auf den 20 Januar 1811 anberaumten Versammlung der Landes-Repräsentanten in einem nach Stil und Inhalt edel gehaltenen Immediatgesuche auch dem Könige seine Ansicht vor. —

Die Verhandlungen der Landes-Repräsentanten, die der Staats-Kanzler am 23. Februar 1811 mit längerer Rede eröffnete, währten bis zum Tage des Erlasses des anderweiten Edicts über die Finanzen des Staats vom 7. September desselben Jahres. —

Es darf als eine Belohnung für mühevolles Quellenstudium bezeichnet werden, den Inhalt dieser mannigfaltigen Berathungen, gewissermaßen crystallisirt, in einem wichtigen Actenstück zusammengestellt, gefunden zu haben. Die Geheime Registratur des Staats-Kanzlers Hardenberg, betreffend „das Abgaben-System überhaupt und die deshalb mit den Ständen gepflogenen Berathungen,“ enthält in Vol. III vom Juni 1811 ab in Gestalt einer Kabinets-Ordre vom 6. September 1811 die Motive zu dem fernerweiten Edict vom folgenden Tage. In diesem wichtigen und umfangreichen Document, welches bisher wohl noch nicht an's Licht gezogen ist, ist auf alle von den Repräsentanten zur Erörterung gebrachten Fragen bis ins Detail eingegangen. Wegen seines unmittelbaren Interesses für die vorliegende Arbeit hat dasselbe schon des Umstandes halber, weil kaum präciser die Resultate der Berathungen dargestellt werden können, hier einen Platz gefunden. Zugleich erscheint aber auch die Behauptung nicht gewagt, daß diese Urkunde ebenso in historischer und politischer Hinsicht von hervorragender Bedeutung ist.

Kabinets-Ordre vom 6. September 1811 an den Staats-Kanzler Freiherrn v. Hardenberg:

„Nachdem Sie mir die Resultate der mit den zusammen berufenen Deputirten der Stände aus den sämmtlichen Provinzen der Monarchie wegen des neuen Abgaben-Systems und verschiedener anderer Gegenstände der Gesetzgebung gehaltenen Berathungen vorgetragen haben, will Ich Ihnen nunmehr Meine Entschließungen darüber zu erkennen geben.

Ich genehmige es vollkommen, daß Sie von dem allgemeinen Gesichtspunkte ausgegangen sind, dem Abgaben-System sowohl, als einigen anderen Anordnungen, nähere Bestimmungen zu geben, die auf der einen Seite zwar den Hauptgrundsätzen nicht zuwiderlaufen, nach welchen Ich seit dem Frieden die Verfassung des Staats und seine Verwaltung einzurichten für gut befunden habe, auf der andern aber die Beschwerden über die neuen Steuern und die Einwendungen gegen die neuen gesetzlichen Vorschriften mit völliger Unbefangenheit zu prüfen, das Ausgesprochene nicht blos, weil es einmal ausgesprochen wurde, mit Strenge aufrecht zu erhalten, sondern dasjenige aufzufinden, was in der That als das Beste und da große Lasten einmal unvermeidlich sind, als das Minderlästigste sich ergeben wird.

Die Grundlagen des Systems sind unwidersprechlich gut. — Gleichheit vor dem Gesetz und Eigenthum, freie Benutzung desselben, auch freie Disposition über solches, Gewerbefreiheit und erleichterte Anwendung aller einzelner Kräfte zum Besten des Ganzen, Aufhebung der Monopole und der Zwangs- und Banngerechtigkeiten, endlich Tragen der Abgaben nach gleichen Grundsätzen von Jedermann und Vereinfachung derselben können nur wohlthätig wirken. Sie sind nicht nach Willkür ausgewählt, nicht, um der Theorie zu Ehren, ein idealisches Gebäude hinzustellen, oder um fremde Einrichtungen nachzuahmen, sondern aus Ueberzeugung von ihrer Güte, und von der Nothwendigkeit derselben für die Wiedergeburt des Staats. Es soll daher auch im Wesentlichen nichts daran abgeändert werden; aber Ich will den Zweck nicht durch gewaltsame Zerrüttung, nicht ohne Entschädigung gegen wohl hergebrachte Rechte, sondern lieber auf langsamen sicherem Wege erreichen, will gern auf die Wünsche Meiner getreuen Stände und Unterthanen Rücksicht nehmen, insofern nur der Hauptzweck erreicht wird, gern die Wege erwählen, die jenen Wünschen am mehrsten entsprechen und diejenigen Abgaben mildern, oder ganz abstellen, die am drückendsten erscheinen, dagegen aber solche anordnen, von denen man dafür hält, daß sie es weniger sein werden.

Es läßt sich nicht verkennen, daß das Continental-Sperr-System auf den Absatz und den Preis der Producte und Fabrikate den nachtheiligsten Einfluß hat, wodurch in Sonderheit dem platten Lande die Aufbringung hoher Abgaben sehr erschwert wird; es ist ferner richtig, daß die Controle gegen Einschwärzungen fremder Producte und Fabrikate bei einem großen Theil unsrer ausgedehnten

Grenze höchst schwierig und fast unmöglich wird, wenn bei hohen Abgaben der Reiz zur Defraudation zu groß ist, — allein es ist nicht minder wahr, daß man häufig, blos aus Vorliebe für das Alte, das bessere Neue tadelt, daß Vorurtheile und Privat-Interesse dabei einwirken und daß man den Maßregeln der Regierung ungerechter Weise die Uebel zuschreibt, die doch keineswegs in solchen, sondern in einem äußeren, unabwendbaren Umstande ihren Grund haben, daß von wenigen Uebelgesinnten daran gearbeitet wird, Unzufriedenheit im Innern zu erregen, ja sogar, daß der Wahn frevelhaft verbreitet wird, als ob wohlthätige Einrichtungen zum Besten der geringeren Stände nur vermöge erzwungener Verpflichtungen gegen eine fremde Macht geschähen. Gegen diejenigen, die Meinen nur auf das Wohl Meiner Unterthanen gerichteten landesväterlichen Gesinnungen und Bemühungen Hindernisse nach Art Jener entgegensetzen, bin Ich fest entschlossen mit dem größten Ernst und Nachdruck zu verfahren.

Wenn zwischen den Stadt- und Landbewohnern, wenn zwischen den verschiedenen Provinzen des Staats eine Ungleichheit der Kräfte stattfindet, die zu den wesentlichsten Behinderungen der Steuergleichheit gehört; so muß vor allen Dingen dahin gearbeitet werden, diese Ungleichheit nach und nach zu heben. Das sicherste Mittel dazu ist, freie Entwickelung und Anwendung der Talente und Kräfte und bis zur Gleichstellung der Steuerfähigkeit eine geringere Besteuerung der Punkte, die gegen die übrigen noch zurück sind:

Um Beides zu bewirken, ist erforderlich:

1. Daß der Zunftzwang aufgehoben bleibe.

2. Daß Jedem gestattet werde, seine Wissenschaft oder Kunst insofern frei zu üben, als nicht die Gerechtsame die Andere, titulo oneroso erworben haben, dadurch verletzt werden, oder erhebliche polizeiliche Gründe, oder solche Finanz-Einrichtungen, die nicht von Mir aufgehoben sind, z. B. in Absicht auf den Salzhandel entgegenstehen.

3. Daß auf dem platten Lande Handwerker und Fabriken zulässig sind.

4. Daß das Land-Eigenthum da vollständig verliehen werde, wo es nur beschränkt oder gar nicht existirt.

5. Daß der Erwerb desselben für jeden Staatsbürger frei sei.

6. Daß die Servituten, welche eine freie Landbenutzung hin-

dern, soweit eingeschränkt werden, wie es die Kulturfortschritte erheischen.

7. Daß ein Unterschied gemacht werde zwischen:

a. solchen Städten, die in Rücksicht auf ihre Bevölkerung, auf ihr städtisches Gewerbe und ihren Handels-Verkehr sich dazu eignen, die im vorigen Jahre angeordneten Consumtions-Abgaben aufzubringen.

b. solchen, die in jenen Rücksichten sich nicht dazu eignen und die unbeschadet ihrer städtischen Gerechtsame in Absicht auf die Abgaben dem platten Lande gleich zu stellen sein werden.

8. Daß der Verkehr zwischen den größern Städten zu a, und den kleineren mit dem platten Lande zu b insofern frei sei, als es die Verschiedenheit des Abgaben-Systems nur immer gestattet.

9. Daß die Abgaben der kleineren Städte und des platten Landes soweit gemindert werden, daß sie bequem aufgebracht werden können und kein Hinderniß bei der Behauptung derjenigen Vortheile sind, welche aus den vorhergehenden Bestimmungen gezogen werden können.

Aus diesen allgemeinen Grundsätzen müssen die Anordnungen für die besonderen Punkte und Verhältnisse abgeleitet werden. —

Aus dem mir vorgelegten Ueberschlag überzeuge Ich Mich mit Vergnügen, daß es möglich ist, die nachstehenden Bestimmungen zu genehmigen.

A. Für das platte Land und die kleineren Städte sollen in der ganzen Monarchie die **Consumtionssteuern** theils aufgehoben theils gleichmäßig bis zu dem Punkte herabgesetzt werden, daß die Getränke-Fabrication gesichert und sowohl in Absicht ihrer als der bleibenden Consumtions-Abgaben der Defraudations-Reiz aufgehoben werde.

Hiernach müssen die Consumtions-Steuer-Sätze nach den Kräften und Verhältnissen der ärmeren mit offenen Grenzen versehenen Provinzen bestimmt werden und, da die darnach erforderliche Herabsetzung zu bedeutend ist, um von den Kassen ohne Ersatz getragen zu werden, so billige Ich,

> daß neben den Consumtions-Abgaben, nach dem fast allgemein geäußerten Wunsche, eine mäßige fixe Personen-Steuer erhoben werde.

Die letztere soll für Personen über 12 Jahren jährlich 12 Ggr. betragen, für Kinder unter 12 Jahren wird sie garnicht erlegt.

Dagegen soll

a. die Mahlabgabe von Brodgetreide, Grütze, Graupe, Branntwein aus Futterschrot vom 1. October d. J. ganz abgeschafft sein.

b. die Abgabe vom Braumalz, welche bisher vom Scheffel Weizen 18 Ggr. und vom Scheffel Gerste 12 Ggr. betrug, auf 6 Ggr. vom Scheffel Weizen und 4 Ggr. vom Scheffel Gerste herabgesetzt und

c. Der Blasenzins vom Branntwein auf 3 Pf. pro Quart beschränkt sein.

d. Die Abgabe vom Schlachtvieh kann, da sie nicht drückend und Defraudationen dabei nicht zu besorgen sind, zwar bleiben, um aber doch auch in Absicht ihrer einige Erleichterung zu gewähren, so soll

1. von jeder Viehgattung der geringste Tarifsatz erhoben,

2. der Gewichts- und Verbrauchs-Unterschied nicht weiter berücksichtigt,

3. der Satz von einigen kleinen und schwachen Vieharten dahin gemindert werden, daß künftig vom Schaaf statt 5 Ggr. nur 4 Ggr., vom Schaaf- und Ziegenlamm statt 5 Ggr. 2 Ggr., vom Spanferkel statt 4 Ggr. nur 2 Ggr. — entrichtet werden.

e. Außerdem will Ich für die Provinzen Ost- und Westpreußen und Litthauen die Mühlenzwangs-Befreiungs-Gelder, welche daselbst von den Domainen-Unterthanen übernommen sind, hiermit erlassen, um sie in Absicht der Abgaben an Mich mit den übrigen Unterthanen gleich zu stellen und Prägravationen gegen diejenigen zu vermeiden, die ohne besondere Vergütung vom Mahlzwange entbunden sind.

Was B. die Art und Weise der Erhebung betrifft, so finde Ich den Grundsatz: „daß sie die Entrichtung und Kontrole erleichtere und alle Plackereien schlechterdings ausschließen müsse," vollkommen befriedigend und ist es Mir besonders angenehm, daß die Einrichtung, die Sie deshalb vorschlagen, mit Einfachheit Sicherheit verbindet und das besondere Land-Accise-Personal der Regel nach entbehrlich macht.

1. Bei der fixirten Steuer wird beides dadurch bewirkt, daß man den sehr geringen Satz, der für eine ganze Familie wöchentlich kaum 1 Ggr. beträgt, nicht nach Klassen, sondern blos nach Personen erhebt, ohne deren Verhältnisse und Geschäfte weiter zu

berücksichtigen. Die hierin anscheinend liegende Prägravation der geringsten Klasse, der Tagelöhner nämlich, wird dadurch beseitigt, daß die übrigen Klassen noch andere Steuern entrichten müssen, indem der Handwerker und Fabrikant Gewerbsteuer, der Landbesitzer aber Grundsteuer entrichtet.

2. Bei der Schlachtsteuer findet ebenfalls keine Chicane oder andere Schwierigkeit weiter statt, da nichts gewogen, oder willkürlich geschätzt wird, sondern es blos auf Erkenntniß der Vieharten ankommt.

Die Branntwein-Abgabe ist nur so mäßig, daß sie den Reiz des Einschleppens aus dem Auslande aufhebt und dem Lande diese wichtige Fabrication sichert. Um sie aber auch noch so weit zu erleichtern, daß die auf Viehfutter gerichtete Nebenbenutzung gesichert und alles Lästige und Drückende in der Erhebung und Controle vermieden werde, so soll:

a. der Blasenzins, der nach den gemachten Erfahrungen und dem Urtheil der Sachverständigen vor der Versteuerung im trockenen Wege den Vorzug verdient, mit Rücksicht auf d'e jetzige Beschaffenheit der Blasen und Kühl-Apparate für jede Brennerei besonders regulirt werden;

b. jedem Brennerei-Besitzer frei stehn, auf so lange zu declariren, wie es der jedesmalige Bedarf erheischt;

c. die Controle auf Ablieferung des Helms der Versiegelung desselben, oder, wo es auf eine Weise geschehen kann, die hinlängliche Sicherheit gewährt, der Kühlapparat beschränkt und sonach ohne weitere Untersuchung blos die Zeit versteuert werden, die zwischen dem Zurückholen und Zurückliefern des Helms, oder der Ver- und Entsiegelung verstreicht.

d. Niemand darf gezwungen werden, die Einrichtung seiner Brennerei abzuändern und andere Blasen- und Kühl-Apparate anzuschaffen, sondern es ist dies nur bei der Abnutzung der vorhandenen zur Bedingung zu machen.

Die Regulirung ad a muß durch besondere technische Kommissarien nach der Regel geschehen, daß der höchste Normalsatz, welcher für gut eingerichtete Brennereien auf 4maliges Läutern und einmaliges Klären angenommen wird, bei unvollständiger oder mangelhafter Einrichtung um ein Drittel bis zu ein Halb und allenfalls auch noch tiefer ermäßigt werde.

e. Sollen da, wo es die Abgaben-Section für zweckmäßig und

ausführbar erachtet, ländliche Blasen auch nach ihrer Productionsfähigkeit und der glaubhaft ausgemittelten Zeit ihres Betriebes für das ganze Jahr veranschlagt und versteuert werden können.

4. Da die **Biersteuer** im nassen Wege nicht sicher erhoben werden kann und die Schrot-Versteuerung hierbei nöthig bleibt, so muß für deren Sicherung und zur Erleichterung der Controle befohlen werden.

a. daß nur ungemalztes Getreide zum Viehschrot und zum Branntweinbrennen declarirt werden dürfe;

b. daß behuf des letzteren das gemalzte Getreide mit dem ungemalzten zusammengemengt werden müsse, bevor es zur Mühle gebracht wird;

c. daß beim Vorfinden unversteuerten Malzes, der Vorwand, daß es zum Branntwein bestimmt sei, niemals gelten, sondern in einem solchen Fall jedesmal

d. sowohl von dem Müller, wie von dem Braubesitzer eine Strafe von 300 Rthlr. entrichtet werden soll.

5. Diese einfachen und leichten Erhebungen und Controlen können von den Dorfschulzen, Kreis-Ausreutern und Kreis-Einnehmern recht füglich mit besorgt werden.

6. Damit übrigens desto sicherer Defraudationen vermieden werden nnd die neuen Abgaben ungekürzt eingehen, so finde Ich zweckmäßig die Grundbesitzer zu verpflichten, **die etwa entstehenden Ausfälle bei der Personen-Steuer durch die Kommunen und bei den Consumtions-Abgaben dergestalt durch extraordinaire Grundsteuern decken zu lassen, daß jede Provinz die Summe vertritt, die zum Soll-Einkommen ausgemittelt wird.**

Für diese Maßregel spricht:

a. daß die Extra-Steuer auf den Kapital-Werth der Güter keinen Einfluß hat, da sie nicht positiv eintritt und nicht von Belang ist;

b. daß die Gutsbesitzer die nächste Verpflichtung zur Deckung haben, indem ihre Lasten durch Aufhebung des Vorspanns und der Fourage-Lieferung vermindert sind und diese Aufhebung eine der Ursachen mit ist, warum die neuen Auflagen haben aufgelegt werden müssen;

c. daß mit Ausnahme Schlesiens die Grundsteuern zu einer Zeit aufgelegt sind, wo der Münz-Fuß ungleich besser war als jetzt, so daß jetzt eigentlich nicht mehr die sonstige Steuer, sondern weit weniger entrichtet wird;

d. daß die Rustical-Besitzer durch die gegenwärtige vollständige Auflösung der Abhängigkeits-Verhältnisse eine neue glücklichere Existenz und mehrere Kräfte erhalten.

Aus diesen Gründen kann bei der Ausführung überall kein Bedenken sein.

C. Indem die kleineren Städte und das platte Land durch die Herabsetzung der Abgaben erleichtert werden, will Ich den größeren Städten dadurch eine Erleichterung angedeih'n lassen, daß ihnen verschiedene unten speciell benannte Abgaben erlassen und einige Vortheile gewährt werden sollen. Mehr hierin zu thun geht eines Theils wegen des zu großen Ausfalls für die Kassen des Staats nicht an, andererseits ist auch weniger Veranlassung dazu vorhanden, da die städtischen Gewerbe nur zum Theil und bei Weitem nicht in dem Grade, wie die ländlichen gelitten haben, welches schon aus dem Umstande erhellet, daß sowohl die Fabrication gestiegen, wie Handwerker und Künstler sich ihre Arbeiten noch eben so theuer bezahlen lassen wie sonst. Erwägt man dabei, daß die ersten Lebensbedürfnisse und viele Fabrik-Stoffe bedeutend wohlfeiler geworden sind, so ist die Lage der größeren Städte im Allgemeinen eigentlich hinsichtlich des Erwerbes nicht verschlimmert, sondern gebessert. Ohne Zweifel rührt dies daher, daß während das platte Land seine rohen Producte jetzt blos in den Städten absetzen kann, diese neben dem Verkaufe innerhalb Landes auch einen bedeutenden Absatz nach auswärts immer noch behalten haben. Dieser Grund schlägt indessen bei den kleineren Städten nicht an, welche blos von gewöhnlichen Handwerkern und Ackerbürgern bewohnt sind. Schon vor dem Kriege befanden sich diese im schlechten Zustande und es ist nicht zu mißkennen, daß solcher von dem Mißverhältniß herrührt, worin ihr beschränktes und zum Theil kümmerliches Gewerbe mit den städtischen Accise-Abgaben steht. Dies Mißverhältniß vermehrt sich durch das Sinken der Productenpreise und erfordert durchaus Hilfe. Ich will sie durch die oben erwähnte Einrichtung gewähren, welche sie in Absicht auf die Abgaben mit dem platten Lande vereinigt. Die Grenze zwischen den Städten, welche zu diesem System zu rechnen sind, und denen, welche in Absicht auf die Abgaben nach den bisherigen Grundsätzen behandelt werden sollen, muß mit Rücksicht auf die Größe, die Bevölkerung und bisherigen Accise-Einkünfte bestimmt, dabei aber auch vor Allem der Gewerbebetrieb berücksichtigt werden. Da, wo die städtischen Gewerbe das Uebergewicht haben und vor

Allem da, wo viel Handel getrieben wird, muß das Stadt-System bleiben. —

Um einer Seits den durch diese Veränderung entstehenden Ausfall zu decken, andrer Seits aber den größern Städten alle thunliche Erleichterung angedeihn zu lassen, genehmige Ich ferner:

1. daß die in das Landsystem versetzten Städte von ihren Grundstücken eine mäßige Grundsteuer entrichten, wie solche auf dem platten Lande für die bäuerlichen Besitzungen üblich ist, jedoch nach Maßgabe ihrer Kräfte.

2. Daß der Accise-Tarif für die größern Städte vereinfacht, von mehreren lästigen Artikeln befreit auch öffentlich bestimmt und bekannt gemacht werde.

3. Daß die Uebertrags-Accise mit zum Tariffatze geschlagen werde, bei den Artikeln aber, welche neue Tariffätze erfahren haben, die sie mit den alten Accise-Sätzen decken, ganz wegfalle.

4. Die Abgabe vom Gemahl, welches aus den kleineren Städten und vom platten Lande in die größern Städte gebracht worden, soll nicht nur zum Besten derselben hergestellt, sondern auch von den in den Oertern des Landsystems gefertigten Waaren und Fabricaten beim Verkauf in die größeren Städte eine Abgabe entrichtet werden, die die beträchtlicheren städtischen Consumtionssteuern hinreichend wieder ausgleicht. Auch sollen

5. die Handwerks-Steuern, die Nachschuß-Accise, die Umschüttegelder, die Zettelgelder, und die Ziese-Gefälle abgeschafft bleiben, oder es werden;

6. den Servis der Städte, welche zum Landsystem geschlagen werden, will Ich auf meine Kassen übernehmen und auf diese Weise, sowie durch Ueberlassung der Acker- Wiesen- und Garten-Steuern, der Viehsteuer, in gleichem der Fix-Accise der Vorstädte, den Städten die Verheißung erfüllen, welche wegen eines Zuschusses in dem Edict wegen der Finanzen vom 27. October 1810 gegeben ist.

7. Hiernach soll auch in Absicht des Servises dadurch Erleichterung verschafft werden, daß die Abgabe gleichmäßiger vertheilt und von den verschiedenen Städten nach Maßgabe der größeren oder geringeren Kräfte getragen wird.

D. In Absicht der Stempel-Abgaben befriedigen die bereits von Mir genehmigten Modificationen sowohl den Finanz-Zweck, als die Wünsche der Nation, daher es dabei sein Bewenden behalten kann. —

E. Obgleich die Ausfälle, welche durch die vorbemerkten Herabsetzungen und Modificationen entstehen, in Hinsicht der gewöhnlichen Staatsbedürfnisse keine Verlegenheit erzeugen, und Ich mit wahrer Zufriedenheit vernehme, daß Sie hoffen, das in dem Edict vom 27. October v. J. wegen der Finanzen des Staats angekündigte gezwungene Anleihen nebst der beabsichtigten Personen-Steuer von unvermögenden Personen unausgeführt lassen zu können, dem ohngeachtet aber alle Verbindlichkeiten, sowie sie zugesagt sind, zu erfüllen, so macht es doch unsere Lage durchaus nothwendig für die außerordentlichen Bedürfnisse, die aus solcher entspringen, oder entspringen können, im Voraus soweit zu sorgen wie es die Umstände irgend erlauben.

Ich genehmige deshalb

1. Daß die Kosten, welche durch die Erhaltung der französischen Garnison in den Oderfestungen und durch die Approvisionirung derselben für den Belagerungszustand erforderlich sind, zumal, da die nach abbezahlter Hälfte der Contribution Mir tractatmäßig gebührende Zurückgabe der Festung Glogau noch nicht zu bewirken gewesen ist, und die ansehnlichsten baaren Vorschüsse für die in jenen Festungen befindliche große Ueberzahl von Truppen sowohl, als wegen fremder Durchmärsche nicht zu umgehen gewesen, daß diese Gelder nach dem billigsten Repartitionsfuße durch außerordentliche Aufschläge vom ganzen Lande erhoben werden, wogegen auch dem Lande allein Alles zugut kommen soll, was von Frankreich für jene Gegenstände vergütet werden wird. Dieses sowohl, als die Verwendung der ausgeschlagenen Gelder soll öffentlich zu Jedermanns Wissenschaft bekannt gemacht werden.

2. Ferner soll sowohl um die Einnahmen zu vermehren, als zur Beförderung der inländischen Industrie auf fremdes Getreide und Vieh, nebst den Educten davon an Bier, Branntwein, Butter, Wolle ein Impost bis zu fünfundzwanzig Prozent des Werths gelegt werden dürfen.

Die Maaßregel retorquirt zugleich die Sperren unserer Nachbarn in Absicht mehrerer Fabrications-Artikel und kann das Gute haben, solche zu bewegen, zu einem nachbarlichen Benehmen zurückzukehren. Sollte durch die an Frankreich überlassenen Kolonial-Waaren, sowie durch Natural-Lieferung von Waaren und den vorseyenden Domainen-Verkauf an Käufer, die dagegen die Zahlung des Contributions-Rests übernehmen wollen, dieser nicht getilgt und darauf bestanden werden, mit dem bisherigen Abtrage von monatlich 2 Millionen Francs fortzufahren, so werden allerdings außer dem eifrigst zu betreibenden Verkauf der Domainen und geistlichen Güter nach dem Edict vom 27. Juni d. J. noch weitere Mittel angestrengt werden müssen, um diesen Zweck zu erreichen. Für diesen Fall genehmige Ich im Voraus

a. daß von allen Kapitalien, welche in Staatsfonds und auf Grundstücken angelegt sind, insofern sie über 3 Prozent Zinsen tragen und diese wirklich eingehen, eine Steuer von 20 Prozent der Zinsen erhoben werde,

b. daß man mit dem inländischen Handels-Stande eine Uebereinkunft dahin treffe, daß er gegen Ueberlassung dieser Zins-Steuer und der Salz Revenue den Rest der Contribution an Frankreich zu zahlen übernehme.

F. In Absicht der Provinzialschulden billige Ich Folgendes:

1. Die in dem Edicte vom 27. October v. J. angekündigte General-Kommission zur Regulirung der Provinzial- und Kommunal-Kriegs-Schulden, soll nunmehr unverzüglich ihren Anfang nehmen.

2. Da ihr Zweck häufig mißverstanden worden, so soll bestimmt erklärt werden, daß es keineswegs die Absicht sei, daß eine Provinz oder Kommune für andere Provinzen oder Kommunen Lasten übernehmen soll, vielmehr soll

a. abgesondert werden, was von denjenigen Lasten, die eine jede getragen hat, als für den ganzen Staat geleistet zu betrachten sei. Dieses soll auf den allgemeinen Staats-Schulden-Fonds übernommen werden,

b. was einer jeden Provinz oder Kommune allein zur Last fällt. Zur Verzinsung und Abtragung dieser Schuld muß, insofern es noch nicht geschehen ist, eine zweckmäßige Anstalt unter Aufsicht des Staats getroffen werden und dieser muß sich überzeugen, daß der Zweck auf die mindest nachtheilige Weise und sicher erreicht werde. Uebrigens bin Ich um desto mehr befugt, den Provinzen und Kommunen, wo Ich es für nöthig erachte, aus den Staats-Fonds zu Hilfe zu kommen und darf um desto zuversichtlicher erwarten, daß hieraus keine ganz unbegründeten Vorwürfe einer Provinz gegen die andere entstehen, da Ich Meine Domainen zur Erfüllung der Verpflichtungen des Staats freiwillig bestimmt habe. Ich will hievon jetzt vorzüglich zum Besten der Provinzen Ost- und West-

Preußen auch Litthauen Anwendung machen, welche durch den Krieg am meisten gelitten haben und da die bisherigen Ausmittelungen schon ergaben, daß ein bedeutender Theil des dadurch gehabten Aufwandes von den weniger belastet gewesenen Provinzen wird mit übertragen werden müssen; so sollen die noch übrigen Kriegsschulden der genannten Provinzen vorläufig und bis zu der näher auf die Verhandlungen der General-Kommission zu treffende Bestimmung auf den Staats-Schulden-Fonds übernommen werden.

Um bei der gedachten Kommission den Wünschen Meiner getreuen Stände desto sicherer entgegen zu kommen, will Ich ferner hiermit gestatten, daß außer dem Chef und den ihm zugegebenen Mitgliedern, die Ich ernennen werde, von jeder Provinz zwei Mitglieder aus den Rittergutsbesitzern, zwei Mitglieder aus den Städten und Landbewohnern, nämlich eins von den größeren Städten und eins für die kleineren Städte und das platte Land; außerdem aber von jeder der drei Hauptstädte Berlin, Königsberg und Breslau ein Mitglied erwählt und zu dieser Kommission gestellt werde. Ueber die Art der Wahl wird der Staats-Kanzler nächstens das Nöthige verfügen und die Instruction für die Kommission anfertigen lassen.

3. Um die Tilgung derjenigen Schulden zu erleichtern, die den Provinzen zur Last bleiben und ihre Verzinsung zu sichern, kann der desfalls zu leistende Beitrag von den Gutsbesitzern als extraordinaire Grundsteuer mit der Bestimmung erhoben werden, daß solche

a. da, wo die Gutsherrn bisher schon steuerpflichtig gewesen, von ihnen mit den übrigen Steuerpflichtigen gleich getragen werde, in anderen Fällen aber

b. bei adelichen Gütern den Betrag der gewöhnlichen Grundsteuer nicht übersteigt,

c. bei Bauergütern hingegen nicht mehr als ein Viertel derselben betragen darf,

d. von den hypothekarischen Gläubigern pro rata mitgetragen werden muß.

4. In Berlin und anderen Städten des Stadt-Systems kann die Aufbringung am bequemsten durch eine extraordinaire Abgabe vom Fleisch, Brod, Bier und Branntwein geschehen.

Der Unterschied zwischen den Beiträgen der Ritter- und Bauer-Güter gründet sich darin,

a. daß jene diese bei entstehendem Unvermögen vertreten müssen und daß solches bei Contrahirung der Provinzial-Schulden wegen des enormen Kriegsdrucks entschieden vorhanden war,

b. daß die adelichen Gutsbesitzer im Allgemeinen über die Hälfte des Gutswerthes verschuldet sind und daß also der Beitrag nicht sie allein, sondern auch ihre Gläubiger insofern mittrifft, daß der Theil davon, den sie selbst tragen, nicht mehr ausmachen wird, als das eine Viertel, welches die meistens unverschuldeten Bauern prästiren müssen.

Auf diese Weise wird bewirkt:

daß jeder nach Recht und Billigkeit zu den Provinzialschulden concurrirt, daß die Eximirten ohne Druck und Alteration des Gutswerths Grundsteuer geben,

daß der Zweck gleiche Abgaben und Lasten einzuführen, auch hierdurch befördert und zugleich

die so schädliche Eifersucht, welche zwischen den verschiedenen Provinzen herrscht, beseitigt wird.

Ich will aber auch gern die Anträge einer jeden Provinz oder Kommune vernehmen und berücksichtigen, wie sie auf andere Art die auf ihr bleibende Schuld verzinsen und nach und nach abzutragen gedenkt.

Durch die von A. bis F. gegebenen Bestimmungen wird das Finanz-Bedürfniß befriedigt und soweit es dasselbe zuläßt, die Gleichstellung in Abgaben und Lasten bewirkt. —

Um nun diesen großen Zweck weiter zu befördern und da, wo Ungleichheit der Kräfte Einschränkungen erheischt, solche so zu treffen, daß sie Mittel künftiger Gleichheit und eines allmähligen Uebergangs werden, so muß auch:

Der Grundsatz der Gewerbefreiheit zwar mit der möglichsten Ausdehnung zur Anwendung kommen, dabei aber doch dafür gesorgt werden, daß keine erhebliche Verletzungen wohl hergebrachter Gerechtsame dadurch entstehen, oder daß dafür Entschädigung erfolge:

Mit Rücksicht hierauf will Ich

a. daß in den kleineren Städten und auf dem platten Lande mit den unter d. e. f. zu bemerkenden Ausnahmen ein durchaus freier Verkehr sei und sich solches auch auf alle Provinzen unter einander erstrecke,

b. daß der Zunft-Verband da, wo es die Interessenten für nützlich erachten, zwar fortdauern könne, der Zunftzwang aber aufhören müsse,

c. daß zwischen den großen Städten und den kleineren nebst dem platten Lande völlig freie Verbindung stattfinde, wo nicht ausdrücklich Einschränkungen gemacht sind.

Zur Erreichung dieser Zwecke setze Ich fest:

a. daß da, wo der freien Ausübung eines Gewerbes oder Handwerks Banngerechtigkeiten ꝛc. entgegenstehen, zu deren successiver Ablösung eine besondere Abgabe entrichtet werden soll,

b. daß Land-Handwerker und Fabriken, wenn sie ihre Waaren in die Städte bringen, eine besondere Abgabe davon entrichten müssen, die behufs der Jahrmarkts-Beziehung die gewöhnliche sein kann, für die übrige Zeit aber so hoch bemessen werden muß, daß die höhere Consumtions-Abgabe des Stadtarbeiters dadurch ausgeglichen werde.

c. daß da, wo dieser Zweck durch Erhöhung der Gewerbesteuer bequemer zu erreichen steht, solche stattfinden dürfe und bei Fabrikationen, deren Debit hauptsächlich auf das platte Land geht, stattfinden müsse,

d. daß für Bier, Brod, Fleisch und Branntwein diese Ausgleichung durch eine Nachschuß-Accise erfolge,

e. daß daselbst das Recht zum Betriebe der Bierbrauerei und Branntweinbrennerei an einen Landbesitz von 15,000 Rthlr. landschaftlichem Taxwerth geknüpft werde, um die bisher ausschließlich Berechtigten gegen eine zu große Concurrenz zu schützen,

g. daß das Verlags-Recht in Absicht dieser Getränke da fortdaure, oder nur gegen Entschädigung ablöslich gemacht werde, wo es verjährt, oder durch ausdrücklichen Vertrag erworben ist; wobei jedoch jedem Consumenten frei stehen muß, sein Getränk an jedem anderen Ort beliebig zu beziehen,

h. daß Fabrikationen von inländischen Erzeugnissen, die einer hohen Abgabe unterliegen, wie z. B. Tabak den Städten vorbehalten bleiben. —

Meine Absicht geht auch noch immer dahin, wie Ich in dem Edict vom 27. October v. J. zugesagt habe, der Nation eine zweckmäßig eingerichtete Repräsentation zu geben. Da die dazu erforderlichen Vorbereitungen indessen noch Zeit erfordern und Ich es für räthlich halte, Mich früher und besonders in der gegenwärtigen Epoche, wo äußere Uebel dem Staat Gefahr drohen und wechselseitiges Vertrauen und patriotisches Zusammenwirken im höchsten Grade nothwendig machen, mit achtbaren Männern aller Stände aus Meinen Provinzen zu umgeben, die das Vertrauen ihrer Mitbürger haben und das Meinige verdienen; so will Ich, daß diejenigen Mitglieder, welche die in dem Edict vom 27. October 1810 angekündigte General-Kommission zur Regulirung der Provinzial- und Kommunal-Kriegs-Schulden ausmachen werden, auch vorerst die National-Repräsentation constituiren und hiezu von den Wählenden mit bevollmächtigt werden sollen.

Ich erwarte besondere Edicte über alle hierin benannten Gegenstände, sowie behufs der Regulirung der gutsherrlichen und bäuerlichen Verhältnisse und zur Beförderung der Landes-Cultur zu Meiner Vollziehung.

Uebrigens werden Sie den versammelten Deputirten Meine Zufriedenheit mit dem von den mehrsten unter ihnen bewiesenen Patriotismus und Eifer für die gute Sache und Meinen Dank für ihre Bemühungen bezeigen. Ich behalte mir vor, diejenigen, welche sich dabei vorzüglich ausgezeichnet haben, durch ein öffentliches Anerkenntniß ihrer Verdienste besonders zu belohnen.

Endlich können Sie die Deputirten nunmehr entlassen, jedoch werde Ich gerne sehen, wenn bis dahin, daß die zu der erwähnten General-Kommission und zu der einstweiligen Repräsentation erwählten Mitglieder beisammen sein werden, aus jeder Provinz einer oder mehrere freiwillig hier bleiben wollen, um nöthigen Falls zu Rath gezogen werden zu können.

gez. Friedrich Wilhelm.

Es ist ein weites, fast das ganze innere politische Leben des gebeugten Staats berührendes, Gebiet, auf welches die vorstehende Kabinets-Ordre in so umfassender und in Anbetracht der großen und schwierigen Probleme durchsichtiger Weise bis in alle Details einging. Die wesentlichen Punkte desselben hatte Hardenberg, der Verfasser dieses Documents, in seiner am 7. September 1811 gehaltenen Rede an die Landes-Repräsentanten hervorgehoben und finden sich in derselben große Abschnitte wörtlich wiedergegeben. — Wie Vieles von dem in allgemeiner politischer Beziehung in Aussicht Genommenen und Versprochenen der Verwirklichung entgegengeführt wurde, welche der in dieser Hinsicht übernommenen Aufgaben ungelöst blieben, dürfte der Kritik der Geschichte überlassen bleiben, betreffs der Steuer-Reform, die bei Alle dem in erster

Linie stand, kann man wohl constatiren, daß das Consumtionssteuer-Edict vom 28. October 1810 in seinem wesentlichen Punkte, der Ausdehnung der Accise auf das platte Land beseitigt wurde, daß durch Einführung einer Personensteuer der erste Schritt zur Umgestaltung der Steuer-Verfassung nach neuerem preußischem System geschah, daß andererseits die Wege zu den in dem allgemeinen Abgabengesetz vom 27. October 1810 nur grundsätzlich hingestellten Zielen in vielen Einzelheiten und auf unmittelbar practische Erörterungen gestützt, vorgezeichnet wurden. Dabei bleibt von Interesse, daß auf die nach den Special-Gesetzen des Jahres 1810 unzweifelhafte Bevorzugung eines indirecten Steuersystems auch jetzt noch das Hauptgewicht gelegt wurde. Die Personensteuer erschien nur als Surrogat der Landaccise und wurde bei aller Freistellung gegen früher in steuerlicher Hinsicht der Unterschied zwischen Stadt und Land, d. h. in gewissem Sinne die Acciseverfassung beibehalten, wie die in Aussicht genommene Gruppirung der großen Städte in ein Stadtsystem und der kleineren und des platten Landes in ein Landsystem erkennen lassen. Uebrigens lassen sich diese Anklänge an die frühere Acciseverfassung auch bei der späteren Gesetzgebung wie bei der Mahl- und Schlachtsteuer und auch der Gewerbesteuer unschwer nachweisen. — Man hielt das finanzielle Interesse zu sehr gefährdet, wenn man nicht auch für den inneren Verkehr das Prinzip der indirecten Besteuerung als das vorwiegende festhielt. Ganze Actenstücke sind mit Vorschlägen der Regierungen, resp. der Landesrepräsentanten in Berichten und pro memoria gefüllt, wie man unter Beibehaltung der Landaccise im Prinzip, deren offenbar hervorgetretene Fehler, die ihre Durchführung, wie gezeigt wurde, unmöglich machten, durch Fixationen beseitigen könnte. In dieser Hinsicht hatte namentlich Maassen in einem Berichte der kurmärkischen Regierung vom 9. Januar 1811 das erdenklichste geleistet.

III.

Die Vermögens- und Einkommensteuer des Jahres 1812.

Jedem, der unbefangen die Gesetzsammlung des Jahres 1812 durchblättert, muß es namentlich bei Berücksichtigung der Umstände und Anschauungen, welche nach der bisherigen Darstellung verhinderten, daß die directe persönliche Besteuerung als ein anerkannter und integrirender Theil des allgemeinen Abgabensystems aufzutreten vermochte, — auffallen, eine wie große Anzahl von Verordnungen und Edicten behufs Durchführung einer Vermögens- und Einkommensteuer in jenem Jahre erlassen sind.

Da das Edict wegen einer Vermögens- und Einkommensteuer vom 24. Mai 1812 nur eine vorübergehende Stellung als Landesabgabe eingenommen hat und — weniger wegen der in dem Gesetze selbst ausgesprochenen Grundsätze als wegen der Handhabung und Ausführung desselben — die angeordnete Vermögens- und Einkommensteuer den Charakter einer Kriegssteuer angenommen hat, so würde es nicht zweckentsprechend sein, auf alle diese (14) hierauf bezüglichen Erlasse einzugehen.

Folgendes sind die Hauptgrundzüge des Gesetzes:

Es sollten durch die angeordnete Vermögenssteuer 3 Prozent vom Vermögen abgegeben werden, bestehe es in Grund und Boden, Kapitalien oder Waarenvorräthen, wie dies die Instruction von gleichem Datum näher vorschreibt. Jedermann sollte sein Vermögen selbst angeben und nur wenn dringender Verdacht einer zu geringen Angabe vorhanden, sollten die angeordneten Commissionen eine genaue Untersuchung des Vermögens eintreten lassen. — Damit der Besorgniß für den kaufmännischen Credit in Aufdeckung des Vermögenszustandes begegnet werde, ward den kaufmännischen Corporationen gestattet, daß sie die Steuer nicht mittelst Angabe ihres Vermögens, sondern mittelst einer Abschätzung nach bestimmten auf der Basis von 3 Prozent des Vermögens beruhenden Klassen entrichten könnten. Sie sollten sich deshalb mit dem Staate ausgleichen. — Es ward verheißen zwei Drittheil der Steuer womöglich durch den Verkauf der Domainen zu ersetzen.

Nach dem Edict vom 19. Januar 1813 ward bekannt gemacht, daß die Vermögenssteuer eingetragen habe 3,961,604 Rthlr. und 590,966, d. h. 4,552,570 Rthlr.; ein weiterer Zuschlag von 1½ Prozent wurde zwar angeordnet, durch das Edict vom 7. September 1814 aber erlassen und in demselben Edict (es ist überschrieben „die Tresor- und Thalerscheine betreffend") bestimmt, daß die Termine der ersten Vermögenssteuer vom 24. Mai 1812 vollständig eingezogen, zur Vergütung der Kriegslieferungen in der Periode von 1806—1813 bestimmt, als Kriegssteuer betrachtet und gegen den Erlaß der obbenannten Steuer die Ausfertigung von Obligationen auf die Domainen nicht erfolgen sollte. —

Schon die aus Paris erlassene Verordnung vom 14. Juni 1814 bestimmte, daß eine Ausgleichung dessen, was die getreuen Unterthanen zur Errettung des Staats aus ihrem Vermögen geopfert hätten, bei den veränderten Werthverhältnissen und nach den stattgefundenen Zwangslieferungen, die zunächst zu ersetzen wären, nicht möglich sei. —

Die mit der Vermögenssteuer in unmittelbarem Zusammenhange stehende, durch dasselbe Edict angeordnete Einkommensteuer, die von jedem Einkommen von 300 Rthlr. und darüber, neben der Vermögensschatzung 5 Prozent, von 300 Rthlr. bis 100 Rthlr. Einkommen 1 Prozent erhob, die arme Bevölkerung bis 100 Rthlr. Einkommen in 2 Klassen mit 12 resp. 18 Ggr. besteuerte (§ 11) hat wie die Vermögenssteuer bis zum Edict vom 7. September 1814 bestanden.

Dieser kurze Abriß möge im Allgemeinen genügen, um diesen Versuch directer persönlicher Beschatzung zu characterisiren, wobei nicht unerwähnt bleiben darf, daß man ein viel höheres Resultat als das oben angegebene der 4½ Millionen, nämlich 25 Millionen Rthlr., von dieser Auflage erwartet hatte.

Wichtiger für das Verständniß derjenigen leitenden Ideen, welche der Steuerreform von 1810 und 1811 zum Grunde lagen, sind die Gutachten der Fachleute, namentlich von Hoffmann, Staegemann, Scharnweber, Schulz, die dem Erlaß der Edicte vorausgingen.

Es sind in diesen pro memoria so ziemlich alle die Fragen, die noch heut bezüglich der Vermögens- resp. Einkommenssteuer schweben; — ob Vermögenssteuer staatswirthschaftlich überhaupt zulässig, ob die Einkommensteuer auf den Grund einer Fassion, oder nach bestimmten, die einzelnen Güter und Einnahmequellen specificirenden Tarifen bei Selbstdeclaration erhoben werden solle, von welcher Höhe des Einkommens ab, Einkommensteuer zu fordern, ob überall gleichmäßiger Prozentsatz zu erheben, oder aber eine Progressivsteuer vorzuziehen — des Eingehendsten erörtert.

Da Hoffmann, wie der spätere Verlauf der Darstellung zeigen wird, bei den Staatsraths-Verhandlungen der Jahre 1817 bis 1820 der Haupt-Vorkämpfer für die Durchführung einer directen persönlichen Besteuerung als allgemeine Landesabgabe geworden ist, andererseits, wie in seiner „Lehre von den Steuern" an vielen Stellen dargethan ist, die Einkommensteuer von ihm im Prinzip verworfen wird, so hat die Wiedergabe seines pro memoria vom 2. Mai 1812 schon um deshalb Interesse, weil wohl kaum daran zu zweifeln ist, daß der Mißerfolg der Einkommensteuer von 1812 bestimmend für die Ansichten dieses gerade für diesen Zweig der Gesetzgebung so wichtigen Mannes gewesen ist.

Es ist bekannt und durch Hoffmann's schriftstellerische Thätigkeit, seine Lehre von den Steuern und vom Gelde, seine Zeichen der Zeit, vielfache academische Abhandlungen in seinem Nachlasse vermischter Schriften, hinlänglich documentirt, wie dieser Staatsmann der Erörterung practischer, volkswirthschaftlicher Fragen große allgemeine, vornämlich ethische, Grundsätze zum Grunde legte. Hierin lag sein Hauptverdienst, hierin vielleicht seine Schwäche. —

Mußte er sich auch, wie man erzählt, bei den Friedensverhandlungen zu Wien 1815 von Talleyrand die boshafte Aeußerung gefallen lassen „qui est donc ce petit homme, qui compte les têtes et perd la sienne," so bleibt ihm doch das unbestrittene Verdienst als Begründer preußischer Statistik gerade für die Gesetzesvorlagen von 1810—1820 die sichernden Unterlagen in Zahlen gegeben und hierauf gestützt Vorschläge gemacht zu haben, die der Verwirklichung staatsmännisch kluger und guter Maßregeln vorangingen.

„Es existirt ein außerordentliches Bedürfniß des Staats, zu dessen Deckung eine Vermögensteuer von 20 Millionen Rthlr. binnen einem Jahr in monatlichen Raten eingezogen werden soll.

Zur Besteuerung soll alles Grundeigenthum und alles Kapitalvermögen gezogen werden. Der Betrag von beiden zusammen wird auf 850 Millionen Rthlr. geschätzt und darauf eine Steuer von 3 Prozent vorgeschlagen, welche demnach 25,650,000 Rthlr. bringen würde. Um sicher im Erfolg zu sein, ist in dem förmlichen Project der Steuersatz von 5 Prozent übernommen, wonach von obigem Vermögen 42¾ Millionen aufkommen würden. Außerdem soll mit der Vermögensteuer noch eine Einkommensteuer von 10 Prozent für diejenigen erhoben werden, die wohl über 300 Rthlr. Einkommen aber kein Vermögen haben. Der wahrscheinliche Ertrag davon ist nicht angegeben.

Ich erlaube mir zunächst zu bemerken, daß die Schätzung des Land- und Kapital-Vermögens auf 855 Millionen Thlr. nach aller Wahrscheinlichkeit viel zu niedrig ist.

a. Sämmtliche städtische Gebäude waren zu Ende 1810 mit Rthlr. 149,736,181 Thlr. 14 Ggr. in den Feuer-Katastern versichert. Diese Summe ist offenbar weit hinter ihrem Werthe, denn nur in den Marken findet eine dem verbrennlichen Werthe angemessene Assecuranz statt, in Pommern und Preußen sind im Durchschnitt kaum ⅔ des Werths versichert und in Schlesien noch sehr viel weniger. Beispielsweise führe ich nur an, daß Brandenburg mit 3106975 Thlr., Liegnitz dagegen, was ebenso viel Einwohner hat und bekanntlich eine sehr angenehme Stadt ist, nur mit 261,695 Thlr. versichert ist. Hierzu kommt noch die unversicherte Valuta von Gütern, Höfen und anderem Zubehör. Unter diesen Umständen muß man den Werth des städtischen Grundeigenthums an Häusern und deren Zubehör ohne Stadtäcker und Forsten allein auf das wenigstens anderthalbfache des Assecuranzquanti — das ist 224½ Million Rthlr. rechnen. — Es ist aber wider alle Wahrscheinlichkeit, daß der Werth der städtischen Häuser und Gärten über ein Viertel des ganzen Grund- und Kapital-Vermögens ausmachen sollte. In der Kurmark könnte man es noch für möglich halten, aber nicht in Schlesien, das allein zwei Fünftel aller Werthe der Monarchie enthält und noch weniger in Litthauen. Der Staat enthielt bis zu Anfang 1811, 799482 Pferde und Füllen, 2108891 Stück Ochsen, Bullen, Kühe und Jungvieh, 5,075,425 Schafe und Lämmer, 961492 Schweine.

Nach einer mäßigen Taxe wird man den Werth dieses Viehstandes nicht wohl unter 70 Millionen Thlr. anschlagen können: Wäre der Werth des Inventarii an Vieh $^1/_{12}$ des Werths der ländlichen Grundstücke, und diese Schätzung des Werths der ländlichen Grundstücke ist niedrig, so wären diese allein 840 Millionen Thlr. werth. —

Man schlägt wahrscheinlich zu niedrig den Werth alles Dessen, was ein Mensch im Durchschnitt (also der Mann, wie der Säugling) jährlich an Bedürfnissen aller Art verbraucht, zu 40 Rthlr an; das beträgt auf $4^3/_4$ Millionen Menschen welche der Preuß. Staat jetzt enthält, 190 Millionen Thlr. Soviel muß also auch jährliches Einkommen durch Boden und Kapital beschafft werden. Wäre aber der Werth von Beiden nur 855 Millionen, so müßte man damit $22^2/_9$ Prozent zu verdienen wissen. Man verdient aber im Durchschnitt gewiß bei Weitem weniger und muß also gewiß viel mehr als 855 Millionen besitzen, um jährlich wenigstens 190 Millionen erwerben zu können.

Hieraus wird nun zwar wahrscheinlich, daß man mit einem sehr viel geringern Satze als 5 Prozent auskommen könne, wenn man überhaupt bei einer Vermögenssteuer stehn bleiben wollte.

Allein diese Besteuerungs-Art selbst ist nach meiner Ueberzeugung höchst verderblich, daß man sie niemals wählen sollte.

An sich schon hat die Offenlegung des Vermögens sehr viel Gehässigeres als die Fassion des Einkommens, noch mehr muß in kalamitiösen, höchst unsichern Zeiten, wo der Staat geradezu erklärt, das Vermögen in Anspruch nehmen zu müssen, die Neigung wachsen, Vermögen, wo es immer ist, zu verheimlichen und damit allen Verkehr in ein Winkelgewerbe zu verwandeln, das unter der Hand betrieben wird, damit man das darin steckende Vermögen nicht gewahr werde. *)

Hardenberg machte Randbemerkungen:

*) Das Einkommen kann ja ohne Nachweisung des Vermögens nicht nachgewiesen werden. .... ist denn das Winkelgewerbe möglich? und also zu besorgen.

Die Erfahrung ist soeben (1808 und 1810) gemacht worden, wie schwer es sei, zu einer einigermaßen brauchbaren Fassion des Einkommens zu gelangen, man kann daraus schließen, wie sehr viel mehr Zeit es kosten werde, zu leidlich richtigen Vermögens-Angaben zu kommen..*)

Für die Schätzung des Einkommens hat man noch ein offenkundiges Datum, nämlich den Aufwand und die Lebensweise des Contribuenten: für die Schätzung des Vermögens durchaus keines. Sein Einkommen weiß Jedermann selbst noch immer mit mehr Wahrscheinlichkeit zu schätzen als sein Vermögen.

Wie hoch können die Güter in Preußen und in einem Theil von Hinterpommern und der Neumark, selbst in einem Theile von Oberschlesien jetzt geschätzt werden? **)

Wie hoch soll der Kaufmann und Fabrikant sein Waarenlager, wie hoch beide und der Handwerker ihre ausstehenden Schulden annehmen? Die Contestationen darüber werden unendlich sein. — Man kann endlich den Gutsbesitzer nöthigen, sich die Schätzung seines Guts nach den Preisen in gewissen Normaljahren gefallen zu lassen und die Last der Steuer wird dann vorzüglich auf ihn fallen. Aber es giebt kein Mittel zu übersehen, was der Kaufmann, der Fabrik-Unternehmer, und besonders die wohlhabenden Handwerker, Branntweinbrenner, Bäcker, Brauer, Müller, Rothgerber 2c. besitzen. Die ersteren werden falsche Beläge vorlegen ***), sichere Schulden für unsichere, eigene Lager für Kommissionsgut ausgeben; die letzteren kann man nicht einmal zur Vorlegung von Büchern nöthigen, die sich zu halten sie gesetzlich nicht verpflichtet sind. Demohngeachtet sind es allein noch einige Negotianten und Handwerker, die in den letzten Jahren Vermögen gewonnen haben. —

Dem Gutsbesitzer soll die Aufbringung der Steuer dadurch erleichtert werden, daß man ihm erlaubt, dieselbe zur ersten Hypothek auf sein Grundstück aufzunehmen. Damit aber setzt man den Werth aller übrigen hypothekarischen Sicherheit in ein höchst zweifelhaftes Verhältniß. Es ist nicht der Betrag des einen Ingrossats, sondern hauptsächlich der Grundsatz, wonach es eingetragen wird, welcher den Real-Credit verringert. Ist erst die Möglichkeit vorhanden, daß ir-

*) Viel leichter, weil das Vermögen klarer als das Einkommen ist und aus weniger Artikeln besteht.

**) Wie hoch aber auch das Einkommen?

***) Hardenberg: „darüber schätzen Kommissionen von Gewerbsverständigen."

gend eine neue Forderung die Priorität vor einer bereits eingetragenen erhalten könne, so wird Niemand dem Publikum die Befugniß benehmen können, daß bei ferneren Verlegenheiten auch ferner von dieser Möglichkeit werde Gebrauch gemacht werden und die ganze Grundlage alles hypothekarischen Credits ist damit vernichtet. *)

Es kann unbedenklich kein Opfer zu theuer sein, wenn es darauf ankommt, die Existenz des Staats zu retten: aber dies Opfer wird gebracht werden, ohne Rettung zu bewirken. Denn es ist vorauszusehen, daß durch die Vermögens-Steuer sehr wenig und dies Wenige sehr spät einkommen wird. **)

Die Schätzungen dessen, was Jeder beizutragen hat, werden sehr spät zu Stande kommen; der creditlos gewordene Gutsbesitzer wird nichts aufbringen können; und der Negotiant und Fabricant wird mit einem geringen Betrage durchschlüpfen, weil Niemand ihn seines wirklichen Vermögens überführen kann.

Ich glaube allerdings, daß die Einkommensteuer, welche durch die Edicte zur Verpflegung der fremden Truppen in den Oderfestungen ausgeschrieben wurde, vieler Verbesserungen fähig und bedürftig ist; aber man hat nun einmal die dazu nöthigen Aufnahmen gemacht ***); und es wird gar sehr viel leichter sein, auf den Grund dieser Aufnahmen und mit den durch die Erfahrung nunmehr als nothwendig dargestellten Modificationen vierteljährlich, oder selbst von 2 zu 2 Monaten zu erheben, als eine ganz neue, auf ein bisher unbekanntes Prinzip gegründete Steuer aufzubringen.

An dem Simplum, was diese Steuer jetzt bringt, hat man doch einigermaßen eine Basis †), von der aus man auf den ferneren möglichen Ertrag rechnen kann. An den Erfahrungen, welche man bisher bei der ersten Erhebung gemacht hat, besitzt man doch data, nach deren Anleitung die Prägravationen verbessert werden können. Für die Vermögenssteuer besitzt man nichts, woran man sich halten könnte ††), um den Ertrag derselben und ihre Wirkung auf Stände und Gewerbe mit Wahrscheinlichkeit zu berechnen.

---

*) „Das ist sie noch mehr durch die Zeitumstände, die die Realwerthe erschüttert haben."

**) Trifft die Einkommensteuer auch.

***) Hardenberg: können auch bei der Vermögenssteuer, insoweit sie brauchbar, benutzt werden.

†) Diese Basis ist so unzuverlässig, daß sie nicht brauchbar ist.

††) Sofortige Selbsteinschätzung.

Der Gutsbesitzer wird ebenso gewiß durch die Einkommensteuer zu wenig, als durch die Vermögenssteuer zu stark getroffen. Das erstere läßt sich durch die folgenden ohnehin früher oder später unerläßlichen Maaßregeln ausgleichen. *)

Man lasse so viel Naturalien liefern, als möglicherweise noch aufgebracht und transportirt werden können, und vergüte diese aus der successive eingehenden Einkommensteuer. **) Man wird, man mag wollen oder nicht, dennoch auf dies Extrem zurückkommen müssen. Denn die fremden Armeen werden Unterhalt fordern und man wird kein Geld und keinen Credit haben, um zu kaufen; auch müssen durch bloßes Kaufen der Vorräthe die Preise, welche schon im schnellen Steigen sind, bald so sehr in die Höhe gehen, daß dadurch das Kaufen unmöglich wird. —

Daran, daß der Gutsbesitzer auf die intendirte Vermögenssteuer viel Naturalien jetzt gleich liefern wird, glaube ich nicht: Jeder wird vielmehr so lange als nur immer möglich mit einem Zahlungs-Mittel zurückhalten, das von Woche zu Woche im Preise steigt. Das wird, da es an Executionsmitteln für ganze Provinzen fehlt, so lange versucht werden, bis man endlich doch nur die Wahl haben wird, ob man entweder doch direkt eine Naturallieferung ausschreiben, oder das Land von fremden Kommissarien administriren lassen will.

Ich begreife sehr wohl, was es heißt, ein von starken Durchmärschen ausgesogenes Land im Frühjahr nach einer theils mittelmäßigen, theils schlechten Erndte liefern zu lassen. Aber wenn überhaupt die zur Verpflegung der fremden Armeen versprochenen Naturalien aufgebracht werden können: so wird es im äußersten Falle noch immer möglicher sein, durch Entrepreneurs, die jeder Kreis für sein Quantum annimmt, als durch Ankäufe, die der Staat bei leeren Kassen machen soll. Hoffmann.

Was das Verfahren bei Ausführung der angeordneten Vermö-

*) Er wird durch zugestandene Werthreduction von verschuldeten Gütern sehr wenig selbst zahlen.

**) Dies geschieht und wird aus Noth ferner geschehen müssen. Aber ohne Ungerechtigkeit darf es nicht ohne Vergütung geschehen und zu dieser kann die Einkommensteuer gar nicht reichen, da sie zu dem Bedarf von 32 Millionen gar kein Verhältniß hat. —

gens- und Einkommensteuer anbelangt, so war dasselbe geregelt durch die Bekanntmachung, die Ausführung des Edicts betreffend vom 6. Juni 1812, die Instruction für die Central-Kommission wegen Erhebung der Vermögens- und Einkommensteuer von gleichem Datum; die Instruction für die Departements-Kommissionen, die Instruction zur Ausführung des Edicts für Berlin, so wie die Instruction für die kaufmännische Klassifications-Kommission zu Berlin. (Ges. S. v. 1812 S. 69—92.)

An der Spitze der ganzen Verwaltung stand der Geheime Staats Rath, Ober-Präsident Sack und unter ihm fungirten als Provinzial-Kommissionen in Ostpreußen v. Auerswald, in Litthauen v. Schön, in Westpreußen Wissmann, in Breslau Merkel, in Liegnitz v. Erdmannsdorf, in der Kurmark v. Goldbeck, in der Neumark Kammerdirector v. Grothe, in Pommern der Landrath v. Oertzen. Unter diesen Provinzial-Kommissarien fungirten die Kreis- und Kommunal-Kommissarien. Für Berlin war besondere Anordnung getroffen.

Die Feststellung des Vermögens geschah nach einem vorgeschriebenen Schema, (S. 85 der Ges. S. v. 1812), welche als eine eidesstattliche Declaration des Steuerpflichtigen bezeichnet werden muß. — — —

Daß die Angelegenheit in guten Händen war, dafür bürgen die oben genannten Namen —, daß mit derjenigen Strenge, welche die Handhabung jeder Einkommensteuer erfordert, vorgegangen wurde, zeigt die decisive Form, mit welcher von vornherein eidesstattliche Erklärung gefordert wurde. — Das Studium der Acten des Staats-Kanzlers über diesen Gegenstand, aus welchen hervorgeht, mit welch' rastlosem Drängen Hardenberg und Sack wegen der schwierigen Finanzlage des Staats die Ausführung des Gesetzes verlangten, beweist auch zur Genüge, daß die Unterstellung, welche Stein bezüglich des Scheiterns der Einkommensteuer von 1808 geltend machte, nicht zutreffend war. —

Daß die Sache nicht glückte, lag in der verzweifelten Creditlage des Landes. Die Höhe der französischen Erpressungen ist bisher meist unterschätzt worden. Max Duncker hat in der Zeitschrift für Preußische Geschichte und Landeskunde v. 1871 (S. 269) nachgewiesen, daß die Contributionen, Requisitionen, Verpflegungen rc., die Summe der gesammten Kriegs-Kosten Preußens am 8. November 1808 1,129,370,000 Frcs. betrug. Auch ist französischer Seits später nur behauptet worden, daß von den während des Krieges auferlegten Contributionen 3,700,000 Frcs. und zwar Seitens der Kurmark rückständig geblieben seien. Bignon erzählt, daß der General-Zahlmeister der Armee für den Feldzug von 1806 nur 24000 Frcs. über den Rhein mitgenommen habe. Während des Krieges wären dann 200,000 Franzosen und dazu die Alliirten Frankreichs auf Kosten Preußens bezahlt, verpflegt, remontirt und bekleidet worden, und dennoch hätten die baaren Ueberschüsse am Schlusse der Occupation 474 Millionen Frcs. betragen.

Nach den Vermögens und Einkommensteuer-Edicten konnten den feindlichen resp. den preußischen Truppen gegenüber gewährte Naturalleistungen auf den 2ten und 3ten Entrichtungstermin der Steuer in Anrechnung gebracht werden.

Wenn nun in patriotischer Opferwilligkeit große Kapitalisten, wie beispielsweise der Graf von Magnis zu Eckersdorf in Schlesien dem Staat bedeutende Kapitalien, 12,000 Rthlr. gegen Schuldschein, bereits vorgestreckt, davon Jahre lang keine Zinsen erhalten hatten, (cf. Geh. Staa's Archiv) mit den ganz gerechtfertigten Anträgen, diese Kapitalien auf die neue Steuer anrechnen zu lassen, abgewiesen werden mußten, während neuerdings (1812) gewährte Naturallieferungen in Anrechnung kamen, so war das eben ein Zustand der Dinge, der in ganz gleicher Weise unter den Kapitalisten den Widerspruch gegen die Vermögens- und Einkommensteuer erwecken mußte, wie der gemeine Mann auf dem Lande sich gegen die Consumtions-Steuer vom Gemahl auflehnte. In beiden Fällen gefährdete die Steuer die Existenz. — Uebrigens kann eine Kalamität, wie die 1812 vorliegende, nicht auf dem Wege einer harten Belastung des Kapitalisten durch eine Vermögenssteuer, sondern, was ja auch geschah, nur durch Anleihen selbst unter den schwersten Bedingungen gehoben werden.

Es bleibt aber zu bedauern, daß man aus diesem Mißerfolge später hin exemplificirte und bei einem großen Theil der leitenden Staatsmänner der Gedanke Wurzel faßte, der Einkommensteuer resp. der directen persönlichen Besteuerung sei überhaupt kein Platz in dem allgemeinen Abgaben-System zuzugestehen.

IV.

Reform-Plan des Finanz-Ministers Grafen von Bülow, sein Immediat-Bericht vom 14. Januar 1817, sowie die damit vorgelegten Gesetz-Entwürfe.

Ein Bruch mit der Vergangenheit, wie ihn die Finanz-Gesetze des October 1810 im Prinzip erklärten, wird sich, namentlich, wo schwierige finanzielle Zustände vorliegen, niemals plötzlich vollziehen. Solche Uebergänge können nicht unvermittelt bleiben.

Ladenberg sagt sehr richtig in der Abhandlung über die Preußische Accise- und Zollverfassung, daß diese Edicte die Universal-Accise, so wie die Binnenzölle nur im Prinzip und nicht in Wirklichkeit aufhoben, weil die Erhebung wegen der neuen und erhöhten Kassenbedürfnisse nicht genug beeilt werden konnte. Wir sahen, daß der Ertrag, welchen man von der ländlichen Consumtionssteuer erwartete (4 Millionen), durch den Widerspruch der Stände und die dadurch veranlaßte Berathung der Landes-Repräsentaten vollständig in Frage gestellt wurde. — Es wurde daher beschlossen, die Ausführung der Edicte wegen Aufhebung der Universal-Accise und Vereinfachung der Zollabgaben einstweilen auf sich beruhen zu lassen — und in welchem Maaße noch bis in das Jahr 1816 und 1817 hinein die alten Abgaben an Accise und Zöllen dem Staatsbedürfniß Rechnung trugen, — zeigen die nachfolgenden der gedachten Abhandlung Ladenberg's entnommenen Tabellen.

Uebersicht

von den Netto-Einnahmen an Accise-, Zoll- und Stempel-Gefällen in den Etats-Jahren 1810 bis 1814 und den Kalender-Jahren 1815 und 1816 verglichen mit den 1809 wirklich aufgekommenen Netto-Einnahmen, ferner von dem Betrage der seit 1810 neu eingeführten Steuern und Abgaben, von der Land-Consumtions-Gewerbe-Luxus-Personen-Steuer, des Kriegs-Imposts und Ersatz-Zolls in den nach dem Tilsiter Frieden der Preußischen Monarchie verbliebenen Provinzen; im Danziger Gebiet und in den Städten Cottbus und Peitz vom Jahre 1814 an.

A. Alte Abgaben.

I. Accise.

Zeitraum.	Aufgekommen, d. h. zur Regier.-Hauptkasse abgeführter Betrag.	Im Kalenderjahr 1809 sind an dergl. Ueberschüssen aufgebracht worden.	Gegen das Jahr 1809 mehr.	Gegen das Jahr 1809 weniger.	Bemerkungen.
1. V. 1. Juni 1810 b. letzt. Mai 1811	6,723,516 Rthlr.	4,332,028 Rthlr.	2,391,488 Rthlr.	— —	*) Von 1812/13 an ist der Ueberschuß gegen 1809 um 52,052 Rthlr. höher angenommen, weil in jenem Jahr die Restitutionen um so viel von den Special-Etats abgesetzt sind. 1814 ist nur 7/12 Jahr.
2. " 1 " 1811 " " " 1812	4,892,704	4,332,028 "	560,676 "	— —	
3. " 1 " 1812 " " " 1813	4,394,970 "	4,384,080*) "	10,890 "	— —	
4. " 1 " 1813 " " " 1814	5,756,109 "	4,384,080 "	972,629 "	— —	
5. " 1 " 1814 " " Dec. 1814	4,541,945 "	2,742,081 "	1,799,863 "	— —	
6. " 1. Jan. 1815 " " " 1815	7,636,768 "	4,700,711 "	2,936,057 "	— —	
7. " 1 " 1816 " " " 1816	8,014,841 "	4,700,711 "	3,314,130 "	— —	
	41,570,857 Rthlr.	29,575,720 Rthlr.	11,995,137 Rthlr.	— —	

II. Zoll.

Zeitraum.	Aufgekommen, d. h. zur Regier.-Hauptkasse abgeführter Betrag.	Im Kalenderjahr 1809 sind an dergl. Ueberschüssen aufgebracht worden.	Gegen das Jahr 1809 mehr.	Gegen das Jahr 1809 weniger.	Bemerkungen.
		1809*)			
1. V. 1. Juni 1810 b. letzt. Mai 1811	1,727,250 Rthlr.	937,567 Rthlr.	789,682 Rthlr.	— —	*) Die Zahlen in dieser Kolonne sind insofern fictiv als theils die anderweite Etats-Aufstellung, theils der seit 1815 eingetretene Länderzuwachs auch in den alten Provinzen Berücksichtigung finden mußte.
2. " 1 " 1811 " " " 1812	760,520 "	937,343 "	— —	177,317 Rthlr.	
3. " 1 " 1812 " " " 1813	554,389 "	952,343 "	— —	397,954 "	
4. " 1 " 1813 " " " 1814	900,230 "	952,343 "	— —	52,113 "	
5. " 1 " 1814 " " Dec. 1814	1,018,281 "	623,231 "	395,050 Rthlr.	— —	
6. " 1. Jan. 1815 " " " 1815	1,253,724 "	1,068,396 "	185,328 "	— —	
7. " 1 " 1816 " " " 1816	1,270,503 "	1,068,396 "	202,107 "	— —	
	7,484,630 Rthlr.	6,539,846 Rthlr.	1,572,169 Rthlr.	627,385 Rthlr.	

III. Stempel.

Zeitraum.	Aufgekommen	Im Kalenderjahr 1809	mehr	weniger	Bemerkungen
1. V. 1. Juni 1810 b. letzt. Mai 1811	653,080 Rthlr.	498,839 Rthlr.	154,240 Rthlr.	— —	*) Auch hier gelten fictive Zahlen.
2. " 1 " 1811 " " " 1812	700,202 "	498,839 "	202,362 "	— —	
3. " 1 " 1812 " " " 1813	617,591 "	498,839 "	118,751 "	— —	
4. " 1 " 1813 " " " 1814	540,061 "	498,839 "	41,221 "	— —	
5. " 1 " 1814 " " Dec. 1814	498,745 "	303,823 "	194,972 "	— —	
6. " 1. Jan. 1815 " " " 1815	937,782 "	520,839*) "	416,942 "	— —	
7. " 1 " 1816 " " " 1816	1,602,201 "	520,839 "	481,361 "	— —	
	4,950,715 Rthlr.	3,340,861 Rthlr.	1,609,854 Rthlr.	— —	

B. Neue Abgaben.

Zeitraum.	an Ueberschüssen der				Brutto-Einnahme. Ersatz-Zoll 5.		Summe.
	Land-Consumtions-Steuer, resp. Person.-Steuer. 1.	Gewerbesteuer. 2.	Luxussteuer. 3.	Kriegsimpost. 4.	in den alten Provinzen diesseits der Elbe.	in den Prov. zwischen Elbe und Weser mit höher. Transit.	
1. V. 1. Dec. 1810 b. letzt. Mai 1811	— —	301,063 Rth.	95,076 Rth.	— —	— —	— —	396,139 Rth.
2. V. 1. Jan. 1811 „ „ „ 1811	1,177,764 Rth.	— —	— —	— —	— —	— —	1,177,764 „
3. V. 1. Juni 1811 „ „ „ 1812	1,354,499 „	681,041 Rth.	184,245 Rth.	— —	— —	— —	2,219,786 „
4. „ 1 „ 1812 „ „ „ 1813	624,190 „	693,495 „	134,419 „	— —	— —	— —	1,452,104 „
5. „ 1 „ 1813 „ „ Nov. 1813	— —	— —	94,388 „	— —	— —	— —	94,388 „
6. V. 1. März 1813 „ „ Mai 1814	576,419 Rth.	653,300 Rth.	— —*)	— —	— —	— —	1,229,710 „
7. V. 1. Juni 1813 „ „ März 1814	— —	— —	— —	3,408,620 Rth.	— —	— —	3,408,620 „
8. V. 1. April 1814 „ „ Mai 1814	— —	— —	— —	151,108 „	— —	— —	151,108 „
9. V. 1. Juni 1814 „ „ Dec. 1814	393,841 Rth.	345,581 Rth.	12,445 Rth.	— —	962,005 Rth.	— —	1,713,873 „
10. V 1. Sept. bis Ende Dec. 1814	— —	— —	— —	— —	— —	76,824 Rth.	76,824 „
11. V. 1 Jan. bis Ende Dec. 1815	675,303 Rth.	840,492 Rth.	1,760 Rth.	— —	1,396,251 Rth.	395,509 „	3,309,324 „
12. V. 1. Jan. bis Ende Dec. 1816	787,801 „	769,259 „	403 „	— —	1,354,412 „	311,228 „	3,224,104 „
Total:	5,589,819 Rth.	4,284,234 Rth.	522,739 Rth.	3,559,729 Rth.	3,713,678 Rth.	783,562 Rth.	18,453,760 Rth.

*) Die Luxussteuer ist 1. December 1813 zum Theil aufgehoben.

C. Parallele der alten und neuen Abgaben.

Gattung der Abgaben.	Aufgekommene Ueberschüsse in den 6 Jahren 7 Monaten vom 1. Juni 1810 bis letzt. Dec. 1816.	In dem Kalenderjahr 1809 war an Ueberschüssen vereinnahmt.	Gegen den Ertrag 1809 ist also aufgebracht mehr.	Gegen den Ertrag 1809 ist also aufgebracht weniger.	Bemerkung.
A. Alte Abgaben.					1810/11 und 1811/12 wurde an Continental-Gefällen gehoben 1810/11 — 4,736,517 Rth. 1811/12 — 3,663,539 „ 8,400,056 Rth.
I. Accise	41,570,857 Rth.	29,575,720 Rth.	11,995,137 Rth.	— —	
II. Zoll	7,484,630 „	6,539,846 „	944,783 „	— —	
III. Stempel	4,950,715 „	3,340,861 „	1,609,854 „	— —	
Summa A.	54,006,202 Rth.	39,456,427 Rth.	14,549,775 Rth.	— —	
B. Neue Abgaben.					Obgleich diese Abgabe von einem eigenen Kommissär administrirt wurde und von einer dazu geordneten Kommission einer bestimmten Kasse verrechnet sind, so ist derselben hier doch Erwähnung geschehen, weil von den mit Continentalgefällen betroffenen Objecten weder Consumtionsaccise noch Ausfuhrzoll, Transito und Handlungsaccise erhoben werden durfte. Obgleich dadurch die ordinären Accise- und Zolleinkünfte geschmälert wurden, zeigt sich doch eine andauernde Steigerung der alten Abgaben.
I. Land-Consumtions- und Personensteuer	5,589,819 Rth.	— —	5,589,819 Rth.	— —	
II. Gewerbesteuer	4,284,234 „	— —	4,284,234 „	— —	
III. Luxussteuer	522,739 „	— —	522,739 „	— —	
IV. Kriegsimpost	3,559,729 „	— —	3,559,729 „	— —	
V. Ersatzzoll	4,497,238 „	— —	4,497,238 „	— —	
Summa B.	18,453,760 Rth.	— —	18,453,760 Rth.	— —	
Dazu Summa A.	54,006,202 Rth.	39,456,427 Rth.	14,549,775 Rth.	— —	
Total.	72,459,963 Rth.	39,456,427 Rth.	33,003,536 Rth.	— —	

Diese Zahlen machen es zur unbestreitbaren Gewißheit, daß durch die Edicte von 1810 und 1811 die Steuer-Reform nur angebahnt, nicht durchgeführt und abgeschlossen ist. —

Dieterici hat in dem „Volks-Wohlstand im Preuß. Staat Absch. II. Veränderungen im Preußischen Staate in der Zeit von 1806—1831 und Zustände in demselben vor Eintritt des Preußisch Hessischen und des Deutschen Zoll-Vereins 1832 und 1834“

diejenigen Umwandlungen dargestellt, die namentlich seit 1815 in handelspolitischer Beziehung eintraten und die ihren Hauptgrund in den Berathungen des seit 1817 ins Leben getretenen Staatsraths hatten.

„„Es war die allererste Aufgabe der Gesetzgebung im Preußischen Staate, das Abgabenwesen und die Finanzen nach der Reorganisation von 1815 zu ordnen. Nothwendig mußte eine gänzliche Umgestaltung stattfinden, denn die Prämissen und Bedingungen, auf welchen die Finanzgesetzgebung bis 1806 beruht hatten, waren durch die Gesetzgebung von 1807 bis 1812, waren durch die Verhältnisse der neu acquirirten Provinzen wesentlich verändert. Impôt unique der Städte konnte die Accise nicht mehr bleiben, denn die vielen gesetzlichen Unterscheidungen zwischen Stadt und Land, wie solche vor 1806 bestanden, waren längst aufgehoben. Am Rhein gab es Bürgermeistereien, so daß Städte, Dörfer, Etablissements zu einem Kommunal-Komplexus vereinigt waren. — Die droits réunis, die Verzehrungs-Steuern am Rhein gingen von dem Princip aus, den Genuß selbst, das einzelne Faß rc. zu versteuern und waren sehr drückend.

Im Preußischen hatte man sich überzeugt, daß die Landconsumtionssteuer, so wie sie bestand, nicht durchzuführen sei. rc.

Die drückende Sperre gegen England war aufgehoben, der Handel konnte sich wieder freier bewegen. — In allen diesen Beziehungen und insbesondere, um das ganze Abgabenwesen in Einklang zu bringen mit dem Sinne und den Hauptansichten, welche dem System und der ganzen organischen Gesetzgebung im Preußischen Staat für die inneren Verhältnisse, wie solche in der Zeit von 1807 bis 1812 sich gestaltet hatten, zum Grunde lagen, war eine völlige Reform des Abgaben-Wesens und besonders des Systems der indirecten Abgaben nach 1815 unvermeidlich.““ (Volkswohlstand S. 60.)

Von diesen allgemeinen Gesichtspunkten aus ist am angeführten

Orte der Plan, welchen 1817 der Finanz-Minister Graf v. Bülow *) dem Könige vorlegte, so weit sich dieser Plan auf Handels- und Verkehrssteuern, auf die eigentliche Handelspolitik bezog, erörtert worden. Es ist auch in eine Besprechung der an die Bülow'schen Vorschläge sich anknüpfenden Berathungen des Staatsraths im Allgemeinen eingetreten. Dabei haben jedoch die auf die inneren Besteuerungs-Objecte, so wie die auf die weitere Entwickelung der Personen- und Gewerbesteuer sich beziehenden Fragen keine eingehende Untersuchung erfahren. Gerade aber an diese letzteren Fragen knüpfen sich die Haupt-Angriffe, welche der von Bülow vorgelegte Plan durch die Steuer-Kommission des Staatsraths, an deren Spitze Wilhelm v. Humboldt stand, zu erfahren hatte und dürfte auch die sehr nachsichtige Beurtheilung, welche dieser Plan im „Volkswohlstand" erfahren hat, den thatsächlichen Verhältnissen nicht überall entsprechen, weil derselbe bezüglich der Entlastung der niederen Klassen einer unzweifelhaft retrograden Richtung huldigte. —

Bevor auf diesen Finanzplan eingegangen wird, ist nach der obigen allgemeinen Schilderung des Volkswohlstandes nur noch darauf hinzuweisen, daß nach Lage der Acten des Staats-Kanzler-Amts in Folge einer anonymen, umfangreichen Immediat Vorstellung aus den neuerworbenen Provinzen am 31. Januar 1816 an den Fürsten v. Hardenberg eine Kabinets-Ordre erging, welche die Regelung des Abgaben-Wesens und die Stellung der einzelnen Landestheile unter einander als die wichtigste Aufgabe hinstellte.

„Ich will, daß die Einwohner in den Provinzen, die Meinen Staaten anheimgefallen sind, es fühlen, daß sie Mir angehören; in der Lage, worin sie jetzt sind, finden sie sich gegen den vormaligen Druck nicht nur um Nichts gebessert, sondern durch neue Auflagen, die das verflossene Jahr nothwendig machte, (eine 1815 angeordnete Kriegssteuer) noch unglücklicher als zuvor und das kann keine Anhänglichkeit an den Staat erzeugen, dem sie gewonnen werden sollen."

Die aus dieser Veranlassung im Staatskanzleramt und dem Finanz-Ministerium bewirkten, umfangreichen Arbeiten erstreckten sich

*) Graf v. Bülow, früher westphälischer Finanzminister, war Neffe Hardenberg's und hatte 1810 an Napoléon I. in Hardenberg's Auftrage ein demüthiges Schreiben überreicht, durch welches Napoléon bewogen wurde, sein früheres Verbot, wonach Hardenberg kein portefeuille erhalten sollte, zurückzunehmen. Pertz, Stein's Leben II. S. 484.

nicht nur auf den angeregten Fall wegen der Kriegssteuer, sondern waren von vornherein auf umfangreiche Reform-Projecte gerichtet.

Der erste Schritt auf diesem Wege war die Ausarbeitung der Verordnung wegen Aufhebung der Wasser-, Binnen- und Provinzial-Zölle zunächst in den alten Provinzen der Monarchie und wurde damit wenigstens dem heillosen Zustande, wie er im einleitenden Abschnitt geschildert worden ist, ein Ende gemacht. Ges. S. v. 1816 S. 193.

Mittelst Immediat-Berichts vom 14. Januar 1817 überreichte Graf v. Bülow dem Könige

1. einen Gesetz-Entwurf über die Steuer-Verfassung des Königreichs,

2. einen Gesetz-Entwurf betreffend den Zoll und die Consumtions-Steuern."

Da dieser Bericht, sowie die beiden Gesetze den Ausgangspunkt für die drei Jahre lang währenden heftigen Kämpfe um die neue Steuer-Verfassung bilden, so haben diese Documente, auch auf die Gefahr hin, daß einiges Mitgetheilte in andrer Form und mit bestimmter Absicht wiederholt werden möchte, theils der urkundlichen Authenticität halber, theils um Bülow's Project in seinem ganzen Zusammenhange erscheinen zu lassen, hier soweit Aufnahme gefunden, als es nicht möglich war, auf bereits durch die Gesetz-Sammlung Publicirtes zu verweisen. —

Immediat-Bericht des Finanz-Ministers vom 14. Januar 1817.

„Euer Königliche Majestät haben Allerhöchst die Nothwendigkeit, das bestehende Mißverhältniß der Abgaben in den verschiedenen Provinzen des Staats auszugleichen, längst erkannt und erst unterm 8. August v. J. mich angewiesen, den daraus unverkennbar hervorgehenden verderblichen Folgen durch ein zweckmäßiges Abgaben-System in sämmtlichen Provinzen baldmöglichst vorzubeugen, damit es schon mit dem 1. Januar 1817 in Ausführung komme.

Die Kabinets-Ordres vom 11. Juni und 18. October v. J. legen es mir auf, zweckmäßige Maaßregeln zur Aufrechterhaltung der Fabriken in den Rhein-Provinzen zu treffen und auf die eingegangenen Anträge zur baldigen Errichtung eines Grenzzolls dorten zum Besten der inländischen Fabriken weiter zu verfügen.

Diese Allerhöchste eigene Ueberzeugung Euer Königlichen Majestät von der Dringlichkeit einer allgemeinen Reform des Abgaben-Wesens, dem in den mehrsten Stücken Einheit und Zusammenhang fehlt, das in jedem wiedereroberten oder neu erworbenen Landestheil sich verschieden gestaltet, auch sogar in den ältern Provinzen höchst ungleich zumal in Beziehung auf Stadt und Land die Lasten vertheilt; — entbindet mich, dafür hier noch weitere Gründe aufzustellen.

Alle einsichtsvollen Staatsmänner sind auch darüber einig. Auch Höchst Ihr Staats Kanzler hat mir geäußert, es sei Eile erforderlich —, der gegenwärtige Zustand könne nicht länger bleiben.

Euer Königliche Majestät bemerken es häufig, wie selbst in den Zeitungs-Berichten die Regierungen es immer wiederholen: es spreche sich überall laut das Verlangen und Erforderniß aus, daß ein gleichförmiges Steuersystem eingeführt werde und daß auf gleiche Weise der Verkehr im Innern, wie der Handel mit dem Auslande durch die ungleichen Verhältnisse von den indirecten Abgaben der Provinzen und die verschiedenartige Behandlung litten.

Seit längerer Zeit ist es daher schon der Gegenstand meiner Prüfung und Sorgfalt gewesen, Euer Königl. Majestät darüber Vorschläge zu machen, welche dem ganzen Staats-Verbande angemessen erscheinen.

Möchten solche, wie ich sie nunmehr Euer Königlichen Majestät Genehmigung hier unter Beifügung der Gesetz Entwürfe ehrfurchtsvoll anheimgebe, Allerhöchst Ihren Beifall erhalten.

Die gegenwärtigen Gesetze bestehen:

In einem Gesetze über die Steuer-Verfassung des Königreichs, welches die allgemeinen Grundsätze angiebt; in einem Gesetz über die Zoll und Consumtionssteuern sowohl von ausländischen Waaren als den wenigen mit einer Steuer betroffenen Erzeugnissen des Inlandes nebst drei Beilagen nämlich 2 Tarifs und einer Zoll und Consumtionssteuer Ordnung. —

Die Steuer-Verfassung der alten Provinzen war nicht geeignet unverändert beibehalten zu werden.

Die Einrichtungen in den unter Fankreichs Botmäßigkeit oder Einfluß gestandenen Ländern sind dem Volke schon durch die Erinnerung jener Zeit großentheils verhaßt, auch zum Theil bereits über den Haufen geworfen, wie das Douanen-System und die droits réunis.

In den von Sachsen eroberten Ländern und dem sonst schwedischen Theil von Pommern bestehen Steuer-Einrichtungen, die so unpassend sind, daß deren Erhaltung nicht in Erwägung kommen konnte.

Ueber unser Zoll- und Accise-Wesen urtheilte schon der Staats-Minister Struensee als Chef des Accise-Zoll- und Handels-Departements in den späteren Jahren seiner Amtsführung, daß solches ein durch einzelne Bestimmungen ohne Plan, wie durch blinden Zufall entstandenes Chaos sei, welches unmöglich dauern könne.

Ich habe diese Behauptung eines sehr geachteten Staatsmanns bei näherer Prüfung des Gegenstandes vollkommen bestätigt gefunden und erlaube mir darüber Folgendes ehrerbietigst zu bemerken.

Die Zoll- und Accise-Einrichtung in den ältern Provinzen ist sehr alt und wurde damals, als überall in Deutschland die Grund- und Domanial-Abgaben nicht mehr zur Bestreitung der Kosten stehender Heere zureichen wollten, eingeführt. Sie war, wie alle übrigen Einrichtungen im Staat blos provinziell und ohne Gleichförmigkeit im Ganzen. Sie wurde jedoch im Einzelnen sehr gut verwaltet, lieferte große Ueberschüsse und ist unstreitig, als eines der wirksamsten Hilfsmittel anzusehen, denen Preußen die Erhebung zu seiner jetzigen Größe, durch die Geldquellen, welche sie zum Kriege lieferte, verdankt.

Sie beruhte ursprünglich auf dem Grundsatz, das ganze Land durch die Städte zu besteuern und war mit der früheren Gewerbe-Verfassung insofern innig verflochten, als sie voraussetzte, daß die Gewerbe überhaupt nur in den Städten betrieben und das platte Land nur durch die inländischen Städte mit einheimischen und fremden Fabrikaten und Waaren versehen wurde und daß der größte Theil der Verzehrung der besteuerten Consumtibilien nur in den Städten stattfinde, daß aber die wenigen, auf dem platten Lande ausnahmsweise betriebenen Gewerbe bereits durch Domanial- und Grundabgaben hinlänglich betroffen seien; der steuerfreie Adel aber, insofern er nicht seine Waaren aus den Städten nehme, überhaupt für alle seine Abgaben durch den Ritterdienst und die in die Stelle getretenen Ritterpferde mit dem Staat abgefunden sei. —

Diese Voraussetzungen waren damals größtentheils richtig und das System insofern consequent und billig, ja es wurde sogar sehr oft die Einführung der Accise als eine Wohlthat angesehn, da sie die Städte von vielen älteren, drückenden Lasten befreite, die sie bei ihrem größtentheils gegen die frühere Zeit gesunkenen Wohlstande nicht mehr erschwingen konnten.

Dieses System sollte unter Friedrich dem Großen durch Einführung der französischen Regie gleich nach dem 7 jährigen Kriege einträglicher und mehr vervollkommnet gemacht werden.

Zugleich wollte man aber auch nach einer vom Auslande übernommenen Theorie, den Handel und die Fabrikation durch Abgaben dirigiren und unterstützen. Es wurden alle Sätze höher gestellt, jedoch die älteren Provinzial-Gesetze belassen, jeder bisher noch nicht besteuerte Artikel steuerbar gemacht und der französische Grundsatz, daß jeder steuerpflichtige Gegenstand bis zu seinem Verschwinden durch die Consumtion beständig verfolgt und controlirt werden mußte, eingeführt und zur Execution desselben ein Heer von Officianten jeder Art angestellt, jede Stadt in Ansehung ihrer Ab- und Zufuhr und ihrer Handels-Verbindung mit ihrer Umgebung wie eine Festung mitten im Lande behandelt, deren Eintritt man erkaufen mußte; das Ganze aber unter eine, zwar allgemeine, jedoch sehr verhaßte Leitung eines größtentheils ausländischen, moralisch schlechten, Personals gestellt.

Die Immoralität wanderte mit diesen Fremdlingen ein und die Gewohnheit Euer Königl. Majestät Kassen und den Staat durch Umgehung der Abgaben zu übervortheilen, nahm überhand. Sie wurde gewissermaßen ein nothwendiges Vertheidigungs-Mittel gegen die Chicanen und Vexationen der Regie-Bedienten. Diese Unterschleife erzeugten wieder ein neues Heer von Controlen und Vervielfältigung der Abgabensätze durch neue Declarationen, und durch besondere Abfindungen und Privilegien, die Jeder mit dieser verhaßten Parthie zu Stande zu bringen, oder gegen sie auszuwirken strebte, entstand eine Lage für die Steuerpflichtigen, an der nur zu bewundern ist, daß sie sich so lange hat halten können.

Endlich gaben die großen Mißerfolge der Regie zu ihrer gänzlichen Verbannung Veranlassung und es wurde nun nach einem nicht lange dauernden Zwischenzustande die Legislation zu Stande gebracht, die in dem Accise-Tarif des Jahres 1787 enthalten ist, die aber gleichwohl die älteren Tarifs nur zum Theil aufhob, Zölle und alles Provinzielle bestehen ließ.

Nach den diesen Gesetzen beigefügten Tarifs ist die Anzahl der zu versteuernden Gegenstände fast unübersehbar und, da man bei Fertigung derselben von keinem richtigen Verwaltungs-Grundsatze, sondern nur von der Absicht ausging, Alles möglichst herbeiziehen zu wollen, so wurde das Fabriken Zwangssystem mit der Accise und in dieser wieder die Eingangs und Ausgangs-Abgaben, die Consumtions-Steuer, die Grenz- und Binnen Zölle und die Local-Abgaben-Verfassung der Provinzen und einzelner Städte so durch einander geworfen, daß auch der geübteste Officiant in dieser Parthie keine richtige Uebersicht von dem, was im Lande und dessen verschiedenen Theilen von jedem Artikel gegeben wird, liefern kann; noch weniger aber das Abgaben-Verhältniß der einzelnen Provinzen gegen einander zu beurtheilen vermag.

Unzählige Declarationen haben seitdem diese Gesetzgebung noch mehr verwickelt. —

Bei der Besitznahme der Entschädigungs-Provinzen im Jahre 1803 sah man die Nothwendigkeit ein, diese Verfassung, welche übrigens jenseits der Weser schon früher aufgehoben war, in den neuen Entschädigungs-Ländern nicht einzuführen. Man schuf also für dieselben ein besonderes milderes System, ordnete geeignete Abgaben-Gesetze an und behandelte dagegen diese Provinzen in Rücksicht der Accisen als Ausland. — Hierdurch entstand damals eine neue Verwickelung. —

In Rücksicht des mit dieser Verfassung verbundenen Fabriken-Systems wurde für die Provinzen jenseits der Weichsel eine neue Ausnahme gemacht und dort alle ausländischen Fabrik-Waaren ohne Unterschied gegen 8⅓ Prozent oder 2 ggr vom Thaler-Werth zugelassen; den höchsten Grad der Verwirrung erreichte gerade in der letzten Zeit die Sache durch die neuen Länder-Acquisitionen und die durch die Provinzial-Organisation geschehene Abtheilung der Regierungs-Bezirke ohne Rücksicht auf die alten Grenzen.

Als Folge dieser unvollkommenen, so oft veränderten Gesetzgebung bestehen jetzt, allein in den alten Provinzen 57 Zoll- und Accise Tarifs, die noch sämmtlich Gesetzes Kraft haben, und deren verschiedenartige Bestimmungen nebst einer großen Zahl Declarationen und Modificationen kein Mensch alle im Kopf behalten kann. Sie erstreckt sich auf 2775 besteuerte Gegenstände, mithin auf fast alle im gemeinen Leben und im Gewerbe vorkommenden Objecte und die Befreiung, welche die Regel sein sollte, ist eine seltene Ausnahme; sie beruht dabei in Beziehung auf die Gewerbsamkeit auf Grundlagen, die gerade dem entgegenwirken, was man durch dieselbe beabsichtigt hat, — sie ist in unserem Staat und außerhalb verschrieen, jede Stadt ist ein abgeschlossenes Gebiet und der Landmann, der aus dem nächsten Dorfe kommt, ist Visitationen und Aufenthalt unterworfen bei den unbedeutendsten Producten, die er einbringt, dabei wird der Ertrag dieser kleinen Thorsteuern mehrentheils absobtirt durch den Unterhalt der Thorschreiber.

So oft ein Reisender eine Stadt berührt, ist er neuen Durchsuchungen bloß gestellt. Jeder der von Ort zu Ort etwas verschickt, oder transportirt, muß besorgt sein, gegen ein vorgeschriebenes Accise-Verfahren zu verstoßen. Daher die Gewohnheit, das Gesetz zu umgehen.

Man hat gesehen, daß in dem Maaße, wie die Fiskalität zunahm, der Geist des Volkes verdarb, viele sonst rechtliche Leute machten sich des Unterschleifs schuldig. Der rechtliche Kaufmann kann nicht neben dem Contrebandier, vorzüglich dem Juden, deren gemeinere Klasse fast allein von gesetzwidrigem Verkehr lebt, bestehen und muß ihm nachfolgen, oder womöglich übertreffen und, da die Qualität eines Kaufmanns bei der jetzigen Gewerbsteuer mit wenigen Thalern erworben werden kann, so giebt es kein Merkmal, um den rechtlichen Bürger zu erkennen und die Verwaltung wird auf den traurigen Grundsatz zurückgeführt, überall die mögliche Absicht des Betruges vorauszusetzen.

Das Angeführte fühlt und kennt Jeder; geht man tiefer in die Sache, so findet man noch größere Momente für die Abschaffung dieser Einrichtung. — Ein Theil der Bewohner derselben Provinz trägt die Last davon im Uebermaß, während ein andrer fast kaum betroffen wird. Bei den ausländischen Waaren macht schon der Weg, auf dem sie bezogen werden, einen bedeutenden Unterschied. —

Deshalb habe ich gesucht, eine Einrichtung aufzustellen, welche den Vortheil gewährt, gleiche Vertheilung der Steuern zu bewirken, jedes Hinderniß wegzuräumen, welches einem freien und ungestörten Verkehr innerhalb Landes entgegenstand.

Die Trennung zwischen Stadt und Land und zwischen den Provinzen gegen einander hört dadurch ganz auf, die inländischen Producte und Fabrikate werden ganz ungehindert im ganzen Lande frei circuliren, ausländische beim Grenz-Eingang getroffen werden.

Im Innern des Landes sind statt der alle Gegenstände umfassenden Accise oder Consumtionssteuer nur wenige Gegenstände, die einen reichlichen Ertrag gewähren, mit einer Steuer betroffen, bei der das Publicum mit keiner Kontrole und Formalität etwas zu thun hat, sondern allein der, welcher das Gewerbe treibt, oder das Product gewinnt, für die Steuer haftet.

Die ausländischen Waaren sind innerhalb Landes nur insofern einer Kontrole unterworfen, als der Inhaber statt der Recherche und Versteuerung an der Grenze, es vorzieht, dieses erst am Bestimmungsort bewirken zu lassen, und sie bis dahin in einer öffentlichen Niederlage beläßt.

In den jüngst verflossenen Jahren, vornehmlich in dem Jahre 1810 sind bereits mehrere Verordnungen ergangen, welche neben dem Zweck, dem Staat die damals unumgänglich erforderlichen Geldzuflüsse zu verschaffen, eine allgemein anwendbare Steuerverfassung zu begründen strebte, welche manches Gute gewirkt, manche der Industrie angelegt gewesene Fessel gelöst, aber auch das Erforderniß der Reform noch größer gemacht haben, weil man dadurch das bis dahin gestandene, schlecht zusammengesetzte Gebäude vollends durchlöchert hat. Denn dadurch, daß durch diese Legislation der Betrieb eines jeden Gewerbes auf dem Lande, wie in den Städten freigegeben, die zugleich beabsichtigte Gleichheit der Abgaben aber zu einem Theil nicht in Ausführung gebracht, zum andern Theil durch das im folgenden Jahr erschienene Edict wieder aufgehoben und bei gleicher Gewerbsbefugniß die Abgabe auf dem platten Lande (Consumtionssteuer) bis auf die Hälfte oder zwei Drittel wieder herabgesetzt wurde, hob man die alte billige Grundlage der Accisenverfassung, nämlich die ausschließliche Gewerbebefugniß der Städte auf und mit ihr das bisher noch einigermaßen herrschende Prinzip der Gerechtigkeit; woraus eine große und sehr empfindliche Prägravation der Städte entstand, deren Folgen sich in ihrem jetzigen Zustande auf eine sehr fühlbare Art äußern und auf das Land nachtheilig zurückwirken.

Daß dieser Zustand durch alle jene älteren und neueren Ursachen jetzt wirklich vorhanden sei, davon habe ich mich auf meinen Provinzialbereisungen überall überzeugt und die Nahrungslosigkeit der Städte in Euer Königlichen Majestät Staaten ist eine gegen andere Länder sehr hervorstechende traurige Erscheinung, die nicht sowohl dem Unglücke des Krieges, als vielmehr der nun schon seit länger als einem halben Jahrhundert fortdauernden schädlichen Handels- und Steuerverfassung zugeschrieben werden muß, welche durch die neuesten Verhältnisse und Einrichtungen vollends aus allem Zusammenhange gewichen und von der nur die unerträglichen Lasten übrig geblieben, jeder ursprüngliche Zweck derselben aber verfehlt worden ist.

Die verderbliche Rückwirkung dieses Zustandes der Städte auf das platte Land kann nur so lange ausbleiben, als hohe Preise den Landmann von der Consumtion der Städte einigermaßen unabhängig machen.

Der wahre Flor des Ackerbaus besteht in dem zunehmenden der Städte und in dem wechselseitigen Verkehr des Landmanns mit dem Handwerker und Fabrikanten in den Städten und des dadurch gesicherten, von keiner Handelsspeculation abhängigen inländischen Absatzes, in dem raschen Umlauf vieler kleiner Betriebskapitalien. Wo dieser fehlt, oder darnieder liegt, da fehlt das wichtigste Glied in der Verkettung der bürgerlichen Verhältnisse und das Wohl des Einwohners wird von dem Ausländer abhängig. — —

Ich habe nun zwar zunächst versucht, den Grundzügen der Gesetzgebung von 1810 treu zu bleiben und habe auch keine Art von Abgaben neu gewählt, die nicht in Haupttheilen unseres Staats bekannt ist und gilt, mir aber es hauptsächlich angelegen sein lassen, die Vertheilung und die Erhebungsart zu verbessern.

Ueber die Einrichtung, welche ich vorschlage und der Euer Majestät übrige Minister ihre Zustimmung gegeben haben, sind andere unterrichtete Staatsbeamte zu Rath gezogen. Insbesondere sind über die Angemessenheit und practische Ausführbarkeit die Regierungs-Präsidenten zu Potsdam und Frankfurt und wegen seiner guten Einsichten auch der Landrath v. Rochow gehört, deren Urtheil sich dafür ausgesprochen hat, die der Nation aufzuerlegenden Abgaben dürfen nicht höher gehen, als daß sie zu den wirklichen Bedürfnissen des Staats zureichen. —

Das Volk hat durch die Macht des Verhängnisses gezwungen seit zehn (10) Jahren schwere Lasten zu tragen gehabt und dadurch in seinem Wohlstande sehr gelitten. Abgabenbeschränkung ist deshalb überall nothwendig und daher bei deren Festsetzung die größte Mäßigung beobachtet, manche Erleichterung gewährt und keine Auflage beibehalten oder höher gestellt werden, als die Ueberzeugung, sie könne von dem betreffenden Gegenstande getragen werden, es zuließ und als man sie zu stellen nöthig hat, um nach Wahrscheinlichkeit die Summe herauszubringen, welche die Führung des Staatshaushalts erfordert, wenn zugleich alle zulässige Sparsamkeit angewandt wird. Eine Pflicht, welche überwiegend ist und über welche man sich nicht hinaussetzen darf, ohne zum Frevler gegen Euer Majestät und den Staat zu werden. —

Euer Königliche Majestät geben Allerhöchst das größte Beispiel einer weisen und wahren Sparsamkeit. Allerhöchst dieselben wollen darnach auch den Staatshaushalts-Etat eingerichtet und geleitet wissen und nicht zugeben, daß der Unterthan unter dem Druck der Abgaben seufze. —

Ich gehe zu den Erläuterungen über, welche ich über die Haupt-Bestimmungen in den Gesetzen noch zu geben habe, es sind kurz folgende:

In dem Gesetz über die Steuer-Verfassung des Königreichs sind die Gründe im Allgemeinen, — so weit sich's dabei paßte, im Eingange angegeben. Die Grundzüge der neuen Steuer-Verfassung sind darin bezeichnet, sowie die Steuern, welche wegfallen und welche künftig bestehen sollen.

Es schien dies nützlich, wie auch die Andeutung nöthig, daß man etwas Stabiles dadurch habe aussprechen wollen, damit die Nation Glauben gewinne an der Festigkeit und Unwandelbarkeit des Systems, welches man befolgen will. —

In den Prinzipien der Grundsteuer-Verfassung, so sehr verschieden die Höhe derselben ist, Abänderungen vorzunehmen, widerrathen die wichtigsten Gründe. Ein solches Werk erfordert auch längere Zeit und Berathungen mit den Provinzial-Ständen. Aber Erleichterung erfordert der Grundbesitz in einigen der wiedervereinten und neuerworbenen Länder, wo die vorige Regierung den Grund und Boden im Uebermaaß belastete. Diese hat daher theils sogleich zu gewähren, theils zu verheißen so nothwendig, wie billig geschienen. — Nur bei den Städten der Monarchie ist die Heranziehung dazu festgesetzt. Eben diese Städte sind es, welche allerdings gegenwärtig am schwersten belastet sind, aber auch durch die neue Einrichtung am mehrsten erleichert werden. Sie bringen überdem sehr bedeutende Servis-Abgaben über denjenigen Servis auf, der auf den Grundstücken schon ruht, welches hierfür wegfällt; sie sind jetzt in anderen Stücken zu ihrem Vortheil dem platten Lande gleichgestellt, werden es auch gerechter Weise in der Grundsteuer. — Die für die nächsten Jahre auf die Wohnhäuser gelegte Haussteuer wird nur dazu dienen, die Servis- und Einquartierungskosten zu übertragen, sie wird allgemein sehr gern gegeben werden, weil nur der Zweck ist, einen drückenden Uebelstand in dieser Parthie durch Beförderung eines allgemeinen Kasernements der Truppen abzustellen. —

Die im Gesetz § 4 genannten Steuern (Gewerbe, Stempel, Salz, Karten ꝛc.) bestehen jetzt schon durchgehend, die im § 5 verheißene Revision der desfallsigen Gesetze beabsichtigt nur Wegräumung von Beschwerden. — Die im § 8 ausgesprochene Befreiung des Verkehrs im Inlande wird allgemein dankbar anerkannt werden. — Keine Thorsperre, keine Thoraccise mehr. Die Nachversteuerung der Producte und Fabrikate der wiedervereinten Provinzen mit 2, 4, 6 — 8⅓ Prozent bei deren Vertrieb in den älteren Provinzen hört auf.

Diese Nachversteuerung erzeugte täglich die gegründetsten Beschwerden, die jedoch ohne eine gänzliche Veränderung des Systems nicht gehoben werden konnten, wenn man nicht auf der andern Seite gleich triftige Beschwerden der Fabricanten gewärtigen und Ausfälle erleiden wollte.

Die Binnenzölle, welche überall in den neuen Provinzen noch bestehen, hören damit ebenfalls auf. —

Die Consumtionssteuer von den § 8 genannten wenigen Artikeln als Gemahl, Weizenmehl, welches Gewerbtreibende zum Verkauf verbacken, Branntwein, Bier, Landwein, Fleisch und Tabaksblätter bleibt allein von allen Accise-Artikeln für's Inland bestehen und soll allgemein werden.

Es spricht für diese Anordnung

a, die Einfachheit der Erhebung und große Minderung der Administrations-Kosten. — Die Aufmerksamkeit und Controle der Administration beschränkt sich nach diesem Gesetz auf die Fabrikationsstätten der Gewerbtreibenden und Inventarisation des Wein- und Tabacks-Gewinns. Der größte Theil der Accise-Officianten wird entbehrlich und disponibel zur Grenz-Aufsicht.

b, die Ergiebigkeit des Ertrages in den Grenzen einer mäßigen Auflage, wie sie das besondere Gesetz bestimmt.

Beim Gemahl steigt die Auflage etwa bis zu 6 Prozent bei sehr mäßig angenommenen Kornpreisen, bei höheren ist sie noch geringer; beim Landwein, wobei jedoch die Unsicherheit des Gewinnes in Anschlag kommt, steht sie etwa 8 Prozent, beim Bier etwa 15 Prozent und ebensoviel beim Taback; beim Branntwein 28—30 Prozent und beim Fleisch etwa 7—8 Prozent vom Werth und der reine Ertrag für die Staats-Kassen nach Abzug der Kommunal-Antheile und Administrations-Kosten wird mindestens 10 Millionen Thlr. ausmachen, folglich die Haupt-Einnahme der Staats-Revenüen sein.

c, die Angemessenheit der Vertheilung.

Beim Gemahl wird, so weit es das Brod-Getreide betrifft, zwar Jeder gleich betroffen; das ist aber auch keine bedeutende Auflage für den gemeinen Mann, bei dem sie sich auf 2 Pf. die Woche belaufen mag. Das Biertrinken richtet sich schon nach der Wohlhabenheit in Qualität und Quantität; der Wein, wo er wächst, ist dem Bier beinahe gleich zu achten. Fleisch genießt der Wohlhabendere zehnmal mehr, wie der Aermere. Der Taback ist ein entbehrlicher Gegenstand. Der Branntwein sollte zum Besten des physischen und moralischen Wohls des Volks weniger genossen werden. Die aufgezählten Genußmittel zusammen geben einen Besteuerungs-Maßstab nach der minderen oder mehreren Wohlhabenheit ab. Der wenig Vermögende, der sich von den nothwendigsten Lebensmitteln zu erhalten hat, leistet dem Staat hier auch nur Wenig, der Wohlhabende, der bessere und vermehrte Genußmittel verbraucht, hat auch danach erhöhte Abgaben zu leisten. —

Gegen diese Steuern werden keine Einwendungen gemacht werden. In den Städten der älteren Monarchie sind diese Steuern jetzt bis auf den Branntwein schon weit höher. —

In den der französischen und westphälischen Regierung unterworfen gewesenen Ländern ruhten auch schwere Abgaben auf den Unterthanen.

Die s. g. droits réunis Frankreichs waren drückend und vexatorisch. Die nämlichen Gegenstände und mehrere waren in Westphalen mit einer indirecten Steuer belegt. Beide Länder hatten noch die Personal-Steuer zu tragen, die ihnen durch das gegenwärtige Gesetz abgenommen wird.

In Sachsen war die General-Accise und Fleisch-Steuer allgemein.

Auf dem platten Lande in den alten Provinzen diesseits der Elbe ist die Mahlsteuer nicht höher, als die dafür jetzt gezahlte und wegfallende Kopfsteuer, aber die neu angelegte Steuer gewährt den Vorzug einer richtig treffenden Vertheilung.

Die Branntwein- und Bier-Steuer wird zwar auf dem Lande jetzt in geringerem Maaße durch die Schrotsteuer auch erhoben;

allein ein Jeder fühlt die Nothwendigkeit hierin Stadt und Land gleich zu stellen. Die Fabrikationsstätten des platten Landes verlieren dabei nicht, vielmehr werden sie gewinnen, da ihnen nunmehr die Thore der Städte geöffnet sind, um in diesen ohne Nachschußzahlungen ihre Getränke abzusetzen. Die Präsidenten der Regierungen zu Frankfurt a. O. und Potsdam haben selbst dafür gehalten, man könne den Branntwein noch um $\frac{1}{4}$ höher stellen; es reiße die verderbliche Sitte ein, den Arbeitern statt Lohnvermehrung Zulagen an Branntwein zu verabreichen, $\frac{1}{8}$ bis $\frac{1}{4}$ Quart täglich. Das platte Land gewinnt überhaupt durch Aufhebung der Thor-Accise und kann daher auch die höhere Steuer vom Branntwein tragen.

Die Fleischsteuer beträgt jetzt schon in den Städten über 4 Pf. per Pfund, auf dem platten Lande etwas unter der Hälfte. — Der Landtaback war bereits früher mit 1 Thlr. 3 ggr besteuert, also höher wie nach der Gesetzesvorlage; in den französischen Landestheilen galt das Monopol.

Ueber die Steuersätze, Erhebungs-Art rc. sprechen die anliegenden Edicte. Es ist darauf Bedacht genommen, durch Korporationen der Gewerbetreibenden selbst und durch Theilnahme der Kommunen am Steuer-Ertrag ein allgemeines Interesse rege zu machen.

Es sind den Gewerbetreibenden Mittel gewährt, sich der Controle zu entledigen durch Abfindungen mit der Steuer-Kasse, die meines Dafürhaltens häufig eintreten werden, und, so lange sie auf eine gewisse Zeit beschränkt sind und nicht den Character der directen Steuern annehmen, sehr wohlthätig wirken.

Die Fleisch-Steuer auf dem platten Lande konnte nicht den Gewerbetreibenden oder Fleischern auferlegt werden, es konnte auch nicht füglich der bisherige Modus, wonach Jeder, bevor er einschlachtet, einen Steuerzettel lösen mußte, beibehalten werden wegen der kostbaren Visitation und Controle. Darum ist für diese Steuer auf dem platten Lande auf directem Wege eine Fleisch-Abgabe zu erheben, gewählt. Der Wohlhabendste versteuert dadurch in 5 Tagen nur 2 Pfund Fleisch, der Geringste (wobei arme Leute und Kinder unter 14 Jahren ganz ausgeschlossen bleiben) nur in 20 Tagen ein Pfund. —

„Von ganz besonderer Wichtigkeit ist der Verkehr mit dem Auslande. —

Die ergiebigste Quelle des Wohlstandes liegt im Handel. Die Erhaltung und Beförderung des Handels und der Fabrication verdienen die größte Aufmerksamkeit. Das Finanz-Interesse ist damit enge verwebt, jedoch jenem stets um so mehr unterzuordnen als mit dem Steigen und Sinken des Handels und damit auch der Wohlhabenheit, die Staats-Einkünfte zu- und abnehmen, welche darauf beruhen. — Mit der Regulirung der Handels-Abgaben muß deshalb die Feststellung eines Handels- und Gewerbs-Systems verbunden werden.

So wie im Innern des Landes zur Beförderung des Wohlstandes die Hindernisse des freien Vertriebes und Wetteifers weggeräumt werden, so ist es auch unstreitig in Beziehung auf den Verkehr mit dem Auslande, dem National-Wohlstande und der Klugheit angemessen, eine gemäßigte Handels-Freiheit zu gewähren. — Diese entspricht dem Sinne der Kabinets-Ordre vom 9. Mai 1807 und der späteren Legislatur (Instruction vom 26. December 1808 § 50.)

In dem Edicte im Eingange und in den §§ 8 bis 10, sowie in dem hierauf Bezug habenden Edict über den Zoll ist daher auch diese zur Grundlage genommen und darnach ausgesprochen: daß freier Handels-Verkehr mit dem Auslande, Einlassung fremder, ebenso die Ausfuhr eigener Erzeugnisse des Bodens und des Gewerbsfleißes gestattet und jene sowohl durch die diesseitigen Länder zu verfahren (transit), als darin zu verbrauchen erlaubt sein soll.

Dabei sind jedoch Maaßregeln genommen, um dem inländischen Gewerbsfleiß Schutz und den inländischen Fabrikaten hinreichenden Vorzug zu gewähren. — Es ist, wenn die Reciprocität versagt wird, die Erwiederung solcher Beschränkungen vorbehalten; z. B. in Ansehung der gegenwärtigen Handels-Maaßregeln Englands. Der Friede ist da und es ist auch politisch wichtig durch Thatsachen zu bewähren, daß man den Handel erhebe und pflege. Man darf dann auch erwarten, daß fremde Staaten auf Handels-Verträge mit uns Werth legen und solche zu befördern trachten werden.

Ein Prohibitiv-System, wie es in einigen Provinzen zum Theil besteht, wie es England, Frankreich, neuerlichst auch Rußland befolgt, kann der Lage und dem Verhältniß des Preußischen Staats unmöglich entsprechen. Die lange Küste, die Lage der Rheinischen und

Westphälischen Provinzen zwischen Frankreich, den Niederlanden und Deutschland eignen dieses Land zu einem ausgedehnten Transito-Verkehr und Zwischen-Handel. Je größer die Freiheit, desto mehr wird man dieses Handels sich bemächtigen können, möglichst große Einfuhr erweitert den Handel, erleichterte Ausfuhr belebt die inländische Production.

Diese Erfahrungssätze findet man bis zur Evidenz durch Sachsen und die Schweiz bestätigt.

Daß mit dem Wohlstande der Provinz Preußen ein Verbot-System unvereinbar war, gab schon längst die Veranlassung, dort den Handel mit allen fremden Fabrikaten unbedingt freizugeben. Seitdem dem preußischen Staate mehrere fabrikreiche Länder, Sachsen, Westphalen, Niederrhein einverleibt worden, die einen großen Ueberfluß von Fabrikaten liefern, muß es Sorge der Regierung sein, deren Absatz in fremde Staaten ihnen zu erhalten; Verbote der Zulassung würden hier eine ganz entgegengesetzte Wirkung hervorbringen und Wiedervergeltung zur Folge haben, die Errichtung von Handelsbündnissen aber ganz unzulässig machen.

Ohne die gemeinschädliche Trennung zwischen den Provinzen bestehen, den traurigen Nothbehelf der Nachversteuerung, dessen man sich nicht schnell genug entreißen kann, fortdauern zu lassen, geht es nun aber auch schon nicht an, in den drei ältesten Provinzen, in welchen Waarenverbote zum Theil jetzt noch gelten, solche aufrecht zu erhalten; sie sind auch diesen unvortheilhaft und schädlich. —

Die Provinzen Niederrhein und Westphalen haben ihre Kräfte dadurch benutzen gelernt. — Während sie ohne alle Staatsvortheile und Bannmittel fremde Concurrenz auszuhalten hatten, hat sich ihre Fabrikation erhoben und der Kunstfleiß ist dahin gediehen, daß sie nicht allein den Absatz im Inlande sich zu sichern keine Sorge haben, sondern auch die Concurrenz mit England bestehen. — Ueberall liegen die Beweise uns nahe, daß Unterstützung durch Handelsverbote der sicherste Weg des Gedeihens der Fabriken nicht sei, wiewohl die Fabrikanten solches überall geltend machen und es weit leichter, aber auch für den Handel und das Volk verderblicher ist, durch Monopole sich den Preis nach Gutbefinden zu stellen, als durch wohlfeile und vorzügliche Waare.

Der Monopoliengeist beherrscht aller Orten die Producenten und Fabrikanten auf gleiche Weise; sie fordern Zurückweisung der fremden und wollen den alleinigen Betrieb ihrer Erzeugnisse sowohl im Inlande als zugleich den ungehinderten Absatz im Auslande, da sie des Auslandes dabei nicht entbehren können. Sie übersehen es dabei, daß Beides zugleich nicht zu erreichen steht.

Der Schade, den davon der größte Theil der Nation und die Staatseinkünfte leiden, ist fühlbar.

Die Erhaltung und feste Gründung der Fabrikation, die Erhaltung und Erweiterung des Handels, das hieran geknüpfte finanzielle Interesse werden auf die Allen am zugänglichste Weise vereinigt und gesichert, indem man dem Gewerbfleiß und dem Handel, in Erzeugung, Verzehrung und Vertrieb im In- und Auslande so freien Gang läßt, solche Abgaben festsetzt, welche für den Zweck ansehnlich, gleichwohl darauf beschränkt sind, daß sich erwarten läßt, sie werden im Lande wenigstens dem größeren Theile nach bezahlt und gleichförmig erhoben werden und endlich, indem man alle Willkür und Verfahrensabweichung, auch öftere Aenderung vermeidet bei der Zoll- und Abgabenerhebung sowohl, als in den Grundsätzen und Modalitäten, unter welchen man die Waaren-Circulation und den Vertrieb verstattet. —

Mangel an Vertrauen des handelnden Publicums auf Festigkeit der Regierungs-Grundsätze hält Unternehmungen zurück. —

Auf diese Ansicht sind die in dem besonderen Edict und den Tarifs über den Zoll und die Versteuerung fremder Waaren enthaltenen Bestimmungen und Sätze gebaut.

Man hat bei jeder Position eine sorgfältige Prüfung und Berathung stattfinden lassen, eingedenk, daß Ueberschreitung des richtigen Maaßes hierbei nur zu leicht die Quelle verstopfen kann, aus der man zu schöpfen gedenkt.

Die Abgaben für den Durchgang fremder Waaren, er geschähe unmittelbar, oder es finde ein Intermediär-Handel unserer Kaufleute statt, ist mit möglichster Benutzung der Erfahrung so normirt, daß, indem darauf gerechnet ist, dem Staat eine ansehnliche Revenue zu beschaffen, man doch auch gewiß bleibt, sie werde erfolgen ohne Gefahr, die Grenzen umgangen, das Kommerz abgeleitet und des Zwischenhandels sich beraubt zu sehen. Sie wird dabei im Vergleich zu den Zoll-Gesetzen andrer Staaten nicht den Schein erwecken können, man wolle den Durchgang fremder Waaren zu ihnen durch übertriebene Beschätzung hindern. Doch ist auch das Verfahren angrenzender Nachbarn nicht außer Acht geblieben. Bei den ausgehenden rohen Erzeugnissen z. B., welche Fabrik-Materialien anderer Staaten namentlich Frankreichs und der Niederlande sind, sind Ausgangsabgaben bestimmt, die der Gewinnung hier im Lande nicht schaden, jenen Staaten aber ein Beweggrund werden können, ihre Ausgangsbeschränkungen und ungerechten Beschwerungen bei solchen Artikeln fallen zu lassen, welche wir von ihnen beziehen müssen.

Bei den Abgaben für die inländische Consumtion oder den Verbrauch fremder Fabrik- und Manufacturwaaren sind auch solche Artikel, wobei wir die Concurrenz des Auslandes nicht zu fürchten brauchen, oder die notorisch bei uns nicht gefertigt werden, geringere Procentsätze ausgeworfen, um auf den Grund dieser mäßigen Sätze Reciprocität für unsere Waaren bei Handelsverträgen fordern zu können.

Waaren, die bei hohem Werth ein geringes Volumen haben, sind überdem deshalb niedrig besteuert, weil, da hierbei Defraudation schwer zu verhüten ist, die Steuer sonst durch Unterschleif ganz verloren ginge.

Durchgehends sind aber die Tarifsätze von solchem Belang, daß es nicht zu bezweifeln ist, daß die Landesfabriken zum Verkauf ihrer Waaren im Innern dadurch einen vollkommen genügenden Vorsprung erhalten. — Indem im Gesetz die fremden Fabrikate nicht über 10 Prozent im Durchschnittssatze vom Werthe belegt sind, betragen die Auflagen auf Arbeitslohn und Verlagsprofit 15—25 Prozent und darüber, so daß, wenn die Fabrikation darin nicht hinreichenden Schutz finden sollte, alle Anstrengungen des Staats zu ihren Gunsten vergeblich sein müßten. —

Fremde Haupt- und Hilfsmaterialien für unsere Fabriken sind theils mit gar keinen, theils mit ganz geringen Abgaben belegt. Es würde zu keinem guten Ziele führen, wenn man die Steuersätze, — in dem oben gedachten Falle einer nothwendigen Reciprocität, wo allein die Handelspolitik das Maaß der Abgabe bestimmen muß, allein ausgenommen, — noch steigern wollte. Das würde einem völligen Verbot ähnlich wirken, der Staatskasse Revenuen entziehen und nur Schleichhändlern ein Mittel in die Hände geben, ihr schädliches Gewerbe zu treiben. — Sind die Abgaben zu hoch, oder treten Verbote ein, so häufen sich die Defraudationen und leider muß man wahrnehmen, daß sie dann häufig nicht aus dem Gesichtspunkte des Betruges, als vielmehr der harten Geschäftsnothwendigkeit angesehen werden. Es ist nichts weniger als gleichgiltig, ob man den Geist zum Defraudiren beim Volke und die damit leicht verbundene Bestechlichkeit der Officianten nähre. Es darf der Beachtung nicht entgehen, daß die Sitten mächtiger sind als die Gesetze. Das wohl erwogene Interesse der Finanzverwaltung erfordert es, die öffentliche Meinung zu gewinnen und dies kann nur durch Mäßigung und Billigkeit erlangt werden.

Auch die Producte des Bergbaus und der Metallfabrication waren bisher vom Auslande einzuführen in einigen älteren Provinzen des Staats theils verboten, theils unverhältnißmäßig besteuert. Die Verbote fallen auch hierbei jetzt weg, die Abgaben sind größtentheils ermäßigt. Freilich stehen sie im Tarif für die hiesigen Provinzen noch als Ausnahmen höher, wie die allgemeinen Grundsätze es mit sich bringen würden. Beim Bergwerksbetrieb ist der Gewinn unsicherer und bei manchem Werke wenig Vortheil bringend; die Ernährung einer großen Anzahl Bergleute ist daran geknüpft und die Production dem Staate, um wegen der Kriegsbedürfnisse unabhängig zu sein, außerordentlich wichtig.

Diese Rücksichten mögen den hierunter angenommenen Abgabe-Sätzen zur Rechtfertigung gereichen, wenn die öffentliche Meinung und Kritik sich dagegen äußern sollten, da man es leicht als eine gewissermaßen den in die Gewerbsamkeit eingreifenden Staats-Instituten, welche sich die Preise des Eisens, Kupfers, Bleis ꝛc. festsetzen, gewährte Begünstigung betrachten wird, die freilich unter Umständen nicht ganz unnachtheilig für einige Privat-Institute ist, welche die Bergwerksproducte weiter verarbeiten, in so weit ihnen ein nöthiges Hilfs-Material vertheuert wird, eine Rücksicht, die jedoch obiger Staats-Vortheile wegen nicht in Betracht kommen kann. —

Die fremden genießbaren Waaren sind zum Theil bis auf 30 Prozent und darüber vom Werthe belegt, welche sie tragen können. Bei deren Belegen mit Abgaben ist das Finanz-Interesse vorwaltend und überwiegend und, da die Consumtionssteuer bei den ersten Lebens-Bedürfnissen den gemeinen Mann stark mittrifft, ist es entsprechend die Artikel, welche häufig eingehen und mehr den vornehmen Mann treffen, angemessen hoch zu besteuern. Die Abgabe aber höher, wie geschehen, festzusetzen, würde wahrscheinlich wenig gewinnbringend sein.

Den Abgabensatz nach Maaß und Gewicht mit möglichst wenig Abstufungen und nach in die Sinne fallenden Kennzeichen auf den Grund angemessener Aestimation zu normiren, hat man darum der sonst häufig in den Tarifs blos enthaltenen Angabe gewisser Procente vom Werth vorgezogen, weil dadurch eine große Erleichterung bei der Waaren-Revision bewirkt wird und weil bei der großen Verschiedenheit der Waaren-Artikel es sehr große Schwierigkeit hat, daß die Officianten sich davon genaue Kenntniß verschaffen.

Es ist in dem Edict über den Zoll (§ 11) zugleich darauf Rücksicht genommen, daß der Werth der Waaren Veränderungen unterliegt, deshalb ist alle 3 Jahre eine neue Herausgabe des Tarifs angeordnet. Diese periodische neue Herausgabe des Tarifs ist unter allen Umständen angemessen sowohl wegen des steigenden und fallenden Werths der Waaren, als außerordentlicher Maaßregeln willen, wie sie z. B. jetzt gerade das widernatürliche Verhältniß in Ansehung der gemeineren baumwollenen Stuhl-Waaren für die nächsten drei Jahre mir zu erfordern geschienen hat, indem einestheils die Continental-Sperre die Baumwollenfabrikation weit über Bedarf vermehrt hat, andrerseits dagegen England verlegene baumwollene Waaren weit unter dem Preis verschleudern muß. Daher ist hierauf im Tarif Rücksicht genommen.

Mit der Einführung des Grenz-Zolls und der Consumtionssteuer von fremden Waaren in den Provinzen am Rhein und in Westphalen sowie Sachsen ist die Besetzung der Grenzen mit Zoll-Aemtern und das Zoll-Aufsichts Personal unerläßlich verbunden, ebenso in den alten Provinzen die Verstärkung und eine vollkommenere Einrichtung der letzteren durch Aufhebung der Thor-Sperre und durch Verfolgung der Waaren im Inlande erforderlich. Ohne Errichtung einer starken Zolllinie erlangen die Landes-Fabriken gegen den unversteuerten Eingang keinen Schutz, die Zölle und Consumtionssteuern gewähren nicht den erwarteten Ertrag, das Salz-Monopol kann ohne sie nicht gleichförmig gehandhabt werden. — Die Zoll- und Consumtionssteuer-Ordnung enthält die allgemeinen Bestimmungen über die Errichtung der Zoll-Aemter und Grenz-Besetzung, über das Verfahren bei der Ein- und Ausfuhr der Waaren, über die Obliegenheiten der Steuerpflichtigen und über die Folgen der Uebertretungen des Gesetzes.

Durch die in dem § 10 des General-Edicts über die Steuer-Verfassung ertheilten Bestimmungen sind den Stadt und Land-Gemeinden Mittel in die Hand gegeben, ihre Kommunal-Bedürfnisse daraus zu bestreiten, statt der Zuschüsse an Kommunal-Accise in den Städten der älteren Provinzen und der octroi Gefälle am Rhein.

— Ihr Interesse ist dadurch mit an den richtigen Eingang der indirecten Steuern geknüpft. Es ist kein unwichtiges Object, was ihnen überwiesen wird. Die bedeutendsten Hilfs-Quellen werden die größeren Städte an dem Zusatz zur Fleischsteuer finden.

Die in § 11 des allgemeinen Edicts bestimmte anderweite Regelung der Privathebungen für Brücken, Pflaster, Wege 2c. ist, ohne die Berechtigten zu benachtheiligen, wesentlich zur Erleichterung des Verkehrs nöthig.

In dem § 6 dieses Edikts ist endlich der Fall vorgesehen, wo polizeiliche Rücksicht und andere Staatsmaaßregeln beim Waaren-Vertrieb Beschränkungen und Bestimmungen für eine gewisse Zeit erfordern. Dieser Fall waltet jetzt bei der Korntheurung und der dem Verhalten andrer Staaten entgegengesetzten Erwiderung ihrer Prohibition ob. Ich bitte den Eingangzoll vom Getreide bis August künftigen Jahres noch nicht erheben zu lassen, wie ich denn auch aus eben dem Grunde in den Provinzen Westphalen, Cleve Berg und Niederrhein, wo jetzt zum Theil nur eine Mahlsteuer besteht, diese erst mit jenem Termin eintreten zu lassen bitte, zumal die Grundsteuer dort hoch ist.

Die Grenzzoll-Einrichtung wird der erste und nöthigste Schritt sein, mit dem die große Erleichterung des inneren Verkehrs zugleich erfolgen kann. — —

Was den wahrscheinlichen Erfolg dieser neuen Steuer-Einrichtungen in Bezug auf den Ertrag betrifft, so habe ich in der beiliegenden balancirenden Nachweisung die bisherigen Einnahmen aus den Steuern, welche durch die vorliegenden Gesetze wegfallen, mit denjenigen, welche die nun veränderten Abgaben künftig nach Probabilitäts-Rechnung liefern möchten, zusammenstellen lassen; kann jedoch für das Resultat der letzteren um so weniger Bürgschaft leisten, als der Erfolg neuer Steuer-Einrichtungen, die so sehr in jedes Verhältniß eingreifen, von einer Menge zufälliger Umstände abhängt.

Nach dieser Berechnung würde der Ertrag der neuen indirecten Steuern den der bisherigen, insoweit sie durch diese Gesetze abgeändert werden, um die Summe von 4,488,720 Rth. übertreffen, wovon jedoch ein großer Theil auf künftige Ermäßigungen der Grundsteuer, die ich in mehreren Provinzen für ein dringendes Bedürfniß halte, abgehen wird.

Dieser Mehrertrag ist keineswegs als eine höhere Belastung

der Steuerpflichtigen anzusehen, denn 1, wird der Ausländer dazu einen großen Theil beitragen; 2, wird dieser Mehrertrag nicht durch die höheren Sätze, sondern durch die Gleichheit und Allgemeinheit der Steuern bewirkt, so daß die Nation im Ganzen eine bedeutende Erleichterung empfindet und übrigens allen Geld- und Zeit-Aufwand ersparen wird, den die durch die complicirte Verfassung bisher nothwendige Controle und Vexation ihr veranlaßte. —

Die angenommene Haussteuer ist nur ein Surrogat vom Servis und wird diesen kaum decken.

Euer Majestät habe ich diese wie dem ganzen Staate überhaupt, so mir in dem meiner Verwaltung anvertrauten Zweige insbesondere hochwichtigen Anordnungen und Gesetze mit dem sicheren Vertrauen vorgelegt, welches nur vielseitige Prüfung und Ueberzeugung von deren Dringlichkeit und Ausführbarkeit mir hat einflößen können. Doch kann den Erfolg der durchsichtigsten und sinnigsten Maaßregeln auch der aufmerksamste Staatswirth nicht in allen Stücken vollständig verbürgen. — Nur den Wunsch habe ich noch auszudrücken, daß Euer Königliche Majestät fest beschließen möge, daß jede Reclamation gegen die Hauptgrundsätze in den nächsten drei Jahren schlechterdings zurückgewiesen werde, denn in einer Sache wie diese, giebt es zuletzt keinen sicherern Richter als die Erfahrung.

Die Wahl des Personals bitte ich mir allein vorbehalten sein zu lassen, denn bei dem Kampfe, den die bei dieser Gesetzgebung zum Grunde liegenden liberalen Grundsätze mit den einseitigen Ideen vieler Officianten zu bestehen haben werden, würde es sonst unmöglich sein, einen günstigen Erfolg mit einiger Wahrscheinlichkeit vorauszusehen.

Anlagen des Berichts.

Tabelle I.

Balance der bisher erhobenen Accise-Consumtions-Steuer und Zoll-Gefälle und ausfallenden directen Steuern gegen die nach den neuen Steuergesetzen zu erwartenden Consumtions-Steuer- und Zoll-Einnahmen.

	Rein-Ueberschüsse.			
	An Consumtions-steuern.	An Zoll.	An directen Abgaben als Personensteuer, Thür-, Fenster- u. Mobiliensteuer.	Summa.
	Rthlr.	Rthlr.	Rthlr.	Rthlr.
Nach den bisherigen Steuersätzen beträgt die Einnahme laut Tabelle II.	8,102,666	1,786,390	2,000,000	11,889,656
Nach den künftigen Steuergesetzen ist zu erwarten laut Tabelle III.	13,677,780	2,700,000	— —	16,377,780
künftig mehr	5,575,114	913,610	— —	4,488,724
weniger	— —	— —	2,000,000	— —

Tabelle II.

Nachweisung der Netto-Einnahmen an Accise-Consumtions-Steuern und Zöllen nach den bisherigen Sätzen.

	Ueberschuß.		
	An Accise und Consumtions-Steuer.	An Zoll.	Summa.
	Rthlr.	Rthlr.	Rthlr.
A. In der Monarchie, wie sie nach dem Tilsiter Frieden bestand. — Nach dem Durchschnitt der Jahre 1812—15 ist in einem Jahre in die Staatskasse geflossen.	6,091,238	1,347,540	7,438,778
Davon fallen aus die durch Kabinets-Ordre vom 11. Juni 1816 aufgehobenen Binnen-, Wasser- und Schlesische Provinzialzölle.	— —	300,000	— —
bleibt	6,091,238	1,047,540	7,138,778
B. In den neu erworbenen Provinzen Etat 1816.	2,011,428	738,850	2,750,278
Summa.	8,102,666	1,786,390	9,889,056

Tabelle III. Neue Abgaben.

A. Consumtionssteuern.

Die Monarchie besteht aus 10 Millionen Einwohnern.

Nach den künftigen Steuergesetzen dürfte an Consumtionssteuern und Zolleinnahmen zu erwarten sein:

I. An Feischsteuer

a. aus den Städten von $1^1/_4$ Millionen E. à 10 Sgr. 520,833 Rth., $1^1/_4$ Millionen E. à 8 Sgr. 416,666 Rth.

b. vom platten Lande von 6 Millionen E. à 5 Sgr. 1,250,000 Rth., $1^1/_2$ Millionen à 4 Sgr. 250,000 Rth.

2,437,499 Rth.

II. An Biersteuer.

Nach der Erfahrung von 6 Millionen E. à $^1/_3$ Tonne und von 4 Millionen E. à $^1/_4$ Tonne, facit 3,000,000 Tonnen Bier. Von 2,454,545 Ctr. dazu erforderlichen Malz beträgt die Steuer à 16 Sgr. . . . . 1,636,363 Rth

III. An Branntweinsteuer.

Von 7 Millionen E. zu 9 Quart pro Kopf .	2,625,000 Rth.	
„ 3 „ „ „ „ 6 „ „ „ .	750,000 „	
		3,575,000 Rth.

IV. An Mahlsteuer.

a. für Getreide zu Brod, Grütze und Graupe. Nach der Erfahrung circa 3 Ctr. pro Kopf; d. h. von 30,000,000 Ctr. à 3 Sgr. . . .	3,750,000 Rth.	
b. für 2,454,545 Ctr. Braumalz à 3 Sgr.	306,818 „	
c. für 3,857,272 Ctr. Branntweinschrot à 3 Sgr.	482,160 „	
		4,538,378 Rth.

V. An Backsteuer.		500,000 „
VI. An Weinsteuer vom innern Gewinn.		300,000 „
VII. An Tabacksteuer.		300,000 „

VIII. An Steuer von fremden Gegenständen

a. Wein, Gewürz, Syrup und Materialwaaren ingl. Taback.	3,000,000 Rth.	
b. für Fabrik- und Manufacturwaaren 2c.	325,000 „	
c. Eisen und Metalle.	75,000 „	
		3,400,000 Rth.

Hauptsumme A. Consumtionssteuer	16,487,840 Rth.
Davon ab Verwaltungskosten und Kommunalantheile	2,810,060 Rth.
bleibt Reineinnahme	13,677,780 Rth.

B. An Zoll, und zwar

I. In den Provinzen westwärts der Weser überhaupt .		1,000,000 Rth.
II. In den Provinzen ostwärts der Weser		
a. für alle zur Consumtion einkommende Gewürz, Material- und Specereiwaaren, Taback, Wein u. s. w.	750,000 Rth.	
b. für Objecte, welche dem allgemeinen Zoll unterliegen und mit keiner Steuer weiter betroffen werden.	750,000 =	
c. für Manufactur- und Fabrikwaaren ingl. Halbfabricate zur Ein- und Durchfuhr.	200,000 =	
d. für Eisen und Metall.	50,000 =	
e. für Getreide, Sämereien, Holz, Vieh, Kohlen 2c	300,000 =	
f. für ausgehende Wolle.	75,000 =	
g. an Elbzöllen.	250,000 =	
		2,375,000 Rth.
		3,375,000 Rth.
hiervon ab die Administrationskosten		675,000 =
bleibt Ueberschuß		2,700,000 Rth.

Erster Gesetzentwurf.

Gesetz über die Steuerverfassung des Königreichs.

Einleitung.

Wir Friedrich Wilhelm von Gottes Gnaden König von Preußen haben bei den veränderten Gränzen des Staats und der dadurch nothwendig gewordenen Vereinigung vieler verschiedenartigen Verfassungen und Verwaltungsformen eine genaue Prüfung aller jetzt bestehenden Steuergesetze und Einrichtungen veranlaßt und daraus das dringende Bedürfniß des Staats erkannt, über diesen für das Wohl Unsrer Unterthanen höchst wichtigen Gegenstand durch allgemeine gesetzliche Bestimmungen Ordnung und Klarheit zu verbreiten.

Nach sorgfältiger Erörterung haben Wir die Ueberzeugung gewonnen, daß die in Unsern alten Provinzen geltenden Steuergesetze so wenig allgemein eingeführt werden, als die in den wieder eroberten und neu erworbenen Provinzen vorgefundenen Steuer-Einrichtungen zur allgemeinen Norm dienen können, und daß es vielmehr nothwendig ist, ein ganz neues, der jetzigen geographischen Lage des Staats, dem vermehrten Umfange seines Gewerbfleißes, den Bedürfnissen der Zeit und den gerechten Erwartungen der Nation entsprechendes Steuersystem anzuordnen. — Wir wollen dieses System auf Erleichterung des Grundeigenthums durch eine angemessene, möglichst gleich vertheilte Steuer, auf freien Verkehr im Innern, auf freien, unwandelbaren Besteuerungs-Grundsätzen unterworfenen Handel mit dem Auslande, auf unbeschränkte Benutzung jeder physischen und intellectuellen Fähigkeit gründen und alle diese Rücksichten, mit dem ebenfalls durch die Zeitverhältnisse gestiegenen Staatsbedürfniß in Uebereinstimmung bringen.

Die Consumtions- und Handels-Abgaben sollen, wenngleich eine völlige Gleichstellung der Abgabensätze in allen Provinzen der Monarchie bei der Verschiedenheit der örtlichen und gewerblichen Verhältnisse unausführbar und der Landeswohlfahrt schädlich sein würde, dennoch überall nach gleichen Grundsätzen geregelt und der inländische Gewerbfleiß bei Aufhebung aller bisherigen gänzlichen Verbote, nicht nur geschützt, sondern ihm auch ein billiger Vorzug vor dem des Auslandes gesichert werden. — Ueberhaupt wollen Wir, daß Einheit der Grundsätze besonders in Hinsicht der Steuerpflichtigkeit in allen Theilen Unsrer Monarchie, die unwandelbare, durch keine Localverfassung zu verändernde Grundlage der Steuerverfassung bleibe, damit jeder Unsrer Unterthanen sich des Vortheils der großen Staats-Familie anzugehören, überall in Unsern Landen erfreue, damit jedes Hinderniß entfernt werde, die innigste Handels- und Gewerbe-Verbindung zwischen sämmtlichen Provinzen des Staats, ohne Rücksicht auf ihre durch die Natur getrennte Lage, zu knüpfen, und, indem fabrikreiche Länder mit den ackerbautreibenden durch wechselseitigen Verkehr und nähere Bekanntschaft vereinigt werden, gegenseitige Eintracht, Vertrauen und Wohlstand zu erhöhen und immer fester zu begründen.

Dieser Unsrer Willensmeinung gemäß, wollen Wir durch gegenwärtiges Gesetz folgende Hauptgrundlagen der Steuerverfassung, nachdem Wir solche reiflich erwogen und das Gutachten der bewährtesten, mit den Bedürfnissen des Staats und seiner Einwohner vertrautesten, Behörden und Personen darüber eingeholt haben, für Uns und Unsere Nachfolger festsetzen.

I. Grundsteuer.

§ 1.

a. Die Grundsätze der Steueranlagen bleiben bei allen gegenwärtig bestehenden Grundsteuern in ihrem Wesen ganz unverändert, und sollen nur nach vorhergegangener Berathung mit den Ständen ergänzt oder anderweitig bestimmt werden können.

b. Bei der in einigen wiedereroberten und neu erworbenen Provinzen hin und wieder vorhandenen, unverhältnißmäßigen Belastung des Grundes und Bodens soll jedoch eine Erleichterung eintreten, auch zu diesem Zweck die damit verbundene Thür- und Fenster-Steuer abgeschafft werden.

c. Alle in einigen Städten und deren Bezirk noch mit keiner Grundsteuer belegten Grundstücke sollen zu derselben mit verpflichtet werden, weil die Abgaben der Städte denen des platten Landes gleichgestellt werden.

Die Grundsteuer von den zu den Städten gehörenden blos ländlichen Grundstücken, als Feldgärten, Aeckern, Wiesen, Waldungen 2c. soll nach den Grundsteuersätzen erhoben werden, welche bei Grundstücken gleicher Art in den angränzenden Landkreisen stattfinden. Von Bauplätzen, worauf Gebäude aufgeführt sind, und von den Hofräumen und Gärten, welche Zubehörungen der

Gebäude sind, soll die Grundsteuer, den Realservis inbegriffen, auf Eins von Hundert des durch Abschätzung ermittelten Werths festgestellt werden.

d. Die Wohngebäude in sämmtlichen Städten der Monarchie, einschließlich deren Vorstädte, sollen einer Haussteuer unterworfen werden, welche fünf vom Hundert des Ertrages gleich ist, der durch Vermiethung gewonnen wird, oder doch gewonnen werden könnte. Diese Haussteuer, welche zur Erleichterung und zu der beabsichtigten völligen Aufhebung der gewöhnlichen Einquartirungslast vorzüglich bestimmt ist, soll mit dem Ablauf des Jahres 1820 wiederum ganz oder theilweise aufhören, insofern als das übrige Staatseinkommen alsdann zu den Staatsbedürfnissen hinreichenden Ertrag gewähren wird; eine Erhöhung dieser Steuer aber soll nicht eintreten.

e. Es sollen niemals andere ordentliche oder außerordentliche Lasten nach dem gemeinen Grundsteuerfuße vertheilt werden.

§ 2.

Bei der Erhebung und Verwaltung der Grundsteuern soll ein einfaches Verfahren stattfinden und Bedacht genommen werden, daß das monatliche Beitrags-Quantum eines jeden Steuerpflichtigen in Einer Summe von den Orts-Vorstehern erhoben wird, und es dazu keiner besonderen Behörden außer dem Landrath und den Kreis Kassen bedürfe.

II. Personal- und indirecte Steuern.

1. Aufhebung bisheriger.

§ 3.

Alle durch das gegenwärtige Gesetz nicht ausdrücklich vorbehaltenen, oder in der Grundsteuer (§ 1) nicht begriffenen Abgaben an den Staat, welche bisher den Verbrauch, das Gewerbe und den Handel trafen, oder blos persönlich waren, werden aufhören; insbesondere auch die Servisbeiträge wegfallen.

2. Fortdauer verschiedener.

§ 4.

Künftig aber noch fortdauern (§ 3) sollen

die Gewerbesteuer,

die Stempel, Spiel-Karten- und Kalender-Einnahmen,

die Einnahmen aus dem Handel mit dem Salz und endlich alle Leistungen und Abgaben, welche für die Benutzung der vom Staate zur Erleichterung des Verkehrs gemachten Anstalten und Anlagen und für die Erhaltung natürlicher Verbindungen entrichtet werden.

Vorbehalt künftiger Bestimmungen in Absicht derselben.

Inzwischen bleibt vorbehalten:

1. eine nähere Bestimmung über die Gewerbesteuern und die damit in Verbindung stehenden Gegenstände der Gewerbepolizei;

2. eine fernerweite Erwägung, wiefern nach genauer Revision der Stempelgesetze eine angemessene Verminderung bei einzelnen Steuersätzen stattfinden kann.

3. bei dem Handel mit Salz soll auf die sehr verschiedenen Verhältnisse, welche bei einzelnen Provinzen in Betracht kommen, Rücksicht genommen, und

bei dem Handel mit dieser Waare jede Erleichterung eintreten, die mit der Erhaltung der Salzwerke und mit der Sicherung des Staatseinkommens nur irgend vereinbar ist.

4. in Betreff der Elb- und Weserzölle, so wie der Rhein-Octroi-Gefälle und aller andern Abgaben und Leistungen, welche zu der Unterhaltung von Strömen, Wegen und Kunststraßen, Kanälen, Schleusen, Häfen, Brücken, Krahnen, Fähren, Niederlagen, Waagen, Leuchtthürmen, Tonnen und andern Anlagen, für den Handel und die Gewerbe, bestimmt sind, soll es dagegen, bis zur Berichtigung dieses Gegenstandes eine andere Bestimmung erfolgt, bei der bisherigen Verfassung sein Bewenden haben.

3. Einführung neuer.

§ 5.

An die Stelle der aufgehobenen Abgaben soll ein Ein- und Ausfuhrzoll und eine Consumtionssteuer treten, welche theils von dem Handel mit dem Auslande und von dem Verbrauch ausländischer Waaren, theils von Erzeugnissen des Inlandes entrichtet werden. Es sollen hierbei in Bezug auf den Verkehr folgende Grundsätze Anwendung finden.

Grundsätze.

a. Beim Verkehr mit dem Auslande.

§ 6.

Allen Erzeugnissen der Natur und des Gewerbfleißes aus dem Auslande mit Ausnahme des Salzes und der Spielkarten, wird im ganzen Umfange des Reichs, die Einfuhr, Ausfuhr und Durchführung zugesichert und nach dieser Regel überall verfahren werden, wenn nicht aus besonderen Gründen nothwendig wird, entgegengesetzte Maaßregeln für einen gewissen Zeitraum zu treffen

Verhältnisse zu anderen Staaten.

§ 7.

Der im vorstehenden Paragraph ausgesprochene Grundsatz zu begünstigender Handelsfreiheit soll bei den Verhandlungen mit anderen Staaten zur Grundlage dienen. Diejenigen Erleichterungen, welche die Unterthanen des Reichs in andern Ländern bei ihrem dortigen Verkehr genießen, sollen, so weit es thunlich, erwidert und zur Beförderung des wechselseitigen Verkehrs, wo es erforderlich und zuläßig, besondere Handelsverträge mit fremden Staaten geschlossen werden. — Dagegen bleibt es aber auch vorbehalten, wenn Unterthanen des Reichs bei ihrem Verkehr in fremden Ländern überhaupt und bei ihrer Schifffahrt insbesondere, Beschränkungen erfahren, wodurch ihr Handel wesentlich leidet, solche durch den Umständen angemessene Maaßregeln gegen die Unterthanen jener Länder zu vergelten.

b. Beim Verkehr im Inlande.

§ 8.

Der Verkehr im Inlande soll frei sein und keine Beschränkung zwischen den verschiedenen Provinzen, oder zwischen den Städten und dem platten Lande weiterhin stattfinden; daher außer den Binnenzöllen auch die Thoraccisen und Thorcontrollen künftig wegfallen. Von den Erzeugnissen des Inlandes sind allein das Gemahl, das Weizenmehl, welches zum Verkauf verbacken wird, das Malz zum Bierbrauen, der Branntwein, der gewonnene Wein und Taback und das Fleisch einer Steuer unterworfen; alle andern dagegen, so lange sie im Inlande bleiben, sind frei von jeder Steuer und aller Controlle.

Wenn indessen Waaren des Inlandes oder des Auslandes aus einem Theile des Staats in einen anderen Theil mit Berührung des Auslandes gebracht werden, so muß entweder die inländische Qualität, oder die erfolgte Versteuerung durch Beobachtung der geordneten Controlle erwiesen werden.

Besonderes Zoll- und Consumtionssteuergesetz.

§ 9.

Nach diesen Grundzügen ist über die Zoll- und die Consumtionssteuern, sowohl von den ausländischen Waaren, als von den inländischen Erzeugnissen und über die Maaßregeln zur Erleichterung des Handels und zum Schutze des inländischen Gewerbsfleißes durch strenge Aufsicht an der Grenze, in gleichem über die stattfindende Controle ein besonderes Gesetz nebst dazu gehörigen Tarifen und einer Zoll- und Steuerordnung entworfen.

III. Kommunallasten.

§ 10

Die zu den Kreis- und Kommunalausgaben erforderlichen Mittel aufzubringen, sind die Stadt- und Landgemeinden zunächst selbst verpflichtet. Dahin gehört auch die Verzinsung und Tilgung der Provinzialschulden und jede Provinz ohne Exemtion irgend eines Standes bleibt schuldig, die von ihr dieserhalb übernommenen Verbindlichkeiten zu erfüllen, wenn solche nicht etwa zum Wohl des ganzen Staats eingegangen sind.

a. Auflagen zu deren Bestreitung.

Auflagen oder Ausschläge zu vorgedachten Endzwecken können nur insofern fortdauern, als sie in der Verfassung beruhen, oder durch eine ausdrückliche Verordnung bewilligt, fortwährend erforderlich und anderen Bestimmungen dieses Gesetzes, wie bei den Servisanlagen, Zoll- und Consumtionsabgaben der Fall ist, nicht entgegen sind.

Neue Auflagen oder Erhöhungen der älteren können nur mit Unserer Genehmigung, welche die Minister des Innern und der Finanzen gemeinschaftlich in Antrag zu bringen haben, eingeführt werden. Auch soll ein Ausschlag auf Grund und Boden nur in dem Maaße stattfinden können, daß ohne Rücksicht auf den allgemeinen Grundsteuerfuß (§ 1) alle Grundstücke in gleichmäßigem Verhältniß dazu beizutragen, verpflichtet werden.

b. Dazu bewilligte Antheile an den allgemeinen Steuern.

Als Beitrag zu vorgedachten Kommunalbedürfnissen soll jedoch den Gemeinden ein angemessener Antheil vom Ertrage der § 8 erwähnten Steuer zugestanden und bei besonderen Unfällen oder ungewöhnlichen Bedürfnissen in einzelnen Jahren werden auch noch nach Beschaffenheit der Umstände außerordentliche Unterstützungen aus der Staatskasse bewilligt werden. In dem Finanzplan soll dazu eine Summe jährlich ausgesetzt, und wenn eine Aushilfe erforderlich befunden worden, nach Unserer speciellen Bestimmung durch den Minister der Finanzen angewiesen werden.

IV. Privatabgaben, welche den Verbrauch und den Handel treffen.

§ 11.

Die Kommunal- und Privatzoll- und Consumtionsabgaben, welche bis jetzt erhoben wurden, sollen aufhören. Ist indessen die Erhebung durch specielle lästige Erwerbungstitel begründet, so dauert sie bis zur Gewährung eines Ersatzes fort, der innerhalb drei Jahren erfolgen soll.

Die Erhebung solcher Abgaben bleibt ein Vorrecht des Staats.

Wohlbegründete Erhebungen für die Benutzung von Straßen, Dämmen, Brücken und Gewässern, sind hierunter nicht begriffen, sollen jedoch, mit Ausnahme von Vieh und Flößholz, nur die Transportmittel, nicht die Gegenstände, als Ersatz für die Unterhaltungskosten treffen.

Die Erhebungstarifs soll der Minister der Finanzen und des Handels nach obigen Grundsätzen feststellen und dahin sehen, daß keine Gebühren von den Gütern selbst erhoben, die bisherigen Einnahmen nicht zur Belästigung des Verkehrs erhöhet werden, und daß sie überhaupt nicht den Bedarf übersteigen, zu welchem sie bewilligt sind. —

Schluß.

Je mehr Wir in diesen Grundsätzen und den, denselben gemäß ergehenden besonderen Verordnungen Unsere, auf das Beste des ganzen Staats gerichtete, Absicht ausgesprochen haben, die größeste Handelsfreiheit mit der möglichst einfachen Erhebung der Abgaben zu vereinigen, um so gewisser erwarten Wir, Unsere treuen Unterthanen werden dieser Unserer Landesväterlichen Absicht nicht nur überhaupt auf jede mögliche Weise entgegenkommen, sondern auch insbesondere sich angelegen sein lassen, die Abgaben willig und pünktlich zu entrichten und sich keiner Verheimlichung der steuerbaren Gegenstände, oder sonstiger Verkürzung der Gefälle, wodurch sie ihr eigenes und das Wohl ihrer Mitbürger in Gefahr bringen, schuldig machen.

Zweiter Gesetzentwurf.

Gesetz über den Zoll und die Consumtionssteuern.

Wir Friedrich Wilhelm von Gottes Gnaden König von Preußen.

In Gemäßheit des Gesetzes über die Steuerverfassung des Königreichs (§§ 5—9) verordnen Wir:

Erster Abschnitt.

Von dem Ein- und Ausfuhrzoll und von der Consumtionssteuer von ausländischen Waaren.

§ 1.

Von den Waaren, welche ein- und ausgeführt werden, oder zum Verbrauch im Inlande bleiben, sollen erhoben werden: der Einfuhrzoll, der Ausfuhrzoll und die Consumtionssteuer.

Die Erhebung soll nach Maaß, Gewicht oder Zahl geschehen.

Ein Tarif für die östlichen Provinzen, nämlich Preußen, Westpreußen, Brandenburg, Pommern, Schlesien, Posen und Sachsen (A.), ein zweiter für die westlichen Provinzen, nämlich Westphalen, Cleve-Berg und Niederrhein (B.) sollen der Erhebung dieser Steuer allein zur Grundlage dienen.

Vom Einfuhrzoll.

§ 2.

Bei der Einfuhr an der Grenze soll ein Zoll erhoben werden, welcher in der Regel für den Preußischen Staat 12 Ggr. oder $\frac{1}{2}$ Thlr. beträgt. Die Tarife weisen die Waaren nach, welche von dieser Regel ausgenommen sind und entweder gar keinen oder einen geringeren, oder einen höheren Zollsatz zahlen.

Vom Ausfuhrzoll.

§ 3.

Die Ausfuhr ist in der Regel abgabenfrei; die Ausnahmen ergiebt der Tarif.

Von den Consumtionssteuern.

§ 4.

Außer dem Einfuhrzoll soll von mehreren Waaren des Auslandes bei deren Verbrauch oder Verbleiben im Lande eine Consumtionssteuer erhoben werden. Welche Gegenstände dieser Steuer unterworfen sind, ergiebt der Tarif.

Die Consumtionssteuer soll bei Fabrik- und Manufacturwaaren des Auslandes 10 vom Hundert des Werths im Durchschnitt nicht übersteigen; sie soll aber geringer sein, wenn der Erhaltung der inländischen Gewerbsamkeit dadurch nicht entgegengewirkt wird.

Vorstehende Bestimmung schließt jedoch die Anordnung anderweitiger Maaßregeln nicht aus, welche sich in der Bestimmung des Gesetzes über die Steuerverfassung § 7 begründen.

Von den Siegel- und Zettelgeldern.

§ 5.

Außer den Gefällen müssen, wenn Waaren mit Begleitschein versehen werden, für die Begleitscheine, auch wenn Waaren verbleiet oder versiegelt werden, für die Bleie und Siegel die im Tarif Abschnitt III. bemerkten Gebühren entrichtet werden.

Von der Durchfuhr und dem Zwischenhandel.

§ 6.

Von Gegenständen, welche nicht zum Verbrauch im Inlande bestimmt sind, sondern nur durchgeführt werden, wird der Einfuhr- und Ausfuhrzoll nach dem Tarif erhoben.

Fälle einer Verminderung des Zolls bei obigem Handel.

§ 7.

a. In den östlichen Provinzen, so weit solche an der linken Seite der Oder belegen, sollen alle Gegenstände, welche im Tarif mit mehr als 12 Ggr. vom Ctr. Zoll belegt sind, es sei bei der Einfuhr oder bei der Ausfuhr, oder bei beiden zusammengenommen, nur eine Abgabe von 12 Sgr. vom Ctr. entrichten, wenn sie links der Oder blos durchgeführt, oder Behufs der Spedition und des Zwischenhandels gelagert und links der Oder ausgeführt werden. Bei der Landfracht kann dieser verminderte Zoll, wo es zulässig befunden wird, nach Pferdeladungen bedungen werden.

b. Eben diese Ermäßigung gilt für Waaren, welche linkerseits der Oder mit der Bestimmung zur Frankfurter oder Naumburger Messe eingeführt und von derselben auch linkerseits der Oder wieder ausgeführt werden.

c. Für Waaren, welche Seewärts über das große und kleine Haff einkommen und linkerseits der Oder ausgeführt werden.

d. Bei der Waarendurchführung auf Frachtstraßen, die nur wenige Meilen innerhalb des Staatsgebiets fortlaufen, kann eine Ermäßigung, oder ein Erlaß der Zollgefälle durch den Minister der Finanzen und des Handels zugestanden werden.

Andere Gründe der Verminderung des Zolls überhaupt.

e. Eine gleiche Befugniß soll demselben zustehen, wenn örtliche Verhältnisse, Erhaltung und Erweiterung von Fabriken solches nöthig machen.

f. Demselben soll aber auch obliegen, die erforderlichen Anordnungen zu treffen, in den Fällen, in welchen Tractate mit fremden Staaten eine Veränderung der Abgabensätze bestimmen.

g. Ein Erlaß am Zoll und zwar je 2 gute Groschen vom Thaler soll stattfinden, wenn ausländische Waaren auf preußischen im Lande gebauten, preußischen Unterthanen zugehörenden und von solchen geführten Schiffen in die Häfen der Monarchie eingeführt werden.

Verkehr zwischen den östlichen und westlichen Provinzen des Staats.

§ 8.

Fremde, blos zollpflichtige Gegenstände, die den Eingangszoll in den westlichen oder den östlichen Provinzen entrichtet haben, sind bei der Versendung aus einem in den andern der beiden Ländertheile gleichfalls frei vom Eingangs- und Ausgangszoll.

Bei der Durchfuhr durch beide Ländertheile findet der Tarif für die östlichen Provinzen mit Beachtung der Bestimmungen § 7 zu a. und b. Anwendung.

Fremde, consumtionssteuerpflichtige Gegenstände, welche die Consumtionssteuer in den östlichen Provinzen entrichtet haben, gehen in die westlichen Provinzen frei ein. Hat aber die Waare die Consumtionssteuer in den westlichen Provinzen entrichtet, so zahlt sie bei dem Eingange in die östlichen Provinzen denjenigen Nachschuß an Consumtionssteuer, welcher sich bei der Vergleichung beider Tarife ergiebt.

Nach Verschiedenheit der Fälle ist entweder die Abstammung und das Erreichen des angegebenen Bestimmungsorts, oder letzteres und die schon erfolgte Versteuerung zu erweisen. In Ermangelung dieser Beweise werden die Waaren als unmittelbar aus der Fremde eingehende behandelt.

Besondere Bestimmungen für abgesonderte Landestheile.

§ 9.

Abgesondert gelegene, auch vorspringende Landestheile und solche, für welche besondere Verhältnisse es nöthig machen, können von Entrichtung des Zolls und der Consumtionssteuer für fremde Gegenstände ausgeschlossen bleiben, und in dieser Beziehung eine ihrer Lage angemessene Verfassung erhalten.

Der Verkehr solcher Landestheile mit dem übrigen Inlande ist den Beschränkungen unterworfen, welche dieses Verhältniß erforderlich macht.

Revision des Tarifs.

§ 10.

Abänderungen des Tarifs können, der Regel nach, nur innerhalb der Grenzen der bestimmten Abgaben geschehen, wenn dieser eine andere Abschätzung und hiernach einen neuen Steuersatz erfordert. Mit Rücksicht hierauf und auf eine Abschätzung der Waaren soll der Tarifsatz nach den sich ergebenden Durchschnittspreisen der mittleren Gattung alle drei Jahre berichtigt und der Tarif selbst alsdann jedesmal vom Landesherrn vollzogen, vollständig herausgegeben werden.

Erläuterungen des Tarifs.

§ 11.

Erläuterungen des Tarifs, welche von Einfluß auf den Steuerpflichtigen sind, sollen jährlich nur einmal ausgesprochen, wenigstens 4 Wochen vor dem 1. Januar zur öffentlichen Kenntniß gebracht werden und erst mit diesem Tage als Richtschnur gelten.

Zweiter Abschnitt.

Von der Consumtionssteuer von Erzeugnissen des Inlandes.

Von den Steuern selbst.

§ 12.

Es sollen von den Erzeugnissen des Inlandes folgende Steuern entrichtet werden.

Mahlsteuer.

§ 13.

Die Mahlsteuer soll gezahlt werden von allen Getreide- nnd Körnerarten, von allen Hülsenfrüchten, welche durch eine Mühle, oder durch eine andere Vorrichtung zu einem Fabrikate umgeschaffen werden, ohne Unterschied der Gattung und der Bestimmung und nur mit einziger Ausnahme der Verarbeitung zu Oel auf Oelmühlen.

Sie soll drei gute Groschen vom preußischen Centner betragen und von 7 Pfd. Material oder weniger, den Sack mitgerechnet, mit Einem Pfennig und von jeden 3 Pfunden mehr, ohne Beachtung des Zwischengewichts, mit Einem Pfennig erhoben werden, mithin von einer Mahlpost über 37 bis 40 Pfund einschließlich mit Einem guten Groschen.

Backsteuer.

§ 14.

Die Backsteuer soll mit 8 Sgr. von jedem zum Verkauf verbackenen preußischen Centner Weizenmehl entrichtet werden.

Biersteuer.

§ 15.

Die Biersteuer soll mit 16 Sgr. von jedem Centner Malzschrot entrichtet werden, welches zum Bierbrauen verwendet wird.

Malzschrot zu Essig trägt diese Steuer nur dann, wenn die Person, welche es verbraut, zugleich Bierbrauerei treibt.

Branntweinsteuer.

§ 16.

Die Branntweinsteuer soll durch den Blasenzins und zwar so erhoben werden, daß von jedem Quart Branntwein zu funfzig vom Hundert Alkohol, welcher bei einem angenommenen Betriebe gewonnen werden kann, ein guter Groschen entrichtet wird.

Wer Destillirgeräthschaften zur Bereitung von Flüssigkeiten benutzt, es sei zu welchem Zweck es wolle, ist der Entrichtung des Blasenzinses als Branntweinsteuer unterworfen.

Ausgenommen hiervon sind gläserne Retorten und Vorleger der Apotheker, sowie eine Blase zum Medicinalgebrauche von höchstens 15 Quart für jede Apotheke.

§ 17.

Der Blasenzins wird für die Benutzung der Destillirgeräthschaften in Zeiträumen von 24 zu 24 Stunden vorausbezahlt. Versteuerung auf kürzere Zeit findet nicht statt. Der langsamste Betrieb, welcher bei Entrichtung des Blasenzinses berücksichtigt wird, ist der, wonach sich der Ertrag von 50 Prozent Alkohol in 24 Stunden zum Blasenraum wie 1 zu 4 verhält.

Hienach soll der Blasenzins wenigstens 3 Pfennige für das Quart Blaseninhalt für jene Zeit betragen. Der Zins soll in Sätzen von 5 zu 5 Quart Blaseninhalt steigend ohne Berücksichtigung der Zwischensumme erhoben werden.

§ 18.

Bei Brennereien, welche auf einen schnelleren Betrieb als den obigen eingerichtet sind, wird der Blasenzins nach dem Maaßstabe des Betriebs aus der § 16 ausgesprochenen Steuer anderweitig festgestellt. Ein solcher erhöhter Blasenzins soll nur von 25 zu 25 vom Hundert steigen, so daß der Gewerbsfleiß innerhalb der sich hiernach ergebenden Sätze unbesteuert bleibt.

Weinsteuer.

§ 19.

Die Weinsteuer wird nach erfolgter Kelterung mit 16 Sgr. von jedem Eimer Traubensaft (Most) erhoben, nachdem eine Vergütung von 15 Prozent für jeden künftigen Abgang stattgefunden hat.

Eine Ermäßigung dieser Steuer kann nur dann eintreten, wenn der Gewinn umschlägt, oder auf Essig bereitet werden muß, dieses gehörig erwiesen und das Product noch unversteuert in der ersten Hand befindlich ist.

Wird der in den westlichen Provinzen gewonnene Wein aus diesen in die östlichen Provinzen zur Consumtion verwendet, so wird davon ausnahmsweise in diesen ein Nachschuß an Consumtionssteuer von $2^1/_2$ Thlr. vom Eimer erhoben, so lange eine Gleichstellung der Steuer von fremden Weinen aus Rücksichten gegen den Weinhandel nicht thunlich ist.

Fleischsteuer.

§ 20.

Die Fleischsteuer ist von allem Rindvieh, Schaafvieh, Ziegen und Schweinen, welche zur Verzehrung geschlachtet werden, ohne Rücksicht des Alters zu entrichten. Es wird angenommen, daß diese Steuer dem Staate eine Einnahme von 2 Pfennige pro Pfund ausgeschlachteten Fleisches gewähren soll.

§ 21.

In den Städten soll die Erhebung entweder wirklich von dem ausgeschlachteten Fleisch, oder aber von dem Vieh nach Stücksätzen geschehen. Da es die Absicht ist, den Stadtgemeinen durch einen erheblichen Antheil an dieser Steuer, ein vorzügliches Mittel zur Bestreitung der Kommunalbedürfnisse zu gewähren, so wird ihnen gestattet, die Fleischsteuer auf das Doppelte, also bis auf 4 Pfennige zu erhöhen. Dagegen soll auch den Magisträten die Verwaltung dieser Steuer überlassen bleiben.

§ 22.

Von dem Ertrage der Fleischsteuer erhält die Staatskasse ein Aversionalquantum, welches 10 Ggr. für den Kopf von der gesammten Volksmenge der Stadt beträgt.

§ 23.

Kleine Städte mit einer Bevölkerung von 1500 E. und darunter werden dem platten Lande gleichgestellt und behandelt. Ausnahmsweise soll dies mit Genehmigung des Ministers der Finanzen bei einer stärkeren Bevölkerung auch dann geschehen, wenn Städte sich durch ihre Nahrungslosigkeit zu einer geringern Steuer eignen.

Auf dem platten Lande.

§ 24.

Auf dem platten Lande, wo die Fleischconsumtion durchgehends geringer ist und wo das Schlachten zum Verkauf zu den Ausnahmen gehört, wird die Fleischsteuer zur Erleichterung des Publicums nach der Zahl der Einwohner festgestellt und auf 5 Ggr. für den Kopf der ganzen Volksmenge des Kreises als Regel bestimmt.

§ 25.

Die Kreisverwaltung classificirt sämmtliche Haushaltungen

in der ersten 1 Rthlr. für den Kopf,	in der vierten 8 Ggr. für den Kopf,
in der zweiten 16 Ggr. für den Kopf,	in der fünften 5 Ggr. für den Kopf,
in der dritten 12 Ggr. für den Kopf,	in der sechsten 3 Ggr. für den Kopf

jährlich. — Der höchste und geringste Satz dieser Klassification gilt als Regel; in den Zwischensätzen kann die Kreisverwaltung davon abweichen. In der fünften und sechsten Klasse sollen Kinder unter 14 Jahren, überhaupt aber Kinder unter 7 Jahren und ganz arme Leute nicht mitgerechnet werden.

§ 26.

Schlächter werden nach dem Umfange ihres Gewerbes und der Fleischsteuer Einrichtung der nächsten Stadt über 1500 E. fixirt und entrichten die Fixsteuer an die Kreiskasse, welche die Hälfte davon, außer der Aversionalsumme, an die Staatskasse abführen muß.

§ 27.

Nach Maßgabe der größeren oder geringeren Wohlhabenheit und des Gewerbes der Einwohner kann der Finanzminister den Steuersatz in den einzelnen Städten bis auf 8 Ggr. für den Kopf, auf dem Lande bis auf 4 Ggr. für den Kopf in einzelnen Kreisen vermindern.

§ 28.

Die am Schlusse eines jeden Jahres ohnehin erfolgende Volkszählung dient zur Basis des Fleischsteuerbetrages, welchen jede Stadt und jeder Kreis für das folgende Jahr an die Staatskasse abzuliefern hat.

§ 29.

Alle Mehreinnahme an der Fleischsteuer verbleibt der Stadtgemeine oder dem Kreise, welche aber auch dem Staat dafür haften, daß die Fleischsteuer, insoweit sie zu den Staatskassen fließt, mit $^1/_{12}$ monatlich richtig abgeführt wird.

Steuer vom Landtabak.

§ 30.

Die Steuer vom Landtabak soll 1 Rthlr. für den Centner getrocknete Tabaksblätter betragen und durch Abschätzung des muthmaßlichen Gewinns solcher Grundflächen erhoben werden, welche für einen Besitzer über eine Quadratruthe betragen.

Einrichtungen in Bezug auf die Erhebung der Steuern.

§ 31.

Die Erhebung der Consumtionssteuern von den Erzeugnissen des Inlandes soll so eingerichtet werden, daß der Gewerbtreibende in der Regel allein ohne Belästigung der übrigen Einwohner mit der Steuerbehörde in Berührung tritt und daß den Gewerbtreibenden selbst soviele Erleichterung gewährt wird, als mit der Sicherheit des Staatseinkommens vereinbar ist. Zu dem Ende gelten nachstehende Vorschriften:

Fixation einzelner Steuerpflichtiger.

1. In Absicht der Mahlsteuer.

§ 32.

Mühlenbesitzern wird verstattet, sich mit der Steuerbehörde über ein dreimonatliches oder einjähriges Pauschquantum zu einigen, welches nach Maßgabe der Mahlkraft und örtlichen Verhältnisse festzustellen ist. Während dieser Zeit darf keine Veränderung an dem Mechanismus der Mühle vorgenommen werden und hierauf allein haben die Steuerbeamten alsdann zu sehen.

In Gegenden, wo das Zerquetschen des Getreides bei der ärmeren Volksklasse durch einfache Vorrichtungen üblich ist, soll die Fixation in Absicht des Hausbedarfs hierauf nach einem billigen Maaßstabe gerichtet werden können.

2. In Absicht der Backsteuer.

§ 33.

Eine Fixation in Absicht der Backsteuer nach dem Maaßstabe des Verbrauchs in der zuletzt verflossenen Zeit, kann auf bestimmte Zeit geschehen, ohne die Ausdehnung des Gewerbes zu beschränken.

3. Fixation des Haustrunks auf dem platten Lande.

§ 34.

Personen auf dem platten Lande, welche allein zum Bedarf ihres Hausstandes zu brauen sich verpflichten, kann die Erlaubniß dazu gegen Vorausbezahlung einer Abfindungssumme, welche die Regierung bei Berücksichtigung des Haustrunks der ärmeren Volksklasse billig feststellt, auf einen bestimmten Zeitraum gestattet werden.

4. In Absicht der Branntweinsteuer.

§ 35.

Personen, welche das Branntweinbrennen fortwährend, aber nur in wenigen Tagesstunden, im Kleinen betreiben, oder welche unbedeutende Brenngeräthschaften zu einem anderen Gebrauche als zum Destilliren von Getränken halten, kann die Entrichtung einer Abfindungssumme vierteljährlich gestattet werden. Eine erweisliche Erweiternng des Betriebes, der dem Abkommen zum Grunde lag, hebt dasselbe auf, ehe es abgelaufen ist, und solche Verträge sind auch dann als schon erloschen zu betrachten, wenn eine nicht erweisliche Erweiterung des angenommenen Gewerbebetriebs nach der einstimmigen Ueberzeugung der Corporation (§ 38) und des Steueramts stattgefunden hat.

Bildung von Steuercorporationen.

§ 36.

Um aber außer dieser Erleichterung durch Fixation in einzelnen Fällen auch andern Gewerbetreibenden Erleichterung in Hinsicht der Controlirung zu gewähren, sollen Alle, welche Mühlen, Bierbrauereien und Brennereien in einem Gewerbebezirk für eigene Rechnung betreiben, zusammentreten und jede Klasse dieser Gewerbtreibenden eine Korporation bilden. Die Zahl der Gewerbebezirke in jedem Kreise soll nach örtlichen Verhältnissen bestimmt werden.

Auch in Betreff der Bäcker und Schlächter kann die Verwaltung eine solche Vereinigung anordnen.

Eintritt in die Korporation.

§ 37.

Wer eines dieser Gewerbe zu treiben berechtigt ist, darf dasselbe in einem Bezirke nicht eher ausüben, als bis er der Korporation desselben beigetreten ist.

Die Korporation darf Keinem den Zutritt versagen, welcher sich mit den übrigen Mitgliedern zur Uebernahme gleicher Verpflichtungen bei Entrichtung der Abgaben verbindet.

Rechte und Pflichten der Korporation.

§ 38.

Die Korporation wählt Stellvertreter oder Vorsteher und Abgeordnete aus ihrer Mitte und verschafft sich durch selbige die Ueberzeugung, daß die einzelnen Gewerbegenossen ihre Verbindlichkeiten in ihrem ganzen Umfange erfüllen und daß keine Verkürzung der Steuer zum Schaden der übrigen Mitglieder stattfindet. Mitglieder der Korporation, welche einer absichtlichen Unterschlagung der Gefälle überführt werden, können zu diesen Aemtern weder wählen, noch dazu gewählt werden.

§ 39.

Sollen die Abgaben gesichert, oder die gesetzlichen Ausnahmen von den allgemeinen Bestimmungen wegen des abweichenden Gewerbebetriebs Einzelner angewendet werden, dann hat die Korporation eine Stimme als berathende Behörde.

Sie kann besondere Anordnungen zur Sicherung der Abgaben neben den allgemein bestehenden in Antrag bringen.

Werden Anordnungen dieser Art durch die Prüfung des Ministeriums überhaupt für hinreichend erachtet, so können die gesetzlichen Controllen wegfallen.

Auch kann der Korporation auf ihr Ansuchen die Vorlegung der sie betreffenden Register der Abgabenverwaltung gewährt werden, um dadurch vollständige Kenntniß von den Einnahmen zu erlangen.

Fixation der Steuern und Erhebung der Abfindungssummen.

§ 40.

Die Veranlagungsbehörde kann sich mit einzelnen Korporationen, Kreisen und Provinzen dahin einigen, daß sie während eines bestimmten Zeitraums ein Pauschquantum statt der Steuer entrichten und dafür die Erhebung derselben auf eine billige Art unter Oberaufsicht des Staats unter sich veranstalten.

Unveränderlichkeit des freien Umtriebes dadurch.

§ 41.

Ein solches Abkommen soll die freie Ein- und Ausfuhr der Erzeugnisse eines Bezirks oder einer Provinz in andere Bezirke oder Provinzen nicht verändern.

§ 42.

Die besonderen Rechte und Verbindlichkeiten der Korporation und ihrer Mitglieder bei einzelnen Steuern sind in der Zoll- und Consumtionssteuerordnung vorgeschrieben.

Kommunalantheile.

§ 43.

In Beziehung auf die Bestimmung des § 10 des Edicts über die Steuerverfassung des Königreichs soll ein Antheil von dem Ertrage der Mahlsteuer, der Getränkesteuer, der Backsteuer und der Steuer vom Landtabak zu den Kommunalkassen fließen, dessen Höhe der Minister der Finanzen nach dem Bedürfniß gemeinschaftlich mit dem Minister des Innern feststellen soll.

Dieser Antheil soll jedoch zehn vom Hundert der Einnahme nicht übersteigen und die Verwendung desselben soll den Kreis- und städtischen Verwaltungen unter Aufsicht der Regierung und unter der obersten Leitung des Ministeriums des Innern überlassen bleiben. — Die Kreisverwaltung hat die Befugniß von der Verwaltung der Steuern, behufs des ihr zustehenden Antheils, Kenntniß zu nehmen und auf strengere Kontrollmaaßregeln anzutragen, wenn sie selbige erforderlich erachtet.

Dritter Abschnitt.

Allgemeine Bestimmungen.

Von den Geldsorten, worin die Zahlung der Gefälle zu leisten ist.

§ 44.

Der Zoll, in gleichem die Consumtionssteuern von fremden Gegenständen müssen, wenn 5 Rth. oder mehr in einer Post zu zahlen ist, $^1/_2$ in Gold, $^1/_2$ in Silbergeld entrichtet werden. Bei der Ausmittlung des Goldantheils dürfen beide Arten von Gefällen nicht zusammengerechnet werden. Zwischensummen, welche im Golde nicht zahlbar sind, werden nicht zur Berechnung des Goldantheils gezogen.

Die Consumtionssteuer von Gegenständen des Inlandes soll ganz in Silbergeld gezahlt werden.

Steuerordnung.

§ 45.

Außer den im Eingange erwähnten Tarifen ist zugleich eine Zoll- und Consumtionssteuerordnung vollzogen und diesen Gesetzen beigefügt worden. Sie enthält die Vorschriften über die Sicherstellung und die Erhebungsformen dieser Steuer.

Eine Befreiung von den durch das Gesetz bestimmten Abgaben, oder eine Schadloshaltung wegen etwa behaupteter Exemtionen findet nicht statt. Die Anordnungen dieses Gesetzes sollen durch den Minister der Finanzen und des Handels unverzüglich ausgeführt werden, in allen ihren Theilen und im ganzen Umfange der Monarchie aber spätestens bis zum 1. Januar 1818 in Ausübung gebracht werden.

Die bisherige Verfassung soll nur innerhalb dieser Frist noch bis zu dem von dem Minister der Finanzen bekannt gemachten Termin ihres Aufhebens ihre Wirksamkeit behalten.

Bei der Auslegung dieses Gesetzes und seiner Anlagen soll nirgend auf die älteren Steuergesetze zurückgegangen und es sollen nur die allgemeinen Vorschriften wegen Auslegung zweifelhafter Gesetze zur Anwendung gebracht werden.

§ 46.

Dem Minister der Finanzen wird auch die Befugniß ertheilt, die Nachschußsteuer, welche von denjenigen Beständen zu entrichten, von welchen gar keine oder eine geringere Steuer als die obige zu den Staatskassen geflossen ist, mit Rücksicht auf die bisherige Abgabenverfassung festzustellen.

Bezüglich der Tarife und der Zoll- und Consumtionssteuer-Ordnung kann füglich, um den Text nicht zu sehr zu belasten, auf die Gesetz-Sammlung zurückgegriffen werden. Der Zoll- und Consumtions-Tarif für Preußen, Pommern, Westpreußen, Brandenburg, Schlesien, Posen und Sachsen stimmt genau mit dem Tarif, welcher dem Gesetz über den Zoll und die Verbrauchssteuern der ausländischen Waaren und über den Verkehr zwischen den Provinzen des Staats vom 26. Mai 1818 beigefügt ist, überein. Ges.-S. v. 1818 S. 70 ff.

Dasselbe gilt bezüglich des Zoll- und Consumtionssteuer-Tarifs für Westphalen, Cleve, Berg, Niederrhein, der, von einigen redactionellen Aenderungen abgesehen, in allen Theilen fast wörtlich mit Anlage B. des Gesetzes vom 26. Mai 1818 übereinstimmt. Ges.-S. v. 1818 S. 87—101.

Die dritte Anlage des Gesetz-Entwurfs (Zoll- und Consumtionssteuer-Ordnung) hat allerdings wesentliche Veränderungen in der Gestalt, in welcher sie uns als Zoll- und Verbrauchssteuer-Ordnung vom 26. Mai 1818 Ges.-S. S. 102—144 vorliegt, erfahren, da alle auf die in Folge der Staatsrathsbeschlüsse von 1817 gefallenen Steuern des inneren Verbrauchs bezüglichen Vorschriften fortgefallen sind. Dagegen sind alle auf den eigentlichen Zoll-Verkehr bezüglichen Anordnungen in die Anlage des Gesetzes vom 26. Mai 1818 fast wörtlich übernommen und bleibt die Erörterung der auf die Steuern des inneren Verbrauchs bezüglichen essentiellen Anordnungen der fernerweiten Darstellung vorbehalten.

V.

Die Beschlüsse des Staatsraths über Graf von Bülow's Projecte.

Bekanntlich war als erste gesetzlich geregelte Erfüllung der durch das Edict vom 27. October 1810, durch die Allerhöchsten Verordnungen vom 3. Juni 1814 und 22. Mai 1815 gegebenen Königlichen Versprechung einer Landesrepräsentation der Königliche Staatsrath am 30. März 1817 wirklich in das Leben getreten.

Seine erste größere Arbeit war die Berathung über die neue Steuergesetzgebung.

Diese, in jeder Hinsicht epochemachende, Periode unseres Staatslebens ist bislang, weil die Quellen wenig zugänglich waren, nicht zu derjenigen Anerkennung und Würdigung gelangt, die ihr im eminentesten Sinne gebührt.

Wohl selten ist ein Finanzplan, wie der eben wiedergegebene des Finanzministers Grafen v. Bülow, der, man muß es anerkennen, namentlich bezüglich der Zoll- und äußeren Verbrauchssteuern mit Geist, klarer Erkenntniß der gegebenen Lage und gediegener practischer Auffassung, — zugleich sich anlehnend an die handelspolitische Entwickelung der Vergangenheit — ausgearbeitet ist — einer durch hohe staatsmännische Bildung und hervorragende allgemeine Begabung so ausgezeichneten Versammlung zur kritischen Beurtheilung unterbreitet worden. Alle fernere Entwickelung unseres Finanzlebens, dem wir anerkannter Maßen im Verein mit der Heeresverfassung Kraft und Gedeihen verdanken, hat hier in ganz anderem Sinne, wie durch die Edicte von 1810 ihren Ausgangspunkt gefunden. —

Wenn es lange Zeit eine Schwäche des Deutschen war, in seiner Heimath Zustände und Anschauungen als kleinlich und unbedeutend zu bemängeln, einen großen Apparat von Kenntnissen über die Verhältnisse des Auslandes, namentlich Englands und Frankreichs mühsam zusammenzutragen und von der Nachahmung solcher, auf ganz anderen Grundlagen erwachsener, Gesetzgebung allein Heil und Vortheil für das eigene Vaterland zu hoffen, so sind Berathungen, wie diejenigen, die die Steuerkommission des Staatsraths vom 30. März bis 20. Juni 1817 führte, wohl geeignet, das Selbstbewußtsein jedes Preußen zu heben und ihn in ähnlicher Weise, wie dies durch die großen Ereignisse unserer jüngsten Vergangenheit geschehen ist, auf eigene Füße zu stellen.

Darüber kann kein Zweifel sein, daß die Steuerkommission des Staatsraths im Jahre 1817 die ihr gestellte schwierige Aufgabe mit einem Fleiß, einer Sachkenntniß, einer Unparteilichkeit ergriffen und durchgeführt hat, wie sie schwerlich anderswo in irgend einem civilisirten Staate würde gelöst worden sein.

Dabei ist mit einer Schnelligkeit gearbeitet worden, wie dies nur Männern möglich ist, die, auf der Höhe staatsmännischer Bildung stehend, die Förderung der Sache persönlichen Rücksichten voranstellten, die Patriotismus in der Zeit schmählicher Erniedrigung des Vaterlandes üben gelernt und die ohne Menschenfurcht denselben hier zur Geltung brachten.

Die drei Bände Acten des Staatsraths — 26 Sitzungen —, welche die Steuerkommission mit ihrem Immediatberichte vom 20. Juni 1817 dem Könige überreichte, sind ein schönes, ein kostbares Blatt preußischer Kulturgeschichte.

In dem umfangreichen Immediatberichte ist der wesentliche Inhalt dieser Verhandlungen zusammengefaßt.

---

1. Immediatbericht der Steuerkommission des Staatsraths vom 20. Juni 1817.

Die unterzeichnete Kommission des Staatsraths hat gegenwärtig die ihr in der allerhöchsten Kabinetsordre vom 30. März d. J. übertragene Prüfung des von dem Finanzminister Herrn Grafen von Bülow Excellenz, mit dem Immediatbericht vom 14. Januar d. J. übergebenen Gesetzentwurfs zu einer verbesserten Steuerverfassung vollendet, und übergiebt in den anliegenden drei Actenbänden die darüber von ihr aufgenommenen Verhandlungen, zur weiteren Prüfung des Plenums des Staatsraths.

Je wichtiger der Gegenstand an sich selbst ist, je tiefer das Steuersystem eines Staats in die innersten Triebfedern von dem Wohlstande und Glück des Ganzen sowohl, als aller einzelnen Glieder eingreift, je lebhafter und dankbarer die Kommission das gnädige und ehrenvolle Vertrauen Sr. Majestät des Königs anerkennt; desto mehr hielt sie sich verpflichtet, den ihr vorgelegten Gesetzentwurf von allen Seiten mit der angestrengtesten Sorgfalt zu prüfen, und auch da, wo sie demselben aus allgemeinen Gründen ihre Beistimmung nicht ertheilen konnte, in seine Bestimmungen einzugehen. Sie glaubt dies ausdrücklich bemerken zu müssen, um die längere Dauer ihrer Berathungen zu rechtfertigen.

Das Resultat ihrer Untersuchungen, worüber sie mit einer überwiegenden Mehrheit der Stimmen übereingekommen ist, geht nun im Wesentlichen dahin:

1. daß derjenige Theil des Gesetzentwurfs, welcher die Besteuerung des Verkehrs mit dem Auslande betrifft, unter einigen, wiewohl nicht erheblichen Modificationen, angenommen werde, und Gesetzeskraft erhalten könne;

2. daß von den auf die inländischen Erzeugnisse vorgeschlagenen Verbrauchsabgaben, die beiden bedeutendsten, die Mahlsteuer gänzlich, und die Fleischsteuer wenigstens in der vorgeschlagenen Art, zu verwerfen, und nicht in Ausübung zu bringen seien; daß dagegen die übrigen, insofern man sie bloß für sich und nach ihrer Beschaffenheit betrachtet, in einem sonst zweckmäßigen allgemeinen Steuersystem allerdings Platz finden können, jedoch nur unter gewissen, von der Kommission bestimmt angegebenen, und den Ertrag auch dieser, sowie das Gesetz sie aufstellt, zu lästig befundenen Steuern, bedeutend vermindernden Modificationen;

3. daß, auch abgesehen von dem soeben Bemerkten, der ganze Theil des Gesetzes, welcher die Verbrauchsabgaben von den inländischen Erzeugnissen betrifft, in zu enger Verbindung mit dem gesammten inneren Steuerwesen stehe, um, so wie der Entwurf es verlangt, unabhängig von den noch ausgesetzt gebliebenen Bestimmungen über einige der wichtigsten anderen Steuern, zur Einführung empfohlen werden zu können, und daß daher der Zweck einer wesentlichen Reform der Steuerverfassung ein viel umfassenderes,

und in allen seinen Theilen besser zusammenhängendes Gesetz, als das vorgelegte, erheische.

Nach diesem, zum Theil mit dem Gesetzentwurf übereinstimmenden, zum Theil von demselben abweichenden Gutachten, hat nun die Kommission ihre bestimmten Anträge gemacht, und sogleich selbst die nothwendige Umarbeitung des von ihr gebilligten Abschnitts des Gesetzes veranstaltet.

Es schien zweckmäßig, das Resultat der Arbeiten der Kommission in gedrängter Kürze hier voranzuschicken, um den gesammten Staatsrath besser in den Stand zu setzen, gleich Anfangs die Punkte in's Auge zu fassen, auf die es bei seiner Prüfung des Gegenstandes ankommen wird. Die nachfolgenden Ausführungen werden die Gründe enthalten, welche die Kommission zu diesen Resultaten geführt haben. Diese Gründe sind theils spezielle, welche sich auf die Prüfungen der einzelnen Bestimmungen des Entwurfs beziehen, theils allgemeine, welche dessen Wirkung im Ganzen, seine Verbindung mit dem übrigen, nicht durch denselben umgeänderten Steuerwesen, und seinen Zusammenhang mit andern, zugleich genommenen höheren Staatsmaaßregeln, angehen. Beide mußten mit einander verbunden werden, um auf eine erschöpfende Weise die Frage zu beantworten:

ob die Kommission ihr Gutachten dahin abgeben solle, daß der Staatsrath Seiner Majestät dem Könige, die Vollziehung des vorgelegten Gesetzentwurfs anzurathen hätte? —

Denn es fällt in die Augen, daß es unmöglich sein würde, einen so wichtigen und umfassenden Gegenstand, wie das System der bedeutendsten indirecten Steuern ist, isolirt, und außer dem erforderlichen Zusammenhange mit den übrigen Staatsverhältnissen zu betrachten.

Der Entwurf beabsichtigt nach seinem Eingange den wohlthätigen Zweck einer durch die Vereinigung vieler verschiedenartigen Verfassungen und Verwaltungsformen doppelt nothwendig gewordenen Reform, und deutet zugleich darauf hin, daß bei dem neu einzuführenden System, außer allen anderen höheren Rücksichten, auch auf die durch die Zeitverhältnisse gestiegenen Staatsbedürfnisse gesehen werden soll.

Es wird also durch den Entwurf hauptsächlich Abstellung der bisherigen Mängel in der Steuerverfassung, nebenher aber erhöhte Staatseinnahme bezweckt.

1. Bereits die Finanzgesetzgebung vom Jahr 1810 hat die Nothwendigkeit einer durchgreifenden Finanzverbesserung ausgesprochen, und das Bedürfniß derselben hat sich durch die neueren Veränderungen des preußischen Staates in hohem Grade vermehrt. Se. Majestät der König haben daher auch bereits in mehreren neuerlich erlassenen Kabinetsordres den Finanzminister anzuweisen geruhet, hiezu die nöthigen Pläne und Vorschläge zu machen. Alle die verschiedenen Theile, welche durch den glorreichen Kampf in den letzten Jahren mit dem preußischen Staate wieder vereinigt, oder dazu neu erworben sind, haben noch ihre vorigen Steuerverfassungen, die nicht nur in Rücksicht der Steuerprinzipien, sondern auch der Steuersätze durchaus von einander abweichen, manchmal sogar in einzelnen Kreisen und Distrikten. So zählen z. B. die Theile des Herzogthums Sachsen allein sieben verschiedene Steuerverfassungen, und in der Provinz Westphalen giebt es eine noch größere Verschiedenheit. Es entsteht daraus nicht allein ein auffallendes Mißverhältniß in Ansehung des Beitrages einzelner Provinzen und Kreise zu den allgemeinen Staatslasten, sondern auch sehr große Schwierigkeiten in Absicht aller gewerblichen Verhältnisse und des inneren Verkehrs. Manche Provinzen haben bis jetzt noch fast gar keine indirecte Steuern, andere sie hingegen in einem viel geringeren Grade, und nach ganz verschiedenen Objekten und Sätzen, als die alten Provinzen. Es haben Sperren im Innern des Landes beibehalten, und Nachschußsteuern von inländischen Erzeugnissen und Fabricaten, welche aus einer Provinz in die andere gehen, erhoben werden müssen, und werden noch erhoben. Die Grenzen sind theils nicht hinreichend, theils gar nicht besetzt, und die innere Fabrikation genießt also dort einen sehr unvollständigen, hier gar keinen Schutz, worunter insonderheit die fabrikreichen rheinischen und sächsischen Erwerbungen außerordentlich leiden. In den alten Provinzen hat aber das Zoll- und Accisewesen einen solchen Grad von Verwickelung und Dunkelheit erreicht, daß auch die erfahrensten Geschäftsmänner, wie es in dem Bericht des Finanzministers erwähnt wird, nicht mehr im Stande sind, es in seinen einzelnen Theilen und Verzweigungen vollständig und mit Sicherheit zu übersehen. Es sind jetzt beinahe 3000 Objekte steuerbar, und die Bestimmungen darüber, und das ganze Verfahren in der Erhebung und Kontrolle in mehr als 60 Tarifs, und einer unzähligen Menge von einzelnen Deklarationen und Festsetzungen vertheilt. Es dürfen bereits versteuerte Objekte von einer Stadt in

die andere nicht ohne die lästigsten Bezettelungen und Kontrollen versendet werden. Daß dies alles zur großen Beschwerde und Unzufriedenheit im Volke beitragen muß, leuchtet von selbst ein.

Durch den vorgelegten Gesetzentwurf soll den gedachten Mängeln größtentheils sogleich abgeholfen werden. Namentlich sollen darnach, mit Ausnahme der Grundsteuer, als worüber die Sache annoch zu weiterer Berathung ausgesetzt ist, allgemein durch die ganze Monarchie gleiche Besteuerungsgrundsätze, also Einheit der Steuerverfassung, stattfinden, und die Steuersätze selbst auch nur in so weit verschieden sein, als es die Verschiedenheit der örtlichen und gewerblichen Verhältnisse erfordert. Sie gründen sich ferner auf das System eines freien Verkehrs im Innern sowohl, als mit dem Auslande. Die zeither stattgefundenen Sperren zwischen den Städten und dem platten Lande, so wie zwischen einzelnen Provinzen und Gegenden gegen einander, sollen aufgehoben, und die Städte mit dem platten Lande nach Einem System besteuert werden. Die bisherige Universalaccise soll aufhören, und an deren Stelle im Verhältniß gegen die Vergangenheit nur wenige Artikel besteuert werden, und zwar solche, welche der Unterschlagung der Gefälle am wenigsten ausgesetzt, und wegen des allgemeinen Verbrauchs am einträglichsten sind. Es sollen künftig bei den Objekten, welche vom platten Lande in die Städte, oder von einer Stadt zur andern, oder aus einer Provinz in die andere gehen, keine Binnenzölle und keine Nachschußsteuer mehr stattfinden, den Wein allein ausgenommen, welcher aus den westlichen Provinzen in die östlichen gebracht wird. Bei den ausländischen Objekten ist der Zoll überall von den Verbrauchsabgaben getrennt, und die Sätze von beiden in einen einfachen übersichtlichen Tarif zusammengestellt, damit jeder sich leicht überzeugen kann, daß er das auch zu bezahlen schuldig sei, was von ihm gefordert wird. Die Erhebung und Berichtigung der in Antrag gebrachten indirekten Steuern ist, wo sie der Lokalität und den individuellen Verhältnissen nach schwierig wird, durch nachgelassene Fixation erleichtert. Bei den Versendungen von Waaren und Verbrauchsgegenständen im Innern des Landes fallen künftig alle Bezettelungen und Revisionen weg, und auch in Ansehung der ausländischen Waaren ist, sobald sie einmal die Grenze passirt haben, der Grundsatz angenommen worden, daß ihre richtige Versteuerung vermuthet werden solle.

Bei der Beurtheilung dieser allgemeinen, dem neuen Entwurf

zum Grunde liegenden Ansichten ist die Kommission einmüthig der Meinung gewesen:

daß eine gründliche Umformung und Verbesserung des jetzt in den preußischen Staaten bestehenden Steuerwesens allerdings eine dringende Nothwendigkeit sei,

und sie hat eben so wenig die richtigen und wohlthätigen Grundsätze verkannt, welche in einigen Theilen des Entwurfs ausgesprochen sind. Allein der Verfolg und besonders der Schluß dieses Gutachtens wird ausführlicher zeigen, daß die Kommission der Meinung ist, daß eine durchgreifende und wahrhaft den Namen einer gründlichen Verbesserung verdienende Reform nicht würde durch den vorgelegten Entwurf bewirkt werden können, und nur eine solche würde doch die Schwierigkeiten und Reibungen aufheben, welche von allen Seiten mit einer Umänderung fast aller bisherigen Steuern verbunden sind.

Es versteht sich übrigens von selbst, daß durch die Ausführung des von ihr gebilligten Theils des Entwurfs mehrere, und gerade der bedeutendsten, Mängel der jetzigen Verfassung wirklich gehoben werden.

2. Bei der Prüfung des Zwecks, vermittelst der durch den neuen Plan angeordneten Steuern eine Mehreinnahme zu erhalten, konnte die Kommission zuvörderst die Bemerkung nicht unterdrücken, daß jede Veränderung in den öffentlichen Abgaben, wenn sie nicht einen bloßen Nachlaß an den bisherigen enthält, der Natur der Sache nach mit einem unangenehmen Eindruck in dem Volke verbunden ist, da es sich nicht vermeiden läßt, daß Einzelne dadurch stärker betroffen werden, als sie es bisher waren, die Nation der Regel nach an die bisherigen Steuern schon gewöhnt ist, und nur zu leicht die Vermuthung Eingang findet, daß durch die Veränderung bloß die Steuerlast vergrößert werden solle. Es war ferner ihre Pflicht, vor Augen zu haben, daß Seine Majestät der König bei mehreren Gelegenheiten Ihre landesväterliche Absicht, diese Last nicht erhöhen, im Gegentheil so viel möglich vermindern zu wollen, sehr bestimmt ausgesprochen haben. — Um dieser allerhöchsten Willensmeinung gemäß zu handeln, und jenen üblen Eindruck zu vermindern, hielt es die Kommission, ehe sie zur Prüfung der Gesetzentwürfe selbst überging, für nothwendig, sich zuvörderst über folgende Fragen Auskunft zu verschaffen:

a. was haben die bisherigen Steuern getragen?

b. was läßt sich von den künftigen erwarten? und

c. in wie weit ist also eine Erhöhung oder Ermäßigung der Abgaben vorhanden? —

Nachdem sie hierüber die erforderlichen Nachrichten von dem Finanzministerium erhalten hatte, ernannte sie einen besondern Ausschuß von sechs Mitgliedern zu deren spezieller Prüfung, und die Resultate davon sind nachher umständlich in der Kommission vorgetragen und erwogen worden.

Wer Ueberschläge dieser Art kennt, weiß, daß sie, ihrer Natur nach, nicht anders als unsicher sein können. Die Vergleichung der Arbeiten des erwähnten Ausschusses mit den vom Finanzministerium vorgelegten Berechnungen ergeben indeß immer so viel, daß die neu einzuführenden Steuern nicht nur die bisher aus den nunmehr abzuschaffenden, geflossene Einnahme vollkommen decken, sondern auch einen nicht unbedeutenden Ueberschuß gewähren würden. Ueber den Betrag dieses Ueberschusses weicht nun zwar die Meinung des Ausschusses von der des Finanzministeriums, welches einen ungleich höhern Ertrag erwartet, ungemein ab. Da die Folge der Berathungen es nicht nothwendig gemacht hat, in diesem Punkte zu dem möglichst sicheren Resultat zu gelangen, so glaubt die Kommission die Prüfung und Beurtheilung der Gründe dieses Unterschiedes, ohne hier in ein genaues Detail einzugehen, der eignen Einsicht ihrer Kommissionsakten überlassen zu können. Den Unterschied selbst aber anzumerken, schien ihr schon darum nothwendig, um zu zeigen, daß eine so bedeutende Mehreinnahme, als das Finanzministerium erwartet, sich, wenigstens mit Sicherheit, auf keine Weise von den neuen Steuern erwarten läßt, und daher die Angemessenheit derselben, auch in bloß finanzieller Hinsicht, wenigstens sehr zweifelhaft ist.

Wie dem aber auch sei; so durfte die Kommission eine zweite Betrachtung nicht übergehen, nemlich die:

wie viel durch die neuen Steuern aufzubringen nothwendig sei?

indem davon sehr wesentlich der Maaßstab zur inneren Prüfung der Gesetzentwürfe abhängt. Ueber diese Frage konnte sie aber nur dadurch Ueberzeugung erlangen, wenn sie zugleich auch unterrichtet wurde:

a. wie groß das nothwendige Geldbedürfniß des Staats überhaupt sei? und

b. wie viel dazu durch die beibehaltenen Abgaben und übrigen

Staatseinnahmen bereits aufkomme, also für die neuen Steuern annoch zu decken übrig sei?

Indem die Kommission sich dieserhalb die nöthigen Mittheilungen von dem Finanzministerium erbat, und auch mit Ausnahme der zu a. und der Bergwerksparthie zu b. erhalten hat, glaubte sie aber auch noch die Frage nicht übergehen zu können:

ob nicht eine nähere Untersuchung des Staatsbedarfs eine Aenderung in den Bestimmungen des neuen Steuerplans hervorbringen, und durch eine zulässige Verminderung im den Ausgaben, eine Erleichterung in den beabsichtigten neuen Steuern verschafft werden könne? —

Diese Frage gewann bei der Kommission um so größere Wichtigkeit, als, welche Bewandniß es auch mit den so ebem angeführten Berechnungen einer bedeutenden Steuervermehrung haben mogte, doch durch den neuen Plan die große Masse des Volks ungleich stärker in Anspruch genommen wird, als sie es bisher war, und sie sich überzeugt hielt, daß dem üblen Eindruck, der dadurch unvermeidlich erzeugt werden müßte, nur durch die Gewißheit der unbedingten Nothwendigkeit am kräftigsten begegnet werden könne.

Die Kommission erkannte es zwar mit einer sehr überwiegenden Mehrheit an, daß die Untersuchung der obigen Frage, wenn sie gleich mit der Entschließung über die Annahme oder Nichtannahme des neuen Steuerplans in unzertrennlicher Verbindung stehe, nicht in den Grenzen ihres Auftrages liege. Inzwischen hielt sie sich einmüthig verpflichtet, bei des Fürsten Staatskanzlers Durchlaucht, als Präsidenten des Staatsraths, darauf anzutragen, Seine Majestät den König von der Sache in Kenntniß zu setzen, und Allerhöchst Ihrer Entschließung anheim zu geben:

ob und auf welchem Wege Seine Majestät auch noch über den Punkt des Staatsbedarfs eine nähere Erörterung zu veranlassen geruhen wollen? —

Nach der hierauf von Seiner Durchlaucht erhaltenen Antwort, haben des Königs Majestät diese Erörterung dem gesammten Staatsministerium, mit Zuziehung einiger ernannten Mitglieder der unterzeichneten Kommission zu übertragen und festzusetzen geruhet, daß das Resultat ihrer Arbeiten, so weit solches die Summe des Bedarfs im Ganzen angeht, der Kommission mitgetheilt werden solle. Die gedachte Erörterung ist bis jetzt zwar noch nicht vollendet, allein die Kommission hat sich, wie die Folge näher zeigen wird, nicht in dem Fall befunden, die Erstattung ihres Gutachtens darum länger aufzuschieben.

Dies vorausgesetzt, glaubt die Kommission nunmehr zur Beurtheilung des Entwurfs selbst übergehen zu können. Die darin enthaltenen Bestimmungen theilen sich in zwei Hauptabschnitte, nemlich:

I. in den wegen Besteuerung des Verkehrs mit dem Auslande;

II. in den von den inneren Steuern. Der Kommission scheint es daher auch angemessen, hiernach ihren Bericht zu ordnen, und demnächst:

III. die Gründe auseinander zu setzen, welche sie nach den Resultaten ihrer Prüfungen der beiden Abschnitte, in Verbindung mit den allgemeinen bei der Sache in Betrachtung kommenden Rücksichten zu ihrem oben erwähnten Gutachten bestimmt haben, und dadurch zugleich die von ihr gemachten Anträge zu begründen.

I. Wegen der Besteuerung des Verkehrs mit dem Auslande.

Es kam hierbei zunächst auf die Frage an, der inländischen Produktion und Fabrikation denjenigen Schutz zu gewähren, welchen sie nöthig hat, um von der ausländischen Konkurrenz nicht unterdrückt zu werden.

In Ansehung der Produktion war man allgemein einverstanden, daß es zum Schutz derselben für das Inland keiner Einfuhrverbote fremder Produkte bedürfe, sondern die darauf gelegten und bei einzelnen Artikeln von der Kommission hin und wieder modificirten Eingangsabgaben hinreichend wären.

In Ansehung der inländischen Fabrikation erkannte die Kommission gleichfalls einstimmig die hohe Wichtigkeit an, sie vorzugsweise zu begünstigen,

a. um das Arbeitslohn, welches dabei verdient werden kann, dem Inländer zuzuwenden;

b. dem Produzenten und Konsumenten einen nahen und vortheilhafteren Markt zu eröffnen;

c. die großen in der Fabrikation bereits angelegten Kapitalien zu erhalten.

Man war ferner darin einig, demjenigen Theile der inländischen Fabrikation, welcher auf den Absatz nach dem Auslande berechnet ist, die Konkurrenz auf fremden Märkten dadurch zu erleichtern, daß

a. alle Fabrikate frei ausgehen,

b. die ausländischen Fabrikmaterialien in der Regel frei eingehen, und

c. die inländischen Fabrikmaterialien, welche unverarbeitet ausgehen, so weit zu besteuern sind, als es ohne Nachtheil ihrer Erzeugung überhaupt, mithin ohne Nachtheil der Fabrikation des Inlandes selbst geschehen könne.

Nur darüber herrschte eine Verschiedenheit der Meinungen:

wie die Begünstigung, welche hiernach den inländischen Fabriken zugedacht war, zur Ausführung gebracht werden solle:

a. ob es nemlich rathsamer sei

den fremden Fabrikaten den Eingang zum inneren Verbrauch gänzlich zu verbieten;

b. oder sie unter solchen Abgaben dazu einzulassen,

welche die inländischen Fabriken hinreichend in den Stand setzten, mit den auswärtigen Preis halten zu können? —

Diese Frage ist neuerlich durch die Klagen einiger hiesigen Woll-, Seiden- und Baumwollfabrikanten, denen sich auch einige schlesische Baumwollfabrikanten angeschlossen haben, sehr dringend in Anregung gebracht, und zur Untersuchung ihrer Beschwerden eine besondere Kommission von 7 Mitgliedern, unter dem Vorsitz des unterzeichneten wirklichen Geheimen Raths von Heydebreck niedergesetzt gewesen. Der Bericht dieser Kommission, sammt einigen von einzelnen Mitgliedern derselben nachträglich gelieferten Aufsätzen sind der unterzeichneten Kommission mitgetheilt, und bei ihr umständlich vorgetragen worden.

Nach denselben waren schon in der Untersuchungskommission die Meinungen über obige Frage getheilt, indem sich fünf Mitglieder für das Einfuhrverbot, zwei aber für die Freiheit der Einfuhr unter angemessenen Abgaben erklärt haben.

Die Mehrheit der gedachten Untersuchungskommission trägt aber auch vorläufig nur auf ein Einfuhrverbot für die Provinzen diesseits der Weser, von denjenigen fremden Fabrikaten an, welche die Hauptfabrikation des Landes ausmachen, namentlich der Woll-, Baumwoll-, Seiden-, Leinen-, gewöhnlichen Leder- und einiger Eisen- und Metallwaaren. In den Städten Stralsund, Danzig, Königsberg und

Memel, soll nach ihrem Antrage der Handel mit fremden Fabrikaten nach dem Auslande, aus offenen Lägern, jedoch unter gehöriger Kontrolle, gestattet sein; der Meßhandel zu Frankfurt a. d. O. und Naumburg, sofern letzteres nicht außerhalb der Zolllinie gelegt, und als Ausland behandelt wird, aber in Ansehung der zum inneren Verbrauch verbotenen Waaren, gewissen Beschränkungen unterworfen werden, die es möglich machen, dem Kontrebandehandel wirksam entgegen zu arbeiten. In den übrigen Städten diesseits der Weser soll der Zwischenhandel mit fremden Manufakturwaaren nach dem Auslande nur von den Packhöfen aus zulässig sein, sowie die direkte Durchfuhr derselben durch das Land nur unter angemessenen Kontrollen, und den inländischen Fabrikaten aus den Provinzen jenseits der Weser in die diesseitigen, der Eingang nur gegen eine Nachschußsteuer bis 4 Prozent erlaubt sein. Ueber den Einlaß fremder Manufakturwaaren in die Provinzen jenseits der Weser ist kein bestimmter Antrag gemacht, sondern die Sache noch auf Erörterung und Berichterstattung der dasigen Regierungen gestellt worden.

Diesem Antrage ist bei der Berathung der Sache, womit die Kommission sich durch drei Sitzungen beschäftiget hat, von zweien Mitgliedern beigetreten, und von ihnen dafür folgende Hauptgründe angeführt worden:

a. daß das Einfuhrverbot das einfachste, sicherste, und unter allen Umständen einzig zureichende Mittel sei, der inländischen Fabrikation den Absatz im Inlande gänzlich und unbedingt bei der Ueberlegenheit des Auslandes an Kapital, Kunstfertigkeit, besserem und wohlfeilerem Material zu sichern, .

b. daß die Sicherheit und Ausdehnung, welche die hierdurch erlangte Gewißheit des inneren Absatzes den inländischen Fabriken verschaffe, das vorzüglichste Mittel sei, die innere Fabrikation überhaupt zu heben, und dadurch die Bevölkerung und den Wohlstand des Staates zu befördern, und denselben in Rücksicht seiner Bedürfnisse an Fabrikaten von dem Auslande unabhängig zu machen;

c. daß die Gerechtigkeit es erfordere, die Einfuhrverbote fremder Staaten zu erwiedern, so lange sie in den ihrigen den preußischen Fabrikaten den Eingang nicht gestatteten.

Allein die Mehrheit der unterzeichneten Kommission hat sich mit 20 Stimmen gegen diese Meinung erklärt.

Sie ging dabei von der Ueberzeugung aus:

1. daß die Handelsfreiheit überall aufrecht erhalten werden

müsse, wo nicht ganz besondere Gründe augenblickliche Einschränkungen gebieten;

2. daß eine solche gebietende Nothwendigkeit nicht vorhanden sei, um die inländischen Fabriken zu beschützen, da selbige unter den festgesetzten Abgaben, und den übrigen oben erwähnten Begünstigungen, mit dem Auslande sehr gut Konkurrenz halten können;

3. daß es daher eine sehr große Ungerechtigkeit des Staates gegen die gesammte Masse seiner übrigen Unterthanen sein würde, wenn er außerdem noch zu Gunsten der Fabrikanten Einfuhrverbote erlassen wolle,

a. weil sie zur Demoralisation des Volkes sehr vieles beitragen,

b. weil sie dem Volke die Preise seiner Fabrikbedürfnisse vertheuern,

c. ihm einen so lästigen als kostbaren Zwang auflegen, und

d. die daraus für den Handel entstehende Beschränkung auch auf den Absatz der Produkte nachtheilig wirke;

4. daß Einfuhrverbote nicht dem Interesse der Landesfabrikation im Großen und Ganzen, sondern nur dem davon sehr zu unterscheidenden Interesse der einzelnen Fabrikanten, günstig wären, vielmehr das allgemeine Fabrikinteresse des Staates gerade durch einen freien unbeengten Handel befördert werde,

a. weil er den inländischen Fabriken, die zu ihrem Betriebe nöthigen Materialien und Geräthschaften am leichtesten und wohlfeilsten zuführe, und

b. für ihre Fabrikate wiederum den vortheilhaftesten Markt aufsuche und verschaffe,

c. weil Einfuhrverbote der inländischen Industrie eine unnatürliche Richtung geben, und die Unterthanen verleiteten zum Nachtheil der Produktion mehrere Kapitalien und Kräfte in Fabriken anzulegen, als es dem Vermögenszustande des Volkes angemessen sei,

d. weil die ausländische Konkurrenz die inländischen Fabrikanten nöthige, ihrem Gewerbe ununterbrochen volle Thätigkeit, Anstrengung und Vervollkommnung zu widmen, und sie nicht in Mittelmäßigkeit versinken zu lassen;

5. daß während der Staat zum Schutz seines Haupterwerbszweiges, der Produktion, Einfuhrverbote von fremden Produkten nicht nöthig finde, es widersprechend sein würde, wenn er sie wegen des untergeordneten Erwerbszweiges — der Fabrikation — erlassen oder beibehalten sollte;

6. daß Einfuhrverbote auch schon an sich selbst allen Erfahrungen nach, keinen sicheren Schutz der inländischen Fabrikation gewähren, im Gegentheil diese bei angemessenen Abgaben von fremden Fabrikaten, welche die inländischen Fabrikanten in den Stand setzen, mit dem Auslande Preis halten zu können, ungleich gesicherter wären;

7. daß auch bei freiem Handel die Unabhängigkeit des Staates in Absicht seiner Fabrikbedürfnisse nie gefährdet sein könne;

8. daß für das System des freien Handels die geographische Lage des preußischen Staates gerade ebenso günstig sei, als wiederum sie

9. und die politischen Verhältnisse desselben das Verbotssystem von fremden Manufakturwaaren unausführbar mache, und

10. daß überhaupt nur derjenige Gewerbfleiß fest begründet, und dem Staate wahrhaft vortheilhaft sei, welcher auch in freier Konkurrenz mit dem Auslande bestehen könne.

Diese Ueberzeugung der gedachten Mehrheit der Kommission gründet sich außer ihren inneren staatswirthschaftlichen Motiven auch auf folgende Thatsachen, denen jedoch die Bemerkung vorangeschickt werden muß, daß sämmtliche Oberpräsidenten, mit Ausnahme des von der Provinz Brandenburg, einstimmig versichert haben,

daß die allgemeine Stimmung in den Provinzen ganz dafür sei, daß fremden Manufakturwaaren unter mäßigen Abgaben der Eingang nicht verwehrt werde.

1. Es frägt sich zuvörderst:

in welchem Verhältniß stehen die inländischen Fabrikanten in Absicht der Fabrikationskosten gegen das Ausland? —

Die Preise von den wichtigsten Fabrikmaterialien sind in allen europäischen Ländern ziemlich dieselben, und müssen es sein, weil es keinen Vortheil bringen würde, solche Materialien verarbeiten zu wollen, bei welchen ein einzelnes Land einen überwiegenden Vorzug hat, oder die es ausschließlich besäße, und weil der Unterschied der Transportkosten gegen den Werth dieser Materialien unbedeutend ist. Bei manchen Materialien stehen die preußischen Fabriken sogar in entschiedenem Vortheil gegen andere, z. B. bei Wolle und Flachs.

Der Zinsfuß steht in denjenigen Staaten, wo regelmäßig schnelle und unpartheiische Rechtshülfe geleistet wird, bei gleicher Sicherheit und gleichen Handelskonjunkturen gewöhnlich wenig verschieden. Man bezahlt die vierprozentigen Schlesischen Pfandbriefe mit fünf Prozent

Aufgeld, und nutzt sein Geld folglich darin nicht höher, als wenn man dreiprozentige englische Stocks mit 78 ¾ Prozent kauft, welches unter jetzigen Umständen für keinen schlechten Stand derselben gelten kann. Der Vortheil kann bei der Sache keinen Einfluß haben, weil jeder Fabrikant ihn gerne so hoch nimmt, als er ihn erhalten kann, und es kommt dabei nur allein auf die Arbeitslöhne an.

Diese bestehen aber in dem preußischen Staat größtentheils schon an sich niedriger als in andern Fabrikländern, besonders in England, von welchem man den mehresten Abbruch besorgt, und wenngleich die größere Vollkommenheit der dortigen Maschinen und ihr häufigerer Gebrauch allerdings zur Verminderung des Arbeitslohnes beiträgt, so ist dagegen wiederum zu erwägen, daß die Maschinen ein viel größeres Anlagekapital erfordern, also die Zinsen vermehren, und daß es nur von den inländischen Fabrikanten abhängt, ihre Maschinen ebenfalls zu vervollkommnen, wozu sie die ausländische Konkurrenz am ersten bestimmen wird.

Man rechnet gewöhnlich, daß die Arbeitslöhne

bei Seidenwaaren höchstens . . .	⅓,
bei gröberen Wollwaaren	⅓,
bei gutem Tuch	½,
bei Baumwollwaaren	½

des Fabrikatpreises ausmachen.

Der vorgeschlagene Tarif hat im Durchschnitt die fremden Manufakturwaaren mit einer Verbrauchsabgabe von 10 Prozent belegt, und bei den gewöhnlichen Baumwollwaaren sogar mit etwas über 14 Prozent.

Da die inländischen Fabrikanten in Absicht des Materials und der Zinsen von dem Anlage- und Betriebskapital, mit den ausländischen gleichstehen, es auf den Fabrikationsvortheil nicht ankommt, so arbeiten sie also gegen das Ausland mit einem Vortheil von wenigstens 30 Prozent bei Seiden-, 28 bis 30 Prozent bei Woll- und 28 Prozent bei Baumwollwaaren.

Sehr viele Fabriken, auch in den alten Provinzen des Staats, haben schon seit langer Zeit nicht bloß für den inländischen Verbrauch, sondern auch für den Absatz ins Ausland gearbeitet, fremde Messen mit ihren Erzeugnissen besucht, und überdies ansehnliche Versendungen aus ihren Lägern in zum Theil sehr entlegene Gegenden gemacht. Da sie dort mit allen übrigen Ausländern gleiche Abgaben bezahlen, so müssen sie wenigstens in den Artikeln, welche solchergestalt ausgeführt werden, auch ohne alle Begünstigung mit dem Auslande zu konkurriren im Stande sein, weil sonst die erwähnte Ausfuhr niemals hätte Statt finden können. Es ist daher keineswegs glaublich, daß sie überhaupt mit so großem Nachtheile gegen das Ausland fabriziren, daß sie nicht ein sehr erhebliches Uebergewicht auf den inländischen Märkten erhalten müßten, wenn alle zum Verbrauch eingehende fremde Fabrikate mit den vorerwähnten bedeutenden Verbrauchsabgaben belegt werden.

2. Es ist eine bekannte Thatsache, daß auch vor dem Jahre 1806 sehr viele englische Fabrikate hier in Berlin zu haben gewesen sind, und in dem Fabrikhandel ist es eben so bekannt, daß Personen ein Gewerbe daraus machen, die heimliche Einfuhr verbotener Waaren gegen einen mäßigen Prozentsatz auf ihre eigene Gefahr zu besorgen. Bis zum Jahre 1814 waren große Läger von verbotenen Waaren in den Städten des diesseitigen Rheinufers, die ihren Absatz vorzüglich nach Frankreich machten. Die Schauregister beweisen, daß die Stadt Grüneberg, welche früher nur etwa 30 M. Stücke Tuch verfertigte und ihren Hauptabsatz nach Rußland und durch dasselbe nach China hat, es in den letzten Jahren bis auf 50 M. Stücke jährlich gebracht hat, während in Rußland der bekannte Ukas erlassen, und die Grenzen noch strenger als zuvor bewacht wurden. Gleiche Erscheinungen zeigen sich in den benachbarten Wollmanufakturstädten Schlesiens, der Neumark und Lausitz, deren Hauptabsatz gleichfalls dorthin geht. England selbst kämpft bekanntlich mit dem Schleichhandel verbotener Waaren, obgleich kein Land die Mittel einer wirksamen Kontrolle so sehr in den Händen hat, als dieses.

3. Sachsen und die Schweiz haben nie Einfuhrverbote gekannt und gleichwohl sehr bedeutende Fabriken. Die eben so bedeutenden Fabriken in den preußischen Rheinprovinzen, sind bei freiem Verkehr mit dem Auslande entstanden, und ertragen überall die Konkurrenz desselben. Auch England selbst bietet ein Beispiel dieser Art dar, denn von allen Fabrikationszweigen daselbst, ist die Baumwollweberei auf den höchsten Punkt gebracht und diese hat beständig die Konkurrenz von Ostindien ertragen müssen. Gegenseitig hat man in England die Einfuhrverbote niemals ängstlicher bewacht, als bei den Wollwaaren, und gleichwohl haben die rheinischen und sächsischen Tücher und Kasimire, so wie die französischen und belgischen, wegen ihrer innern Vorzüglichkeit, den eng-

lischen schon längst auf den europäischen Märkten den Vorzug abgewonnen.

4. Wenn sich gleich gegenwärtig die Fabriken auch in jenen Ländern, so wie überall, in einer Crisis befinden, so läßt sich die Ursache davon doch nicht sowohl in der ausländischen Konkurrenz, als vielmehr in dem obwaltenden Mißverhältniß zwischen der Erzeugung der Fabrikate und ihrem Verbrauch suchen, welches der dreißigjährige Kriegszustand, worin sich Europa mehr oder minder befunden hat, die wegen des dadurch geschwächten Vermögens entstandene Nothwendigkeit, die Bedürfnisse einzuschränken, das bestandene Kontinentalsystem, und die durch die fortgeschrittene Vervollkommnung der Maschinen vermehrte Ueberfüllung an Fabrikaten, hervorgebracht haben.

5. Auf allen schiffbaren Flüssen, welche den preußischen Staat durchströmen, kann er, die Oder ausgenommen, den Durchgang fremder Manufakturwaaren nach den oberhalb belegenen Nachbarstaaten, vermöge der mit diesen bestehenden oder schon eingeleiteten Traktaten, nicht verweigern. Aber auch in den Provinzen Brandenburg, Pommern und Schlesien würde ein Verbotssystem nicht durchführbar sein,

a. weil Leipzig zu nahe liegt,

b. die Frankfurter Messe nicht aufgegeben werden kann, ohne den inländischen Fabriken selbst den empfindlichsten Schaden zu thun, und

c. das Großherzogthum Posen, nach der mit Rußland vorläufig geschlossenen Konvention von der Landseite wegen der Fabrikate und Produkte Polens nicht gesperrt werden darf, dadurch aber auch der Eingang fremder Fabrikate erleichtert wird.

In jedem Fall würden so strenge und lästige Kontrollen für jene Provinzen angeordnet werden müssen, welche wegen der üblen Stimmung, die sie unter den Einwohnern verbreiten, und wegen der großen Kosten, die sie erfordern, in keinem Verhältniß mit dem Zwecke stehen würden, welchen man damit erreichen will.

6. Ein beinahe sechzigjähriger Zeitraum vor 1806 in dem Handelsverhältniß zwischen Preußen und England hat es gelehrt, daß Einfuhrverbote kein angemessenes Mittel sind, fremde Staaten von den ihren abzubringen; im Gegentheil läßt es sich vermuthen, daß wenn durch eine bestimmte Erklärung das Verbotssystem aufgegeben wird, dieses fremde Staaten viel eher zu einer gleichen Maaßregel wegen der preußischen Fabrikate vermögen werde.

Indem sich nun die gedachte Mehrheit der Kommission aus diesen Gründen mit der vollsten Ueberzeugung gegen die, auch nur theilweise Beibehaltung des Verbotssystems erklären muß, verkennt sie jedoch die Möglichkeit nicht, daß einzelne Fabrikarbeiter, vorzüglich im Fache der Baumwollweberei in Schlesien und Berlin, vielleicht hier auch einige in der Wollweberei, vorerst besonders, außer Thätigkeit gesetzt werden können, wie es bei jedem solchen Uebergange von einem Verwaltungssystem zum andern zu geschehen pflegt. Es wird indessen wenigstens nicht in der Natur der Verwaltungsmaaßregeln selbst, sondern in zufälligen äußeren Verhältnissen und vorzüglich in dem Benehmen der größeren Fabrikunternehmer selbst liegen, wenn eine erhebliche Verlegenheit auch nur vorübergehend, entstehen sollte. Der Uebergang von den Einfuhrverboten zur Einlassung fremder Fabrikwaaren gegen angemessene Abgaben ist schon durch die Gesetzgebung vom Jahre 1807 und durch den ganzen Geist der neueren seit dem Jahre 1810 vorbereitet und die allgemeine Aufhebung des Verbotssystems damals nicht nur angekündigt, sondern es haben auch wirklich bis zum Jahre 1815 einschließlich, fremde Fabrikate in den Marken, Pommern und Schlesien bereits auf Pässe eingehen können, und erst im Jahre 1816 hat man sich veranlaßt gefunden, in den gedachten Provinzen die meisten Baumwoll- und Seidenzeuge einstweilen nicht zuzulassen. Das Publikum ist also auf die Ausführung der Maaßregel gefaßt. Da in den acht Jahren 1807—1815 und darunter noch drei Jahre lang bei der Konkurrenz der Engländer eine bedeutende Anzahl Baumwollstühle in Thätigkeit geblieben ist, so läßt sich nicht erwarten, daß jetzt, zumal bei den vorgeschlagenen hohen Abgaben alle Stühle in Berlin und Schlesien außer Beschäftigung kommen werden. Viele Baumwollweber sind Ausländer, welche ab und zu gehen; die Inländer werden aber bei dem großen Mangel an Arbeitern, welcher noch überall gefühlt wird, leicht anderweitig Beschäftigung und Unterhalt finden. Die Sache wird sich also nur auf diejenigen Subjekte reduziren, die in den Jahren bereits so weit vorgerückt sind, um nicht mehr so leicht zu einem anderen Gewerbe übergehen zu können.

In dieser Hinsicht erscheint es aber der Kommission so billig als gerecht, daß der Staat für die etwa außer Brodt kommenden Fabrikarbeiter sorge, ihnen zu Beschäftigung und Unterhalt Gelegenheit verschaffe, und sie nöthigenfalls unterstütze, da die bisherigen Verwaltungsmaximen mit dazu beigetragen haben, die Sache in eine solche Lage zu bringen. Die Kommission hält es daher auch einmüthig für nothwendig:

daß dieses von Seiten des Staates geschehe und ein zureichender Fonds ausgesetzt werde, aus welchem die Unterstützungen geleistet werden können.

Ebenso nothwendig ist es aber auch:

die Aufhebung des Verbotsystems als unwiderrufbar bestimmt auszusprechen;

indem eine bloße Ankündigung derselben, oder eine einstweilige Maaßregel, das Uebel durch neue erzwungene Vermehrung der Arbeiter nur verschlimmern würde, wie die Erfahrung sogar noch in dem letzten Jahre gelehrt hat.

Es bleibt in Ansehung des ersten Abschnitts jetzt noch zu untersuchen übrig,

a. der Tarif,

b. die Kontrolle, und

c. die Strafbestimmungen.

Der Tarif theilt sich in den von den westlichen und in den von den östlichen Provinzen. Die zwischen beiden obwaltende Differenz besteht hauptsächlich in den Zollsätzen, und hat in der geographischen Lage des Staats ihren Grund, da die westlichen Provinzen leichter umfahren werden können, weßhalb die Zollsätze für selbige auch größtentheils niedriger gestellt sind, als für die östlichen. Es ist zwar dieserhalb von dem unterzeichneten Oberpräsidenten der Provinz Preußen in Antrag gebracht,

daß der Zoll bei den östlichen Provinzen wenigstens in Absicht derjenigen auswärtigen Objekte, welche im Lande verzehrt werden, auf die Sätze des westlichen Tarifs ermäßiget werde,

dieser Antrag von der Kommission indessen nicht angenommen worden, da der Unterschied nicht so bedeutend ist, um drückend für die östlichen Provinzen zu werden, die Kontrolle aber dadurch sehr erschwert und lästig werden würde, wenn in dieser Hinsicht die transitirenden Güter von den inneren Verbrauchsgegenständen verschieden berechnet werden sollten.

Die Zollsätze sind überall so berechnet, daß dadurch keine Veranlassung gegeben werden kann, die Handelsstraße durch den Staat zu vermeiden und dem Lande die Vortheile zu entziehen, welche Durchfuhr und Zwischenhandel ihm gewähren kann. Sie betragen für keine Waare, welche zwischen der Oder und Weser bloß durchgeführt wird, über einen halben Thaler vom Centner. Dieser Zollsatz ist überhaupt als Regel angenommen und bei mehreren Waaren, welche bei großem Gewicht nur geringen Werth haben, noch verhältnißmäßig vermindert worden. Erhöhen konnte man ihn dagegen ohne Nachtheil des Handels für einige Waaren in den Ländern zwischen der Weser und Maas, und noch mehr in den ostwärts der Oder gelegenen Provinzen. Diese Erhöhung übersteigt jedoch in keinem Fall vier Prozent des Durchschnittswerthes der Waare; in vielen aber bleibt sie noch weit unter dieser in Folge der Handelsverhältnisse gegen Polen angenommenen Grenze.

Die Verbrauchsabgaben von den im Lande bleibenden Waaren sind gelegt:

1. theils auf Gegenstände der unmittelbaren Verzehrung wie Zucker, Kaffee, Weine, Taback, Gewürze 2c.,
2. theils auf fremde Fabrikate aller Art.

Im ersten Fall hat die Ansicht vorgewaltet, diese Gegenstände so hoch zu besteuern, als es ohne Gefahr eine beträchtliche Defraude aufzuregen, geschehen konnte; man hat dabei besonders auf solche Waaren Rücksicht genommen, die häufig verbraucht werden und daher vorzüglich einträglich sein können.

Im zweiten Fall ist aber die obige Rücksicht wegen des den inländischen Fabriken zu gewährenden Schutzes beobachtet und zugleich darauf gesehen worden, künftige Handelsverträge mit dem Auslande zu erleichtern, so weit es räthlich und möglich ist.

Der Tarif ist vorläufig auf drei Jahre entworfen und periodisch nach den veränderlichen Preisen der Waaren abzuändern. Deklarationen darüber, sowie überhaupt über das ganze Gesetz sollen nur alle Jahr einmal zusammen, und in einem bestimmten Zeitraum vor ihrer Anwendung ertheilt werden.

Alle diese Grundsätze theilt die Kommission mit voller Ueberzeugung, und nicht minder hält sie es mit Ausnahme eines Mitgliedes, für äußerst zweckmäßig, daß die Versteuerung nur nach dem Gewicht, Maaß und der Stückzahl, nicht nach der Aestimation berechnet und erlegt werden solle, weil letztere für das Publikum gar zu lästig und gehässig ist, dasselbe dabei den individuellen Ansichten des Aestimateurs zu sehr Preis gegeben wird, und die Steuer selbst bei dem angenommenen Maaßstabe schon nach dem Durchschnittswerth der Waare normirt worden.

Das Finanzministerium erwartet bei den neuen Tarifsätzen eine Bruttoeinnahme

a. von den Zöllen von	3,375,000 Rthlr.
b. von den Verbrauchssteuern . .	3,400,000 „
Summa	6,775,000 Rthlr.,

welche Summe auch nach der Meinung der überwiegenden Mehrheit der Kommission erreicht werden kann.

Nach der von dem anfänglich gedachten Ausschuß angelegten Berechnung ist zwar gegen die bisherige Zoll- und Acciserevenue von fremden Objekten ein Ausfall bei den Zöllen von 948,030 Rthlr. und den Verbrauchsabgaben von 878,479 Rthlr. angenommen; allein abgesehen davon, daß dieser Ausfall durch die wegen Ermäßigung der Abgabensätze verminderte Defraude nach der Meinung der überwiegenden Mehrheit, sich schon an sich sehr bedeutend vermindern wird, da es eine bekannte Erfahrung ist, daß, je mäßiger die indirekten Abgaben gestellt sind, je mehr sie verhältnißmäßig eintragen; so läßt er sich auch gar nicht vermeiden, denn die jetzigen Zollsätze sind, besonders durch den eingeführten Ersatzzoll so hoch gespannt, daß sie nicht länger beibehalten werden können, wenn dadurch der ganze Durch- und Zwischenhandel nicht zu sehr leiden, und dem Staate diese wichtige Erwerbsquelle, wenn auch nicht ganz zerstört, doch äußerst geschwächt werden soll. Ueberdies beruht die in Antrag gebrachte Ermäßigung der Zölle auch auf Grundsätzen, welche Preußen gemeinschaftlich mit seinen Verbündeten auf dem Kongreß in Wien anerkannt hat, die seitdem bereits bei den Verhandlungen über den Verkehr der vormals Warschauischen Provinzen angewandt worden sind, und wovon auch künftig bei den Verhandlungen über den inneren Verkehr der deutschen Bundesstaaten auszugehen sein dürfte.

Das Finanzministerium hat die angenommenen Zollsätze für einzelne Frachtstraßen noch zu hoch gefunden und daher nach § 7 des Entwurfs zu dem Zoll- und Konsumtionssteuer-Gesetze eine weitere Ermäßigung vorbehalten, womit die Kommission gleichfalls einverstanden ist, und dabei nur darauf anträgt,

> daß die vorbehaltenen Ermäßigungen in ein Regulativ zusammen gestellt, und dieses in Form eines Gesetzes erlassen und bekannt gemacht werde.

Auch ist von den beiden unterzeichneten Oberpräsidenten aus Preußen der Antrag gemacht, die Abgaben von fremden Objekten dergestalt zu ermäßigen, daß sie ganz in der Form von Zöllen erhoben werden können, wodurch die besondern Verbrauchsabgaben wegfallen, und mithin der Unterschied der Abgaben unter Transitogut und Waaren zum innern Verbrauch ganz aufhört,

weil der Schleichhandel durch diesen Unterschied zu sehr begünstigt werde. Dies läßt sich an sich nicht bestreiten, allein der daraus für die Finanzen entstehende Ausfall würde zu groß, und die dadurch nothwendig werdende Erhöhung der Zölle den allgemeinen Grundlagen des Handelssystems entgegen sein. Die Kommission hat daher auch geglaubt, auf diesen Antrag nicht weiter eingehen, sondern es bloß überlassen zu können,

in wie weit es bei fernerer Bearbeitung des Steuerplans möglich werden dürfte, die Mittel zu Deckung eines solchen Ausfalls aufzufinden.

Uebrigens hat die Kommission beide Tarife speziell durchgegangen und ihre Bemerkungen über die einzelnen Sätze desselben in den Sitzungsprotokollen Nr. VIII bis XI einschließlich, vermerkt, auf welche sie hier sich um so mehr nur beziehen zu dürfen glaubt, als die vorgeschlagenen Abänderungen von keiner großen Erheblichkeit für das Finanzinteresse sind, auch dagegen von Seiten des Finanzministeriums im Laufe der Berathungen nichts eingewendet worden.

Die Kontrolle wegen der Steuern legt der neue Plan hauptsächlich auf die Grenze, und schafft die inneren Kontrollen ab, sofern es die Gewerbetreibenden nicht vorziehen, die Steuer erst am Bestimmungsort der auswärtigen Waare zu erlegen.

Ein vollständiger Plan, sowohl für die Kosten der Grenzbesetzung, als über die innere Organisation derselben ist von dem Finanzministerium noch nicht entworfen, weil dasselbe erst die Genehmigung über die Gesetzentwürfe abwarten wollte. Die Kommission ist daher auch nicht im Stande, darüber ihr Gutachten abzugeben. Die Kosten der Grenzbesetzung werden indessen von dem Finanzministerium in Bausch und Bogen auf 1 Million angegeben.

Die Fragen:

ob unter diesen Umständen die vorgeschlagene Grenzbesetzung rathsam, ob sie überhaupt ausführbar und für die Sicherheit der Steuern hinreichend sei; ob durch sie alle übrige innere Kontrollen entbehrlich gemacht werden, und diese nicht, wenigstens gegen die

Grenzbesetzung, wenn auch nur für den größeren Verkehr, beizubehalten? —

haben die Kommission durch mehrere Sitzungen beschäftigt. Sie verkennt so wenig, daß die Grenzbesetzung nie einen ganz vollständigen Schutz für den durchaus richtigen Eingang der Steuern gewähren, als daß sie, besonders in den Grenzbezirken, zur großen Belästigung der Einwohner gereichen werde. In der letzten Rücksicht setzt die Kommission indessen voraus,

daß das Finanzministerium in die Ausführung so viel Erleichterung legen werde, als es nach den örtlichen Umständen und den wirthschaftlichen Verhältnissen der Grenzbewohner ohne erheblichen Nachtheil für das Steuerinteresse geschehen kann,

auch,

daß dasselbe vielleicht vorziehen werde, annoch hin und wieder auf Ermäßigung der Gefälle von fremden Objekten anzutragen, und lieber durch schwächere Grenzbesetzung nach örtlichen Umständen das zu ersparen, was dadurch an der Steuereinnahme verloren gehe.

Es war daher auch, ungeachtet der Mängel, welche die Grenzbesetzung hat, die Kommission darüber einmüthig einverstanden,

daß selbige unumgänglich nothwendig und darüber gar nicht wegzukommen sei,

weil sonst gar kein Schutz für die Steuern und einheimischen Fabriken wegen der auswärtigen Waaren übrig bleibt, wodurch insonderheit die Fabriken in den westlichen Provinzen außerordentlich leiden würden, und zeither gelitten haben, weshalb man auch daselbst nach der Versicherung der unterzeichneten Oberpräsidenten von diesen Provinzen, die baldige Einführung der Grenzbesetzung allgemein dringend wünscht. In den alten Provinzen hat aber zeither schon eine Grenzbesetzung, wenn gleich höchst unvollkommen, bestanden, und es ist also daselbst die Sache nichts Neues.

Ueberdies hält aber auch die überwiegende Mehrheit der Kommission dafür,

daß die Grenzbesetzung bei zweckmäßiger Organisation derselben, wenigstens diejenige Sicherheit für die Abgaben gewähren werde, welche der Natur der Sache nach, zu erreichen ist und welche die bisherigen Kontrollen gewährt haben,

und

daß auf jede Weise die aus der Grenzbesetzung für das

Publikum entstehende Belästigung mit der in keinen Vergleich zu stellen sei, welche demselben durch die Beibehaltung der bisherigen Kontrollen erwachsen würde.

Sie glaubt ferner:

daß durch die Beibehaltung der bisherigen Kontrollen der neuen Steuereinrichtung gerade einer der Hauptvorzüge entzogen werden würde, den sie gegen die bisherige Steuerverfassung hat,

und

daß man das äußere Besteuerungssystem ganz unabhängig von allen Kontrollen machen müsse, bei welchen das fernere Bestehen des jetzigen inneren Steuersystems vorausgesetzt werde; und daß man es daher auch nicht auf die jetzigen inneren Kontrollen, welche zum Theil auf die Sperre zwischen Stadt und Land gegründet wären, stützen könne, deren Abschaffung ohnehin erwartet würde.

Wie wenig aber die bisherigen, so drückend gewesenen Kontrollen erheblichen Unterschleifen vorgebeugt haben, ist schon vorher ausgeführt, und ergiebt sich ferner daraus, daß von dem im Jahre 1815 in den alten Provinzen versteuerten Kaffee im Durchschnitt nur täglich 2 Pfund zum Verkauf auf jeden Materialladen, nach der darüber im Jahre 1814 angestellten Zählung, getroffen haben, und daß von den 5,317,812 Pfund fremde Raffinade, welche im Jahre 1815 in den alten Provinzen verzollt sind, nur 1,374,601 Pfund zur inneren Konsumtion versteuert worden.

Die Hauptkontrolle für seine Abgaben muß der Staat in der

Mäßigkeit der Abgaben, der Einfachheit der Hebungsweise, und in der Rechtlichkeit seiner Unterthanen

suchen. Die Verwickelung und Ueberfüllung der bisherigen Kontrollen bringt auch den redlichsten Mann in die Lage, wider seinen Willen Verstöße gegen sie zu begehen, weil er die Masse der Förmlichkeiten und Vorschriften nicht übersehen kann. Diese Unmöglichkeit aber, sie zu übersehen, das daraus hervorgehende Mißtrauen der Regierung in die Rechtlichkeit der Unterthanen, und der aus beidem entstandene Widerwillen der Nation gegen das bisherige System, hat aber den Begriff der Unrechtmäßigkeit eines Accisevergehens in den Augen des großen Haufens größtentheils untergehen lassen, und eben dadurch zur Vermehrung der Unterschleife hingewirkt. Es wird immer das Vertrauen des Volkes zu der öffentlichen Verwaltung wachsen, je mehr dasselbe aus ihren Anordnungen wahrnimmt, daß sie Vertrauen zu ihm habe.

Die Bedingungen der inneren Organisation der Grenzbesetzung aber, unter welchen sich die Kommission nur einen wirksamen Erfolg von ihr versprechen kann, sind folgende:

a. daß dazu durchaus treue und zuverlässige Leute gewählt und sie gut und auskömmlich besoldet werden;

b. daß ihrem Dienst Auszeichnung und Ehre gegeben werde, und sie, was Ordnung, Schnelligkeit, Disciplin und Haltung betrifft, eine militärische Organisation erhalte; und

c. daß schlechte, unzuverlässige und nachlässige Subjekte, leicht und ohne besondere gerichtliche Förmlichkeit aus dem Dienst entfernt werden können.

Es ist zwar zu b. von einem Mitgliede vorgeschlagen worden, der Grenzbesetzung durchweg eine militärische Organisation zu geben, und sie unter einen militärischen Chef zu stellen; allein der übrige Theil der Kommission hält solches einstimmig nicht für rathsam und es unumgänglich nothwendig,

daß die Grenzjäger ausschließlich nur unter den Befehlen der Steuerbeamten stehen,

weil ihre Subordination sonst getheilt würde und nachtheilige Kollisionen für den Dienst dadurch unvermeidlich sind. Aus dem nämlichen Grunde glaubt sie, welches hierbei gleichfalls zur Sprache kam,

daß die jetzige Gensd'armerie nicht zur Grenzbesetzung gebraucht werden könne.

In Ansehung der Entfernbarkeit der Grenzjäger und Steuerbeamten zu c. ist es bis jetzt gesetzlich gewesen, daß Verwaltungsbeamte nur durch einen Beschluß des Staatsraths haben entfernt werden können. Die Kommission hat indessen mit 13 gegen 9 Stimmen angenommen,

daß es gerathen und nützlich sein würde, wenn der Staatsrath, seine diesfällige Befugniß auf die Regierungen in Rücksicht sämmtlicher ihnen untergeordneter Steuerbeamten, deren Anstellung ihnen in der künftigen Regierungsinstruktion überlassen werden würde, unter der Beschränkung übertragen möchte, daß in dem concreten Fall mindestens zwei Drittheile des vollständigen Regierungskollegiums für die Entlassung gestimmt haben.

Im Fall diese Ansichten genehmiget werden, würde

das Finanz-Ministerium sie bei Ausarbeitung des Organisations-Plans für die Grenz-Besetzung zu berücksichtigen haben.

Die weitere innere Kontrolle glaubt aber die Kommission nur auf folgende Grundsätze beschränken zu dürfen:

a. daß bei Gewerbtreibenden zwar auch Hausuntersuchungen wegen fremder Waaren und über ihre Versteuerung von den Steuerbehörden veranlaßt werden können,

b. daß aber die Steuerbehörden dafür verantwortlich bleiben, daß die Hausuntersuchungen nur auf den Grund eines Verdachts veranlaßt werden, der so erheblich ist, daß auch die Gerichte in gleichem Fall eine Hausvisitation für begründet achten würden,

c. daß außerdem, wie es z. B. wegen der Vagabonden mit den Landesvisitationen geschieht, extraordinäre Visitationen der eingehenden Frachtfuhrwerke diesseits der Grenzlinie von den Regierungen angeordnet werden können, und

d. daß man sowohl durch die Strafgesetzgebung über Steuerunterschleife, als auch durch die Justizverwaltung selbst hinwirke, in dem Volke wiederum die Meinung zu erwecken, daß Unterschleife gegen Steuergesetze eben so unrecht sind, als jede andere betrügerische Handlung.

Eine wichtige Frage, welche in Beziehung auf das Kontrollsystem annoch zur Berathung kam, war auch die:

ob es rathsam sei, die Denunziantenantheile für die Steuerbeamten fernerhin beizubehalten, wie § 204 der entworfenen Steuerordnung vorgeschlagen worden? —

Neun Stimmen in der Kommission waren dafür, weil sie solches für einen nothwendigen Antrieb der Steuerbeamten zur Thätigkeit und Achtsamkeit im Dienst, und die Abschaffung der Denunziantenantheile für denselben gefährlich hielten. Allein die Mehrheit hat sich mit dreizehn Stimmen dagegen erklärt, indem sie annahm, daß dadurch die Achtung der Steuerbeamten in den Augen des Volks heruntergesetzt und der öffentliche Glauben derselben geschwächt werde, daß ferner die aus den Denunziantenantheilen entspringende Belohnung der Beamten äußerst zufällig sei, öfters mehr vom Glück als ihrer Achtsamkeit abhänge, daß derselbe Zweck durch Gratifikationen und Prämien besser und anständiger erreicht werden könne, deren öftere und reichliche Ertheilung, besonders im Anfange, die Mehrheit der Kommissson allerdings für angemessen hält, und weil diese es endlich voraussetzt, und als unumgänglich nothwendig findet, daß die nöthigen Zoll- und Steuerbeamten überall so gesetzt werden, daß sie ihren Verhältnissen nach anständig und auskömmlich leben können. Baare Auslagen bei etwanigen Beschlägen, sind ihnen aber in jedem Fall zu vergütigen.

Uebrigens sind die, die Grenzbesetzung und Kontrollen betreffenden Bestimmungen der Steuerordnung von einem besonders dazu ernannten Ausschuß speziell geprüft und das Gutachten desselben in der Kommission umständlich vorgetragen worden. Es befindet sich mit den darauf notirten Beschlüssen der Kommission bei dem XVII. Sitzungsprotokoll.

Die Strafbestimmungen angehend, so ist zur speziellen Prüfung des dießfälligen Abschnitts in der Steuerordnung gleichfalls ein besonderer Ausschuß ernannt gewesen und dessen Gutachten ausführlich vorgetragen worden. Derselbe ist darin von dem oben schon erwähnten Grundsatz ausgegangen,

daß Steuerunterschleife als Betrug anzusehen und zu bestrafen sind,

und hat in dieser Hinsicht die betreffenden Bestimmungen des allgemeinen Landrechts zum Leitfaden angenommen. Da indessen längst schon eine Revision des die Strafbestimmungen betreffenden Theils des allgemeinen Landrechts beabsichtigt, zum Theil auch bereits vorbereitet worden, und in demselben die Theorie von dem Betruge vorzüglich einer Verbesserung bedürfen dürfte, so hält sie es für so wünschenswerth als dringend,

daß die gedachte Revision bald vollendet und bekannt gemacht werde,

damit die über die Moralität der Steuervergehungen in der öffentlichen Meinung herrschenden Irrthümer berichtigt werden, wozu die jetzigen in dem Landrecht enthaltenen Bestimmungen nicht hinreichen dürften, über welche aber die Kommission nicht hinaus gehen zu dürfen glaubte, ohne dadurch der allgemeinen Strafgesetzgebung zu sehr vorzugreifen.

Das Gutachten des gedachten Ausschusses nebst dem über die einzelnen Bemerkungen von der Kommission genommenen Beschlüsse, befinden sich übrigens bei dem XIX. Sitzungsprotokoll.

II. Die inneren Steuern

betreffend, so sollen nach dem neuen Plan von den bisherigen stehen bleiben, die Grund-, Gewerbe-, Stempel- und Salzsteuer, so wie diejenigen Abgaben, welche für die Benutzung der vom Staate gemachten Kommunikationsanlagen und Anstalten erlegt werden; doch ist noch in Ansehung der Gewerbe- und Stempelsteuer eine Veränderung vorbehalten. Alle übrigen zeither stattgefundenen inneren Steuern sollen wegfallen und an ihre Stelle treten:

1. eine Grundsteuer in denjenigen Städten, welche noch mit keiner Grundsteuer belegt sind;

2. eine Haussteuer in sämmtlichen Städten der Monarchie, zur Deckung der durch die beabsichtigte Aufhebung der gewöhnlichen Einquartierungslast entstehenden Mehrausgabe, vorläufig für einen Zeitraum von drei Jahren;

3. ferner in der ganzen Monarchie für die Städte sowohl, als das platte Land, eine allgemeine Mahl-, Back-, Bier-, Branntwein-, Wein-, Fleisch- und Tabacksteuer, auf dem indirekten Wege.

Von letzteren sieben neuen Steuern ist den Kommunen zu Bestreitung ihrer Bedürfnisse ein Antheil bis höchstens 10 Prozent beigelegt, und zur Erleichterung der Kontrolle sollen bei den mehrsten dieser Steuern Fixationen zulässig sein, und für diesen Zweck Korporationen unter den Gewerbtreibenden gebildet werden.

Da durch die vorliegenden Entwürfe eine allgemeine, feste und bleibende Steuerverfassung begründet werden soll, so hielt es die Kommission für Pflicht, die Sache nicht bloß aus dem beschränkten Gesichtspunkt der bei den einzelnen Steuern, welche verändert oder neu eingeführt werden sollen, zu berücksichtigenden Verhältnisse zu prüfen, sondern sie im Ganzen aufzunehmen, wie darnach sämmtliche Steuerverhältnisse künftig überhaupt zu stehen kommen würden, folglich auch zu untersuchen, welchen Einfluß die beibehaltenen Steuern in Verbindung mit den vorgeschlagenen neuen Steuern im Allgemeinen haben können, und ob dadurch ein angemessenes und gleichmäßiges Steuersystem für den preußischen Staat entstehe? —

Die Grundsteuer läßt der neue Plan unverändert, wie sie ist. Ergänzungen und Veränderungen sollen damit nur nach vorheriger Berathung mit den Ständen eintreten; in einigen wieder eroberten und neu erworbenen Provinzen aber einstweilen Erleichterungen statt finden, wo Grund und Boden zu übermäßig belastet ist, ohne daß bestimmte Grundsätze aufgestellt sind, nach denen diese Ermäßigungen gegeben werden sollen. Es ist bekannt, daß über die Grundsteuer nicht nur zwischen verschiedenen Provinzen gegen einander, sondern auch in den einzelnen Provinzen selbst, große Mißverhältnisse statt finden, und solches geht auch aus dem gedachten Immediatbericht des Finanzministeriums hervor. In dem neuen Plan ist indessen auf diese Verschiedenheit keine Rücksicht genommen, und es entstand daher gleich anfänglich in der Kommission die Frage:

ob sich ein allgemeines indirektes Steuersystem ohne Rücksicht auf die direkten Steuern, insonderheit ohne Rücksicht auf die Grundsteuer gleichmäßig bestimmen lasse? —

Schon dazumal erklärten sich 19 Stimmen gegen 3, daß die indirekten Steuern nicht bestimmt werden könnten, ohne ihr Verhältniß zu den direkten, besonders zu der Grundsteuer, sorgfältig in Erwägung zu ziehen.

Da die weiteren Untersuchungen über diese Frage hauptsächlich dazu beigetragen haben, das Resultat herbeizuführen, welches der gegenwärtige Bericht enthält, es aber zur vollständigen Beurtheilung dieses Resultats, auch darauf ankommt, die in Absicht der übrigen Steuern, welche theils beibehalten, theils neu eingeführt werden sollen, in der Kommission gemachten Erinnerungen zu kennen, so wird sie letztere zuerst auseinander setzen, und demnächst auf die gedachte Frage wegen der Grundsteuer zurückkommen, damit die Sache desto leichter übersehen werden kann.

In Absicht der Stempel- und Gewerbesteuer ist für jetzt nichts zu bemerken, da die Grundsätze, nach welchen die darüber vorbehaltenen Veränderungen vorgenommen werden sollen, bei dem Finanzministerium noch nicht entworfen sind.

Wegen der Salzsteuer ist aber von den unterzeichneten Oberpräsidenten der Provinz Preußen, Jülich, Cleve und Berg ein dringender Antrag um Aufhebung des jetzigen Salzmonopols gemacht worden, aus so triftigen Gründen, daß ihnen die Kommission einmüthig beigetreten ist. Sie haben zugleich Vorschläge gemacht, wie die Sache ohne Nachtheil des Finanzinteresses und mit Konservation der inländischen Salinen ausgeführt werden könne. Die Kommission hält sich überzeugt, daß beides möglich, besonders aber in den Rheinprovinzen ohne erhebliche Schwierigkeiten ausführbar sei, weil darin erst seit Kurzem das Salzmonopol eingeführt worden, die übrigen Handelsverhältnisse dieser Provinzen besonders der Stadt Cölln zu sehr leiden würden, wenn das Salz dem Privathandel entzogen würde, und aus den benachbarten auswärtigen Gebieten das heimliche Einbringen von Salz nicht zu besorgen ist, mithin die Kontrolle auch bei beträchtlichen Abgaben leicht wird. Sie hat daher auch die gedachten Vorschläge, welche sich bei dem XVII. und XIX. Sitzungsprotokoll befinden, mit ihren Bemerkungen darüber, dem Finanzministerium zur weiteren Berücksichtigung übergeben, zumal dasselbe unter den obigen Bedingungen, in dem ersten Gesetzentwurf bereits selbst die Freigebung des Salzhandels versprochen hat. Es scheint der Kommission um so nothwendiger und dringender,

daß auf die Sache eingegangen werde,

als es eine, zu gehässigen Folgerungen Anlaß gebende Anomalie sein würde, wenn, während der Staat damit umgeht, die Fesseln endlich zu lösen, unter welchen der Handel bisher niedergehalten worden, er sich für seine eigenen Fabriken, die herrschaftlichen Salinen, ein Monopol vorbehalten wollte. Es würden dadurch auch andere, in der jetzigen Ausübung herrschende, sehr auffallende und drückende Mißverhältnisse für immer gehoben werden und nicht wieder zu befürchten sein, wie z. B. daß jetzt die Elbe einen Unterschied der Salzpreise von beinahe 100 Prozent macht, welches besonders in dem Theil des Herzogthums Sachsen diesseits der Elbe eine große Unzufriedenheit erregt. Nicht zu gedenken endlich, daß der Staat durch die Aufhebung des Monopols ein großes Kapital disponibel erhält, welches er gegenwärtig in den Vorräthen, Gebäuden u. s. w. niederlegen muß, und dessen Verlust bei Kriegszeiten nie mehr besorgen darf. Wie bedeutend dieser in dem unglücklichen Kriege mit Frankreich gewesen, ist bekannt.

Die vorgeschlagene neue städtische Grundsteuer beruht auf der Voraussetzung, daß die Städte in den älteren Zeiten grundsteuerpflichtig gewesen, davon aber bei Einführung der Accise entbunden worden, und daher durch Aufhebung der letzteren ohne Surrogat, den Städten ein unentgeltlicher Erlaß gegeben werden würde. Diese Voraussetzung ist indessen von der Kommission für den größten Theil der jetzt nicht grundsteuerpflichtigen Städte nicht anerkannt worden, und da die Städte ihren zeitherigen Gewerbebann, für welchen sie hauptsächlich die Accise haben tragen müssen, verlieren, in Ansehung aller übrigen Abgaben aber mit dem platten Lande gleich gestellt sind, so ist die Kommission mit Ausnahme Einer Stimme darüber einverstanden gewesen,

daß keine besondere Gründe vorhanden sind, für die nicht mit Grundsteuer belegten Städte eine particulaire Grundsteuer einzuführen, vielmehr es mit denselben eben so zu halten, als mit den ländlichen, zur Zeit noch mit keiner Grundsteuer belegten Grundstücken gehalten werden wird.

Auch hat sie mit 16 gegen 8 Stimmen angenommen,

daß den gedachten Städten nicht einmal ein Surrogat der Grundsteuer besonders auferlegt werden könne;

wohl aber war sie darüber einmüthig einverstanden,

daß der bisherige Realservis, wo er bestehe, beizubehalten sei, weil er die Natur einer Grundsteuer hat.

Das Finanzministerium beabsichtigt übrigens mit dieser von ihm vorgeschlagenen städtischen Grundsteuer den Ausfall zu decken, welcher durch die Ermäßigung der ländlichen Grundsteuer in den Gegenden, wo sie übersetzt ist, entstehen wird, und giebt den Ertrag selbst nicht als bedeutend an. Berechnungen darüber sind indeß noch nicht angefertigt.

Die städtische Haussteuer, und insonderheit der Zweck für welchen sie vorgeschlagen worden, gab zu der Frage Anlaß:

ob es rathsamer sei, die Servislast für eine allgemeine Staatslast, oder für eine Kommunalangelegenheit zu erklären? —

Vier Mitglieder waren für das letztere, indem sie glaubten, daß dadurch die Sache in der Ausführung vereinfacht und erleichtert, auch für die Station im Ganzen weniger kostbar gemacht würde, und bezogen sich hierüber auf die Erfahrung vor der neuen Serviseinrichtung vom Jahre 1810. Die übrigen anwesenden 17 Mitglieder haben diese Umstände in Abrede gestellt, und sich daher auch für die erste Alternative erklärt, weil der Servis für ein allgemeines Staatsbedürfniß gegeben werde, es also auch angemessener sei, ihn vollständig aus den Staatskassen zu entrichten, um so mehr, als dem Staate daran gelegen sein müßte, den wirklichen Kostenbetrag aller seiner Verwaltungsbedürfnisse genau zu kennen. Auch hielt es die Mehrheit der Kommission nicht einmal für angemessen,

für den Servis eine besondere Steuer zu bestimmen und auszuschreiben,

sondern glaubte, daß die Steuern im Allgemeinen so gestellt werden müssen, daß auch dieses Bedürfniß daraus bestritten werden könne, indem kein hinreichender Grund vorhanden sei, in dieser Hinsicht die Servislast von den übrigen Staatsbedürfnissen zu unterscheiden, im Gegentheil eine solche Absonderung leicht zu unrichtigen Folgerungen und öfteren Reklamationen Anlaß geben könne. Auf den Grund dieser Beschlüsse hat die Kommission daher auch einmüthig angenommen, daß die Disposition des ersten Gesetzentwurfs § 1. zu d. nicht beizubehalten sei.

Eine spezielle Berechnung über den Ertrag der vorgeschlagenen Haussteuer ist von dem Finanzministerium gleichfalls noch nicht angelegt worden, weil solches erst die Entscheidung der Vorfrage wegen des Servises hat abwarten wollen.

Bei den übrigen sieben vorgeschlagenen neuen Steuern kommen zuvörderst zwei allgemeine Rücksichten vor, nämlich:

a. der von ihrem Ertrage den Kommunen bewilligte Antheil, und

b. die Bildung von Korporationen unter den Gewerbetreibenden.

Die Kommission ist indessen fast einstimmig der Meinung gewesen,

a. daß, sofern, wie es jedoch in den Gesetzentwürfen nicht geschehen, nicht die ausdrückliche Zusicherung gegeben werde, daß jeder Kommune auch der volle Antheil von den Steuern, welche in ihr aufgebracht würden, ausgesetzt und berechnet werden solle, der beabsichtigte Zweck, die Kommunen für die Kontrolle der Steuern zu interessiren, nicht nur nicht erreicht, sondern durch die Maaßregel vielmehr noch Unzufriedenheit erregt werden dürfte, weil alsdann sehr leicht der Glaube entstehen würde, daß die Kommunen zu den Bedürfnissen und Verpflichtungen anderer Kommunen beitragen müßten,

b. daß dieser Nachtheil sich aber auch durch jene Zusicherung nicht einmal vollständig heben lasse, weil noch immer der Fall übrig bleibe, daß dadurch ländliche Bewohner zu Beiträgen für Bedürfnisse städtischer Kommunen herangezogen werden,

c. daß es überhaupt gerathener sei, die Aufbringung der Kommunalbedürfnisse mit den Finanzen des Staats nicht zu vermischen, sondern erstere den Kommunen selbst zu überlassen, und blos allgemeine Vorschriften zu ertheilen, wie selbige, ohne Eintrag der Staatseinnahmen gehörig vertheilt und aufgebracht werden könnten,

d. daß diese Vorschriften jedoch nicht in ein Finanzgesetz, sondern in die künftige allgemeine Kommunalordnung gehören.

Mit ebenso überwiegender Mehrheit verspricht sich die Kommission auch keinen Nutzen von der Bildung der Korporationen unter den Gewerbetreibenden, für den Zweck der Steuerkontrolle,

a. weil das allen Mitgliedern gemeinsame Interesse sich durch Umgehung der Steuergesetze zu bereichern, zu überwiegend sei, als daß andere Beweggründe sie zur gegenseitigen Wachsamkeit über die gewissenhafte Befolgung der Steuergesetze bestimmen dürften,

b. man von Polizeiwegen zu viel Veranlassung habe, engere Verbindungen und Verabredungen zwischen denen, welche sich mit Bereitung der ersten Lebensbedürfnisse beschäftigen, bedenklich zu finden, als daß man sogar noch eine neue sehr enge Verbindung unter ihnen begünstigen könnte, und

c. weil namentlich die Müller, der Natur ihres Gewerbes nach, zerstreut im Lande wohnen, und schon deshalb eine Kontrolle durch Gewerbegenossen ganz erfolglos sei, dasselbe auch bei den auf dem Lande zerstreut liegenden Fleischereien,

Brauereien, Brennereien und Bäckereien eintrete.

So viel nun aber die Mahlsteuer besonders anbetrifft, so erwartet das Finanzministerium davon einen Ertrag von 4½ Millionen, der nach der Meinung der Kommission nicht nur erreicht, sondern vielleicht noch überstiegen werden dürfte. Indeß hält selbige fast einstimmig dafür,

daß die Steuer, da sie eine zu gehässige Stimmung in dem Volke erregen, ihm auch ungleich mehr kosten, als dem Staate einbringen werde, weder räthlich, noch, so wie sie angelegt worden, ausführbar sei.

Sie betrifft das erste Lebensbedürfniß, nämlich das Brod und besteuert also die physische Existenz des Menschen, bei dem armen Mann überdem noch in einem viel höheren Grade, als bei dem Wohlhabenden, weil jener mehr Brod genießt, und schon seiner Armuth wegen mehr genießen muß, als dieser. Weder das in Steuern so erfindungsreiche England, noch Frankreich in den Zeiten seiner ärgsten Tyrannei, haben es gewagt, eine solche Steuer einzuführen. In den neuen, ehemals französischen Provinzen würde daher auch der Eindruck um so bitterer sein, wenn sie daselbst eingeführt werden sollte, wie dieses die dasigen Oberpräsidenten noch ausdrücklich versichern. In einzelnen Theilen der Provinz Sachsen besteht sie zwar schon seit einigen Jahren, ist aber auch da, nach der Versicherung des dasigen Oberpräsidenten, die gehässigste aller Steuern. In den alten Provinzen hat sich gleichfalls der allgemeine Widerwillen wider diejenige Mahlsteuer, welche im Jahre 1810 eingeführt werden sollte, so laut und bestimmt ausgesprochen, daß sie eben deshalb schon im folgenden Jahre wieder aufgehoben und in die noch bestehende Personensteuer verwandelt werden mußte.

Sie soll zwar dem Vorschlage nach nur drei Groschen vom Zentner, also nur nahe einen Pfennig von drei Pfunden Getreide betragen, und man könnte daher sagen, daß dieses so unbedeutend sei, daß die Steuer in dem öfteren ungleich bedeutenderen Schwanken der Getreidepreise ganz verloren gehe. Dieses ändert aber das Prinzip der Steuer und die öffentliche Meinung darüber nicht, die sich gerade in den Jahren der Noth und des Mangels um so bedenklicher äußern wird, als der Staat die Theuerung, welche der Druck der Zeit veranlaßt, durch seine Steuer noch, sei es auch nur unbedeutend, erhöht, statt sie zu mildern. Ueberdem aber ist es auch vorauszusehen, daß das Volk mehr zahlen wird, als der gesetzliche Steuersatz beträgt, weil die Erhebung in die Hände der Müller gelegt ist, die dabei nicht kontrollirt werden können und schon seit alten Zeiten in Rücksicht der Mahlmetze häufiges Mißtrauen wider sich haben, durch die Erhebung der Steuer aber einen neuen scheinbaren Vorwand zu Uebervortheilungen des Publikums erhalten würden, wenn sie sonst dazu geneigt wären.

Auch der von dem Finanzministerium angeführte Grund, daß die Mahlsteuer nur als ein Vorschuß zu betrachten sei, welchen die arbeitende Volksklasse auf das Arbeitslohn wirft, und sich dadurch von der wohlhabenderen Klasse erstatten läßt, kann von der fast einstimmigen Mehrheit der Kommission, wenigstens nicht in seiner Allgemeinheit eingeräumt werden. Das Arbeitslohn bestimmt sich nicht allein nach dem Preise der Lebensmittel, sondern auch, und zwar noch mehr, nach dem Verhältniß der vorhandenen Arbeiter zu der vorhandenen Arbeit. In dem größten Theile des preußischen Staates ist zwar allerdings im Allgemeinen die Masse der vorhandenen Arbeit immer noch größer, als die dazu nöthigen Arbeiter, folglich die Nachfrage nach diesen stärker, als die nach Arbeit; allein es giebt auch bedeutende Landstrecken wo der umgekehrte Fall vorhanden ist. Diese sind durch ihre beinahe erreichte Uebervölkerung an sich schon, was Erwerbsfähigkeit und Lebensunterhalt betrifft, in einer viel schlimmeren Lage, als die minder bevölkerten, arbeits- und erwerbsreicheren Gegenden, und würden also gegen diese durch eine Abgabe auf das nothwendigste Lebensbedürfniß noch mehr zurückgesetzt werden. Ueberdies kann aber auch der Arbeiter diejenige Nahrung, deren er unbedingt bedarf, um sein Leben zu fristen, auch dann nicht entbehren, wenn er arbeitslos ist, und von Ersparnissen oder Vorschüssen zehrt, oder gar durch bloße Mildthätigkeit unterhalten wird, und hieraus entsteht zugleich ein eben so charakteristischer als drückender Nachtheil, welchen eine, auf das nothwendigste Lebensbedürfniß gelegte Steuer vor allen anderen Steuerarten hat, daß der Steuerpflichtige ihr niemals entgehen, oder in Zeiten der Noth und allgemeiner Landesplagen, wie es bei anderen Steuern, wenn auch nur durch einen längeren Aufschub des Genusses oder Verbrauchs des besteuerten Objekts möglich wird, Nachsicht und Stundung darüber erhalten kann, sondern nothwendig das Steuerobjekt genießen muß, dies aber nicht eher kann, als bis er die Steuer schon entrichtet hat. —

Alle diese Rücksichten scheinen der Kommission um so größere Wichtigkeit zu haben, als auch die übrigen inneren Steuern größtentheils auf Lebensbedürfnisse, wenngleich nicht so nothwendige, als das Brod es ist, gelegt sind, mithin dadurch das Mißverhältniß der Besteuerung, in welches die ärmere Volksklasse gegen die wohlhabendere gesetzt worden, noch vergrößert wird.

Es bleibt ferner zu erwägen, daß die Müller sehr leicht das, was sie an Steuer erheben, auch nicht einmal richtig an die Staatskasse abtragen könnten, also auch von dieser Seite die Steuer dem Volke mehr kosten, als dem Staate einbringen werde, da die vorgeschlagenen Kontrollen theils unzureichend, theils unausführbar sind. Man kann weder auf die richtige Führung der Mahlregister, noch auf die Wirksamkeit der Visitationen durch Steuerbeamte, noch auf die Aufsicht der Kommunen und Korporationen sich verlassen. Den bei weitem mehresten Müllern geht selbst die Fähigkeit ab, ordentliche und übersichtliche Register zu führen, wie es verlangt wird; und ein sehr großer Theil derselben, besonders auf dem platten Lande kann gar nicht schreiben. Die Abgelegenheit der mehresten Mühlen, die Bauart derselben, die oft vorkommende Anhäufung des Mahlguts, die nächtliche Arbeit in den Mühlen, erschweren die Visitation derselben in so hohem Maaße, daß nur von einer mit besonderen Offizianten besetzten, in der Mühle selbst angelegten Mühlenwaage und strenger Oberaufsicht über dieselbe, eine hinreichend sichere Kontrolle zu erwarten ist; eine solche Anstalt würde aber für die bei weitem mehresten Mühlen viel zu kostbar sein. Die Unwirksamkeit einer Kontrolle durch Kommunen und Korporationen ist vorher schon auseinander gesetzt, und insonderheit würde dieselbe in Rücksicht des Bäckerguts und des Vermahlens zum Mehlhandel sehr leicht umgangen werden können.

Endlich würden sich auch ohne Wiedereinführung von Bannbezirken und Mahlzwang, die Müller auf keine Fixation einlassen, und und ohne diese Bedingung rechtlich dazu nicht gezwungen werden können.

Dagegen hält die Kommission die Backsteuer nicht allein für annehmbar, sondern auch noch einer mäßigen Erhöhung fähig, weil sie blos auf Weizenmehl gelegt ist, dieses aber mehr von der wohlhabenderen Klasse verzehrt wird. Da sie indessen ihrem Wesen nach auf eine Gewerbsteuer von den Bäckern hinausläuft, so ist die Mehrheit der Kommission der Meinung gewesen,

> daß es angemessener sei, statt der vorgeschlagenen Erhebungsform, den Betrag der Backsteuer durch Fixation der Bäcker, aufbringen zu lassen,

wobei jedoch alle Fiskalität möglichst vermieden werden müßte, welches auch angeht, da die zum Betriebe des Bäckergewerbes erforderlichen Vorrichtungen es leicht beurtheilen lassen, wie viel Weizen der Bäcker in der Regel täglich verbäckt.

Es ist zwar von einem Mitgliede vorgeschlagen worden, die Mahlsteuer vom Weizen auf 8 ggr. stehen zu lassen, und die bisherige Mühlenkontrolle beizubehalten, unter welcher Bedingung es den Ertrag der Steuer im Ganzen auf eine Million berechnet. Der übrige Theil der Kommission findet jedoch nicht nur diesen Steuersatz zu hoch, sondern die bisherige Mühlenkontrolle auch zu vexatorisch und drückend, um beibehalten werden zu können, und hat sich daher gegen den Antrag erklärt.

Die Biersteuer hält die Kommission mit überwiegender Mehrheit gleichfalls für eine angemessene Steuer, nur den Steuersatz von 16 ggr. von dem Zentner Malzschroot für zu hoch, indem solcher nach dem gewöhnlichen Durchschnittspreise von 3 Rthlr. für eine Tonne Bier von 1 ½ Scheffel Malz, 18 ⅓ Prozent betragen würde. Auch findet sie die vorgeschlagene Kontrolle nicht für hinreichend, und schlägt daher vor,

> sämmtliche Brauereien in den Städten sowohl als auf dem platten Lande in Absicht der Steuer, auf bestimmte nicht über ein Jahr steigende Perioden, nach einem ermäßigten Steuersatz zu fixiren.

Es sind hierzu auch von einem Mitgliede spezielle Vorschläge gemacht, die sich bei dem XVI. Sitzungsprotokoll befinden, und denen die Kommission im Wesentlichen beigetreten ist, weßhalb sie anheim stellt,

> daß darauf von Seiten des Finanzministeriums Rücksicht genommen werde.

Es ist zwar von einem Mitgliede gegen die Fixation eingewendet worden, daß sie wegen des in einzelnen Theilen der Monarchie noch bestehenden Zwangsverlagsrechts nicht allgemein ausführbar sei,

und von einem anderen wieder,

daß alsdann die besondere Abgabe aufhören müsse, welche in Neuvorpommern gegenwärtig noch für Erlangung der Braugerechtigkeit erlegt werden müsse.

Die Kommission glaubt indessen, daß beide Umstände das Prinzip nicht ändern können, sondern nur eine besondere Rücksicht in dem zu entwerfenden Plan erfordern.

Auch wider die Branntweinsteuer findet an sich die Kommission einmüthig nichts zu erinnern, wohl aber in ihrer Mehrheit die vorgeschlagene Erhebungsform durch einen Blasenzins für zu gehässig und lästig. Die öffentliche Meinung erklärt sich ganz bestimmt wider diese Hebungsart, und es sind so viel Beschwerden dagegen vorgekommen, daß ihre Einführung auf dem platten Lande fast überall, und auch in vielen Städten bisher ausgesetzt geblieben ist. Es sind daher auch von einem Mitgliede Vorschläge gemacht worden,

die Branntweinsteuer allgemein in ähnlicher Weise zu fixiren, als bei der Biersteuer vorgeschlagen worden,

welche Vorschläge sich bei dem XVI. Sitzungsprotokoll befinden, und von der Kommission mit zwanzig gegen vier Stimmen so erheblich befunden sind,

um deren Berücksichtigung dem Finanzministerium zu empfehlen.

Ueber eine andere, auf die Fixation sowohl der Bier- als der Branntweinsteuer, Bezug habende Frage, waren indessen die Meinungen in der Kommission in gleicher Zahl getheilt, nemlich:

ob die der Fixation zum Grunde zu legende Deklaration der Brau- und Brennereiinhaber, dergestalt verpflichtend für sie sein sollte, daß über das Quantum, welches sie wirklich gebraut oder gebrannt haben, eine Nachuntersuchung zulässig sei, und sie entweder Nachschuß zahlen, oder Vergütung erhalten müßten, je nachdem sie mehr oder weniger gebraut oder gebrannt hätten, als bei der Fixation vorausgesetzt sei, oder ob die Fixation für ihre Dauer alle Nachrechnung über das wirkliche Fabrikat ausschließe? —

Für das Erste wurde angeführt, daß die Brau- und Brennereiinhaber sonst leicht verleitet werden könnten, den wirklichen Umfang ihres Betriebs zu verheimlichen, wodurch nicht nur die Staatskasse verliere, sondern auch die, welche ihn treu und ehrlich angegeben, zu kurz kommen.

Die andere Hälfte der Kommission aber hielt dafür, daß in der Verbindung einer Fixation mit einer Nachversteuerung ein Widerspruch und eine Unbilligkeit liege; hätte man sichere Mittel die Quantität des erzeugten Branntweins ohne erhebliche Belästigung der Brennereibesitzer zu kontrolliren, so bedürfe man keiner Fixation. Hätte man aber keine solche Mittel, und wähle deshalb die Fixation, so gestehe man eben dadurch zu, daß es auch ganz an einer sicheren und anhaltbaren Grundlage zu einer Nachrechnung fehle. Wollte man das Fixum nur als ein Minimum ansehen, was der Steuerpflichtige auf jeden Fall erlegen müßte, sich aber beliebige Kontrollen vorbehalten, und jede erweisliche Mehrerzeugung nachversteuern lassen, so werde der Zweck der Fixation ganz vereitelt. Der Steuerpflichtige sei denselben Kontrollen unterworfen, die er auch ohne Fixation zu gewärtigen hätte. Darin war die Kommission jedoch einstimmig,

> daß die Fixation immer nur unter der Bedingung zu verstehen sei, daß in Absicht der Geräthschaften während dem Laufe der Fixation keine Veränderungen vorgenommen werden dürfen.

Es ist zwar von den unterzeichneten Oberpräsidenten aus Preußen noch darauf angetragen,

> die Branntweinsteuer auf dem platten Lande in den beiden Provinzen auf dem bisherigen Satz zu belassen,

weil der Branntwein bei dem dasigen Klima zu den ersten Lebensbedürfnissen für den gemeinen Mann gehöre; und für den Fall, daß dies genehmigt werden sollte, haben die beiden Oberpräsidenten von Schlesien und Posen einen ähnlichen Antrag für die dasigen Provinzen gemacht. Allein der übrige Theil der Kommission hat sich dagegen erklärt, da der Branntwein auch nach der jetzt vorgeschlagenen Erhöhung von 3 Rthlr. 18 Ggr. für das Ohm, zu 120 Quart berechnet, doch immer noch nicht unbillig versteuert sein würde, der verminderte Genuß des Branntweins im Volke zu wünschen sei, und durch den Vorschlag eine Ungleichheit in der Besteuerung zwischen Stadt und plattem Lande eintreten würde.

Ueber die Weinsteuer ist die Kommission gleichfalls mit dem Finanzministerium einverstanden, findet es auch angemessen, daß sie von demselben nicht als Grund-, sondern als Ertragssteuer vorgeschlagen worden, weil dadurch die Sicherheit der Steuer gewinnt, und die Weinberge in den Rheingegenden ohnehin schon mit einer zu hohen Grundsteuer belastet sind, weshalb solche auch auf den Satz vom Ackerlande zu ermäßigen, nach der Meinung der Kommission nothwendig ist. Nur hält letztere es nicht angemessen,

die verschiedenen Gattungen von dem Most nach Einem Satz zu besteuern, wie vorgeschlagen ist,

sondern schlägt vor,

darüber drei Klassen zu 1 Rthlr., zu 16 und zu 8 Ggr. für den Eimer festzusetzen, diese Klassifikation jedoch nicht jährlich nach der Beschaffenheit des Produkts, sondern ein für allemal nach der Beschaffenheit des Bodens bei der Revision der Grundsteuer zu bewirken.

Auch hält sie die vorgeschlagene Kontrolle und Hebungsweise für zu lästig, und es hinreichend,

daß die Steuer bloß nach den von den Ortsvorständen gemachten und von den Bürgermeistern bescheinigten Aufnahmen des gewonnenen Mostes, jedoch mit Bewilligung einer halbjährigen Frist, erhoben, für den richtigen Eingang der Steuer aber die ganze Kommune verantwortlich gemacht, und nur in dem Fall, wenn sie die Verantwortlichkeit nicht übernehmen wolle, eine Kontrolle von Seiten des Steueramtes angeordnet werde.

Sie verspricht sich hiervon, besonders dann einen vollen Effekt, wenn die Sache mit zur Ehrensache der Kommunen und ihrer Vorstände gemacht, und ihnen so lange Vertrauen geschenkt wird, bis sie sich dessen unwürdig gemacht haben.

In Absicht Schlesiens ist die Kommission dem Antrage des dasigen Oberpräsidenten beigetreten,

es wegen der schlechten Beschaffenheit des Weins, bei dem bisherigen Satz von 6 Ggr. für den Eimer zu belassen, hat es auch für billig gehalten, diese Ermäßigung in Rücksicht sämmtlicher Provinzen diesseits der Weser eintreten zu lassen, da überall derselbe Grund dazu obwaltet.

Wider die Fleischsteuer hat sich die Kommission nicht sowohl deshalb erklärt, weil sie die Besteuerung des Fleisches an sich für unzweckmäßig, als vielmehr weil sie die vorgeschlagene Erhebungsform für unpassend und unausführbar hält. So wie selbige in den Entwürfen gestellt ist, wird die Steuer ihrem Wesen nach eine Kopfsteuer, und behält blos den Namen einer indirekten Steuer. Sofern aber eine solche Besteuerungsart überhaupt gewählt wird, wozu die

Kommission jedoch nicht anders als unter der Bedingung einer gehörigen Klassifikation rathen kann, scheint es der Kommission angemessener, die Steuer geradezu als Kopfsteuer zu erheben, wodurch überdem dem Nachtheil vorgebeugt werden würde, der nach der jetzt vorgeschlagenen Form, besonders auf dem platten Lande, häufig eintreten wird, daß der, welcher nicht für sich selbst schlachtet, versteuertes Fleisch kaufen, also für ein Objekt doppelt steuern würde. Es können überdies auch die Städte die Steuerfixa nicht anders übernehmen, als wenn sie strenge Kontrollen und besondere Beamte anstellen, um das Einbringen des Fleisches vom platten Lande zu verhindern, da den Städten eine Erhöhung der Fleischsteuer auf den doppelten Satz nachgelassen ist. Es würde also dadurch ein Hauptvorzug der neuen Steuereinrichtung verloren gehen, gleichwohl aber dennoch der richtige Eingang der Steuer immer äußerst unsicher bleiben, weil vorauszusehen ist, daß die Städte unter dem Vorwand der Defraude vom platten Lande her, fortwährende Schwierigkeiten wegen Bezahlung ihrer Steuerbeiträge machen werden.

Uebrigens schien es der Kommission nicht nöthig, über eine anderweite Erhebungsform Vorschläge zu machen, da die Mahlsteuer, die bedeutendste von allen inneren Steuern von ihr bereits verworfen war, und ihrer Ueberzeugung nach auch wegen der allgemeinen im folgenden Abschnitt enthaltenen Rücksichten der neue Plan ohnehin schon nicht in Absicht der inneren Steuern jetzt zur Ausführung gebracht werden kann.

In Ansehung der Tabackssteuer hat die Kommission blos zu erinnern gefunden, daß das Lästige, welches in der vorgeschlagenen Hebungsweise und Kontrolle liegt, ebenfalls auf ähnliche Art gemildert werde als vorher bei der Weinsteuer erwähnt worden, und in dieser Hinsicht die in dem XIV. Sitzungsprotokoll enthaltenen Modalitäten vorgeschlagen.

III.

Aus der bisherigen Darstellung ergiebt sich, daß, nach den Ansichten der Kommission, der die inländischen Steuern betreffende Theil des Gesetzes nicht bestehen kann. Da sie die, zusammen gegen sieben Millionen betragende Mahl- und Fleischsteuer, für nicht annehmbar erklärt, und die anderen an Modifikationen geknüpft hat, welche sie sehr wesentlich umändern; so muß dieser Theil, wenn er in Ausübung kommen sollte, zu einem ganz neuen Gesetz umgearbeitet werden. Hiervon ausgehend, und immer den Gesichtspunkt im Auge behaltend, daß nur eine wahrhaft durchgreifende Reform wünschenswerth genannt werden kann, wandte sich die Kommission, nach der spezielleren Prüfung des Gesetzentwurfs, deren Darlegung in dem Vorhergehenden enthalten ist, zu den im Eingange erwähnten allgemeinen Betrachtungen, nach welchen der neue Plan in Rücksicht auf seine Wirkung im Ganzen und seinen Zusammenhang mit den durch ihn nicht abgeänderten finanziellen Verhältnissen beurtheilt werden muß.

Von dieser Seite fand sie nun zuvörderst eine sehr wichtige Schwierigkeit theils in der Unbestimmtheit, worin der Gesetzentwurf die Grundsteuer gelassen hat, theils in dem Mißverhältnisse des Beitrags der einzelnen Provinzeu zu den Staatslasten, welches vorzüglich aus der großen Verschiedenheit der jetzigen Grundsteuern entspringt.

Die mit Hülfe der von den unterzeichneten Oberpräsidenten mitgetheilten Materialien angestellten Erörterungen zeigen, daß die Grundsteuer in der

Provinz	Brandenburg . . .	10	Prozent
=	Pommern	19	=
=	Neuvorpommern . .	29	=
=	Westpreußen	17	=
=	Preußen	11	=
=	Posen	44	=
=	Schlesien	32	=
=	Sachsen	37	=
=	Westphalen	63	=
=	Niederrhein	62	=

von den übrigen bisherigen Abgaben beträgt, und da neben diesen Ungleichheiten die neuen inneren Steuern überall nach gleichen Sätzen eingeführt werden sollen, so leuchtet es ein, daß sehr drückende Mißverhältnisse für einzelne Provinzen in Rücksicht ihrer Besteuerung stehen bleiben können.

Es lassen sich nun zwar gegen die obigen factischen Angaben und das daraus zu ziehende Resultat erhebliche und nicht ungegründete Einwendungen machen. Denn von der Grundsteuer in den rheinischen Provinzen wird ein bedeutender Theil als Kommunaleinkommen den Gemeinen zurückgezahlt; und das scheinbar sich er=

gebende Verhältniß wird dadurch minder beweisend, daß die Provinzen bei weitem nicht gleichmäßig besteuert sind, und mithin nicht zu ersehen ist, ob die auffallende Verhältnißzahl, welche die Grundsteuer darstellt, von der Höhe dieser letztern, oder der Niedrigkeit der übrigen bisherigen Abgaben herrührt. Es kann aber hieraus, nach dem Urtheile derer, die diese Provinzen am genauesten kennen, immer nur so viel mit Recht gefolgert werden, daß das Mißverhältniß nicht dergestalt beträchtlich ist, als es auf den ersten Anblick erscheint; und auf keine Weise kann das Verhältniß der Grundsteuer zu den übrigen, sowohl direkten als indirekten Abgaben, der Meinung der sehr überwiegenden Mehrheit der Kommission nach, bei einem neuen Steuergesetz übergangen, und ohne vorhergängige genaue Prüfung und Untersuchung für alle Provinzen, ohne alle Rücksicht hierauf, ein gleichmäßiger Satz indirekter Steuern angeordnet werden, ohne gerechte Klagen über unverhältnißmäßige Belastung hervorzubringen. Daß aber eine solche Untersuchung vorgenommen worden sei, darüber sind der Kommission von dem Finanzministerium keine Data vorgelegt worden.

Einige Mitglieder der Kommission haben ferner geäußert, daß, wie es sich auch factisch mit der Grundsteuer verhalten mögte, es dennoch auf die allenfallsigen Mißverhältnisse wegen derselben überall nicht ankomme, indem die Grundsteuer blos eine, dem Staate auf das Grundeigenthum vorbehaltene Rente sei, welche ganz die Natur einer unablöslichen hypothekarischen Schuld, oder eines Kanons habe. Die Gründe für diese Behauptung gehen im Allgemeinen dahin, daß ein mit Grundsteuer behaftetes Gut ein solches sei, das man für ein Kapital kaufe, von welchem der Käufer einen Theil (nemlich denjenigen, welchen die Grundsteuer, als Zinse, repräsentirt) dem Verkäufer bei der Bestimmung des Kaufgeldes in Abzug bringe, und zum Vortheil seines Wirthschaftbetriebes zurückbehalte, und daß daher, zumal beim Fortgange der Zeit und der Unveränderlichkeit der Grundsteuer, dieselbe gänzlich den Charakter einer Abgabe verliere; im Speziellen sind diese, und andere damit verbundene Gründe in einem, dem V. Sitzungsprotokolle beigefügten Aufsatz des unterzeichneten Oberpräsidenten des Großherzogthums Posen, und in zweien, den XXI. und XXIII. Sitzungsprotokollen beigefügten des unterzeichneten Geheimen Oberregierungsraths von Dewitz ausgeführt. Allein diese Meinung ist von der Mehrheit nicht getheilt worden; denn abgesehen davon, daß in einem großen Theile der Monarchie, namentlich in den mehrsten neuen Provinzen bis zur Zeit ihrer Besitznahme, die Grundsteuer fast jährlich verändert worden, so ist sie auch jetzt noch in einigen alten Provinzen häufig der Maaßstab, nach welchem extraordinaire Lasten und Leistungen ausgeschrieben und aufgebracht werden. Diesem Uebelstande ist jedoch durch den Gesetzentwurf über die neue Steuerverfassung abgeholfen, indem er § 1 unter e. die Festsetzung enthält:

daß niemals andere ordentliche oder außerordentliche Lasten nach dem gemeinen Grundsteuerfuße vertheilt werden sollen,

und die Mehrheit der Kommission hat sich auch mit 13 gegen 10 Stimmen für die Zweckmäßigkeit dieses Grundsatzes erklärt.

Wenn man aber auch auf diese Umstände nicht Rücksicht nehmen, sondern in die Natur und Eigenthümlichkeit der Grundsteuer selbst eingehen will, so ist (um hier so kurz, als ein amtliches Gutachten eine theoretische Frage berühren darf, die Ansicht darzustellen, welche die Mehrheit der Kommission zu ihrem Beschluß über diesen Punkt geleitet hat) schon an sich die Vergleichung der Grundsteuer mit einer Grundrente oder unablöslichen hypothekarischen Schuld nur sehr bedingter Weise richtig, und noch weniger die Behauptung zu rechtfertigen, daß die Bezahlung einer einmal auf einem Grundstück haftenden Grundsteuer gänzlich gleichgültig sei. Eine hohe Grundsteuer hat mit einer starken Belastung der Güter mit verzinslichen hypothekarischen Schulden den Nachtheil für die Kultur gemein, daß die Landwirthschaft ein gewagteres Geschäft wird.

Wer ein Gut, das in Mitteljahren fünftausend Thaler Reinertrag bringt, und also zu fünf Prozent hunderttausend Thaler werth sein würde, für funfzigtausend Thaler ersteht, weil er eine darauf haftende Rente von zweitausendfünfhundert Thalern mit übernimmt, der trägt eben so viel Gefahr, als derjenige, welcher ein unbelastetes Gut von gleichem Ertrage besitzt, hat aber nur halb soviel Vermögen, gehäufte Unfälle zu überstehen. Für die Wohlhabenheit, mithin Besteuerungsfähigkeit der Nation im Ganzen liegt aber noch überdies ein sehr großer Unterschied darin, ob die Renten, welche der belastete Gutsbesitzer zahlen muß, als Grundsteuer in die Staatskassen, oder als Zinsen in die Hände von Privatleuten fließen, welche sie weit allgemeiner und unmittelbarer in den Verkehr bringen, in dem Maaße ihres Einkommens kaufen und verzehren, dadurch die Märkte beleben, und die Preise auch der inländischen Erzeugnisse unmittelbar oder mittelbar erhöhen. Die innern Verbrauchssteuern auf die ersten Lebensbedürfnisse, welche der vorliegende Steuerplan vorschlägt, treffen überdies auch den Gutsbesitzer in vorzüglichem Maaße. Die Arbeiter, welche die große Masse des Volks ausmachen, können diese Steuern nur dadurch aufbringen, daß sie entweder spärlicher leben, oder den Lohnsatz erhöhen. Im ersten Falle sinken die Preise der Lebensmittel, weil die Nachfrage abnimmt; im zweiten wird die Gewinnung der ländlichen Erzeugnisse, welche die meisten Hände braucht, auch am meisten vertheuert. Es bedarf daher wohl keines Beweises, daß, für welchen Preis man auch ein Gut erkauft haben mag, eine freie Besitzung immer vortheilhafter sei, als eine mit Grundsteuer belegte. Nur der Fall, wo man fortdauernd für das in Rücksicht der Exemtion mehr zu bezahlende Kapital eine Zinse gezahlt, oder entbehrt hätte, bildet eine Ausnahme hierin. Dieser Fall ist aber, seiner Natur nach, vorübergehend, und in der Regel ist, besonders mit dem Verlaufe einiger Zeit, der beim Einkauf eines exemten oder belasteten Grundstücks gemachte Verlust oder Gewinn an Kapital verschmerzt, oder verschwunden, sowie sich auch gar nicht behaupten läßt, daß der Erwerber eines besteuerten Grundstücks wirklich, in Rücksicht auf die Steuer, ein Kapital in Händen behält. Was man daher an Grundsteuer bezahlt, findet bei weitem nicht immer in der That, sondern nur in der Idee, eine Kompensation und ist eine wahre Abgabe. Bei einem an den Staat von einem Erbpachtsstück zu zahlenden Kanon ist dies zwar in so weit derselbe Fall. Allein im Uebrigen ist die Sache doch keineswegs dieselbe. Der Kanon nämlich affizirt das Gut im strengsten Verstande, da er (wenigstens in der Regel) weder vermindert noch vermehrt werden kann, sondern ohne alle weitere Rücksicht daran haftet. Die Grundsteuer aber, die Belastung damit sowohl als die Aufhebung, die Erhöhung sowohl als die Ermäßigung, hängt vom Staat, also von wechselnden Bedürfnissen und Verwaltungsgrundsätzen ab; sie dient außerdem sogar zum Maaßstab anderer Steuern. Für die Unveränderlichkeit des Kanons bürgt Alles, was im Staate die Sicherheit des Eigenthums überhaupt begründet; — für die Unveränderlichkeit der Grundsteuer kann es eigentlich gar keine Bürgschaft geben, da die Besteuerung eine Regierungsmaaßregel ist, die wohl durch Versprechungen, Rezesse u. s. f. an Bedingungen, gegenseitige Einwilligung u. s. f. geknüpft, nie aber für alle Zeiten und alle Umstände unwandelbar geordnet werden kann. Hierdurch aber wird die Verbindung der Grundsteuer mit dem Grundstück weniger enge, und ihre Beschaffenheit, als Steuer, sichtbarer. Auch bekommt der Staat selbst es dadurch in seine Gewalt, die Natur derselben zu bestimmen. Setzt er fest, daß sie nie verändert werden soll, und erklärt er sie dadurch selbst für eine dem Gut allein, in Rücksicht auf dessen Erwerbung inhärirende Qualität, so macht er sie, so weit sein Beschluß gehörig verbürgte Dauer hat, zu einem wahren und eigentlichen Kanon. Behandelt er aber das Grundeigenthum als ein steuerbares Objekt, so entsteht das Gegentheil. Die Verschiedenheit der Ansicht, ob die Grundsteuer einem Kanon, oder einer Abgabe gleich zu achten ist, kann daher nicht sowohl eine Grundlage für die finanziellen Maaßregeln des Staates abgeben, als sie vielmehr größtentheils erst durch dieselben ihre Bestimmung erhält. Nur versteht sich freilich immer dabei, daß es ungerecht und unpolitisch zugleich sein würde, indem man sie als eine Abgabe behandelt, nicht auf die Verbindung zu achten, in welcher sie, wenn auch nicht auf dieselbe Weise, als ein Kanon, dennoch sehr wesentlich mit dem Grundwerth und der Sicherheit der hypothekarischen Gläubiger steht.

Durch diese Gründe geleitet, und von der hier angegebenen Ansicht der Grundsteuer ausgehend, hat daher die Mehrheit der Kommission mit 16 gegen 7 Stimmen angenommen:

> daß sie dem Gesetzentwurf darin nicht beistimmen könne, daß derselbe das aufgestellte System der inländischen indirekten Steuern, der Verschiedenheit der Grundsteuer in den einzelnen Provinzen ungeachtet, in der ganzen Monarchie gleichmäßig aufstellen, die Grundsteuer selbst aber (eine ganz unbestimmte, und daher wohl dem über Gebühr Belasteten wenig Hoffnung gewährende Ermäßigung ausgenommen) wenigstens für's Erste, wie sie jetzt ist, bestehen lassen wolle, da, so lange sie besteht, ihr Verhältniß offenbar hätte beachtet werden müssen.

Es ist endlich noch zu erwägen, daß auch darin eine Ungleichheit in der vorgeschlagenen Besteuerung liegt:

> daß der neue Plan die Verzehrenden überall nach gleichen Sätzen besteuert,

indem dieses, wenn die Steuern gleichmäßig treffen sollen, in sämmtlichen Provinzen und ihren einzelnen Bestandtheilen nicht nur einen gleichen Preis der Lebensmittel, sondern auch eine gleiche Vermögenskraft zur Verzehrung voraussetzt, welche aber keinesweges in der Wirklichkeit statt findet. So schwierig es allerdings auch ist, hierüber das richtige Verhältniß aufzufinden, und so wenig es die

Kommission in ihrer überwiegenden Mehrheit bestreitet, daß in dem Steuersystem der ganzen Monarchie Einheit herrschen müsse; so glaubt sie dennoch, daß diese Einheit nur so weit zu gehen braucht, daß die Grundsätze im Ganzen dieselben sind, und daß keine Störung des Verkehrs und bürgerlichen Gewerbes zwischen den verschiedenen Provinzen entstehe, daß man es aber nicht nothwendig halten müsse, wirkliche Gleichförmigkeit der Steuern, oder absolute Gleichheit ihrer Sätze zu bezwecken, sondern daß vielmehr, bei Entwerfung eines neuen allgemeinen Steuersystems, die in den einzelnen Provinzen herrschende Verschiedenheit der Besteuerungsfähigkeit und der Wirkung besonderer Arten der Besteuerung, sowohl bei der Höhe als der Beschaffenheit der einzelnen Steuern, wenigstens insoweit berücksichtigt werden müsse, als es zu erlangen möglich ist, indem man sonst, in dem Glauben gerecht zu sein, gerade die größte Ungerechtigkeit begeht.

Diese Rücksicht auf die Verschiedenheit der einzelnen Provinzen und die Ungleichheit der Grundsteuer unter denselben hat daher die Kommission sehr angelegentlich beschäftigt, und zu der Frage geleitet:

> in welcher Art das zwischen den einzelnen Provinzen herrschende Mißverhältniß der Besteuerung auf eine angemessene Weise auszugleichen sei?

Die überwiegende Mehrheit hat nun zwar dafür gehalten:

> daß das zweckmäßigste Ausgleichungsmittel in einer überall gleichmäßig geordneten Grundsteuer bestehe, und daß die für das übrige Staatsbedürfniß annoch nothwendigen Steuern nach allgemeinen, jedoch die Verschiedenheiten der einzelnen Provinzen in Absicht ihrer Steuerkraft, ihrer Lebensweise und Gewerbsamkeit, gehörig berücksichtigenden Grundsätzen angelegt werden.

Sie überzeugt sich jedoch einmüthig, daß die Gleichstellung der Grundsteuer einen mehr als zehnjährigen Zeitraum erfordere, und um daher bis dahin das Steuerbedürfniß zu decken, wurde von einem Mitgliede der Weg der Quotisation der einzelnen Provinzen in der Art vorgeschlagen:

> daß nach Abzug der Steuern vom äußeren Verkehr, der Stempel- und Gewerbesteuer, als welche auch in Zukunft unter gehöriger Modifikation allgemein anwendbar gehalten wurden, ferner nach Abzug der Einkünfte, welche der Staat aus seinen Domainen, Forsten und Regalien beziehe, der Ueberrest des noth-

wendig aufzubringenden Staatsbedürfnisses auf sämmtliche Provinzen nach dem zusammengesetzten Verhältniß des Flächeninhalts, der Bevölkerung und bisherigen Abgaben, vertheilt, und es den Ständen jeder Provinz überlassen werde, die derselben angewiesene Quote nach ihren eigenthümlichen Verhältnissen zu vertheilen und aufzubringen, jedoch dergestalt, daß dadurch die Freiheit des Verkehrs zwischen den einzelnen Provinzen nicht leide;

und dieser Antrag wurde von mehreren Mitgliedern unterstützt. Die Kommission war jedoch mit 15 gegen 8 Stimmen der Meinung:

daß der beabsichtigte Zweck durch die Maaßregel jeder Provinz nach vorhergegangener Quotisation, ihr verhältnißmäßiges Quantum anzuweisen, nicht erreicht werden könne,

weil es zu schwierig, wenn nicht unmöglich sei, einen richtigen Maaßstab zu der Quotisation aufzufinden, und der vorgeschlagene dafür nicht angenommen werden könne, wobei sich überdies auch mehrere Mitglieder gegen den Grundsatz der Quotisation an sich erklärten, weil dadurch die nothwendige Einheit des Staats gefährdet werden könne, und ein zu entgegengesetztes Interesse in das Verhältniß der einzelnen Provinzen zu einander gelegt werde. Auch wurde die Betrachtung nicht übersehen, daß ein sehr großer Unterschied darin liegt, ob der Wohlstand einer Provinz auf ihren eigenen Fonds, oder auf Erwerb durch den Verkehr mit anderen Provinzen beruhe. Im letzteren Falle würden die Abgaben nicht von den Personen und Ortschaften getragen, welche sie zahlen, und es könnte, bei aller scheinbaren Gleichheit, durch die Quotisation eine sehr drückende Ungleichheit entstehen.

Es versteht sich aber hierbei immer von selbst, daß, wenn auch hiernach die Bestimmung einer fixen und genauen Quote jeder Provinz, und die Freiheit, sich danach selbst zu besteuern, wegfällt, doch dafür keineswegs die nothwendige Rücksicht der gesetzgebenden Behörde auf die Verschiedenheit der Provinz ausgeschlossen wird, und daß diese vielmehr um so größer sein muß, so lange die in der Grundsteuer wirklich vorhandene Ungleichheit bestehen bleibt.

Durch diese Betrachtungen, welche auch auf die gleichfalls in dem Gesetzentwurf nicht aufgehobene, und nicht darin gehörig geordnete Stempel- und Gewerbesteuer insoweit Anwendung finden, daß auch diese Steuern, da ihre Revision in dem vorgelegten Gesetzentwurf erst versprochen worden, nicht in dieser Unbestimmtheit gelassen werden können, trat nun die Kommission ihrem endlichen Zweck näher, sich noch positiv darüber auszusprechen, von welcher formellen Beschaffenheit dasjenige Gesetz sein müsse, das man als eine wahrhaft gründliche und heilsame Reform der ganzen Steuerverfassung anerkennen könne, und hier war die Kommission mit Ausnahme zweier Mitglieder darin einverstanden:

> daß die ganze inländische Besteuerung nur durch ein allgemeines, sämmtliche inneren Steuern dergestalt umfassendes Gesetz, daß auch über die Grundsteuer darin die nöthigen Grundsätze angegeben werden, auf eine angemessene Weise geordnet werden könne, wenngleich die Ausführung desselben nur schrittweise erfolgen müßte;

und sie hielt es, jedoch unter dem Vorbehalt, daß die Resultate der zur Untersuchung des Staatsbedarfs besonders angeordneten Kommission nicht eine andere Maaßregel nothwendig machen, weder für nöthig noch rathsam,

> daß interimistische Maaßregeln getroffen, oder auch, ohne vorher einen allgemeinen und vollständigen Steuerplan festzustellen, nur einzelne von den annehmbar befundenen Steuern eingeführt würden,

da sämmtliche inneren Steuern sowohl in dem Resultat, welches sie den Staatskassen gewähren, als in der Last, die sie dem Volke auflegen, so ineinander greifen und zusammenhängen, daß jede Annahme eines einzelnen Theils des vorgeschlagenen inneren Steuersystems, eine für das Ganze nachtheilige, und dem künftigen allgemeinen Steuerplan vorgreifende Zerstückelung sein würde.

So wie es unerläßlich war, auf die in dem Vorigen ausgeführte Weise für den festen Zusammenhang aller verschiedenen Theile der Steuerverfassung zu sorgen, und ein Ganzes daraus zu bilden, eben so nothwendig ist es, das neue Gesetz auch mit den übrigen höchsten Staatsmaaßregeln in Verbindung zu bringen. Schon in dieser Rücksicht nun konnte die Kommission nicht umhin, auch die Verhältnisse der jetzt bestehenden und künftig anzuordnenden ständischen Verfassungen in Erwägung zu ziehen. Besonders hat der unterzeichnete Oberpräsident der Provinz Sachsen die eigenthümliche Lage ausgeführt, in welcher sich das Herzogthum Sachsen in dieser Absicht befindet, und welche Erwartungen und Ansprüche dasselbe in Gefolge des Allerhöchsten Besitzergreifungspatents bildet; und auf ähnliche Weise hat auch der Generalgouverneur von Neuvorpommern die seiner Provinz aus dem mit der Krone Schweden abgeschlossenen

Vertrage erwachsenden Rechte auseinandergesetzt. Indem nun die Kommission einmüthig der Meinung ist, daß wirklich bestehende Verfassungen bei keiner Maaßregel der Gesetzgebung außer Acht gelassen werden können, erkennt sie jedoch an, daß die für diese beiden Fälle entwickelten Rechtsgründe außer den Grenzen ihrer Kompetenz liegen, und einen Gegenstand der Justizabtheilung des Staatsraths ausmachen. Es ist auch offenbar, daß sich aus den bestehenden Verhältnissen auf keine Weise eine Nothwendigkeit herleiten läßt, ein neues Steuergesetz mit den Ständen überhaupt zu berathen, und die Kommission fühlt, daß es weder möglich noch rathsam sein würde, wegen der Einführung eines neuen Steuergesetzes, die so wichtige und auf ihren eigenen Gründen beruhende Angelegenheit einer ständischen Verfassung zu übereilen. Insofern aber die Einführung derselben bereits durch das Gesetz vom 22. Mai 1815 versprochen, und nur noch vor Kurzem durch die Allerhöchste Kabinetsordre vom 30. März d. J. ein neuer Schritt zur Anordnung einer ständischen Verfassung geschehen, und dadurch auf's Neue die Erwartung einer baldigen Einführung von Ständen, besonders von Provinzialständen, erregt worden ist; insofern eine Berathung mit denselben allerdings das wirksamste Mittel sein würde, die öffentliche Meinung über das neue Steuergesetz gehörig zu bestimmen, die Steuerpflichtigen von der Nothwendigkeit und der gerechten Vertheilung der neuen Steuern zu überzeugen, dem Gesetz dadurch einen willfährigen Eingang zu verschaffen und die Ausführung desselben zu erleichtern und zu sichern, und auch von dieser Seite die Nation enger mit der Regierung zu verbinden; insofern es endlich keinen guten Eindruck machen würde, daß, während die künftige Regulirung der Grundsteuer, wie der Gesetzentwurf es ausdrücklich verlangt, der Berathung mit den Ständen vorbehalten wird, gleichwohl ohne selbige die, beinahe das Doppelte der Grundsteuer betragenden neuen Steuern eingeführt werden sollen, da in der That hierin ein nicht abzuleugnender Mangel an Konsequenz liegt: insofern hat es der Kommission einmüthig, mit Ausnahme einer Stimme, nothwendig geschienen:

> daß der neue Steuerplan in Ansehung der inneren Steuern mit der Maaßregel wegen der Stände in denjenigen Zusammenhang gesetzt werde, welcher niemals ohne große Nachtheile in den höchsten Staatsmaaßregeln vermißt werden kann.

In Ansehung des Steuersystems vom äußeren Verkehr findet die Kommission aber wegen der ständischen Angelegenheit keine

Schwierigkeit, da dasselbe überall eine Erleichterung gewährt, selbst in den westlichen Provinzen, wo es neu eingeführt werden soll, indem es ihre Fabrikation in Schutz nimmt, und dadurch ebenfalls wohlthätig für sie wirkt.

Auf diese Weise glaubt nunmehr die Kommission, die Prüfung auch dieses Theils des Gesetzes so weit, und von so allgemeinen Gesichtspunkten aus verfolgt zu haben, als der Zweck ihrer Berufung erforderte. Denn außerdem, daß sie ein mit Gründen belegtes Urtheil über den neuen Plan ausspricht, erklärt sie sich auch bestimmt und positiv dahin, daß sie nur eine, nach einem allgemein gedachten und entworfenen, wenngleich theilweise auszuführenden Systeme gemachte Umformung des gesammten Steuerwesens für eine wahre und wünschenswerthe Reform halten, und bis eine solche bewirkt zu werden vermag, blos rathen kann, (wenn nicht andere dringende Nothwendigkeiten eintreten) sich mit denjenigen Erleichterungen und Modifikationen zu begnügen, welche innerhalb der Grenzen einer sorgfältigen und geschickten Verwaltung liegen, und durch die, bei gehöriger Behandlung, ungemein viel bewirkt werden kann. Nach dieser von ihrer Mehrheit gefaßten Ansicht, konnte daher auch nicht davon die Rede sein, statt der gemißbilligten beiden Steuern andere vorzuschlagen. Ebenso wenig konnte sie, als bloß beurtheilende, nur zur Prüfung eines vorgelegten Plans aufgeforderte, und zur Anbringung neuer Vorschläge schon durch die Anzahl ihrer Mitglieder nicht geeignete Behörde, den allgemeinen Steuerplan selbst entwerfen, und darin dem Ministerium vorgreifen wollen. Sie hat sich daher auch bei der über diese beiden Punkte ausdrücklich geschehenen Abstimmung, in Absicht des letzteren mit dreizehn gegen neun Stimmen, in Absicht des ersteren aber mit einer noch weit größeren Mehrheit, auf diese Weise erklärt.

Nach den so eben entwickelten Beschlüssen über den Abschnitt des neuen Steuerplans, welcher die inländischen Steuern betrifft, glaubt die Kommission daher ihren endlichen Antrag

nur auf die Einführung des neuen Steuersystems in Absicht des Verkehrs mit dem Auslande beschränken zu müssen.

Zur Erleichterung dieser Einführung hat sie durch einen besonderen Ausschuß, den den äußeren Verkehr betreffenden Theil aus dem Entwurfe des Finanzministeriums trennen, ihn nach den von der Mehrheit der Kommission darüber gemachten Erinnerungen modifiziren, und in die Form eines für sich bestehenden Gesetzentwurfs bringen lassen, den sie in der Anlage, nebst dem dazu gehörigen Tarif, und der das Verfahren in der Ausführung betreffenden Steuerordnung zu weiterer Prüfung übergiebt.

In Ansehung der westlichen Provinzen fand die Kommission einmüthig gar kein Bedenken, diesen Entwurf sofort einzuführen; in Ansehung der östlichen Provinzen erkannte sie gleichfalls, wie dringend wünschenswerth die baldige Einführung desselben, besonders auch in der Hinsicht sein würde, damit die zwischen den alten Provinzen und dem Herzogthum Sachsen, Posen und Neu-Vorpommern stattfindende Beschränkung und Sperren des Verkehrs aufhören. Doch glaubte sie aus einem doppelten Grunde

nicht auf einen bestimmten Termin der Einführung antragen zu können,

1. weil das Verhältniß in Rücksicht des reinen Einkommens aus der neuen Besteuerungsform hier bei weitem nicht so günstig ist, als in den westlichen Provinzen. Da die Provinzen auf dem linken Rheinufer jetzt ganz ohne Zolllinie sind, zwischen dem Rhein und der Weser aber auch nur ein sehr unvollkommenes Zollsystem, und keine erhebliche Verbrauchsabgabe von fremden Waaren besteht: so ist aus der Einführung des neuen Steuersystems daselbst auf jeden Fall auch ein beträchtlicher reiner, ungefähr auf 1,450,000 Rthlr. berechneter Vortheil für die Kassen zu erwarten.

Allein es läßt sich noch keinesweges übersehen, ob und wie bald die Erleichterung des Verkehrs und die Verminderung der Defrauden durch Einführung des neuen Steuersystems in den östlichen Provinzen, die Ausfälle decken können, welche durch die Herabsetzung vieler Steuersätze gegen die bisher üblichen Tarife daselbst unvermeidlich entstehen werden.

2. Weil die Aufhebung der inneren Zolllinien in den östlichen Provinzen wegen der großen Verschiedenheit der inneren Abgaben erheblichen Schwierigkeiten unterworfen ist, und auf jeden Fall noch einer besonderen Vorbereitung bedarf.

Der erste Punkt läßt sich erst dann bestimmen, wenn die zur Untersuchung des Staatsbedarfs ernannte Kommission ihre Arbeit vollendet haben, und das Gesammtbedürfniß des Staats ausgemittelt sein wird.

Um der zweiten Schwierigkeit zu begegnen, wurde zwar der Vorschlag gemacht:

die jetzige Thoraccise, mit Ausnahme einiger weniger Hauptartikel, aufzuheben, und zur Deckung des daraus entstehenden Ausfalls die Bier- und Branntweinsteuer unter den von der Kommission angenommenen Modifikationen, allgemein durch die ganze Monarchie einzuführen.

Die Mehrheit der Kommission hat sich jedoch mit fünfzehn gegen sieben Stimmen wider diesen Vorschlag aus den schon bemerkten Gründen erklärt, und es nicht rathsam gefunden, eine oder andere der vorgeschlagenen inländischen Steuern einzuführen, ehe ein allgemeiner Steuerplan wirklich feststehe. Sie hat sich demnächst fast einstimmig darüber vereinigt:

daß es dem Königlichen Finanzministerium anheim gegeben werden könne, durch administrative Maaßregeln die Einführung des neuen Steuersystems vom äußeren Verkehr in den östlichen Provinzen, und die so wünschenswerthe Aufhebung der Sperren zwischen den alten und neuen Provinzen in dem östlichen Theile, so viel möglich zu beschleunigen.

Hierbei muß noch bemerkt werden, daß von einigen Mitgliedern die Besorgniß geäußert wurde, daß in den östlichen Provinzen die Fabriken leiden, und sich würden beschweren können, wenn den inländischen Fabrikaten aus den westlichen Provinzen durch die Einführung des jetzt entworfenen Steuergesetzes der Eingang, ohne Nachschußsteuer, verstattet würde, so lange die östlichen Provinzen noch mit den städtischen Konsumtionssteuern belegt bleiben. Die Mehrheit der Kommission hat indessen mit dreizehn gegen zehn Stimmen diese Besorgniß nicht für erheblich erachtet, da die Erfahrung lehrt, daß die jetzigen Konsumtionssteuern in den östlichen Provinzen keinen bedeutenden Einfluß auf die Vertheuerung der Fabrikate äußern, und ganz andere Verhältnisse, als Accisbarkeit oder Nichtaccisbarkeit über die Wahl des Orts für diejenigen Fabriken entschieden haben, denen überhaupt eine Wahl hierin zustand, überdem auch an vielen Orten in den westlichen Provinzen von den Kommunen bedeutende Verzehrungssteuern erhoben werden, in jedem Fall aber der noch übrig bleibende Unterschied, durch die Transportkosten der Fabrikate aus den westlichen nach den östlichen Provinzen, und die hohen Zölle, welche die westlichen Fabriken für die Materialien, welche sie über See beziehen, in Holland erlegen müssen, überwogen werden.

Indem die unterzeichnete Kommission nun die Gründe entwickelt hat, durch welche sie bei ihren Ansichten über die vorliegenden Gesetzentwürfe geleitet worden ist, glaubt sie es zugleich gerechtfertigt zu haben, wenn sie darauf anträgt:

1. Die Einführung des von ihr übergebenen Gesetzentwurfs, nach Maaßgabe der vorher in Rücksicht des westlichen und östlichen Theils der Monarchie vorgeschlagenen Modifikationen zu genehmigen, und den Entwurf nach vorheriger verfassungsmäßiger Prüfung seiner Redaktion Seiner Majestät dem Könige zur Allerhöchsten Bestätigung und Vollziehung einzureichen.

2. In Ansehung der auch in dem inländischen Steuersysteme zu bewirkenden Reform es aber anheim stellt, die Ausarbeitung eines anderweitigen Plans zu veranlassen, welcher die ganze innere Besteuerung, mithin auch die Grundsteuer umfasse, und auch auf die natürlichen Verschiedenheiten der einzelnen Provinzen auf angemessene Weise Rücksicht nehme; dieser Plan sowohl mit den Rechten, welche aus schon bestehenden Verfassungen erwachsen, als mit den neuesten Maaßregeln über die künftige ständische Verfassung in den erforderlichen Zusammenhang zu bringen, und alsdann dessen Ausführung der Zeit und den Umständen sorgfältig anzupassen.

Berlin, am 20. Junius 1817.

Humboldt (als Vorsitzender).	Maaßen.
Radziwill.	v. Heydebreck.
Ingersleben.	Beguelin.
Schön.	Rother.
Bülow.	Ladenberg.
Graf Solms-Laubach.	Scharnweber.
Vinke.	Merkel.
Ferber.	Zerboni.
v. Dewitz.	Sack.
Rehdiger.	Auerswald.
Hoffmann.	Friese (als Referent).

2. Das Gutachten Wilhelm von Humboldt's am Schlusse der Berathungen.

Kann man sich mit dem vorstehenden Berichte genügen lassen und damit die Wiedergabe der verschiedensten umfangreichen pro memoria vermeiden, so schließt das doch nicht aus, daß nicht allein als eine Probe, sondern auch, weil es zur Geschichte der Gesetzgebung unmittelbar gehörte, dasjenige Gutachten hier einen Platz finde, welches der Vorsitzende der Steuerkommission Wilhelm von Humboldt am Schluße der Berathungen deponirte.

Der Gang der Berathungen über ein weitläufiges, viele Gegenstände umfassendes Gesetz ist nothwendig lang und führt in einzelne Untersuchungen, bei welchen der Zusammenhang mit dem Ganzen erst wieder ins Auge gefaßt werden muß.

Um sich daher vollste Rechenschaft von seiner eigenen Meinung abzulegen, scheint es rathsam, am Schluß, wo die Momente der Entscheidung auf wenigere zurückgebracht sind, diese noch einmal klar und bestimmt darzulegen. Aus diesem Gesichtspunkte wünsche ich, daß das gegenwärtige Gutachten angesehen werden möge.

Ich habe in den einzelnen Hauptpunkten der Berathungen der Kommission die Meinung der Mehrheit derselben aus voller Ueberzeugung getheilt. Ich glaube daher diese einzelnen Punkte übergehen zu können und nur bei dem Entschluß stehen bleiben zu müssen, über welchen zwar bei der Abstimmung die Meinung kaum getheilt schien, gegen den aber hernach sich einzelne Vorschläge erhoben. Auf diesen gründet sich der von dem Staatsrath zu machende Antrag, in welchem das Wesentliche der gesammten Berathung zusammenkommt.

Wenn man die Einwendungen erwägt, welche die Kommission den ihr vorgelegten Gesetzen entgegengestellt hat, die Schwierigkeiten, welchen auch noch der von ihr nicht gemißbilligte Theil der inländischen Steuern unterworfen ist, so fragt man sich vorzüglich, worin denn der Zweck, die Nothwendigkeit eines neuen Steuergesetzes im gegenwärtigen Augenblick besteht? — Diese Frage ist um so wichtiger, als jede neue Steuer schon darum, weil sie neu ist, ein Gefühl der Unbequemlichkeit mit sich führt. Das Gewohnte erträgt sich leichter, auch werden bei einer neuen Steuer theils andere Individuen, theils dieselben anders betroffen und da entsteht es denn gewöhnlich, daß mehr das Drückende empfunden, als die allenfalls eintretende Erleichterung verspürt wird.

Nun ist das Bedürfniß eines neuen Steuergesetzes, oder vielmehr, da leicht mehrere neue Gesetze successive nothwendig sein dürften, mehrerer Gesetze wohl allerdings in die Augen springend.

Der jetzige Zustand hat Ungleichheiten, Mißverhältnisse und Reibungen, welche eine Abhilfe verlangen, und eine Reform kann mit Recht nothwendig heißen. Allein eine aus diesen Gründen vorzunehmende Reform muß auch ihrem Zweck getreu bleiben und demselben wirklich entsprechen, nicht eine theilweise Veränderung und zweifelhafte Verbesserung, sondern eine wirklich wohlthätige Umschaffung des ganzen fehlerhaften Zustandes sein, und daher wenigstens in ihrer Idee und Absicht alle seine Mängel zugleich umfassen, alle Mittel, sie zu verbessern zugleich in Anspruch nehmen nach einem und einem allgemeinen Plan gemacht werden. Ohne diese Bedingungen setzt man sich der Gefahr aus, daß selbst eine an sich wohlthätige Maßregel ihren Nutzen verliere und daß das im Voraus Hingestellte dem nachher Folgenden hinderlich werde und macht dadurch fernere Abänderungen unvermeidlich. Man bewirkt zugleich, was noch bei Weitem schlimmer ist, daß die bei der großen Reform beabsichtigte Erleichterung und Verbesserung nicht gehörig empfunden wird, vielmehr bei den einzelnen, nicht nach einem allgemeinen Plan vorgenommenen Maßregeln sehr leicht Unzufriedenheit mit dem jetzt Geschehenden und Besorgniß vor dem Künftigen zusammenstößt. Die Einführung eines neuen Steuersystems hiernach dergestalt anzulegen, daß die Regierung nun wirklich mit festem Gange darin vorschreiten und die Nation zu diesem festen Vorschreiten Vertrauen gewinnen könne, ist an sich und in unserm Staate, woselbst die Zeitereignisse zu schnell nach einander abgeänderten Gesetzen und Maaßregeln genöthigt haben, so wichtig, daß man der Feststellung desselben das Opfer größerer Mühe und längerer Zeit wohl nicht versagen kann.

Um nun für ein solches System anerkannt werden zu können, gehen demjenigen, welches in dem vorliegenden Gesetze für die inländische Steuer aufgestellt ist, — alle übrigen von der Kommission einzeln gemachten Vorwürfe nicht gerechnet — schon zwei durchaus wesentliche Bedingungen ab, die eine, daß es nicht alle Steuern umfaßt, die zweite, daß es gar keine Rücksicht auf die so ausnehmend verschiedene und selbst in ihrer auch bei diesem Gesetz stehen bleibenden Belastung so ungleichen Provinzen des Staats nimmt.

Ich gestehe, daß ich mir nicht denken kann, wie man, immer den Zweck der inneren Verbesserung und Reform der Steuerverfassung zum Grunde gelegt, die indirecten Steuern in einem allgemein dauernden Gesetz hinstellen kann, ohne zugleich mit sich schon gleichfalls bestimmt einig zu sein, wie Grund- Gewerbe- und Stempelsteuer künftig stehen sollen, da doch ihre eventuelle Veränderung angekündigt ist.

Da alle Steuern sowohl in ihrem Resultate für die Staatseinnahmen, als in der Last, die sie dem Volke auferlegen, mit einander im Zusammenhang stehen, so muß es der finanziellen Gesetzgebung selbst ein Hinderniß werden, einige im Voraus zu bestimmen, indeß man noch über andere ganz unentschieden bleibt. Dennoch hat die Kommission vergeblich nach Grundsätzen selbst nur über die wirklich angekündigten künftigen Ermäßigungen geforscht. —

Auch ohne eine Vergleichung mit dem Gesetz von 1810 (welches doch durch das gegenwärtige wohl für aufgehoben angesehen werden sollte), anzustellen, ist es mir keineswegs begreiflich, wie der wichtige Punkt, ob und inwiefern das Grundeigenthum künftig ein Gegenstand der Besteuerung sein soll? bei einer Regulirung von Steuern, welche vier Siebentel des Betrages aller Abgaben der Monarchie ausmachen, ganz und gar unentschieden gelassen werden kann.

Es findet hier nicht die Einwendung statt, daß sich nicht Alles auf einmal thun läßt. In der Ausführung allerdings nicht; aber im Plan und im Gedanken läßt sich mit vielleicht noch größerem Recht behaupten, daß nichts einzeln dastehen kann und die Auflösung jedes Problems wird vielmehr dadurch erleichtert, daß man alle Verhältnisse zugleich zusammen nimmt.

Ich kann mir daher eine wahre Reform der Steuerverfassung nur in einem allgemein entworfenen Plane denken, dessen gleichzeitige, aber fortschreitende Ausführung einer weisen Beurtheilung der Umstände vorbehalten wird.

Daraus, daß das vorgeschlagene Gesetz gewisse Steuern unberücksichtigt zur Seite stehen läßt, entspringt zugleich, daß es auf die unter den verschiedenen Theilen des Staats vorhandene Ungleichheit der Belastung durch diese keine Rücksicht nimmt. Es wird zwar wohl behauptet, daß die Rücksicht auf diese Ungleichheit nicht wichtig ist und es wird als factischer Belag das Beispiel Schlesiens und der Mark angeführt, die bei sehr ungleicher Grundsteuer dieselben indirecten Steuern tragen. Allein selbst zugegeben, was sehr zweifelhaft, daß diese Ungleichheit Schlesien nie nachtheilig gewesen sei, so ist doch dabei zu erwägen, daß die jetzigen indirecten Steuern vorzüglich nur die Städte treffen, bei welchen jene Ungleichheit der Steuern nicht eintritt, dagegen die des neuen Gesetzes gerade den Grundeigenthümer stärker belasten, daß die Zeit, seit welcher in beiden Provinzen die Grundsteuer existirt, schon Vieles ausgeglichen hat und daß endlich, wenn in einem einzelnen Falle ein Mißverhältniß nicht gerade verderbliche Folgen hervorbringt, dies darum nicht berechtigt, ein solches Mißverhältniß neu herbeizuführen. An sich scheint es mir wenigstens unleugbar, daß einem neuen Steuergesetz zwar nicht eine meinem Ermessen nach nicht zu erreichende genaue Quotisation der Provinzen, allein doch, was gewiß erreichbar ist, ein Begriff des Minimi und Maximi ihres verhältnißmäßigen Beitrags zum Grunde liege und die Richtigkeit des aufgestellten Systems selbst mit an diesem Begriff geprüft werden sollte, sowie daß das System für diejenigen Fälle, wo Verschiedenheiten, sei es der Natur, oder der Belastung nicht aufgehoben werden können, Mittel, ungleiche Besteuerung zu beseitigen, enthalten müßte, was immer möglich ist, da nicht alle Steuern indirecte zu sein brauchen. Von einer solchen Rücksicht auf die Verschiedenheit der einzelnen Provinzen, von welcher in dem anliegenden Entwurf auch nicht eine entfernte Spur angetroffen wird, glaube ich, kann kein Steuersystem, welches es immer sein möge, abgehen, wie sehr ich auch bei einem permanenten Steuersystem dem förmlichen System der Quotisation, demjenigen nämlich, wo jeder Provinz nach Abzug gewisser allgemeiner Besteuerungen ihr verhältnißmäßiges Quantum angewiesen werden würde, das sie nun auch innerhalb gewisser Schranken selbst vertheilen könnte, entgegen bin.

— Man muß zwar, um dem vorgeschlagenen Gesetze nicht Unrecht zu thun, nicht übersehen, daß sein vorzüglichster Zweck und der Punkt, worum sich alles dreht, gewesen ist, das Gewerbe und den Handel im inneren und äußeren Verkehr von allen Hemmungen und Fesseln zu befreien und dieser Zweck ist allerdings höchst wichtig und wohlthätig. Allein meinem Bedünken nach hätte derselbe mit den doch einmal schwerlich abzuleugnenden Bedingungen einer allgemeinen Steuerreform besser in Uebereinstimmung gebracht werden können, um zu einem wahrhaft wohlthätigen Resultate zu führen.

Denn wenn ich von allen theoretischen Forderungen abstrahire und mir so wie das Gesetz liegt, den Eindruck desselben auf den Steuerpflichtigen völlig unpartheiisch vorstelle, so haben die Discussionen in der Kommission und die einzelnen dabei vorgekommenen Thatsachen in mir nur die Ueberzeugung bestätigt, daß das platte Land, sogar namentlich der ärmere Theil der Bewohner dadurch viel härter, als durch die jetzige Verfassung betroffen würde, daß der Städter, bei der ihm auferlegten Grundsteuer, (die nicht überall ehemals bestanden hat) und die ganz ungehemmte Concurrenz in seinem Gewerbe keine Erleichterung fühlen dürfte; daß diejenigen, die eine Erhöhung der Grundsteuer fürchten, sich vor derselben nach der gemachten Bestimmung einer Berathung mit den Ständen, darüber nicht gesichert halten könnten, daß die unbestimmte Hoffnung von Ermäßigung dieser und der Stempel- rc. Steuer nur schwache Hoffnung gewähren würde, daß die stark und vorzüglich seit Kurzem mit Grundsteuer belasteten Provinzen über Prägravation klagen müßten; daß Manche die aufgehobenen directen Steuern den neuen indirecten vorziehen und den Grund der Anordnung nicht einsehen dürften, daß die fast einzige Erleichterung dagegen, die Befreiung von der Accise sein würde, wogegen jedoch auch das Lästige mancher im Gesetz aufgestellter Kontrolen in Erwägung gebracht werden muß. —

Unter diesen Umständen kann ich meiner innersten Ueberzeugung nach nicht glauben, daß dies ein solches Gesetz sei, wie es durch die Nothwendigkeit der Steuerreform geboten wird und noch weniger, daß die Nation dies anerkennen würde, was doch durchaus nothwendig ist, wenn Vertrauen und Bereitwilligkeit der Ausführung entgegen kommen sollen.

Allerdings könnte nun das augenblickliche Bedürfniß eines neuen Gesetzes auch aus der Nothwendigkeit vermehrter Staats-Einkünfte geschehen. Diesen Punkt hat die Kommission bei ihrem Entschluß ausdrücklich vorbehalten. Ich muß aber hierbei bemerken, daß mir auch sehr wichtig und für die Entscheidung wesentlich geschienen hat, was mehrmals in der Kommission über die Ausfälle, welche durch die Controle, durch die Müller bei der Mahlsteuer, durch die Fixation bei fast allen Steuern und durch die wenig sichere Controle überhaupt entstehen könnte, so wie über die Gefahr geäußert ist, einen sehr bedeutenden Theil der Staatseinkünfte auf einmal aus der Hand zu geben, um ihn auf anderem Wege wieder zu erhalten.

Für den ersten Augenblick wenigstens dürfte diese Gefahr nicht gering sein und gerade in diesem Augenblick kann der Staat am wenigsten sein Einkommen der Ungewißheit aussetzen.

Außer der Beschaffenheit des neuen Gesetzes selbst ist ein sehr wichtiges Bedenken gegen dasselbe bei mir aus dem Moment seiner beabsichtigten Ertheilung entstanden.

Ich bin sehr weit entfernt zu behaupten, daß ein neues Steuergesetz schlechterdings nicht ohne Berathung mit den Ständen gegeben werden könne, eine solche Behauptung ließe sich, da jetzt nicht einmal überall Provinzialstände vorhanden sind, allgemein nicht aus den bestehenden Verhältnissen herleiten, so wünschenswerth ich es auch halte, vorzüglich über die Modalitäten der Anwendung, auch die einzelnen Provinzialstände zu Rathe zu ziehen. Allein ich muß meiner Ueberzeugung nach weiter gehen und es doch wenigstens unangemessen finden, ein allgemeines Steuergesetz, ohne durch andere Gründe als die Verbesserung der Steuerverfassung dazu genöthigt zu sein, in demselben Augenblick zu geben, wo eine ständische Vertretung eingeführt werden soll, die Art und Weise derselben aber noch nicht feststeht. Beide Maaßregeln in richtigen Zusammenhang zu bringen, scheint mir eine unerläßliche Forderung.

Der Gesetzentwurf selbst verwickelt sich aber in noch größere Ungleichheiten, die ich nicht anders als widersprechend nennen kann. Er geht so weit, ausdrücklich festzusetzen, was bisher noch von keinem Gegenstande also ausgesprochen worden ist, daß die Grundsteuer nicht soll anders, als nach vorheriger Berathung mit Ständen ergänzt, oder anderweitig bestimmt werden können, allein er ordnet die indirecten gleich und definitiv an, ohne einen Grund dieses Unterschiedes zu geben. Er legt sogar eine Grundsteuer den Städten auf, welches durch die Gleichstellung der Abgaben der Städte mit denen des platten Landes nicht gerechtfertigt wird, weil diese Abgaben nicht überall aus ehemaligen aufgehobenen Grundsteuern entstanden sind. Es liegt hierin, wenigstens für meine Ansicht, eine Willkür und ein Mangel an Konsequenz, von welchen die höchsten Maaßregeln des Staats immer frei sein sollten und es ist kaum zu vermeiden, daß wenn man den Ständen die Mitberathung über die Grundsteuer ausschließlich und auf eine so bindende Weise hingiebt, man nicht selbst die natürliche

Frage erregt, warum man einen anderen Weg mit den indirecten Steuern erwählt, da in der Natur der Sache gar kein nothwendiger Unterschied dieser Art vorhanden ist. Ob aber die Erregung einer solchen Frage gut und heilsam auf die Stimmung wirken könne? ist wohl billiger Weise zu bezweifeln. Die allgemeine neue Steuerverfassung, die allerdings allen richtigen Grundsätzen über Steuern zufolge, nur ein zusammenhängendes Ganzes sein kann, wie der Entwurf es will, gleichsam zwischen der Berathung mit den Ständen und der ohne sie handelnden gesetzgebenden Gewalt zu theilen, führt meines Erachtens den Nachtheil, wenigstens die Gefahr, mit sich, daß die Stände bei der Berathung über die Grundsteuer, wegen des Zusammenhanges aller Steuern auch auf die indirecten zurückkommen und entweder in diesen Aenderungen vorschlagen, oder sich bei der Regulirung jener gehemmt fühlen. Auch hier scheint mir Einheit durchaus unerläßlich.

Aus diesen Gründen habe ich mich nicht entschließen können, für die Annahme dieses Gesetzes zu stimmen, sondern mich in meiner Ueberzeugung für verpflichtet erachtet, mein Gutachten sogar dahin abzugeben, daß ich für keine Umarbeitung dieses Gesetzes in diesem Plane stimmen könne,

weil es mir nach den bis jetzt vorliegenden Datis scheint, daß blos um ein höheres Einkommen zu erhalten, kein neues Gesetz nöthig, für die Reform des Steuerwesens aber ein ganz anderes als das vorgelegte Gesetz erforderlich ist, weil ich dasselbe nicht einmal für einen wahren Vortheil zum endlich Nothwendigen ansehen kann, da ihm kein letzter, allgemein gedachter, endlich zu erfüllender Plan zum Grunde liegt und weil ich mich überzeugt halte, daß dies Gesetz, wenn es die Allerhöchste Genehmigung erhielte, sowohl an sich, als im Zusammenhange mit den Maaßregeln über die ständische Verfassung, einen widrigen Eindruck hervorbringen müßte.

Ich halte nun auch dafür, daß die Kommission, wenn sie folgerecht verfahren wollte, keineswegs mehr thun konnte, als sie wirklich gethan hat.

Sie hat zwar von dem inländischen Steuersystem nur zwei Steuern verworfen und fünf an sich für annehmbar erklärt. Es scheint daher, daß sie jene zwei leicht anderweit ergänzen könne. Allein selbst wenn sie gar keine Rücksicht auf jene oben angeführten allgemeinen Gründe hätte nehmen wollen, so muß man bedenken, daß die verworfenen beiden Steuern die Hälfte des Ertrages ausmachen, welche alle inländischen zusammen einbringen sollten und daß die von der Kommission bei den für annehmbar erklärten, als Bedingung dieser Annehmbarkeit geäußerten Modificationen noch einen bedeutenden Ausfall darüber ergaben. — In seinem finanziellen Resultat war daher das Gesetz durch diese Abstimmung eigentlich zerstört und es war nicht eine dem Ganzen nur wenig nachtheilige Lücke auszufüllen, sondern im Grunde ein neues Gesetz zu entwerfen.

Hierzu ist eine zahlreiche Kommission ihrer Natur nach außer Stande und es kann nicht einmal der Wunsch des Ministerii sein, daß sie sich darauf einlasse.

Wenn eine berathende Behörde allerdings bisweilen Aenderungen vorschlagen muß, so findet das doch natürlich immer darin seine Grenze, daß das Wesentliche und Hauptsächliche stehen bleibe. Sonst tritt die berathende Behörde an die Stelle der vorschlagenden, verkehrt die Ordnung der Dinge und verfehlt ihren Endzweck. — Es ist nun zwar auch erinnert worden, daß die Kommission hätte zur Ausfüllung jener Lücke wenigstens Grundsätze aufstellen sollen. Solche sind unstreitig in ihrem ganzen Gutachten und in allen ihren Protocollen enthalten und das Ministerium, an welches die Sache unstreitig zurückgehen muß, wird nicht klagen können, nicht hinlängliche Fingerzeige über das, was die Kommission für zu beachten und zu vermeiden hält, darin anzutreffen. Allein ausdrückliche Aufstellung von Grundsätzen hat mir unmöglich geschienen. Ganz allgemeine würde überflüssig sein und specielle, die sich dadurch den Vorschlägen nähern, haben das Bedenkliche, daß wieder Alles dabei auf die besonderen Modalitäten ankommt. So wäre es geschehen, wenn die Kommission an die Stelle der verworfenen Steuern eine **Klassensteuer** vorgeschlagen hätte, die je nachdem ihre Einrichtung ist, angemessen, oder nachtheilig wirken muß.

Wo die Kommission wirklich annehmend und billigend vorgehen konnte, bei den ausländischen Steuern, da hat sie es gethan, und sie darf sich wohl mit Recht schmeicheln, daß ihre bis in's Speciellste gemachten Bemerkungen jetzt und in der Folge von Nutzen sein werden.

Im Uebrigen hat sie, allerdings blos soviel an ihr ist, eine Maaßregel entfernt von deren Zweckmäßigkeit und wohlthätigem Erfolg sie sich nicht zu überzeugen vermochte und wenn dies ein negativer Nutzen ist, den sie geleistet hat, so kann er, wenn sie Recht hat, wenigstens nicht als ein erheblicher verkannt werden.

So wie die Sache nach den Beschlüssen der Kommission gegenwärtig liegt, ist durch die Einführung des ausländischen Steuersystems in den westlichen Provinzen Ein großes Mißverhältniß wirklich gehoben.

Diese Provinzen werden gegen die anderen nicht mehr als Ausland angesehen; die Fabrikation erhält in ihnen den erforderlichen Schutz; der Staat gewinnt durch Zoll- und Consumtionssteuern nahe an anderthalb Millionen.

Ich habe geglaubt, für diese Einführung auch in dem Falle stimmen zu können, daß dieselbe Einführung in die östlichen Provinzen nicht augenblicklich möglich schiene. Ich habe mich nie davon überzeugen können, daß die Fabriken in den östlichen durch diese Art von Concurrenz wesentlich leiden müßten und gerade je mehr die Bewohner der östlichen die Erwerbung der westlichen als das Werk ihrer Anstrengungen im Kriege mit Recht ansehen können, desto wichtiger muß es ihnen sein, daß diese Provinzen bis auf alle Verkennung eines Unterschiedes mit den ihrigen verschmolzen werden.

Ich muß auch bemerken, daß ich, den einzigen Punkt des finanziellen Ausfalls in den östlichen Provinzen abgerechnet, die Trennung des Systems der ausländischen und inländischen Steuern, wie die Sachen jetzt stehen, für dergestalt ausführbar halte, daß ich dasjenige was ich im Vorhergehenden von der nothwendigen Einheit der Steuerverfassung gesagt habe, blos von den inländischen Steuern verstehe. — Ob in den östlichen Provinzen diese Einführung möglich sein wird? hängt allerdings davon ab, ob das Finanzministerium, wenn es darauf eingeht, wird Mittel zur Ausgleichung des entstehenden Ausfalls finden können. Um dies zu erleichtern und dem Verkehr zwischen den Städten und dem platten Lande das bedeutendste Hinderniß zu nehmen, hat man in der Kommission die Einführung der Branntweinsteuer nach den früher gemachten Modalitäten vorgeschlagen. Die Mehrheit der Kommission hat sich dagegen erklärt und ich bin derselben beigetreten, weil, so wünschenswerth ich auch die Erreichung dieses Zwecks halte, mir doch die Einführung dieser Steuer eine so bedenkliche, auch auf den landwirthschaftlichen Betrieb einwirkende Aenderung erscheint, weil diese Steuer, wie die Protokolle über diesen Theil der Berathung zeigen, doch auch selbst schon wegen der Erhöhung auf das Vierfache sehr lästig erklärt wurde und weil ich nicht glaube, daß das fragmentarische Einführen einer einzelnen unter den inländischen Steuern angemessen genannt werden kann."

---

3. Des Finanzministers Grafen v. Bülow's Replik.

Die Kritik des Bülow'schen Finanzplans, wie sie die Steuerkommission in ihrem Immediatberichte und Wilhelm von Humboldt in dem begleitenden Gutachten geübt haben, läßt Seitens der Steuerkommission an Klarheit und Gründlichkeit, Seitens Wilhelm v. Humboldts an Schärfe und Eleganz der Form nichts zu wünschen übrig.

Wenn dennoch noch einmal auf die Hauptangriffspunkte zurückgekommen wird, so ist dabei vornehmlich leitend gewesen, daß der Gerechtigkeit Rechnung getragen werde: audiatur et altera pars. Graf v. Bülow wehrte sich in einem Aufsatz „Bemerkungen des Ministers der Finanzen zu den Verhandlungen der Immediatkommission des Staatsraths über das neue Steuergesetz." 21. Juni 1817. So weit sich diese auf die s. g. äußere Besteuerung beziehen, bedürfen sie einer Wiedergabe nicht, indessen bleibt immerhin wichtig v. Bülow's Vertheidigung betreffs der s. g. inneren Steuern kurz hervorzuheben.

1. Die Angriffe, welche die Kommission gegen die in Aussicht genommene Grundsteuer der Städte gerichtet hatte, erkennt v. Bülow in so fern als richtig an, daß es allerdings nicht consequent erscheine, die Einführung einer allgemeinen neuen Grundsteuer von einer Berathung mit den Ständen abhängig zu machen, dagegen für die Städte eine solche Steuer schon jetzt einzurichten. In der Sache liegende Gründe rechtfertigten aber diese Maaßregel. Es sei ganz unbestritten, daß die Städte wie das platte Land zur Grundsteuer würden herangezogen worden sein, wenn sie nicht die Accise gehabt hätten. Diese sei jetzt gefallen und liege daher kein Grund vor, die Gleichstellung der Städte mit dem platten Lande auch in Bezug auf die Grundsteuer im Prinzip und allgemein zu regeln.

2. Was gegen die Haussteuer vorgebracht worden, sei ebenfalls hinfällig, da es sich dabei in erster Linie um Regelung der Servislast gehandelt habe.

„Der jetzige Zustand der gewöhnlichen Servis- und Einquartierungslast kann nicht bleiben, wie er ist. Die Verpflichtung bei Naturalverpflegung, bei Truppenbewegungen wird sich nicht vermeiden lassen, wohl aber bei dem gewöhnlichen Truppenstande. Der Bürger und der Staat werden sich jetzt besser befinden. Es ist eine Thatsache, welche gewiß die größte Aufmerksamkeit verdient, daß 226 beitragsfähige Familien einer Stadt eine Summe für die Einquartierung aufbringen mußten, welche den sämmtlichen directen Steuern der ganzen Stadt gleich kam, so daß 126 Familien auswanderten, um hauptsächlich der Einquartierungslast zu entgehen." Dies hätte § 3 regeln wollen. Im Uebrigen läge keine Unbilligkeit darin den Städten die Haussteuer aufzuerlegen, nicht aber dem platten Lande, da die Wohngebäude in den Städten allerdings als solche einen Ertrag gewähren, auf dem Lande aber nur durch den Wirthschaftsbetrieb einen Werth erhielten."

Von ganz besonderer Wichtigkeit ist dasjenige, was Gf. v. Bülow zur Rechtfertigung der von ihm vorgeschlagenen Consumtionssteuern von inneren Gegenständen anführt.

3. „Von allen Gegenständen der vorgeschlagenen Gesetzgebung haben diejenigen Steuern den meisten Widerstand gefunden, welche die ersten Lebensbedürfnisse treffen. Ein Theil der Kommission wäre ihrer gern ganz überhoben gewesen; die Mehrheit hat die Mahl- und Fleischsteuer ganz verworfen." Ich sehe mich daher gezwungen, die Grundsätze anzuführen, die mich bestimmt haben, jene Steuern zu wählen". . . .

„Nach Abzug der Einnahme durch die directen Abgaben und die indirekten vom Salze, von dem Verbrauche fremder Waaren und dem Zoll blieb unter Voraussetzung der höchsten Sparsamkeit in allen Theilen der Staatsverwaltung eine Summe von nahe 13 Millionen Thlr. zu decken."

Die Frage könnte nun sein, ob es zweckmäßiger sei, die vorhandenen directen Abgaben zu häufen, und sich auf die indirecte Besteurung von fremden Erzeugnissen zu beschränken, oder aber auch inländische Gegenstände des Verbrauchs zu belasten. . . .

„Es ist eine unumstößliche Wahrheit, daß die jetzigen Bedürfnisse der Staaten seit Errichtung der stehenden Heere nicht mehr durch directe Abgaben allein zu bestreiten sind. Es ist ebenso wahr, daß die indirecten Abgaben eine Grundlage der Größe und des Wohlstandes derjenigen Staaten waren, welche sich ihrer, sowie der Realabgaben überhaupt zur Deckung des gewöhnlichen Haushalts bedienten und Personalabgaben nur als Ausnahme von der Regel in außerordentlichen Fällen wählten.

England und das alte Holland dienen hier als Beispiele und Preußen wäre ohne die indirecten Steuern gewiß nicht, was es ist.

Aber Preußen kann auch ohne bedeutende indirecte Steuern nicht bleiben, was es ist. Die indirecte Steuer allein ist im Stande die Bedürfnisse eines Heeres zu befriedigen und uns in dem wehrhaften Zustande zu erhalten, welchen eine Ausdehnung von Memel bis Saarlouis erfordert. Preußen muß seiner Existenz entsagen, wenn es sich auf directe Abgaben beschränkt. — Welches auch unsere Zukunft sein wird; Kriege waren, Kriege werden sein und Preußen wird an diesen Kriegen Theil nehmen müssen, um für seine Existenz zu kämpfen, denn der müßige Zuschauer nachbarlicher Kriege war stets die Beute des Siegers, — Kriege aber führen neue Bedürfnisse und Geldopfer herbei und für diese spare man die directen Abgaben auf, wie es England und Holland that, — die Vaterlandsliebe überwiegt dann die Schwierigkeiten der Erhebung in gewöhnlichen Zeiten. *)

Wie unglücklich wäre Preußen wenn es in solchem Augenblick dies Mittel nicht hätte ꝛc. . . .

Wer den Zustand in Preußen unter Friedrich I. durch Häufung directer Abgaben kennt, wird mir den Wunsch nicht verargen, daß die Geschichte meine Verwaltung mit der des Grafen Wartenberg nicht vergleiche.

In Betracht der bereits bestehenden Gewerbesteuer und des Stempels, würde es noch schwieriger, jenen Bedarf durch eine Klassen-, Vermögens- oder andere Steuer dieser Art zu decken. — Als die Personalabgaben in Frankreich in dem Budget des Jahres VI und mit Inbegriff der Gewerbsteuer auf den fünften und sechsten Theil der ganzen Staatseinnahme gebracht wurden, mußten die Quoten bei der Vertheilung so ungeheuer hoch gespannt werden, daß allgemeine Beschwerden die Regierung nöthigten, die Rollen nicht beizubehalten, weil deren Beibehaltung das Mittel gewesen wäre, gar nichts zu bekommen, selbst von denen, die nicht zu hoch besteuert waren, aber von dem Erfolge der Reclamationen ihrer Nachbarn

*) Die Resultate der Vermögens- und Einkommensteuer des Jahres 1812 dürften für diese Auffassung keinen entsprechenden Beweis geliefert haben. D.

Vortheil gezogen haben würden. — Wir selbst haben ähnliche Erfahrungen gemacht. . . . —

„Nichts ist scheinbar leichter als große Summen durch Kopfgelder, Personensteuern, Klassensteuern zu erlangen, dafür ist aber auch nichts scheinbarer, als die Einnahmen daraus. Diese Art von Abgaben ist durch ihre Natur mehr oder weniger willkürlich und ebenso schwer zu vertheilen, als zu erheben und als gering von Ertrag; wie bestimmt auch die Gesetze über ihre Ausführung sein mögen, so ist es moralisch unmöglich, eine gleiche Anwendung zu bewirken; sie fordert die Zahlung zu einer Zeit, die selten die angemessenste für den Steuerpflichtigen ist; sie fordert von ihm das Aufsparen der Abgaben für den Zahlungsfall ganz gegen den Character der Mehrheit, welche aus der Hand in den Mund lebt und nichts für sich selbst zurücklegen kann, sie fordert von ihm einen Antheil an Ersparungen, die er nicht machte. — Alle diese Nachtheile waren bei Einführung der Accise in frischem Andenken. — Darum pries man die Accise damals als eine Landeswohlthat und noch jetzt lehrt die Erfahrung, daß die Städte von dem directen Besteuerungsrecht, welches ihnen die Städteordnung zur Aufbringung ihrer Kommunallasten einräumt, ungern Gebrauch machen, ihre Bedürfnisse damit nicht bestreiten, vielmehr einen Zuschlag auf die Accise des Staats, oder wo diese nicht vorhanden ist, einen eigenen städtischen octroi vorziehen. — Steuern dieser Art beruhen nur insofern in der öffentlichen Meinung, als man sich ihnen leichter als den indirecten auf irgend eine Art zu entziehen hofft, als das Volk in dem Wahn steht, der Arme werde durch die indirecten Steuern härter, als durch die directen betroffen, ein Wahn, worin Volksmänner es zu erhalten suchen. Wer erinnert sich nicht dabei jenes französischen Volksredners, der nur die Reichen besteuern wollte, ohne der Wirkung einer solchen Steuer auf den Credit und die Vermehrung des Nationalreichthums zu erwähnen und den Armen zu sagen, daß diese directe Besteuerung der Reichen ihre Noth nothwendig vermehren müsse. —

Obgleich bei den oben angeführten Bedürfnissen des Staats, der Umstand, welche Abgabe am meisten einbringen könnte, ohne durch ihre Erhebung lästig zu werden, der wichtigste sein mußte — (sowie denn auch der letztere für die Steuerpflichtigen aller Länder interessanter ist, als die Frage: wer die Steuer in letzter Analyse trägt?): so mußte es mir dennoch zur großen Beruhigung gereichen, daß die von mir vorgeschlagenen Abgaben die Hütte weniger trafen, als jede andere directe Abgabe.

Nur Gegenstände, die durch die Masse der Kosten werth sind, die man auf ihre Erhebung nothwendig verwenden muß, sind hauptsächlich zur Besteurung geeignet und solche Gegenstände tragen bei einer mäßigen Besteurung große Summen ein, reizen nicht zur Umgehung der Steuer und machen daher Vexationen unnöthig, zu welchen man seine Zuflucht nimmt, um Defraudationen zu verhindern. Diese Gegenstände allein sind es, die darum, weil sie die ganze Nation verbraucht, die Vertheilung einer mäßigen Steuer auf alle Zweige des Gewerbsfleißes möglich machen, die, wenn sie wirklich das Arbeitslohn erhöhen, keinen Zweig allein treffen und durch ihre unmerkliche Abtragung dem Steuerpflichtigen nicht lästig fallen.

Die Besteurung dieser Gegenstände, die man gemeinhin unter dem Namen der Lebensbedürfnisse begreift, sieht man als einen Druck auf die ärmeren Volksklassen an, welche deren bedürfen.

Von der Abgabe eines Theils dieser Bedürfnisse ist es selten richtig, daß der gemeine Mann sie trägt, von dem andern ist dem wirklich so. —

Erstere Bedürfnisse möchte ich Bedürfnisse für das Dasein nennen, letztere Lebenserfordernisse. — Zu den ersteren gehören Brod, Fleisch und Kleidung; zu den letzteren: Bier, Branntwein, Tabak.

Eine Auflage auf Brod, Fleisch und Kleider wirkt wie eine unmittelbare Auflage auf das Arbeitslohn, wird daher nicht von dem Arbeiter selbst, der sie verbraucht, sondern von dem, der den Arbeiter braucht, vorgeschossen und dieser findet wieder seine Entschädigung in dem Preise der Waaren ꝛc. . . .

Bei den Abgaben von Bier und Branntwein zahlt der Arbeiter die Steuer nur dann, wenn er so viel erübrigt hat, um Bier und Branntwein zu kaufen, mithin in dem Maaße und zu der Zeit, wo er es selbst für gut findet. . . .

Selbst auf dem platten Lande, wo der Consument sein Brod selbst backt, und die Steuer bezahlt wird, wenn er sein Getreide von der Mühle holt, fällt dem Armen die Bezahlung der Mahlsteuer von einem halben oder ganzen Scheffel nicht so schwer als eine Kopfsteuer *). In den Städten aber und da, wo der Consu-

*) Die Jahre 1810/11 hatten das Gegentheil bewiesen. D.

ment.sein Brod kauft, wird eine Kopfsteuer dafür, so wie überhaupt für Bier und Branntwein nicht ohne großen Druck des armen Mannes eine Summe herausbringen, welche dem Ertrage der Consumtionssteuer auch nur entfernt gleicht.

Deshalb, weil ferner die indirecten Steuern mit dem steigenden Wohlstande und den steigenden Staatsbedürfnissen im Verhältniß stehen, weil die laufenden Staatsausgaben nicht darum ausgesetzt werden können, bis die Reste der Personalabgaben eingehen, oder darum aufhören, weil Ausfälle dabei entstanden sind; weil indirecte Abgaben unabhängig von großen Kalamitäten einen Ertrag gewähren, während Personensteuern dann ganz ausbleiben, und weil endlich der größte Theil der Nation daran gewöhnt ist, habe ich die Deckung jener 13 Millionen durch indirecte Abgaben suchen müssen und nur die Fixation der Fleischsteuer des platten Landes aus practischen Gründen gewählt". . . .

Die weiteren Details aus der umfangreichen Abhandlung sind mit Rücksicht auf die Wiedergabe des Immediatberichts vom 14. Januar 1817, so wie unter Bezugnahme auf die Gesetzentwürfe selbst übergangen, um so mehr als der Graf v. Bülow, wie die spätere Darstellung zeigen wird, mit seltener Zähigkeit die Verwirklichung seines ursprünglichen Planes durchzusetzen bemüht gewesen ist und daher noch hinreichende Veranlassung eintreten wird, auch auf Details noch eingehen zu müssen.

Im Allgemeinen muß zugegeben werden, daß er den genommenen Standpunkt mit principieller Schärfe zu motiviren versucht hat und es kann nur befremden, daß er, der bei großer Sachkenntniß ein so entscheidendes Gewicht auf gemachte Erfahrungen legte, dieser theoretischen Erörterung den Vorzug gab und so ganz ignorirte, zu welch' heftigen Kämpfen die Durchführung der ländlichen Consumtionssteuer in den Jahren 1810 und 1811 Veranlassung gegeben hatte.

Diese Erfahrung aus nächster Vergangenheit konnte ihm wohl kaum einen Zweifel darüber lassen, daß, welche Vorzüge immerhin die indirecten Abgaben namentlich im finanziellen Interesse haben mögen, dennoch auch eine Berechtigung für directe Abgaben, speciell für eine Personalbesteuerung schon in dem lebhaft ausgesprochenen Wunsche der gesammten Nation lag.

VI.

Die Kabinetsordre vom 23. Juni 1817 und deren Folgen.

Wie dringend das Bedürfniß war, den neuen Finanzplan, wenn auch nur theilweise zur Ausführung zu bringen, zeigt die Thatsache, daß der König auf den Bericht des Staatsraths vom 20. Juni bereits in einer längeren Kabinetsordre vom 23. Juni 1817 antwortete.

Diese Ordre an Hardenberg gerichtet und von diesem auch entworfen, giebt die Vorschriften an, nach welchen fernerweit in der Sache vorgegangen werden sollte. Sie lautet:

„Ich habe von dem Berichte Kenntniß genommen, den die Kommission zur Prüfung der vom Finanzminister vorgeschlagenen Steuerverfassung erstattet hat und die Sorgfalt, womit sie angestellt worden, mit Wohlgefallen daraus ersehen. Ich erwarte nunmehr, daß Sie den Theil jenes Berichts, welcher die Besteuerung des Verkehrs mit dem Auslande betrifft, unverzüglich zum Vortrage in Pleno des Staatsraths bringen lassen und daß dieser sodann seine Anträge an mich richte. Die Bemerkungen über den zweiten Theil, die innere Besteuerung betreffend, erfordern aber eine anderweitige, genaue Erwägung und hiernach die Aufstellung eines ganz neuen Gesetzentwurfs, um mit Nutzen der Berathung des Staatsraths unterworfen zu werden. Ich vermisse in dem Bericht der Kommission ungern Vorschläge über Steuern, die an die Stelle der verworfenen Mahl- und Fleischsteuer gesetzt werden könnten, welches allerdings zu den Gegenständen ihres Auftrages gehörte.

Jetzt bleibt nichts übrig als

1. Den Finanzminister aufzufordern, sich mit einem neuen Gesetzentwurf zu beschäftigen und dabei auf die Bemerkungen der Kommission Rücksicht zu nehmen.

2. Den Oberpräsidenten aufzugeben, sich gleich nach ihrer Rückkehr in die Provinzen mit einsichtsvollen Eingesessenen derselben über die neu einzuführenden Steuern zu berathen, ihnen zu dem Ende die liberalen Grundsätze, von denen bei der Sache ausgegangen wird und die Verhandlungen der Kommission bekannt zu machen und von den Resultaten an Sie zu berichten. — Wie diese Berathungen anzustellen sind, überlasse Ich, sowie die Auswahl der Personen den Oberpräsidenten. —

Es ist gleichviel aus welchen Ständen sie genommen werden, wenn sie nur Einsicht, Rechtlichkeit und Kenntniß der Provinz besitzen. Außer ihnen aber sind die Präsidenten und Directoren der Regierungen mit zuzuziehen, übrigens aber alle Förmlichkeiten und die Gestalt ständischer Versammlungen zu vermeiden.

Die Berichte der Oberpräsidenten werden Sie dem Finanzminister mittheilen, um die darin enthaltenen Materialien bei dem neuen Gesetzentwurf mit zu benutzen.

Hiernach trage Ich Ihnen auf, das Nöthige überall zu verfügen und werde nach Meiner Rückkehr dann auf den zu erwartenden Bericht des Finanzministers Meinen weiteren Beschluß nehmen.

Potsdam, den 23. Juni 1817.

Friedrich Wilhelm."

Bereits am 10. Juli 1817 überreichte der Finanzminister v. Bülow an Hardenberg einen Instructionsentwurf an sämmtliche Oberpräsidenten, welchen Hardenberg am 13. Juli an Humboldt und Clewitz zur Begutachtung schickte. Diese senden denselben schon am 14. Juli zurück, indem sie nur geringe Abänderungen und zwar bezüglich der Mahlsteuer vornahmen, welche auch später in der Instruction selbst Berücksichtigung fanden. Die Oberpräsidenten sollten über die Mahlsteuer ganz unbefangen urtheilen und nicht durch die einseitige, diese Steuer vertheidigende Meinung des Finanzministers beeinflußt sein.

Es hat diese Instruction an die Oberpräsidenten vom 15. Juli

1817, aus Hardenberg's Feder geflossen, im Auszuge hier einen Platz gefunden, da daraus hervorgeht, welche Stellung damals der Staatskanzler der so harten Beurtheilung des v. Bülow'schen Finanzplans durch die Steuerkommission gegenüber einnahm. — Die Instruction ist gerichtet an die Oberpräsidenten v. Ingersleben, Graf v. Solms-Laubach, v. Vincke, v. Bülow (Sachsen), v. Auerswald, v. Schoen, v. Heydebreck, Sack, v. Zerboni und Merkel. —

„Euer Excellenz wissen, daß nur der eine Theil der projectirten Steuergesetze über den Zoll und die Verbrauchssteuern von fremden Waaren vor den Staatsrath (Plenum) gebracht und von demselben darüber beschlossen werden soll. Der andere Theil, die innere Besteuerung betreffend ist zurückgesetzt, insbesondere von Sr. Majestät dem Könige bestimmt, daß die Herren Oberpräsidenten mit den Eingesessenen ꝛc. sich über die einzuführenden Steuern berathen sollen ꝛc. ꝛc.

Als besonders hervorzuheben wird bezeichnet:

In dem Gesetz über die künftige Steuereinrichtung und Verfassung ist die durch das Finanzedict vom 27. October 1810 vorbehaltene Verbesserung der Grundsteueranlage künftigen Berathungen mit den Ständen zugewiesen, dabei sei die Absicht gewesen die Staatseinkünfte durch erhöhte Grundsteuer nicht zu vermehren. In der Kommission des Staatsraths sei ferner davon ausgegangen, daß bei der Auflegung anderer, namentlich indirecter Steuern, auf die Verschiedenheit der Grundsteuer mehr Rücksicht zu nehmen sei; in dieser Hinsicht müsse ein besonderes Gutachten abgegeben werden. Die Geschichte der Grundsteuer in jedem einzelnen Landestheile sei erforderlich, ebenso die eingehendste Erörterung aller auf die Grundsteuer bezüglichen Sonderinteressen, um festzustellen, welches Mißverhältniß in der Besteuerung der Provinzen und Länder in diesem Punkte stattfindet, das auszugleichen sei.

Bei der proponirten Steuereinrichtung werde beabsichtigt — außer der Grundsteuer — die Staatsbedürfnisse durch die schon beschlossenen Auflagen auf den Verkehr mit dem Auslande, durch die Gewerbesteuer, durch die Stempelsteuer, durch die Auflage auf das Salz und endlich durch die proponirten Verzehrungssteuern von wenigen inländischen Artikeln des allgemeinen Bedürfnisses oder Verbrauchs zu befriedigen, dagegen hin und wieder bestehende verschiedenartige Accise, Consumtions-, Personal- und andere Abgaben überall ganz aufzuheben.

Diese berührten Verzehrungssteuern sollten reiflich erwogen werden. . . . —

„Es kann nicht in Frage gezogen werden, daß der Preußische Staat das stets befolgte, durch langjährige Erfahrung sich als nützlich bewiesene System durch sog. indirecte Besteuerung den größeren Theil des Staatshaushalts fürnehmlich die Unterhaltung der Armee zu bestreiten, beibehalten müsse. Und ebenso wenig darf die Regel angetastet werden, daß die allgemeine Einheit im Steuersystem des ganzen Staates bestehen und die Steuerreform, wenn sie wohlthätig empfunden werden soll, diese Einheit bewirken müsse."

Das schließe nicht aus, Berücksichtigung bestehender Verhältnisse und gewohnter Steuereinrichtungen, so weit sie nicht dem freien Verkehr hinderlich werden.

Sollte eine Particularabgabe aber beibehalten werden wollen, so müsse der Modus ihrer Anwendung, auch der Ertrag nachgewiesen werden. Binnen 6 Wochen sollte bei Ueberreichung der Protocolle berichtet werden.

Gegenüber dieser Instruction standen umfangreiche Arbeiten der eigentlichen Referenten für Steuersachen im Staatsrathe. — Theils griff man zurück auf frühere Arbeiten Ladenbergs, theils trat Hoffmann mit Vorschlägen, die sich auf die Durchführung des äußern Steuersystems resp. seines Zusammenhanges mit der innern Besteurung bezogen, so wie die Einführung einer Klassensteuer erstrebten, hervor.

Diese Arbeiten, welche in vieler Hinsicht schon jetzt unmittelbar auf den Gang der Gesetzgebung Einfluß hatten, sind so wichtig und für das Verständniß der späteren Entwickelung so entscheidend, daß nicht unterlassen worden ist, auf dieselben hier näher einzugehen. —

Ladenberg hatte unterm 23. Juli 1815, allerdings nicht zum Zweck einer dauernden Landesabgabe, aber dennoch mit großen allgemeinen Gesichtspunkten folgende „Grundsätze zur Erhebung einer klassificirten Kriegssteuer" ausgearbeitet:

1. Die Erhebung erfolgt nach der beiliegenden Skala.

A.

Nummer der Klasse.	Zahl der zu jeder Klasse gehörenden Familien und steuerpflichtigen Einzel-Personen.	Prozentsatz vom Einkommen derjenigen, welche Grundvermögen oder Kapital besitzen.	Betrag des vorausgesetzten jährlichen Einkommens.	Betrag des Grund- oder Waaren-, Kapitalvermögens, welches die Klasse motivirt.	Steuerbetrag für jede Familie oder selbständige Person.	Betrag der Steuer selbst.
1.	500	2.	5,000 Rthlr. u. mehr.	50,000 Rthlr. u. mehr.	100 Rthlr.	50,000 Rthlr.
2.	1,500	2.	4,000—4,900 Rthlr.	40,000—49,000 Rthlr.	80 "	120,000 "
3.	4,000	2.	3,000—3,900 "	30,000—39,000 "	60 "	240,000 "
4.	8,000	2.	2,000—2,900 "	20,000—29,000 "	40 "	320,000 "
5.	8,000	2.	1,000—1,900 "	10,000—19,000 "	20 "	160,000 "
6.	25,000	1.	500— 900 "	5,000— 9,000 "	5 "	125,000 "
7.	200,000	1.	400— 490 "	1,500— 4,900 "	4 "	800,060 "
8.	400,000	1.	200— 390 "	unter 1,500 "	2 "	800,000 "
9.	453,000	—	unter 200 "	kein Vermögen.	1 "	453,000 "
	1,100,000					3,068,000 Rthlr.

B.

Die Gewerbtreibenden, welche gar kein Realvermögeu haben, sollten steuern:

		Betrag der Gewerbesteuer.	Betrag der Klassensteuer.
Klassen: (das ist der Tarif der Gewerbesteuer vom 2. November 1810.)	1 Rth.	— 1 Rth. 10 Sgr.	1 Rth.
	2 "	— 3 " 16 "	2 "
	4 "		4 "
	5 "	8 Sgr. — 16 "	5 "
	20 "	— 36 "	20 "
	48 "		48 "
	60 "	— 72 "	60 "
	84 "		80 "
	96 Rth. und darüber.		100 "

2. Nach dieser Skala berechnet der Steuerpflichtige **selbst** die Klasse, wozu er gehört. Das jährliche Einkommen der vierten Kolonne ist lediglich zur Berechnung des Prozent-Satzes von demjenigen baaren Einkommen angenommen, was Jemand, der weder Grund-Eigenthum, noch Kapitalien, noch Waaren-Vorräthe besitzt, als Staats- oder Kommunalbeamter, oder als Officiant eines Privatmannes oder einer Societät, oder als Leibrenten, Pension, Ausgedinge ꝛc. bezieht, oder was er durch Kunst und Wissenschaft, Handel und Gewerbe erwirbt.

Dasjenige Einkommen, welches aus Grund- und Kapitalbesitz, oder aus Eigenthum von Waaren entstehen kann, kommt nicht zur Berechnung, sondern bei diesen entscheidet behufs der Steuerentrichtung lediglich der Betrag des Grund- oder Kapital- oder Waarenvermögens nach der fünften Kolonne, ohne Rücksicht, ob es das gewöhnliche Einkommen gewährt oder nicht, ob es schuldenfrei oder mit Schulden besessen wird.

3. In allen Fällen, wo Jemand baares Einkommen der zuerst genannten Art mit Eigenthum von Grundstücken u. s. w. vereinigt, welches 1500 Rthlr. oder mehr beträgt, wird beides behufs Ausmittelung der Steuerklasse in der Art zur Berechnung gezogen, daß das **persönliche** Einkommen mit 10 für Hundert auf Besitz vom Eigenthum erhöht, das Product dem Werthe des wirklichen Realvermögens zugerechnet und so von der Totalsumme die Steuer ausgemittelt wird.

Wer daher z. B. ein Haus oder Acker besitzt, welche 1500 Rthlr. werth sind, jedoch kein Kapitalvermögen hat, wohl aber 350 Rthlr.

Einkommen bezieht, gehört zur sechsten Klasse. Denn 350 Rthlr. Einkommen zu 10 Prozent sind gleich 3500 Rthlr. Realvermögen, dazu das wirkliche Grundvermögen mit 1500 Rthlr. macht 5000 Rthlr. und dieses muß nach der sechsten Klasse mit 5 Rthlr. versteuert werden.

Wer ein Realvermögen unter 1500 Rthlr. besitzt, wird ohne Rücksicht auf dieses nur nach dem persönlichen Einkommen belastet, jedoch mit der Maaßgabe, daß jeder Hausbesitzer unter allen Verhältnissen zur achten Klasse gehört, selbst wenn sein persönliches Einkommen nicht 200 Rthlr. betragen sollte.

Nur dem Finanzminister steht es frei, ihn in die neunte Klasse auf gehörig begründeten Antrag zuzulassen, jedoch muß jedenfalls auch von dem schlechten Wohnhaus sofort die Hälfte des achten Steuersatzes berichtigt werden.

4. Von der Zahlung der Steuer sind ausgenommen:

a. Die Prinzen und Mitglieder des Königlichen Hauses.

b. Die fremden Gesandten und die fortdauernd in ihrem Dienst stehenden Domestiken.

c. Die Frauen und Kinder der unter den Waffen stehenden Soldaten vom Wachtmeister und Feldwebel abwärts, insofern solche kein Realvermögen von 1500 Rthlr. oder mehr besitzen, kein Gewerbe mit 2 Gehilfen treiben und kein persönliches Einkommen von jährlich 100 Rthlr. haben.

d. Die Invaliden, welche lediglich von dem Invalidengnadenthaler leben.

e. Die Wittwen und Waisen der im vorigen Kriege Gebliebenen unter der Beschränkung ad. c.

f. Personen, welche in öffentlichen Straf- rc. Anstalten detinirt werden, kein steuerpflichtiges Realvermögen besitzen und keine persönliche, jährliche Einnahme von 100 Rthlr. zu beziehen haben.

g. Lehrburschen und Lehrjungen, Hirten, Pferdejungen, welche kein Realvermögen von 1500 Rthlr., oder persönliche Einnahme von 100 Rthlr. haben.

5. Die Ausmittlung des Realwerths geschieht ebenso wie diejenige des Personal-Einkommens durch den **Steuerpflichtigen** nach folgenden Grundsätzen:

a. Der Werth der Grundstücke wird nach dem letzten Erwerbspreise angenommen. Bei Besitzungen, die in den Jahren 1790 bis 1795 durch einen Fremden acquirirt sind, dürfen 10 Procent, bei den Erwerbungen dieser Art von 1796 bis 1800 20 Prozent und von 1800 bis 1806 30 Prozent zum Abzug gebracht, dagegen muß der Werth der vor dem Jahre 1780 erworbenen Grundstücke um 20 Prozent erhöht werden. — Grundstücke, die durch Erbschaft auf die jetzigen Eigenthümer gekommen sind, deren wahrer Werth aus den Documenten nicht zu entnehmen ist, werden zu den jetzt herrschenden Preisen angenommen. Bei Erbpachtsgrundstücken wird zu dem ursprünglichen Erbstandsgelde, der Erbpachtskanon mit 5 zu Kapital erhöht und so der Kaufwerth ausgemittelt. Häuser und Gebäude dürfen in keinem Falle niedriger als die Feuertaxe abgeschätzt werden. Seeschiffe und Kähne werden dem Grundvermögen gleich geachtet.

b. Sämmtliche Kapitalien kommen zur Berechnung, gleichviel ob sie hypothekarisch eingetragen, oder durch Wechsel oder nur gewöhnliche Schuldverschreibungen ausgestellt sind, ob die baaren Gelder ungenützt daliegen, oder zinsbar und unzinsbar gegen Schein verliehen, oder zur Asservation ausgehändigt sind.

Sie kommen nach dem Nennwerthe der darüber vorhandenen Documente zum Ansatz, mithin wird auf keinen Courswerth Rücksicht genommen. Auch Documente über Forderungen im Auslande sowie fremde Obligationen in dem Besitze des Einländers kommen zur Berechnung. Nur solche Documente, deren Courswerth 50 Prozent oder weniger beträgt, oder die gar keinen Courswerth haben, dürfen erstenfalls nach dem Cours, letztenfalls nach dem Werthe veranschlagt werden, den sie im Januar des Veranlagungsjahrs hatten.

c. Sämmtliche Waarenvorräthe der Kaufleute, Fabrikanten und sonstigen Gewerbtreibenden kommen nach dem Werthe in Ansatz, den sie an dem Orte haben, wo sie zum weiteren Verkauf oder zur Fabrikation lagern. — Für Schulden darf von den ad a. b. c. ausgemittelten Beträgen nichts in Abzug kommen, da die Steuersätze überall so mäßig sind, daß sie auch von dem geleistet werden können, der sehr verschuldet ist.

d. Das persönliche Einkommen an Besoldungen, Pensionen und andern jährlich wiederkehrenden Einnahmen ist nach dem vorjährigen Betrage anzunehmen. —

Der Gewerbtreibende berechnet sein Einkommen in der Art, daß er die gewöhnliche jährliche Durchschnittslohnung aus dem Verkauf seiner Fabrikate, oder dasjenige, was er sich durch Arbeitsleistung ꝛc. verschafft, ausmittelt, davon die baaren Auslagen für Materialien, die Zinsen des Werths der Fabrikgebäude, oder die dafür zu zahlende Miethe, das Lohn und die Kost der Gesellen ꝛc. abrechnet und so den Ueberrest als diejenige Summe annimmt, die seiner Steuer zum Grunde gelegt werden muß.

Was er zu seinem und seiner Familie Lebensunterhalt, zur Zahlung der Zinsen von Real- und Personalschulden bedarf kommt nicht in Abzug.

Gewerbtreibende, die kein Realvermögen besitzen, auch außer der Einnahme vom Gewerbe keine sonstigen persönlichen Einnahmen haben, dürfen in keinem Falle weniger als den Betrag der jährlichen Gewerbesteuer zu zahlen verpflichtet sein. cf. Oben Tabelle B.

Jeder Familienvater, jede Hausfrau, jede einzelne nicht mehr unter väterlicher Gewalt stehende Person, ferner die Minorennen, welche 1500 Rth. Realwerth oder mehr für sich eigenthümlich besitzen, wenn sie auch unter väterlicher Gewalt stehen; alle Arbeiter in den Fabriken, die Kaufdiener, Gesellen, Domestiken beider Geschlechter, Knechte und Mägde sind der Klassensteuer unterworfen.

6. Vorstehende Grundsätze läßt sich der Steuerpflichtige zur Richtschnur dienen und die administrirende Behörde verfährt danach, wenn gegründete Ursachen vorhanden sind, unrichtige Declarationen zu vermuthen und deren Grundlagen näher zu prüfen. Von dem oft bewährten Patriotismus darf erwartet werden, daß bei den so mäßig normirten Steuersätzen die Steuerpflichtigen freiwillig einen höheren Satz geben werden, als wozu sie nach den angenommenen Grundsätzen verpflichtet sind.

7. Die Declarationen müssen innerhalb gehörig bekannt zu machenden Termins bei der Klassensteuerrecepturbehörde abgegeben werden. Wer dies unterläßt, verfällt in 8 Ggr. bis 10 Rthr. Strafe, wird von der Recepturbehörde selbst abgeschätzt ꝛc.

Jeder Hausbesitzer, Administrator und Sequester reicht der Steuerbehörde eine genaue Nachweisung von den Bewohnern des Hauses nach einem gedruckten Schema ein; er bleibt für die Fertigung verantwortlich.

8. Zur Bestreitung der Erhebungskosten werden dem Finanzminister 2 Prozent zur Disposition gestellt, wovon nach Abzug der baaren Auslagen die mit der Aufnahme und Receptur beauftragten Beamten zu remuneriren sind.

9. Unrichtige Declarationen werden

a. mit dem 25fachen Betrage der den Staatskassen entzogenen Summe,

b. mit der öffentlichen Bekanntmachung des Namens der Defraudanten,

c. mit dem Verlust des Tragens der Nationalcocarde

d. mit der Tragung der sämmtlichen Untersuchungskosten geahndet. —

Diesen hier kurz skizzirten Grundsätzen lag eine ausführliche Auseinandersetzung der Vortheile und Nachtheile einer solchen Klassensteuer bei, die an der Hand eines reichen statistischen Materials nachzuweisen bemüht war, daß der in der Skala berechnete Gesammtertrag von circa 3 Millionen Thalern nicht nur leicht erreicht, sondern überschritten würde und daß 5 Millionen zu erwarten seien.

Hoffmann hatte bereits mittelst Schreiben vom 6. Juli 1817 direct an Hardenberg eine Denkschrift überreicht, die sich auf einen inzwischen von Bülow versuchten Ausweg, wenigstens die von ihm vorgeschlagene Tranksteuer anzunehmen, um sein Reformproject wegen des bei Ablehnung der inneren Consumtionssteuern entstehenden Ausfalls nicht ganz in Frage zu stellen und darauf bezog, ob man das äußere Steuersystem für sich in der ganzen Monarchie durchführen könne.

Diese Denkschrift — ein résumé aus den umfangreichen Verhandlungen des Staatsraths — ist insofern von besonderer Wichtigkeit als sie wohl bestimmend auf den König und Hardenberg gewirkt und die Veranlassung zu dem Erlaß einer längeren Kabinetsordre de dato Carlsbad den 1. August 1817 gewesen ist. Es sei versucht im Auszuge und in gedrängter Kürze den Hauptinhalt dieses pro memoria wieder zu geben.

„Der Staatsrath sei von des Königs Majestät angewiesen, zu untersuchen: ob das Gesetz über die Abgaben vom Handel mit dem Auslande und vom Verbrauch fremder Waaren nach dem Vorschlage der Steuerkommission ausgeführt werden könne und habe hierauf mit großer Stimmenmehrheit erkannt:

1. daß der Grundsatz der Handelsfreiheit, worauf dies Gesetz beruht, auch bei dem jetzigen Zustande der inländischen Gewerbsamkeit, der öffentlichen Wohlfahrt förderlich ist.

2. und daß auch in der jetzigen Steuerverfassung der westlichen

Provinzen kein Hinderniß liege, das Gesetz daselbst sofort einzuführen. Dagegen war im Allgemeinen anerkannt, daß Abänderungen auch in der Verfassung der innern Steuern der östlichen Provinzen gemacht werden müßten, wenn das Gesetz daselbst eingeführt werden sollte. Der Fürstkanzler habe die Zusicherung ertheilt, daß die nothwendigen Verbesserungen des inneren Steuersystems überhaupt sofort berathen und bald zur Ausführung gebracht werden sollten.

Es kam daher auf die Frage an: ob die Einführung der vorgedachten Gesetze in die östlichen Provinzen aufgeschoben werden solle, bis der Plan zur Verbesserung des innern Steuersystems entworfen und genehmigt sei? oder ob dieselbe auch schon jetzt in Folge vorbereitender Maßregeln stattfinden könnte?

Das Letztere schien wünschenswerth, um ein freieres Handelssystem den östlichen Provinzen nicht vorzuenthalten und kam es nur darauf an, daß die vorbereitenden Maßregeln der Art wären, daß sie genehmigt werden könnten, ohne der vorbehaltenen Berathung über die Verbesserung des innern Steuersystems auf eine nachtheilig beschränkende Weise vorzugreifen?

Der Vorschlag konnte nur vom Finanzminister ausgehen. Derselbe erklärte, daß er nur dann die Ausführung des vorliegenden Gesetzes in den östlichen Provinzen übernehmen könne, wenn gleichzeitig auch die allgemeine Tranksteuer, die er vorgeschlagen, gebilligt werde.

Der Staatsrath erklärte hierauf, er könne es nicht für gut finden, daß die Einführung des vorliegenden Gesetzes in den östlichen Provinzen an diese Bedingungen geknüpft werde, woraus von selbst folgt, daß dieselbe, so vortheilhaft sie auch an sich sein würde, ausgesetzt bleiben müsse, bis entweder das System der inneren Steuern feststeht, oder wenigstens annehmliche vorbereitende Maßregeln aufgefunden sind.

Folgendes die Gründe jenes Beschlusses:

1. Der König habe ausdrücklich verfügt, daß die Verbesserung des innern Steuersystems noch auf weitere Berathung ausgesetzt werden soll: danach ist der Staatsrath also garnicht befugt über die Annahme der Tranksteuer, welche einen Gegenstand von 5 bis 6 Millionen innerer Abgaben ausmache, schon jetzt ein Gutachten abzugeben.

2. Wenn auch ein wohlgeordnetes Steuersystem für die Monarchie nothwendig auch die Tranksteuer enthalten müsse; so hat die Mehrheit des Staatsraths doch angenommen, daß aus den ge-

machten Vorschlägen keinesweges eine möglichst leichte Form der Erhebung dieser Steuer und ein gleichzeitiger Erlaß an dagegen aufzuhebenden Abgaben hervorgehen werde.

Der erste dieser beiden Gründe ist mehr scheinbar, denn die Berathung über die inneren Abgaben ist von den jetzigen Verhandlungen des Staatsraths nur in soweit ausgeschlossen, als sie unabhängig von dem äußern Steuersystem ist.

Es scheint aber, daß der Staatsrath durch die Aufgabe, ein Gutachten über die Ausführbarkeit des vorliegenden Gesetzentwurfs abzugeben, sogar verpflichtet ist, anzuzeigen, welche Veränderungen in dem innern Steuersystem nothwendig statt finden müssen, wenn das vorgeschlagene äußere Steuersystem ausgeführt werden soll.

Der zweite der aufgeführten Gründe wird von Hoffmann nachstehend beleuchtet:

„Wenn es auch vollkommen begründet ist, daß ein vollständiger Plan der gesammten Steuerverfassung vorliegen müsse, ehe an die Ausführung der einzelnen Verbesserung des Steuerwesens gegangen werden kann; so ist es doch ebenso gewiß, daß dieser Plan nur mit großen allgemeinen Zügen vorgezeichnet werden muß und schlechterdings keine ins Einzelne gehende Anordnungen enthalten darf, sondern daß die einzelnen Theile desselben nur nach und nach in einer Stufenfolge, worin jeder Zeit das Vorhergehende das Nächstfolgende vorbereitet, näher ausgearbeitet und zur Ausführung gebracht werden könne.“

„Denn wie erfahren man auch sei, so ist dennoch der Ertrag neuer Steuern und die Wirkung derselben auf den Gang der Gewerbe und auf die Stimmung des Volks niemals bestimmt vorauszusehen, daß man der Nothwendigkeit überhoben sein könnte, Verbesserungen anzubringen, welche, wenn der Plan richtig angelegt ist, nicht nur Veränderungen der eben erst gegebenen Gesetze sein, sondern aus solchen Richtungen der nachfolgenden, noch vorbehaltenen, hervorgehen müssen.

Wer anders handeln und eine ganze Steuerverfassung bis ins Einzelne in einem Guß verfassen und ausführen will, setzt sich in die Nothwendigkeit: entweder seinen Plan ohne Rücksicht auf dessen Folgen auszuführen und durch diese Willkür eine Erbitterung zu erzeugen, an der er zuletzt doch scheitern muß, oder sich in eine unabsehbare Reihe von Abänderungen zu verwickeln, welche zuletzt alle Festigkeit der ganzen Steuerverfassung aufhebt.

„Die bedauernswürdigste Wirkung hiervon ist, daß in beiden Fällen ein Mißtrauen im Volke erzeugt wird“. . . .

„So wie die Sachen jetzt stehen, wird gleichwohl ein bis ins Tiefste ausgearbeiteter Plan der gesammten neuen Steuerverfassung gefordert, ehe man sich auf etwas einlassen zu können glaubt, weil man besorgt, daß die Verwaltung wie bisher auch ferner von einem ganz andern Geiste geleitet werden möchte, als derjenige ist, der durch den allgemeinen Steuerplan verkündet wird“. . . .

Die äußere Steuergesetzgebung lasse sich in der ganzen Monarchie durchführen:

1. weil nach den mäßigsten Anschlägen in den westlichen Provinzen an Zoll 1 Million Thlr., an Verbrauchssteuern 1,400,000 Thlr. — d. i. circa 2½ Million — an ganz neuen Einnahmen zu erwarten sind, derentwegen vorerst noch kein Pfennig an inneren Abgaben erlassen zu werden braucht; weil ferner der Ausfall an Zöllen und Verbrauchssteuern von ausländischen Waaren in den östlichen Provinzen nach dem Gutachten der Steuerkommission nur auf 948030 Rthr. für den Zoll und 878479 Thlr. für die Verbrauchssteuern, also auf noch nicht 2 Millionen im Ganzen sich berechnet, mithin ein Ausfall gegen die jetzige Einnahme im ganzen Staate zusammengenommen nicht nachgewiesen ist,

2. weil man das Personal zur Grenzbesetzung wohl erhalten kann, wenn man das Gesetz vom 7. September 1811 § 1 (Ges. S. S. 254.) dahin in Ausübung bringt, daß man die kleinen Städte der alten Provinzen in den Abgaben dem platten Lande gleichstellt, wodurch alle diejenigen Officianten daselbst entbehrlich werden, die nicht zur Controle und Erhebung der ländlichen Consumtionssteuern erforderlich sind. Solcher Städte werden wahrscheinlich über 300 sein. Der Hauptgrund weshalb dies Gesetz im Jahr 1811 nicht zur Ausführung kam, lag in der Besorgniß, daß bei der bisherigen Unzulänglichkeit der Grenzbesetzung die Acciseämter in den kleinen Städten unentbehrlich wären. Dieser Grund fällt weg, sobald eine bessere Grenzbesetzung besteht;

3. weil man in zwei sehr bedeutenden Fällen innere Zolllinien wegen Verschiedenheit der Abgaben für entbehrlich geachtet hat, und daher sehr wohl zu der Folgerung berechtigt ist, daß bei Verschiedenheit der innern Abgaben andere Controllmittel als eben Zolllinien in der jetzigen Steuerverwaltung liegen. — Westwärts der Elbe kostet die Tonne 8½ Thlr., ostwärts derselben 15 Thlr., westwärts

der Weichsel sind sehr viel Fabrikwaaren verboten, ostwärts gehen sie für einen Ggr. für einen Thlr. Werth ein. Gleichwohl besteht keine Zolllinie längs beiden Flüssen. Ist das haltbar, so ist auch die Verschiedenheit der Abgaben zwischen Sachsen und Posen einerseits und dem platten Lande der alten Provinzen andererseits kein unbedingter Grund für Unterhaltung einer Zolllinie zwischen beiden.

4. wenn die alten Provinzen künftig die rheinische Concurrenz aushalten müssen, so werden sie auch die Concurrenz der Fabriken in Sachsen, Großherzogthum Posen rc. aushalten können.

Auf jeden Fall aber scheint es das Interesse des Finanzministerii selbst zu erfordern, daß es auch mit einiger Aufopferung das neue Gesetz über die äußeren Steuerverhältnisse auch in den östlichen Provinzen zur Geltung bringe. Es hat hier eine glänzende Gelegenheit der Nation durch die That zu beweisen, daß es sehr wohl vermöge, auch in der Verwaltung dieselben liberalen Ideen festzuhalten, die es in der Gesetzgebung ausspricht und hierdurch das Vertrauen zu erwerben, daß die bisherige Richtung der Verwaltung nur aus der Ungleichheit und Verworrenheit der bisherigen Steuergesetze ohne sein Verschulden entstanden sei.

Diese Denkschrift, die zugleich als eine Probe für das Verfahren Hardenberg's über das Staatsministerium hinweg mit hervorragenden Staatsmännern über entscheidende Gesetzesfragen sich zu berathen, gelten kann, — vertrat nicht die Ansicht der Majorität des Staatsraths, sondern zeigte gewissermaßen einen Ausweg, um den ursprünglichen Finanzplan nicht vollständig scheitern zu lassen und wurde gerade um deshalb bestimmend für die bei der verwickelten Lage der Sache an höchster Stelle zu fassenden Entschließungen. Diese sind in der Kabinetsordre, de dato Carlsbad den 1. August 1817 an Hardenberg gerichtet, enthalten. —

„Aus den Mir unterm 12. v. Mts. eingereichten Verhandlungen des Staatsraths über die Steuerverfassung und aus Ihrem mündlichen Vortrage über diesen Gegenstand habe Ich ersehen, daß der Staatsrath der Meinung ist, daß

1. in den westlichen Provinzen (Westphalen, Cleve, Berg, Jülich und Niederrhein) das neue Steuersystem über den ausländischen Verkehr vom 1. October cr. an eingeführt und daß nach dieser Einführung, von Fabrikaten der westlichen Provinzen in die östlichen der bisherige Nachschuß von 8½ Prozent nicht weiter erhoben werde.

2. für die östlichen Provinzen (Ost und Westpreußen, Brandenburg, Pommern, Schlesien, Posen und Sachsen) dieses neue System des Verkehrs mit dem Auslande nicht eher eingeführt werde, als bis damit auch die Einführung einer andern innern Besteuerung verbunden werden kann,

3. eben deshalb die Beschleunigung der Beschlüsse über die innern Steuern wegen des Zusammenhanges, welchen sie mit denen auf dem Verkehr mit dem Auslande haben, bewirkt und daß

4. endlich zwar noch nicht zur Aussprechung und Ausführung, sondern blos als Prinzip für die Zukunft die in allen übrigen Theilen des Staats bestehende Freiheit der Einfuhr fremder Fabricate durch administrative Maßregeln als Grundsatz auch für die Marken, Pommern und Schlesien von Mir genehmigt werde.

Ich bin immer der Meinung gewesen, daß es möglich sein würde, den Theil des Gesetzes, die Besteurung des Verkehrs mit dem Auslande betreffend in der gesammten Monarchie zugleich einzuführen, weil es unwiderleglich ist, daß die westlichen Provinzen durch den Erlaß der droits réunis und der Zölle bei der Besitznahme eine reelle Abgabenerleichterung erhalten haben, während die östlichen nach wie vor die viel höheren Zölle, die höhere Acciseabgabe von fremden Objecten und wirklich sehr hohe Abgaben von der inländischen Consumtion neben den sehr bedeutenden Kommunalabgaben und namentlich die Städte noch den Servis, welcher in den rheinischen Provinzen aus der Staatskasse hergegeben wird, bezahlen.

Es würde zu den gerechtesten Beschwerden in den alten Provinzen Veranlassung geben, und die Lage der in selbigen wohnenden Fabrikanten um so drückender werden, wenn solche ohne Erleichterung in den sehr hohen Abgaben in Concurrenz mit dem westlichen Theile der Monarchie, welcher auf jeden Fall so viel wohlfeiler fabriziren kann, als der bedeutende Unterschied in den Abgaben es möglich macht, — gesetzt würden.

Ich bestimme daher

zu 1 und 2, daß das neue System über den ausländischen Verkehr in den westlichen Provinzen nicht eher eingeführt werde, als bis solches auch in den östlichen möglich wird. Da es indessen schwer zu bewirken sein möchte, daß die Ausführung der beabsichtigten Grenzbesetzung in der gesammten Monarchie in Einem Termin eintrete, so will Ich gestatten, daß der Finanzminister mit dem 1. October cr. die Einrichtung in den westlichen Provinzen beginne und damit dergestalt vorschreite, daß die gesetzlichen Bestimmungen über den ausländischen Verkehr in jenen Provinzen auf jeden Fall zu gleicher Zeit, wie in den übrigen der Monarchie eintreten könne;

zu 3 habe Ich gern bemerkt, daß Sie in Gemäßheit Meiner Ordre vom 23. Junius d. J. bereits die nöthigen Einleitungen gemacht und den Finanzminister zur Umarbeitung des Entwurfs des Steuergesetzes aufgefordert, auch die Oberpräsidenten zur Einsendung ihrer Gutachten angewiesen haben.

Ich wünsche, daß das neue Steuersystem in allen seinen Theilen sowohl wegen des ausländischen Verkehrs, als auch wegen der inländischen Gegenstände, so weit solches die indirecte Erhebung betrifft, mit dem 1. Januar 1818 allenthalben zur Ausführung gebracht werde. Sie werden daher bei der Wiedereröffnung des Staatsraths alle möglichen Beschleunigungsmittel anwenden, damit solches auf den kürzesten Wegen erreicht und dem in jeder Rücksicht dringenden Bedürfniß endlich abgeholfen werde.

Zu 4. will Ich das Prinzip wegen der freien Einfuhr fremder Fabrikate in sämmtlichen Provinzen des Staats für die Zukunft hiermit genehmigen.

Von dem Fortgange der Verhandlungen über diesen wichtigen Gegenstand wünsche Ich von Zeit zu Zeit durch mündlichen Vortrag unterrichtet zu werden. gez. Friedrich Wilhelm.

Diese an Hardenberg gerichtete Kabinetsordre wurde dem Finanzminister Graf v. Bülow als Antwort auf einen unterm 15. Juli 1817 erstatteten Bericht, in welchem er hervorhob, daß bei der Beseitigung der Mahl- und Fleischsteuer durch die Kommission des Staatsraths nur der Ausweg bleiben würde, zu directen Personalsteuern überzugehen — am 6. August 1817 mitgetheilt. Wenige Tage darauf am 28. August wurde er angewiesen, neben den Geheimeräthen Maaßen, Beuth und Schulz, die mit der Umarbeitung des über die Consumtionssteuer handelnden Theils des Gesetzes beauftragt seien, Ladenberg und Hoffmann zu den Arbeiten wegen Aenderung des inneren Steuersystems hinzuzuziehen.

Auf Ladenberg's Vorschläge bezüglich einer Klassensteuer ist bereits eingegangen, diejenigen Hoffmann's sind weit umfangreicher und schließen sich unmittelbar an die inzwischen gepflogenen Staatsrathsverhandlungen an, deren detaillirter Wiedergabe man auf diese Weise überhoben wird.

Am 24. October 1817 richtete Hoffmann an Rother, der seit längerer Zeit Hardenberg's Personalrath und speciell mit den Staatshaushalts- und Steuerangelegenheiten beauftragt war, ein Schreiben nach Carlsbad, dessen Hauptinhalt hier folgt:

„Euer Hochwohlgeboren wird folgende Nachricht von den Verhandlungen über das Steuerwesen hoffentlich nicht uninteressant sein.

Die Gutachten der fünf Provinzen Ost- und Westpreußen, Posen, Cleve-Berg und Niederrhein haben circulirt und sind in einer Conferenz vorgetragen, die des Finanzministers Excellenz mit Herrn Ladenberg, Maaßen, Schütz, Beuth und mir am 17. abhielten.

Die Hauptresultate waren:

a. daß, da die Stimmung doch der Mehrheit nach auf eine Klassensteuer zum Ersatz der Mahl- und Fleischsteuer zu neigen scheine, Entwürfe zu einer solchen Steuer von den Mitgliedern der Kommission ausgearbeitet werden sollten, wozu ich nach Möglichkeit statistische Data zu verschaffen versprach;

b. daß die Städte unbedenklich zur Grundsteuer zuzuziehen wären und man in einer Besteuerung des Miethswerths der Gebäude, die als solche Einkommen bringen, die Mittel finden müsse, die Quartierlast für Rechnung des Staats zu übernehmen;

c. daß es unverkennbar sei, wie sehr die Staatskassen beim Ankauf des Roggens und der Fourage für das stehende Heer litten, weil sie das Risico des Steigens und Fallens der Preise übernehmen und den übermäßigen Profit den speculirenden Unternehmern von Lieferungen bezahlen müßten; und daß daher von den Mitgliedern der Kommission in Erwägung zu ziehen sei, ob und in welcher Art die Naturallieferung wieder hergestellt werden könne.

Hierauf habe ich am 21. d. Mts. Herrn Maaßen als vortragendem Mitgliede diejenigen statistischen Nachrichten zugesandt, wovon ich die Concepte beifüge. Am 22. d. Mts. übersandte ich demselben einen Entwurf der Klassensteuer und am 23. die ebenfalls anliegende Denkschrift über Naturallieferungen."

„Das Resultat des Ganzen ist, daß nach meiner unmaßgeblichen Ansicht diejenigen 20 Millionen Reinertrag, welche der Königliche Staatsminister v. Bülow durch

a. die Zölle und Verbrauchsabgaben auf ausländische Gegenstände,

b. die inneren Verbrauchsabgaben, welche durch die Mahl- und Schlacht-, Branntwein-, Bier-, Wein-, Back- und Tabaksteuer,

c. den Stempel und die allgemeine Gewerbesteuer aufzubringen gedachte, — sich vollständig ersetzen ließen durch

a. die Zölle und Verbrauchsabgaben auf ausländische Gegenstände, sowie sie bereits genehmigt sind,

b. die von mir vorgeschlagene Klassensteuer,

c. die Uebernehmung der Lieferung für das stehende Heer in natura als allgemeine Pflicht alles zum Ackerbau und der Viehzucht gebrauchten Landes,

d. durch die Stempelabgabe und eine besondere, blos auf den Gewerben der Müller, Bäcker, Brauer, Branntweinbrenner, Fleischer, Tabaksfabrikanten, Kaufleute, Krämer, Höker, Schankwirthe und umherziehenden Gewerbtreibenden beruhende Gewerbesteuer.

Ich habe Herrn Maaßen diese Idee in einem vorläufigen Schreiben entwickelt, füge hier aber das Concept einer Bilanz bei, woraus sich dies näher ergiebt.

Das Alles ist wenigstens Stoff zur Berathung, da es nicht auf bloßer willkürlicher Annahme, sondern auf Berechnungen, die sich auf statistische Data gründen, beruht und auf den Erfahrungen, die ich, da ich erst im fast vierzigsten Jahre in den königlichen Dienst trat, im Privatleben unter Kaufleuten, Fabrikanten und Landwirthen gemacht und nachmals durch theoretisches Studium als Professor und durch den practischen Dienst bei der ostpreußischen Kammer und mehreren Ministerien ausgebildet zu haben glaube. Irre ich, so wird es wenigstens belehrend sein, einen solchen Irrthum aufzuklären. . . ."

Von den in diesem Schreiben erwähnten, umfangreichen Schriftstücken ist das wichtigste Hoffmann's Denkschrift vom 21. October 1817,

„Vorschlag zu einer Klassensteuer für den Preußischen Staat".

Die übrigen characterisiren sich, mit Ausnahme etwa der Denkschrift über die Lieferung des Brod- und Futterbedarfs des stehenden Heeres in Friedenszeiten, deren Inhalt hier nur kurz anzudeuten ist, als statistisches Material, welches leicht in den Rahmen des eigentlichen Gesetzesvorschlags eingefügt werden kann.

„Es vereinigen sich jetzt sehr viele Stimmen dafür, die von dem Herrn Finanzminister vorgeschlagene Mahl- und Schlachtsteuer durch eine Klassensteuer zu ersetzen. Im Allgemeinen besteht gegen diesen Vorschlag jedoch das Bedenken, daß directe Steuern häufig wegen wirklichen oder angeblichen Zahlungsunvermögens ausfallen, indirecte aber auch in unglücklichen Zeitläuften eingehen, wenn der Genuß, worauf sie haften, nicht entbehrt werden kann.

Allein es scheint, daß hierbei nur ein Mißverständniß zu Grunde liege und eine an ihrem Orte ganz richtige Bemerkung viel zu allgemein angewendet werde.

In großen Städten wird auch in den unglücklichsten Zeiten stets und selbst mit Aufopferung aus öffentlichen Kassen Sorge getragen, daß es nicht an den ersten Lebensbedürfnissen fehle, weil Unordnungen jeder Art sonst unvermeidlich sind. 2c.

Allein es ist unmöglich, eine gleiche Maßregel für ein ganzes Land zu ergreifen. Was in einem Mißjahr fehlt, muß durch Surrogate, die wenig oder keine Steuern geben, und durch größere Sparsamkeit im Gebrauche, selbst durch wirkliches Abdarben, ausgeglichen werden; der Staat kann selten mehr thun als verhüten, daß dies Abdarben nicht das Leben und die Gesundheit gefährde.

In großen Städten backen und schlachten wenige Haushaltungen selbst; Jedermann holt seine Bedürfnisse aus dem Bäckerladen und Fleischerscharren. 2c. Die Steuern gehen daher dort noch immer leicht ein, während sie zur Zeit einer Theuerung sehr bittere Empfindungen auf dem Lande erregen, wo der Verzehrer unmittelbar Scheffel- und Stückweise versteuert. — Wenn das Volk von Kartoffeln, Rumfort'schen Suppen und Gemüse lebt, weil Brod ein Festtagsgenuß geworden ist, so wird die Mahlsteuer wenig einbringen. . . . — So scheint es Täuschung, wenn man die Leichtigkeit und Sicherheit, mit der Verbrauchssteuern in den großen Städten eingehen, auf dem Lande wiederzufinden hofft.

So wie überhaupt kein Zweig des Staatshaushalts sich ungestraft vereinzeln darf, so wird auch keine Abgabe fruchtbar und dauerhaft sein, die nicht in inniger Verbindung mit der gesammten Verfassung und Gesetzgebung des Landes steht. —

Wer blos deshalb classificiren will, um Abgaben nach den Klassen zu erheben, wird wenig und mit Schwierigkeit einnehmen. Aber wo die Klassen, welche höher in der Steuer stehen, auch höhere politische Rechte haben, wird sich ein Geist entwickeln, der vortheilhaft auf die Besteuerung zurückwirkt. —

Wo die Wählbarkeit zur Gemeinde-, Kreis-, Provinzial- und Landesrepräsentation mit der höheren Steuerbarkeit zusammenhängt, wird es eine Ehrensache, in der höheren Steuerklasse zu stehen und es bedarf alsdann keiner Kontrolle, um dem Staatsbürger einen höheren Betrag abzunöthigen. — Nicht Alles kann zugleich geordnet werden und das Mehrste ist bei uns im Entstehen. — Aber Alles muß von einem Geiste ausgehen. Die Klassification, welche man entwirft, um Steuer zu erheben, muß auch brauchbar sein für das Verfassungsgebäude.

Zu unterst das Gesinde, dann die Einsassen, dann die Gemeindeglieder, endlich die Honoratioren, die Einfluß auf die Provinzialrepräsentation haben könnten. Dies bezeichnet nur die Hauptstufen, wenn diese aber einmal feststehen, wird den Provinzialbehörden nach den Eigenthümlichkeiten des Landes und Orts das Weitere zu ordnen überlassen werden können und müssen.

Man würde sich in große Schwierigkeiten verwickeln und den Geist der ganzen Anlage tödten, wenn man zu specielle Bestimmungen über die Klassification vom Ministerio erlassen wollte.

Daß Kinder beitragen ist unnatürlich, da sie noch nicht erwerben, oder wenigstens nicht erwerben sollten.

In der Klasse des Gesindes, der Tagelöhner, der gemeinen Fabrikarbeiter wird der Kopf über 14 Jahre leicht einen Groschen zahlen können; in den alten Provinzen besteht diese Abgabe auf dem Lande schon und die mehrsten Regierungen kommen überein, daß sie ohne sonderliche Schwierigkeit eingeht, obwohl die Hebung nicht überall leicht genug eingerichtet zu sein scheint. In den höheren Klassen scheint man den Satz nicht nur verdoppeln, sondern auch den Hausvater für seine Person besonders noch höher veranschlagen zu können, wenn die niedere Klasse der Gewerbesteuer, der etwaige Personalservis und andere persönliche Abgaben einzelner Provinzen dagegen wegfallen, die Hebung monatlich geschieht und Mittel angewiesen werden, um ohne Schwierigkeit zeitlichen Nachlaß, bei zeitlicher klarer Unfähigkeit zu zahlen, zu gewähren. —

Die Hebung kann nur Kommunalsache sein. Die Vorsteher der Gemeinden kassiren nach dem Verzeichnisse der Einwohner ein, die sie schon von Polizeiwegen haben sollten. . . .

Sicherheit und Ordnung werden nur gewinnen, wenn hier das Finanzinteresse sich an das Polizeiinteresse anschließt. Daß einzelne unstäte Menschen sich der Abgaben, wie der Polizeiaufsicht entziehen, ist ein Uebel wogegen vornehmlich von Seiten der Sicherheitspolizei gewirkt werden muß. . . .

„Die folgenden Berechnungen beruhen auf den statistischen Angaben, die ich bereits Herren Ladenberg und Maaßen mitgetheilt habe mit leichten Aenderungen, um runde Summen zu erhalten:

Die ganze Civilbevölkerung beträgt in runder Summe	10,125,000 E.
davon gehen ab für die Kinder, welche das vierzehnte Jahr noch nicht vollendet haben, $\frac{9}{25}$	3,645,000 „
bleiben im steuerpflichtigen Alter	6,480,000 E.
hiervon gehen ferner ab: Geistliche, Schullehrer $\frac{1}{50}$	129,600 „
Arme und Verhaftete $\frac{1}{40}$	162,000 „
bleiben also steuerpflichtig	6,188,400 E.
hiervon zur ersten Klasse: Gesinde, Tagelöhner, Lehrburschen, gemeine Fabrikarbeiter rc. fast die Hälfte $\frac{14}{27}$	3,208,800 „
zur zweiten Klasse: Kossäthen, Handwerker, die auf eigene Hand ohne Gehilfen arbeiten $\frac{1}{3}$ oder $\frac{9}{27}$	2,062,800 „
zur dritten Klasse: Vollbauern, Handwerker mit Gehilfen rc. $\frac{1}{9}$ oder $\frac{3}{27}$	687,600 „
zur vierten Klasse: Gutsbesitzer, Kaufleute, Fabrikunternehmer rc.	229,200 „
	6,188,400 E.
In der ersten Klasse zahlt Jeder ohne Unterschied einen Groschen monatlich, sind für 3,208,800 Pers.	1,604,400 Rth.
in der zweiten Klasse zahlt jedes Familienhaupt 4, jedes andere Familienglied 2 Sgr. monatlich, also die Familie von 3 Erwachsenen im Durchschnitt 8 Groschen, sind für 687,600 Familien . . .	2,750,400 „
in der dritten Klasse jedes Familienhaupt 12, jedes andere Familienglied 4 Sgr., also die Familie von 3 Erwachsenen 20 Sgr., sind für 229,200 Familien	2,292,000 „
in der vierten Klasse zahlt jedes Familienhaupt 1 Rth. 8 Sgr. monatlich, also die Familie von 3 Erwachsenen im Durchschnitt 2 Rth., sind für 76,400 Familien	1,528,000 „
Mithin Rohertrag der ganzen Klassensteuer . . .	8,174,800 Rth.
hiervon $\frac{1}{8}$ oder $12\frac{1}{2}$ Prozent zu nachstehend näher entwickeltem Bedarf	1,021,850 „
bleiben Reinertrag	7,152,950 Rth.

Von den erwähnten 12½ Prozent bleiben 7½ in den Händen des Landraths bei der Kreiskasse und 5 in den Händen der Regierung bei ihrer Hauptkasse. Beide werden besonders verwaltet und verrechnet. Einige Erhebungskosten sind, auch wenn die Hebung ganz Communalsache ist, besonders in größern Gemeinden nicht zu vermeiden. Bei guter Wirthschaft werden sie hoffentlich nicht über 2½ Prozent betragen. Der Landrath bewilligt sie auf seinen vorgedachten Fond nach den örtlichen Bedürfnissen. — Es ist vorher schon bevorwortet, daß Nachlaß einzelner Termine bei außerordentlichen Unglücksfällen stattfinden müsse. Diesen bewilligt der Landrath aus den übrigen 5 Prozent. Dieser Fond wird hoffentlich um so mehr hinreichen, als dergleichen Fälle selten in den beiden obern Klassen vorkommen können, mithin eigentlich $^{1}/_{10}$ der Steuern der beiden unteren Klassen zum Nachtheil für sie disponibel ist. Was übrig bleibt, wird aufbewahrt für Monate, wo etwa stärkerer Bedarf eintritt.

Die 5 Prozent bei den Provinzial-Hauptkassen haben die Bestimmung, den Erlaß bei größeren Unfällen zu übertragen, wo die Kreisfonds nicht hinreichen; z. B. wenn ganze Ortschaften durch Brand auf einige Monate unfähig zu zahlen werden. Der Vorrath wird in Staatsschuldscheinen zinsbar belegt, bis er Anwendung findet. Bei dieser Vorsicht können nur Ausfälle bei großen Landesunfällen, Krieg ꝛc. stattfinden, wo auch indirekte Abgaben nicht minder Ausfall leiden und wofür außerordentliche Hilfsmittel im Staatshaushalt auf jeden Fall und bei jeder Steuerreform vorbehalten, oder beschafft werden müssen.

Das Militair als solches ist steuerfrei angenommen. Demungeachtet scheint ein Mitglied einer Militairfamilie, das besondere Einkünfte aus Gütern oder Gewerbe bezieht, wie auch das gemiethete Gesinde der Militairpersonen keinen gegründeten Anspruch auf Befreiung zu haben; und ich setze voraus, daß die Hebung der Steuer von diesen Personen durch ihre Polizeibehörde, von dem Kriegsministerio veranlaßt wird. Es ist indeß vorläufig hier nichts in Anrechnung gebracht worden, um auf keinen Fall zu scharf zu rechnen. —

Die wachsende Bevölkerung und der zunehmende Wohlstand mehren eine Klassensteuer. Auch in dieser Beziehung findet also keine nachtheilige Vergleichung statt. Mit den Fortschritten der Kultur steigen die Werthe, also auch die Fleischpreise und der Kartoffelbau. Vor 50 Jahren genoß der gemeine Mann überall mehr Brod und in guten Gegenden auch wohl mehr Fleisch als jetzt. —

In dem neuen Steuerplan war berechnet die Roheinnahme

von der Mahlsteuer 36,311,818 Ctr. à 3 Sgr.	4,538,977 Rth.
von der Fleischsteuer	2,437,500 =
	6,976,477 Rth.
und es sind hievon für Kommunalantheile, Hebungskosten ꝛc. 17 Prozent in Abzug gebracht mit	1,186,001 =
so daß nur Reinertrag bleiben	5,790,476 Rth.

Die Gewerbesteuer in den alten Provinzen sollte nach dem Etat 1812/13 einbringen

von den ersten drei Klassen 1 Rth. bis 6 Rth. 16 Sgr. jährlich	449,142 Rth.
von der vierten, die bis 20 Rth. einschließl. zahlt	120,961 =
von der fünften, = = 84 = = = =	109,482 =
von der sechsten, = = 200 = = = =	33,036 =
	712,621 Rth.

Es ist keine unbillige Annahme, daß nach Wiederherstellung des Friedens, Erwerbung von gewerbreichen Provinzen und Vermehrung der Volkszahl von $4^1/_2$ auf $10^1/_8$ Millionen die Gewerbesteuer sich verdreifache und folglich einbringe

in den ersten drei Klassen	1,347,426 Rth.
in den drei andern	790,437 =
	2,137,863 Rth.

Die Klassensteuer mit oben ermitteltem Ertrag von 7,152,950 Rth. kann hiernach vollständig ersetzen

a. die entworfenen Mahl= und Schlachtsteuer mit	5,790,476 Rth.
b. das Einkommen aus den drei untersten Klassen der Gewerbesteuer, wovon nach Obigen künftig zu erwarten	1,347,426 =
	7,137,902 Rth.

Es ist um so weniger zu zweifeln, daß die vorerwähnte Klassensteuer nach den vorgeschlagenen Sätzen eingehen wird, wenn dem Handwerker und kleinen Gewerbtreibenden die Gewerbesteuer dagegen erlassen werden kann. —

Zur Deckung

a. der von den drei oberen Gewerbesteuerklassen künftig zu erwartenden	790,437 Rth.
b. und der durch das neue Steuersystem auf die Backsteuer veranschlagten	500,000 =
	1,290,437 Rth.

scheint es zweckmäßig, eine besondere Gewerbesteuer auf solche Nahrungszweige einzuführen, die

a. theils durch das neue Steuersystem vorzugsweise erleichtert werden,

b. theils eine besonders große und für das Volk im Ganzen keineswegs günstige Concurrenz darbieten,

c. theils der Erfahrung nach und verhältnißmäßig schnelle und große Gewinne abwerfen.

Zur ersten Klasse gehören die Bäcker und Fleischer, deren Gewerbe nach Aufhebung der Mahl- und Schlachtsteuer ganz frei von aller Besteuerung und finanzieller Kontrolle wird, zugleich auch selbst in den unglücklichsten Zeiten sehr gewinnbringend bleibt.

Zur zweiten Klasse gehören alle Arten von Einzelhandel, von den großen Mode-, Ausschnitt- und Material-Handlungen bis zur Hökerei herab, wozu ein Andrang von müßigen, arbeitsscheuenden Personen ist, ferner alle Arten von Schankwirthschaften, von den Ressourcen bis zur Dorfschenke, endlich alle Arten von Gewerken, die umherziehend betrieben werden. Zur dritten Klasse gehört außer der Branntweinbrennerei, die hier nicht besonders besteuert werden kann, da sie bereits durch die Tranksteuer betroffen wird, der Großhandel.

Die Gewerbtreibenden der erwähnten Klassen können künftig verpflichtet werden, polizeiliche Erlaubnißscheine zur Fortsetzung dieses Gewerbes in bestimmten Zeiträumen zu lösen, die mit einem Stempel von angemessenem Betrage gedruckt sind. Da alle diese Gewerbe ganz offenkundiger Natur sind und größtentheils ohnehin einer besondern Aufmerksamkeit der Polizei bedürfen, so scheint diese Hebungsart ebenso sicher als einfach. — Die Schwierigkeit, welche die Hebung der bisherigen allgemeinen Gewerbsteuer durch die Polizei gefunden hat, dürfte eben dadurch, daß diese Steuer auf so wenige offenkundige und besonders polizeilich wichtige Gewerbe beschränkt wird, größtentheils verschwinden.

Unbedenklich scheint es auch von jedem Mahlgange künftig, wie in geringerem Maaße großentheils schon früher geschehen ist, einen jährlichen Kanon zu heben, der aber, da er auf die Anzahl und Beschaffenheit der Gänge gerichtet und so lange im Bau der Mühlen nichts geändert wird, fixirt werden kann und am bequemsten mit der Grundsteuer einzuziehen sein dürfte. . . . —

Soweit Hoffmann's Vorschlag zu einer Klassensteuer, bei

dessen Wiedergabe zugleich die statistischen Ermittelungen mit verarbeitet sind.

Zur richtigen Beurtheilung des ganzen Projects bleibt nur noch zu erwähnen, daß Hoffmann auf eine schon 1812 von ihm vertretene Idee, den Bedarf an Brod und Futter für das stehende Heer nun auch in Friedenszeiten in natura zu beschaffen, zurückkam, auf Grund mühsamer statistischer Erhebung den Nachweis versuchte, daß durch solche, geschickt angelegte Naturallieferung 4½ Millionen Thaler erspart und dafür dann auch noch die Bier- und Branntweinsteuer in Wegfall kommen könnte. So interessant die Erhebungen und Berechnungen sind, so ist doch diese Andeutung nur für erforderlich erachtet worden, da das Wiederaufleben einer solchen Art von Naturalwirthschaft schon damals als den Zeitumständen zuwiderlaufend verworfen wurde.

Ueber den weiteren Verlauf der Sache schreibt Hoffmann an Rother am 4. November 1817, daß nunmehr die Gutachten der sämmtlichen Provinzialversammlungen über die vorgeschlagenen Verbrauchssteuern von inländischen Erzeugnissen eingegangen seien und das Resultat gehabt hätten, daß eine sehr überwiegende Mehrheit die Mahl- und Fleischsteuer durch eine Klassensteuer ersetzt zu sehen wünsche, die bei der Bier- und Branntweinsteuer gefundenen Schwierigkeiten aber durch Fixation zu milderen beabsichtige.

Hoffmann überreichte dabei von Neuem weitläufige Denkschriften, ein Resultat von Conferenzen mit Maaßen und den Ausdruck der volkswirthschaftlichen Auffassung der Majorität des Staatsraths, welche er bat dem Fürstenkanzler vorzulegen.

Nach dem bereits Mitgetheilten kann man sich um so mehr darauf beschränken, hier nur die Hauptgesichtspunkte anzudeuten, als sich diese Aufsätze weniger auf die gegebene augenblickliche Lage, als auf wissenschaftliche Deduction gründen, wie solche in der Lehre von den Steuern und in akademischen Abhandlungen dieses Staatsmannes bereits einen Platz gefunden haben.

„Schon in sehr frühen Jahren seien in mehreren Provinzen des Staats Versuche gemacht worden, allgemeine Verzehrungssteuern auf dem Lande zu erheben; sie hätten aber immer damit

13*

geendigt, daß ihnen fixe substituirt und sie dadurch in directe Steuern verwandelt seien. So zeige z. B. die Geschichte des Steuerwesens, daß die heutigen Grundsteuern in sehr vielen Fällen eine fixirte Landaccise in sich begreifen. Spreche schon dies Factum für die Berechtigung directer Steuern als allgemeiner Landesabgaben, so lägen auch begrifflich und sachlich gegen indirecte Steuern in der Form allgemeiner innerer Verbrauchssteuern so viel Gründe vor, daß die bestechende Ansicht, die indirecte Belastung würde von dem Volke weniger empfunden, in Bezug auf diese Steuer eine Täuschung sei." —

VII.

Definitive Regelung der äußeren Zoll- und Verbrauchssteuer-Gesetzgebung in ihrem Zusammenhange mit den Gesetzen über die inneren Verbrauchssteuern vom 8. Februar 1819.

Wie weit ausgebildet auch nach diesen Vorschlägen die Pläne für Verwirklichung eines directen Steuersystems waren, so große Schwierigkeiten sollten denselben dennoch entgegentreten und war der fernere Verlauf der legislativen Thätigkeit zunächst auf die gesonderte Ausbildung des äußeren Steuersystems gerichtet, ohne daß man an dem ursprünglichen Gedanken, beide Zweige der Gesetzgebung auf einmal in's Leben treten zu lassen, festhielt.

Zwar war in Folge der heftigen Angriffe, die der Finanzminister Graf v. Bülow durch Wilhelm v. Humboldt und auch von andern Seiten erfuhr, dieser Minister Anfangs Dezember vom Finanzministerium zurückgetreten, hatte dagegen das Handelsministerium übernommen, und war v. Clewitz an seine Stelle als Finanzminister getreten. — Der der Entwickelung eines directen Steuersystems entgegenstehende Einfluß dieses Mannes war indessen damit nicht gehoben.

Am 10. Dezember 1817 hatte Bülow an Clewitz ein Schreiben des Inhalts gerichtet:

1. Er glaube nicht, daß seine fernere Theilnahme bei der Projectirung der Gesetze und deren Bearbeitung bis zur Vorlegung beim Staatsrath, obwohl der Fürstkanzler der Ansicht sei, dies

könne seinem (v. Bülow's) Entschlusse überlassen bleiben, aufgehört habe, er halte sich vielmehr durch Befehl gebunden, da er durch eine in der Gesetzsammlung (Ges.-S. d. 1817 S. 74 ff.) publicirte Verordnung — Constituirung der Abtheilungen des Staatsraths — zu dieser Mitwirkung berufen sei.

2. Ueberreiche er in den Anlagen eine Uebersicht über den Stand der Sache und sei dieser im Kurzen folgender:

a. Das Gesetz wegen der Handels- und der Abgaben auf den Verkehr mit dem Auslande sammt Tarif und Ordnung läge zur Allerhöchsten Sanktion vor.

b. Ein neues Stempelgesetz sei im Entwurf ausgearbeitet.

c. Ueber die im vorigen Jahr vorgeschlagene Tranksteuer sei ein neuer Gesetzentwurf umgearbeitet, auf dessen finale Redaction es nur noch ankomme.

d. Statt der in der Staatsrathskommission verworfenen, auch in den mehrsten Provinzialversammlungen abgerathenen Mahlsteuer und der mit zu beseitigenden Fleischsteuer sei von Hoffmann eine Personensteuer von 4 Klassen entworfen.

e. Der Entwurf eines Gewerbesteuergesetzes könne erst zur Berathung vorgelegt werden, wenn beschlossen, den Hoffmann'schen Entwurf über die Klassensteuer beizubehalten, da die Gewerbesteuer als ein Annex der Klassensteuer und nur bei gewissen Gewerben eintreten solle.

f. Ueber ein Generalgesetz und über die darin aufzunehmenden Bestimmungen, wobei Fragen über die Grundsteuern, Einquartierungslast, Kommunalabgaben, Servis und Haussteuern vorgekommen, habe die Berathung angehen sollen, die Conferenzen seien aber durch die Ministerialveränderungen auf zehn Tage verschoben worden.

3. Nach Eingang der Kabinetsordre vom 1. August 1817, durch welche der König die Grundsätze des Staatsraths in Bezug auf äußeren Verkehr genehmigte und in Folge deren vom Staatskanzler Voranstalten zur Grenzbesetzung in den westlichen Provinzen gemacht werden sollten, sei berichtet worden, daß, da der König befohlen habe, daß in den westlichen Provinzen nicht eher das neue System ausgeführt werden solle, wie in den östlichen, auch die vorläufigen Anstalten hier wie dort gleichen Schritt gehen müßten, da man z. B. bei den noch ganz unbesetzten Grenzen in Thüringen, Sachsen und Posen dort vollkommen dieselben Vorbereitungen nöthig

habe, wie am Rhein und in Westphalen. Da nun aber diese hier im Osten noch hinausgestellt werden sollten, so sei alles, was auf die sieben östlichen Provinzen sich bezieht, zurückgelegt, im Westen aber Alles einzuleiten angeordnet, was dem Gesetze vorhergehend und zulässig sei. —

Dies als Uebergabeverhandlung zu bezeichnende Schreiben beantwortete v. Clewitz am 13. December 1817 mit dem Vorschlage, daß Bülow und er gemeinschaftlich den ferneren Conferenzen der Steuerkommission des Staatsraths präsidiren möchten. Auf diese Weise würde einer so wichtigen, von ihm (Bülow) ausgegangenen Angelegenheit seine Wirksamkeit ferner erhalten. —

Somit war beinahe der Zeitpunkt abgelaufen, an welchem nach der Kabinetsordre vom 1. August 1817 die auf die äußere Besteuerung sich beziehende Gesetzgebung ins Leben treten sollte, ohne daß eine Einigung der Partheien herbeigeführt worden war. —

Knüpfte ein Theil der Staatsraths-Mitglieder die Hoffnung, eine Reform auch des innern Steuersystems im Zusammenhange mit dem ganzen Finanzplan durchzusetzen, daran, daß er die Einführung der Zoll- und äußeren Verbrauchssteuer-Gesetzgebung in den östlichen Provinzen nicht eher gestatten wollte, als bis dem Wunsch der Bevölkerung nach anderweiter Ausbildung der directen Steuern, namentlich der Grund- und Klassensteuer Rechnung getragen sei, so glaubte andererseits die Gegenparthei die beste Stütze für ihre Absichten, den Schwerpunkt der inneren Belastung auf Consumtionsabgaben zu legen, in dem Umstande zu finden, daß der königliche Wille, in erster Linie, die gleiche Behandlung der Handels- und Verkehrsverhältnisse in sämmtlichen Provinzen des Staats betont hatte. —

Es wird hier eine Correspondenz zwischen Altenstein, der nach v. Humboldt's Uebernahme der Botschaft zu London 1817 als ein viel gefügigerer Staatsmann den Vorsitz im Staatsrath übernommen hatte, und Hardenberg aus dem Januar 1818 übergangen. Es bezog sich diese Correspondenz auf die Bedenken, welche der Staatsrath gegen v. Bülow's Vorschläge, das äußere Steuersystem nur in den westlichen Provinzen durchzuführen, erhob. Dieser Schriftwechsel wird hier nur bezüglich der oben berührten Partheistellung erwähnt, indem die Sache an sich dadurch nicht gefördert wurde.

Im Wesentlichen war aber auch durch den Eintritt v. Clewitz's in das Finanzministerium der Standpunkt des Ressortministers der

Majorität des Staatsraths gegenüber wenig geändert, wie dies namentlich aus einem von Clewitz und Bülow gemeinsam an den Fürstkanzler unterm 20. Februar 1818 erstatteten Berichte hervorgeht. — Es wird hierin auf die geringe practische Ausbeute, die die Verhandlungen in den Provinzen, sowie im Staatsrath selber gehabt hätten, hingewiesen, die allgemeine Finanzlage des Staats geschildert, wonach die ursprünglich proponirten Abgaben, resp. die anderweit zu beschließenden, einen reinen Ueberschuß nach Abzug der Verwaltungskosten von 22 Millionen Thaler gewähren müßten. — So viel man mit Sicherheit schließen könne, werde davon nach dem angenommenen Gesetz

die Abgabe vom Verkehr mit dem Auslande liefern	6,000,000	Rth.
die Stempel würden nach einem neuen Gesetzentwurf, der vorbereitet sei	2,000,000	=
von einer, — d. h. der ursprünglich von Bülow vorgeschlagenen —, Trankſteuer sei ein finanzielles Resultat von	4,000,000	=
zu erwarten,		
die Steuer vom Landtabak könne man auf	200,000	=
die Vermehrung der Salzeinkünfte (120 Rth. pro Last) auf	540,000	=
annehmen	12,840,000	Rth.

— Ob man sich, um den Ausfall von 9,160,000 Rth. zu decken, nachdem eine allgemeine Fleischsteuer von der Majorität des Staatsraths verworfen war, zu einer Klassensteuer als allgemeiner Landesabgabe entschließen werde, läßt der Bericht ganz im Dunkeln und hebt andererseits nur hervor, wie schädlich die Tendenz sei, den inneren Consumtionssteuern auszuweichen und daß Vermögens- und Einkommensteuern als fortlaufende Abgaben practisch unausführbar wären.

Ebenso wenig verbreitet sich dieser gemeinsame Bericht über die gerade damals brennende Frage, in welcher Weise mit der Durchführung des äußeren Steuersystems in den alten und neuen Provinzen vorgegangen werden solle. — —

Daß Hardenberg vom Standpunkte der practischen Verwaltung und wegen der sich immer mehr häufenden Beschwerden, namentlich der rheinischen Fabrikanten bei einer so lahmen Förderung der Steuerreform wenigstens auf Realisirung des in der Kabinetsordre vom 1. August 1817 gegebenen Befehls bezüglich der Zollgesetzgebung hindrängte, war nur natürlich und hatte dies dann auch die Folge, daß es speciell über diese Frage im Königlichen Staatsrath unterm 10. März 1818 zu einer Berathung kam, die die definitive Regelung dieses Zweiges der Steuergesetzgebung durch Kabinetsordre vom 26. Mai 1818 und die Emanirung der Zoll- und Verbrauchssteuergesetzgebung von gleichem Datum herbeiführte.

Wir geben diese Staatsrathsverhandlung als wichtig und als erstes specimen der Staatsrathsprotocolle:

Verhandelt im Königlichen Staatsrath den 10. März 1818; gegenwärtig: der Kronprinz, Prinz Wilhelm (Kaiser Wilhelm), Prinz Wilhelm Bruder, Prinz August, Geh. Kabinetsrath Albrecht, Geh. Legationsrath Ancillon, Geh. Oberfinanzrath Beguelin, Staatsminister v. Beyme, Feldmarschall Fürst Blücher von Wahlstadt, Staatsminister v. Brockhausen, Wirkl. Geh. Oberjustizrath v. Diederichs, Geh. Oberfinanzrath Ferber, Präsident und Staatssecretair Friese, General der Infanterie Graf v. Gneisenau, Chef des Ober-Tribunals v. Grolmann, General-Major v. Grolmann, Oberpräsident v. Heydebreck, Wirkl. Geh. Legationsrath v. Jordan, Wirkl. Geh. Oberregierungsrath v. Kamptz, Staatsminister v. Kircheisen, Staatsminister v. Klewitz, General-Lieutenant v. d. Knesebeck, Wirkl. Geh. Oberfinanzrath v. Ladenberg, Staatsminister Graf v. Lottum, Wirkl. Geh. Oberfinanzrath v. Maaßen, Wirkl. Geh. Oberregierungsrath Nicolovius, der Statthalter des Großherzogthums Posen Fürst Radziwill, Staatsrath Freiherr v. Rhediger, General-Intendant Ribbentrop, Geh. Justizrath v. Savigny, Staatsrath Scharnweber, General-Major v. Schoeler, Staatsminister v. Schuckmann, Geh. Staatsrath v. Staegemann, General der Infanterie Graf Tauentzin, Staatsminister Fürst v. Wittgenstein, Oberst v. Witzleben und Staatsminister Freiherr v. Altenstein als Präsident.

„Hierauf kam von denen zur heutigen Berathung ausgesetzten Gegenständen:

I. Das Gutachten der Abtheilungen für die Justiz, den Handel und die inneren Angelegenheiten vom 12. v. Mts. wegen des Einführungstermins des Sr. Majestät dem Könige unterm 12. Juli v. J. von dem Staatsrath vorgelegten Gesetzes über den Zoll und die Verbrauchssteuern von ausländischen Waaren und über den Verkehr zwischen den Provinzen des Staats, ferner der mit diesem Gutachten übergebene Entwurf zu einer Verordnung über transitorische Bestimmungen in Absicht des inneren Verkehrs und der Nachsteuer von ausländischen Waaren und endlich die in Hinsicht der Strafbestimmungen fernerweit geprüfte und geänderte Zoll- und Verbrauchssteuerordnung zum Vortrage, welcher von dem dazu ernannten Referenten Wirkl. Geh. Oberfinanzrath Maaßen gehalten wurde.

In seinen vorjährigen Berathungen über den von dem damaligen Finanzminister Grafen Bülow vorgelegten Entwurf zu einem Gesetz über die Steuerverfassung des Königreichs hat der Staatsrath denjenigen Theil dieses Entwurfs, welcher die Besteuerung des Verkehrs mit dem Auslande betrifft, unter einigen Modificationen angenommen, ihn von demjenigen Theil, welcher das **innere** Steuersystem angeht, abgesondert, darüber nach den von ihm beschlossenen Modificationen einen besonderen Gesetzentwurf nebst den beiden Zoll- und Verbrauchssteuertarifs von ausländischen Waaren für die östlichen und westlichen Provinzen ausarbeiten lassen und diesen umgeänderten Gesetzentwurf sammt den beiden Tarifs Sr. Majestät dem Könige zur weiteren allerhöchsten Entschließung unterm 12. Juli v. J. eingereicht. Der Staatsrath war dabei der Meinung, daß die Einführung des neuen Steuersystems von ausländischen Waaren in den westlichen Provinzen gar kein Bedenken habe; in den östlichen aber damit auch die Einführung einer anderen inneren Besteuerung verbunden werden müsse, weshalb also auch in dem anderweit von ihm abgefaßten Gesetzentwurf § 29 der Einführungstermin des neuen Steuersystems in den westlichen Provinzen auf den 1. September v. J., in den östlichen aber auf den 1. Januar d. J. vorgeschlagen war.

Durch diesen Entwurf war die Sache indessen noch nicht **vollständig** erschöpft, indem der Staatsrath in seinen Berathungen zugleich die Nothwendigkeit erkannt hatte, die zu dem Entwurf gehörige und ebenfalls nach den Beschlüssen des Staatsraths modificirte Zoll- und Verbrauchssteuerordnung, welche die nöthigen Bestimmungen über das ganze Verfahren bei Ausführung und Anwendung des Gesetzes und über das in dieser Beziehung eintretende Verhältniß des Publicums zu den Verwaltungsbehörden enthielt, wonach in Rücksicht der darin gemachten Strafbestimmungen der näheren Prüfung einer besonderen Kommission des Staatsraths bestehend aus der Justizabtheilung desselben, dem Geh. Ober-Tribunalsrath v. Grolmann und dem Wirkl. Geheimen Oberfinanzrath Maaßen zu unterwerfen, um sie mit denen des allgemeinen Landrechts in mehrere Uebereinstimmung zu bringen.

Diese Prüfung ist unterdessen erfolgt und die darnach von der gedachten Kommission vorgeschlagenen Abänderungen des Entwurfs zu der Zoll- und Verbrauchssteuerordnung machen einen Theil des heutigen Vortrags aus.

In der auf den vorgedachten Bericht des Staatsraths unterm 1. August v. J. an den Staatskanzler Fürsten v. Hardenberg gerichteten Kabinetsordre haben des Königs Majestät die Grundsätze des neuen Steuersystems über den ausländischen Verkehr zwar allgemein in Rücksicht der gesammten Monarchie für die Zukunft zu genehmigen geruht, daß das neue Steuersystem in den westlichen Provinzen nicht eher eingeführt, als bis solches auch in den östlichen möglich sei, daß die hierzu erforderlichen Vorarbeiten beschleunigt und es dahin eingeleitet werde, daß in beiden Theilen der Monarchie das neue System womöglich mit dem 1. Januar 1818 in Kraft treten könne. Im Gefolge dieser Allerhöchsten Festsetzung ist von dem Staatskanzler eine besondere Kommission unter Vorsitz Anfangs des Staatsministers Grafen v. Bülow, jetzt der beiden Staatsminister v. Bülow und v. Klewitz niedergesetzt, um theils überhaupt das neue Steuersystem nach den Berathungen des Staatsraths sowohl, als der Oberpräsidenten der Provinzen zu bearbeiten, theils insbesondere für das System über den ausländischen Verkehr die zur Behebung der Hindernisse, welche der Einführung in den östlichen Provinzen entgegenstehen, erforderlichen Vorarbeiten zu machen. — Inmittelst wurden die Klagen der Fabrikanten in den westlichen Provinzen wegen der nicht erfolgten Grenzbesetzung, wegen Einführung eines angemessenen Steuersystems von ausländischen Waaren zum Schutze der inländischen Fabriken und Erleichterung des Verkehrs der westlichen mit den östlichen Provinzen immer dringender. Der Staatskanzler forderte daher in einem Schreiben vom 8. December v. J. die beiden Staatsminister Grafen v. Bülow und v. Klewitz zur Beschleunigung der Sache auf, damit das neue Steuersystem in Rücksicht des Verkehrs mit dem Auslande wenigstens mit dem 1. Januar 1818 in den westlichen Provinzen zur Ausführung kommen könne. Der Staatsminister v. Klewitz trug sogleich in der unterm 19. December v. J. ertheilten Antwort theils auf eine Modification des vorgelegten Gesetzentwurfs, theils auf einige transitorische Nebenbestimmungen an. Diese Antwort theilte derselbe zugleich dem zeitigen Präsidenten des Staatsraths Freiherrn v. Altenstein mit und da der Staatsminister v. Klewitz in einem späteren Schreiben auch noch einige Aenderungen in der Zoll- und Verbrauchssteuerordnung selbst wünschte; so wurde die Sache an die vorgedachten, dabei interessirten, Abtheilungen des Staatsraths nochmals zur Begutachtung remittirt, welche darüber auch ein Gutachten vom 12. d. Mts. erstattet und mit demselben zugleich wegen der vom Finanzminister gewünschten Nebenbestimmungen den Entwurf einer diesfälligen Verordnung eingereicht haben.

Der Gegenstand der heutigen Berathung betrifft also

a. die von der vorerwähnten Kommission des Staatsraths wegen der Strafbestimmungen der Zoll- und Verbrauchssteuerordnung vorgeschlagenen Modificationen,

b. die von dem Finanzminister angetragene Modification des Hauptgesetzes zugleich in Rücksicht des Termins seiner Einführung in den östlichen Provinzen,

c. die von demselben gleichfalls angetragenen transitorischen Nebenbestimmungen und die darüber entworfene Verordnung. —

Nachdem der Referent den Vortrag vollendet hatte, so erklärte der Finanzminister v. Klewitz zuerst im Allgemeinen seine Ueberzeugung von der Unhaltbarkeit des alten Systems und sein Einverständniß mit den Grundsätzen des neuen, auch seine Bereitwilligkeit, in dessen Ausführung jede irgend mögliche Beschleunigung zu legen, dennoch rieth er für die Sache selbst, diese Angelegenheit nicht zu übereilen und namentlich für die Ausführung Sr. Königl. Majestät keinen Termin vorzuschlagen, bevor man ihrer Innehaltung noch nicht Herr und ganz gewiß sei. Als Gründe entwickelte er besonders: daß der durch das neue System zu deckende Bedarf mit höchster Vorsicht festzustellen sei: daß überhaupt zur Deckung desselben noch nicht alle Mittel erörtert wären; daß insbesondere, wenigstens während des Ueberganges vom alten zum neuen System, große Ausfälle entstehen könnten und würden; daß darüber bei Ermangelung eines Schatzes und bei den schon zur Schuldentilgung erforderlichen Anleihen ein Finanzminister sich keineswegs leicht hinwegsetzen dürfe, daß überhaupt das neue Steuersystem noch nicht ganz abgeschlossen sei, vielmehr noch theils Vorarbeiten der Steuerkommission, theils die Berathungen des Königlichen Staatsraths darüber vorausgehen müßten; und daß er erst alsdann im Stande, aber sodann auch sogleich bereit sein werde, Sr. Königl. Majestät und dem Staatsrath selbst die kürzesten Termine zur Ausführung in Vorschlag zu bringen. Er ging dann insbesondere auf den vorliegenden Gegenstand über und erklärte: daß so wie die Abtheilungen des Königl. Staatsraths mit vielen seiner Vorschläge, er mit mehreren ihrer Modificationen einverstanden sei; daß einzelne Abweichungen sich bei den einzelnen Debatten ergeben würden; und daß er auch hier bei Einführung des Systems für den ausländischen Verkehr nur auf den Anfangstermin und die Maaßregeln dabei den höchsten Werth legen müsse.

Für die westlichen Provinzen habe er nichts dagegen, daß solches sogleich nach der Publication in Kraft trete, insofern diese Publication in die Hand des Finanzministerii gelegt würde *).

Für die östlichen Provinzen müsse er darauf dringen, daß die Bestimmung des Anfangstermins noch vorbehalten bleibe. —

Es entstand bei dem Staatsrath indessen zuvörderst der Zweifel:

A. Ob er zur Berathung über die vorliegenden Gutachten (der Abtheilungen) competent sei?, da der ihm im vorigen Jahr ertheilt gewesene Allerhöchste Auftrag durch den damals (20. Juni 1817) erstatteten Immediatbericht nicht vollendet und die Sache zur nochmaligen Berathung von dem Könige an ihn noch nicht verwiesen sei.- Die Mehrheit nahm indessen an, daß durch den im vorigen Jahr erstatteten Immediatbericht die Sache noch nicht vollständig erledigt gewesen und die gegenwärtige Berathung daher nur als eine Fortsetzung des vorjährigen Auftrags zu betrachten sei. Es erklärten sich bei der Abstimmung 34 Mitglieder für diese Meinung. — In der weiteren Erörterung kam es, da die gedachten Abtheilungen des Staatsraths in ihrem Gutachten den Einführungstermin des neuen Steuersystems für die östlichen Provinzen auf den 1. Januar 1819 vorgeschlagen haben, nun zunächst auf die beiden Fragen an:

B. Ist die Einführung der neuen Steuern über den Verkehr mit dem Auslande in den westlichen Provinzen unverzüglich anzuordnen und

C. Soll für die Einführung desselben im Osten ein Termin schon jetzt gesetzlich ausgesprochen werden.

In der Abstimmung erklärten sich bei der ersten Frage (B.) 31 gegen 8 Stimmen für die bejahende Meinung; bei der zweiten Frage hingegen waren von den 40 anwesenden Mitgliedern die Stimmen gleich getheilt und es ergab die Stimme des Präsidenten für die verneinende Meinung den Ausschlag.

Durch diesen Beschluß wird also eine Aenderung des ursprünglichen Gesetzentwurfs nöthig und die Fassung dazu dem Staatsrathe

*) Hardenberg schrieb mit Blei an den Rand „was heißt das.“

in der nächsten Sitzung zur Genehmigung vorgelegt werden. Dieser Beschluß gab ferner Veranlassung zur nochmaligen Erwägung der bereits bei den vorjährigen Berathungen des Staatsraths erörterten Frage:

ob während der Zeit, daß die Einführung des neuen Steuersystems in den östlichen Provinzen noch nicht stattfinden könne, eine Nachschußsteuer, wenn auch nur die Hälfte der bisherigen, wie der Finanzminister als einstweilige Uebergangsmaßregel vorgeschlagen hat, von den aus den westlichen in die östlichen Provinzen eingehenden einheimischen Fabrikaten zu erheben sei:

worüber sich im vorigen Jahr der Staatsrath nach dem Conferenzprotocoll vom 2. Juli mit 46 gegen 7 Stimmen verneinend ausgesprochen habe.

Man war allgemein einverstanden, daß in finanzieller Rücksicht die Sache von keiner Erheblichkeit sei, sondern diese nur in Hinsicht auf die öffentliche Meinung vorwalte, um den Fabrikanten in den östlichen Provinzen bei ihren dermalen noch ungleich höheren indirecten Steuern keinen Grund zur Beschwerde über den Verfall ihrer Fabriken zu geben.

Da jedoch die Erheblichkeit dieses Grundes von andrer Seite in Zweifel gezogen und die nehmliche Rücksicht für die Fabriken in den westlichen Provinzen angeführt wurde, so wurde die Frage zur Abstimmung gestellt:

D. Ob es bei dem vorerwähnten, vorjährigen Beschluß des Staatsraths verbleiben solle? und mit 27 gegen 12 Stimmen bejahend entschieden.

Hiergegen protestirten v. d. Knesebeck, v. Ladenberg und v. Heydebreck.

Es wurde zwar, wie hierbei bemerkt werden muß, der gleich im Anfang der Discussion erhobene Zweifel über die Kompetenz des Staatsraths in Hinsicht der drei jetzt abgestimmten Fragen annoch speciell wieder in Anregung gebracht, namentlich von Ancillon unter Berufung auf die Kabinetsordre vom 1. August, daß das neue Steuersystem gleichzeitig in beiden Theilen der Monarchie eingeführt werden solle, des Königs Majestät sich auch ausdrücklich in derselben geäußert habe, daß Allerhöchst dieselben die Ansicht wegen der nachschußfreien Einlassung der westlichen Fabrikate in die östlichen Provinzen nicht gegründet fänden.

Die Mehrheit des Staatsraths glaubte indessen bei ihrem heutigen Beschluß verbleiben zu müssen aus 4 Gründen.

1. Des Königs Majestät Verheißungen bei seiner letzten Anwesenheit am Rhein nach dem 1. August.

2. Gefahren wegen Ausfälle in der Staatskasse.

3. Der Einführung in die westlichen Provinzen stehe nichts entgegen.

4. Die heutige Berathung sei nur Fortsetzung der vorjährigen und sei es die Pflicht des Staatsraths seine unmaßgebliche Meinung über die dabei zur Sprache gekommenen Gegenstände Sr. Majestät vorzulegen, um so mehr als der Allerhöchsten Entschließung dadurch garnicht vorgegriffen werde.

Darauf werden E. die Strafbestimmungen. F. Ebenso im Allgemeinen der Entwurf zu den Verordnungen über die transitorischen Bestimmungen. G. Ebenso die Tarifbestimmungen und H. mit kleinen Differenzen die Vorschläge bezüglich der Anstellung der Zollbeamten angenommen.

Da durch dies Document die Stellung, welche der Staatsrath zur Sache einnahm, genügend gekennzeichnet wird, so ist auf die umfangreichen pro memoria der vereinigten Abtheilungen des Staatsraths um so weniger eingegangen, als die Streitpunkte durch die Kabinetsordre vom 26. Mai 1818, durch welche der definitive Abschluß bezüglich der Zollgesetzgebung gemacht wurde, noch einmal zusammengefaßt und erledigt worden sind. —

„An den Staats- und Finanzminister v. Klewitz.“

„Ich habe Mir die Verhandlungen des Staatsraths über die Zoll- und Verbrauchssteuer von ausländischen Waaren und über den Verkehr zwischen den östlichen und westlichen Provinzen des Staats, welchen derselbe Mir mittelst Berichts vom 31. März cr. eingereicht hat, vortragen lassen und übersende ihnen nunmehr

1, das Gesetz über die Zoll- und Verbrauchssteuer nebst den dazu gehörigen beiden Tarifen,

2, die Zoll- und Verbrauchssteuerordnung nebst Tarifen,

3, die Verordnung über transitorische Bestimmungen in Absicht des innern Verkehrs und der Nachsteuer von inländischen Waaren, von Mir vollzogen zur baldmöglichen Ausführung.

In den westlichen Provinzen muß die Einführung unverzüglich angeordnet werden. Ich befehle Ihnen daher den Termin, dessen Bestimmung Ich Ihnen zwar überlassen will, baldigst bekannt zu machen und die von Mir genehmigten Gesetze demgemäß zu publiciren.

Die Schwierigkeit, welche die Veränderung des Steuersystems hat, verkenne Ich keineswegs und billige daher auch Ihren bei den

Verhandlungen des Staatsraths gemachten Antrag, daß für die Einführung desselben im Osten ein Termin noch nicht ausgesprochen werde, vollkommen. Es scheint Mir indessen, daß es auch Ihre Absicht ist, diese Angelegenheit nicht lange hinauszuschieben, sondern daß Sie nur einige Monate Zeit gewinnen wollen, um die nöthigen Vorbereitungen an den Grenzen und bei den innern Zollplätzen zu machen; Ich erwarte daher, daß Sie in jedem Falle mit dem 1. Januar 1819 spätestens auch in den östlichen Provinzen mit der Publication der Gesetze und deren Ausführung vorgehen werden.

Können Sie die Ausführung früher bewirken, so bleibt Ihnen solches überlassen.

Wegen der Schwierigkeit der Sache und damit Einheit in selbige komme, wird es nöthig sein, daß Sie zwei Generalkommissarien, einen für die westlichen und einen für die östlichen Provinzen bestellen, welche mit den Provinzialbehörden die Ausführung bewirken. Die Besetzung der Oberinspector-, Steuerinspector und Rendantenstellen würde zwar nach der Regierungsinstruction den Regierungen zustehen, indessen, da es hier auf die erste Einrichtung vorzüglich ankommt, und auch noch eine große Anzahl versorgungsberechtigter Individuen bei den obern Behörden notirt sind, wozu besonders die auf Wartegeld sitzenden Beamten gehören, so will Ich Ihnen hiermit die Bestätigung dieser anzustellenden Diener nach vorheriger Anhörung der Vorschläge der resp. Regierungen übertragen. Nach vollendeter Organisation treten die Regierungen wieder in das ihnen durch die Instruction beigelegte Besetzungsrecht.

Die in dieser Organisationsangelegenheit ferner nöthigen Bestimmungen haben Sie bei dem Staatskanzler Fürsten v. Hardenberg einzuholen, welcher in Gemäßheit der ihm von Mir während Meiner Abwesenheit ertheilten allgemeinen Vollmacht solche ertheilen wird. Friedrich Wilhelm."

Daß durch diese Kabinetsordre derjenige Theil des Bülow'schen Finanzprojects, auf welchen er nach seinem Immediatbericht vom 14. Januar 1817 das Hauptgewicht legte und der im Wesentlichen als eine Schöpfung Maaßen's zu bezeichnen ist, in's Leben trat, war ein Segen und dies Factum allein von den weittragendsten Folgen für die handelspolitische Stellung, welche der damals geographisch so ungünstig gestaltete Preußische Staat unter den europäischen, handeltreibenden Völkern einzunehmen berufen war.

Die Arbeit war aber doch immerhin nur halb gethan. —

Das innere Verkehrsleben ist zu sehr mit den internationalen Handelsbeziehungen eines Volks verknüpft, als daß es möglich wäre, einseitig freiheitliche Grundsätze für den Verkehr mit dem Auslande in Wirksamkeit treten und doch dabei zum Theil die Fesseln bestehen zu lassen, die nach mittelalterlicher und nach derjenigen Auffassung, welche zur Zeit unbeschränkter Souveränetät und Landeshoheit herrschte, dem inneren Verkehrsleben angelegt waren.

Wenn man sich in Hinblick auf die höchst complicirte Lage, wie sie im Jahre 1815 der neu gebildete Staat bezüglich der Zoll- und Steuergesetzgebung vorgefunden hatte und die trotz aller mühsamen Arbeit der Gesetze vorschlagenden und berathenden Organe de facto eine Aenderung nicht erfahren hatte, darüber nicht zweifelhaft sein kann, daß selbst für den Fall, es wäre ein einheitliches, Alles umgestaltendes neues System zur Geltung gekommen, die Schwierigkeiten für die Verwirklichung desselben bedeutend waren, — so muß dies um so mehr zutreffen da, wo, so zu sagen, in alte Schläuche neuer Most gegossen wurde. —

In Wirklichkeit bestand für den innern Verkehr noch die alte Acciseverfassung und neben dieser eine von großartigen liberalen Gesichtspunkten ausgehende Zoll- und Verbrauchssteuergesetzgebung mit dem Auslande ins Leben zu rufen, war ein Widerspruch, der keinen Bestand halten konnte. —

Der König hielt sich bekanntlich damals mit Hardenberg in Aachen auf und hatten die anderweiten politischen Aufgaben, die ihn und Hardenberg beschäftigten, wohl eine Zeit lang den königlichen Blick, der, wie gezeigt worden ist, mit großer Schärfe dem Entwickelungsgang dieses Zweiges unsres Staatslebens gefolgt war, von der unmittelbaren Beobachtung des weiteren Verlaufs der Sache um so mehr abgelenkt, als die Anschauung wohl berechtigt schien, daß durch Abschluß der Gesetzgebung über die äußere Besteuerung nach so vielen schweren Kämpfen wohl ein gut Stück Arbeit geschehen sei. — Die Prinzipien dieser Gesetzgebung waren klar, entsprachen dem Zeitgeiste, standen in Uebereinstimmung mit den Anschauungen des Staatsraths, mit denjenigen patriotischer Staatsmänner, die durch Königliches Vertrauen berufen, von Neuem, wie in schwerer Prüfungszeit ohne Menschenfurcht ihre Ansichten über das Wohl des Allgemeinen ausgesprochen hatten. —

Anders war die Lage der mit der Ausführung beauftragten Minister. —

Am 21. September 1818 berichteten v. Bülow und Klewitz an den König.

„Die Unterzeichneten halten sich verpflichtet, Euer Königl. Majestät von der Lage der Steuerumformungsangelegenheit gehorsamste Anzeige zu machen."

Durch den Allerhöchsten Befehl vom 26. Mai d. J. haben Ew. Majestät bestimmt, daß die Steuergesetze von demselben Tage in den westlichen Provinzen sogleich zur Ausführung kommen, in den östlichen aber längstens den 1. Januar a. f. eingeführt werden sollen.

Die Erledigung dieser Allerhöchsten Bestimmung für die westlichen Provinzen hat darin einigen Aufenthalt gefunden, daß der Verhältnisse des Rheins wegen aus Veranlassung der Wiener Schifffahrtsacte noch einige Festsetzungen erforderlich waren, welche mit dem Fortgange der Arbeiten der Centralkommission zu Mainz in Verbindung standen und daher sogleich nicht erlangt werden konnten. Nachdem sie erfolgt sind, ist sogleich die öffentliche Bekanntmachung der Gesetze geschehen und da die Haupteinrichtungen in jenen Provinzen schon vorbereitet waren, so hat sich die wirkliche Ausführung gleich dergestalt anschließen können, daß nach den getroffenen Maßregeln jetzt alle Erhebungsbehörden mit der Grenzbewachung in Thätigkeit treten müssen. Steuergesetze werden selten allgemein geneigt aufgenommen und denen vom 26. Mai d. J. steht in Bezug auf die westlichen Provinzen noch der Umstand entgegen, daß sie, nachdem in dem größten Theil derselben 1813 und 1814 die bestandenen Mauthen und Verzehrungssteuern militairisch aufgehoben wurden, nach beinahe 5 jährigem Genusse dieser Erleichterung Vielen deren Wiedereinführung eine neue Last zu sein scheinen wird und daß es bei Gesetzen der Art eine bestimmte Unmöglichkeit ist, die oft so sehr entgegengesetzten Wünsche und Ansprüche Aller zu befriedigen.

— Die Einführung des Gesetzes vom 26. Mai d. J. in den östlichen Provinzen betreffend, so nehmen Euer Königliche Majestät in der Allerhöchsten Verfügung von demselben Tage an, daß ich (der Finanzminister) mich nur deshalb gegen eine gleichzeitige Einführung erklärt habe, um noch einige Zeit zu den erforderlichen Organisationsarbeiten zu gewinnen. Ich halte indessen für meine Pflicht dagegen gehorsamst bemerklich zu machen, daß dies nicht die Veranlassung zu meiner Gegenerklärung gewesen ist, daß vielmehr folgende Gründe mich dazu bewogen haben:

Weil ich die Gesetze vom 26. Mai d. J. allein für sich für die östlichen Provinzen mit Erreichung der beabsichtigten Zwecke nicht für einführbar erachtet habe; weil, wenn die Einführung dieser Gesetze allein für sich dennoch geschähe, dies einen Ertragsausfall, welcher auf mehrere Millionen berechnet worden, zu Wege gebracht haben würde, worauf ich in meiner Eigenschaft als Finanzminister ganz besonders habe aufmerksam machen müssen.

Wir haben uns daher darüber berathen, welche Maßregeln zu nehmen sein möchten, um die oft gedachten Gesetze in den östlichen Provinzen, wo sie sowohl in Betreff der Steuersätze, als der Erhebungsformen und der Verstattung eines freien Verkehrs für den bei weitem größten Theil bedeutende Erleichterungen gewähren, mit Beseitigung jener Anstände einführen zu können und haben uns über die Mittel zu jenem Zwecke vereinigt.

Wir legen daher dem Staatsrath gegenwärtig einen Gesetzentwurf darüber vor, dessen Hauptgrundlagen folgende sind:

a. eine allgemeine Getränksteuer,

b. die Aufhebung aller übrigen Accisen und Verbrauchssteuern mit zeitweiser Ausnahme derjenigen, welche das Gemahl und das Fleisch treffen,

c. gleichmäßige Einführung dieser Gesetze mit den vom 26. Mai d. J., wozu eventuell der 1. Januar 1819 angenommen wird.

Unter diesen Umständen, mache ich (der Finanzminister) mich anheischig, Euer Königl. Majestät Befehl, inhalts der mehr bezogenen Allerhöchsten Verfügung wegen der Einführung vom 1. Januar k. J. alsdann in Erfüllung zu bringen, wenn jene Gesetze zeitig genug Ew. Königl. Majestät Allerhöchste Genehmigung erhalten und frage dabei unterthänigst an: ob auf den Fall, daß unvorhergesehener Hindernisse wegen dies Anstände finden sollte, dennoch unter allen Umständen die Gesetze vom 26. Mai d. J. allein für sich vom 1. Januar k. J. an in die östlichen Provinzen eingeführt werden sollen. Eventuell nehmen wir Beide den erstern Fall an und erlauben uns daher zur Erreichung des Zwecks den gehorsamsten Antrag: daß Euer Majestät geruhen möchten, dem Staatsrath Allergnädigst aufzugeben, den Gesetzentwurf sogleich nach Eröffnung des Plenum zur Berathung zu ziehen und diesen vor allen andern Sachen bis zu einem bestimmten Tage zu Ende zu bringen. —

Ueber die Frage, ob eine Getränksteuer Statt finden kann, könnte füglich die Erneuerung der Debatte ausgesetzt bleiben, weil schon im vorigen Jahre die Staatsrathskommission ihre Nothwendigkeit anerkannt hat und es also nur darauf ankommen kann, wie solche anzulegen ist. Dies dürfte die Berathung erheblich abkürzen und sie rascher zu Ende führen, daher wir für wünschenswerth halten, wenn dem Staatsrath in diesem Sinne eine Eröffnung gemacht wird. Um auf keinen Fall etwas zu versäumen, ordne ich (der Finanzminister) die erforderlichen Maaßregeln vorbereitend unter der Voraussetzung an, daß die neuen Gesetze mit denjenigen vom 26. Mai gleichzeitig zur Anwendung kommen und, um dies mit einem dem Zweck entsprechenden Erfolg thun zu können, muß ich, sofern ich nicht in Kurzem entgegengesetzte Befehle erhalte, den Regierungspräsidien die weiteren Gesetzentwürfe im Vertrauen mittheilen, weil diese nur dann im Stande sind, consequente Organisationspläne zu liefern."

Es braucht nur auf die im vorigen Abschnitt VI mitgetheilten umfangreichem Arbeiten Ladenberg's und Hoffmann's bezüglich der Durchführung einer allgemeinen Klassensteuer und Umwandlung der Gewerbesteuer hingewiesen zu werden, um die Unterstellung für zutreffend anzuerkennen, daß Bülow und Klewitz nach wie vor an dem ursprünglichen Plane, das Uebergewicht bezüglich der innern Belastung auf indirecte innere Consumtionsabgaben zu legen, trotz alle und alledem festhielten. —

Das Erstaunen des Königs über diese Wendung der Dinge war nur zu berechtigt.

„An die Staatsminister Graf v. Bülow und v. Klewitz.

Aachen den 12. November 1818.

„Es ist mir unerwartet gewesen, in Ihrem Bericht vom 21. September d. J. darüber Besorgnisse ausgedrückt zu finden, als ob auf die Veranlassung von vorauszusehenden Privatreclamationen das erst kürzlich publicirte Gesetz vom 26. Mai d. J. in Betreff der Einführung der neuen indirecten Steuerverfassung für die westlichen Provinzen theilweisen Abänderungen unterliegen würde. Es ist dies keineswegs zu befürchten, zumal da die Nothwendigkeit der neuen Steuerverfassung vor der Vollziehung des bezüglichen Gesetzes dargelegt ward und die desfallsigen Gegengründe, auf welche Sie in Ihrem vorgedachten Berichte hindeuten, schon damals nicht verschwiegen bleiben konnten.

Es ist übrigens Mein Wille, daß das Gesetz vom 26. Mai d. J. mit dem 1. Januar 1819 auch in den östlichen Provinzen eingeführt werde, wobei Ich die gleichzeitige Organisation einer allgemeinen Getränkesteuer und die Aufhebung aller übrigen Accise- und Verbrauchssteuern mit zeitweiser Ausnahme derjenigen, welche das Gemahl und das Fleisch treffen, für zweckmäßig erkenne. Ich veranlasse Sie daher den desfallsigen Gesetzentwurf dem Staatsrath schleunigst vorzulegen, damit derselbe nach der Eröffnung des Plenum zur Begutachtung gezogen und vor allen andern Sachen zu Ende gebracht werden kann. —

Ueber die Frage, ob eine Getränkesteuer stattfinden kann, dürfen die Debatten nicht erneuert werden, weil die letztere bereits früher als nothwendig anerkannt worden ist. Ich habe den Staatsrath hiernach instruirt. Friedrich Wilhelm.

Dies geschah durch eine Kabinetsordre von gleichem Dato und gleichem Inhalte. Die Ordres gingen erst am 17. November von Aachen ab und v. Klewitz, diesmal ohne v. Bülow, hatte es so dringend, daß sich zwei Berichte vom 21. November 1818, einer an den König und einer an Hardenberg mit diesen Ordres kreuzten. Der an Hardenberg gerichtete umfangreichere Bericht ist einmal, weil demselben eine Uebersicht der Finanzlage beigefügt war, dann aber auch wegen des zum ersten Mal Seitens des Finanzministeriums auftretenden Gedankens der Quotisation von Wichtigkeit.

Nachdem im Eingange die Verlegenheit wegen der noch nicht eingegangenen Antwort auf den Immediatbericht vom 21. September hervorgehoben, heißt es: „Namentlich müssen bis auf die wenigen Artikel, die künftig noch ein Gegenstand der innern Besteuerung ganz oder theilweise bleiben dürfen, als vornehmlich Getränke, Fleisch und Gemahl und für jetzt noch Brennholz und Taback die innere Beschränkung und Thorcontrole zwischen verschiedenen Ländertheilen und zwischen den Städten und dem platten Lande sogleich wegfallen. . . .

Alles was jetzt geschehen soll, liegt in den Grundsätzen, welche Euer Durchlaucht im Jahre 1810 selbst aufgestellt haben. —

Die dem Staatsrath vorgelegten Entwürfe über Besteuerung des Branntweins und Braumalzes und fernerweite Verordnung wegen einiger Erleichterungen im Innern sind im Allgemeinen von demselben anerkannt, die weiteren, das Ganze in sich schließenden Projecte mit Ausnahme des Stempelgesetzes können aber füglich nicht fortgesetzt und beendet werden, bis die nach Euer Durchlaucht in dem Erlaß vom 7. August d. J. binnen Kurzem zu erwartende

Mittheilung der überhaupt zur Führung des Staatshaushalts durchaus erforderlichen Summen erfolgt sein wird.

Eine Uebersicht enthält die Veränderungen in den Einnahmen, welche erfolgen und wie letztere sich stellen dürften, wenn das Gesetz über die Zoll- und die Verbrauchsabgaben vom 26. Mai d. J., das proponirte Gesetz zur gleichmäßigen Besteuerung des Branntweins, ingleichem eine Gleichstellung der Salzabgabe zur Ausführung gekommen sind."

„Nachdem alle Einnahmen, welche Domainen, Forsten, Regalien und allgemeine Anstalten des Staats wie Post, Salzadministration, Lotterie, Kalenderverlag gewähren, welche ferner aus dem Gesetz vom 26. Mai d. J. herfließen, welche die Stempel und die allgemeinen und gleichmäßig einzuführenden Steuern vom Branntwein, Braumalz, Landwein und Tabak sicher erwarten lassen, zusammengerechnet sind, bleiben für den fehlenden Staatsbedarf:

a. die Grundsteuer und die Contribution,

b. die Personalsteuer inclusive der Gewerbesteuer,

c. die indirecten Steuern vom Fleisch und vom Gemahl.

Diese zu reguliren ist eigentlich noch übrig und bleibt die große und schwer zu überwindende Schwierigkeit, die abweichende Grundsteuerverfassung und die höchst ungleiche Vertheilung derselben zu heben."

Für jetzt würde man darüber nach meiner und mehrerer Mitglieder der Kommission Meinung nicht anders hinweg kommen können, als daß man, ohne das in dem Finanzgesetz vom Jahr 1810 über die Allgemeinheit und Gleichheit der Grundsteuer aufgestellte Prinzip zu alteriren, einstweilen die Provinzen, wo für den Staatsbedarf mehr erforderlich ist, als durch die allgemeinen Einkünfte und Abgaben, wie sie oben erst genannt sind, erlangt wird, quotisirte.

Eine möglichst den Kräften der Provinzen entsprechende Quotisation ermittelt bereits die Kommission.

Ist dann den Provinzen, sei es den einzelnen oder mehreren im Complex z. B. den drei westlichen, ihre Quote mit Inbegriff der Grundsteuer gesetzlich angewiesen, so können sie, wie dies die westlichen wollen, die Grundsteuervertheilung für sich fortsetzen."

„Auf das nach der Quotisation auf jede Provinz jährlich anzuweisende Quantum führt dieselbe zuvörderst ab, was sie an Grundsteuercontingent aufbringt."

„Es wird zugleich, um den weiteren Beitrag zu dem Staatsbedürfniß zu beschaffen, ein Gesetz über eine Personalklassensteuer (nun also doch) in Verbindung mit der Gewerbesteuer und ein Gesetz, welches über die Mahl- und Schlachtsteuer die legalen Vorschriften enthält, erlassen, und wo die Grundsteuer nebst der Klassensteuer nicht ausreichen, das erforderliche Quantum zu erlangen, oder dies auch nicht durch die etwa vorgezogene Mahl- und Schlachtsteuer ermöglicht wird, kann man das Manquo durch Particularsteuern, so weit es, ohne den freien Verkehr wesentlich zu behindern, geschehen kann, ergänzen."

Uebersicht der Resultate folgender, bis jetzt beschlossener Veränderungen bei den indirecten Steuern:

nämlich vorausgesetzt:

1. daß die Gesetze vom 26. Mai d. J. in den sieben östlichen Provinzen eingeführt werden;

2. daß die vorgeschlagenen Steuern vom im Inlande gewonnenen Branntwein, Bier, Wein und Tabak nach den angenommenen Sätzen allgemein gemacht werden;

3. daß die Salzpreise auf den jetzigen höchsten Satz gestellt;

4. daß alle bisherigen Verbrauchssteuern ausschließlich derjenigen vom Gemahl (mit Ausnahme der Abgaben vom Getreide zur Getränkefabrication), von der Fleischconsumtion und von den Feuerungsmaterialien aufgehoben werden. —

Es fallen an Einnahme aus:

in den sieben östlichen Provinzen haben alle Zölle, Accise-, Consumtionssteuern, Landconsumtionssteuern nach Ermittelung der Staatsrathskommission betragen:

altländische Accisen	8,652,385	Rth.
Land-Consumtionssteuern	815,652	„
ausländische Accisen und Consumtionssteuern . .	2,208,629	„
die Zölle	3,583,234	„
	15,259,900	Rth.
Von diesen Steuern bleiben nur bestehen an Mahl- und Schlachtsteuern, Eingangssteuern von inländischen Fleisch- und Mehlwaaren, Eingangssteuern für Feuerungsmaterialien ꝛc.	2,867,927	„
Ausfälle	12,392,063	Rth.

Zu deren Deckung nachgewiesen werden:

a. neue Einnahmen

1. in den sieben östlichen Provinzen in dem Ertrage der Zölle nach dem Gesetz v. 26. Mai 1818	2,452,884	=
Ertrag der Verbrauchssteuern nach jenem Gesetz	2,450,176	=
2. Aus der in der gesammten Monarchie erhobenen Steuer vom Bier, Branntwein, Wein, Tabak nach dem vorgelegten Gesetzentwurf	5,776,276	=
3. Aus der Gleichstellung der Salzpreise . . .	500,000	=
	11,179,336	Rth.
Dagegen fallen aus: der Unterstützungsfond aus der Kommunalaccise für die altländischen Städte	900,000	=
	10,279,336	Rth.
Dagegen wachsen der Staatskasse die Einnahmen aus den drei westlichen Provinzen an Zoll und Verbrauchssteuern mit	1,968,561	=
zu	12,247,897	Rth.

Die beiden Gesetzentwürfe:

1. Gesetz wegen Besteuerung des inländischen Branntweins, Braumalzes, Weinmosts und der Tabaksblätter.

2. Verordnung wegen veränderter Einrichtungen in Folge der Steuergesetze vom 26. Mai 1818 fanden wenig Widerstand im Staatsrathe.

Eine genaue Vergleichung dieser beiden Vorlagen mit den Gesetzen vom 8. Februar 1819 (Ges.-S. S. 97 ff.) hat ergeben, daß, abgesehen von einigen redactionellen Aenderungen diese Entwürfe, die 5¾ Millionen Einnahme sicherten, fast vollständig die Genehmigung des Staatsraths erlangten.

Den einzigen Gegenstand des Streits, wohl noch im Anschluß an die Kämpfe, welche das Consumtionssteueredict vom 28. October 1810, namentlich in Preußen hervorgerufen hatte, bildete die Frage wegen der Besteuerung des Branntweins. Sowohl v. Schön als der Gouverneur von Posen, Fürst Radziwill, erklärten die Belastung des armen Mannes, der bei dem harten Klima dieser Provinzen auf den Branntweingenuß angewiesen sei, für zu hoch gegriffen und machten auch die Bedenken geltend, die bezüglich der Brennereien als landwirthschaftlichen Nebenerwerbs und aus der Concurrenz, welche diese Anstalten mit Polen zu ertragen hätten, hervorgingen.

VIII.

Die Verlegenheit wegen der Grundsteuern.

Es ist nothwendig erschienen auf die Gefahr hin Altbekanntes hier wieder mitzutheilen, die verschiedenen Grundsteuerverfassungen, wenn man es so nennen darf, wie sie damals in der Monarchie bestanden, zu erwähnen, da man ohne einen solchen Rückblick das directe Steuersystem, wie es durch die Gesetzgebung von 1820 zum Abschluß kam, namentlich aber auch die Pläne und Absichten, welche man ursprünglich bei Regelung dieses Systems im Auge hatte, nicht wohl verstehen kann.

Man geht nicht zu weit, wenn man die Grundsteuerfrage von damals als die wunde Stelle bezeichnet, die den harmonischen Abschluß eines directen Steuersystems verhinderte.

Alle Bemühungen im Interesse ausgleichender Gerechtigkeit dieses System als denjenigen Factor hinzustellen und auszubilden, der etwa noch vorhandene Schwierigkeiten der einzelnen Provinzen ausgleiche und die bei der Ausführung großer Maaßregeln unvermeidlichen Härten wo nicht zu beseitigen, so doch zu mildern, knüpften sich in erster Linie an die Regelung der Grundsteuerfrage.

Wie wollte und konnte man ein directes Steuersystem mit dem Gedanken, dasselbe als ein Complement der indirecten Belastung erscheinen zu lassen, durchführen, wenn man Mannichfaltigkeiten und Ungleichheiten bei einer so wichtigen Steuer, wie die Grundsteuer nicht zu beseitigen vermochte, Ungleichheiten, die denjenigen, welche der wiedererstandene Staat 1815 in Bezug auf die Zoll- und Verbrauchssteuergesetzgebung vorfand, außerordentlich ähnlich sahen?

Waren, wie die bisherige Darstellung ergeben hat, die Schwierigkeiten, welche sich den so vielfachen und oft wiederholten Bemühungen der hervorragendsten Staatsmänner, der directen Besteuerung einen Platz in dem allgemeinen Abgabensystem zu sichern, während des ganzen Verlaufs der gesetzgeberischen Thätigkeit von 1810 an im Allgemeinen und an sich schon erheblich, so war speziell die Lösung der Grundsteuerfrage bei der eigentlichen Ausarbeitung eines directen Steuersystems von der hervorragendsten Wichtigkeit. Es wird gezeigt werden, daß, obwohl diese Wichtigkeit an maaßgebender Stelle klar erkannt wurde, dennoch die entgegentretenden Schwierigkeiten aus politischen und anderen Gründen so erheblich waren, daß das beabsichtigte Werk einer durchgreifenden und organischen Regelung der directen Steuern hieran scheiterte, so daß dieser Mangel als die größte Lücke der sonst so bedeutenden Gesetzgebung von 1820 bezeichnet werden muß.

In den Provinzen Rhein und Westphalen, sowie in denjenigen Theilen des Oberpräsidialbezirks Sachsen, die früher zu dem Königreich Westphalen gehört hatten, bestand eine veränderliche Grundsteuer.

Das Prinzip war im Wesentlichen das durch unsere neuere Gesetzgebung durchgeführte, auf Kataster und Steuerrepartition beruhende. Die Totalsumme der Steuer, späterhin als Contingent durch das Grundsteuergesetz für die westlichen Provinzen vom 21. Januar 1839 festgestellt, erreichte die Höhe von 3,200,000 Thaler.

Ganz anders die Verhältnisse in den östlichen Provinzen.

Durchgreifender war fast für alle diese Landestheile der Unterschied in der Grundsteuer bei den Städten und dem platten Lande. Nur letzteres sollte nach den preußischen Verwaltungsgrundsätzen, wie sie sich namentlich von der Regierung des großen Kurfürsten ab ausgebildet hatten, der eigentlichen Grundsteuerkontribution unterliegen, während man die Städte durch indirecte Besteuerung im Anschluß an die gesammte gewerbliche Verfassung heranzog und ihnen außerdem noch die Last der unentgeltlichen Verquartierung und Lieferung der Quartierbedürfnisse erst für das Fußvolk, später auch für die Reiterei des stehenden Heeres auferlegte, woraus sich dann im Verlaufe der Zeit die sogenannte Servissteuer als die eigentliche Grundsteuer der Städte bildete.

Die Steuerverfassung in den mit der Monarchie vereinigten, ehemals sächsischen, Landestheilen schloß sich diesen altpreußischen

Landestheilen ziemlich an. Nur die Steuereinrichtung in den von dem Großherzogthum Posen zurückgefallenen Bezirken kannte den Unterschied zwischen Stadt und Land nicht. Höchstverschieden waren in diesen östlichen Provinzen die Namen der verschiedenen Grundsteuern, das Prinzip der Veranlagung, die Zeit ihrer Entstehung.

In Ostpreußen und Litthauen bestanden bis zur Zeit des achtzehnten Jahrhunderts vielerlei Abgaben als Grundsteuer des platten Landes, Huf-, Kopf-, Horn- und Klauenschosse 2c. nach sehr verschiedener Repartition; König Friedrich Wilhelm I. vereinigte alle diese Abgaben in den Generalhufenschoß. Alle Güter wurden diesen Abgaben in den Jahren 1714—1719 unterworfen, eine Vermessung hat nicht allgemein stattgefunden. Der Hufenstand wurde nach Rechnungen, Schoßregistern, Gutsverschreibungen und anderen Nachrichten, nach der Aussaat und ungefährem Ueberschlage ermittelt. Außerdem zahlten seit früherer Zeit die adligen Güter Ritterdienstgelder und Lehenskanon, die Bauerngüter Servis- und Fouragegelder, welche gleichfalls eine Art Grundsteuer und feststehend gewordene Prästationen waren.

In Westpreußen (sofern es nicht Theile des ehemaligen Warschau'schen Gebiets enthielt) bestanden als Grundsteuer die Hufencontributionen, nach einer von Friedrich II. 1773 veranlaßten Katastrirung, das Realschutzgeld oder Haussteuer der kleinen Grundbesitzer, welche keine Kontribution zahlen, die Mühlenkontribution, die fixirte Tranksteuer und nach altpolnischer Einrichtung die Lanengelder (von dem polnischen Worte Lan gleich Hufe), die Quartgelder nach einem Viertel des Reinertrages das von einigen adligen Gütern in früherer polnischer Zeit zum Kronschatz geliefert wurde.

In Posen bestand die Offiara (freiwilliges Opfer) auch 24 Prozent Steuer, von geistlichen, adligen und städtischen Gütern (die Bauern hatten früher kein Eigenthum), eingeführt durch die polnische Reichstagsconstitution von 1789. Außerdem bestand der Mühlenkanon, das Subsidium charitativum (eine besondere Abgabe der geistlichen Güter); die Podymna oder Rauchfangsteuer. —

Schlesien hatte Friedrich II. katastriren lassen. Die ersten Arbeiten waren 1743 vollendet und 1748 fand eine Rectification statt. Nachdem diese geschehen, erklärte Friedrich II. in dem Patent vom 10. September 1748, daß unter der Voraussetzung, daß in den Katastern Rechnungsirrthümer und Verstöße gegen die Classificationsgrundsätze weiter nicht vorkämen, zu ewigen Zeiten keine Revision,

Rectification und Abänderung der Kataster stattfinden solle, wodurch der steuerbare Ertrag erhöht werden könnte, daß es vielmehr bei den durch die Rectification ausgerechneten Steueranschlägen unabänderlich bleiben müsse. Die Sätze der Kontribution, wie diese allgemeine Grundsteuer hieß, waren bei geistlichen Gütern 50 Prozent, bei ritterlichen Commenden des Malteser und Deutschen Ordens 40⅓ Prozent, bei adligen Gütern 28⅓ Prozent, bei Bauerngütern 34 Prozent. Da jedoch die jährliche Kontribution nur 120,000 Rthlr. betrug und so fixirt war, so kann keinem Zweifel unterliegen, daß das ursprüngliche Kataster weit hinter einer annähernden Werthsermittelung zurückblieb. Außerdem bestanden als Grundsteuern in Schlesien noch die Haussteuer von ländlichen Gebäuden, ferner in einzelnen Districten und Kreisen einzelne besondere Abgaben vom Grundbesitz, als Herzogsgetreidezinsen, Landeskrongeschoßgelder, fixirte Zinsen, Landeshauptmannsgefälle.

In Pommern bestanden und zwar in Hinterpommern als Grundsteuer Lehnpferdegelder oder Allodificationszins, Hufenkontribution, ferner Kavalleriegeld, Kanon von Mühlen, Hofgerichtsgelder, Landreiterhebungen, Salzfuhrgelder, Superintendentengefälle, Stiftsrendanten-Hebungskreis-Physicatsgehaltsbeiträge, ad extraordinarium Servisgerichtsgelder, Frankfurter Ritteracademiengelder, Grundsteuer statt Vieh- und Zuschußsteuer. Alle diese Abgaben waren zum Theil allgemein, zum Theil einzelnen Kreisen und Districten auferlegt.

In Vorpommern, insbesondere dem neuerworbenen (Vorpommern) Stralsund bestanden Kontributionen, extraordinäre Kontributionen, Grundgelder als Abgaben des platten Landes nach Maaßgabe der Größe und des Ertrages der Ländereien gleichfalls nach meist sehr alten Taxationen, zum Theil schon aus dem siebzehnten Jahrhundert. Nur die extraordinäre Kontribution ist 1800 von den Ständen mit 15,000 Rthlr. angeboten worden, um der damals angeordneten Revision der Matrikeln zu entgehen. In ganz Pommern, in Vor- und Hinterpommern waren diejenigen Hufen, die im siebenzehnten und im achtzehnten Jahrhundert bei Anfertigung des Katasters 1718 Ritterhufen waren, in Bezug auf das von diesen Gütern gezahlte Lehnpferdegeld steuerfrei. Das ganze Land war, so zu sagen, getheilt in contribuable und steuerfreie Güter; die eigentlichen alten Rittergüter waren steuerfrei.

In der Mark Brandenburg waren bei den Grundsteuern zu

unterscheiden 1. die Abgaben der Ritterschaft, nämlich die Lehnpferdegelder, 2. die Abgaben des altcontribuablen Standes, oder (mit Ausschluß der Rittergüter) des platten Landes, der kleineren Städte und Flecken, als Hufen- und Giebelschoß, Kontribution und andere Nebenabgaben, Kavallerieverpflegungsgelder und Quittungsgelder. Die Lehnpferdegelder waren im Verhältniß zur Kontribution, der eigentlichen Grundsteuer des platten Landes, gering. Die Rittergüter waren von der Kontribution frei. Die Kontribution stammte aus dem sechszehnten und siebzehnten Jahrhundert und war seit der Feststellung dieser Abgaben durch Friedrich Wilhelm I. im Ganzen unverändert geblieben und feste Reallast geworden, bei großer Verschiedenheit der Höhe nach einzelnen Kreisen und kleineren Districten.

In der Provinz Sachsen bestanden, namentlich in den altsächsischen Provinzen ähnliche Einrichtungen. Die Rittergutsbesitzer zahlten Donativ- oder Ritterpferdegelder; die nicht privilegirten Gutsbesitzer, der eigentliche kontribuable Stand, Schocksteuer, d. i. die eigentliche Grundsteuer, ferner Quatembersteuer, Kavallerieverpflegungs- und Portionsgelder, Accise, Grundsteuer und ähnliche Abgaben.

Man muß gestehen, daß dieser Wirrwarr bei der nach mittelalterlicher Verfassung alleinigen directen Steuer demjenigen, der im ersten Abschnitt bezüglich der Zoll- und Acciseverfassung zu skizziren versucht ist, nichts nachgab. Ganz abgesehen von dem sehr verschiedenen finanziellen Resultat, das diese bunte Grundsteuerverfassung in den einzelnen Provinzen lieferte, wobei es wirklich schwierig war, diese Ungleichheit überhaupt nur zu constatiren, war das Bedürfniß dringend, Vereinfachung herbeizuführen und die Grundsteuerverfassung in Einklang zu bringen mit der reformatorischen Gesetzgebung, welche sich auf die Befreiung des Grundbesitzes von den ihm nach mittelalterlicher Verfassung anhaftenden Fesseln bezog und bereits seit 1810 angebahnt ward. Dazu kam, daß die Lösung dieser Schwierigkeiten bereits durch das Edict über die Finanzen des Staates und die neuen Einrichtungen wegen der Abgaben vom 27. October 1810 von dem Könige versprochen war: „auf dem kürzesten Wege wird daher auch ein neues Kataster angelegt werden, um die Grundsteuer danach zu bestimmen. Unsere Absicht ist hierbei keineswegs auf eine Vermehrung des bisher Aufgekommenen gerichtet, nur auf eine gleiche und verhältnißmäßige Vertheilung auf alle Grundsteuerpflichtigen. Jedoch sollen alle Exemtionen wegfallen, die weder mit der natürlichen Gerechtigkeit, noch mit dem Geist der Verwaltung in benachbarten Staaten länger vereinbar sind. Die bis jetzt von der Grundsteuer befreit gebliebenen Grundstücke sollen also ohne Ausnahme damit belegt werden, und Wir wollen, daß es auch in Absicht auf Unsere eigenen Domanialbesitzungen geschehe. Wir hoffen, daß diejenigen, auf welche diese Maaßregel Anwendung findet, sich damit beruhigen werden, daß künftig der Vorwurf sie nicht weiter treffen kann, daß sie sich auf Kosten ihrer Mitunterthanen öffentlichen Lasten entziehen, sowie mit den Betrachtungen, daß die von ihnen künftig zu entrichtenden Grundsteuern dem Aufwande nicht gleichkommen, den sie haben würden, wenn man die ursprünglichen, auf ihren Gütern haftenden Ritterdienstverpflichtungen von ihnen forderte, für welche die bisherigen ganz unverhältnißmäßigen Abgaben gegen die Grundsteuer wegfallen; wie auch, daß freie Benutzung des Grundeigenthums, völlige Gewerbefreiheit und Befreiung von anderen Lasten, die sonst nothwendig gewesen sein würden, stattfinden sollen; endlich daß die Grundsteuer schon in einem großen Theile unserer Monarchie von den Grundbesitzern wirklich getragen wird."

Es war daher auch politisch nöthig, daß in der Sache etwas geschah und hatten die von den Oberpräsidenten abgehaltenen Versammlungen in den Provinzen, namentlich am Rhein die Beseitigung der bestehenden Ungleichheiten mit ziemlicher Heftigkeit als Erforderniß hingestellt. Uebrigens war diese Ungleichheit auch keine unerhebliche, wie die nebenstehende Tabelle zeigt, die sich zwar nicht auf das Jahr 1820 bezieht, dennoch aber für maaßgebend gehalten werden kann, weil ja bekanntlich durch die Gesetzgebung von 1820 eine Grundsteuerreform nicht eintrat.

War man sich im Schooße des Staatsraths und im Staatsministerium über diese Mißverhältnisse auch vollkommen klar, so war doch die Lösung der Schwierigkeiten keine leichte. —

Es erfordert die Gerechtigkeit anzuerkennen, daß allein schon die Aufgabe, das definitiv beschlossene äußere Steuersystem durchzuführen, fast alle Kräfte der Finanzverwaltung in Anspruch nahm. Daneben noch eine Grundsteuerregulirung mit Katastrirung und Bonitirung, die mühevolle Arbeit einer genauen Landesvermessung

Uebersicht

der Grundsteuererträge und deren Vertheilung auf die verschiedenen Provinzen des Preußischen Staates nach dem arithmetischen Mittel aus den Jahren 1821/38 (Auszug aus Hoffmann's Lehre von der Steuer, 1840).

Provinzen.	Bruttoertrag der Grundsteuer 1821 — 1838.	Flächenraum in □Meilen.	Es kommen also durchschnittlich auf eine □ Meile an Grundsteuer.			Bevölkerung pro 1821 — 1831.	Es kommen also durchschnittlich auf den Kopf an Grundsteuer.		
Preußen	752,798 Thlr.	1117,03	639 Thlr.	— —	11 Pf.	1,949,735	— —	11 Sgr.	7,00 Pf.
Posen	457,427 „	536,51	852 „	17 Sgr.	11 „	1,043,072	— —	13 „	1,87 „
Brandenburg . . .	819,160 „	730,91	1120 „	20 „	10 „	1,539,231	— —	15 „	11,59 „
Pommern	444,881 „	574,46	774 „	13 „	— —	873,508	— —	15 „	3,35 „
Schlesien	2,127,039 „	741,71	2867 „	19 „	— —	2,384,501	— —	26 „	9,13 „
Sachsen	1,657,608 „	460,63	3598 „	16 „	11 Pf.	1,406,608	1 Thlr.	5 „	4,24 „
Westphalen	1,369,454 „	367,96	3721 „	22 „	5 „	2,219,292	1 „	3 „	8,34 „
Rheinprovinz . . .	2,420,874 „	487,14	4969 „	16 „	11 „	2,210,432	1 „	2 „	10,27 „
Summa:	10,049,241 Thlr.	5077,41	1979 Thlr.	6 Sgr.	2 Pf.	12,626,379	— —	23 Sgr.	10,52 Pf.

und zwar binnen kürzester Frist vorzunehmen, mit der Tendenz, das Quantum festzustellen, welches bei Gegenüberstellung der indirecten gegen die directe Belastung im Interesse ausgleichender Gerechtigkeit dem Grundbesitz zufallen müsse, das war eine Unmöglichkeit.

Wie man sich zu helfen versuchte, ohne diesen Versuch jedoch realisiren zu können, indem man eine Quotisation und zwar auf Grund der Bevölkerungsziffer nach Hoffmann's Vorschlägen eintreten lassen wollte, wird der nächste Abschnitt im Eingange darstellen.

Zweiter Theil.

1820.

I.

Die Situation.

Durch eine Kabinetsordre vom 3. Mai 1817 hatte der König einen Ausschuß bestimmt bestehend aus v. Sack, v. Humboldt, v. Schoen, Ladenberg und Rother, dem alle Nachrichten, die in Rücksicht auf die Steuerreformfrage bezüglich des Staatshaushalts von Wichtigkeit wären, durch Vortrag des Finanzministers mitgetheilt werden sollten*).

---

*) „Aus dem Mir von Ihnen vorgelegten Schreiben des Staatsministers v. Humboldt als Vorsitzenden der Kommission zur Prüfung des vom Finanzminister eingereichten Gesetzentwurfs die neue Steuerverfassung betreffend habe Ich ersehen, daß die Kommission es für nothwendig gehalten hat, den ganzen Staatsbedarf zu kennen, um die anbefohlene Prüfung gründlich anzustellen, daß sie sich aber späterhin überzeugte, der ihr in der Kabinetsordre vom 30. März d. J. ertheilte Auftrag ermächtige sie nicht, die hierzu erforderlichen Nachrichten von dem Finanzminister zu fordern, wogegen sie jedoch die Entscheidung der Vorfrage bei der Prüfung des neuen Gesetzes für unentbehrlich hält, ob über den Staatsbedarf das Gutachten des Staatsraths zu erfordern sei? Ich habe ferner die Bedenken erwogen, welche der Finanzminister wegen der Mittheilung der Nachrichten anführt, die die Kommission gefordert hat, sowie seinen Vorschlag den Generalkassenetat mit ihm zu reguliren, zu welchem Ende er wünscht, Mir in Ihrer Gegenwart einen mündlichen Vortrag zu machen und Ihnen vorläufig Uebersicht vorlegte.

Allerdings beschränkt sich die Kabinetsordre vom 30. März 1817 blos auf Prüfung des eingereichten neuen Steuergesetzes und dazu ist nur nöthig, die Summe im Ganzen zu wissen, die durch die Steuern aufkommen soll. Die Bestimmung derselben hängt aber freilich von der des ganzen Staatsbedarfs ab und da hierüber noch Ungewißheit und Zweifel obwalten, so ist es von der höchsten Wichtigkeit, daß endlich etwas Gewisses und Gründliches festgesetzt werde,

15*

Die Arbeiten bezüglich der Regulirung des Staatshaushalts und der Ausarbeitung des Steuerreformprojects hingen sachlich zusammen; es waren daher 2 Kommissionen des Staatsraths die nebeneinander diese beiden wichtigen Fragen bearbeiteten, und war nichts begreiflicher, als daß die Steuerkommission genaue Einsicht von dem Stande des Staatsschuldenwesens und des Staatshaushaltes haben

welches nicht durch einen bloßen Vortrag des Finanzministers geschehen kann, vielmehr will Ich, daß diese Angelegenheit sogleich im gesammten Staatsministerium vorgenommen werde, damit jeder Chef eines Verwaltungstheils seine Meinung darüber abgeben könne. —

Aus der durch die Kabinetsordre vom 30. März d. J. angeordneten Kommission soll dabei ein Ausschuß zugezogen werden, der aus v. Humboldt, Sack, v. Schoen, Ladenberg und Rother bestehen soll. Der Finanzminister muß in dieser Versammlung seine Pläne vortragen und alle Nachrichten mittheilen, die zur Beurtheilung der vorkommenden Gegenstände erforderlich sind, über das Resultat erwarte Ich einen gemeinschaftlichen Bericht.

Bei der Bearbeitung wird sich die Summe ergeben, welche durch die neuen Steuern zu decken ist und die oben erwähnten Mitglieder der Kommission werden sich vom ganzen Staatshaushalt und von dessen Bedürfnissen vollständig Kenntniß verschaffen, jene Summe aber wird der Kommission mitgetheilt werden können. Die Aufgabe bei Aufstellung des Generalkassenetats ist, das, was das Staatsbedürfniß wirklich erfordert, auf die mildeste und am wenigsten drückende Art aufzubringen, nicht die Ausgaben nach den vorhandenen Einnahmen einzurichten, sondern die zweckmäßigsten Mittel aufzufinden, diese nach dem, was wirklich erfordert wird, zu stellen.

In Absicht auf die Militärausgaben beziehe ich mich auf Meine Kabinetsordre vom heutigen Tage. Bei allen anderen Verwaltungszweigen ist auf mögliche Ersparniß zu sehen, jedoch das wirklich Nothwendige nicht zu beschränken. Uebernommene Verpflichtungen sind treu zu erfüllen und ist dafür zu sorgen, daß Fonds zu außerordentlichen Ausgaben, zu Verbesserungen und für Unglücksfälle, desgleichen eine jährlich in den Schatz zu legende Summe übrig bleibe, da es durchaus nothwendig ist, so schnell als möglich, wenigstens den Bedarf eines Kriegsjahres vorräthig zu haben.

Alle diese Rücksichten sind zu wesentlich, daß Ich, so sehr es Mir am Herzen liegt, dem Lande alle mögliche Erleichterung zu verschaffen, es doch mit Meinen Regentenpflichten nicht vereinbaren könnte, nur eine davon aus dem Auge zu setzen. Es ist aber durchaus nothwendig, daß der Generalstaatskassenetat keine außerordentlichen, blos vorübergehenden Ausgaben enthält, diese müssen auf einen extraordinären Etat kommen, welcher seine Zuschüsse aus außerordentlichen Hilfsquellen erhalten muß. Dahin muß auch Alles kommen, was jetzt von Frankreich und aus anderen Staaten erfolgt; das was etwa fehlt, muß durch zweckmäßige Finanzoperationen beigeschafft werden. Die Ueberschüsse jeder Verwaltung sind Mir am Ende des Etatsjahrs künftig besonders zu berechnen. Ich werde dann über ihre Verwendung besonders disponiren und erwarte, daß

wollte, um das Staatsbedürfniß zu kennen und auf dieser practischen Unterlage die Steuerreform durchzuführen. Die von 1817 bis 1819 in's Leben gerufenen Steuergesetze bezogen sich sämmtlich auf die indirecte Besteuerung. Bei dieser war ein genaues Eingehen auf die einzelnen Etatstitel nicht in dem Sinne geboten, wie bei der directen Besteuerung, die nach dem ganzen Entwickelungsgange, den dieser Zweig der Gesetzgebung genommen hatte, immer nur als ein, im Interesse ausgleichender Gerechtigkeit nothwendiges Complement erschien. Was hatte man noch nöthig, um dem Staatsbedürfniß gerecht zu werden, nachdem man die Hauptsummen durch die Einkünfte aus den Domainen und Forsten, Regalien und Zöllen, auch den inländischen Verbrauchssteuern gedeckt hatte?

Es entzieht sich unserer Beurtheilung und dürfte der Vorwurf einer besonderen recht schwierigen Arbeit sein, zu constatiren, daß fast ohne allen Staatshaushalt, daß jedenfalls ohne einen großen leitenden Gesichtspunkt unter dem Ministerium v. Bülow die Finanzverwaltung geführt worden ist.

Das kann auch schon nach dem nachfolgend mitzutheilenden Material festgestellt werden, daß die Arbeiten der zur Prüfung des Staatshaushalts eingesetzten Kommission, das Bestreben des Staatsraths, den Staatshaushaltsetat in allen seinen Theilen genau zu kennen, und die Principien, nach denen er errichtet, kritisch zu beleuchten; der Streit, der sich um diese Rechte und Pflichten des gesetzberathenden Staatskörpers erhob, eine Kabinetsfrage wurde.

Hardenberg ging in diesem Streit so weit, daß er sowohl bezüglich der über die Regelung des Staatsschuldenwesens, als auch bezüglich der noch nöthigen Steuerreformgesetze dem Könige gegenüber die Ansicht vertrat, daß man, um mit der Sache endlich zum Abschluß zu kommen, den Staatsrath völlig umgehen müsse.

Mir zu gleicher Zeit von jedem Chef der verschiedenen Verwaltungen wie ehedem Vorschläge zu Verbesserungen vorgelegt werden, die Ich nach Umständen gern bewilligen will.

Hiernach werden Sie denen, die es angeht, die erforderliche Mittheilung machen.

Von den sämmtlichen Mitgliedern des Staatsministerii sowohl als denen der Kommission, die Ich aus Vertrauen mit diesem wichtigen Geschäfte beauftrage, erwarte Ich eine recht sorgfältige Behandlung desselben, wodurch sie sich um Mich und das Vaterland neue Verdienste verschaffen werden.

Berlin, den 3. Mai 1817. gez. Friedrich Wilhelm."

Er berichtete am 13. Januar 1820 an den damals in Potsdam weilenden König:

„Da wir erst in künftiger Woche das Glück haben werden, Ew. Königliche Majestät wieder hier zu sehen, so kann ich nicht umhin, schriftlich eine unterthänigste Vorstellung wegen der so dringenden und wichtigen Finanzgegenstände zu machen. Der Plan, den ich Ew. Königlichen Majestät ehrerbietig vorgetragen habe, ist das Resultat langer und mühsamer Vorarbeiten und der reifsten Ueberlegungen derjenigen Financiers in Höchstdero Dienste, welche in dieser Hinsicht vor anderen den Vorzug verdienen.

Er ist auf innig zusammenhängende Elemente gebaut. Werden einzelne herausgenommen, so wird der ganze Erfolg problematisch. Man wird Lücken bemerken, diese werden Zweifel zufolge haben, und diese dem Kredit schaden, das Zutrauen, welches nur durch Vollständigkeit bewirkt werden kann, vernichten.

Jeder Aufschub der Bekanntmachung der Ew. Königlichen Majestät vorliegenden Gesetzentwürfe und Kabinetsordres kostet große Summen, die dem Staat aus den Abgaben erwachsen sollen. Bis die Verordnungen durch das Ministerium und den Staatsrath gehen, kann der Schaden mehrere Millionen betragen; können die entbehrt werden? Sind Ew. Königliche Majestät aber an diese für *gewöhnliche Fälle* bestimmten Formen so *gebunden*, daß Hochdieselben nicht in dringenden davon abgehen, oder eine Modification eintreten lassen könnten, daß dieses nicht vielmehr sogar in Höchstihren Regentenpflichten läge. Das Ministerium und der Staatsrath sind ja keine ständische Behörde, die *Rechte* hätte und geltend machen könnte, sie bestehen aus Ew. Königlichen Majestät Dienern.

Sie sollen aber gehört werden, nur in diesem Falle so, wie es ohne offenbaren Nachtheil für die Sache geschehen kann, *nachher* in Absicht auf das Fortbestehen der getroffenen Verfügungen, oder dagegen zu machende Verbesserungen und Erleichterungen. Jene Verfügungen sind also nur provisorisch. Die Staatsmaschine muß aber ununterbrochen im Gange bleiben, darf nicht stille stehen. Haben Ew. Königliche Majestät die Gnade, die Hauptkabinetsordre an das Staatsministerium genau nachzulesen. Die Absicht ist, sie in der Gesetzsammlung, in der Staatszeitung drucken zu lassen und allgemein bekannt zu machen. Sie eröffnet dem Publicum die wichtigen Gründe, warum Ew. Königliche Majestät eine Ausnahme von der gewöhnlichen Form machen, und warum die Deliberation des Ministerii und des Staatsraths nicht vorhergehen konnten, aber doch umständlich gefordert und beachtet werden sollen. Es sind auch schon mehrere Beispiele vorhanden, daß solche Ausnahmen in dringenden Fällen gemacht worden sind, z. B. wegen der Verordnungen, die die Carlsbader Beschlüsse veranlaßt hatten. Wie lange sich die Deliberation im Staatsrathe hinziehen würde, lehren viele Beispiele. Die vorgeschlagenen Edicte sind die Frucht der sorgfältigsten Bearbeitung mehrerer der einsichtsvollsten Mitglieder des Staatsraths unter dem Vorsitz des Finanzministers, welchem die Ausführung obliegt. Der p. v. Bülow, früher mit zur Steuerkommission gezogen, trat aus begreiflichen Ursachen freiwillig heraus. Die übrigen Mitglieder des Staatsraths würden nach langen Erwägungen doch nichts anderes finden können, als daß die Auflagen unvermeidlich sind, und in Absicht auf den Finanzplan würde schwerlich etwas zusammenhängenderes und besseres erfolgen. Soll der Staat Gefahr laufen, seinen Kredit, der unter so schwierigen Umständen bisher erhalten worden ist, zu verlieren und seine Zahlungen einstellen zu müssen, und das blos einer todten Form wegen, die gar keinen Nutzen, wohl aber den größten Nachtheil hervorbringen könnte?

Die höchste Eile und die höchste Verschwiegenheit sind durchaus nothwendig. Beides ginge durch eine Deliberation im Ministerium und im Staatsrath verloren.

Geruhen Ew. Königliche Majestät zwei Beispiele zu Gute zu halten, die ganz auf unseren Fall passen.

Was würden Höchstdieselben von dem Vorsteher einer großen Stadt sagen, der bei einer Feuersbrunst, welche ihr den Untergang droht, wissend, daß die Feueranstalten bisher mangelhaft waren, statt sogleich alle Mittel zur Rettung anzuwenden, erst eine Deliberation im Magistrat über die Verbesserung jener Anstalten veranlassen wollte.

Oder zu einem Kaufmann, welcher in wenigen Tagen einen beträchtlichen Wechsel zu entrichten hätte, dessen Nichtbezahlung seinen Ruin unfehlbar nach sich zöge, der statt die ihm dargebotenen unfehlbaren Mittel zu seiner Rettung schnell zu ergreifen, die Zeit durch Deliberationen mit seinen Freunden verstreichen lassen, und so die Rettung unmöglich machen wollte?

Den Einwurf, warum die Sache Ew. Königlichen Majestät nicht früher vorgetragen sei, damit die Zeit dagewesen, die Formen zu beobachten, werde ich leicht dadurch beantworten, daß jeder kundige Geschäftsmann weiß, was für weitläufige Vorarbeiten zu einem solchen Plan gehören, als ich Ew. Königlichen Majestät vortrug, welche Schwierigkeiten dabei zu überwinden sind, welche Mühe er kostet. Wollte man blos die Edicte wegen der neuen Belastung der Nation dem Urtheile des Staatsministerii und des Staatsraths unterwerfen, und alles übrige vollziehen ohne sie zu hören, so würde man gerade in den allerwichtigsten Dingen, z. B. in Absicht auf das Staatsschuldenwesen, doch von den Formen abgehen, sich diesen Vorwurf zuziehen, und außer dem großen Geldverlust, alle die Nachtheile erhalten, deren ich oben bei einer unvollständigen Ausführung und Vorlegung des ganzen Werkes erwähnt habe. Meine Pflicht fordert mich demnach laut auf, Ew. Königliche Majestät um die baldmögliche Vollziehung aller vorgelegten Verordnungen und Kabinetsordres angelegentlichst und ehrerbietigst zu bitten und noch einige dazu gehörige von niederem Belang, die eine Folge davon sind, hier beizufügen."

Diese Gesetzentwürfe und Kabinetsordres waren, wie dies theils aus einer noch mitzutheilenden Kabinetsordre vom 20. Januar 1820, theils aus der Gesetzsammlung von 1820, Seite 9—28 hervorgeht,

1. Die Steuerreformgesetze:

a. das Gesetz über die Steuerausgleichung in allen Provinzen und die endliche Regulirung des gesammten Abgabenwesens,

b. die Verordnung wegen Einführung einer classificirten Personensteuer,

c. die Verordnung wegen Entrichtung einer Mahl- und Schlachtsteuer in großen und sonst dazu geeigneten Städten anstatt der Klassensteuer, und

d. das veränderte Gewerbesteuergesetz.

2. Die vier auf die Regelung des Staatsschuldenwesens und den Staatshaushalt bezüglichen Verordnungen resp. Kabinetsordres, Gesetzsammlung von 1820, S. 9—25, sowie die Kabinetsordres über die Verhältnisse der General-Direction der Seehandlungssocietät, und die Verordnung wegen Gleichstellung des Salzverkaufspreises auf den Salzniederlagen der Monarchie, ebenfalls von gleichem Datum.

Es bedarf keines Wortes, um näher auszuführen, wie sich Hardenberg durch dies eingeschlagene Verfahren, so practisch dasselbe für den Augenblick auch sein mochte, in jeder Weise des Vorwurfs schuldig machte, die Verwaltung ohne Ministerium und ohne Staatsrath den von ihm selbst ausgegangenen Versprechungen entgegen nicht nur zu leiten, sondern auch dauernd zu gestalten. Das war allerdings Kabinetsregierung, wie sie seiner Zeit durch heftige Angriffe Steins als überlebte Hinterlassenschaft Friedrichs des Großen getadelt worden war, und die, wie man hoffte, für alle Zukunft beseitigt sein sollte.

Hardenberg hatte diesen Brief am 13. abgesandt, und erhielt bereits am 14. eine allerhöchste Entschließung dahin, daß der König nicht geneigt sei, von der vorgeschriebenen Form der Prüfung der neuen Steuergesetze durch den Staatsrath abzugehen, weil er besorge, daß alsdann der üble Eindruck, den diese Gesetze machen werden, sehr bedeutend vermehrt werden würde. Dabei entstand die Frage, ob, wenn die neuen Steuern hinzukommen, verhältnißmäßig nach der Kopfzahl im Preußischen mehr Steuern aufgebracht werden würden, als in anderen großen Staaten. Von England und Frankreich war bekannt, daß weit mehr Abgaben aller Art auf den Verkehr lasten, als im Preußischen, und verlangte der König, daß eine desfallsige Aufrechnung gegeneinander zu stellen und in die Staatszeitung aufzunehmen wäre, wenn die neuen Steuergesetze emanirt würden. Schon am 15. Januar theilt Hoffmann Hardenberg mit, er wolle eine solche Aufrechnung anstellen lassen, sehe aber zum Fortarbeiten der Zusendung von Abschriften der bekannt zu machenden Etats und Kabinetsordres entgegen. Inzwischen hatte Rother, um seine auf das Staatsschuldenwesen bezüglichen Projecte durchzuführen, am 16. Januar an Hardenberg geschrieben:

„Nochmals muß ich Ew. Durchlaucht unterthänigst bemerklich machen, daß eine Mittheilung der ganzen Arbeit über das Finanzwesen an einzelne Personen den größten Schaden, mir aber den mindesten Nutzen bringen wird. Es werden dann unausbleiblich persönliche Verhältnisse rege werden, mir scheint es ist dies schon in kleinen Beziehungen der Fall, und das zu beobachtende Geheimniß geht ganz verloren. Der Schaden, der den Staat dadurch indirect trifft, ist jetzt gar nicht zu berechnen, und ich getraue mir dann nicht mehr, auf den von mir eingeschlagenen Wegen das erforderliche Geld zu beschaffen. Denn wenn alles, was das Schuldenwesen, die Seehandlung, die kurmärkische Landschaft, und was sonst zu den extraordinairen Verwaltungen nöthig ist, von des Königs Majestät vollzogen wird, und endlich über den ordinairen Haushalt eine Kabinetsordre an das Staatsministerium ergeht, welche Grundsätze zu der künftigen Verwaltung des letzteren aufstellt, und welche gedruckt werden kann, so könnte das Ganze wohl noch nothdürftig gehalten werden, ohnerachtet wir auf diese Weise direct gegen 2 Millionen verlieren werden. So freimüthig ich mich über das ganze Finanzwesen geäußert habe, ebenso unumwunden muß ich mich gegen Ew. Durchlaucht erklären, daß ich, im Fall über das Schuldenwesen nicht so, wie es jetzt vorliegt, entschieden werden sollte, nicht im Stande sein würde, an die theilweise Ausführung zu gehen. Wollen des Königs Majestät die Steuergesetze durch das Staatsministerium und durch den Staatsrath gehen lassen, so müßten dazu die zweckmäßigsten Einleitungen sogleich gemacht werden, welche ich Ew. Durchlaucht gestern mündlich vorzuschlagen die Ehre hatte.

Es würde dann eine Trennung der beiden Materien stattfinden müssen. Die Geldoperationen müssen indessen sogleich eingeleitet werden, weil im Februar beinahe 3 Millionen Wechsel der Seehandlung ablaufen, und die Ausfälle bei den currenten Einnahmen sowie das Deficit pro $18^{17}/_{18}$ augenblicklich gedeckt werden müssen. Ich habe bei dieser Arbeit alle meine Kräfte angewendet und meine persönliche Ruhe geopfert. Als treuer Diener des Königs werde ich jede Entscheidung, wenn sie auch gegen meine Ansicht sein sollte, annehmen, und so weit es an mir liegt, die Ausführung pflichtmäßig zu befördern suchen, und bitte Ew. Durchlaucht so dringend als unterthänigst, wenn die weiteren Verhandlungen erfordern sollten, daß ich an der Ausführung den Antheil nicht nehmen sollte, welchen Sie für mich beabsichtigten, darauf nicht zu bestehen, da ich mich recht gern zurückziehen werde." Noch am selben Tage antwortete Hardenberg auf einem Zettel:

„Es ist allerdings bedenklich eine große Summe von vielleicht mehr als 2 Millionen durch die Verspätung des Erscheinens der Steuergesetze aufzuopfern, blos um eine Form zu beobachten, an die der König meines Erachtens nicht gebunden ist. Da des Königs Majestät aber dieses dennoch vorziehen, so muß der Königliche Wille, nachdem man alle Gründe erschöpft hat, befolgt werden. Man muß suchen, den Verlust möglichst zu vermindern. Wahr ist's, daß die Ungewißheit in welcher man die Sache läßt, wenn man öffentlich ankündigt, das Ministerium und der Staatsrath würden sie noch in Erwägung ziehen, und die daher entstehende Hoffnung einer Erleichterung und Abänderung auch ihre Nachtheile hat."

An demselben 16. Januar wurde Hardenberg über die Stellung,

welche der König in letzter entscheidender Stunde in formeller und materieller Hinsicht zu den vom Staatskanzler gemachten Vorschlägen einnahm, mit folgender Instruction versehen:

„Der neue Finanzplan und die dazu gehörigen Gesetze seien wahrscheinlich das Umfassendste, was die Staatengeschichte seit langer Zeit aufzuweisen habe. Wenn man erwäge, daß die hierdurch zu lösende Aufgabe keine andere war, als die Finanzen eines Staats zu ordnen, der an und für sich aus einem Aggregat der verschiedenartigsten Theile bestehend in den letzten Decennien die allergewaltigste Erschütterung erlitten habe, so könne man sich einen schwachen Begriff von der Schwierigkeit des in Rede stehenden Finanzgeschäfts machen, welche noch erhöht würde durch die einer früheren Finanzbehörde zur Last fallende verwickelte Lage des Staatshaushalts. Es würde in der ganzen Angelegenheit nichts zu wünschen übrig sein, wenn die Zeit es erlaubte den Formen zu genügen, welche die Verordnungen vom 27. October 1810, 3. Juni 1814, 30. März und 3. November 1817 in Hinsicht der Prüfung aller neuen Gesetze vorschreibt. Der König wolle, daß den Bestimmungen dieser Verordnungen gemäß, welche er als die charte des Reichs betrachte, verfahren werde und käme es daher lediglich darauf an, die Nachtheile zu erwägen, welche daraus entstehen könnten, daß die neuen Finanzverordnungen den ohne Vorbehalt als gesetzlich anerkannten Weg durch das Staatsministerium und den Staatsrath nehmen sollen.

Hierzu dürfte vornehmlich gehören: daß

1. dem Staat durch verzögerte Einführung der neuen Steuern täglich viele Tausende verloren gehen, und daß

2. die projectirte Geldoperation, wenn man die Gesetze über das Staatsschuldenwesen allein publiciren wollte, mißlich erscheint, die Staatspapiere vielleicht bedeutend fallen und der Kredit überhaupt erschüttert werden würde.

ad 1. Nach dem neuen Abgabensystem würde das Volk ungefähr mit 6 Millionen Thalern mehr belastet, welches eine monatliche Einnahme von 500000 Thlr. gewährt. Eine Verzögerung von 3—4 Monaten würde also einen Ausfall von 2 Millionen geben.

ad 2. Die Geldoperation in Staatsschuldscheinen im Betrage von 45 Millionen solle innerhalb dreier Jahre ausgeführt werden. Wenn nun gleich, da man günstige Momente des Courses und andere Verhältnisse berücksichtigen will, nicht zu bestimmen sei, wieviel von neu zu creirenden Staatsschuldscheinen in einer gegebenen Zeit in Umlauf gesetzt sein werden, so könne man doch vielleicht mit einiger Wahrscheinlichkeit annehmen, daß die in den ersten Monaten nach Publication des Gesetzes auszugebende Staatsschuldscheinssumme, wegen des in dieser Zeit wahrscheinlich am meisten schwankenden Courses, nicht die Quote übersteigen werde, welche nach simpler Berechnung auf jeden Monat des dreijährigen Termins fällt.

Hiernach würde in den ersten 4 Monaten circa à 1,300000 Thlr. an Staatsschuldscheinen ausgegeben werden — 5,200,000 Thlr. — Nehme man an, daß der Cours bis auf 50 herunter ginge, so würde die Staatskasse gegen den angenommenen Cours von 66 $^{2}/_{3}$. einen Ausfall erleiden von 833,331 $^{1}/_{3}$ Thlr. Der ganze pecuniäre Nachtheil, der durch die verspätete Publication der Steuergesetze entstehe, dürfte daher betragen 2,833,331 $^{1}/_{3}$ Thlr. Daß der Kredit des Staats durch separate Bekanntmachung des Schuldenwesens erschüttert werden würde, sei nicht anzunehmen, da in der Verordnung nicht allein verheißen werde, daß unter keiner Bedingung neue Schulden gemacht werden sollen, sondern die Staatsgläubiger auch die möglichste Sicherheit für das Kapital durch die Bürgschaft des ganzen Staatseigenthums und für die Zinsen durch Anweisung auf die sichersten Einkünfte (Domainen, Forsten, Salzdebit) geleistet wird. Die zweckmäßige Einrichtung einer Schuldenverwaltungsbehörde und ihre unabhängige Stellung müsse den Kredit bedeutend befestigen.

So bedeutend nun auch der Ausfall von 2,833,331 $^{1}/_{3}$ Thlr. an sich sei, so wiege doch der üble Eindruck, welchen die Abweichung von der gesetzlichen Form in der öffentlichen Meinung erzeugen werde, jenen Verlust um so mehr auf, als ein Mittel gefunden sei, wodurch er gedeckt werden könne. Von der dringenden und verwickelten Lage der Umstände, welche die frühere Beendigung der dahin gehörigen Arbeiten nicht zuließ, werde sich Niemand überzeugen wollen.

Es erscheine daher unerläßlich die Gesetze vor ihrer Publication durch das Staatsministerium und den Staatsrath gehen zu lassen, und könne zur Beschleunigung der ganzen Angelegenheit beiden Behörden ein peremtorischer Termin, dem Ministerio etwa 4 Wochen, dem Staatsrath 2 Monate gesetzt werden.

Um andrerseits den Anforderungen der Finanzverwaltung entgegen zu kommen und etwaige durch die Verzögerung angebahnten Finanzoperationen entstehende Verluste möglichst zu verhüten, würde vorgeschlagen:

1. Der Ausgabeetat wird, ohne jedoch für jetzt etwas darüber

zu publiciren, durch einen Königlichen Befehl an das Ministerium auf 50,000,000 Thlr. festgesetzt, so daß die dadurch nothwendigen Ersparungen unverzüglich eintreten.

2. Die Verordnung wegen des Staatsschuldenwesens wird sogleich emanirt, und ebenso

3. das bereits durch den Staatsrath gegangene Gesetz wegen Gleichstellung der Salzpreise, wodurch der oben erwähnte Ausfall um etwas vermindert wird.

4. Jener Ausfall in den Staatsrevenüen wird durch eine transitorische Ersparungsmaaßregel gedeckt, bestehend in temporellen Abzügen von den Gehältern aller Staatsbeamten, nach ähnlichen Grundsätzen, in Beziehung auf Form und Materie, wie solches im Jahre 1808 geschah.

II.

Das Gesetz über die Steuerausgleichung und Regulirung des Abgabenwesens.

Der königliche Wille gelangte in folgender Weise zur Ausführung.

Es sind schon oben die Verordnungen und Gesetze bezeichnet, welche bezüglich des Staatsschuldenwesens und des Staatshaushaltsetats ohne Mitwirkung des Staatsraths und Staatsministeriums unterm 17. Januar 1820 erlassen wurden.

Nachdem dies geschehen und speciell durch die Allerhöchste Kabinetsordre an das Staatsministerium, betreffend den Staatshaushalt und das Staatsschuldenwesen (Ges.-S. von 1820 S. 21 ff.) das Staatsbedürfniß auf 50,863,150 Rthlr. definitiv festgestellt war, war die fernere Mitwirkung des Staatsministeriums und Staatsraths bei Abschluß der reformatorischen Finanzgesetzgebung lediglich auf die Beurtheilung der noch nicht berathenen Steuergesetze an sich und **nicht** in ihrem Zusammenhange mit der kritischen Beleuchtung des Staatsbedürfnisses in allen seinen Theilen beschränkt. — Immerhin war durch den Ausweg, den der König wählte, viel gewonnen.

Mittelst Kabinetsordre vom 20. Januar 1820 übersandte der König dem Staatsministerium:

1. Die projectirte Etatsnachweisung.
2. Den danach projectirten Hauptfinanzetat.

3. Die zur Regulirung des Steuerwesens und wegen einiger neuer Steuern von der Steuerregulirungskommission entworfenen Veränderungen und zwar:

a. das Gesetz über die Steuerausgleichung in allen Provinzen und die endliche Regulirung des gesammten Abgabenwesens,

b. eine Verordnung wegen Einführung einer classificirten Personalsteuer,

c. Verordnung wegen Entrichtung einer Mahl- und Schlachtsteuer in großen und sonst dazu geeigneten Städten anstatt der Klassensteuer, und

d. das veränderte Gewerbesteuergesetz

mit dem Befehle bis zum 31. desselben Monats darüber zu berichten, und ordnete an, daß der etwaige Ausfall, welcher durch die wegen der nothwendigen Berathung noch verzögerte Einführung der neuen Steuergesetze, von welchen die vollen Beträge in den projectirten Etat übernommen worden wären, besonders gedeckt werden sollte. Wie der hierauf am 31. Januar 1820 erstattete Bericht, sowie die im Königlichen Staatsministerium vom 20. Januar 1820 ab gepflogenen Verhandlungen ergeben, ging das gesammte Staatsministerium mit Ausnahme des Handelsministers v. Bülow auf die von der Steuerregulirungskommission gemachten Vorschläge mit wenigen Abweichungen ein, und es kann kaum präciser dieser Versuch, das directe Steuersystem zu einem definitiven Abschluß zu bringen, dargestellt werden, als wenn man die Arbeiten der Steuerkommission durch Wiedergabe dieses Berichts und der wesentlichen Anlagen desselben, d. h. des Gesetzentwurfs über die Steuerausgleichung und Regulirung des Abgabenwesens und der dazu gehörigen statistischen Uebersicht hier einen Platz finden läßt. Zwar haben die drei letztgedachten Specialgesetze über die Klassensteuer, Mahl- und Schlachtsteuer und Gewerbesteuer bereits durch die Verhandlungen im Staatsministerium vom 24.—26. Januar einige Modificationen erfahren, diese berührten indessen nicht das durch das allgemeine Regulirungsgesetz ausgesprochene und vom Staatsministerium anerkannte Prinzip der Quotisation. Und da, nachdem später dieses Prinzip wieder aufgegeben worden, in den Staatsrathsverhandlungen vom 20.—29. April 1820 auf die Specialgesetze des eingehendsten zurückgekommen werden wird, so haben hier diese Details eine Besprechung nicht gefunden.

Bericht des Königlichen Staatsministeriums vom 31. Januar 1820.

Ew. Königliche Majestät geruhten dem unterzeichneten Staatsministerio durch die Kabinetsordre vom 20. d. M. neben der Etatsnachweisung und dem Hauptfinanzetat, worüber wir heute besondern Bericht erstatten, auch diejenigen Verordnungen zur Berathung zu übersenden, welche die Kommission zur Regelung des Steuerwesens entworfen und eingereicht hat.

Wir haben diese Verordnungen sofort in täglichen Sitzungen erwogen, und überreichen Ew. Königlichen Majestät in den Anlagen unterthänigst:

1. das über unsere Berathungen abgehaltene Protocoll, nebst dem am Schlusse desselben als Beilage angeführten Voto des Justizministers, und einem von dem Staatsminister Grafen v. Bülow übergebenen besonderen Voto;

2. die vier uns allergnädigst zugefertigten Gesetzentwürfe, nebst einer Abschrift derselben, in welchen die von uns räthlich befundenen Abänderungen aufgenommen sind, derentwegen wir uns auf vorerwähntes Protocoll unterthänigst beziehen.

Es blieb nur dann möglich, die Berathungen über die gedachten Verordnungen und über die uns gleichzeitig zugefertigten Etatsentwürfe in dem uns vorgeschriebenen kurzen Zeitraum zu beendigen, wenn wir die Zahlen, welche der Finanzminister und die von Ew. Majestät zum Vortrage bestimmten Mitglieder der Steuerkommission uns in Rücksicht auf das Abgabenverhältniß vorlegten, als richtig annahmen, und uns nur auf die Prüfung der daraus gezogenen Folgerungen beschränkten. Die bei weitem wichtigste dieser Folgerungen ist die Vertheilung eines Theils der Abgaben unter die Provinzen nach dem Maaße ihrer Bevölkerung, welche die Steuerkommission hat geglaubt in Vorschlag bringen zu müssen. Nachdem nehmlich nachgewiesen worden, wie etwas über die Hälfte des Staatsbedarfs durch Benutznng der Domainen, Forsten, Bergwerke und anderer Regalien, durch die Zölle und Verbrauchssteuer auf fremde Waaren, durch den Salzhandel, durch die Stempelgefälle und durch eine Gewerbesteuer aufkommen solle, bleiben noch 24 Millionen Thaler durch andere Steuern aufzubringen.

Ohngefähr drei Fünftheile hiervon erfolgen aus Abgaben, welche bereits bestehen, und in welchen für jetzt keine Aenderung beabsichtigt werden kann; nehmlich aus den bisher bestandenen Grundsteuern mit Einschluß des Servises, und eines verhältnißmäßigen Beitrages von den Domainen, und aus den Abgaben auf inländischen Branntwein, Braumalz, Weinmost und Tabaksblättern, welche seit dem 1. Julius des vorigen Jahres, kraft des Gesetzes vom 8. Februar, erhoben werden. Ohngefähr zwei Fünftheile der vorgedachten 24 Millionen sollen dagegen durch Abgaben aufgebracht werden, welche zum Theil neu aufzulegen, zum Theil statt in verschiedenen Gegenden des Staats verschiedenartig bestehender Steuern anzuordnen sind. Nun ist nicht zu verkennen, daß die Grundsteuern in hohem Grade ungleichförmig und keinesweges nach den Kräften der Provinzen angelegt sind. Die fünf Provinzen Ost- und Westpreußen, Posen, Brandenburg und Pommern, welche über 3000 Quadratmeilen Bodenfläche und beinahe vier und eine halbe Million Einwohner haben, bringen, selbst mit Einschluß des Servises und des Beitrags der Domainen, nur drei Millionen Thaler an Grundsteuern auf, während die fünf Provinzen Schlesien, Sachsen, Westphalen, Cleve-Berg und Niederrhein, die nicht ganz 2000 Quadratmeilen Bodenfläche und gegen sechs und ein Drittheil Millionen Einwohner haben, in gleicher Art über sieben Millionen Thaler an Grundsteuern zahlen.

Ew. Königliche Majestät haben den älteren Provinzen bereits durch das Finanzedict vom 27. October 1810 eine gleichmäßige Vertheilung der Grundsteuern zugesagt. Die Oberpräsidenten der westlichen Provinzen haben schon in der im Jahre 1817 zur Berathung des Steuerwesens angeordneten Kommission des Staatsraths einstimmig erklärt, daß sie eine gleiche Belegung des ganzen Staats mit Verbrauchs- und persönlichen Abgaben für unausführbar hielten, so lange nicht eine gleichförmige Belegung mit Grundsteuern erfolgt wäre; und die westlichen Provinzen haben sich seitdem unausgesetzt bei allen Steuerberathungen auf ihre höhere Belastung mit Grundsteuern bezogen. Selbst wenn man annehmen könnte, daß die Grundsteuern die Natur einer eigentlichen Abgabe nicht hätten, weil die Güter in dem Verhältnisse wohlfeiler gekauft werden, in welchem sie höher mit Grundsteuer belastet sind, so bleibt es doch unverkennbar, daß es für die Wohlhabenheit einer Provinz und für ihre Fähigkeit, Abgaben zu erlegen, keinesweges gleichgültig ist, ob eine Million von dem Ertrage ihres Bodens als Grundsteuer in die Staatskassen fließt, oder in den Händen der Grundbesitzer verbleibt, und von ihnen zur Verbesserung ihres Zustandes verwendet werden kann.

Es hat zwar in den alten Provinzen des Staats eine große Ungleichheit in den Grundsteuern seit langen Zeiten anscheinend ohne erheblichen Nachtheil bestanden. Allein die damalige Abgabenverfassung glich den Unterschied der Grundsteuer größtentheils wieder aus. Den Nachrichten zufolge, welche bei dem statistischen Büreau für das Jahr 1811 gesammelt worden sind, fielen zwar von den 3,030,000 Thalern Grundsteuer, welche der Staat in seinem damaligen Umfange nach dem Etat für 1810/11 aufbringen sollte, 1,950,000 Thaler oder beinahe zwei Drittheile auf Schlesien allein, dagegen aber kamen von dem Bruttoertrage der Accise, welcher in gedachtem Jahre überhaupt 7,412,000 Thaler betrug, nur 1,453,000 Thaler oder noch nicht einmal ein Fünftheil auf Schlesien, weil damals die Städte blos accisbar waren und in Schlesien sehr viel städtische Gewerbe auf den accisefreien Dörfern geduldet wurden.

Dadurch kam das Verhältniß im Ganzen so zu stehen, daß zu den 18,256,000 Thalern, welche der Staat damals durch ordentliche Abgaben aufbrachte, Schlesien nur 6,274,000 Thaler, also wenig über ein Drittheil beitrug, obwohl die Bevölkerung von Schlesien im Jahre 1811 zwei Fünftheile von der Volkszahl des ganzen Staats ausmachte. Nach dem jetzigen Steuersysteme findet eine solche Ausgleichung nicht mehr statt, da Stadt und Land gleicher Gewerbe- und Abgabenverfassung, mit im Ganzen nicht erheblichen Modificationen, genießen.

Die Verschiedenheit der Grundsteuern jetzt sofort aufzuheben, ist schon deshalb unmöglich, weil einer neuen Vertheilung der Grundsteuern langwierige und kostbare Vermessungen und Abschätzungen vorangehen müssen. Ueberdies aber ist bei allen seit den letzten drei Jahren über das Steuerwesen abgehaltenen Berathungen einstimmig anerkannt worden, daß eine Maaßregel, welche so entscheidend in das Vermögen und den Kredit der Grundbesitzer eingreift, nur mit Beihülfe der Einsichten und des Raths dieser Grundbesitzer selbst erwogen, und Ew. Königlichen Majestät zur Entscheidung vorgelegt werden könne.

Unter diesen Umständen scheint den Nachtheilen der Ungleichheit der Grundsteuern auch jetzt nur dadurch abgeholfen werden zu können, daß diejenigen Provinzen, auf welchen eine höhere Grundsteuer liegt, bei anderen Abgaben nach niedrigeren Sätzen zugezogen werden. Dies glaubt die Steuerkommission dadurch zu bewirken, daß sie die obengedachten 24 Millionen Steuern unter die Haupttheile des Staats nach dem Maaßstabe der Bevölkerung vertheilt, sodann, jedem auf seinen Antheil zu Gute rechnet, was er durch die bestehende Grundsteuer und die Abgaben auf inländischen Branntwein, Braumalz, Weinmost und Tabaksblättern bereits aufbringt, und ihn nur den Ueberrest durch die neuen oder doch neu zu gestaltenden Abgaben entrichten läßt, welche mithin da geringer ausfallen werden, wo durch die Grundsteuern schon ein Mehreres abgetragen wird.

Es hat uns nicht entgehen können, daß eine solche Vertheilung den Provinzen gewissermaßen ein abgesondertes Interesse giebt, und dadurch der Vereinigung derselben zu einem Staate entgegen zu wirken scheint. Indessen sind wir überzeugt, daß die enge Verbindung aller Provinzen des Staats nicht kräftiger gefördert werden könne, als indem den verschiedenen Verhältnissen, welche die Natur und die früheren Schicksale in ihnen erzeugt haben, überall die gleiche Gerechtigkeit widerfährt. Ist es möglich, allen Theilen des Staats die Ueberzeugung zu geben, daß sie nach gleichem Maaße zu den Staatslasten beitragen, so wird es ihre Anhänglichkeit nur vermehren, wenn ihnen gestattet wird, ihren Beitrag in derjenigen Form aufzubringen, die ihren gewohnten Verhältnissen am angemessensten ist. Es kommt hierzu, daß nicht beabsichtigt wird, Abgaben ganz verschiedener Art in den verschiedenen Provinzen zu erheben, sondern nur einerlei Abgabe nach verschiedenen Sätzen erheben zu lassen, welches auch schon bisher in vielen Fällen ohne Nachtheil geschehen ist.

Wir sind ferner vollkommen überzeugt, daß Steuern nur nach der Fähigkeit, Steuern zu zahlen, vertheilt werden müssen, und daß diese Fähigkeit, Steuern zu zahlen, in einzelnen Städten oder Kreisen keinesweges von der Volkszahl allein abhängt. Die beinahe 200,000 Menschen in Berlin und dessen nächsten Umgebungen können ohne Zweifel sehr viel mehr Abgaben entrichten, als eine gleiche Anzahl Menschen in Hinterpommern. Allein wenn große Ländertheile nach der Bevölkerung mit einander verglichen werden, verlieren sich diese auffallenden Unterschiede gar sehr. Die Verzehrung der armen aber stark bevölkerten Gebirgsgegenden erhöht die Getreidepreise in den benachbarten fruchtbaren aber minder bevölkerten Ebenen und macht den Ackerbau daselbst lohnender. Indem man die Mark Brandenburg und Pommern bei der Vertheilung zusammen nimmt, überträgt die Wohlhabenheit von Berlin die Dürftigkeit von Hinterpommern.

Ueberdieß kann eine Vertheilung, die zur öffentlichen Kenntniß gebracht werden, und im Ganzen die Ueberzeugung erwecken soll, daß dabei nicht nach Willkühr verfahren sei, nicht auf bloß persönliche Meinungen von Steuerfähigkeit gegründet werden, sondern es müssen ihr leicht zählbare und meßbare Kennzeichen zum Grunde liegen. Als solche bewähren sich besonders nur die Bevölkerung und die Bodenfläche, da die Häuserzahl und der Viehstand, worauf man sonst auch Rücksicht nehmen könnte, zwar nicht in kleinen Landestheilen, aber wohl in großen Provinzen, sich mehrentheils nach der Volkszahl richten. Allein der Werth der Bodenfläche beruht nur auf ihrem Anbau, welcher wiederum von der Bevölkerung abhängt. Unter diesen Umständen haben wir uns nicht entziehen können, den Versicherungen der Steuerkommission Glauben beizumessen, daß sie nach langen und vielfältigen Versuchen den einfachen Maaßstab der Bevölkerung stets als denjenigen bewährt gefunden hat, welcher, mit allen sonstigen Erfahrungen zusammen gehalten, die wahrscheinlich richtigsten Resultate giebt, sobald eine Vertheilung der Abgaben nicht auf einzelne Städte, Kreise oder auch selbst Regierungsbezirke, sondern bloß unter die Haupttheile des Staates beabsichtigt wird.

Ich der unterzeichnete Staatsminister Graf v. Bülow habe jedoch diese Ueberzeugung nicht theilen können, sondern meine abweichende Ansicht in einem besonderen, dem Protocolle vorgedachtermaßen beigefügten Voto entwickelt.

So ungünstig der Maaßstab der Bevölkerung den stark bevölkerten südwestlichen Provinzen zu sein scheint, so zeigt dennoch die wirkliche Berechnung, daß darnach auf die schwach bevölkerten nordöstlichen Provinzen noch so beträchtliche Steuerantheile kommen, daß bei der Geringfügigkeit der Grundsteuer in diesen Gegenden Verlegenheit über die Mittel, das Verlangte aufzubringen, entstehen könnte, wenn nicht einige Aushülfe darin läge, daß eben in diesen Provinzen der Branntweinverbrauch besonders stark ist, und dadurch der Ertrag der Getränkesteuer erhöhet wird. Diese Betrachtung hat besonders Veranlassung gegeben, die Abgaben vom inländischen Branntwein, Biere, Weinmost und Tabak, welche im ganzen Staate gleichförmig erhoben werden, nicht im Ganzen vorweg zu nehmen, sondern den Provinzen in ihrem Steuerantheile zu gute zu rechnen.

Hierdurch wird zugleich auch der bisher oft vorgekommenen Beschwerde begegnet, daß die Rheinprovinzen durch die Abgabe vom Weinmost vorzüglich und unverhältnißmäßig belastet würden, indem diese Provinzen nun um so weniger durch andere Abgaben aufzubringen haben, je mehr sie vom Weinmoste entrichten.

Dasjenige, was übrig bleibt, nachdem von den Antheilen der einzelnen Provinzen abgezogen worden ist, was sie durch die Grundsteuer und die Abgabe von inländischen Getränken und Tabacksblättern aufbringen, soll nach den Anschlägen der Steuerkommission durch eine directe, von allen erwachsenen Personen zu entrichtende Steuer gedeckt werden. Statt dieser Steuer soll jedoch in den großen und ansehnlichsten Mittelstädten eine Abgabe vom Vermahlen des Getreides und vom Schlachten in der Absicht erhoben werden, dadurch die Hebung zu erleichtern, und den Ertrag derselben ohne merkliche Belästigung zu vermehren.

So sehr man nehmlich auch wünschen könnte, durchaus einerlei Steuern in den Städten und auf dem Lande einzuführen, so steht doch die Erfahrung diesem Wunsche ganz bestimmt entgegen. In den großen Städten wird sehr wenig zum eignen Verbrauche gebacken und geschlachtet. Jeder holt sein Brod und Fleisch täglich vom Bäcker und Schlächter. Er hat hiernach mit der Versteuerung des Brodes und Fleisches selbst nichts zu thun; die Bäcker und Schlächter verrichten dieselbe für ihn, und lassen sich ihren Vorschuß in dem Preise ihrer Waaren in ganz unmerklichen Antheilen erstatten. Auf diesem Wege steuert der Erfahrung nach der Städter beträchtliche Summen mit großer Leichtigkeit und Sicherheit. Wenn auch in dem höchsten von der Steuerkommission angenommenen Satze der Zentner Roggenmehl mit fünf Groschen vier Pfennigen belegt ist, so wird das Pfund Brod dadurch nur um einen halben Pfennig theurer; dies ist in den Wirthschaften eben so unmerklich, als die Verkleinerung des Brodes, welche entsteht, wenn der Scheffel Roggen auf dem Markte um vier Groschen steigt. Auch haben die Städte in den ältern Landestheilen bisher zu der Mahl- und Schlachtsteuer, woran sie seit langer Zeit gewöhnt sind, gern noch einen Zuschlag entrichtet, um ihre Kommunalbedürfnisse dadurch leichter aufzubringen, und selbst in den neuen westlichen Provinzen, wo sonst so viel Widerwillen gegen Verbrauchssteuern bezeigt wird, haben die größern Städte allgemeine Schlachtsteuern zu gleichem Zwecke erhoben.

In den kleinen Städten und auf dem Lande backen dagegen

die mehrsten Wirthschaften ihr Brod selbst, und lassen für ihren Verbrauch schlachten. Hier tritt sogleich Jedermann in Berührung mit den Steuerofficianten, sobald eine Mahl- und Schlachtsteuer besteht, und die Kontrolle dehnt sich auf die häuslichen Geschäfte der Familien aus. Auch wird die Steuer nicht mehr täglich in unmerklichen Antheilen, sondern im Ganzen, von der Fuhre Getreide, die zur Mühle geht, und von dem Stücke Vieh das geschlachtet wird, entrichtet. Welche Belehrungen man auch dem Landmann machen mögte; es wird ihm dennoch immer auffallend erscheinen, daß er die Erlaubniß, sein selbst erbautes Getreide, und sein selbst erzogenes Vieh in seinem eigenen Hause zu verzehren, noch erst durch eine besondere Abgabe von dem Staate erkaufen soll. Deshalb hat die Mahl- und Schlachtsteuer auf dem platten Lande, welche durch das Gesetz vom 28. October 1810 eingeführt wurde, so viele Gegenvorstellungen erzeugt, daß Ew. Königliche Majestät sich huldreichst bewogen fanden, schon durch das Gesetz vom 7. September 1811 die Mahlsteuer auf dem platten Lande gänzlich wieder aufzuheben, und eine Personensteuer dagegen einzuführen, die Schlachtsteuer auf die Hälfte herabzusetzen, auch zu befehlen, daß die bisherige Mahl- und Schlachtsteuer nur in den bevölkerten und gewerbreicheren Städten fortdauern, in den kleineren Städten aber nur die ländlichen Abgaben erhoben werden sollten. Auch bei den Berathungen in der Steuerkommission des Staatsraths im Jahre 1817 hat eine große Stimmenmehrheit der damals wieder vorgeschlagenen allgemeinen Mahl- und Schlachtsteuer widersprochen, und von den zehn Oberpäsidenten haben sich neun auf das bestimmteste dagegen erklärt.

Wir verkennen keinesweges, daß die Verschiedenheit der Abgaben in den großen Städten gegen die Abgaben in den kleinen Städten und auf dem platten Lande die Nothwendigkeit erzeugt, den Eingang der Mehl- und Fleischwaaren unter den Thoren der großen Städte beobachten zu lassen.

Wenn indessen diese Aufsicht nicht auf kleine Quantitäten, sondern nur hauptsächlich auf dasjenige, was zum Verkaufe einkommt, gerichtet wird: so ist dieselbe sehr viel weniger lästig, als eine Gleichheit der Abgaben in den großen Städten und der Abgaben in den kleinen Städten und auf dem Lande bei den vorhin entwickelten so sehr verschiedenen Verhältnissen derselben sein würde. Schon seit dem 1. Januar 1819 besteht in den älteren Landestheilen die Mahl- und Schlachtsteuer in den Städten ohne lästige Thorvisitationen bei bloßer Beobachtung des größeren Verkehrs, und in den westlichen Provinzen haben in allen größeren Städten schon längst Abgagen von Lebensmitteln für die städtischen Bedürfnisse bestanden, und eine Beobachtung des Eingangs derselben an den Thoren nöthig gemacht.

In der That besteht die sehr natürliche Einrichtung, in den großen Städten Verbrauchssteuern, und auf dem Lande Personalsteuern erheben zu lassen, schon in dem bei weitem größten Theile von Ew. Königlichen Majestät Staaten, und sie erhält durch die jetzt von der Steuerkommission vorgeschlagenen Gesetze nur eine gleichförmigere und zweckmäßigere Gestalt. Die Klassensteuer wird in den Provinzen, wo die höchsten Sätze stattfinden dürften, dem gemeinen Tagelöhner und Handarbeiter doch nur ohngefähr eben so viel kosten, als er bisher schon an Personensteuer entrichtet hat. Der wesentliche Unterschied besteht darin, daß bei der bisherigen Personensteuer in den alten Landestheilen jeder Einwohner des platten Landes der über zwölf Jahr alt ist, ohne Rücksicht auf Stand und Vermögen den gleichen Betrag von zwölf Groschen jährlich entrichtet, wogegen jetzt von denjenigen, welche nach ihren äußeren Verhältnissen über dem gemeinen Handarbeiter stehen, nach verschiedenen Abstufungen, doch ohne ängstliche und kleinliche Unterscheidungen, ein höherer doch immer nur mäßiger Beitrag entrichtet werden soll.

Ueberdies finden die allgemein erleichternden Bedingungen statt, daß die Steuer nicht vom 12. sondern erst vom 14. Jahre erhoben wird, daß sie in den Klassen, welche sich nicht von Handarbeit, die jedes Familienglied verrichtet, ernähren, nicht von der Zahl der Personen, sondern von der Zahl der Haushaltungen entrichtet wird, mithin den Vätern zahlreicher Familien nicht lästiger als andern fallen kann, und daß endlich die Zahlung monatlich, also in sehr kleinen Theilen geschehen soll.

Wir haben es zweckmäßig gefunden, die Befreiung des Militairs von der Klassensteuer ganz unbedingt auszusprechen, da dasselbe dem bei weitem größten Theile nach in Städten liegt, welche von der Klassensteuer nicht betroffen werden, der von der Steuerkommission vorgeschlagene Vorbehalt, die Officiere vom Hauptmann aufwärts zu besteuern, daher sehr wenig einbringen, wohl aber zu Beschwerden über ungleiche Behandlung Anlaß geben würde.

Daß Städten, welche aus freier Wahl die Mahl- und Fleischsteuer der Klassensteuer vorziehen möchten, überlassen worden ist, die

Aufnahme in das Verzeichniß der Mahl- und Fleischsteuerpflichtigen Städte nachzusuchen, haben wir nur billigen können. Es scheint uns aber auch, daß Städten, welche bisher noch keine Mahlsteuer gehabt haben, dieselbe nicht aufgenöthigt werden dürfe, sobald sie sich verpflichten, den gleichen Betrag durch die Klassensteuer aufzubringen. Diese Freiheit der Wahl mindert die Staatseinkünfte nicht, und hebt das Bedenken, welches einer Steuer auf Brod, als erstes Lebensbedürfniß, entgegen gesetzt werden könnte; wenn auch dies Bedenken ungegründet, und es niemals dem Interesse einer großen Stadt angemessen sein dürfte, eine Kopfsteuer einer Verbrauchssteuer von gleichem Betrage vorzuziehen. Wir haben den deshalb nöthigen Zusatz dem Gesetzentwurfe beigefügt.

Nach dieser Auseinandersetzung können wir hier noch einer Besorgniß erwähnen, welche das vorgeschlagene Besteuerungssystem aus einer sehr allgemeinen Ansicht zu treffen scheint. Da nehmlich die Vertheilung von ungefähr der Hälfte des Staatsbedarfs, unter die verschiedenen Hauptlandestheile nach der Bevölkerung geschehen soll, diese aber veränderlich ist: so hat daraus die Möglichkeit hergeleitet werden wollen, daß der Klassensteuersatz in einem solchen Maaße veränderlich werden dürfte, daß der gemeine Mann dadurch in eine seinen wirthschaftlichen Verhältnissen nachtheilige Ungewißheit über den Betrag seiner Abgaben gesetzt werden könnte.

Der Zuwachs der Bevölkerung der Monarchie in Friedensjahren wird von dem Director des statistischen Büreaus nach den bisherigen Erfahrungen auf 200,000 Menschen jährlich geschätzt. Er beträgt also auf die zu Ende des Jahres 1818 gezählte Volkszahl von 10,800,000 Menschen $^1/_{54}$ oder nicht ganz zwei Prozent. Vermehrte sich die Volkszahl in allen Provinzen in gleichem Verhältnisse, so würde der Beitrag jeder einzelnen Provinz zu den Staatslasten durch diese Vermehrung gar keine Aenderung leiden. Allein die volksleeren Provinzen nehmen schneller zu, als die bereits stark bevölkerten, und es vermehrt sich dadurch allerdings der Antheil der erstern allmählig, wogegen der Antheil der letztern eben so allmählig abnimmt. Da aber die Bevölkerung zur Zeit noch in allen Provinzen, selbst in der stärkstbevölkerten, im Zunehmen ist; so beträgt der Unterschied der Zunahme, worauf allein es hier ankommt, bei weitem noch nicht oben gedachte zwei Prozent.

Wenn ferner wegen der stärker wachsenden Bevölkerung einer einzelnen Provinz sich ihr Beitrag allerdings, wiewohl langsam erhöht, so vermehrt sich deshalb nicht der Satz, welchen jeder Einzelne zu tragen hat. Denn die Zahl derjenigen, welche Klassensteuer entrichten, wächst auch mit der Bevölkerung, und wenn die Provinz im Ganzen wegen vermehrter Volkszahl mehr aufzubringen hat, so ist dagegen auch die Zahl der Steuernden größer geworden, und es wird daher im Ganzen mehr aufgebracht, wenn auch der Einzelne nur den bisherigen Satz giebt.

Es könnte aber auch der Klassensteuersatz sich dadurch ändern, daß die Grundsteuern, die Getränkesteuern, und die Mahl- und Fleischsteuer der großen Städte mehr oder weniger einbrächten, und daher der Ueberrest, welcher durch die Klassensteuer aufgebracht werden soll, kleiner oder größer würde. Allein die Grundsteuer ist an sich unveränderlich, und was wegen vorgefallener Irrthümer oder vorgefallener Aenderung in der Qualität der Grundstücke jährlich zu- oder abgesetzt wird, gegen das Ganze nur unerheblich. Die Getränkesteuern und die Mahl- und Schlachtsteuern sind vorjetzt mäßig angeschlagen: aller Erfahrung nach steigt der Ertrag von Verbrauchssteuern überhaupt in Friedensjahren, und dies ist insbesondere von der Mahl- und Schlachtsteuer zu erwarten, da die ansehnlichen Städte, welche sie allein trifft, vorzüglich schnell an Bevölkerung zunehmen. Wenn also durch Veränderungen im Ertrage der Verbrauchsteuern eine Veränderung in dem Klassensteuersatze entsteht: so ist mit weit mehr Wahrscheinlichkeit eine Verminderung als eine Erhöhung desselben zu erwarten. Ueberdies ist in den vorliegenden Gesetzentwürfen Bedacht darauf genommen worden, einen beträchtlichen Reservefonds für jede Provinzialabtheilung zur Deckung zufälliger Ausfälle zu bilden, und es wird daher keinesweges nöthig sein, wegen Unfällen, welche einen Ausfall an Steuern in einzelnen Ortschaften, oder selbst Kreisen veranlassen, eine Erhöhung der Klassensteuer auszuschreiben.

Werden größere Districte durch allgemeine Landeskalamitäten, als Krieg, Seuchen oder Mißwachs, unfähig gemacht zu steuern, so können solche Ausfälle so wenig bei dem vorliegenden Steuersystem, wie bei jedem andern, durch die übrigen ordentlichen Steuern übertragen werden; sondern es tritt alsdann unter allen Umständen die Nothwendigkeit ein, außerordentliche Hülfsmittel zu ergreifen.

Wenn es übrigens jemals nöthig werden könnte, die Klassensteuer des gemeinen Tagelöhners in den stärkstbesteuerten Provinzen um einen einzigen Pfennig monatlich zu erhöhen: so würde dies schon eine Erhöhung der Klassensteuer im Ganzen von einem Zwölftheil, das ist von sechsmalhunderttausend Thalern, mithin ganz ungemein beträchtliche Ausfälle in den übrigen Abgaben voraussetzen.

Wir halten daher die Besorgniß, daß die Veränderlichkeit der Klassensteuer, welche aus der vorgeschlagenen Vertheilungsart folgt, nicht für so erheblich, daß diese Vertheilungsart deshalb zu verwerfen sein dürfte.

Ich, der unterzeichnete Staatsminister Graf v. Bülow habe meine von dieser Meinung abweichende Ansicht in meinem vorstehend erwähnten, dem Protocolle beigelegten Separatvoto auseinander gesetzt.

Bei dem von Ew. Königlichen Majestät uns allergnädigst zugefertigten Entwurfe eines Gesetzes wegen Entrichtung der Gewerbesteuer haben wir die große Erleichterung nicht verkannt, welche darin liegt, daß darnach nicht wie bisher, alle Gewerbe mit geringen Ausnahmen, sondern nur diejenigen Gewerbe besteuert werden sollen, welche entweder der Erfahrung nach vorzüglich einträglich sind, oder wozu ein besonders starker und der gemeinen Wohlfahrt nachtheiliger Andrang von Theilnehmern stattfindet, wie dies namentlich in Rücksicht des Kleinhandels, der Aufkäuferei, der Schenkwirthschaften und des Hausirens der Fall ist. Der veranschlagte Ertrag der umgeänderten Gewerbesteuer beruht auf den statistischen Tabellen, und darauf, daß die in denselben enthaltenen Nachrichten zweckmäßig ausgezogen und bei der Berechnung nach richtigen Ansichten benutzt werden. Hierüber haben wir in keine Prüfung eingehen können.

Besorgnisse, daß durch Mißdeutung einzelner Stellen des Gesetzesentwurfes, Nachtheile entstehen könnten, sind nach vorgängiger Erläuterung der Fälle durch kleine Verbesserungen in der Fassung gehoben worden.

Die wichtigste Erinnerung betraf diejenigen Stellen des Gewerbesteueredicts vom 2. November 1810 und des Gewerbepolizeigesetzes vom 7. September 1811, deren Publication, als Beilage des gegenwärtigen Gesetzes für diejenigen Provinzen des Staats beabsichtigt wurde, in welchen die oben genannten beiden Verordnungen bis jetzt noch nicht zur Ausführung gekommen sind. Es schien nehmlich eine Aufhebung der Zunftrechte, welche noch im Herzogthum Sachsen und Regierungsbezirke Stralsund vollständig bestehen, daraus hergeleitet werden zu können, obwohl dies, dem Vortrage nach von der Steuerkommission nicht beabsichtigt worden ist. Da es nun, wie verschieden auch die Ansichten über das Zunftwesen im Allgemeinen sein könnten, doch durchgehends anerkannt ist, daß ein Gegenstand von so hoher Wichtigkeit weder zufälligen Deutungen ausgesetzt, noch überhaupt in bloßen Beilagen zu einem reinen Finanzgesetze zur Verhandlung gebracht werden könne: so haben wir vorgezogen, nicht nur alles, was sich auf die Auflösung der Zünfte und die Berechtigungen unzünftiger Handwerker bezieht, in diesen Beilagen gänzlich wegzulassen, sondern auch durch einen Zusatz in dem Gesetze selbst die Innungsartikel, wo und in wie weit sie noch jetzt in Kraft sind, auch ferner bis dahin aufrecht zu erhalten, wo die allgemeine Verbesserung und Ergänzung der Gewerbepolizeigesetze eintritt, die durch das gegenwärtig vorliegende Gewerbesteuergesetz verheißen wird. Ich, der unterzeichnete Staatsminister Graf v. Bülow, habe bereits beträchtliche Vorarbeiten zu der gedachten Verbesserung und Ergänzung, welche allerdings dringend nothwendig ist, anfertigen, auch ein Gesetz wegen besserer Einrichtung des Hausirens entwerfen lassen, welches letztere ich in Kurzem zur höheren Prüfung vorlegen zu können hoffe.

Ein anderer Zweifel ist über die Versammlung derjenigen Gewerbtreibenden zur Wahl von Schätzungskommissarien entstanden, welche Korporationen bilden sollen. In den größern und mittlern Städten scheint diese keine erhebliche Schwierigkeit zu haben, sobald die Magisträte für Erhaltung der Ordnung und des Anstandes dabei pflichtmäßig sorgen. Anders verhält es sich dagegen in den kleinen Städten und auf dem Lande, wo die Versammlungen nur kreisweise stattfinden können, und die Theilnehmer daher deshalb in die Kreisstadt werden reisen müssen. Da indessen überhaupt nur vier Gewerbe, nehmlich: die Kaufleute mit kaufmännischen Rechten, die Gast-, Speise- und Schenkwirthe, die Bäcker und die Schlächter Korporationen in Bezug auf die Gewerbesteuer bilden sollen, da es ferner keine Schwierigkeit haben kann, die Versammlung zur Wahl der Schätzungsdeputirten mit andern Anlässen, die Kreisstadt zu besuchen, zu verbinden und auf einen möglichst bequemen Zeitpunkt zu verlegen, da ferner diejenigen, welche zu erscheinen verhindert sind, ihren Gewerbsgenossen die Führung ihrer Stimmen übertragen können; und da endlich die Erfahrung lehrt, daß da, wo die Zunftverfassungen noch bestehen, zerstreut wohnende Handwerker, wie z. B. die Müller, sich ohne Anstand jährlich versammeln, um ihre gemeinschaftlichen Angelegenheiten abzumachen: so scheint es bei der vorgeschlagenen Einrichtung bis dahin verbleiben zu können, daß die Kommunalverfassung vielleicht Mittel gewährt, die Abschätzung des Antheils, den jeder Steuerpflichtige zu der Gewerbesteuer zu entrichten hat, auf eine einfachere Art vorzunehmen.

Wir schließen hiermit diesen unterthänigen Bericht, wodurch wir, so viel es die Kürze der uns vorgeschriebenen Frist gestattete, Ew. Königlichen Majestät gnädigem Auftrage Genüge geleistet zu haben, hoffen dürfen.

Berlin, den 31. Januar 1820.

(gez.) Friedrich Wilhelm, Kronprinz.
Altenstein, Kircheisen, Bülow, v. Schuckmann,
Lottum, Clewitz, Schoeler.

An des Königs Majestät.

Gesetz über die Steuerausgleichung und Regulirung des Abgabenwesens.

Wir Friedrich Wilhelm von Gottes Gnaden, König von Preußen haben schon in dem Edict vom 27. October 1810 Unsere Absicht ausgesprochen, die Staatslasten gleichmäßiger zu vertheilen, die erforderlichen Auflagen so einzurichten, wie es der jetzige Zustand der bürgerlichen Gesellschaft und die freieste Theilnahme aller Unserer Unterthanen an dem Vortheile des Staatsverbandes erfordert, die entgegenstehenden Hindernisse auf die schonendste Weise hinwegzuräumen, und durch ein einfaches und zweckmäßiges Abgabensystem den Wohlstand, die Kraft und den Credit des Staats zu verstärken. Die seitdem eingetretenen äußeren Verhältnisse sind der Erreichung dieser Absicht hinderlich gewesen. Erst nach wiederhergestelltem allgemeinen Frieden war es möglich, das begonnene Werk mit Erfolg weiter fortzusetzen. Die Gesetze vom 26. Mai 1818 und 8. Februar 1819 sind nach vielseitigen Berathungen vorangegangen und nunmehr lassen Wir die ferneren Bestimmungen folgen, um dem Abgabenwesen überall diejenige Vollendung zu geben, welche wir der jetzigen Lage des Staats angemessen finden. Wir haben deshalb nach sorgfältiger Prüfung näher festgesetzt, was zu Bestreitung des gewöhnlichen Staatshaushaltes in Folge der vorhergegangenen Anstrengung, der übernommenen Verpflichtung und der Aufhebung der mit dem neuen Steuersystem unverträglichen ältern Abgaben künftig erforderlich ist. Zur Aufbringung dieses Erfordernisses und zur

Ausführung der Abgabenreform in dem angefangenen Wege mit Rücksicht auf den jetzigen Zustand der Provinzen und mit möglichster Beachtung der bestehenden öffentlichen und Privatverhältnisse haben wir zunächst beschlossen und bestimmen hierdurch wie folgt:

§ 1.

Die Auflagen, welche künftig bestehen, sind:

a. die Zölle und die auf ausländische Waaren gelegten Verbrauchssteuern nach dem Gesetze vom 26. Mai 1818,

b. die durch den Salzhandel des Staats aufkommende Abgabe vom Salze nach den bestehenden Verordnungen und denjenigen, welche deshalb unterm heutigen Tage besonders erlassen worden,

c. die Stempelsteuer und was nebst den Einschreibegebühren damit in Verbindung steht, jedoch nur vorläufig in ihrer jetzigen Beschaffenheit, indem ihre abgeänderte Einrichtung demnächst durch ein besonderes Gesetz festgesetzt werden wird,

d. die Gewerbesteuer nach einem neuen, die Verbindlichkeit zur Entrichtung derselben einschränkenden Gesetz, welches sofort bekannt gemacht werden soll,

e. die Grundsteuer nach ihrer gegenwärtigen Verfassung,

f. die Steuer von dem inländischen Branntwein, dem Braumalz, dem Weinmost und den Tabaksblättern, nach dem Gesetz vom 8. Februar 1819,

g. eine Klassensteuer, nach wenigen, hauptsächlich auf die Verhältnisse der Leistungsfähigkeit beruhenden Abstufungen, welche daher keine Einkommensteuer, vielmehr eine klassificirte Familien- und Personensteuer ist, und endlich

h. eine an die Stelle der Klassensteuer in großen und sonst dazu geeigneten Städten tretende Mahl- und Schlachtsteuer.

§ 2.

Soweit das Staatseinkommen aus der Verwaltung der Domainen, Forsten, Bergwerke, Posten, Communicationsanstalten, Lotterie und anderer nutzbarer Rechte und Institute und dem Ertrag der § 1 unter a. b. c. und d. genannten Abgaben den Staatsbedarf nicht deckt, soll derselbe nach dem Maaßstabe der Bevölkerung auf die Provinzen nach folgender Zusammenstellung

a. beide Provinzen Preußen,

b. Posen,

c. Brandenburg und Pommern,

d. Schlesien,

e. Sachsen,

f. Westphalen,

g. beide rheinischen Provinzen,

vertheilt und von ihnen durch die § 1 unter e. f. g. und h. genannten Steuern aufgebracht werden.

§ 3.

Der festgestellte Staatsbedarf nach den einzelnen Verwaltungszweigen und die Mittel wodurch solcher aufzubringen, sollen von drei zu drei Jahren öffentlich bekannt gemacht werden.

Der für die drei Jahre vom 1. Januar 1820 bis 31. Dezember 1822 genehmigte Etat der allgemeinen Staatsabgaben und Einnahmen liegt hierbei (siehe oben Bericht).

Der Finanzminister wird zur öffentlichen Kenntniß bringen, wieviel danach und nach den Bestimmungen des § 2 im Verhältniß der Bevölkerung des vorletzten Jahres auf einzelne Provinzialabtheilungen trifft, und wie dasselbe in diesen aufzubringen ist. Eine gleiche Bekanntmachung wird von drei zu drei Jahren auch ferner erfolgen.

§ 4.

Der auf die Provinzen fallende Beitrag wird zunächst aus den aufkommenden Grundsteuern und dem Ertrage der allgemeinen Abgaben aus dem Gesetz vom 8. Februar 1819 entnommen, so daß nur der Ueberrest im Wege der particulären Mahl- und Schlachtsteuer der damit betroffenen Städte, und der Klassensteuer, da, wo diese Mahl- und Schlachtsteuer nicht entrichtet wird, aufzubringen ist.

§ 5.

Die Grundsteueranlagen geschehen ferner nach den jetzt in jeder Provinz und deren einzelnen Theilen bestehenden Grundsätzen bis dahin, daß eine gleichförmige Grundsteuerumlage, wie solche in dem Gesetz vom 27. October 1810 vorbehalten worden, mit Zuziehung der durch die künftige Verfassung zu bildenden ständischen Organe zur Ausführung kommen kann.

Wo die Grundsteuerverfassung jedoch in einer Provinz nach deren jetziger Begrenzung in ihren gesetzlich bestehenden Grundsätzen wesentlich und dergestalt verschieden ist, daß einzelne Landestheile dadurch bedeutend stärker als andere belastet werden, soll der Finanzminister den von der Provinz aufzubringenden Bedarf auf die Bezirke, welche verschiedenartige Grundsteuerverfassungen haben, nach einem von den Regierungen näher in Vorschlag zu bringenden Maaßstabe in der Art zu subrepartiren befugt sein, daß sich die höhere Grundsteuer eines Bezirks durch geringere „Klassen- oder Mahl- und Schlachtsteuersätze" wieder ausgleicht.

§ 6.

Jedoch soll auch schon jetzt und vorbehaltlich der ferner erleichternden Reform in keinem Falle die Grundsteuer da, wo in den letzten 30 Jahren eine Veränderung mit derselben vorgenommen worden, mit Ausschluß der Bezirks- und Gemeindeabgaben, ein Fünftel des reinen Ertrages eines Grundstücks übersteigen dürfen, und der Gutsbesitzer, welcher eine höhere Belastung behauptet und zu erweisen vermag, eine Herabsetzung zu begehren befugt sein. Wie der Beweis in solchen Fällen zu führen und die Steuerherabsetzung zu bewirken ist, darüber soll eine besondere Anweisung ertheilt werden.

Andererseits sollen aber auch solche Grundbesitzer, welche nach der bestehenden Provinzialverfassung steuerpflichtig sind und sich der Verbindlichkeit zur Grundsteuerentrichtung nur irrthümlich ganz oder theilweise entzogen haben, deshalb wieder in Anspruch genommen, und mit einem verhältnißmäßigen Steuerbeitrag herangezogen werden.

§ 7.

Der Grundsteuer einer jeden Provinz soll ein Sechstel des reinen Einkommens derjenigen in derselben belegenen Domainengrundstücke und Forstländereien zugerechnet werden, die bisher steuerfrei waren. Die Domainenveräußerung zur Tilgung der Staatsschulden, in Gemäßheit des Gesetzes vom 9. März 1819 vermindert dieses Quantum nicht zum Nachtheil der Provinzen, indem veräußerte Domainengrundstücke statt dieses Sechstheils nach der Veräußerung als Privatbesitzungen die landesübliche, jedoch in keinem Falle niedriger festzusetzende Grundsteuer tragen. Auch wird jedenfalls das Land dadurch erleichtert, indem der Ertrag dieser Veräußerungen nur zur Abtragung von Kapitalien verwendet wird, deren Zinsen mehr als den Ausfall an Domaineneinnahmen durch die Veräußerung betragen.

§ 8.

Wo die Grundsteuer nicht auf allgemeiner Vermessung und Katasterirung nach gleichen Grundsätzen für alles Landeigenthum beruht, sollen keine anderen ordentlichen oder außerordentlichen Lasten, die nicht schon verfassungsmäßig darauf haften, nach dem gemeinen Grundsteuerfuß vertheilt werden.

§ 9.

Der Servis wird der Grundsteuer gleich geachtet. Der bisherige städtische zu einer allgemeinen Serviskasse jährlich geleistete Servis wird von derselben bis zu der § 5 angedeuteten Grundsteuerreform nach dem bisherigen Maaßstabe fortentrichtet. Den Stadtgemeinden, wo der Realservis bisher geringer war, oder kein Realservis erhoben worden, wird inzwischen freigestellt, ihren Servisbeitrag als Grundsteuer den Grund- und Hausbesitzern verhältnißmäßig aufzulegen, oder auch andere, den örtlichen Verhältnissen angemessene Verbesserungen der Servisanlagen bei den Ministerien der Finanzen und des Innern in Antrag zu bringen.

§ 10.

Die Einziehung der Grundsteuer von den einzelnen Steuerpflichtigen zu bewerkstelligen, sollen die Gemeinden verpflichtet sein, und vor Ablauf jeden Monats den einmonatlichen Beitrag an die dazu bestimmte Kasse abführen.

§ 11.

Die Mahl- und Schlachtsteuer soll erhoben werden in den in der Anlage genannten Städten.

Sie kann auch in anderen mittleren und großen Städten eingeführt werden, wenn die Stadtgemeinde selbst dafür stimmt, dieselbe statt der Klassensteuer zu zahlen und ihre Hebung den örtlichen Verhältnissen nach hinlänglich gesichert ist.

§ 12.

Ueber die Klassen- sowie über die Mahl- und Schlachtsteuer und deren Erhebungsweise werden unverzüglich besondere gesetzliche Bestimmungen ergehen und zur Ausführung gebracht werden. Dagegen fallen alle durch gegenwärtiges Gesetz nicht ausdrücklich vorbehaltenen Abgaben weg. Namentlich gilt dies:

a. Von der durch die Verordnung wegen veränderter Einrichtungen in Folge des neuen Steuergesetzes vom 8. Februar 1819 bis jetzt beibehaltenen Accise vom Gemahl, Fleisch und Brennmaterial, und der Landconsumtionssteuer vom Schlachtvieh in den alten Provinzen, der theilweise fortbestehenden Generalaccise, Landaccise, Fleischsteuer und dem Mahlgroschen in Sachsen, der besondern Mahl- und Schlachtsteuer zwischen der Elbe und Weser und im Mindenschen Regierungsbezirk, der Schlachtsteuer im Großherzogthum Posen und einem Theil des Marienwerder Regierungsbezirks und dem jetzigen Octroi in den westphälischen und rheinischen Städten.

b. Von der durch das Edict vom 7. September 1811 eingeführten, und später auf einige Landestheile links der Elbe ausgedehnten Personensteuer, der in dem Herzogthum Sachsen bestehenden Personen- und Charaktersteuer, der in einem Theile des Arnsberger Regierungsbezirks erhobenen Vermögens- und der in den westlichen Provinzen bestehenden französischen und bergischen Personal- und Mobiliarsteuer.

c. Von der durch das Edict vom 2. November 1810 eingeführten allgemeinen Gewerbesteuer und von sämmtlichen Gewerbepatent- und Nahrungssteuern, welche in den seit dem 1. Januar 1813 wiedererlangten und neu erworbenen Landestheilen bisher erhoben worden sind.

d. Von allen unter den directen Steuern in den Etats aufgeführten Abgaben, welche nach einer von dem Finanzminister deshalb anzustellenden näheren Prüfung ihrer Natur nach zu einer der vorstehend unter a. b. c. benannten Steuern zu rechnen sind. (d. ist leicht mit Blei durchstrichen.)

e. Desgleichen soll im Herzogthum Sachsen ein solcher Theil der Quatember- und der Schocksteuer erlassen werden, welcher dem ganzen jetzigen Betrage der Quatembersteuer gleich ist.

§ 13.

Es hören auch auf die Naturalquartiere des garnisonirenden Militärs bei der Bürgerschaft in dem Maaße, worin die Kasernen-Einrichtung fortschreitet, ferner die außerordentlichen Zuschüsse der Städte zu dem reglementsmäßigen Servis für die Officiere, oder der s. g. Hülfsservis, endlich die Beiträge derselben zur Unterhaltung der vom Staate angeordneten Gerichts- und Polizeibehörden. Der dazu und zur Einquartierung des garnisonirenden Militairs erforderliche Geldbedarf wird künftig einen Theil der ordentlichen Staatsausgaben ausmachen. Die Justiz- und Polizeibehörden bleiben jedoch im freien Besitz der Locale, welche sie gegenwärtig inne haben.

§ 14.

Nach Vollziehung dieses Gesetzes kann keine Staatsabgabe anders als in Kraft desselben erhoben werden.

§ 15.

Die nach den Gesetzen vom 26. Mai 1818 und 8. Februar 1819 ausgeschlossenen Landestheile werden bei Feststellung des Beitrages ihrer Provinz zu den Staatslasten wie die übrigen Theile derselben behandelt und tragen gleiche Verpflichtungen. Insoweit übrigens mehrere von den im § 1 angeführten Abgaben in diesen Landestheilen wegen ihrer Lage nicht eingeführt werden können, sind sie in den übrigen Abgaben, welche hiernach auf sie Anwendung finden, heranzuziehen.

§ 16.

Obgleich den Bezirken und Gemeinen nach wie vor obliegt, die zu den Bezirks- und Gemeineausgaben erforderlichen Mittel selbst aufzubringen, so ist ihnen zu dem Ende doch nur insoweit eine Beinahme auf die Klassensteuer oder auf die Mahl- und Schlachtsteuer gestattet, als das für dieselbe festgesetzte höchste Maaß dadurch nicht überschritten wird. Andere Auflagen und Ausschläge zu denselben Zwecken können insofern fortdauern, als sie in der Verfassung beruhen, oder durch eine landesherrliche Bestimmung bewilligt, fortdauernd erforderlich und den gegenwärtigen oder andern gesetzlichen Bestimmungen nicht entgegen sind. Neue Gemeindeauflagen dieser Art oder Erhöhungen schon bestehender, können nur mit landesherrlicher Genehmigung eingeführt, und mit Concurrenz des Finanzministers in Antrag gebracht werden. In keinem Falle dürfen sie jedoch eine Hemmung oder Beschränkung des Verkehrs im Innern mit sich führen.

Wir behalten ausdrücklich vor, alle Verbesserungen der vorstehenden Anordnungen, wozu die von Uns dem Staate zu verleihende Verfassung die Mittel darbieten wird. Bis dahin aber, daß solche Verbesserungen im verfassungsmäßigen Wege in Antrag gebracht, erwogen, beschlossen und von Uns genehmigt worden sind, hat es bei den Bestimmungen des gegenwärtigen Gesetzes unabänderlich sein Bewenden.

Gegeben. (unvollzogen.)

Dem Gesetz über die Steuerausgleichung lag die folgende statistische Uebersicht bei, die ein Bild darüber giebt, in welcher Art man die Verschiedenheit der Grundsteuer in den einzelnen Provinzen durch die Quotisation zu beheben beabsichtigte.

Zum Gesetz über die Steuerausgleichung gehörig.

Nach dem Etat, wodurch für die Jahre 1820, 21 und 22 der Bedarf der gewöhnlichen Staatsausgaben auf 50,863,150 Rthlr. jährlich festgestellt worden, ist durch die im Gesetz über die Steuerausgleichung § 1 unter e., f., g. und h. benannten Abgaben zusammengenommen die Summe von 24,000,000 Rthlr. nebst den Erhebungskosten aufzubringen. Dazu haben in Folge des § 2 des allegirten Gesetzes nach Verhältniß der Volkszahl des Jahres 1818 beizutragen:

a. Preußen und Westpreußen	3,526,200	Rth.
b. Posen	1,927,500	=
c. Brandenburg und Pommern	4,530,500	=
d. Schlesien	4,529,900	=
e. Sachsen	2,744,200	=
f. Westphalen	2,411,800	=
g. Cleve, Berg, Niederrhein	4,329,900	=
	24,000,000	Rth.

Auf diese Beiträge kommen den Provinzen zu gut:

a. die Grundsteuer und der Servis, und zwar der Reinertrag, wobei die Elementarerhebungskosten der Gemeinen unberücksichtigt geblieben und sämmtliche der Grundsteuer entnommene Summen für die Gemeine- oder Bezirksbedürfnisse abgenommen sind, ferner

b. der Antheil zu der zu ein Sechstel des reinen Ertrages angenommenen Grundsteuer von den in jeder Provinz belegenen, bisher steuerfreien Domainenländereien und Domanialforsten.

Gedachte Leistungen und Beträge ergeben:

a. in Preußen und Westpreußen	1,031,000	Rth.
b. in Posen	50,300	=
c. in Brandenburg und Pommern	1,479,960	=
d. in Schlesien	2,095,600	=
e. in Sachsen	1,762,900	=
f. in Westphalen	1,232,900	=
g. in Cleve, Berg, Niederrhein	2,159,500	=
	10,162,500	Rth.

Nach Abzug der vorbemerkten Grundsteuer und des Servises haben also noch aufzubringen:

			Hiervon kommen auf die Einwohner der Provinzen.
a. die beiden Preußen von	1,585,406 E.	2,495,200 Rth.	a. 1 Rth. 13 Gr. $9\frac{26}{100}$ Pf.
b. Posen	866,625 =	1,426,200 =	b. 1 = 15 = $5\frac{96}{100}$ =
c. Brandenburg und ganz Pommern	2,036,910 =	3,050,600 =	c. 1 = 11 = $11\frac{32}{100}$ =
d. Schlesien	2,036,645 =	2,434,900 =	d. 1 = 4 = $8\frac{32}{100}$ =
e. Sachsen	1,233,813 =	981,300 =	e. - = 19 = —$\frac{3}{100}$ =
f. Westphalen	1,084,341 =	1,178,900 =	f. 1 = 2 = $1\frac{11}{100}$ =
g. die beiden Rheinischen Provinzen	1,946,730 =	2,270,400 =	g. 1 = 3 = $11\frac{99}{100}$ =
überhaupt von	10,790,470 E.	13,837,500 Rth.	

Die Verwaltungsetats werden es alljährlich bestimmen, wieviel davon durch die Auflagen auf den Branntwein, das Braumalz, den Weinmost und die Tabaksblätter in jedem Bezirk erwartet wird, und was außerdem verhältnißmäßig, theils in den Städten, worin die Mahl- und Schlachtsteuer erhoben wird, durch diese, theils in anderen Orten durch die Klassensteuer aufkommen soll.

Berlin, den 31. Januar 1820. Der Finanzminister.
gez. v. Clewitz.

III.

Die Berathungen der durch Kabinetsordre vom 12. Februar 1820 angeordneten Kommission des Staatsraths über die durch gedachte Kabinetsordre ihr zur Prüfung vorgelegten Gesetzentwürfe.

Nachdem das Königliche Staatsministerium dem Könige diesen Vortrag gehalten, erließ derselbe die nachstehende Kabinetsordre.

Die unter dem Vorsitze des Staats- und Finanzministers v. Clewitz bestehende Steuerregulirungskommission hat, in Folge der Steuergesetze vom 26. Mai 1818 und 8. Februar 1819 ihre weiteren Arbeiten, nehmlich:

a. einen Entwurf zur Verordnung über die Steuerausgleichung und Regulirung des Abgabenwesens,

b. einen dergleichen wegen Einführung der Klassensteuer,

c. einen dergleichen wegen Entrichtung der Mahl- und Schlachtsteuer in den größeren Städten an Stelle der Klassensteuer, und

d. einen dergleichen wegen Veränderungen bei der bisher bestandenen Gewerbesteuer, eingereicht.

Ich habe diese Entwürfe nebst dem projectirten Finanzetat des Staates über die jährlichen laufenden Einnahmen und Ausgaben dem Staatsministerio zur weiteren Prüfung mitgetheilt und übersende nunmehr dem Staatsrath die von dem vorgedachten Ministerio nach einigen Abänderungen als ausführbar erachteten Gesetzentwürfe.

Die gewöhnlichen jährlichen Ausgaben des Staats habe ich bereits in Meiner Ordre vom 17. Januar d. J. (Gesetzsammlung Nr. 579) nach einer bedeutenden Ermäßigung von 5,030,572 auf

50,863,150 Thlr. angenommen, und wird das Staatsministerium den in der Festsetzung befindlichen Hauptfinanzetat in diesen Tagen dem Staatsrathe mittheilen, um solchen der Verordnung über die Steuerausgleichung und Regulirung des Abgabenwesens, Behufs der öffentlichen Bekanntmachung beifügen zu können.

Das vorstehend angenommene Bedürfniß des Staates ist für jetzt unerläßlich, und es müssen daher ohne den mindesten Zeitverlust, die zweckdienlichsten Mittel zu dessen Aufbringung, insoweit die bestehenden Einnahmen dazu nicht hinreichend sind, aufgesucht werden. Es soll dies nach den Ansichten der Steuerregulirungskommission und des Staatsministerii durch die Emanirung der obengedachten Gesetze bewirkt werden können, und indem Ich dem Staatsrathe dies eröffne, veranlasse Ich denselben, sich über die in diesem Gesetz angenommenen Quotisationsgrundsätze und über den vorgeschlagenen Modus der Erhebung der durch diese Gesetze zum Theil zu verändernden und zum Theil neu einzuführenden Steuern gutachtlich zu äußern, und Mir solche nach genauer Prüfung zur weiteren Bestimmung vorzulegen.

Damit diese wichtige Verhandlung auch mit den früheren Verhandlungen in Uebereinstimmung verbleibe, und keinen Aufenthalt erleide, so bestimme Ich, sowie es im Jahre 1817 bei der Prüfung der Steuergesetze geschehen ist, daß solche durch eine Kommission des Staatsraths, bestehend aus dem Staatsminister v. Schuckmann als Vorsitzendem, den Mitgliedern pp. v. Stägemann, pp. v. Kamptz, pp. v. Ladenberg, pp. v. Diedrichs, pp. Rother, pp. Daniels, pp. Köhler, pp. Maaßen, pp. Hoffmann, pp. Scharnweber, pp. v. Beguelin I., pp. Ferber, pp. Behrnauer, pp. Eichhorn und pp. v. Savigny, bearbeitet, und sodann dem Pleno vorgelegt werde.

Der Hierherberufung der Oberpräsidenten bedarf es nicht, da deren Ansichten über diesen Gegenstand im Jahre 1817 gehört worden sind, und sie sich auch in den späteren schriftlichen Verhandlungen der in allen Provinzen über die Steuerangelegenheiten eingeleiteten Berathungen mit dem Pleno des Staatsrathes gegen Einführung einer Mahl- und Schlachtsteuer auf dem Lande ausgesprochen haben.

Ich erwarte übrigens den Bericht des Staatsraths in 14 Tagen vom Empfang dieser Ordre an gerechnet.

Berlin, den 12. Februar 1820.

(gez.) Friedrich Wilhelm.

Der Schwerpunkt, um den sich die Debatten drehten, war auch hier die Frage über den Entwurf zur Verordnung über die Steuerausgleichung und Regulirung des Abgabenwesens, das allgemeine Gesetz. Den Berathungen lag das folgende, von Hoffmann entworfene, Promemoria zum Grunde, sowie der allgemeine Etat der Einnahmen und Ausgaben für den gewöhnlichen Staatsbedarf in den Jahren 1820, 21 und 22, wie solchen Hardenberg Altenstein bereits am 20. Februar 1820 zugestellt hatte.

Promemoria zu den Gesetzentwürfen über die Steuerausgleichung und Regulirung des Abgabenwesens.

Der im Jahre 1817 von dem damaligen Finanzministerio ausgearbeitete Entwurf zu einer neuen allgemeinen indirecten Steuergesetzgebung, ging von dem Bedürfniß aus, die einzelnen Provinzen der in ihren Grenzen erweiterten Monarchie möglichst gleichförmig zu den gemeinschaftlichen Staatslasten heranzuziehen, den inneren Verkehr von den Fesseln zu befreien, die ihn in Folge der verschiedenartigsten Abgabenverhältnisse in den Provinzen, namentlich des alten Accisesystems, drückten, und die Staatsabgaben überhaupt dergestalt zu reguliren, wie es die neue Ordnung der Dinge, die Verbindung aller Theile der Monarchie zu einem Ganzen, die inländischen Fabriken und Handelsverhältnisse, die Sicherung des Staatshaushalts, und eine möglichst einfache Verwaltung erforderten.

Zu dem Ende wurde eine allgemeine Zoll- und Verbrauchssteuerabgabe von den eingehenden Kolonial-, fremden Manufactur- und gewissen anderen Waaren und mehrere innere Consumtionssteuern, nehmlich eine Mahl- und Backsteuer, und eine Steuer vom Fleisch, Branntwein, Bier, Wein und Taback, gegen Aufhebung aller bisherigen Abgaben an den Staat, welche den Verbrauch, das Gewerbe und den Handel trafen, oder blos persönlich waren, jedoch mit Ausnahme der Gewerbesteuer, der Stempel- und Salzabgabe und der Abgaben für Kommunikationsanstalten in Vorschlag gebracht, deren Ertrag nicht nur auf Deckung der dadurch für die Zukunft wegfallenden bisherigen Staatseinnahme, sondern noch auf einen Ueberschuß berechnet war, welcher jedoch auch dazu dienen sollte, da, wo eine unverhältnißmäßige Steuerbelastung des Grundes und Bodens vorhanden war, derselben durch Herabsetzung der Grundsteuer abzuhelfen. Diese sollte übrigens bis zu einer weiteren Berathung mit den Ständen als unveränderlich beibehalten und nur die bisher steuerfreien Städte mit zur Grundsteuer herangezogen, außerdem aber noch, gegen Erleichterung und allgemeine Aufhebung der gewöhnlichen Einquartierungslast, einer Haussteuer bis dahin unterworfen werden, daß der Bedarf für diesen Zweck aus den übrigen Staatseinnahmen würde gedeckt werden können. Bei der darüber in der dazu angesetzten Kommission des Königlichen Staatsrathes angestellten Berathung, wurde nur der erste Theil des Gesetzentwurfs, nehmlich der wegen Besteuerung des Verkehrs mit dem Auslande, unter gewissen Modificationen angenommen, von den innern Steuern aber die allgemeine Mahlsteuer gänzlich und die Fleischsteuer wenigstens in der vorgeschlagenen Art verworfen, und die übrigen zwar an und für sich nicht für unzulässig erklärt, jedoch dafür gehalten, daß dieser Theil des Gesetzes in zu genauer Verbindung mit dem gesammten innern Steuerwesen stehe, als daß er unabhängig davon und, ohne die Verschiedenheit der Grundsteuer in den einzelnen Provinzen zu beachten, eingeführt werden könne. Eine überwiegende Majorität hatte sich nehmlich schon damals gegen den Satz erklärt:

daß die Grundsteuer blos eine dem Staat auf das Grundeigenthum vorbehaltene Rente sei, welche nicht mehr die Natur einer Steuer, sondern die einer unablöslichen hypothekarischen Schuld oder Kanons habe (Gutachten vom 20. Juni 1817).

Für das zweckmäßigste Mittel, das anerkannte und hiernach nothwendig zu berücksichtigende Mißverhältniß der Grundbesteuerung auszugleichen, wurde eine allgemeine Gleichstellung der Grundsteuer, zu dem Ende jedoch ein mehr als zehnjähriger Zeitraum, für erforderlich gehalten (ebendaselbst Gutachten de 1817) und gegen den bis dahin, und bis erst der neue Steuerplan mit der Maaßregel wegen der Stände in Zusammenhang gesetzt werden könne, zur Deckung des Steuerbedürfnisses gemachten Vorschlag:

einer Provinzialquotisation nach dem zusammengesetzten Maaßstabe der Bevölkerung, des Flächeninhalts und der bisherigen Abgaben und nach vorhergegangener Ausscheidung derjenigen Staatseinnahmen und Abgaben, welche keiner Ausgleichungsmittel bedürfen,

erinnert, daß es zu schwierig, wenn nicht unmöglich sei, einen richtigen Maaßstab zur Quotisation aufzufinden, und der vorgeschlagene dafür nicht angenommen werden könne.

Die Folge davon war, daß vorerst nur das Gesetz wegen des Zolles und der Verbrauchssteuer von ausländischen Gegenständen in seiner jetzigen Form unterm 26. Mai 1818 von des Königs Majestät sanktionirt, und zuerst in den westlichen, bald darauf aber auch in den östlichen Provinzen, mit Aufhebung der bisherigen Zölle und eines Theiles der bisherigen innern Consumtionsabgaben, in Ausführung gebracht wurde.

Der Finanzminister, welcher inzwischen durch die Kabinetsordre vom 23. Juni 1817 den Auftrag zu einer neuen Gesetzgebung über die Steuerreform mit der ausdrücklichen Anweisung erhalten hatte, dabei auf die Bemerkung der Staatsrathskommission Rücksicht zu nehmen, sah sich außer Stande diesem Auftrage in seinem ganzen Umfange so schnell zu genügen, als es die Dringlichkeit des größeren Staatsbedürfnisses erforderte; besonders, da die Schwierigkeit wegen der Grundsteuerausgleichung, so lange darüber eine ständische Berathung noch nicht stattfinden konnte, gründlich zu heben, unmöglich, auch der Staatshaushalt dergestalt noch nicht regulirt war, um das Erforderniß ganz bestimmt übersehen zu können. Es war daher nichts übrig, nachdem die in den Provinzen unter Leitung der Oberpräsidenten angeordneten Berathungen über die einzuführenden neuen indirecten Steuern geschlossen, und zwar im Ganzen ebenfalls gegen die allgemeine Einführung einer Mahl- und Fleischsteuer ausgefallen waren, die Getränke- und Tabacksteuer aber nicht für unanwendbar erkannt hatten, über diese Steuern, mit Berücksichtigung der gesammelten Meinungen und Materialien, besondere Gesetzentwürfe auszuarbeiten, und dadurch der beabsichtigten Steuerreform abermals um einen Schritt näher zu treten, der, indem er einer schnell anwachsenden Vermehrung der Staatsschuld wegen Unzulänglichkeit der Einnahmen vorbeugte, der beabsichtigten Steuerausgleichung nicht vorgriff, weil in der Personal- und Mahl- und Fleischsteuer, oder was an deren Stelle künftig treten mochte, noch ein reichliches Ausgleichungsmittel für die Grundsteuer übrig blieb. Die Abtheilungen des Staatsraths, welchen diese Entwürfe im Anfang des Jahres 1819 zur Prüfung vorgelegt wurden, erkannten die Unmöglichkeit an, schon damals eine allgemeine Steuerreform mit Berücksichtigung der Grundsteuer, welche abermals für unerläßlich gehalten wurde, zu Stande zu bringen (Gutachten vom 5. Januar 1819. P. 3. 4.) und bemerkten auch ihrerseits, daß einer Provinzialquotisation, in der gedachten Art, als vorbereitendem Interimistikum, noch immer die Ungewißheit des zu quotisirenden Bedarfsquanti, die Schwierigkeit wegen Ausmittelung eines angemessenen Quotisationsmaaßstabes und die besorgliche Störung des inneren Verkehrs durch verschiedene Ausgleichungsabgaben von Provinz zu Provinz entgegenständen. (ebendaselbst ad 5.). Die Gesetzentwürfe wurden daher gebilligt, und unterm 8. Februar 1819 von des Königs Majestät vollzogen. Diese neuen allgemeinen Abgaben vermehrten jedoch das laute Verlangen derjenigen Provinzen, welche in den Grundsteuern höher als andere zu stehen glaubten, nach einer definitiven, diese mit umfassenden Ausgleichung. Ferner war es, ohne bedeutende Ausfälle herbeizuführen, noch nicht möglich gewesen, sämmtliche bisherige innere Consumtionssteuern von anderen, als den vier durch das neue Gesetz besteuerten Artikeln aufzuheben, und den innern Verkehr dadurch in dem früher beabsichtigten Umfang frei zu machen; man hatte sich vielmehr begnügen müssen, diese Steuern in den Städten, wo sie vorhanden waren, auf einige wenige Artikel zu beschränken, auch die Mahl- und Schlachtsteuer auf dem platten Lande, soweit sie vorhanden war, beizubehalten, ohne in Hinsicht ihrer die bisherigen Verschiedenheiten in den einzelnen Provinzen gegeneinander und der Städte gegen das platte Land aufheben zu können. Endlich aber ergab die vor Kurzem beendigte Untersuchung und Feststellung der Staatseinnahmen und Ausgaben, daß bei einem so hoch als möglich angenommenen Betrag der verbleibenden Einnahmen, und die vom Salz, Stempel und den Gewerben zu erwartende Mehreinnahme ungerechnet, noch ein Bedarf von beinahe vier Millionen durch Abgabenerhöhung zu decken sei.

Der unter dem Vorsitz des Finanzministers zur Vollendung der Entwürfe behufs der Abgabenreform und Steuerausgleichung niedergesetzten Steuerkommission wurde es daher bereits im vergangenen Jahre zur dringenden Pflicht gemacht, ihre weiteren Vorschläge zur Erreichung des vorgesteckten Zieles und vollständigen Sicherung des nunmehr feststehenden laufenden Staatsbedarfs so schleunig als möglich vorzulegen, welches in den anliegenden Gesetzentwürfen geschehen ist.

Die hier vorangeschickte historische Einleitung zeigt hinlänglich, daß sie bei dieser Arbeit an folgende Gesichtspunkte gebunden war:

1. Das neue System sollte in derselben seine endliche Vollendung erhalten, ohne daß die dazu bisher für nothwendig gehaltene ständische Berathung abgewartet werden konnte. Auf der einen Seite mußte daher eine Ausgleichung sämmtlicher Abgaben, und zwar sowohl nach den bisherigen Forderungen, als nach der eigenen Ueber-

zeugung der Steuerkommission, mit Inbegriff der Grundsteuer versucht, auf der andern durfte jedoch eine wesentliche Veränderung der Grundsteuer, wegen des dazu nöthigen Zeitaufwandes, und weil sie durch eine ständische Concurrenz hauptsächlich bedingt war, nicht vorgenommen, aber auch für die Folge nicht ganz abgeschnitten werden. Die neuen Gesetze mußten daher den Charakter einer definitiven Einrichtung und eines Interimistikums zugleich haben.

2. Die Einführung einer allgemeinen Mahl- und Schlachtsteuer mußte, da in den Provinzen mit Ausnahme einer einzigen sich alle Stimmen dagegen erklärt, auch der Königliche Staatsrath die erste wenigstens unbedingt verworfen hatte, vermieden werden.

3. Der Grundsatz der Freiheit des inneren Verkehrs mußte nicht nur aufrecht erhalten, sondern soweit als möglich durchgeführt, mithin die in Widerspruch mit demselben noch bestehende Accise in den altländischen Städten der Municipaloctroy, die ländlichen Mahl- und Fleischsteuern in einigen Provinzen, welche insgesammt den Staatskassen eine reine Einnahme von drittehalb Millionen abwerfen, aufgehoben werden, wodurch der neu aufzubringende Bedarf bis auf Siebentehalb Millionen stieg.

Allen diesen Bedingungen in ihrem ganzen Umfange zu genügen ergiebt sich auf den ersten Blick als ein Werk der Unmöglichkeit. Ebenso einleuchtend ist es, daß eine Lösung der Aufgabe unter diesen Bedingungen auch nur annäherungsweise nicht versucht werden konnte, ohne auf eine Provinzialquotisation zurückzukommen. Ja es war durchaus kein anderer Weg, als dieser vorhanden, und es kam daher nur darauf an, die entgegenstehenden Schwierigkeiten, welche die früheren Bedenken dagegen veranlaßt hatten, so gut als möglich hinwegzuräumen.

1. Die Frage: welches Quantum durch Quotisation zu vertheilen sei, ließ sich jetzt bei weitem leichter als früher beantworten. Daß gewisse Staatseinkünfte, namentlich die aus den Domänen, Forsten, Bergwerken, Lotterieen und der Post, die Zoll- und Verbrauchsabgaben von fremden Waaren, das Einkommen vom Salz und vom Stempel, nicht zur Quotisation gebracht werden konnten, war schon in dem Gutachten der Abtheilung des Staatsraths über das Gesetz vom 8. Februar anerkannt, (eben daselbst Pos. 5.) und bedarf daher hier, auch in der Ausdehnung auf das Einkommen von Kommunikationsanstalten, von anderen nutzbaren Rechten und Instituten des Staats keiner Rechtfertigung. Die Gewerbesteuer, inso-

fern sie künftig in dem ganzen Umfang der Monarchie auf einerlei Fuß erhoben werden sollte, bedurfte gleichfalls keiner Ausgleichung, in jedem Falle war die etwanige Verschiedenheit ihres Gewichts zu unbedeutend, als daß sie die Resultate der Quotisation hätte wesentlich ändern können. Die Steuern aus dem Gesetz vom 8. Februar 1819 schienen zwar Anfangs in ihrem gleichförmigen Erhebungsfuß in sich bereits ausgeglichen zu werden, und daher auch aus der Quotisation wegfallen zu müssen. Die große Verschiedenheit in der Branntweinconsumtion in den östlichen und westlichen Provinzen, welche durch die Bier= und Weinsteuer, bei einer überwiegenden Höhe der Branntweinsteuer nicht ausgeglichen wird, sprach jedoch für die Aufnahme jener Steuern in die Quotisation, wodurch die Provinzen Preußen, Westpreußen und Posen dafür einigen Ersatz erhalten, daß ihre ungünstigen klimatischen Verhältnisse nicht dergestalt in Zahlen darstellbar sind, um in den Quotisationsmaaßstab auf irgend eine Weise mit aufgenommen werden zu können. Die Steuern aus dem Gesetz vom 8. Februar 1819, die bisherigen Grundsteuern mit einigen Zusätzen und Weglassungen, von welchen in der Folge die Rede sein wird, und das Defizit, welches sich aus der Vergleichung aller vorgedachten Staatseinnahmen mit den festgestellten Staatsausgaben ergiebt, bilden also zusammen das zur Quotisation zu stellende Quantum, welches gegenwärtig eine bekannte Größe ist, und sich auf 24 Millionen beläuft.

2. Die Frage, nach welchem Maaßstabe die Quotisation der Provinzen gleichheitlich zu bewirken sei? ist allerdings diejenige, welche die meisten Schwierigkeiten bietet. Die große Mannigfaltigkeit von Maaßstäben, unter welchen hier die Wahl zweifelhaft zu sein scheint, reduzirt sich aber bei näherer Betrachtung auf einige wenige, von welchen überhaupt nur die Rede sein kann. Unter diesen steht der Maaßstab der Bevölkerung, wo es auf Vergleichung der Prästationsfähigkeit in großen Massen ankömmt, oben an; ja, er ist am Ende, wenn kein durchaus zureichender, aber doch der einzige in Zahlen darstellbare, an den man sich am richtigsten halten kann; daher auch die Steuerkommission nach reiflicher Prüfung und vielfältigen Versuchen lediglich bei demselben stehen geblieben ist. Es ist ihr nicht entgangen, daß jemehr man ins Einzelne hinabsteigt, die bloße Zahl der Einwohner nicht zum Maaßstabe dessen, was sie dem Staat bezahlen sollen, dienen kann; aber alle die Verschiedenheiten, welche Kultur, Industrie, Boden, Lage, Reichthum u. s. w. in der Leistungs=

fähigkeit hervorbringen, wenn man die Menschen an verschiedenen Orten nur zu Hunderten mit einander vergleicht, verschwinden unter einander immer mehr, wenn man, zumal in der Mitte von Europa, Millionen einander gegenüber stellt. Weiter hat aber die Steuerkommission diesen Maaßstab allein zu dem vorstehenden Zweck auch nicht für anwendbar erklären wollen; sie hat deshalb selbst zwei Provinzen, wo es sich auch sonst wegen übereinstimmender Verhältnisse empfahl, zusammengenommen, und nur 7 Abtheilungen gemacht, von denen außer Posen, keine hinter einer Million Menschen zurückbleibt. Könnte man nicht sowohl die Zahl, als vielmehr den Werth der Wohnhäuser und des Viehs in Rechnung bringen, so würden sie sehr wahrscheinlich in solchen großen Ländermassen kein von dem Maaßstabe der Bevölkerung erheblich verschiedenes Resultat ergeben. Es ist indeß sehr schwierig, zu solchen Werthsangaben zu gelangen, und andrerseits klar, daß, bei der großen Verschiedenheit des Werths der Wohngebäude und der Viehracen, die bloße Zahl der Gebäude und der Stücke Vieh kein brauchbarer Maaßstab sein kann. Wesentlich verschieden davon ist der Maaßstab der Bodenfläche, welcher aber für sich allein nicht brauchbar ist, weil es dabei zu sehr auf den Kulturzustand und die Ertragsfähigkeit derselben ankömmt. In dieser Verbindung kann er nur in einem solchen Staat in Zahlen dargestellt werden, der ein vollständiges, gleichförmiges und richtiges Steuerkataster hat. Das bloße Areal stellt sich aber, selbst in der Verbindung mit der Bevölkerung, in dem Verhältniß der östlichen Provinzen zu den westlichen für jene so auffallend nachtheilig, daß dessen Unanwendbarkeit augenscheinlich wird. Es zeigt sich nehmlich aus den vorliegenden, mit Sorgfalt gesammelten, statistischen Nachrichten, daß, welchen von beiden Maaßstäben man auch anlegt, die mittleren Provinzen, d. h. Brandenburg, Pommern, Sachsen und Schlesien immer ohngefähr die Hälfte des Ganzen bilden, und den drei westlichen Provinzen und den drei Provinzen, Preußen, Westpreußen und Posen, als der andern Hälfte, gegenüber, dieselben Resultate liefern. Dagegen ergiebt sich in dem Verhältniß der beiden letzteren Provinzialabtheilungen gegeneinander bei Anwendung des Flächen- oder gemischten Flächen- und Bevölkerungsmaaßstabes für die östlichen außerdeutschen Provinzen, insbesondere aber für Posen, welches auch in den Grundsteuern am niedrigsten steht, ein Resultat welches unerschwinglich sein würde. Dies darf jedoch keineswegs befremden, wenn man außer der Verschiedenheit des Kulturzustandes und der Ertragsfähigkeit des Bodens, auch die klimatische Verschiedenheit in Erwägung zieht, vermöge welcher in den letzteren Provinzen der Ackerbau auf eine kürzere Zeit im Jahre eingeschränkt ist, mithin mehr Kräfte erfordert und durch größere Wirthschaftskosten vertheuert und verkümmert wird, als im Westen. Dieser Einfluß ist auf die Wohlhabenheit und auf den Kulturzustand der großen Masse des Volkes in jenen Gegenden so bedeutend, daß auch aus diesem Grunde der Maaßstab der reinen Bevölkerung, als der für die gedachten Provinzen vortheilhafteste den Vorzug verdient. Auch er liefert für Posen ein Resultat, welches man nach auf örtlicher Erfahrung beruhender Schätzung dessen, was der gemeine Mann daselbst leisten kann, durch Aufnahme der inneren Verbrauchs= und namentlich der Branntweinsteuer in die Quotisation, geglaubt hat, noch um etwas mildern zu müssen. Sollten sich daher auch die Rheinprovinzen, wo dreimal soviel Menschen auf einer Quadratmeile leben, durch die Quotisation nach der reinen Bevölkerung prägravirt halten, so werden sie, da sie dadurch nur gegen die Provinzen Preußen und Posen anders zu stehen kommen, den großen Vortheil ihrer milderen und freigebigeren Natur im Verhältniß zu diesen, doch nicht in Abrede stellen können und einräumen müssen, daß ihnen die geringere Erhöhung ihrer bisherigen Abgaben in Folge dieses Maaßstabes leichter erträglich wird, als die bedeutende Erhöhung, welcher derselbe für die östlichen Provinzen zur Folge hat. Die anliegende aus den Materialien des statistischen Büreaus angefertigte Vergleichung der angenommenen Provinzialabtheilungen nach verschiedenen Maaßstäben liefert die Beläge zu dem, was über die Anwendbarkeit und die Resultate derselben gesagt worden ist. Solche Vergleichungen, wie die nach dem Ertrag der bisherigen Abgaben, sind jedoch nicht darin aufgenommen worden, weil sich darnach nur da die Leistungsfähigkeit einigermaßen beurtheilen läßt, wo man ganz gleichartige Abgaben vor sich hat, im anderen Falle aber die Ungleichförmigkeit derselben einer neuen Abgabenvertheilung, welche deren Abhülfe bezweckt, nicht zur Grundlage dienen kann.

3. Die Frage, wie die Quoten der Provinzen, nach Abzug der darauf in Anrechnung kommenden Abgaben, aufzubringen seien? konnte den Provinzen nicht, wie früher wohl davon die Rede gewesen war, zur eigenen Beantwortung hingegeben werden. Die Einheit in der Verwaltung und Vermeidung neuer Störungen für den inneren Verkehr erforderte die Aufbringung durch eine Abgabe

von einerlei Natur, obwohl sie in der Höhe verschieden sein mochte: auch mußte sie alsbald flüssig gemacht werden können und hinlänglich gesichert sein.

Schon bei den Provinzialberathungen über die zuerst vorgeschlagenen indirecten Abgaben unter Leitung der Oberpräsidenten, hatte man sich, namentlich in Westpreußen und Westphalen für eine klassifizirte Personen- oder Familiensteuer, statt der Mahl- und Schlachtsteuer erklärt; in einem großen Theile der Monarchie bestanden schon Personensteuern als gewohnte Abgaben, und endlich war, da auf eine allgemeine Mahl- und Fleischsteuer nicht wieder zurückgekommen werden konnte, auch kein anderer Weg übrig, einen so bedeutenden Bedarf einfacher und dem Zweck der Ausgleichung entsprechender aufzubringen und zu erheben, als durch eine directe und persönliche Besteuerung.

Für eine Kopfsteuer war der Bedarf zu hoch, und der Druck zu ungleich vertheilt; eine Einkommensteuer hatte sich auf der andern Seite als ganz unpractisch und viel zu gehässig bewährt, daher sich die neue Personensteuer in der Mitte zwischen beiden halten und zwar mit einer Klassification verbunden werden mußte, jedoch von so wenig Klassen und nach so einfachen und leicht erkennbaren Merkmalen als möglich, theils um Willkühr und Eindringen in die Privatverhältnisse zu vermeiden, theils weil man allen Abstufungen der Wohlhabenheit hier weniger ängstlich nachzugehen brauchte, indem schon der Zoll und die Verbrauchsabgabe von fremden, insbesondere Kolonial- und Manufacturwaaren den Wohlstand vorzugsweise besteuerten. So sehr sich aber eine directe Aufbringung auf diesem Wege für das platte Land empfahl, so viele Schwierigkeiten und Nachtheile standen ihr in den bedeutenderen Städten entgegen. Auf dem Lande sind die Verhältnisse der verschiedenen Stände gegeneinander einfacher, ihr äußerer leicht ins Auge springender Charakter stimmt mit den verschiedenen Graden der Leistungsfähigkeit besser und bleibender überein und erleichtert die Klassification. In den Städten steht die größte Mannigfaltigkeit des Reichthums und der Armuth in stets wechselnden Zuständen dicht nebeneinander, ohne oft äußerlich leicht erkannt werden zu können. Hier ist die Klassification weitläufig und unsicher und der Wechsel der Wohnungen legt der Erhebung die größten Schwierigkeiten in den Weg. Dagegen ist eine indirecte Besteuerung, insbesondere eine Mahl- und Schlachtsteuer für Städte in eben dem Grade geeigneter, statt der Personensteuer, als sie es für das platte Land nicht ist. Hat man es dabei in den Städten, wo man sein Brod und Fleisch vom Bäcker und Schlächter nimmt, nur mit diesen Gewerbetreibenden, so hat man es auf dem Lande mit dem großen Publikum, welches backt und schlachtet, selbst zu thun, und es hat einen gehässigen Schein, daß der Produzent über sein selbst gewonnenes Getreide, sein selbst gezogenes Vieh nicht einmal zum eigenen Gebrauch Herr sein soll, ohne davon unter lästigen Formen zu steuern. Das weniger gedrängte Zusammenwohnen auf dem Lande macht ein größeres Steuerpersonal, bedeutendere Erhebungskosten und mehr Förmlichkeiten und Beschränkungen der persönlichen Freiheit, als in geschlossenen Städten zu diesem Behuf erforderlich. Das Lösen der Steuerzettel ist für den Landmann zeitraubender, er ist Vexationen mehr dabei blosgestellt, und fühlt das Lästige der Abgabe, die für ihn doppelt kostbar wird, unmittelbar, statt daß der Städter sie unmerklich und in so kleinen Portionen zahlt, daß selbst eine höhere Abgabe der Art als auf dem Lande ihm weniger drückend wird. Der kleine Abgang am Gewicht eines Brodes, welcher durch die Mahlsteuer entsteht, wird in den Haushaltungen überhaupt kaum merklich. Wenn der Scheffel Roggen um 4 Groschen theurer, und ein Brod, das 4 Groschen kostet, deshalb um einige Loth leichter wird; so ändert der Erfahrung nach keine Haushaltung ihren Etat, sondern läßt noch täglich oder wöchentlich für ebensoviele Groschen Brod holen als sonst. Nur sehr bedeutende Unterschiede in der Schwere der gewohnten Brode veranlassen erst, daß derjenige, der sein Brod vom Bäcker nimmt, wirklich seine Ausgaben für dies Bedürfniß ändert.

Was daher früher gegen eine allgemeine Einführung der Mahl- und Schlachtsteuer auf dem Lande wie in den Städten mit Recht erinnert worden, ist nicht mehr von Gewicht, wenn von einer auf die größeren Städte allein beschränkten Einführung einer solchen Steuer, als Surrogat einer allgemeinen Klassensteuer, die Rede ist, denn der in dem Gutachten der Staatsrathskommission vom 20. Juni 1817 erwähnte Nachtheil für die öffentliche Stimmung ist in dieser Einschränkung nicht zu besorgen. Nur gegen die Einführung dieser Abgaben auf dem platten Lande hat sich die öffentliche Stimme laut und wiederholt erklärt, in den Städten hat sie diesen Widerspruch weniger erregt. In den alten Provinzen besteht sie in einem Betrage, der nach den Entwürfen der Steuerkommission nicht überall und selbst im schlimmsten Fall nur wenig erhöht werden wird; mehrere westphälische und rheinische Städte haben eine Fleischsteuer als Munizipaloctroi; und den Städten selbst ist der Unterschied ihres Verhältnisses gegen das platte Land in Bezug auf directe und indirecte Besteuerung viel zu einleuchtend, als daß man nicht sollte erwarten können, daß sie, wenn ihnen die Wahl zwischen der Mahl- und Schlachtsteuer auf der einen und der Klassensteuer auf der andern Seite freigestellt wird, freiwillig der ersteren den Vorzug geben werden, zumal, da ihnen diese auch behufs der Aufbringung ihrer Kommunallasten durch einen Zuschlag größere Vortheile gewährt, und, da keine Polizeitaxen mehr bestehen, mit Grund zu besorgen ist, daß die gänzliche Aufhebung aller in den Städten bisher bestehenden Mahl- und Schlachtsteuern für den städtischen Konsumenten, wenigstens fürs erste keine erhebliche Erleichterung zur Folge haben würde. Ebenso, wie in Ansehung der öffentlichen Stimmung, ist es mit den übrigen gegen die im Jahre 1817 vorgeschlagene allgemeine Mahl- und Fleischsteuer gemachten Einwürfen. Daß sie dem Volk mehr kosten, als dem Staat einbringen würden, ist bereits für die Städte hinlänglich widerlegt, und die von der Steuerkommission veranlaßten Probeklassificationen und Veranschlagungen in mehreren Provinzen behufs der Klassensteuer, sind in ihren Resultaten, bei den ausgewählten Städten, selbst hinter dem Ertrag der bisherigen Mahl- und Schlachtsteuer zurückgeblieben.

Es bleibt daher gegen die Verbindung der Klassensteuer mit der Mahl- und Schlachtsteuer, in der Art, daß letztere in den dazu geeigneten Städten an die Stelle der erstern gesetzt wird, nur noch der Einwand übrig, daß dadurch nicht, wie ursprünglich beabsichtigt und als Grundsatz des neuen Steuersystems mehrmals verkündigt worden, der innere Verkehr von allen Einschränkungen befreit wird. Wenn aber einmal anerkannt werden muß, daß mit einer Klassensteuer von dem erforderlichen Betrag nicht in allen Städten ohne überwiegende Nachtheile durchzukommen sei, so mag man sich darüber, daß die Städte durch die Mahl- und Schlachtsteuer gewissermaßen gegen das Land gesperrt bleiben, ebenso trösten, als darüber, daß das Gesetz vom 26. Mai 1818, bei gleichem Grundsatz der Freiheit des inneren Verkehrs eine Sperrung der vom Zollverbande ausgeschlossenen Landestheile gegen das übrige Inland nicht hat vermeiden können.

Uebrigens ist auch die Thorkontrolle, wie sie zum Behuf einer städtischen Mahl- und Schlachtsteuer, ohne die pfundweise Einbringung ängstlich zu berücksichtigen, nöthig bleibt, für den Verkehr im Ganzen wenig belästigend, und jeder Unpartheiische wird nach Vergleichung der vorigen Zustände mit den künftigen anerkennen, daß die neue Steuergesetzgebung ihre Zusage in dieser Hinsicht in einem Grade erfüllt hat, der, wenn auch nicht für vollkommen erschöpfend, doch unter den gegebenen Bedingungen für möglichst befriedigend zu erachten ist. — Fast in allen Ländern haben die großen Städte für ihre Kommunalbedürfnisse längst Abgaben auf Getränke, Fleisch- und andere Lebensmittel gelegt, die eine Beobachtung des Eingangs unter den Thoren nothwendig machen, man ist daran gewöhnt und findet, in der Maaße beschränkt, eben keine erhebliche Störung des Verkehrs darin. Selbst der bloße Zunftzwang hat in den Städten eine Beobachtung des Eingangs fertiger Waaren von sehr alten Zeiten her nothwendig gemacht.

Nach diesen Grundzügen sind die anliegenden Gesetzentwürfe, durch welche der erforderliche und für die nächsten drei Jahre festgesetzte Staatsbedarf gesichert werden soll, in der Art abgefaßt worden, daß sie hinlänglichen Spielraum lassen, um die aus ihrer Anwendung in diesem Zeitraum hervorgehenden Erfahrungen benutzen und auch der Grundsteuerverfassung dereinst mit ständischer Berathung eine bessere Einrichtung geben zu können. Es wird daher nunmehr auf die einzelnen Gesetzentwürfe selbst übergegangen werden können.

Das allgemeine Gesetz über die Steuerausgleichung und Regulirung des Abgabenwesens, und die mit demselben in Verbindung stehenden drei Spezialgesetze, vollenden das Ganze des neuen Steuersystems, bis auf die Regulirung des Stempelwesens, über welche das § 1 Lit. c. angekündigte neue Gesetz um deswillen hat vorbehalten werden müssen, weil die Organisation der Justiz in den Rheinprovinzen erst kürzlich auf festeren Fuß gekommen, und sich daher die Frage: in wiefern die diesseitige Stempelabgabe auch dort einzuführen, oder mit der dortigen Einregistrirungsabgabe zu verschmelzen sei? erst jetzt befriedigend beantworten, und darauf ein neuer allgemeiner Gesetzentwurf gründen läßt. Dieser ist indessen im Werk, und muß darauf ausgehen, einen Mehrertrag von etwas über eine Million durch die Stempelgebühren zu erlangen, weil sonst der Staatsbedarf nicht hätte gedeckt werden können, ohne entweder die neuen Abgaben zu vervielfältigen, oder die Klassen- und die damit in Verbindung stehende Mahl- und Schlachtsteuer über das geeignete Maaß in die Höhe zu spannen. Der in dem Finanzetat bereits in Ansatz gebrachte höhere Ertrag der Stempelgebühren wird hauptsächlich durch eine Erhöhung des Werthstempels von Contracten über Immobiliarveränderungen gesichert werden können.

Weiter steht die Regulirung der Stempelabgaben mit dem Inhalt der anliegenden Entwürfe in keinem nothwendigen Zusammenhang.

Zu § 5 *). In mehreren der im Gesetzentwurf angenommenen sieben Provinzialabtheilungen ist die Grundsteuerverfassung keineswegs dergestalt dieselbe, daß die der Abtheilung zugewiesene Quote, nach Abzug der Aufrechnungen in überall gleichen Mahl= und Schlacht= und Klassensteuersätzen vertheilt werden kann. Dasselbe ist sogar in einzelnen Regierungsbezirken der Fall. Der Magdeburger Regierungsbezirk hat jenseits der Elbe die Grundsteuern nach der ehemaligen Verfassung des westphälischen Königreichs, diesseits alte Magdeburgische und Kurmärkische Grundsteuern; die Regierungsbezirke von Erfurt und Potsdam haben neben der Westphälischen und Kurmärkischen auch die Sächsische Steuerverfassung in einigen Districten und ebenso die Regierungsbezirke von Frankfurt und Liegnitz die Steuerverfassung der Lausitz neben der Neumärkischen und Schlesischen.

Da nun aber die Höhe der Klassensteuer mit der Höhe der Grundsteuer stets im umgekehrten Verhältniß stehen muß, so kann z. B. im Regierungsbezirk Potsdam auf den Eingesessenen, der die sächsischen höheren Grundsteuern trägt, der den niedrigeren kurmärkischen Grundsteuern entsprechende höhere Klassensteuersatz, ohne Unbilligkeit nicht in gleichem Maaße zur Anwendung gebracht werden. Dies nach örtlicher Erwägung des Einflusses einer solchen Grundsteuerverschiedenheit auf die Leistungsfähigkeit gleicher Klassen von Einwohnern in den verschiedenen Bezirken, durch Benutzung des gegebenen Spielraums in den Steuersätzen für jede Klasse oder für die Mahl= und Schlachtsteuer, auszugleichen, mußte den Provinzialverwaltungsbehörden unter Leitung des Finanzministerii überlassen werden, weil sich darüber bei der großen Verschiedenheit der örtlichen Verhältnisse nichts weiter festsetzen ließ.

Zu § 6. Da die einmal bestehenden Grundsteuern durch den vorliegenden Gesetzentwurf nicht wesentlich verändert werden, auf der anderen Seite aber in einigen Provinzen links der Elbe,

---

*) cf. si pl. S. 253/254. Die Provinzialabtheilungen.

namentlich in einem Theile des ehemaligen Herzogthums Berg, so dringende und gegründete Beschwerden über Prägravation in der Grundsteuer und Ueberschreitung des gesetzlichen Verhältnisses zum Reinertrag, erhoben worden sind, welche man bis zur weitaussehenden Abhülfe durch Fortsetzung des Katasters bei den hinzugekommenen neuen Steuern nicht auf sich beruhen lassen kann, so ist in diesem Paragraphen bestimmt worden, daß da, wo seit der französischen Revolution eine Veränderung der Grundsteuerverfassung vor sich gegangen, welches in allen Provinzen diesseits der Elbe nicht der Fall gewesen, die Grundsteuer, wenn sie erweislich ein Fünftel des reinen Ertrages überschreitet, auf dieses, als das in der französischen und der Grundsteuerverfassung des ehemaligen Königreichs Westphalen gesetzliche höchste Maaß, herabgesetzt werden soll.

Bei der Eile, mit welcher die Grundsteuern in dem ehemaligen Westphalen und dem Großherzogthum Berg regulirt, und meist ohne Spezialvermessung und Chartirung aufgenommen worden sind, zeigen sich jedoch noch täglich Grundstücke, welche irrthümlich ausgelassen worden sind.

Damit die Besitzer derselben nicht verleitet werden möchten zu glauben, daß sie durch dieses Gesetz, welches in der Regel den Status quo der bestehenden Grundsteuern unverändert wissen will, die Steuerfreiheit für die verschwiegenen Grundstücke errungen haben, ist dem Paragraph der letzte Absatz desselben hinzugefügt worden.

Zu § 7. Um der schon in dem Finanzedict vom 27. October 1810 angekündigten Aufhebung aller Grundsteuerexemtion näher zu treten und die Verheißung, daß auch die Domanialbesitzungen mit Grundsteuer belegt werden sollen, da wo sie nicht schon grundsteuerpflichtig sind, dem Wesentlichen nach zu erfüllen, zugleich aber denjenigen Provinzen, welche mehr als andere steuerfreies Domaineneigenthum enthalten, in einer daraus folgenden höheren Klassensteuer keinen Grund zur Beschwerde zu geben, ist bestimmt worden, daß ein Sechstel des reinen Ertrages der Domainen und Forstländereien jeder Provinz auf ihre Quote mit der Grundsteuer in Abrechnung gebracht werden soll, und sind dafür in dem Finanzetat 616,000 Thlr. in Ausgabe gestellt worden. Die Quote des Reinertrages ist in einer mittleren Zahl aus den bestehenden Verhältnissen auf ein Sechstel angenommen worden.

Zu § 8. In den Provinzen, wo keine Grundsteuerexemtionen stattfinden, und sie auf den Grund eines Katasters gleichförmig regulirt ist, war sie bisher, besonders auf dem Lande, einer der gangbarsten Maaßstäbe zur Vertheilung von Kommunal- und Bezirkslasten, wovon die Zulagscentimen in den Rheinprovinzen ein Beispiel sind. Dieser Gebrauch der Grundsteuer wird daselbst auch künftig nicht entbehrt werden können, und wenn die danach zu vertheilende Last sonst dazu geeignet ist, nichts Erhebliches dagegen zu erinnern sein. Anders ist es in den übrigen Provinzen. Hier ist die Vertheilung anderer Lasten nach dem gemeinen Grundsteuerfuß ein Mißbrauch, der die Ungleichförmigkeiten derselben noch mehr erhöht, und daher abgestellt werden muß. Was hier bestimmt worden, war schon in der Staatsrathskommission 1817 angenommen worden.

Zu § 9. Ebenfalls ist schon im Jahre 1817 von der Staatsrathskommission zur Prüfung der damaligen Steuergesetzentwürfe anerkannt worden, daß die Servislast eine allgemeine Staatslast, nicht eine besondere Last der Städte sei. Die Vollendung der neuen Steuergesetzgebung erforderte daher, den Städten diese Last abzunehmen, wie auch in dem weiteren Sinn, in welchem man darunter die Bestreitung der Quartierbedürfnisse des Militairs versteht, für den Friedenszustand, von welchem allein hier die Rede sein kann, durch den § 13 wirklich geschehen ist. Wirklich ist, nachdem die Naturallieferungen des platten Landes für das Militair aufgehört haben, und die Städte in ihren Gewerbs- und Abgabenverhältnissen gleichstehen, kein Grund mehr abzusehen, aus welchem ihnen die Bestreitung der Quartierbedürfnisse des Militairs als eine Speziallast obliegen sollte, zumal, da sich nicht behaupten läßt, daß dies die Bedingung ihrer Steuerfreiheit gewesen sei. Die Städte erhielten zwar bisher dafür eine durch das Servisreglement von 1810 bestimmte Geldvergütung, welche jedoch diejenigen in den älteren Provinzen, welche in dem sogenannten Servisverband standen, bis auf einen geringen Zuschuß von Seiten des Staates unter sich wieder aufbringen mußten. Die Quoten der einzelnen Städte, welche sie zu diesem Behuf in eine allgemeine Serviskasse zahlen mußten, waren in neuerer Zeit möglichst gleichförmig regulirt worden. Der Betrag dieser Quoten, welcher sich auf 732,626 Thlr. beläuft, wird jedoch nicht erlassen, wie aus dem Vorigen möchte gefolgert werden können, sondern soll nach der Bestimmung dieses Paragraphen gleich einer Grundsteuer fortan in die Staatskassen gezahlt werden, und zwar aus folgenden Gründen:

a. Wird dadurch der in dem Finanzedict vom 27. October 1810 verkündigten Aufhebung der Grundsteuerexemtionen, in ähnlicher Art wie durch § 7 in Ansehung der Domainen geschehen, bis zu der § 5 angedeuteten Grundsteuerreform, näher getreten und dieselbe dadurch vorbereitet.

b. Würden die Landbewohner in diesen Provinzen, nicht genug, daß die Städter den Vortheil der Grundsteuerfreiheit vor ihnen voraus haben, auch noch eine, ebendeswegen höhere Klassensteuer übernehmen müssen, wenn dieses doppelte Mißverhältniß nicht dadurch ausgeglichen würde.

c. Hat aber dieser Servisbeitrag, zum Theil wenigstens, völlig die Natur einer Grundsteuer. Schon in früherer Zeit war nehmlich ein Theil des Servis, nach dem auch in dem Landrecht angenommenen Grundsatz, daß die Friedenseinquartierung des Militairs eine Reallast sei, unter dem Namen Realservis oder Servisgrundsteuer, wie es in der Verordnung vom 16. Dezember 1767 heißt, auf die Häuser und städtischen Grundstücke gelegt, das übrige aber ist als eine Personal= und Nahrungsabgabe erhoben worden.

Nach Einführung der Städteordnung erhielten zwar die Stadtgemeinden freiere Hand, wie sie ihre Gemeindebedürfnisse und ebenso den Servis im Wege der directen Besteuerung unter sich aufbringen möchten, und seitdem hat sich nicht nur die Art der Aufbringung des Servises, sondern auch das Verhältniß des Theils, der als Realservis aufgebracht wird, in den verschiedenen Städten auf das mannichfaltigste geändert. Manche haben den Servis mit den Kommunallasten, ohne Unterschied zusammengeworfen, manche den Realservis ganz aufgehoben. Schon die Staatsrathskommission des Jahres 1817 war damit einverstanden, daß der bisherige Realservis, da, wo er bestehe, beizubehalten sei, weil er die Natur einer Grundsteuer habe (Gutachten vom 20. Juni 1817). Da es aber nach dem Obigen rein zufällig geworden, was oder wieviel jetzt in dieser oder jener Stadt an Realservis erhoben wird, so kann von einer Beibehaltung dieses Theils allein nicht mehr die Rede sein. Ihn fallen zu lassen, hieße aber jetzt eine Grundsteuerexemtion der Städte, wie sie bisher nicht stattgefunden hat, constituiren.

Alles, was die zum bisherigen Servisverband gehörigen Städte über ihre Quote zur allgemeinen Serviskasse, sowie andere bequartierte Städte zur Bestreitung der Quartierbedürfnisse des Militairs ohne alle Entschädigung bisher aufgebracht haben, wovon blos der überaus lästige Hülfsservis für die Officiere 385,903 Rthlr. beträgt, fällt nach Bestimmung des § 13 künftig weg, und ist reiner Gewinn für sie. Der erforderliche Bedarf für diese verschiedenen Quartierbedürfnisse ist in dem Finanzetat der Ausgaben des Kriegsministerii mit $2^1/_2$ Millionen Rthlr. hinzugesetzt worden.

Zu § 11. Die Auswahl dieser Städte ist nicht gerade nach dem Maaßstab der Größe oder Bevölkerung geschehen. Städte, in welchen viele Personen leben, welche durch die Mahl- und Schlachtsteuer besser als durch die Klassensteuer betroffen werden; Städte, welche hinlänglich geschlossen sind, um die Erhebung indirecter Abgaben zu erleichtern und zu sichern, sind vor andern gewählt worden. In den altländischen Provinzen und denen, wo sich die Klassensteuer hochstellen möchte, hat man mehr Städte als in anderen herangezogen, theils weil sie mehr an die Mahl- und Schlachtsteuer gewöhnt sind, theils weil diese einen verhältnißmäßig höheren Ertrag abwirft, und daher in ihrer möglichsten Ausdehnung vortheilhaft auf die Klassensteuer der Provinz zurückwirkt. Die anscheinende Willkür darin wird durch die nachgelassene Befugniß ab- oder hinzuzutreten, unerheblich.

Zu § 12. Durch die einzuführende Klassensteuer, die Mahl- und Schlachtsteuer in gewissen Städten als Surrogat derselben, und eine gleichförmige Gewerbesteuer, wird es möglich, die in großer Mannigfaltigkeit bisher bestandenen Abgaben ähnlicher Art, so wie manche andere Lasten aufzuheben, und dadurch Einheit in diesem Abgabenwesen und in der Verwaltung zugleich mit möglichster Berücksichtigung der Provinzialverhältnisse, zu erreichen.

a. Die aufgehobenen unter diesem Buchstaben aufgezählten indirecten Abgaben betrugen in runder Summe $2^1/_2$ Millionen.

b. Die aufgehobenen unter dem Buchstaben b. und c. aufgezählten Personal- und solche Steuern, welche die Natur von Personal-, Gewerbs- und Nahrungsabgaben haben, sind auf 2,347,500 Rthlr. anzuschlagen.

Die sub d. begriffenen müssen zwar, bei der großen Verschiedenheit der directen Steuern, die in einigen Provinzen bis auf Hundert steigt und der zweifelhaften Natur von einigen derselben, erst näher ausgemittelt werden. Es kommt aber darauf nicht sonderlich an, ihren Betrag im Voraus genau zu kennen, indem die Differenz, die gegen den angenommenen Betrag entstehen mag, unerheblich ist, überdem das, was bei der Provinzialabrechnung dieserhalb mehr oder weniger in Abzug kommt, in der Klassensteuer und deren Surrogat weniger oder mehr aufgebracht werden muß. In dem Herzogthum Sachsen haben die Quatember= und Schocksteuer zum Theil gleichfalls die Natur einer Nahrungsabgabe; da sich dieser Theil aber nicht leicht absondern läßt, so hat man, um gleich ein bestimmtes Maaß für die Steuererleichterung zu haben, sie dem ganzen bisherigen Betrag der Quatembersteuer gleichgesetzt, sich jedoch die weitere Vertheilung nicht nur auf beide Steuern, sondern auch auf die Naturallieferungen vorbehalten müssen, weil diese, so wie sie, obgleich von weniger Bedeutung, daselbst noch in wenigen Districten bestehen, mit der früheren Aufhebung der Naturallieferungen in der Monarchie nicht länger vereinbar sind.

c. Die Veranlassung und Gründe zu dem Entwurf eines neuen Gewerbesteuergesetzes, werden unten beim Entwurf selbst berührt werden. Eine Folge davon ist, daß die bisherigen Gewerbe=, Patent= und Nahrungssteuern aufgehoben werden müssen, welches unter diesem Buchstaben geschehen ist.

Zu § 13. Wegen der Servislast wird auf das zum § 9 Gesagte Bezug genommen. Bei Einführung der Städteordnung war die Justiz= und Polizeiverwaltung, als Zweige der Staatsverwaltung gesondert worden, ohne daß jedoch die Städte, wie daraus hätte folgen müssen, von den Kosten der Justiz= und Polizeiverwaltung wären befreit worden. Dies geschieht daher jetzt, und ist die dafür erforderliche Mehrausgabe in dem Finanzetat dem Bedarf der Ministerien der Justiz und des Innern hinzugesetzt.

Zu § 14. In den nach dem Gesetz vom 26. Mai 1818 von dem Zollverband ausgeschlossenen Provinzen haben auch die inneren Verbrauchssteuern nach dem Gesetz vom 8. Februar 1819 nicht eingeführt werden können, hauptsächlich, weil für diese allein keine hinlängliche Kontrolle angeordnet werden konnte. Dasselbe ist auch in Ansehung der Salzabgabe der Fall. Das zuletzt erwähnte Gesetz hat deshalb schon § 29 vorbehalten, daß diese Landestheile in Bezug auf die inneren Verbrauchssteuern und den Verkehr mit dem übrigen Inlande, eigene, der Oertlichkeit angemessene Verfassungen erhalten können. Die Regulirung der letzteren setzte jedoch erst die Vollendung des neuen Ausgleichungs= und Abgabensystems voraus. Die Grundzüge dazu sind in diesen Paragraphen enthalten, daß der in einem billigen Verhältniß zu berechnende Antheil an den in diesen Landestheilen nicht anwendbaren allgemeinen Staatsabgaben durch eine leidliche Erhöhung der übrigen Abgaben, wozu sich hauptsächlich die Grund- und Personalabgaben eignen werden, ausgeglichen werden muß. In solchen Enklaven, wo wenig Verkehr ist, kann man allerdings nicht auf die Summe vom Kopfe kommen, welche im ganzen Staate nur mit Hülfe der Verzehrung und Wohlhabenheit der großen Städte aufkommt, sondern man muß mit einem geringeren, den Umständen nach festzusetzenden Quanto zufrieden sein.

Zu § 15. Die Städte verlieren durch den vorliegenden Entwurf die auf der Verordnung vom 8. Februar 1819 wegen veränderter Einrichtung in Folge der Steuergesetze, beruhenden Einnahmen an Acciseaufschlag oder Municipaloctroi von den danach einstweilen noch für besteuerungsfähig erklärten Artikeln. Ebenso gehen die Aufschläge zu den Gemeindebedürfnissen, auf die aufgehobenen Staatsabgaben, namentlich auf die Personen-, Mobiliar- und Patentsteuer in den Rheinprovinzen verloren, die Städte ersparen zwar dagegen die im § 13 aufgehobenen Ausgaben und das in § 12 lit. a. erwähnte Octroizehntel; da der Gewinn jedoch mit dem Verlust nicht überall in demselben Verhältniß steht; so mußten in den Gesetzentwurf Bestimmungen aufgenommen werden, wie ein etwaiger Ausfall in den bisherigen Kommunalabgaben oder deren Mehrbedarf zu decken sei. Dies ist geschehen, indem zugleich die allgemeinen Grundzüge für die künftige Kommunalbesteuerung, insbesondere, soweit es ihre Uebereinstimmung mit dem Abgabenwesen des Staats nach der neuen Einrichtung erforderte, aufgestellt wurden. Die näheren Bestimmungen mußten der bevorstehenden neuen Kommunalordnung überlassen werden.

Zu § 1*). (Die Klassensteuer betreffend.) Die seit dem Jahre 1815 zugestandenen Exemtionen von den gewöhnlichen Personensteuern beschränken sich auf die Standesherren, Geistlichen und Schullehrer. Der davon zu besorgende Nachtheil ist ein geringeres Uebel, als die Veränderlichkeit der Gesetzgebung, die diese Steuerfreiheiten vor kurzem erst ausgesprochen, und von denen die erste auch aus politischen Gründen nicht wieder aufgehoben werden kann.

Zu § 2. Von einer Steuer der Art wird es unerläßlich, diejenigen zu befreien, die kein eigenes Einkommen haben. Dahin

*) cf. für die einzelnen Paragraphen die Abschnitt 5 gegebene Parallele.

gehören zunächst Kinder, die Nahrung und Bildung fordern und deren geringe Dienste den Aufwand nicht erstatten, den beides kostet.

Es ist unbillig, selbst den Reichsten gerade deshalb mehr steuern zu lassen, weil er mehr Kinder folglich mehr nothwendige Ausgaben hat. Die Natur bezeichnet das Ende der Kindheit kenntlich genug gegen das 14. Jahr. Das allgemeine Landrecht Th. I Tit. I § 25 hat dieselbe Bestimmung aufgenommen. Die Steuerfreiheit ist daher von den ersten 12 Jahren des Alters, auf welche die bisherige Personensteuer aus dem Edict vom 7. September 1811 sie einschränkt, auf die ersten 14 Jahre ausgedehnt worden. Derselbe Mangel eines steuerbaren Einkommens findet bei den Armen, welche Almosen aus öffentlichen Almosenfonds erhalten und bei denjenigen statt, welche in Gefängnissen, Irrenhäusern und anderen Anstalten auf öffentliche Kosten unterhalten werden.

Da der gemeine Soldat, die große Mehrzahl des Militärs nur von dem geringfügigen Solde des Staats lebt, so hat er ebensowenig einer allgemeinen Steuer unterworfen werden können. Eher würde sie auf die höheren Klassen des Militärs angewandt werden können. Da indessen der bei weitem größte Theil des Militärs in Städten liegt, welche dem Gesetze nach die Mahl= und Schlachtsteuer entrichten, so hat man für besser gehalten, auch die wenigen Officiere, welche außer solchen Städten in Garnisonen liegen, von der Klassensteuer frei zu halten, als zu Unzufriedenheit Anlaß zu geben, welche eine diesem Stande ungewohnte persönliche Besteuerung mit sich führen würde. Für die Landwehr ersten Aufgebots ist, da sie zu den Frühjahrs= und Herbstübungen nur auf vier Wochen im Jahr zusammengezogen werden soll, die Befreiung von der Klassensteuer auf einen Monat auf den Grund der darüber schon ergangenen Immediatbestimmungen beibehalten worden.

Zu § 3. Es kam wie schon oben gesagt worden, darauf an, so wenig Klassen wie möglich zu machen und ihren Unterschied an die am leichtesten äußerlich erkennbaren Merkmale zu knüpfen, um nicht in eine Einkommensteuer überzugehen.

Gegen diese sprechen hauptsächlich folgende Gründe:

a. Erstens ist die vermeinte Gerechtigkeit eine offenbare Täuschung. Zwei Familien, welche ganz gleiches Einkommen besitzen, haben deßwegen nicht gleiche Bedürfnisse, der hat viel, jener gar keine Kinder; der hat arme Verwandte für die er sorgen muß, jener reiche, die ihm viele Freuden des Lebens kostenfrei bereiten; der ist kränklich, jener gesund; der wohnt in einer theuren, jener in einer wohlfeilen Gegend. Solche Parallelen lassen sich endlos vervielfältigen. Will man dagegen sagen, der Staat könne von all diesen Einzelheiten der Haushaltung nicht Notiz nehmen, so giebt man eben dadurch zu, daß der Staat bei dieser Art von Steuer nicht gerecht sein könne. Der Beruf, sich um die Einzelheiten der Einnahmen zu bekümmern, ist genau eben so begründet, als der Beruf sich von den Einzelheiten der Ausgaben zu unterrichten. Der Fonds, aus welchem gesteuert werden kann, ist weder die Einnahme, noch die Ausgabe; sondern das, worüber der Mensch frei verfügen kann. Je mehr dringende Bedürfnisse die Einnahmen erschöpfen, je weniger bleibt zur freien Verfügung übrig; was aber dringendes Bedürfniß sei, ist nicht nur nach den äußeren Verhältnissen, sondern selbst nach der Richtung des Gemüths und dem Grade der moralischen Bildung verschieden, und der Mensch kann darüber keinen andern Richter als sein eigenes Gewissen anerkennen.

b. Zweitens herrscht in den mehrsten Fällen eine unüberwindliche Schwierigkeit, den wahren Betrag des Einkommens zu ermitteln. Es ist unnöthig tiefer hierauf einzugehen, da man ohnehin gewöhnt ist, diesen Grund der Einkommensteuer entgegen zu setzen, obwohl lange nicht genug daran gedacht wird, wie verderblich eine Steuer für die Sitte, das ist für die Grundlage der bürgerlichen Gesellschaft sei, die einen Preis auf die Immoralität setzt. Bei der Einkommensteuer gedeiht der am besten, der am künstlichsten über den wahren Betrag seines Einkommens zu täuschen vermag.

c. Vornehmlich aber wird die Einkommensteuer für den vorliegenden Fall dadurch ganz verwerflich, daß gar kein Verhältniß zwischen dem Mittel und dem Zwecke dabei beobachtet wird.

Was auch die ärmsten Menschen zu Nahrung, Kleidung und Wohnung auf unserer Kulturstufe jährlich gebrauchen, läßt sich nicht unter vierzig Thalern *) im Durchschnitt jährlich auf den Kopf veranschlagen; und da selbst der Mittelmann weit über dieses Maaß genießt, so muß das jährliche Einkommen der Nation von zehn Millionen Menschen weit über vierhundert Millionen Thaler steigen. Die Abgabe, welche im vorliegenden Falle beabsichtigt wird, beträgt also noch lange nicht zwei Prozent des Nationaleinkommens. Wenn

*) Schon bei Gelegenheit der Einkommensteuer von 1812 von Hoffmann angenommen.

man nun die Leichtigkeit sieht, womit der Mensch, der täglich einen halben Thaler einzunehmen hat, über einen Dreier, — oder der Mensch der täglich 2 Thaler einzunehmen hat über einen Groschen, — das ist in beiden Fällen über zwei Prozent seiner Tageseinnahme, für irgend einen flüchtigen Genuß, für eine bloße Laune verfügt; so wird es sehr anschaulich, wie bei überhaupt mäßigen Abgaben es unendlich mehr auf eine leichte, gefällige Hebungsform, als auf eine scharf abgemessene Vertheilung ankommt. Die Gerechtigkeit, womit man im gewöhnlichen Laufe des Finanzwesens die Lasten zu vertheilen sucht, kostet die Völker gemeinhin mehr von ihren Genüssen, als die Abgabe selbst werth ist, und dies ist umsomehr zu bedauern, als alle diese Künste nur zu oft auf eine leere Täuschung hinauslaufen, und was am Arbeitstische sehr gerecht erscheint, im wirklichen Leben sehr ungerecht erscheinen kann.

Das Geheimniß des Finanzwesens ist zu nehmen, ohne daß es empfindlich schmerzt. Die Vertheilung wird dann durch das Leben selbst gerechtfertigt.

Damit soll keineswegs bloßer Willkühr in der Vertheilung der Abgaben das Wort geredet, sondern nur erinnert werden, daß nicht allein der Betrag der Zahlung, sondern auch die Form der Hebung eine Last ist, und daß die letztere oft drückender sein kann, als die erstere.

Eine Steuer, welche das ganze Einkommen der Menschen einer Untersuchung unterwirft, um endlich recht genau zwei Prozent davon zu nehmen, fehlt offenbar gegen diese Bemerkung.

Viel natürlicher scheint es daher bei der Klassificirung einer im ganzen mäßigen Abgabe nur bei äußerlichen Merkmalen des mehrern oder mindern Wohlstandes stehen zu bleiben. Man wird dabei nicht in Gefahr kommen, den Steuernden empfindlich wehe zu thun, wenn man nur folgende Vorsichtsmaaßregeln beobachtet:

a. Ueberhaupt nicht Sätze, die dem mäßig Begüterten, der im Scheine der Wohlhabenheit lebt, heimlich doch drückend werden könnten.

b. Eine Anlage, welche keine große Schärfe erfordert, und daher die Möglichkeit läßt, in allen zweifelhaften Fällen den mildern Satz zu wählen.

c. Ein hinlänglicher Fonds, zur Deckung der Ausfälle, um da, wo Zufälle für den Augenblick unfähig zur Zahlung machen, nicht hart sein zu müssen.

Es haben sich in ganz Europa seit dem Mittelalter ganz deutlich und unverkennbar vier Hauptabstufungen entwickelt: in den Städten alter Form: die Patrizier, die Großbürger, die Kleinbürger, die Beisassen; auf dem Lande, wo es keine Revolution umgekehrt hatte: die Rittergutsbesitzer, Freigutsbesitzer, Bauerngutsbesitzer und Büdner ꝛc. Diese Klassen halten noch heute zusammen und zwar nicht nur in den Städten, sondern auch auf dem Lande.

Der kleine Mann hat entweder gar keinen Grundbesitz, oder doch so wenig, daß er davon nicht leben kann, sondern Tagelöhnerarbeit bei den höheren Klassen verrichten muß, um seinen Unterhalt ganz oder doch größtentheils zu verdienen.

Der Bauer hat so viel Land, daß er davon leben kann, aber nur unter der Bedingung, daß er selbst dasselbe bearbeitet. Er ist überall Vorarbeiter, die Knechte sind nur untergeordnete Gehülfen.

Der Freigutsbesitzer ist mit der Aufsicht hinlänglich beschäftigt, und hat nicht mehr nöthig, grobe Arbeit selbst zu verrichten. Aber die Aufsicht muß er noch bis in's Kleinste täglich selbst führen. Sein Gut wirft nicht so viel ab, daß er einen Aufseher unterhalten, oder verpachten und von dem bloßen Pachtzinse leben kann.

Der Rittergutsbesitzer endlich ist der täglichen kleinen Aufsicht enthoben; er kann dieselbe Administratoren und Pächtern überlassen, und sich nur die Kontrolle derselben und die allgemeinen Dispositionen vorbehalten. So wie in diesen Abstufungen erst Selbstständigkeit, dann Befreiung von grober Arbeit, endlich freier Gebrauch der Zeit eintritt, wächst auch die Möglichkeit der geistigen Ausbildung und des Hervorreifens zu einer edleren Ansicht des Lebens, und so entsteht allerdings auch eine andere Lebensweise und andere Sitten. Es giebt allerdings Menschen, welche gewissermaßen zwischen diesen Klassen stehen, und den Uebergang von einer zur andern bilden, aber nicht in solcher Anzahl, daß dadurch der Unterschied der Klassen selbst verwischt, und ihre Abstufung und Grenze unkenntlich würde.

In Ermangelung einer übereinstimmenden innern Staats- und Kommunalverfassung, bei dem Emporwuchern des Geldreichthums über die alten Formen der bürgerlichen Gesellschaft, bei der Mobilität des Grundbesitzes, der Verschiedenartigkeit der zu einem Staat jetzt vereinigten Länderbestandtheile ꝛc., welches alle Kriterien durcheinander geworfen hat, die dazu dienen könnten; dem Unterschied jeder Klasse eine bestimmte allgemein gültige äußere Bezeichnung zu geben, war es jedoch nicht möglich die Klassen in dem Gesetzentwurf anders als geschehen ist zu charakterisiren, und es mußte der speciellen

Instruction für die Ausführung in jeder Provinz vorbehalten werden, ihr Auffinden auch den ausführenden Beamten zu erleichtern und dafür einen, den besonderen Provinzialverhältnissen angepaßten, näheren Leitfaden zu geben. Für die Verschiedenheiten des kleinen Grundbesitzes und Handwerksbetriebes, der seit dem begünstigten System des Parzellirens und der Gewerbefreiheit so unmerklich aus der vorletzten in die unterste Klasse übergeht, schien es nöthig, zwischen beiden die Möglichkeit einer Zwischenklasse offen zu halten, womit auch die aus mehreren Provinzen in Bezug auf die neue Klassensteuer geäußerten Wünsche übereinstimmen.

Zu § 4. Wer in der Familie allein Einkommen hat, und folglich Abgaben zahlen kann, ist der Hausvater. Ihn deshalb mehr zahlen zu lassen, weil er mehr Angehörige zu ernähren hat, ist offenbar unbillig. Die Steuer ist daher nach Haushaltungen, nicht nach Köpfen vertheilt worden.

Wer keine Haushaltung hat und auch nicht zu den Angehörigen einer Haushaltung — den eigentlichen Familiengliedern — gehört, zahlt blos für seine Person einen besonderen Satz. Dahin gehören Hausofficianten, Gehülfen, in Lohn stehendes Gesinde und Leute, die blos Schlafstellen in den Familien haben, und den Tag über ihrem besonderen Gewerbe nachgehen. Ein Mensch, der solchergestalt isolirt lebt, kann auch mit geringerem Einkommen eine ansehnlichere Stellung in der Gesellschaft behaupten, als der Hausvater, der eine Familie zu ernähren hat. Man würde daher allerdings zu weit gehen, wenn man von dem Einzelnen den vollen Steuersatz einer Haushaltung fordern wollte.

Daß in der untersten Klasse die Steuer als Personensteuer gezahlt werden soll, rechtfertigt sich dadurch, daß in dieser in der Regel jede Person über 14 Jahren, aus welcher die Haushaltung besteht, und nicht bloß der Hausvater Einkommen erwirbt, hier mithin die Steuer in ihrer Annäherung an die Form einer Kopfsteuer, gleichförmiger und einfacher wird.

Zu § 5. Die ganze Steuer ist darauf berechnet, daß der Satz der dritten Klasse die Regel, jede andere Klasse aber die Ausnahme sei, und das Mehreinkommen in den beiden oberen Klassen, das Mindereinkommen in den letzteren decken soll. Die Personensteuer, welche bis jetzt als Surrogat der aufgehobenen ländlichen Mahlsteuer in den alten Provinzen auf den Grund des Edicts vom 7. September 1811 erhoben worden ist, beträgt einen Groschen monatlich vom

Kopf über 12 Jahr. In dem vorliegenden Entwurf ist das Maximum der Steuer in der untersten Klasse zwar auf drei Pfennige höher gesetzt, dagegen aber auch die Personen zwischen 12 und 14 Jahren und mancher andere bisher Steuerpflichtige freigelassen, ferner die Schlachtsteuer auf dem Lande aufgehoben.

Es kann Vielen scheinen, daß, nachdem die letzte Klasse nur auf 1 Gr. 3 Pfennige monatlich angeschlagen worden ist, die dritte auf 5 Gr. für den Einzelnen, und 10 Groschen für die Familie, mithin in diesem Falle die Familie zu 3 Personen über 14 Jahr gerechnet, beinahe auf das Dreifache, in jenem auf das Vierfache steigt. Wo diese Steigerung zu plötzlich ist, kann sie jedoch durch das gerade hier nachgegebene Einschieben einer Zwischenklasse bis resp. auf das Doppelte und Dreifache gemildert werden.

Erwägt man ferner die gewöhnlichen Verhältnisse derjenigen Leute, welche zunächst über dem Tagelöhner, dem in geringem Lohn stehenden Landgesinde, dem Weber in Fabrikgegenden und ähnlichen Leuten stehen, so wird man diesen Abstand nicht zu stark finden können. Der Handwerker steht bei dem jetzigen Preise seiner Arbeiten und der Handwerksgeselle bei seinem Wochenlohn wohl so, daß er monatlich jener 10 dieser 5 Gr. ohne Bedrückung missen kann. Dasselbe gilt vom Bauer in allen Gegenden, wo er durch gutsherrliche Lasten nicht gedrückt wird. Auf jeden Fall würde eine Bauernwirthschaft, in der jährlich 30 und mehr Scheffel Getreide zur Mühle gehen, einige Schweine und Schafe, auch wohl eine Kuh geschlachtet wird, bei dem Bestehen der Mahl- und Fleischsteuer mehr und in viel weniger bequem getheilten Posten steuern müssen, als wenn sie jetzt monatlich 10 Gr. zahlen.

Endlich darf nicht vergessen werden, daß diese Sätze die höchsten sind, welche überhaupt zur Anwendung kommen können, aber nur in den wenigsten Provinzen wirklich erforderlich sein dürften. In den beiden obersten Klassen ist die Steuer in jedem Falle mäßig genug, um eine Abstufung, die von Klasse zu Klasse das Dreifache beträgt, nicht zu auffallend zu finden.

Die in diesem §. angegebene Art der Berechnung der Klassensteuersätze wird sich durch folgendes Beispiel rechtfertigen. Unter einer Bevölkerung von 1000 Menschen sind nach den darüber angelegten statistischen Berechnungen ungefähr $^2/_5$ oder 400 Menschen Kinder unter 14 Jahren und andere Eximirte. Von den übrigen 600 Steuerpflichtigen leben im Durchschnitt 120, oder etwa $^1/_5$ einzeln.

Es bleiben also 480 oder zu 3 Personen gerechnet . . . 160
Haushaltungen. Die 120 Einzelnen betragen aber, da sie in der Regel halb so viel, als eine Haushaltung zahlen, so viel als. 60
Haushaltungen macht . . . . 220.

Die ganze Bevölkerung von 1000 Menschen mit 5 dividirt, giebt nur 200, mithin wird hier noch der wirkliche Ertrag der Steuer eher über, als unter dem erforderlichen Bedarf sein.

Zu § 6. Um die natürlichen Mängel einer persönlichen Abgabe möglichst zu mildern, und damit durch die Geringfügigkeit der einzelnen Zahlungen der richtige Eingang gesichert werde, geschieht die Hebung monatlich. Dann muß aber die individuelle Umlage und Einziehung der Steuer nothwendig Kommunalsache werden, damit weder die Entfernung der Steuerämter das Volk, noch die Anzahl der Steuerbeamten den Staat belästige. Die Erhebung geschieht am besten durch die Behörden, welche die Grundsteuer einziehen. Denn entweder sind es die Kommunalbehörden selbst, wie in den älteren Provinzen, oder es sind, wie in den westlichen Provinzen, schon Grundsteuererheber in jeder Gemeinde vorhanden, welchen die Erhebung von Klassensteuer in eben der Art, wie z. B. die bisherige Personal= und Mobiliarsteuererhebung, übertragen werden kann. Der Landrath, der hiernach an der individuellen Umlage keinen Theil hat, erhält dadurch eine Stellung, welche ihn fähig macht, in den durch die Klassification veranlaßten Prägravationsbeschwerden, überall die erste leicht zu erreichende, der örtlichen Verhältnisse kundige und unbefangene Instanz zu sein.

Zu § 8. Bei einer jeden Personalsteuer, zumal wenn sie monatlich erhoben wird, muß das Bestreben hauptsächlich dahin gerichtet sein Reste zu vermeiden; deshalb mußte der Steuererheber, wie dies schon hin und wieder jetzt der Fall ist, für diejenigen Steuern persönlich verbindlich gemacht werden, in Ansehung welcher er nicht nachweisen kann, im Laufe des Monats das Seinige wegen der Beitreibung gethan zu haben. Das Nähere wegen dieses Nachweises in möglichst einfacher Form so wie wegen des executivischen Verfahrens, gehört in die zur Ausführung des Gesetzes erforderlichen Instructionen.

Zu § 9. Wenngleich nach Abzug von 4 Prozent Erhebungskosten von dem zum Deckungsfonds ausgesetzten Einzwölftheil der Klassensteuer nur $\frac{13}{300}$ oder etwas über 4 Prozent zu eigentlichen

Remissionen übrig bleiben, so wird doch, mit Hinzunahme des Ueberschusses der inneren Verbrauchssteuern über die der Provinz etatsmäßig zugewiesene Einnahme und bei dem dadurch vermehrten Provinzialinteresse für eine vollständige und richtige Erhebung der Getränke- und Tabacksteuer immer ein nicht unbedeutender Reservefonds entstehen, aus welchem sich vieles decken und übertragen läßt. In den oberen Klassen können bei der Mäßigkeit der Klassensteuer im Ganzen Ausfälle nur selten vorkommen. Der Reservefonds kommt also fast ganz den unteren Klassen zu Gute, und wird es möglich machen, sie bei häuslichen Unfällen milder zu behandeln. Eine Steuer, die nicht mit Härte eingezogen werden darf, wird auch bei nicht unbeträchtlichen Sätzen bei weitem nicht so lästig, als eine im Ganzen mäßigere, die aber ganz rücksichtslos eingetrieben werden muß.

Wie das in dem Finanzetat in Ansatz gebrachte Steuereinkommen von 24 Millionen, auf welches sich die vorgeschlagene Quotisation erstreckt und darunter auch die auf 6,837,500 Rthlr. angenommene Klassensteuer, sich auf die Provinzialabtheilungen vertheilen dürfte, enthält die beigefügte Uebersicht, welche ergiebt, daß auch in den Provinzen, wo die Klassensteuer am höchsten steigt, doch das Maximum von 5 Rthlr. für die Haushaltung in der Normal- (dritten Klasse) nicht übersteigen werden darf.

Der Entwurf zum Gesetz über die Mahl- und Schlachtsteuer beruht theils auf den bei den bisherigen städtischen Abgaben der Art, vermöge innerer Nothwendigkeit, bereits bestehenden, oder wie in § 14, aus der neuesten Verordnung über diese Abgaben vom 8. Februar 1819 herüber genommenen Einrichtungen, theils auf Abweichung davon, welche die möglichste Vereinfachung und die Verbindung mit dem Ganzen der neuen Gesetzgebung nöthig gemacht hat. Nur die letzteren werden daher hier näher zu entwickeln sein.

Statt der Besteuerung nach Maaß ist die nach dem Gewicht, als die einfachste, richtigste, und wenigstens ebenso bequeme gewählt worden. In letzterer Hinsicht konnte jedoch bei der Schlachtsteuer die Besteuerung nach der Stückzahl nicht ganz ausgeschlossen werden, den Tarif auch danach zu reguliren, mußte jedoch, wegen örtlicher Verschiedenheit der Viehracen, wie in § 11 geschehen ist, der Verwaltung überlassen werden. Durch Regulirung der Steuer nach dem Zentnersatze und Bestimmung einfacher Verhältnisse, wonach die eingehenden Mühlenfabrikate, Back- und Fleischwaaren gegen die Sätze vom rohen Getraide und Fleisch angeschlagen werden sollen, (im § 15) ist es sogar möglich geworden, nähere Tarifsberechnungen fast ganz entbehren zu können, und dem Steuerpflichtigen die Selbstberechnung wesentlich zu erleichtern. Eine ebenso wesentliche Erleichterung ist die, daß alles, was unter $^1/_{16}$ Centner ist, unberücksichtigt bleibt, (§ 4 und 15) und die Versteuerung der in die Städte eingebrachten Mühlenfabrikate, Back- und Fleischwaaren erst von $^1/_8$ Centner an geht (§ 15) wenn nicht beim Einbringen zum Handel, blos der Defraudation wegen, die Quantitäten durch Vereinzelung verkleinert werden. Daß die in letzterer Hinsicht zu führende Kontrolle nicht in eine allgemeine Visitation ausarte, wird durch eine angemessene Instruction an die Steuerbehörde leicht verhindert werden können. Dagegen soll zwar unter einem Viertelzentner, oder zwischen 5 und $5^1/_2$ Metzen, der leichteren Bezettelung und Kontrolle wegen, nicht zur Mühle gebracht werden dürfen (§ 4). Diese Quantität ist jedoch eher zu geringe als zu hoch angenommen, und war schon in dem Landconsumtions-Steuerreglement vom 28. October 1810 § 4 für Stadt und Land auf einen halben Scheffel gesetzt; um so weniger wird in den größeren Städten allein, von welchen hier nur die Rede ist, und wo die Bäcker in der Regel das ganze Publicum belegen, eine solche Einschränkung lästig sein. Hiernach mußten die Mahlsteuersätze (§ 3) sämmtlich dergestalt eingerichtet werden, daß sie mit 16 ohne Bruchpfennige theilbar werden. Die Vergleichung der Mahl- und Schlachtsteuersätze (§ 3, 9 und 15) mit den bisherigen des Tarifs vom 8. Februar 1819 ergiebt, daß die neue Steuer in dem niedrigsten Satze nicht, sondern nur in dem Mittel- und höchsten Satze über die bisherigen Sätze des gedachten Tarifs, mit Ausschluß des Antheils der Städte, hinausgeht.

Zieht man von der gesammten Bevölkerung des preußischen Staates pro 1818 von 10,800,122 Seelen, die Bevölkerung der 115 Städte, welche die Mahl- und Schlachtsteuer erhalten, mit 1,392,228 ab, so bleiben 9,407,894 für die Klassensteuer übrig.

Die Klassensteuer ist etatsmäßig auf eine Reineinnahme berechnet von . . . . 6,837,500 Rth.
dazu $^1/_{11}$ mit . . . . 621,591 "
mithin der Bruttoertrag . . . . 7,459,091 Rth.
oder im Durchschnitt 19 Gr. auf den Kopf. Eine meist auf den Resultaten der bisher zur Besteuerung gekommenen Konsumtion an mahl- und schlachtsteuerpflichtigen Artikeln gegründete Berechnung

über den wahrscheinlichen Ertrag der Mahl- und Schlachtsteuer, welche den Gesetzesentwürfen bereits beigefügt worden, weiset nach, daß sie nach den Mittelsätzen des Gesetzes im Durchschnitt 1 Rthlr. 14 Gr. 7 Pf. auf den Kopf beträgt. Obgleich dieser Satz beinahe das Doppelte des Durchschnittssatzes der Klassensteuer ist, und es daher scheint, als ob die Sätze der Mahl- und Schlachtsteuer, die doch nur Surrogat der Klassensteuer ist, niedriger hätte gestellt werden müssen, so ist doch zu bedenken, daß die Klassensteuer in der vorgeschlagenen Art bereits so hoch gespannt ist, als sie, ohne practisch unausführbar, und ohne geradezu in eine Einkommensteuer verwandelt zu werden, nur gespannt werden kann, daß die Mahl- und Fleischsteuer sich dagegen mannigfaltiger vertheilt und unmerklicher erhoben wird, und die Erfahrung hinlänglich dargethan hat, daß sie in dem künftigen Durchschnittssatze mit Leichtigkeit erhoben werden kann. Dazu kommt, daß sich dieser, wegen der höheren Administrationskosten indirecter Steuern, an und für sich höher als bei der Klassensteuer stellen muß. Die zuletzt gedachte Berechnung rechtfertigt endlich auch den im Finanzetat in Ansatz gebrachten Reinertrag der Mahl- und Schlachtsteuer von 2 Millionen Thalern.

(Die Gewerbesteuer betreffend.) In dem preußischen Staate war zwar bis zum Jahre 1810 der Betrieb gewisser Gewerbe hier und da und sehr ungleichförmig mit Konzessions- und Nahrungsabgaben belegt. Eine allgemeine Gewerbesteuer wurde jedoch erst durch das Edict vom 2. November 1810 eingeführt, und war es dabei nicht blos auf eine neue Einnahmequelle zur Bestreitung der Staatsbedürfnisse, sondern auf eine wesentliche Verbesserung der bis dahin bestandenen Gewerbeverfassung abgesehen, indem zugleich die ausschließlichen Gewerbeberechtigungen aufgehoben wurden, und durch Einführung der Gewerbefreiheit die nachtheiligen Wirkungen des Zunftwesens gehoben werden sollten. Da die in diesem Edict enthaltenen polizeilichen Anordnungen indessen dem Zweck nicht ganz entsprachen, theils in vielen Punkten die Sache wenig erschöpften, so wurde dasselbe in dieser Hinsicht durch das Gesetz vom 7. September 1811 über die polizeilichen Verhältnisse der Gewerbe abgeändert und ergänzt. Der finanzielle Theil des ersteren blieb jedoch unverändert, und die Gewerbesteuererhebung

19*

geschieht daher noch jetzt nach jenem Edict in den bei Bekanntmachung desselben bereits zum Preußischen Staat gehörig gewesenen Provinzen. Nach dem Kriege wurde dasselbe auch auf die Provinz Posen und einige Landestheile westlich der Elbe angewandt, die Gewerbeverfassung jedoch daselbst mehrentheils, so wie man sie vorfand, beibehalten.

In den hinzugekommenen Provinzen, wo unter der vormaligen französischen und großherzoglich Bergischen Regierung, die Zunftverfassung gänzlich aufgehoben und eine unbeschränktere Gewerbefreiheit als die diesseitige, so wie eine Patentsteuer eingeführt worden war, ist es bei der letzeren bisher unverändert geblieben. In einigen anderen neuen Provinzen, namentlich im Herzogthum Sachsen, fand noch gar keine allgemeine Gewerbesteuer statt. In demselben Maaße, wie bei den übrigen Abgaben, war es daher nöthig im weiteren Fortgang der Steuerregulirung auch in Ansehung der Gewerbsabgaben Uebereinstimmung herzustellen.

Nach Einführung einer allgemeinen Klassensteuer, wie die gegenwärtig vorgeschlagene, und da der gemeine Handwerksmann und Gewerbetreibende, ohne Rücksicht auf seine Hantirung meist in keiner höheren als der untersten Klasse gleich dem Lohnarbeiter, dazu hätte herangezogen werden können, mußte jedoch von einer allgemeinen Gewerbesteuer abstrahirt werden. In die vierte und dritte Klasse hinaufgerückt, steckt die Gewerbesteuer dieser Gewerbetreibenden schon in der Klassensteuer, und mußte um so mehr aufhören, als sie in ihrer besonderen halbjährlichen Erhebung und wegen der damit verknüpften polizeilichen Untersuchungen, ob ein steuerpflichtiges Gewerbe vorhanden sei, in welchem Umfange solches betrieben werde, und wie hoch es besteuert werden könne, allgemein lästig fiel. In den Städten, wo die Mahl= und Schlachtsteuer an die Stelle der Klassensteuer gesetzt werden soll, könnte zwar eine allgemeine Gewerbesteuer weniger unvereinbar damit erscheinen, indessen wäre es mit dem Geist des neuen Abgabensystems und dem in fast allen Theilen der Monarchie bereits bestehenden Grundsatz der Gewerbefreiheit unverträglich gewesen, in Hinsicht auf die Gewerbesteuer, die Städte anders als das Land behandeln zu wollen.

Ferner hatte die allgemeine Gewerbesteuer dadurch manches Mißvergnügen erregt, daß sie die Ausübung der Kunst und Wissenschaft, z. B. bei Aerzten, Chirurgen, Hebeammen, Justizkommissarien und Notarien mit der mechanischen Geschicklichkeit und bloßen Handfertigkeit nach einerlei Fuß behandelte. Es schien daher zweckmäßig, an ihrer Stelle eine besondere Gewerbesteuer blos von solchen Nahrungszweigen einzuführen, welche theils neben den persönlichen Kenntnissen und Fähigkeiten noch ein stehendes Kapital in ihrem Betrieb benutzen, theils eine besonders große und für das Volk im ganzen keineswegs günstige Konkurrenz darbieten, theils der Erfahrung nach einen ebenso sicheren und schnellen Gewinn abwerfen.

Zur 1. Klasse gehört aller Großhandel für eigene Rechnung; aller Einzelhandel mit beträchtlichen Lagern, alle Fabrikation, die im Großen, folglich mit besonderen Gebäuden, Maschinen und erheblichen Vorräthen von Materialien und fertigen Fabrikaten betrieben wird. Alles Verfertigen von Waaren auf den Kauf, soweit es mit dem regelmäßigen Halten von Magazinen und offenen Läden verbunden ist; derjenige Handwerksbetrieb, welcher durch Anwendung mehrerer Gehülfen sich der Fabrikation im Großen anschließt; das Müllergewerbe, welches in der That nur eine Fabrikation mit Hülfe meist ansehnlicher, theils selbst sehr kostbarer Maschinen ist, und das Frachtfuhrwesen zu Wasser und zu Lande, welches den Besitz von Transportmitteln, Fahrzeugen und Pferden voraussetzt.

Zur zweiten gehören alle Arten von Einzelhandel von den großen Modeausschnitt= und Materialienhandlungen bis zur Hökerei hinab, wozu besonders in den unteren Stufen ein besonderer Andrang von müssigen, arbeitsscheuenden Personen ist, der dem Volksgeist eine schlechte Richtung giebt, und bei der Nothwendigkeit, von geringerem Absatz zu leben, den Profitsatz erhöht und zum Betrug und zur Defraude reizt.

Ferner alle Arten von Schankwirthschaften und Gewerben, welche umherziehend betrieben werden. Es erscheint durchaus begründet diese Gewerbe mehr als bisher zu belasten, und dadurch das Volk vom Schacher zur Arbeit zu weisen. Alter und Schwäche können und müssen anders als auf Kosten der Moralität verpflegt werden.

Zur dritten gehört der Großhandel, sowie die Branntweinbrenner, Brauer, Bäcker, Schlächter und Gastwirthe. Die Gewerbesteuer der Branntweinbrenner und Brauer und der Bäcker und Schlächter in den Städten, scheint zwar im Wesentlichen nichts als ein Zuschlag auf die Trank=, Mahl= und Schlachtsteuer zu sein, allein einmal durfte in dem bisherigen Gewerbesteuerertrag kein zu großer Ausfall entstehen, den man auf die übrigen Abgaben hätte werfen müssen, und dann hat die bisherige Erfahrung in den mahl= und schlacht=

steuerpflichtigen Städten, so wie seit Einführung des Gesetzes vom 8. Februar v. J. wegen der inneren Verbrauchssteuer erwiesen, daß von diesen Gewerben selbst eine höhere, als die in dem vorliegenden Entwurf für die Zukunft festgesetzte Gewerbesteuer, neben jenen indirecten Abgaben immer noch besonders ohne Schwierigkeit zu erheben ist.

Auch das Müllergewerbe gehört der Erfahrung nach in den mehrsten Fällen zu den vorzüglich gewinnreichen Gewerben und ist hauptsächlich auf den wahrscheinlichen Gewinn bei der Klassification der Mühlen nach ihrer Bauart Rücksicht genommen.

Was in Ansehung der Ertheilung der Gewerbscheine, der Bestimmung der Steuersätze und der gewerblichen Gesellschaften gegen die bisherige Einrichtung abändernd in Vorschlag gebracht worden, erklärt sich aus dem Bedürfniß, die Verwaltung dieser Steuern zu erleichtern und zu vereinfachen, den Steuerertrag zu sichern, und die Abstufungen des Gewerbes durch Schätzung in der Genossenschaft richtiger und weniger inquisitorisch zu treffen und erscheint in der künftigen Einschränkung auf die benannten Gewerbe eben so zweckmäßig als ausführbar.

Der Zweck des vorliegenden Gesetzentwurfs ist ein rein finanzieller. Da indeß das Gewerbesteueredict vom 2. November 1810, wie bereits oben erwähnt worden, sehr wichtige gewerbpolizeiliche Anordnungen emhält; da ferner die Gewerbepolizeiverfassung in den verschiedenen Theilen des Reichs von ganz verschiedenen und selbst völlig entgegengesetzten Ansichten ausgeht, und da endlich es noch ungewiß schien, wie bald das Königliche Handelsministerium Vorschläge zur Vereinfachung der Gewerbeverfassung vorlegen würde, so glaubte die Steuerkommission vorerst wenigstens einige polizeiliche Bestimmungen aus den Gesetzen vom 2. November 1810 und 7. September 1811 dem neuen Gesetze als Beilagen beifügen und dadurch zur allgemeinen Beobachtung im ganzen Staat bekannt machen zu müssen. Es sind indessen diese Beilagen keineswegs ein wesentlicher Zubehör des Gesetzentwurfs, und sie werden unbeschadet dem finanziellen Zwecke desselben bei der ferneren Prüfung ganz oder größtentheils weggelassen werden können, wenn erhebliche Bedenken in polizeilicher Rücksicht dagegen eintreten sollten.

Die neue Gewerbesteuer, welche auch in den alten Provinzen wenig hinter der bisherigen Einnahme zurückbleiben wird, ist im Ganzen auf eine Mehreinnahme von 150, bis 200000 Thlr. be=

rechnet, welche sich durch ihre Ausdehnung auf diejenigen Landestheile, welche bisher noch gar keine, oder nur geringere Gewerbesteuer hatten, rechtfertigt.

Beilage A.

Materialien zu einer Quotisation der Provinzialabtheilungen, soweit die bei dem statistischen Büreau vorhandenen Nachrichten dazu ausreichen.

Bemerkung.

Die vier Maaßstäbe, Bodenfläche, Bevölkerung, Wohnhäuserzahl und Viehstand geben folgende 11 Kombinationen.

Arithmetisches Mittel aus

1. Bodenfläche und Bevölkerung.
2. Bodenfläche und Häuserzahl.
3. Bodenfläche und Viehstand.
4. Bevölkerung und Häuserzahl.
5. Bevölkerung und Viehstand.
6. Häuserzahl und Viehstand.
7. Bodenfläche, Bevölkerung und Häuserzahl.
8. Bodenfläche, Bevölkerung, Viehstand.
9. Bodenfläche, Häuserzahl und Viehstand.
10. Bevölkerung, Häuserzahl und Viehstand.
11. Bodenfläche, Bevölkerung, Häuserzahl und Viehstand.

Wonach die acht ausgezeichneten nebst den vier einfachen Verhältnissen der bloßen Bodenfläche, bloßen Bevölkerung, bloßen Wohnhäuserzahl und des bloßen Viehstandes in umstehenden Quotisationen benutzt sind.

Die Resultate sind nach der Reihenfolge geordnet, in welcher sie den Antheil der fünf nordöstlichen schwach bevölkerten und niedrig in der Grundsteuer stehenden Provinzen erhöhen, und dagegen den Antheil der fünf südwestlichen, stark bevölkerten und hoch in der Grundsteuer stehenden Provinzen ermäßigen.

Beitrag zu 24 Millionen

Provinzialabtheilungen.	der Wohnhäuserzahl.	der Volkszahl.	des arithmetischen Mittels aus der Volkszahl, dem Viehstande und der Wohnhäuserzahl.	des arithmetischen Mittels aus dem Viehstande und der Wohnhäuserzahl.	des arithmetischen Mittels aus der Volkszahl und dem Viehstande.
Beide Preußen	3,159,456	3,523,085	3,815,730	3,962,052	4,143,867
Posen	1,621,560	1,925,810	1,776,325	1,701,583	1,853,708
Brandenburg u. Pommern	3,937,968	4,526,416	4,669,860	4,741,582	5,035,806
Schlesien	5,117,112	4,525,829	4,583,996	4,613,080	4,317,438
Sachsen	2,992,056	2,763,225	2,785,401	2,796,489	2,682,074
Westphalen	2,505,480	2,409,619	2,375,186	2,357,969	2,310,038
Rheinlande	4,666,368	4,326,016	3,993,502	3,827,245	3,657,069
Die nordöstlichen Provinzen Preußen, Posen, Brandenburg und Pommern . . .	8,718,984	9,975,311	10,261,915	10,405,217	11,033,381
Die südwestlichen Provinzen Schlesien, Sachsen, Westphalen und die Rheinlande	15,281,016	14,024,689	13,738,085	13,594,783	12,966,619
Die drei östlichen Provinzen, beide Preußen und Posen	4,781,016	5,418,895	5,592,055	5,663,635	5,997,575
Die vier mittleren Provinzen Brandenburg, Pommern, Schlesien und Sachsen . .	12,047,136	11,815,470	12,039,257	12,151,151	12,035,318
Die drei westlichen Provinzen Westphalen, Kleve-Berg und Niederrhein . .	7,171,848	6,735,635	6,368,688	6,185,214	5,967,107

	Nach den am Ende des Jahres 1818 aufgenommenen die nachstehenden Provinzial-				
	Mg. Bodfl.	Menschen.	Wohnhäus.	Pferde.	Rindvieh.
Beide Preußen	25,116,913	1,585,406	204,964	417,798	764,012
Posen	11,572,551	866,625	105,196	83,595	301,195
Brandenburg u. Pommern	28,277,236	2,036,910	255,471	289,929	916,013
Schlesien	15,475,279	2,036,645	331,966	167,825	743,077
Sachsen	9,841,338	1,243,465	194,104	132,775	412,707
Westphalen	7,888,437	1,084,341	162,539	122,874	429,488
Die Rheinlande	9,594,007	1,946,730	302,724	96,729	612,968
Der ganze Staat	107,765,761	10,800,122	1,556,964	1,311,525	4,209,460
	Der Morgen zu 180 rh. □Ruthen.	Mit dem Militair.		Mit den Füllen.	nebst dem Jungvieh.

Thaler, im Verhältnisse

des arithmetischen Mittels aus der Volkszahl, Bodenfläche und Wohnhäuserzahl.	des arithmetischen Mittels aus der Volkszahl, Bodenfläche, dem Viehstande und der Wohnhäuserzahl.	des arithmetischen Mittels aus der Bodenfläche, dem Viehstande und der Wohnhäuserzahl.	des Viehstandes.	des arithmetischen Mittels aus der Volkszahl, Bodenfläche und dem Viehstande.	des arithmetischen Mittels aus der Bodenfläche und Volkszahl.	der Bodenfläche.
4,092,070	4,260,214	4,505,924	4,764,648	4,627,134	4,558,376	5,593,668
2,041,546	1,976,561	1,993,478	1,781,606	2,094,895	2,251,540	2,577,269
4,920,623	5,076,767	5,260,217	5,545,195	5,456,366	5,411,952	6,297,487
4,363,123	4,299,604	4,224,195	4,109,047	4,027,101	3,986,128	3,446,427
2,649,000	2,636,980	2,594,899	2,600,923	2,518,622	2,477,471	2,191,718
2,223,965	2,220,588	2,157,578	2,210,458	2,125,624	2,083,207	1,756,795
3,709,673	3,529,286	3,263,709	2,988,123	3,150,258	3,231,326	2,136,636
11,054,239	11,313,542	11,759,619	12,091,449	12,178,395	12,221,868	14,468,424
12,945,761	12,686,458	12,240,381	11,908,551	11,821,605	11,778,132	9,531,576
6,133,616	6,236,775	6,499,402	6,546,254	6,722,029	6,899,916	8,170,937
11,932,746	12,013,351	12,079,313	12,255,165	12,002,089	11,875,551	11,935,632
5,933,638	5,749,874	5,421,287	5,198,581	5,275,882	5,314,533	3,893,431

Tabellen enthielten abtheilungen		Wenn das Ganze gleich Eins ist, so kommen davon auf die Provinzen			
Schaafe.	überh. Vieh.	an Bodenfl.	an Volkszahl.	an Wohnh.	an Vieh.
853,516	1,267,162	0,233,069,5	0,146,795,2	0,131,614	0,198,527,0
890,289	473,819	0,107,386,2	0,080,242,1	0,067,565	0,074,233,6
2,688,066	1,474,749	0,262,395,3	0,188,600,6	0,164,082	0,231,049,8
1,819,017	1,092,804	0,143,601,1	0,188,576,2	0,213,213	0,171,210,3
1,462,355	691,718	0,091,321,6	0,115,134,4	0,124,669	0,108,371,8
355,122	587,874	0,073,199,8	0,100,400,8	0,104,395	0,092,102,4
549,957	794,693	0,089,026,5	0,180,250,7	0,194,432	0,124,505,1
8,618,322	6,382,819	1,000,000,0	1,000,000,0	1,000,000	1,000,000,0
Mit den Jahrlämmern.	Es sind hierbei 10 Schaafe 1 St. großes Vieh gleichgerechnet.				

Allgemeiner Etat der Einnahmen und Ausgaben für den gewöhnlichen Staatsbedarf in den Jahren 1820, 1821 und 1822.

Einnahmen.

		Rthlr.
1.	An Einkünften aus den Domänen und Domanialforsten 8,368,000 Rth. nach Abzug von 2,500,000 Rth. für Unterhaltung der sämmtlichen Königlichen und Prinzlichen Hofstaaten	5,868,000
2.	Einkünfte aus dem Bergwerks- u. Hüttenbetrieb	157,000
3.	Salinen	345,000
4.	Salzhandel	3,800,000
5.	Postverwaltung	800,000
6.	Lotterie	450,000
7.	Porzellanfabrik	70,000
8.	Kalenderdebit	22,000
9.	Ein- und Ausgang, Land und Wasserzölle auch Schiffahrtsgefälle	3,600,000
10.	Verbrauchssteuer von ausländischen Waaren	4,300,000
11.	Stempel- und Einschreibegebühr	3,500,000
12.	Steuer von Branntwein, Braumalz ꝛc. ꝛc.	5,000,000
13.	Mahl- und Schlachtsteuer	2,000,000
14.	Hafen-, Kanal-, Schleusen-ꝛc.ꝛc.-Gelder	380,000
15.	Chaussee- u. Wegegelder	420,000
16.	Grundsteuer und der dahin gerechnete Servis	10,162,500
17.	Klassensteuer	6,837,500
18.	Gewerbesteuer	1,600,000
19.	Einkünfte aus Neufchatel	27,000
	Latus:	49,339,000

Ausgaben.

		Rthlr.
I.	Für das gesammte Königliche Haus 2,500,000 Rthlr.	
II.	Das geh. Kabinet	13,300
III.	Die Generalordenskommission .	11,200
IV.	Das Staatskanzleramt u. statistische Büreau . . .	63,650
V.	Den Staatsrath und das Staatssekretariat	30,000
VI.	Die Generalcontrole	35,000
VII.	Die Ober-Rechnungskammer . .	140,000
VIII.	Das geh. Staatsarchiv und das General Directorialarchiv	17,000
IX.	Neufchateler Departement.....	5,200
X.	Ministerium der auswärtigen Angelegenheiten . .	600,000
XI.	Ministerium der Justiz, die Immediat-Kommission zur Revision der Gesetze, das geheime Obertribunal ꝛc. ausschließlich des Betrages, der durch aufkommende Sparteln gedeckt wird	1,750,000
XII.	Ministerium der Geistlichen ꝛc. ꝛc. Angelegenheiten .	2,000,000
	Latus:	4,665,350

Einnahmen.

	Transport:	49,339,000
20.	Erlös aus dem Verkauf der Domänen u. der Domanial-Prästationen	1,000,000
21.	Giebel und Hufen, Schoß, Abschoß, Strafen 2c. 2c. und zufällige Einnahmen.	
	a. Ministerium des Innern, der Justiz, der Geistlichen 2c. 2c. Angelegenheiten Rthlr. 104,000	
	b. bei der Hauptschatzkasse 100,000	
	c. bei der Generalstaatskasse 80,000	
	d. der Regierungshauptkasse 240,000	524,150
	Summa:	50,863,150

Ausgaben.

	Transport:	4,665,350
XIII.	Ministerium für Handel und Gewerbe	
A.	für das Ministerium, die technischen Gewerbs- und Oberdeputationen	1,180,000
B.	Zur Unterhaltung der Kunststraßen	420,000
XIV.	Ministerium des Innern . . . . . . darunter allein 1789127 Thlr. für die Generalkommissariate zur Regulirung der gutsherrlich-bäuerlichen Verhältnisse.	2,415,700
XV.	Kriegs-Ministerium	22,804,300
XVI.	Für das Finanzministerium	
A.	für das Ministerium	370,500
B.	für Zahlung der Grundsteuer v. d. Domänen	616,000
C.	zu Kompetenzen, Pensionen, Wartegeldern und Gehalts-Entschädigungen . . . . . . darunter 900000 Thlr. Präbenden an Geistliche 2c. 2c., 1,000,000 Thlr. Pensionen an Civildiener	2,700,000
D.	insgemein zur Deckung von Ausfällen	1,086,500
	Latus:	36,258,350

Ausgaben.

	Transport:	36,258,350
XVII.	Ministerium des Schatzes ..... darunter 1201200 Thlr. Zinsen und Tilgung d. Schuld. (Provinzielle Schuld.)	1,701,200
XVIII.	Hauptverwaltung der Staatsschulden	10,143,000
XIX.	Provinzial = Verwaltung	2,600,000
XX.	Gestüte und deren Verwaltung ...	160,600
	Summa:	50,863,150

Berlin, den 17. Januar 1820.

gez. Friedrich Wilhelm.
ggez. Friedrich Wilhelm, Kronprinz.
Hardenberg, Altenstein, Kircheisen,
v. Bülow, Schuckmann.

IV.

Gutachten der durch die Königliche Kabinetsordre vom 12. Februar 1820 angeordneten Kommission des Staatsraths über die durch vorgedachte Kabinetsordre ihr zur Prüfung vorgelegten Gesetzentwürfe.

Der von dem Könige in der Kabinetsordre vom 12. Februar gestellte kurze Termin konnte nicht inne gehalten werden. Am 6. März 1820 berichtete Altenstein, damals Präsident des Staatsraths, an Hardenberg unter Ueberreichung eines Schreibens des Staatsministers von Schuckmann, daß die Berathung in Pleno wohl schwerlich vor dem 20. März möglich sein würde. Die Gründe für diese Verzögerung enthält das gedachte Schreiben Schuckmanns vom 5. März:

„Die allerhöchst verordnete Kommission hat sich zwar nach Eingang des Kabinetsbefehls der Berathung der Gesetzentwürfe sofort und unausgesetzt unterzogen, um aber endlich darüber zu beschließen, forderte die große Mehrheit der Mitglieder, welche an der Entstehung der Gesetze keinen Antheil genommen, eine vollständige Entwicklung der Motive, woraus sie geflossen sind. Diese Forderung war um so weniger zu versagen, da sie, wenn sie im Pleno des Staatsraths wiederholt, erst dann befriedigt werden sollte, eine Zurückgabe an die Kommission, eine dann weit längere Verzögerung verursachen würde. Da das Königl. Staatsministerium selbst die Entwickelung der Berathungen nur mündlich durch die Herren Referenten aus der Steuerkommission erhalten und bei der ihm gestellten kurzen Frist nicht Zeit gehabt hat, sie in dem Bericht aufzunehmen, so blieb nichts übrig als daß der Finanzminister v. Clewitz diese Darstellung der Gründe zu den Vorschlägen der Steuerkommission noch von diesen nachträglich schriftlich aufstellen ließ. . . . Es kommt nun noch erstens auf die Ausarbeitung des Gutachtens und zweitens auf die Redaction der Gesetzentwürfe nach den Bemerkungen der Kommission an. Beide sind zur Beschleunigung der Sache getheilt, so daß erstere der Geheimerath Hoffmann, letztere die Herren v. Stägemann, Diederichs und Maaßen übernommen haben.

Ich bemerke vorläufig, daß ohngeachtet die Kommission sich in den Grenzen des allerhöchsten Befehls gehalten hat und gegen die Steuern selbst keine Einwendungen gemacht sind, doch erstens wegen bestimmterer Fassung und Sicherung der Perception mehrere Bemerkungen stattgefunden haben, 2. gegen die Quotisation erhebliche Bedenken geltend gemacht worden sind. Wenn dies gleich jetzt die Arbeit auch etwas vermehrt und verzögert, so vermeidet es doch für den Fall eines solchen Beschlusses im Staatsrath den großen Verzug einer nochmaligen Zurückweisung an die Kommission."

Am 4. April konnte Schuckmann dieses wichtige Gutachten der Kommission an Altenstein überreichen.

Es heißt in dem Begleitschreiben:

„Ich hoffe, daß die Gründlichkeit des Gutachtens bei Sr. Majestät, Sr. Durchlaucht, dem Pleno des Staatsraths die unvermeidliche Verzögerung rechtfertigen wird, meiner Ueberzeugung nach ist die Sache nun so erschöpft, daß für jede Sache nun keine Rückfragen übrig bleiben. Ich gestehe Ew. Excellenz vorläufig, daß die Tiefe der Prüfungen bis zu den letzten Momenten der Execution, und die Berechnungen, auf welche wir bei der Kommission eingegangen sind, mich gegen meine Ansicht im Ministerio und ersten Sitzungen der Kommission dahin umgestimmt haben, daß ich die Quotisation für unausführbar und nicht nöthig halte. Ich glaube, daß auch der Herr Finanzminister, der allen Conferenzen beigewohnt hat, sich mit ihrer inneren Ueberzeugung jetzt in demselben Falle befindet. Wird dies beschlossen, kommen die Statskassen durch diesen Beschluß gewiß 6 Monate eher zur Perception der Steuern, als bei der Quotisation, wenn ihre Ausführung auch nöthig sein sollte. . . .

Zum Referenten in Pleno schlage ich den Verfasser des Gutachtens, Herrn Geheimerath Hoffmann vor." Auf Grund dieses Schreibens nahm Altenstein Hardenberg gegenüber die Berathung der sämmtlichen Gesetzesentwürfe vom 18. April ab in Aussicht.

Gutachten der durch die Königliche Kabinetsordre vom 12. Februar 1820 angeordneten Kommission des Staatsraths über die durch gedachte Kabinetsordre ihr zur Prüfung vorgelegten Gesetzentwürfe.

Derjenige Staatsbedarf, welcher durch laufende jährliche Einnahmen gedeckt werden muß, ist von des Königs Majestät durch die im zweiten Stücke der diesjährigen Gesetzsammlung abgedruckte Kabinetsordre, betreffend den Staatshaushalt und das Staatsschuldenwesen, vom 17. Januar d. J. auf 50,863,150 Thaler festgesetzt, welche jedenfalls aufgebracht werden müssen; indem die etwanigen Ersparnisse in der Ausgabe an das Schatzministerium zur Bildung eines Staatsschatzes abgeliefert, folglich der Einnahme nicht abgesetzt werden sollen. In dem allgemeinen Etat der Einnahmen und Ausgaben für den gewöhnlichen Staatsbedarf in den Jahren 1820, 1821 und 1822, dessen in der gedachten Kabinetsordre erwähnt wird, und welcher der unterzeichneten Kommission zugefertigt worden, ist ferner nach dem Gutachten der verwaltenden Behörden angenommen, daß zur Deckung des vorgedachten Bedarfs von 50,863,150 Thlr. einkommen, aus der Nutzung der Domainen, Domanialforsten, Bergwerke und Salinen, Posten, Lotterien, Porzellanfabrik, dem Kalenderdebit, den Hafen-, Kanal-, Schleusen-, Brücken-, Fähr-, Chaussee- und Wegegeldern, aus den Einkünften des Fürstenthums Neufchatel, aus verschiedenen kleineren und zufälligen Einnahmen, wie auch aus dem Verkaufe von Domainen, und durch Ablösung der Domainenprästationen . . . . 10,063,150 „

wonach also durch eigentliche Steuern aufzubringen bleiben . . . . 40,800,000 Thlr.

Von solchen Steuern sind als bereits feststehend anzunehmen:

a. die Steuern von dem Verkehr mit dem Auslande nach dem Gesetze vom 26. März 1818, welche nebst den Schiffahrtsgefällen angeschlagen sind zu . . . . . 7,900,000 Thlr.

b. die Steuern von inländischem Branntweine, Braumalze, Wein-

Uebertrag	7,900,000 Thlr.	40,800,000 Thlr.
moste und Tabacksblättern nach dem Gesetze vom 8. Februar 1819 angeschlagen zu	5,000,000 Thlr.	
c. die Einkünfte aus dem Salzhandel, welche nach dem Ertrage, den sie in Folge der Verordnung vom 17. Januar d. J. wegen Gleichstellung des Salzverkaufspreises bringen sollen, angeschlagen sind zu	3,800,000 "	
Nach Abzug des veranschlagten Ertrages dieser drei Steuern mit überhaupt		16,700,000 Thlr.
Bleiben nun durch anderweitige Steuern noch aufzubringen		24,100,000 "
Hiervon muß, als aus dem Kreise der gegenwärtigen Erörterung ausscheidend, noch abgezogen werden der Ertrag der Stempel- und Einschreibegebühren, welcher durch ein Gesetz, dessen Entwurf noch vorzulegen ist, gebracht werden soll auf .		3,500,000 "
wonach der Betrag derjenigen Steuern, auf welche sich die zur Prüfung vorliegenden Gesetzentwürfe beziehn, ermittelt wird zu.		20,600,000 "
Von dieser Summe sollen aufgebracht werden, durch bereits bestehende und wesentlich nicht abzuändernde Grundsteuern		10,162,500 Thlr.
und es bleiben demnach durch theils ganz neue, theils wesentlich abzuändernde Steuern, wegen deren Einrichtung besondere Gesetzentwürfe vorliegen, aufzubringen		10,437,500 Thlr.

Die Grundsteuern, so wie sie vorstehend angegeben sind, bestehen aus drei wesentlich verschiedenen Hebungen, nehmlich:

1. den gegenwärtig bestehenden Grundsteuern;

2. einem Sechstheile des Reinertrages derjenigen Domainenvorwerks- und Forstländereien, welche bisher steuerfrei waren;

3. demjenigen Servis, welchen die altländischen Städte nach der bisherigen Verfassung zu einer allgemeinen Serviskasse beitragen.

Nach den von dem Königlichen Finanzministerio mitgetheilten Nachrichten ist der Reinertrag:

a.	der Grundsteuern unter Nr. 1.	8,813,912	Thlr.
b.	des Beitrages von den Domainen unter Nr. 2.	616,047	=
c.	des unter Nr. 3 erwähnten Servises . . .	732,663	=
	woraus sich die Summe von	10,162,622	Thlr.

ergiebt, statt welcher in runder Zahl vorstehend 10,162,500 Thlr. angesetzt worden sind.

Die höchst verschiedenen Meinungen über die Natur der Grundsteuern, und über deren daraus folgende Behandlung dürften zweckmäßiger weiterhin in diesem Gutachten erörtert werden. Hier kommt es vorläufig nur darauf an, zu bemerken, daß der Behauptung der Verwaltungsbehörden —

„jede zweckmäßige Veränderung der Grundsteuern müsse auf Vermessungen und Abschätzungen der einzelnen Grundstücke beruhen" —

mit Bestande nichts Erhebliches hat entgegengesetzt werden können; und daß also, da die Weitläufigkeit und Langwierigkeit eines solchen Verfahrens von selbst einleuchtet, Vorschläge, die auf allgemeine Veränderungen in dem Grundsteuersystem selbst gerichtet sind, in Verhandlungen über eine Steuerverfassung, welche augenblicklich zur Vollziehung kommen soll, und worauf der laufende Jahresetat schon berechnet ist, von jeder Ansicht aus unstatthaft befunden werden müssen.

Ob diese nothwendige Folge des Bedürfnisses des Augenblicks eine Unbilligkeit gegen einzelne Landestheile enthalte, und ob daher die höher besteuerten Gegenden durch niedrigere Sätze in andern Abgaben entschädigt werden sollten, wird auch weiterhin in diesem Gutachten erörtert werden.

Die Beschwerden einzelner Grundbesitzer, daß sie bei Vertheilung der Grundsteuern zu hoch belegt worden, können indessen wenigstens deshalb nicht zurückgewiesen werden, weil die Ausmittelung des Ertrages ihrer Güter allzu weitläufig und langwierig sei, da sich Jeder gern den Aufwand an Zeit und Kosten gefallen lassen kann, den die Vermessung und Abschätzung seines einzelnen Gutes erfordert. Allein es kann in denjenigen Landestheilen, wo die Steuerverfassung seit langer Zeit unverändert besteht, solchen Beschwerden Einzelner mit Recht entgegengesetzt werden, daß der Betrag der Grundsteuer in der Taxe, wonach die Güter erkauft, oder in Erbtheilung angenommen worden, bereits entschädigt worden sei. Es werden demnach die Beschwerden über einzelne Prägravationen bei der Grundsteuer in den gedachten Landestheilen in jedem Falle bis dahin ausgesetzt werden können, daß aus allgemeineren Rücksichten über eine Veränderung in der Grundsteuerverfassung verfügt wird.

Ein andres Verhältniß aber findet in Rücksicht derjenigen Grundstücke statt, welchen erst in Folge der durch den Revolutionskrieg in Deutschland entstandenen Veränderungen neue Grundsteuern sind aufgelegt worden. Diese neue Auflage ist erst während der Lebenszeit der jetzigen Generation entstanden, und ein großer Theil der Güter, welche sie traf, befindet sich noch jetzt in den Händen der Besitzer, welche dadurch unmittelbar litten. Vornehmlich aber kommt in Betrachtung, daß diese neue Auflage grundsätzlich den fünften Theil des reinen Gutsertrages niemals hat übersteigen sollen, daß mithin, wo sie mehr beträgt, offenbarer Irrthum obwaltet, welchen zum Nachtheil der Gutsbesitzer fortdauern zu lassen, die Regierung sich nicht befugt erachten kann. Die Kommisssion trägt daher kein Bedenken, der in den vorliegenden Gesetzentwürfen — Gesetz über die Steuerausgleichung § 6 *) — angenommenen Bestimmung beizutreten, wonach eine Herabsetzung der Grundsteuern stattfinden soll, wenn der Beweis geführt wird, daß eine in Folge der seit 1789 erfolgten Staatsveränderungen aufgelegte Grundsteuer ein Fünftheil des Reinertrages des Grundstücks übersteigt. Dagegen hat dieselbe Anstand nehmen müssen, sich mit der beigefügten Bestimmung einverstanden zu erklären:

„daß aber auch andererseits solche Gutsbesitzer, welche nach der bestehenden Provinzialverfassung steuerpflichtig sind, und sich der Verbindlichkeit zur Grundsteuerentrichtung nur irrthümlich entzogen haben, deshalb in Anspruch genommen, und zu einem verhältnißmäßigen Steuerbeitrage herangezogen werden können."

Denn der Nutzen dieser Bestimmung für die Vermehrung des landesherrlichen Einkommens ist gering, da solche Fälle von den Besitzern der begünstigten Grundstücke in der Regel wohl sorgfältig verhehlt werden, und mithin fast nur in Folge allgemeiner Maaßregeln, wie z. B. die fortschreitende Katastrirung in den Rheinprovinzen ist, zur Kenntniß der Regierungen kommen. In solchen Fällen aber ergiebt sich die Heranziehung zur verhältnißmäßigen Besteuerung ohnehin aus den bereits vorhandenen Anordnungen. Dagegen könnte beträchtlicher Nachtheil für den Realkredit, und überhaupt sehr ausgedehnte Beunruhigung der Grundbesitzer aus der

*) cf. Abschnitt 5 Parallele 2c.

vorgeschlagenen Bestimmung hervorgehen, und es dürfte selbst deren Mißdeutung auch bei der behutsamsten Fassung kaum zu vermeiden sein.

Die Verrechnung eines Theils der Domanialeinkünfte zu den Grundsteuern ist für das landesherrliche Kasseninteresse völlig gleichgültig, da blos, was hiernach den Grundsteuern zuwächst, den Domaineneinkünften abgeht. Allein dies Verfahren ist nothwendig in allen Fällen, wo ein besonderes Provinzialinteresse bei dem Betrage der Grundsteuern obwaltet; indem den Provinzen alsdann mehr oder weniger an Grundsteuer entgehen würde, je nachdem zufällig mehr oder weniger steuerfreie Domainen in ihnen liegen. Ein solches Interesse kann in sehr verschiedenen Beziehungen eintreten, und es ist daher auch bereits durch das Gesetz vom 27. October 1810 festgesetzt worden, daß auch die Domanialländereien zur Grundsteuer gezogen werden sollen. Ein Sechstheil des Reinertrages der gedachten Ländereien als Grundsteuer zu verrechnen, ist deßhalb in Vorschlag gekommen, weil dieß nach Angabe des Königlichen Finanzministerii ungefähr das mittlere Verhältniß der Grundsteuern in denjenigen Provinzen sein soll, in welchen alle Grundstücke in der Regel steuerbar sind.

Es scheint auch nicht gewagt, dieses Sechstheil des jetzigen Reinertrages als Minimum der Grundsteuer für den Fall anzunehmen, daß Domainenländereien durch Verkauf in Privatbesitz übergehen, da der Verkauf von Domainenländereien überhaupt nur in so weit dem Staatsinteresse gemäß sein kann, als der Käufer sie höher, wie die Regierung nutzt; und also nicht zu besorgen ist, daß ein Sechstheil dessen, was ein Grundstück rein ertrug, so lange es Domaine war, eine allzu hohe Belastung für dasselbe sein werde, wenn es für Privatrechnung bewirthschaftet wird.

Die Beibehaltung des zur allgemeinen Serviskasse von den altländischen Städten gezahlten Servises hat das Finanzministerium, auch nach der Ansicht der Kommission, hinreichend dadurch gerechtfertigt: daß die Quartierlast in diesen Städten verfassungsmäßig eine Grundlast ist; daß sie keine anderen Grundsteuern an den Staat zahlen; und daß ihnen jetzt durch Befreiung von dem Naturalquartier, dem Hülfsservis und den Beiträgen zur Unterhaltung der landesherrlichen Justiz- und Polizeibehörden eine große Last abgenommen wird.

Wenn, wie die Kommission hofft, durch diese Betrachtungen der Ansatz von 10,162,500 Thlr. Grundsteuern gerechtfertigt erscheint: so wird es zunächst noch darauf ankommen, die Mittel zu erörtern, durch welche die nach der obigen Berechnung außerdem noch erforderlichen 10,437,500 Thlr. Einkünfte aufzubringen sind. Es muß, um Mißverständnisse zu vermeiden, hier ausdrücklich bemerkt werden, daß diese Summe keineswegs ihrem ganzen Betrage nach eine neue Belastung ist. Nach den von dem Königl. Finanzministerio mitgetheilten Nachrichten ist nehmlich der Reinertrag der jetzt unter sehr mannigfaltigen Formen in den verschiedenen Provinzen einkommenden

a.	Verbrauchssteuer vom Mahlen, Schlachten, Brennholze und einigen Nebenartikeln .	2,500,000	Rthlr.
b.	Personal- und Nahrungssteuern . . .	2,342,500	=
c.	Gewerbesteuern	1,400,000	=
	Zusammen	6,242,500	Rthlr.

Diese Steuern würden aufgehoben, und durch zweckmäßiger angeordnete Abgaben ersetzt werden müssen, wenn auch die Regierung keine Mehreinnahme beabsichtigen dürfte. Abgesehen von den Verschiedenheiten des Grundsteuersystems, welche vorläufig unverändert erhalten werden, hat die preußische Regierung mit jedem seit 1813 wieder erlangten oder neu erworbenen Landestheile auch besondre und eigenthümliche Einrichtungen in Rücksicht der überall mehr oder minder unter verschiedenen Benennungen vorhandenen Verbrauchs-, Personal-, Nahrungs- und Gewerbesteuern überkommen. Eigenthümliche Steuern dieser Art haben die Provinzen, welche dem französischen Reiche einverleibt waren; andere das vormalige Großherzogthum Berg; andre das aufgelöste Königreich Westphalen; wieder andere die sieben alten sächsischen Kreise, die beiden Lausitzen und die verschiedenen Nebenländer des Königreichs Sachsen, welche letztere fast sämmtlich an Preußen gefallen sind; noch andre die vormals unter großherzoglich-hessischer, herzoglich-nassauischer und fürstlich-schwarzburg'scher Regierung gestandenen Landestheile, und das Erfurter Gebiet; andere endlich das zertheilte Herzogthum Warschau. Ueberall wurden die vorgefundenen Abgaben fort erhoben, mit Ausnahme der französischen Douanen und der droits réunis, deren Verwaltung sich durch die Flucht der Beamten auflöste, und die man, als besonders verhaßt, wieder in Gang zu bringen unterließ. Im Laufe der Verwaltung sind allmählich Aenderungen eingetreten. Das Salzmonopol und der Stempel sind, wo man sie nicht vorfand, eingeführt worden. In Folge der Gesetze vom 26. Mai 1818 und 8. Februar 1819 sind überall die dadurch verordneten Abgaben erhoben, und die vorgefundenen Steuern vom Verkehr mit dem Auslande und von der inländischen Getränkebereitung dagegen aufgehoben worden. Der Zustand, in welchem sich hiernach der Rest der älteren Verbrauchs-, Personal-, Nahrungs- und Gewerbesteuern befindet, ist ein Provisorium ohne Zusammenhang; und die zu lösende Aufgabe ist nun eigentlich, an die Stelle desselben ein festes System zu setzen, welches statt der bisher erhobenen ohngefähr 6¼ Millionen Thlr. beinahe 10½ Millionen aufbringt, weil der nun vollständig erkannte Staatsbedarf diese Mehreinnahme erfordert.

Da die Gewerbesteuer, die man auflegen kann, unter jeder Gestalt, die sie erhalten möchte, immer nur als eine Nebensteuer zu betrachten ist, wodurch sich etwa anderthalb bis zwei Millionen Thlr. aufbringen lassen: so bleibt es noch nöthig, durch irgend eine Hauptauflage acht und eine halbe bis neun Millionen Thaler Reinertrag; oder mit Einschluß von etwa zehn Prozent Hebungskosten ohngefähr zwei und zwanzig Groschen vom Kopfe im Durchschnitt zu erheben.

Durch die allgemeine Mahl- und Schlachtsteuer, welche im Jahre 1817 von dem Königlichen Finanzministerio in Antrag gebracht wurde, sollten vom Centner Getreide drei Groschen und vom Pfunde Fleisch zwei Pfennige erhoben werden; mithin vom Kopfe fünfzehn Groschen, acht Pfennige, die Verzehrung eines Menschen im Durchschnitte zu drei Centnern Getreide und vierzig Pfund Fleisch angenommen. Diese Steuern würden demnach nur wenig über zwei Drittheile dessen ertragen, was jetzt aufgebracht werden muß. Eine allgemeine Schlachtsteuer hat weniger wider sich, als eine allgemeine Mahlsteuer: allein es ist unmöglich, durch eine Schlachtsteuer allein den Bedarf aufzubringen. Die Backsteuer vom Weizenmehle, welche im Jahre 1817 zugleich in Antrag gebracht wurde, ist jedenfalls nur eine Hülfssteuer, und unzulänglich, so beträchtliche Lücken zu füllen.

Die Personalsteuer, welche seit dem Jahre 1811 in den alten Provinzen des Staats auf dem Lande erhoben wird, kann schwerlich zu acht Groschen auf den Kopf im Durchschnitte veranschlagt werden, da die Steuerpflichtigen, deren jeder zwölf Groschen jährlich entrichtet, noch nicht zwei Drittheile der ländlichen Bevölkerung betragen dürften. Diese Steuer kann ohne Zweifel viel ergiebiger gemacht werden, wenn die Wohlhabenderen höhere Sätze zahlen: allein es ist höchst mißlich anzugeben, wie weit auf diesem Wege ihr Ertrag getrieben werden kann. Vornehmlich aber steht jeder allgemeinen Personensteuer entgegen, daß ihre Hebung in den großen Städten fast unmöglich wird, worin so viele Menschen von dem Erwerbe des Augenblicks leben, und es unaufhörlich auf Auspfändung ankommen lassen würden, wenn sie directe Steuern tragen sollten. Der Preußische Staat hat seit langen Jahren ein Steuersystem befolgt, dessen Eigenthümlichkeit darin bestand, daß Stadt und Land auf das strengste getrennt waren, und jeder von beiden Theilen besondere Abgaben hatte. Die Städte allein entrichteten Verbrauchssteuern; und um die Zahl der Zehrer zu vermehren, wurde aller Handelsverkehr, alle Fabrikation, und aller Handwerksbetrieb den Städten vorbehalten, und nur einer sehr kleinen Anzahl solcher Handwerker, deren nahe Hülfe der Landmann gar nicht entbehren kann, der Aufenthalt in den Dörfern gestattet. Vom Lande unmittelbar wurden Grundsteuern erhoben, wozu in Rücksicht der Handwerker und Tagelöhner noch geringe Nahrungsgelder oder andre persönliche Abgaben traten. Dies System bestand vollständig durchgeführt in den Marken Brandenburg, Pommern und Preußen. In Schlesien wurden schon bei der Erwerbung des Landes so viele Handwerker und so viel Verkehr auf dem Lande gefunden, daß die ausschließlichen städtischen Verbrauchssteuern, welche auch daselbst eingeführt wurden, verhältnißmäßig einen sehr viel geringern Ertrag abwarfen. Die höhere Grundsteuer, welche die Regierung, richtig die Natur des Landes erkennend, daselbst anordnete, glich diesen Nachtheil wieder aus. In den Westphälischen Provinzen war aber zu viel Gewerbe auf dem Lande, als daß die strenge Trennung von Stadt und Land, und die indirecte Besteuerung des Landes dadurch, daß man allen Verkehr und alle Fabrikation in die Städte zog, jemals hätte ausgeführt werden können.

Schon vor den letzten Kriegen vermehrten sich jährlich die Forderungen, Handwerkern und Fabrikanten die Ansiedelung auf dem Lande zu gestatten. Die Erweiterung der ländlichen Branntweinbrennereien und Brauereien schien mit den Fortschritten des Ackerbaues unzertrennlich verbunden. Die Grundlagen des Systems, das Land indirect durch seine Abhängigkeit von den Städten zu besteuern, wurden hierdurch immer mehr untergraben. Die Erschütterungen, welche der Staat in den Jahren 1806/7 erlitt, vollendeten nur schneller, was die Zeit allmählig herbeigeführt hätte.

Man ging endlich von einem Extreme zum andern über, als man in den altländischen Provinzen mit der allgemeinen Freiheit, jedes Gewerbe auf dem Lande zu betreiben, auch eine völlige Gleichheit der städtischen und ländlichen Abgaben einführte. Auch bei der vollkommensten Freiheit des Orts werden gewisse Gewerbe sich nur in den Städten erhalten können; und diejenigen Städte, welche wirklich diesen Namen verdienen, werden stets in der ganzen Lebensweise, worauf zuletzt doch alle öffentlichen Einrichtungen beruhen, von dem Lande verschieden bleiben.

Es scheint auf einem Irrthum zu beruhen, wenn man annimmt, daß in irgend einem Staate die großen Städte und das Land völlig einerlei Abgaben tragen. In Staaten, wo ein großer Theil der öffentlichen Bedürfnisse, nicht aus den allgemeinen Staatskassen, sondern aus besonderen Kommunalfonds bestritten wird, hat man diejenigen Abgaben, die ihrer Natur nach allgemein sein können, den Staatskassen überwiesen; diejenigen Abgaben aber, welche nach der Oertlichkeit verschieden sein müssen, den Gemeinen zu Aufbringung ihrer örtlichen Bedürfnisse überlassen. Die Ungleichheit der Abgaben besteht daher in der That auch dort, nur unter einer andern Form.

Die völlige Gleichstellung der städtischen und ländlichen Abgaben, welche im preußischen Staate im Jahre 1810 angeordnet wurde, ward wegen der vielfachen Beschwerden dagegen, schon nach neun Monaten, wenn auch nur vorläufig, wieder abgestellt. Die neuen Anträge auf eine solche Gleichstellung, welche im Jahre 1817 in den Königlichen Staatsrath gebracht wurden, haben nach langen Berathungen doch nicht für ausführbar anerkannt werden können, und die Vorschläge, welche gegenwärtig zur Prüfung vorliegen, gehen daher auch nur darauf aus, daß zu denjenigen welche nach obiger Berechnung noch aufzubringen sind, 10,437,500 Rthlr.

a. durch 1,448,000 Einwohner der größeren und mittleren Städte mittelst einer Mahl- und Schlachtsteuer in runder Summe . 2,000,000 „

b. durch 9,352,000 Einwohner der kleinen Städte und des Landes mittelst einer klassificirten Personensteuer, gleichfalls in runder Summe . . . . 6,837,500 „

c. und von den Gewerben durch eine allgemeine Steuer noch . . . . 1,600,000 „

rein nach Abzug der Hebungskosten beschafft werden sollen.

Das Königliche Finanzministerium hat durch eine Darstellung der Gründe, welche die zur Abfassung der jetzt vorliegenden Gesetzentwürfe bestellte Kommission geleitet haben, für die Mehrheit der gegenwärtigen Berichterstatter überzeugend, dargethan:

a. daß die Vorzüge, welche der Besteuerung des Verbrauchs von Mehl und Fleisch beigelegt werden, nur bei der städtischen Lebensweise stattfinden;

b. daß die Nachtheile, welche dieser Besteuerung zur Last gelegt werden, doch nur ihre Anwendung auf die ländliche Lebensweise treffen;

c. und daß mithin, wenn der höchste Ertrag mit der mindesten Belästigung der Unterthanen aufgebracht werden soll, die Mahl- und Schlachtsteuer nur da, wo wahrhaft städtische Lebensweise herrscht, angewandt, für den übrigen Theil des Landes aber statt derselben, eine directe Besteuerung angeordnet werden müsse, welche nicht füglich in etwas Anderm, als einer klassificirten Personensteuer bestehen kann, da eine einfache Personensteuer nicht hinreichenden Ertrag gewährt.

Die gedachte Darstellung wird dem gegenwärtigen Berichte beigelegt, und es kann daher hier darauf Bezug genommen werden.

Daß ein völlig freier Verkehr zwischen Stadt und Land nicht stattfinden könne, wenn die Städte eigenthümliche Verbrauchssteuern haben, ist gar nicht zu leugnen. Allein die Nachtheile, welche hieraus entstehen, werden doch durch folgende Umstände sehr gemildert.

Von den 1024 Städten des preußischen Staats sind nur 132, folglich ungefähr ein Achttheil der ganzen Anzahl, der Mahl- und Schlachtsteuer zu unterwerfen. Selbst diese Anzahl könnte noch bedeutend vermindert werden, wenn die Erfahrung zeigen sollte, daß die Nachtheile des verschiedenen Steuersystems auch für Mittelstädte noch überwiegend, und die gleichen Einkünfte leichter durch directe Besteuerung aufzubringen wären.

Es hat aber dieser Erfahrung vorjetzt um so weniger vorgegriffen werden können, als vielmehr von einer entgegengesetzten Ansicht aus nicht ohne triftige Gründe erwartet wird, daß viele jetzt zur Klassensteuer vorgeschlagene Städte von der in dem Gesetzentwurfe vorbehaltenen Wahlfreiheit Gebrauch machen, und aus eigner Bewegung die Mahl- und Schlachtsteuer der Klassensteuer vorziehen werden. Eine solche Wahl würde zugleich beweisen, daß ihnen die besorgte Störung des freien Verkehrs nicht besonders lästig wäre. Ueberhaupt erfordert jede besondere städtische Verbrauchs- oder Handelsabgabe eine gewisse Beobachtung, und mithin Beschränkung des

Verkehrs, demohngeachtet haben alle freien Handelsstädte seit den ältesten Zeiten solche Abgaben vorzüglich zur Aufbringung ihrer Bedürfnisse gewählt; es scheint daher der davon besorgte Nachtheil bei zweckmäßiger Verwaltung nicht überwiegend zu sein.

Sodann sind es nur Mehl und Fleisch, und die Zubereitungen daraus, deren Einfuhr einer Beobachtung unterworfen wird; auch soll diese nur auf Quantitäten von einem Achttheil Centner (13¾ Pfd.) und darüber erstreckt werden. Die bei weitem größte Masse des städtischen Verkehrs ist ohne Zweifel in dem Falle, daß die heimliche Einbringung von Mehl und Fleisch in solchen Quantitäten vernünftiger Weise dabei nicht besorgt werden kann. Ueberhaupt ist nur bei der heimlichen Einbringung großer Quantitäten von Mehl und Fleisch etwas Erhebliches zu gewinnen, und es wird — sie mag nun im Ganzen oder durch oft wiederholtes Einschleppen kleiner Partien vorgenommen werden — immer nicht schwer halten, derselben ohne eine Aengstlichkeit zu steuern, welche den rechtlichen Verkehr belästigt. Sobald man über die Natur der Abgaben einig ist, wodurch die letzterwähnten ohngefähr 10½ Millionen noch aufgebracht werden sollen, kommt die Frage zur Erörterung:

Ob die gewählten Abgaben nach einerlei Sätzen im ganzen Staate erhoben werden sollen?

Oder ob nicht vielmehr durch verschiedene höhere und niedrigere Sätze der Klassensteuer und der Mahl= und Schlachtsteuer die bestehende Verschiedenheit in den Grundsteuern auszugleichen ist?

Die Verschiedenheit der Grundsteuern ergiebt sich aus folgender Uebersicht:

A. Die Provinzen Preußen und Posen enthalten auf 36,689,464 Morgen Bodenfläche 2,452,031 Einwohner, und tragen zur Grundsteuer bei

a.	an bereits bestehenden Grundsteuern . .	1,205,394	Rthlr.
b.	an einem Sechstheile des Reinertrags der bisher steuerfreien Domainenländereien .	143,272	=
c.	an Servis von den altländischen Städten	183,663	=
	Summe:	1,532,329	Rthlr.

Es treffen mithin von diesen Grundsteuern im Durchschnitte auf den Morgen Oberfläche 1 Gr. und auf den Kopf 15 Gr.

B. Die Provinzen Brandenburg und Pommern enthalten auf 28,277,236 Morgen Bodenfläche 2,036,910 Einwohner, und tragen zur Grundsteuer bei

a.	an bereits bestehenden Grundsteuern . .	912,721 Rthlr.
b.	an einem Sechstheile des Reinertrags der bisher steuerfreien Domainenländereien .	215,324 „
c.	an Servis von den altländischen Städten	351,908 „
	Summe:	1,479,953 Rthlr.

Es treffen mithin von diesen Grundsteuern im Durchschnitte auf den Morgen Oberfläche 1 Gr. $3\frac{1}{12}$ Pf. und auf den Kopf 17 Gr. $5\frac{3}{12}$ Pf.

C. Die Provinz Schlesien enthält auf 15,475,279 Morgen Bodenfläche 2,036,645 Einwohner, und trägt zur Grundsteuer bei

a.	an bereits bestehenden Grundsteuern . .	1,896,547 Rthlr.
b.	an einem Sechstheil des Reinertrags der bisher steuerfreien Domainenländereien .	9,589 „
c.	an Servis von den altländischen Städten	188,855 „
	Summe:	2,094,991 Rthlr.

Es treffen mithin von dieser Grundsteuer im Durchschnitte auf den Morgen Oberfläche 3 Gr. 3 Pf. und auf den Kopf 24 Gr. $8\frac{3}{12}$ Pf.

D. Die Provinz Sachsen enthält auf 9,841,338 Morgen Bodenfläche 1,243,465 Einwohner, und trägt zur Grundsteuer bei

a.	an bereits bestehenden Grundsteuern . .	1,542,938 Rthlr.
b.	an einem Sechstheil des Reinertrages der bisher steuerfreien Domainenländereien .	211,712 „
c.	an Servis von den altländischen Städten	8,237 „
	Summe:	1,762,887 Rthlr.

Es treffen mithin von dieser Grundsteuer im Durchschnitte auf den Morgen Oberfläche 4 Gr. $3\frac{7}{12}$ Pf. und auf den Kopf 34 Gr. $\frac{4}{12}$ Pf.

E. Die Provinz Westphalen enthält auf 7,888,437 Morgen Bodenfläche 1,084,341 Einwohner, und trägt zur Grundsteuer bei

a.	an bereits bestehenden Grundsteuern . .	1,221,011 Rthlr.
b.	an einem Sechstheil des Reinertrags der bisher steuerfreien Domainenländereien .	11,926 „
	Summe:	1,232,937 Rthlr.

Es treffen mithin von dieser Grundsteuer im Durchschnitt auf den Morgen Oberfläche 3 Gr. 9 Pf. und auf den Kopf 27 Gr. $3\frac{6}{12}$ Pf.

F. Die beiden Rheinprovinzen enthalten auf 9,594,007 Morgen Bodenfläche 1,946,730 Einwohner, und tragen zur Grundsteuer bei

a.	an bereits bestehenden Grundsteuern . .	2,035,301 Rthlr.
b.	an einem Sechstheil des Reinertrags der bisher steuerfreien Domainenländereien .	24,224 "
	Summe:	2,059,525 Rthlr.

Es treffen mithin von diesen Grundsteuern im Durchschnitte auf den Morgen Oberfläche 5 Gr. $1^{11}/_{12}$ Pf. und auf den Kop 25 Gr. $4^{8}/_{12}$ Pf.

G. Der ganze Staat enthält auf 107,765,761 Morgen 10,800,122 Einwohner, und die Grundsteuern, welche vorstehend in Anrechnung gekommen sind, betragen:

a.	in den Provinzen Preußen und Posen .	1,532,329 Rthlr.
b.	in den Provinzen Brandenburg und Pommern	1,479,953 "
c.	in der Provinz Schlesien.	2,094,991 "
d.	in der Provinz Sachsen	1,762,887 "
e.	in der Provinz Westphalen	1,232,937 "
f.	in den beiden Rheinprovinzen	2,059,525 "
	Summe:	10,162,622 Rthlr.

Es treffen mithin von dieser Grundsteuer im Durchschnitte auf den Morgen Oberfläche 2 Gr. $3^{2}/_{12}$ Pf. und auf den Kopf 22 Gr. 7 Pf.

Indem aus diesen Rechnungen hervorgeht, daß auf dem Morgen im Durchschnitte, und mit Einrechnung der städtischen Grundstücke liegen:

in Preußen und Posen . . .	12	Pf.
in Brandenburg und Pommern	$15^{1}/_{2}$	"
in Schlesien	39	"
in Sachsen	$51^{7}/_{12}$	"
in Westphalen	45	"
in den Rheinprovinzen . . .	$61^{10}/_{12}$	"

läßt sich nicht verkennen, daß der Boden, auch mit Rücksicht auf den Unterschied der natürlichen Kräfte desselben, der klimatischen Wirkungen, der Kultur, und der Leichtigkeit des Absatzes, in einigen Provinzen offenbar höher, als in andern besteuert ist. Der Morgen Landes in Schlesien mag wohl höher genutzt werden, als der Morgen in Posen, aber man wird unmöglich annehmen können, daß er das Dreifache des Reinertrages liefere, den Land von gleicher Güte in Posen trägt. Ebenso wenig kann man annehmen, daß der Boden in Sachsen $3^{1}/_{2}$ mal so viel werth sei, als der Boden in der Mark Brandenburg. Indessen geht aus diesen Zahlen allerdings nicht hervor, wie groß der Unterschied in der verhältnißmäßigen Belastung des Reinertrages sei? Offenbar jedoch ist derselbe bei weitem nicht so groß, als der Unterschied zwischen den vorstehenden Durchschnittszahlen.

Die Provinzen, welche das bessere Klima und die beste Kultur haben, sind im Allgemeinen auch die höher belegten.

Noch unsicherer sind alle Vergleichungen der Grundsteuer mit der Volkszahl. Allerdings giebt ein stark bevölkertes Land unter übrigens gleichen Umständen einen größeren Reinertrag von der Benutzung des Bodens, als ein schwach bevölkertes, weil der Landmann sichere Abnehmer in der Nähe hat, und nicht genöthigt ist, einen ungewissen Absatz in der Ferne zu suchen. Aber es läßt sich keineswegs nachweisen, daß der Reinertrag in eben dem Verhältnisse wächst, wie die Bevölkerung; überdies hängt derselbe nicht von Arbeit und aufgewandtem Kapital allein, sondern auch von der Beschaffenheit der Erdarten und des Klimas ab; und es folgt daher auch gar nicht, daß der Reinertrag des Bodens zweier Provinzen gleich besteuert sei, wenn in ihnen auf den Kopf im Durchschnitte gleich viel Grundsteuer kommt.

Nach den vorstehenden Berechnungen kommen an Grundsteuer auf den Kopf:

in Preußen und Posen . . .	15	Gr.
in Brandenburg und Pommern	$17\frac{63}{144}$	=
in Schlesien	$24\frac{99}{144}$	=
in Sachsen	$34\frac{4}{144}$	=
in Westphalen	$27\frac{42}{144}$	=
in beiden Rheinprovinzen . .	$25\frac{56}{144}$	=

Die Ungleichheit hierin ist also nicht so groß, als die Vergleichung der Grundsteuer mit der Bodenfläche sie giebt; aber die Verhältnisse sind ganz andre.

In Sachsen kommt die höchste Grundsteuer auf den Kopf; in Schlesien, Westphalen und den Rheinprovinzen trifft ohngefähr ein Viertheil weniger auf den einzelnen Menschen; und in Preußen, Posen, Brandenburg und Pommern wird sogar nur ohngefähr die Hälfte des Sächsischen Durchschnittssatzes gezahlt.

Wenn der Gutsbesitzer die Auslage, welche ihm die Grundsteuer macht, auf den Preis des Getreides schlagen könnte und müßte; so vertheilte sich diese Steuer eigentlich auf Jeden, der Getreide braucht:

man könnte dann mit Recht behaupten, daß die Höhe der Grundsteuern durch Erlaß an andern Abgaben ausgeglichen werden müsse; und daß z. B. der Kopf in Sachsen — gleiche Besteuerungsfähigkeit vorausgesetzt — an persönlichen Abgaben 16 Groschen 7 Pf. weniger entrichten müsse, als der Kopf in Brandenburg, weil er ebenso viel mehr, als dieser, in dem Getreide steuert, das er mit der höhern Grundsteuer belastet kauft.

Allein gegen diese Ansicht ist erinnert worden, daß Jeder der ein Gut kauft nur den Reinertrag desselben nach Abzug aller Reallasten bezahle; daß also die Grundsteuer nichts anders sei, als die Zinsen eines Kapitals, welches für den Staat auf dem Gute hafte; und daß sie daher auch weder dem Gutsbesitzer, der verhältnißmäßig wohlfeiler gekauft habe, noch dem Consumenten zur Last falle, welchem sie eben so wenig, als die Zinsen von den auf dem Gute haftenden Schulden, im Getreidepreise angerechnet werden könne. Hiernach würde jede Ausgleichung der Grundsteuern ein reiner Act der Willkühr sein, wodurch man einer Provinz auf Kosten der übrigen etwas vergüte, was Niemand belästige, und wofür daher auch Niemand Vergütung zu fordern berechtigt sei.

Man kann aus keiner Ansicht leugnen, daß die Grundsteuer der Regierung die Nothwendigkeit erspart, andre Abgaben von gleichem Betrage aufzulegen, die nicht gehoben werden könnten, ohne den Reinertrag des Bodens zu schmälern; sei es, indem sie die Wirthschaftskosten vermehren, oder indem sie das Volk nöthigen, mit wenigen oder schlechtern Nahrungsmitteln vorlieb zu nehmen, und folglich die Nachfrage, wovon die Preise abhängen, zu vermindern. Es ist daher sehr zweifelhaft, ob überhaupt der Werth der Güter steigen könnte, wenn sämmtliche Grundsteuern aufgehoben würden; und ob den Grundbesitzern durch eine solche allgemeine Maaßregel wirklich ein Geschenk gemacht würde.

Wenn der Staat Grundsteuern ablösen läßt: so bedarf er allerdings nicht neuer Auflagen an ihrer Stelle; denn das Kapital, was er für die Ablösung erhält, gewährt ihm entweder gleiches Einkommen, wenn er es nutzbar belegt, oder erspart ihm gleiche Ausgaben, wenn er damit verzinsliche Schulden bezahlt.

Allein der Grundbesitzer zieht davon auch keinen Vortheil. Besaß er das Kapital selbst, womit er ablöst, so hat er nur dessen Benutzung verändert, indem er statt der sonst bezognen Zinsen jetzt die Grundsteuer einbehält. Muß er das Kapital borgen, womit er ablöst: so zahlt er nur an einen Privatmann die Zinsen, die er sonst an den Staat zahlte.

Auf jeden Fall hat die Ablösung der Grundsteuern nicht die wohlthätigen Folgen, die ein vorsichtiger Domainenverkauf haben kann. Die Domaine kommt aus der todten Hand in Privatbesitz, und wird dadurch hoffentlich zu höherm Ertrage gebracht. Das besteuert gewesene Gut war dagegen schon in Privatbesitz: es ändert den Besitzer nicht; und es kann von der Ablösung an sich keine Verbesserung der Bewirthschaftung desselben erwartet werden. Ein Staat, welcher durch eine allgemeine Maaßregel neue Grundsteuern auflegt, kann dies nur thun, weil er entweder überhaupt neue Einnahmen bedarf, welche sonst durch andre neue Steuern würden aufgebracht werden müssen, oder weil er andre lästigere Auflagen abschaffen will. In beiden Fällen läßt sich auch nicht geradehin behaupten, daß der Reinertrag der Güter durch die Auflegung der Grundsteuern vermindert wird; denn es wäre wohl möglich, daß die Abgaben, deren Surrogat die Grundsteuer ist, durch den Einfluß, den sie auf die ganze Wirthschaftsführung hätten, dem Gutsbesitzer mehr kosten könnten, als die neue Steuer. Viele heutige Grundsteuern sind in der That nur dadurch entstanden, daß eine Verbrauchs-, Gewerbe- oder Personensteuer fixirt, und auf das Gut gelegt worden ist, weil die Gutsbesitzer selbst diese Zahlungsweise vorzogen.

Ueberhaupt sind die alten Grundsteuern nur Fixa, die an die Stelle der früheren nach dem Bedarf steigenden und fallenden Abgaben vom Gutsertrage getreten sind.

Wenn aus solchen Betrachtungen allerdings ein Zusammenhang der Grundsteuern mit den andern Landesabgaben hervorgeht: so würde man daraus an sich noch nicht unbedingt die Nothwendigkeit einer Ausgleichung herleiten können. Allein die Frage, ob überhaupt eine Ausgleichung der Grundsteuern stattfinden solle, kann jetzt nicht mehr in Zweifel gestellt werden, nachdem des Königs Majestät durch das Edict vom 28. October 1810 bereits dafür entschieden, und in den folgenden Finanzgesetzen sich wiederholt auf diese Entscheidung bezogen haben.

Es kann vielmehr jetzt nur zur Berathung kommen:

Ob die Ausgleichung der Grundsteuern bis dahin ausgesetzt bleiben solle, daß die Grundsteuern selbst nach einem neuen Kataster gleichmäßig vertheilt werden können? Oder ob dafür, daß eine solche Vertheilung nicht sofort stattfinden kann, einstweilen durch Ausgleichung gegen andere Abgaben Ersatz geleistet werden solle?

Ein Versprechen, einen solchen Ersatz einstweilen zu leisten, ist nirgend ertheilt worden; vielmehr schließen die frühern Verhandlungen nur damit, daß für die höher mit Grundsteuer belegten, besonders die drei westlichen Provinzen nachgesucht worden ist, sie so lange mit Auflegung neuer Steuern zu verschonen, bis eine Ausgleichung in Rücksicht der Grundsteuer erfolgt sei. Die Unmöglichkeit, diesem Gesuche nachzugeben, ist einleuchtend bei dem dringenden Bedürfnisse, die laufenden Einkünfte des Staats dergestalt festzustellen, daß die laufenden Ausgaben damit bestritten werden können. Wenn indeß der Prägravationsfall wirklich klar, und ein schickliches Mittel zur einstweiligen Ausgleichung vorhanden wäre: so würde, auch ohne ausdrückliches Versprechen, die Gerechtigkeit dessen Anwendung fordern. Ob eine Prägravation vorhanden sei, läßt sich aber nur bestimmen, wenn man über dasjenige, was vertheilt werden soll, und über den Maaßstab, wonach die Vertheilung geschehen muß, übereingekommen ist.

Nach den vorliegenden Anträgen sollen nicht sämmtliche Staatseinkünfte zur Vertheilung kommen. Das Einkommen aus den Domainen, Forsten, Bergwerken, Salinen, Posten, Lotterien, Kommunikationsanstalten u. s. w. eignet sich offenbar nicht zur Vertheilung, da es überall nicht als eine besondere Belastung einer einzelnen Provinz angesehen werden kann. Die Steuern auf den Verkehr mit dem Auslande, und die Einkünfte aus dem Salzhandel sind auch ihrer Natur nach keiner Vertheilung auf einzelne Provinzen fähig. Wer die eigentlichen Handelsabgaben trägt, ob derjenige, der die Waaren erzeugt, oder derjenige, der sie verbraucht, oder irgend eine Zwischenhand, läßt sich niemals allgemein bestimmen, weil es von den wandelbaren Handelskonjuncturen abhängt. Die Verbrauchssteuern auf fremde Waaren trägt der Verzehrer; allein der Wohnort desselben ergiebt sich aus den Steuerregistern nicht. Was in Stettin oder Berlin versteuert wird, kann oft erst in Posen oder Breslau verbraucht werden. Für diejenigen, welche in der Nähe der Seehäfen oder Salzwerke wohnen, läßt sich allenfalls berechnen, wie hoch sie das Salz im freien Verkehr bezahlen würden. Für alle Entfernteren ist schwer zu übersehen, um wie viel die Frachten und die Zwischenhand den Preis erhöhen: und dies ist sehr erheblich bei einem Artikel, worin die Frachtkosten leicht den Einkaufspreis übersteigen, und wo bei jedem Stocken der Zufuhr ganz bestimmt auf die Unentbehrlichkeit zum täglichen Gebrauche spekulirt werden kann. Bei weitem nicht alles, was der Staat vom Salzverkaufe zieht, ist Verlust für den Verzehrer. Auch die Stempel- und die Gewerbsteuern sind nicht zur Vertheilung vorgeschlagen. Wo viel Umsatz und viel Gewerbe ist, da wird viel Stempelpapier verbraucht, und viel Gewerbesteuer bezahlt; wem aber beides zuletzt in Rechnung kommt, ist in vielen Fällen schwer auszumitteln.

Nach Abzug der genannten Einkünfte bleiben noch	24,000,000	Thlr.
zur Vertheilung übrig, wovon durch Grundsteuern	10,162,500	=
durch die Verbrauchssteuern von inländischem Branntweine, Braumalze, Weinmoste und Tabacksblättern	5,000,000	=
durch die Klassensteuer	6,837,500	=
und durch die Mahl- und Schlachtsteuer der großen und mittlern Städte	2,000,000	=

aufgebracht werden sollen.

Es ist bezweifelt worden, ob die Verbrauchssteuern von inländischem Branntweine, Braumalze, Weinmoste und Tabacksblättern zu den zur Vertheilung auf die einzelnen Provinzen geeigneten Abgaben gehören können; weil diese Verbrauchssteuern nicht nur im ganzen Staate nach einerlei Sätzen erhoben werden, sondern weil auch Branntweine, Tabacksblätter und Wein aus einer Provinz in die andre übergehen, und der Verzehrer von dem man annimmt, daß ihn die Abgabe eigentlich treffe, in einer andern Provinz wohnen kann, als der erste Erzeuger, der die Abgabe entrichtet. Dagegen ist aber erinnert worden, daß diese Steuern doch allerdings die Provinzen sehr verschieden treffen. Der Branntweinverbrauch in den östlichen Provinzen des Staats ist in Folge des Klimas und der Lebensweise des gemeinen Mannes sehr viel größer, als in den westlichen Provinzen. In den Anschlägen, welche sich auf die bisherigen Erfahrungen gründen, sind auf den Kopf im Durchschnitte berechnet worden, jährlich

in Preußen und Posen	10	Quart,
in Brandenburg und Pommern wegen der großen Fabrikation von Berlin	$11\frac{1}{15}$	=
in Schlesien	$8\frac{2}{15}$	=
in Sachsen	$8\frac{1}{10}$	=

in Westphalen	$4\frac{4}{9}$	=
in den Rheinprovinzen	$3\frac{1}{3}$	=

Es liegen also in Folge der Besteuerung des Branntweins mit 15 Pfennigen für das Quart auf den Kopf im Durchschnitte:

in Preußen und Posen . . .	12	Gr.	6	Pf.
in Brandenburg und Pommern	13	=	10	=
in Schlesien.	10	=	2	=
in Sachsen	10	=	$1\frac{1}{2}$	=
in Westphalen	5	=	$6\frac{2}{3}$	=
in den Rheinprovinzen . . .	4	=	2	=

Der Weinbau und der Tabacksbau sind auch nur in einigen Provinzen vorzugsweise stark betrieben. Zu der Weinmoststeuer sind für mittlere Jahre veranschlagt:

von den Provinzen Preußen und Posen .	—	—
von den Provinzen Brandenburg und Pommern	300	Rthlr.
von der Provinz Schlesien.	1,600	=
von der Provinz Sachsen	1,900	=
von der Provinz Westphalen	—	—
von den beiden Rheinprovinzen	82,000	=
Summe	85,000	Rthlr.

Zu der Steuer von den Tabacksblättern sind veranschlagt:

von den Provinzen Preußen und Posen . .	12,372	Rthlr.
von den Provinzen Brandenburg und Pommern	95,800	=
von der Provinz Schlesien	53,800	=
von der Provinz Sachsen.	11,500	=
von der Provinz Westphalen	500	=
von den beiden Rheinprovinzen	14,400	=
Summe	188,372	Rthlr.

Die Ungleichheit ist hier klar, obwohl beide Steuern zusammengenommen auf den Kopf im Durchschnitt überall nur ein sehr unerhebliches Resultat geben. Es kommen nehmlich an Verbrauchssteuer von inländischen Tabacksblättern und Weinmoste zusammengenommen auf den Kopf:

in den Provinzen Preußen und Posen	$1\frac{5}{12}$	Pf.
in den Provinzen Brandenburg und Pommern .	$13\frac{7}{12}$	=
in der Provinz Schlesien	$7\frac{10}{12}$	=
in der Provinz Sachsen.	$3\frac{1}{12}$	=
in der Provinz Westphalen	$\frac{2}{12}$	=
in den beiden Rheinprovinzen.	$14\frac{3}{12}$	=

Diese Steuern sind mithin immer nur eine merkliche Belastung für die einzelnen Wein- und Tabacksbauer, aber nicht für die gesammte Volksmasse der Provinzen. Sie gleichen daher auch insbesondere den vorbemerkten Unterschied in der Besteuerung durch den Branntweinverbrauch keinesweges aus. Der Ostpreuße zahlt durch die Branntweinsteuer 8 Gr. 4 Pf. mehr, durch die Tabacks- und Weinmoststeuer aber noch nicht ganz 13 Pfennige weniger, als der Rheinländer; und er bleibt also immer noch um 7 Gr. 3 Pf. in Rücksicht der vorgedachten Verbrauchssteuern überlastet.

Der Einwand, daß der erzeugte Branntwein, Weinmost und Taback nicht durchgehends in den Provinzen verzehrt werde, wo er versteuert wird, dürfte nur dann einiges Gewicht haben, wenn die Steuer unbedingt auf den Preis geschlagen, und also wirklich von dem Verzehrer, nicht von dem Erzeuger, getragen würde. Die Inhaber der ländlichen Brennereien, die Weinbauer und Tabackspflanzer behaupten indessen grade das Gegentheil. Sind ihre Klagen auch nicht durchgängig gegründet: so müssen sie doch auf jeden Fall die Steuer auf ihre Gefahr vorschießen, und es hängt von Umständen ab, die nicht in ihrer Gewalt sind, ob der Verzehrer viel oder wenig davon erstattet. Wenn insbesondere auch nicht unbeträchtliche Quantitäten von Branntwein aus dem Großherzogthum Posen in die Provinzen an der Oder gehen möchten: so scheinen diese doch nur einen kleinen Theil der ganzen Verzehrung auszumachen. Ueberwöge der Vortheil der großen Betriebsamkeit und höhern Benutzung der Abgänge nicht die Erleichterung der Branntweinfabrikation, welche die polnischen Provinzen in ihren niedrigern Getreide- und Holzpreisen finden: so würde die Branntweinbrennerei in den Ländern an der Oder und Elbe nicht in dem großen Umfange betrieben werden können, den sie nach vorstehenden Berechnungen wirklich erreicht hat. Das jährliche Fabrikationsquantum der Provinzen Brandenburg, Pommern, Schlesien und Sachsen, welches diesen Berechnungen zum Grunde liegt, beträgt nicht weniger, als 49,176,960 Quart oder 409,808 Ohm. Die Einfuhr eines Hunderttheils dieser Summe macht aber gewiß schon großes Aufsehen. Je mehr Gewicht man auf Mastung und Düngernutzung legt, um desto weniger kann man die überwiegenden Vortheile verkennen, welche der Branntweinbrenner aus hohen Fleisch-, Milch- und selbst Getreidepreisen zieht.

Wüßte man auch, wie viel in einem Lande jährlich erworben wird, so wäre dadurch allein die Frage noch keineswegs entschieden:

wie viel von diesem Einkommen zu Staatszwecken verwendet, mithin durch Abgaben dem Privatbesitze entzogen werden könne? Insbesondere ist es ganz unerweislich, daß zwei Provinzen desselben Staats mit gleicher Gerechtigkeit behandelt werden, wenn die Regierung in beiden den gleichen, z. B. zehnten, Theil des Erwerbes für ihren Bedarf erhebt. So lange der Kulturgrad, die Meinungen und Sitten, die Erwerbszweige und die Verhältnisse gegen die Nachbarschaft nicht überall dieselben sind, wird auch das keinesweges überall gleich sein können, was die Regierung auf die Erhaltung und fortschreitende Verbesserung des Eigenthums und aller körperlichen und geistigen Kräfte der Nation verwenden, und folglich auch durch Einkommen ersetzt erhalten muß. Man geräth aber, indem man hier einen Maaßstab anlegen will, in ein endloses Schwanken der Meinungen und Ansichten.

Hierzu kommt nun, daß nimmermehr auszumitteln ist, wie viel jährlich erworben wird. Der größte Theil der Menschen vermag es selbst nicht anzugeben; und Jedermann hat ein Interesse, den Erwerb zu verheimlichen, welchen er versteuern soll. Alle Einkommensteuern haben deshalb stets eine unerwartet geringe Einnahme geliefert. Man darf es sich daher keineswegs verhehlen, daß alle Vertheilungen des Staatsbedarfs auf die einzelnen Provinzen, welche man etwa versuchen möchte, sehr mißlich sind; weil es gänzlich an einem zuverlässigen Vertheilungsmaaßstabe fehlt. Die beste Vertheilung entsteht ohne Zweifel durch ein gleichförmiges Abgabensystem, welches möglichst unverändert erhalten wird. Hierbei gleichen sich die Beiträge der einzelnen Provinzen großentheils schon dadurch aus, daß jede im Verhältniß ihrer Erzeugung und Verzehrung zu den allgemeinen Erwerbs- und Verbrauchsabgaben nach gleichen Sätzen steuert, und daß Gewerbe und Lebensweise sich nach den Abgaben bilden, wenn dieselben lange unverändert bestehen; ein Umstand, welcher die Hebungen sehr erleichtert.

Diese Vertheilungsart kann indeß in dem preußischen Staate nicht stattfinden, so lange die Verschiedenheit der Grundsteuerverfassung besteht; und die Frage ist daher nur: ob ein Vertheilungsmaasstab erfindlich ist, welcher bei allen Unvollkommenheiten einer darnach angelegten Vertheilung dennoch überwiegende Vortheile gewährt. Die unter dem Vorsitze des Staatsministers v. Klewitz bestandene Steuerkommission hat die einfache Volkszahl der verschiedenen Provinzen als Maaßstab zur Vertheilung vorgeschlagen, und ihren Antrag auf Aufnahme desselben dadurch gerechtfertigt, daß die Einmischung aller andern ihr in festen Zahlen bekannten Angaben, worauf etwa noch eine Steuervertheilung gegründet werden könnte, auf unausführbare Forderungen leitet.

A. Sie hat deshalb die mit drei erläuternden Beilagen begleitete hier beigefügte Rechnung vorgelegt, woraus sich ergiebt: daß, wenn 24 Millionen Thaler nach der Volkszahl vertheilt werden, und den Provinzen an ihren hiernach ermittelten Beitragsquoten abgerechnet wird, was sie an Grundsteuern und an Verbrauchssteuern nach dem Gesetze vom 8. Februar 1819 aufbringen, noch folgende Beiträge durch eine Klassensteuer, und deren Surrogat die Mahl= und Schlachtsteuer in den großen und mittleren Städten, zu leisten bleiben. Vom Kopfe im Durchschnitte

in Preußen	24	Gr.	—	Pf.
in Posen	25	=	8½	=
in Brandenburg und Pommern	19	=	11	=
in Schlesien	17	=	8	=
in Sachsen.	7	=	5½	=
in Westphalen	20	=	7	=
in beiden Rheinprovinzen . .	22	=	1½	=
und, wenn allenfalls keine Quotisation stattfände, im ganzen Staate durchschnittlich . .	19	=	7	=

Wird nun hiervon ferner abgezogen, was jeder dieser Landestheile dadurch aufbringen könnte, daß die großen und mittleren Städte in ihm die Mahl= und Schlachtsteuer nach einerlei Mittelsätzen, nämlich

vom Centner Weizen	16	Gr.
vom Centner Roggen u. anderm Getreide	4	=
vom Centner Fleisch	24	=

zahlen: so würden für die Einwohner der kleinen Städte und des Landes durch die Klassensteuer noch aufzubringen bleiben vom Kopfe im Durchschnitte

in Preußen.	23	Gr.	1½	Pf.
in Posen	25	=	2	=
in Brandenburg und Pommern	15	=	8½	=
in Schlesien	16	=	2	=
in Sachsen	2	=	2	=
in Westphalen.	19	=	8½	=

in beiden Rheinprovinzen . .	20 =	11½	=
und, falls keine Quotisation stattfände, im ganzen Staate durchschnittlich	17 =	7	=

Dies sind aber nur 11/12 dessen, was vom Kopfe entrichtet werden muß; indem außer der Reineinnahme, welche in die Staatskassen fließt, noch die Hebungskosten und ein Deckungsfonds für Ausfälle aufzubringen sind. Mit Zuschlag derselben kommen nun auf den Kopf im Durchschnitte

in Preußen	25 Gr.	3	Pf.
in Posen	27 =	5½	=
in Brandenburg und Pommern	17 =	1½	=
in Schlesien	17 =	7½	=
in Sachsen	2 =	4½	=
in Westphalen.	21 =	6	=
in beiden Rheinprovinzen . .	22 =	10	=
im ganzen Staate durchschnittlich	19 =	2	=

Die Provinzen, in welchen man am wenigsten hoffen darf, durch eine Klassensteuer etwas vom gemeinen Manne zu erhalten, bleiben hiernach bei weitem am stärksten belastet. Wollte man auch in den Städten der Provinzen Preußen und Posen höhere Sätze für das Mahlen und Schlachten erheben, nämlich

vom Centner Weizen . .	21 Gr.	4 Pf.
vom Centner Roggen . .	5 =	4 =
vom Centner Fleisch . . .	28 =	— =

so würde dennoch der Kopf in Preußen mit 24 Gr. ½ Pf. und in Posen mit 26 Gr. 4 Pf. belastet bleiben.

Den vorliegenden Gesetzentwürfen nach soll die Belastung durch die Klassensteuer nicht über fünf Thaler auf die Familie im Durchschnitte steigen, welches nur 1 Thlr. oder 24 Gr. für den Kopf betragen würde, wenn die Familie durchgehends zu fünf Personen angenommen wird. Da indeß einzelne Personen ohne Haushaltung verhältnißmäßig etwas höher belegt sind, so dürfte wohl der Versuch zu machen sein, ob mit einem Steuersatze von fünf Thalern im Durchschnitte für die Haushaltung nicht dennoch ein Ertrag von 26 Gr. 4 Pf. auf den Kopf durchschnittlich zu erreichen sein dürfte. Wenigstens ist die Gefahr, welche man dabei läuft, nicht der Art, daß man deshalb das vorgeschlagene Steuersystem, wenn es sonst nur wohl begründet und zweckmäßig wäre, aufzugeben veranlaßt sein könnte. In der Provinz Posen sind 794,888 Einwohner in den klassensteuerpflichtigen Städten und auf dem Lande. Ein Ausfall von einem Groschen auf den Kopf beträgt daher nur 33,120 Thlr., und ein solcher Ausfall, wenn er wirklich stattfände, könnte wohl ein System nicht erschüttern, bei welchen in so hohem Maaße auf Verbrauchs-, Handels- und Gewerbeabgaben gerechnet wird, deren Ertrag ihrer Natur nach viel unsicherer ist.

Auf jeden Fall ergiebt sich indessen aus diesen Betrachtungen, daß alle Vertheilungsmaaßstäbe, bei welchem ein noch höherer Klassensteuersatz auf Preußen und Posen trifft, ganz unausführbare Resultate geben. Dies ist aber in Rücksicht beider Provinzen die nothwendige Folge jeder Einmischung der Größe des Flächeninhalts. Eine Berücksichtigung des Viehstandes giebt zwar für Posen etwas günstigere, für Preußen aber ganz unbrauchbare Verhältnisse. Die Häuserzahl würde zwar für Preußen und Posen vortheilhafte Resultate geben, allein die angestellten Versuche zeigen zugleich, daß dieser Vertheilungsmaaßstab ganz ungerecht ist, denn darnach würden die Provinzen in dem Maaße weniger zahlen, in welchem sie größere und besser gebaute Städte haben, wo folglich in der gleichen Häuserzahl mehr und wohlhabendere Menschen wohnen. Die Berechnungen, worauf sich gegenwärtige Bemerkungen beziehen, sind dem von dem Finanzministerio vorgelegten, erläuternden Promemoria (cf. oben) beigefügt.

Es sind aber gegen die vorgeschlagene Vertheilung überhaupt noch folgende sehr erhebliche Einwendungen gemacht worden. Zuerst erscheint eine solche Vertheilung keineswegs dringend, selbst wenn man zugiebt, daß die Ueberlastung durch Grundsteuern mittelst Erlasses an andern Abgaben auszugleichen sei.

Es zeigt sich nämlich, daß für die mehrsten Provinzen eine solche Ausgleichung auch ohne förmliche Vertheilung schon dadurch stattfindet, daß die in den Grundabgaben höher besteuerten Provinzen mehrentheils durch Verbrauchssteuern desto weniger entrichten. Die Rheinprovinzen und Westphalen, welche vorzüglich ihre höhere Grundsteuer in Anschlag bringen, würden bei der vorgeschlagenen Vertheilung sogar verlieren. Dies wird durch folgende Uebersicht klarer.

Die sämmtlichen 10,800,122 Einwohner des preußischen Staats sollen den vorliegenden Anschlägen zufolge nach Abzug der Hebungskosten rein aufbringen:

a.	durch Grundsteuern	10,162,500	Rthlr.
b.	durch die Steuern aus dem Gesetze vom 8. Februar 1819	5,027,104	„
c.	durch die Mahl- und Schlachtsteuern .	1,964,252	„
d.	durch die Klassensteuer	6,846,144	„
	Sind überhaupt die zu vertheilenden . . .	24,000,000	Rthlr.

Auf jede aufzubringende Tausend Thaler werden daher im ganzen Staate durchschnittlich erhoben:

a.	durch Grundsteuern	423½	Rthlr.
b.	Steuern aus dem Gesetze vom 8. Februar 1819	209½	„
c.	durch Mahl- und Schlachtsteuern	82	„
d.	die Klassensteuer	285	„
	Summa:	1,000	Rthlr.

Nach den vorliegenden Vertheilungsvorschlägen sollen insbesondere aufbringen 2,036,910 Einwohner in den Provinzen Brandenburg und Pommern:

a.	durch Grundsteuern	1,479,900	Rthlr.
b.	durch Steuern aus dem Gesetz vom 8. Februar 1819	1,360,354	„
c.	durch Mahl- und Schlachtsteuern . . .	632,134	„
d.	durch die Klassensteuer	1,054,112	„
	Summa:	4,526,500	Rthlr.

Unter Tausend Thalern des ganzen Beitrages der gedachten Provinzen sind daher:

a.	Grundsteuern	327	Rthlr.
b.	Steuern aus dem Gesetz vom 8. Februar 1819	300½	„
c.	Mahl- und Schlachtsteuern	139½	„
d.	Klassensteuern	233	„
	Summa:	1,000	Rthlr.

Ferner sollten aufbringen 2,036,645 Einwohner in der Provinz Schlesien:

a.	durch Grundsteuern	2,095,000	Rthlr.
b.	Steuern aus dem Gesetze vom 8. Februar 1819	933,341	„
c.	Mahl- und Schlachtsteuern	263,412	„
d.	Klassensteuern	1,234,047	„
	Summa:	4,525,800	Rthlr.

Unter Tausend Thalern des ganzen Beitrags von Schlesien sind daher:

a.	Grundsteuern	463	Rthlr.
b.	Steuern aus dem Gesetze vom 8. Februar 1819	206	=
c.	Mahl- und Schlachtsteuern	58	=
d.	Klassensteuer	273	=
	Summa:	1,000	Rthlr.

Sodann sollten aufbringen 1,084,341 Einwohner in der Provinz Westphalen:

a.	durch Grundsteuern.	1,232,900	Rthlr.
b.	durch Steuern aus dem Gesetze vom 8. Februar 1819	246,024	=
c.	durch Mahl- und Schlachtsteuern . . .	104,690	=
d.	durch die Klassensteuer	825,986	=
	Summa:	2,409,600	Rthlr.

Unter Tausend Thalern des ganzen Beitrags von Westphalen sind daher:

a.	Grundsteuern	512	Rthlr.
b.	Steuern aus dem Gesetze vom 8. Februar 1819	102	=
c.	Mahl- und Schlachtsteuern	43	=
d.	Klassensteuer	343	=
	Summa:	1,000	Rthlr.

Endlich sollten aufbringen 1,946,730 Einwohner in beiden Rheinprovinzen:

a.	durch Grundsteuern	2,059,500	Rthlr.
b.	durch Steuern aus dem Gesetze vom 8. Februar 1819	468,710	=
c.	durch Mahl- und Schlachtsteuern . . .	285,861	=
d.	durch die Klassensteuer	1,511,929	=
	Summa:	4,326,000	Rthlr.

Unter Tausend Thalern des ganzen Beitrags der beiden Rheinprovinzen sind daher:

a.	Grundsteuern	476	Rthlr.
b.	Steuern aus dem Gesetze vom 8. Februar 1819.	108½	=
c.	Mahl- und Schlachtsteuer	66	=
d.	Klassensteuer	349½	=
	Summa:	1,000	Rthlr.

Hier übersieht man, wie zwar die Provinzen Brandenburg und Pommern noch nicht ganz ein Drittheil ihrer Quote, nämlich von 1000 Thalern nur 327, durch Grundsteuern aufbringen, daß sie aber dagegen fast die Hälfte ihres Beitrages, nämlich 440 Thaler von 1000, durch Verbrauchssteuern entrichten, und daher in der That noch nicht ganz ein Viertheil ihres Beitrages, nämlich 233 Thaler von 1000, durch Klassensteuer aufzubringen haben.

Man übersieht ferner, wie Schlesien zwar fast die Hälfte seiner Quote, nehmlich 463 Thaler von 1000, durch Grundsteuern aufbringt: daß aber nur wenig über ein Viertheil seines Beitrages, nehmlich 264 Thaler von 1000, durch Verbrauchssteuern aufkommt, und also noch über ein Viertheil seines Beitrags, nehmlich 273 Thaler von 1000, durch Klassensteuern zu beschaffen bleibt.

Zwischen Schlesien einerseits und Brandenburg und Pommern andrerseits gleichen sich die Steuern dergestalt aus, daß bei fast gleicher Bevölkerung und mithin fast gleichen Beiträgen zu den zu vertheilenden 24 Millionen, in Schlesien

durch Grundsteuern	2,095,000 Rthlr.
durch Verbrauchssteuern. . .	1,196,653 =
durch beide zusammen also. .	3,291,653 Rthlr.

in Brandenburg und Pommern dagegen

durch Grundsteuern zwar nur .	1,479,900 Rthlr.
durch Verbrauchssteuern aber .	1,992,488 =
durch beide zusammen also. .	3,472,388 Rthlr.

aufkommen, und folglich durch die Klassensteuer in Schlesien, ungeachtet seiner höhern Grundsteuer, doch noch ungefähr 180,000 Thlr. mehr aufzubringen sind, als in Brandenburg und Pommern. Da jedoch in Schlesien vier Fünftheile, in Brandenburg und Pommern aber noch nicht zwei Drittheile aller Einwohner auf dem Lande leben, so sind in Schlesien auch mehr Personen klassensteuerpflichtig, und es vertheilt sich daher das um 180,000 Thaler größere Klassensteuerquantum solchergestalt, daß der Beitrag jedes Einzelnen in Schlesien nur um 5½ Pfennige, folglich um etwas ganz Unerhebliches, größer bleibt, als in den Provinzen Brandenburg und Pommern.

Die Rheinprovinzen entrichten zwar fast die Hälfte ihres Beitrages, nehmlich 476 Thaler von 1000, und Westphalen sogar über die Hälfte, nehmlich 512 Rthlr. von 1000, in Grundsteuern. Aber wenig über ein Sechstheil der Quote in den Rheinprovinzen, nehmlich 174½ Rthlr. von 1000, und noch nicht einmal ein Sechstheil der Quote in Westphalen, nehmlich nur 145 Rthlr. von 1000, werden durch Verbrauchsteuern aufgebracht. Daher muß, ohngeachtet der höhern Grundsteuern, über ein Drittheil des ganzen Beitrages, nehmlich in den Rheinprovinzen 349½, und in Westphalen 343 Rthlr. von 1000, durch die Klassensteuer beigeschafft werden. Die Klassensteuersätze stellen sich daher in Westphalen und den Rheinprovinzen bei der Quotisation um vier Groschen und darüber auf den Kopf höher, als in Brandenburg, Pommern und Schlesien; und es ist also gar nicht zweifelhaft, daß die westlichen Provinzen, derentwegen hauptsächlich auf die Quotisation angetragen worden ist, dabei höher angezogen werden, als bei der natürlichen Vertheilung der Verbrauchs- und persönlichen Abgaben, welche durch die Erhebung derselben nach gleichen Sätzen im ganzen Staate entsteht.

Ein zweites Bedenken wider die vorgeschlagene Vertheilung besteht darin, daß selbst der beste Vertheilungsmaaßstab, welchen man vorzuschlagen gewußt hat, doch offenbar zu sehr fehlerhaften Resultaten führt. Wie unähnlich einzelne Gegenden der Provinz Sachsen auch einzelnen Gegenden von Schlesien sein mögen: so zeigen beide Länder im Ganzen doch eine auffallende Aehnlichkeit.

Sachsen hat auf 457 $^{94}/_{100}$ geogr. Quadratmeilen 1,243,065 Einwohner, folglich 2,714 Menschen auf der Quadratmeile.

Schlesien hat auf 720 $^{10}/_{100}$ geogr. Quadratmeilen 2,036,645 Einwohner, folglich 2,828 auf der Quadratmeile.

Das, überdies nur geringe Uebergewicht Schlesiens beruht nicht auf einer höhern Kultur, sondern auf der großen Ausdehnung der mit Webern bevölkerten Gebirgsgegend. Die Kreise Habelschwerdt, Glaz, Frankenstein, Reichenbach, Waldenburg, Landshut, Hirschberg, Löwenberg und Lauban, enthalten auf 99 $^{60}/_{100}$ □Meilen 401,693 Einwohner. Was man in der Provinz Sachsen damit einigermaßen vergleichen könnte, Wernigerode, Hohenstein, das Eichsfeld und das Hennebergsche, oder die jetzigen Kreise Osterwiek, Nordhausen, Worbis, Heiligenstadt, Mühlhausen und Schleusingen, hat auf 51 $^{65}/_{100}$ □Meilen nur 190,427 Einwohner, und beträgt also etwa die Hälfte der schlesischen und oberlausitzschen höheren Gebirgsgegend. Sachsen hat auf der □Meile im Durchschnitt 290 Pferde, 901 Stück Rindvieh und 3193 Schaafe.

Schlesien 233 Pferde, 1032 Stück Rindvieh und 2526 Schaafe: folglich 131 Stück Rindvieh mehr; dagegen aber 57 Pferde und 667 Schaafe weniger. Da man zehn Schaafe einem Stücke Rindvieh oder einem Pferde gleich rechnen kann: so gleicht sich das Mehr oder Weniger ungefähr aus, und beide Provinzen haben fast gleichen Viehstand.

Im Allgemeinen scheint die Provinz Sachsen einigen Vorzug in Rücksicht der Fruchtbarkeit und Kultur des Bodens zu haben. Auch die besten Gegenden Schlesiens dürften die Vergleichung mit dem Erfurter Gebiete, der goldnen Aue und den reichsten Theilen von Magdeburg und Halberstadt nicht aushalten. Die dürftigsten Gegenden des Großherzogthums Sachsen, der nördliche Theil der Oberlausitz, die Niederlausitz, und die Aemter Senftenberg, Finsterwalde, Jüterbogk, Dahme und Belzig, sind zu den Provinzen Schlesien und Brandenburg gekommen. Die sandigen Kreise Wittenberg, Schweinitz und Liebenwerda, welche bei der Provinz Sachsen geblieben sind, enthalten nur 48 □Meilen. Dagegen besteht wenigstens ein Drittheil von Schlesien aus schlechtem Sandboden.

Die Stadt Magdeburg hat zwar nur ungefähr die Hälfte der Einwohnerzahl von Breslau. Aber die Provinz Sachsen hat eine größere Anzahl von ansehnlichen Mittelstädten. In Schlesien wohnten 203,419 Menschen in solchen Städten, welche zur Mahl- und Schlachtsteuer haben können veranschlagt werden. Obwohl die Provinz Sachsen im Ganzen nur 5/8 der Volkszahl von Schlesien hat: so haben dennoch 213,091 Einwohner derselben zur Mahl- und Schlachtsteuer haben veranschlagt werden können.

Auch die allgemeinen Verbrauchsabgaben sind verhältnißmäßig etwas ergiebiger in der Provinz Sachsen, als in Schlesien. Die Steuern vom inländischen Branntweine, Braumalze, Weinmoste und den Tabacksblättern bringen in der Provinz Sachsen 11 Gr. 10 Pf., in Schlesien nur 11 Gr. grade vom Kopfe.

Nach allem diesem scheint es unzweifelhaft, daß in Sachsen und Schlesien auch ungefähr der gleiche Klassensteuersatz aufzubringen sein dürfte.

Allein die Rechnung nach den angenommenen Vertheilungsprinzipien ergiebt, daß in der Provinz Sachsen nur zwei Groschen zwei Pfennige Klassensteuer im Durchschnitte auf den Kopf kommen, während derselbe Durchschnitt für Schlesien 16 Gr. 2 Pf. beträgt. Das ist: in Sachsen wird die Klassensteuer eine ganz unerhebliche Nebenabgabe; in Schlesien dagegen muß man wenigstens doppelt so viel damit aufbringen, als mit der jetzigen ländlichen Personensteuer; oder der Schlesier muß ungefähr das Achtfache der sächsischen Klassensteuer zahlen.

Es soll nehmlich im Verhältniß der Volkszahl zu den zu vertheilenden 24 Millionen Thalern beitragen die Provinz Sachsen 2,762,300 Rthlr. dazu entrichtet sie:

durch die Grundsteuer . . .	1,762,900 Rthlr.
durch die Steuern vom Branntweine, Braumalz, Weinmost und Tabacksblättern . . .	613,714 „
durch die Mahl- und Schlachtsteuer	292,333 „
	2,668,947 Rthlr.

Es sind daher durch die Klassensteuer noch aufzubringen 93,353 Rthlr. welche, auf 1,029,974 Einwohner der kleinen Städte und des platten Landes vertheilt, nur 2 Gr. 2 Pf. auf den Kopf betragen.

Schlesien hat dagegen im Verhältniß seiner Volkszahl beizutragen 4,525,800 Rthlr., dazu entrichtet es:

durch die Grundsteuer . . .	2,095,000 Rthlr.
durch die Steuern vom Branntwein, Braumalz, Weinmost und Tabacksblättern . . .	933,341 „
durch die Mahl- und Schlachtsteuer	263,412 „
	3,291,753 Rthlr.

Es bleiben daher durch die Klassensteuer noch aufzubringen 1,234,047 Rthlr. welche, auf 1,833,226 Einwohner der kleinen Städte und des platten Landes vertheilt, 16 Gr. 2 Pf. auf den Kopf im Durchschnitte ergeben.

Dieser große Unterschied entsteht hauptsächlich daraus, daß, wie weiter oben bereits berechnet worden, in der Provinz Sachsen 4 Gr. 3 7/12 Pf; in Schlesien dagegen nur 3 Gr. 3 Pf. Grundsteuer auf dem Morgen im Durchschnitte liegen. Wären die 9,841,338 Morgen Bodenfläche, welche die Provinz Sachsen enthält, nur nach dem schlesischen Durchschnittssatze besteuert, so würde die sächsische Grundsteuer

statt der vorhin berechneten .	1,762,900 Rthlr.
nur betragen	1,332,681 „
Die hiernach weniger einkommenden	430,219 Rthlr.
würden zu den jetzt schon durch Klassensteuer aufzubringenden	93,353 „
noch hinzutreten, und also überhaupt	523,572 Rthlr.

durch Klassensteuer aufzubringen sein, welche, auf 1,029,974 Einwohner der kleinen Städte und des platten Landes vertheilt, auf den Kopf im Durchschnitte 12 Gr. 2½ Pf. betragen.

Daß auch unter diesen Umständen der Klassensteuersatz in Sachsen noch niedriger bleiben würde, als derselbe Satz in Schlesien, beruht auf der größeren Ergiebigkeit der Verbrauchssteuer in der Provinz Sachsen. Ob die Provinz Sachsen bei wahrscheinlich größerer Fruchtbarkeit und Kultur des Bodens wirklich dadurch überlastet ist, daß sie einen Groschen mehr vom Morgen zahlt als Schlesien, mag vielleicht selbst noch sehr zweifelhaft erscheinen: auf jeden Fall scheint aber dadurch ein fast gänzlicher Erlaß der Klassensteuer nicht begründet werden zu können, und der Vertheilungsmaaßstab, aus welchem ein solcher Erlaß hervorgeht, scheint daher selbst fehlerhaft zu sein.

Für die Provinzen Preußen und Posen würde man einen verhältnißmäßig niedrigen Klassensteuersatz wünschen müssen, da es in vielen Gegenden beider Provinzen noch gar sehr an dem wohlhabenden Mittelstande fehlt, dessen Beitrag allein eine Klassensteuer ergiebig machen kann. Die vorliegende Berechnung giebt aber für Preußen und Posen die höchsten Klassensteuersätze, welche im Staate überhaupt statt finden. Beide Provinzen zusammen genommen sollen nehmlich zu den zu vertheilenden 24 Millionen im Verhältnisse ihrer Volkszahl aufbringen 5,449,800 Rthlr. Hierzu entrichten sie

durch Grundsteuern	1,532,300 Rthlr.
durch Steuern vom Branntwein, Braumalz und Tabacksblättern	1,404,961 "
durch Mahl- und Schlachtsteuer von den großen und mittlern Städten	385,822 "
	3,323,083 Rthlr.

und haben also noch durch Klassensteuern zu zahlen 2,126,717 Rthlr., welche unter die 2,139,516 Einwohner der kleinen Städte und des platten Landes vertheilt, 23 Gr. 10¼ Pf. auf den Kopf im Durchschnitte, oder ganz nahe an einen Thaler betragen.

Die Grundsteuer beider Provinzen ist nur ein Groschen vom Morgen im Durchschnitte. Könnte man statt dessen achtzehn Pfennige vom Morgen erheben: so würden an Grundsteuern einkommen von überhaupt 36,689,464 Morgen

	2,293,091 Rthlr.
folglich gegen die jetzige Grundsteuer von	1,532,300 =
mehr	760,791 Rthlr.
Die jetzt durch Klassensteuer aufzubringenden	2,126,717 Rthlr.
würden sich dagegen vermindern um gedachte	760,791 =
und also nur noch durch Klassensteuer aufzubringen sein .	1,365,926 Rthlr.

welches auf 2,139,516 Einwohner der kleinen Städte und des platten Landes vertheilt, für den Kopf im Durchschnitt 15 Gr. 6 Pf., oder fast denselben Satz giebt, welcher auf die Provinzen Brandenburg und Pommern fällt. Ob eine solche Erhöhung der Grundsteuern in Preußen und Pommern, wie hier versuchsweise angenommen worden, dereinst statt finden kann, muß hier unerörtert bleiben. So viel aber scheint unzweifelhaft, daß diese Erhöhung keinen merklichen Einfluß auf die Lebensweise des Tagelöhners und Handwerkers haben könnte, da der Getreidepreis in diesen Provinzen, welche selbst in gewöhnlichen Jahren noch über ihren Bedarf erzeugen, zur Zeit noch einzig von der auswärtigen Nachfrage abhängt. Es scheint daher auch darin etwas Fehlerhaftes zu liegen, daß einem Umstande, welcher auf die Besteurungsfähigkeit des größten Theils der Klassensteuerpflichtigen keine Wirkung äußern kann, ein so wichtiger Einfluß auf die Bestimmung des Steuersatzes in diesen Provinzen eingeräumt worden ist.

Ein dritter Einwurf wider die vorgeschlagene Ausgleichung der Provinzen besteht darin, daß diese Ausgleichung großentheils auf Täuschung beruht.

Keine Provinz des Preußischen Staats ist frei von Grundsteuer: auch sind diejenigen Güter, welche nicht zur begünstigten Klasse gehören, im Verhältniß ihres Reinertrages in allen Provinzen bedeutend besteuert. Nur dadurch erscheint der Ertrag der Grundsteuer in einigen Provinzen im Ganzen niedrig, weil sich daselbst eine Klasse von Grundstücken befindet, welche nicht die gewöhnliche Grundsteuer, sondern statt deren nur geringere Grundabgaben, als Lehnpferdegelder, Allodifikationskanon, oder sonst unter andern Benennungen trägt.

Die Umstände des steuerpflichtigen Grundbesitzers werden dadurch keinesweges verbessert, daß sich steuerfreie Grundbesitzer neben ihm befinden. Es ist daher auch gar nicht abzusehen, weshalb er einen höheren Klassensteuersatz bezahlen soll, als derjenige, welcher, selbst mit gleichen Grundabgaben belegt, in einer Provinz wohnt, worin sich neben ihm keine steuerfreien Güter befinden.

Wenn viertens auch die Vertheilung der Klassensteuer auf die Provinzen nach dem vorliegenden Maaßstabe als richtig angenommen werden könnte: so bleibt die Unterabtheilung für einzelne Kreise und Landestheile, die eine abweichende Grundsteuerverfassung haben, doch überaus schwierig.

Ist auch der Durchschnittssatz für die Provinz Sachsen im Ganzen gefunden: so ist es doch nun immer noch nothwendig, zwischen denjenigen Theilen dieser Provinz zu unterscheiden, worin die Grundsteuerverfassung des aufgelösten Königreichs Westphalen noch fortbesteht, und derjenigen, welche die Verfassung der sächsischen Erblande, oder der wiederum anders eingerichteten sächsischen Nebenländer haben. Gleichergestalt wird in der Provinz Brandenburg die abweichende Grundsteuerverfassung der Niederlausitz, des zugeschlagenen Theils der Oberlausitz, der einverleibten Theile des vormaligen Meißner- und Churkreises, und des Stralsunder Regierungsbezirks beachtet werden müssen. In der Provinz Westphalen wird die eigenthümliche Verfassung des ehemaligen Herzogthums Westphalen nicht unberücksichtigt bleiben können; und in der Provinz Niederrhein werden die vormals Nassauischen Lande eine besondere Behandlung erfordern. Selbst in der Provinz Preußen besteht ein wesentlicher Unterschied zwischen der Steuerverfassung derjenigen Landestheile, welche das alte Herzogthum Preußen bildeten, und diejenigen, welche seit 1772 hinzugekommen sind.

Es ist ganz unmöglich, durch ein allgemeines Gesetz auszusprechen, wie die einzelnen Landestheile hierin auseinandergesetzt werden sollen. Es fehlt selbst an hinlänglichen Nachrichten, um die besondern Gesetze zu entwerfen, wodurch diese Auseinandersetzung für jeden einzelnen Landestheil anzuordnen sein dürfte. Gleichwohl scheinen solche Gesetze unentbehrlich, da die Befugniß, diese Steuersätze zu bestimmen, den Verwaltungsbehörden in der Regel nicht eingeräumt werden kann, und nur ungewöhnliche, dringende Verhältnisse eine einstweilige Ausnahme von dieser Regel entschuldigen können.

Wenn es endlich auch fünftens keineswegs die Absicht sein kann, einmal bestehende Eigenthümlichkeiten der verschiedenen Landestheile rücksichtslos aufzuheben: so ist doch wenigstens keine hinreichende Veranlassung vorhanden, ein Abgabensystem neuerdings einzuführen, welches die Hälfte aller Abgabenerhebung zu einer Provinzialangelegenheit macht, und wenn es einmal feststeht, die Erreichung einer Einheit in Steuersachen vielleicht für immer verhindert. Welches auch die Vortheile sein dürften, die von der Verwaltung daraus gezogen werden können, daß den Provinzen dadurch ein Interesse an dem richtigen Eingange der Steuern gegeben wird, indem jede besonders für das Aufbringen einer bestimmten Summe haftet: so bleibt es doch immer bedenklich, solcher Vortheile wegen eine neue Trennung auszusprechen, deren politische und moralische Folgen sich noch gar nicht übersehen lassen.

Je unwahrscheinlicher es ist, daß die höchste Sorgfalt in der Vertheilung der Abgaben eine wirkliche Gleichheit der Belastung erzeugen kann; um desto wichtiger wird die Besorgniß, daß man höhere Rücksichten auf das innerste Interesse des Staats durch die vorgeschlagene Quotisation sogar vergebens aufopfern könnte.

Wider diese allerdings erheblichen Gründe kommt nun Folgendes in Betrachtung. Schon in der Staatsrathskommission vom Jahre 1817 wurde von den Oberpräsidenten der drei westlichen Provinzen die Alternative aufgestellt und festgehalten:
daß entweder die Grundabgabe im ganzen Staate nach gleichen Grundsätzen aufgelegt und erhoben, oder die Staatsbedürfnisse unter die Provinzen vertheilt, und jeder derselben zur Aufbringung nach ihrer besondern Verfassung anheim gegeben werden müßten.

Diese Forderung wurde damals bestritten; die Frage aber doch nicht sowohl entschieden, als bei Seite geschoben.

Man kam nehmlich überein, daß die Zölle und Verbrauchssteuern auf fremde Waaren, welche das Gesetz vom 26. Mai 1818 anordnet, auf jeden Fall nach gleichen Grundsätzen erhoben werden müßten; weil eine Verschiedenheit hierin, ohne Zollinien zwischen den einzelnen Provinzen, und Nachsteuern bei dem Uebergange aus einer Provinz in die andre, gar nicht statt finden könnte; weil ferner den höher besteuerten westlichen Provinzen schon eine Erleichterung dadurch gewährt werde, daß ihrer Lage wegen die Zollsätze für sie großentheils niedriger gestellt, und die Weine selbst mit einer niedrigern Verbrauchssteuer hätten belegt werden müssen; und weil endlich noch in den übrigen neu einzurichtenden Abgaben Mittel genug übrig blieben, sie gegen die minder besteuerten Provinzen auszugleichen, wenn eine solche Ausgleichung überhaupt nöthig befunden werden sollte.

Besonders die letztere Rücksicht wurde geltend gemacht, als die Abgaben von dem inländischen Branntweine, Braumalze, Weinmoste und Tabacksblättern gleichförmig für den ganzen Staat nach dem Gesetze vom 8. Februar 1819 zur Vollziehung kamen.

Die angestellten Berechnungen hatten unzweifelhaft ergeben, daß unter allen Voraussetzungen der Betrag der noch ferner anzuordnenden Abgaben hinlängliche Mittel zu einer etwanigen Ausgleichung enthalte. Je länger hierdurch die Erwartung auf eine solche Ausgleichung gerichtet worden ist, um so tiefer würde man die Meinung verletzen, wenn man jetzt erst erklären wollte: daß gar keine Ausgleichung nöthig sei.

Angenommen, es hätte ein Irrthum darin gelegen, wenn die westlichen Provinzen sich für überlastet geachtet hätten, weil die größere Ergiebigkeit der Verbrauchsteuern in den mittleren und östlichen Provinzen den Mehrertrag der Grundsteuern in den westlichen Provinzen aufwöge; angenommen ferner, es müßten alle diejenigen Abgaben nach einerlei System im ganzen Staate erhoben werden, aus deren Verschiedenheit eine Nothwendigkeit innerer Barrieren und einer Beschränkung des freien innern Verkehrs hervorgehen würde: so folgt daraus doch noch keinesweges, daß es nothwendig oder auch nur rathsam sei, den Provinzen gar keine Eigenthümlichkeit eines ihren besonderen Verhältnissen angemessnen Steuersystems zu gestatten. Die Regierung selbst läßt, wenigstens vor jetzt, die große Verschiedenheit der Grundsteuerverfassung fortbestehen: und wenn auch ausgesprochen worden ist, daß ein gleichförmiges System für die Grundsteuern angenommen werden solle; so ist man doch sehr weit entfernt von einer Einigung über die Mittel, zu einer Gleichförmigkeit hierin zu gelangen. Auch im günstigsten Falle zeigen sich so viele Schwierigkeiten hierbei, daß man den Zeitpunkt, wo wirklich ein gleichförmiges Grundsteuersystem eingeführt werden könnte, noch gar nicht absieht. Wenn gewisse Verschiedenheiten auch in andern Steuern neben einander ohne erhebliche Störung des Verkehrs bestehen könnten; wenn es gleichgültig wäre, ob höhere Personalabgaben die Verbrauchsteuer auf solche Gegenstände ersetzten, welche, wie frisches Fleisch, Brod, und bei mäßigen Steuersätzen selbst Mehl, überhaupt nicht weit, und in lohnenden Quantitäten auch nicht leicht unbeobachtet, verfahren werden können; oder ob von einer andern Ansicht aus persönliche, Nahrungs- und Gewerbesteuern an die Stelle der Grundsteuern von Wohn- und Fabrikgebäuden treten: warum sollte man dann den notorisch so höchst verschiedenartigen Provinzen durch eine Vertheilung der Abgaben zur eignen Erhebung nicht die Möglichkeit erhalten, dieselben in denjenigen Formen aufzubringen, welche am meisten mit den Neigungen und der Lebensweise ihrer Bewohner übereinstimmen? Wenn auch Niemand freiwillig Steuern zahlt, sondern bei allen Hebungen Zwangsmittel zu Gebote stehen müssen: so ist doch noch ein großer und ganz unverkennbarer Unterschied zwischen denjenigen Steuern, welche die Meinung gegen sich haben, und denjenigen, deren Nothwendigkeit und Billigkeit von der großen Mehrheit verständiger und rechtlicher Menschen anerkannt wird. Es scheint daher, daß die Regierung es keinesweges aufgeben müsse, sich des Beistandes der öffentlichen Meinung in ihrem Steuerwesen auch dadurch zu versichern, daß sie wenigstens einen Theil ihres Bedarfs blos vertheilt, und den Provinzen unter gewissen Bedingungen dessen Herbeischaffung nach eigner Wahl und für eigne Rechnung überläßt.

Die unterzeichnete Kommission hat so sehr die Schwierigkeit gefühlt, zwischen so triftigen Gründen für und wider die vorgeschlagene Abgabenvertheilung zu entscheiden, daß sie, obwohl schon in der ersten Sitzung zehn Stimmen für, und nur sechs wider die Quotisation sich erklärten, dennoch geglaubt hat, eine zweifache Redaction der zu prüfenden Gesetzentwürfe veranstalten und vorlegen zu müssen: je nachdem nehmlich die Klassensteuer und die in großen und mittleren Städten an deren Stelle tretende Mahl- und Schlachtsteuer entweder durch den ganzen Staat nach einerlei Sätzen unmittelbar für Rechnung der Staatskasse erhoben, oder nach verschiedenen Sätzen von der Ansicht aus aufgebracht werden soll, daß bestimmte Landestheile gewisse Summen für die Staatskasse dadurch herbeischaffen, das Fehlende vertreten, die Ueberschüsse dagegen aber auch zurückbehalten, und zur Deckung künftiger Ausfälle, oder zur Verminderung der künftigen Steuersätze selbst verwenden.

Als eine mittlere, gewissermaaßen vereinigende, Meinung ist schon in der zweiten Sitzung der Kommission die Ansicht aufgestellt worden:

daß man zwar die Klassensteuer nebst deren Surrogat, der Mahl- und Schlachtsteuer, in den verschiedenen Provinzialabtheilungen nach verschiedenen Sätzen erheben, auch diese Sätze durch das

Gesetz bekannt machen, dagegen aber das Prinzip, worauf die Vertheilung beruht, und das Quantum, welches von jeder Provinzialabtheilung aufzubringen ist, nicht öffentlich aussprechen solle. Es würde hierdurch möglich bleiben, sämmtliche Steuern unmittelbar für Rechnung der Regierung zu erheben, welcher, und nicht den Provinzen, einerseits die Ueberschüsse zu gut kommen, andererseits aber auch die Ausfälle zur Last fallen würden.

Die Trennung des Interesses, welche dadurch entsteht, daß jede Provinz für sich wirthschaftet, um ein bestimmtes Quantum aufzubringen, würde dadurch vermieden; es wäre ferner möglich, Fehler des Vertheilungsmaaßstabes, welche einzelnen Bezirken lästig fallen, oder die zum Nachtheile der Staatskassen einzelne Bezirke auffallend begünstigen, durch angemessene Modificationen auszugleichen, ohne dadurch Reklamation über Verletzung der ausgesprochenen Grundsätze aufzuregen; endlich aber würde auch dadurch den Staatskassen der Vortheil vorbehalten, welcher darin liegt, daß die Verbrauchssteuern in der Regel von Jahr zu Jahr mit der fortschreitenden Vermehrung der Volkszahl, Erhöhung des Wohlstandes und Vervollkommnung der Verwaltung im Ertrage zunehmen; und es würde hierdurch möglich bleiben, etwa nöthige Mehrausgaben zu decken, oder, wenn dergleichen nicht vorkommen, größere Ueberschüsse zur Bildung eines Staatsschatzes abzuliefern, ohne deshalb eine äußerlich auffallende Veränderung in den Abgabensätzen vorzunehmen.

So sehr diese Vortheile bei dem ersten Vortrage dieser Ansicht einleuchten: so wenig ist dieselbe doch durch die später in den Verhandlungen der Kommission vorgekommenen Erörterungen unterstützt worden. Je mehr es sich nämlich zeigte, daß die vorgeschlagene Vertheilung der aufzubringenden Summen auf einzelne Provinzialabtheilungen weniger durch wirkliche Prägravationen, als durch Rücksichten auf die öffentliche Meinung begründet werde; um so weniger konnte man der öffentlichen Bekanntmachung des Vertheilungsmaaßstabes und der von jeder Abtheilung besonders aufzubringenden Summen entsagen wollen; indem die Meinung doch nur durch die klare Ueberzeugung gewonnen werden könnte, daß bei der Vertheilung auch wirklich hinlänglich auf die Verschiedenheit der Belastung durch die Grundsteuer Rücksicht genommen worden wäre; eine solche Ueberzeugung aber nur aus einer klaren Ansicht des bei der Vertheilung beobachteten Verfahrens hervorgeht.

Bei der besonderen Prüfung der vorliegenden Gesetzentwürfe

im Einzelnen sind außer der Berichtigung der Fassung und Verbesserung des Ausdrucks einzelner Stellen, deren Gründe an sich leicht erkannt werden können, noch folgende erhebliche Erörterungen über Grundsätze vorgekommen.

Daß in der Klassensteuer nicht verhältnißmäßig noch höhere Sätze für die Reichsten in Vorschlag gebracht werden, hat der Mehrheit der Kommission durch folgende Betrachtungen hinlänglich gerechtfertigt geschienen.

Die Schwierigkeit der Klassification wächst überhaupt mit der Anzahl der Klassen.

Wie genau man auch die Klassen zu bezeichnen versuche, so finden sich immer Personen, welche ihren Umständen nach durch die nächst niedrige Klasse zu gering, durch die nächst höhere aber zu stark besteuert erscheinen. Diese natürliche Unvollkommenheit jedes Klassificationssystems nimmt zu, je mehr zufällige Nebenumstände zu Hülfe genommen werden müssen, um die Klassen zu bezeichnen, welches bei deren Vermehrung unvermeidlich ist.

Die Reichen werden vornehmlich durch die Auflagen auf den Verbrauch der Specereien, Weine und ausländischen Manufacturwaaren besteuert. Eine Familie, in welcher täglich ein Pfund Zucker verbraucht wird, zahlt nur dadurch allein jährlich einschließlich Goldantheil, 32 Thlr. 14 Gr. an Zoll- und Verbrauchssteuer. Der jährliche Verbrauch von nur einem Oxthofe Franzwein hat eine Besteuerung von 28 Thlrn. 16 Gr. zur Folge. Wer jährlich etwa 300 Thlr. für fremde Fabrikwaaren ausgiebt, kann bei mäßigen Mittelsätzen leicht in den Fall kommen, gegen 40 Thlr. Steuern davon zu entrichten. Auf diesem Wege steuern luxuriöse Haushaltungen sehr ansehnliche Summen.

Je mehr ferner durch die Freiheit der Concurrenz der gemeine Mann in die Lage kommt, die Forderungen für seine Dienste zu erhöhen, um desto mehr fällt die Last der Abgaben, die seine Lebensweise vertheuern, auf den Reichen, der solche Dienste braucht. Das Steigen des Handwerks-, Gesinde- und Tagelöhnerlohnes, welches besonders in den letzten Jahren bemerklich geworden, enthält größtentheils eine indirecte Besteuerung der Reichen. Hohe Klassensteuersätze können überdies leicht eine große Unbilligkeit gegen die vielen achtungswerthen Familien enthalten, welchen ihre Stellung die Nothwendigkeit auflegt, den äußeren Anstand der Reichen bei mäßigen Mitteln zu behaupten; sie können einer hohen Klassensteuer nicht ebenso, wie hohen Verbrauchssteuersätzen durch eine anständige Sparsamkeit entgehen. Endlich ist der Ertrag der hohen Klassensteuersätze verhältnißmäßig gering, weil die Zahl der Familien, welcher sie auferlegt werden können, immer nur sehr unbedeutend gegen die große Masse ist, welcher man nur mäßige Sätze auflegen kann. Die Klassensteuer wird daher auch in den Provinzen einen sicheren Ertrag liefern, wo die Anzahl der wohlhabenden Handwerker und Bauern groß ist, dagegen ihr Ertrag sehr viel zweifelhafter in denjenigen Gegenden wird, wo neben einigen großen Gutsbesitzern oder reichen Fabrikherren die große Masse des Volks aus solchen Tagelöhnern und Fabrikarbeitern besteht, welche auf den kümmerlichen Erwerb der unentbehrlichsten Bedürfnisse beschränkt sind.

Nach den statistischen Tabellen für 1818 enthalten das platte Land und die klassensteuerpflichtigen kleinen Städte 9,351,739 E.

Nach einer aus den gleichen Tabellen für das Jahr 1816 verfertigten Uebersicht befanden sich auf dem platten Lande und in 889 kleinen Städten (ohngefähr den jetzt klassensteuerpflichtigen):

Evangelische Geistliche	5,120
Katholische Geistliche	5,327
Elementarschullehrer aller Confessionen .	19,158
Summa:	29,605

Rechnet man auf die Familie eines jeden Geistlichen und Schullehrers fünf Personen, welches in Bezug auf den Cölibat der katholischen Geistlichkeit viel ist, so gehen von obiger Summe als steuerfrei ab 148,025 =

und bleiben also noch . . . . 9,203,714 E.

Dieselbe Uebersicht giebt an Personen, welche in den gedachten kleinen Städten von öffentlichen Almosen leben . . . . 35,293 =

nach deren Abzug noch übrig bleiben . . . . . 9,168,421 E.

Letztere Zahl scheint insofern nicht zu klein, als auch die großen Krankenhäuser, Waisenhäuser und andire milde Stiftungen sich mehrentheils in den gröseren Städten befinden.

Das Militär liegt dem bei weitem größten Thäle nach in den mahl- und schlachtsteuerpflichtigen Städten. Einige Schwadronen Reiterei,

Uebertrag: 9,168,421 =

Uebertrag:	9,168,421 E.
mehrere Landwehrstämme und ein großer Theil der Invalidenkompagnien sind es fast allein, die an klassensteuerpflichtigen Orten wohnen.	
Zu Anfange des Jahres 1818 standen bei dem gesammten Militär in Reihe und Glied wirklich bei den Fahnen 140,255 Personen. Die Familien und Angehörigen derselben, welche bei ihnen in der Garnison lebten, bestanden aus 37,908 Personen. Wenn man von ersterer Summe ein Zehntheil, von letzterer — weil hauptsächlich die Invaliden verheirathet sind — ein Viertheil auf die klassensteuerpflichtigen Ortschaften rechnet, welches wahrscheinlich noch viel zu hoch sein dürfte: so würden die klassensteuerfreien Militärpersonen betragen	23,502 =
Nach deren Abzug verbleiben noch	9,144,919 E.
In Folge der von dem statistischen Büreau auf den Grund der Nachrichten für 1817 öffentlich bekannt gemachten Angaben leben im preußischen Staate unter 10,000 Einwohnern 3,498 Kinder, welche das vierzehnte Jahr noch nicht vollendet haben. Es sind also dafür von vorstehender Summe noch abzuziehen	3,198,893 =
bleiben also Klassensteuerpflichtige	5,946,026 E.

Der Erfahrung nach gehen auf dem platten Lande der alten Provinzen 12 Gr. jährliche Personensteuer ohne erhebliche Schwierigkeit ein, ohngeachtet schon Kinder über 12 Jahr steuerpflichtig sind, das Land außerdem noch Schlachtsteuern trägt, die künftig wegfallen, auch sämmtliche Landhandwerker Gewerbesteuer entrichten, welche nach den jetzt vorliegenden Gesetzentwürfen künftig nur sehr wenige von ihnen treffen wird. Es kann daher darüber kein Zweifel bestehen, daß in der untersten Klasse auch künftig 1 Gr. und selbst 15 Pf. monatlich gezahlt werden können. Die jetzige Personensteuer zu 12 Gr. von jedem steuerpflichtigen Kopfe ohne Unterschied würde jedoch von der vorberechneten Anzahl Steuerpflichtiger nur 2,973,013 oder nahe an 3 Millionen Thaler tragen. Durch die Klassensteuer soll dagegen ungefähr das 2¼fache dieser Summe aufkommen. Es sollen nämlich etatsmäßig 6,837,500, oder nach anliegender nur unerheblich davon abweichender Vertheilung

	6,846,144 Rthlr.
Reinertrag dadurch aufkommen. Hierzu treten nun die Hebungskosten und der Remissionsfonds mit $^1/_{12}$ des Rohertrages oder $^1/_{11}$ des Reinertrages	622,377 „
so daß also überhaupt	7,468,521 Rthlr.

oder nahe an $7^1/_2$ Millionen durch die Klassensteuer aufkommen müssen. Dies beträgt bei den vorberechneten 5,946,026 Steuerpflichtigen auf jeden derselben im Durchschnitt 1 Rthlr. 6 Gr. $1^3/_4$ Pf.

Die statistischen Tabellen vom Jahre 1818 enthalten keine näheren Angaben über die gewerblichen Verhältnisse, da diese zur Erleichterung der Behörden jetzt nur von drei zu drei Jahren aufgenommen werden. Es wird deshalb nöthig bis auf das Jahr 1816 zurückzugehen. Nach diesen sollen in den schon vorhin gedachten 889 kleinen Städten und auf dem platten Lande vorhanden sein Personen:

a. die von gemeiner Handarbeit leben		
männlichen Geschlechts	449,805	
weiblichen Geschlechts	315,995	
		765,800 Pers.
b. die als Gesinde dienen		
männlichen Geschlechts	450,829	
weiblichen Geschlechts	520,474	
		971,303 Pers.
	Summa:	1,737,103 Pers.

Diese sind auf jeden Fall als zur untersten Klasse gehörig anzusehen, denn wenn auch ein Theil der Dienerschaft in einigen großen Häusern zur dritten Klasse gerechnet werden kann, so ist doch deren Anzahl verhältnißmäßig gering.

Ferner gehören hierher wohl unstreitig die Lehrburschen der kleinstädtischen und Landhandwerker. Nach den vorgedachten Tabellen waren in den kleinen Städten und auf dem Lande an Gesellen und Lehrlingen der Handwerker, jedoch mit Ausschluß aller Weber, vorhanden 88,605, wovon wenigstens die Hälfte Lehrburschen sein dürften.

Endlich wird auch von dem größten Theile aller Weber wohl nur der Satz der untersten Klasse zu erheben sein. Nach gedachten Tabellen waren in den kleinen Städten und auf dem platten Lande im Gange

a. Seidenweberstühle, von den	6,576	
im ganzen Staate befindlichen		1,684
b. Wollenweberstühle, von den	18,238	
im ganzen Staate befindlichen		10,470
c. Baumwollenweberstühle von den	12,720	
im ganzen Staate befindlichen		7,403
d. Leinweberstühle von den	43,303	
im ganzen Staate befindlichen		38,999
e. Strumpfwirkerstühle von den	2,085	
im ganzen Staate befindlichen		881
Ueberhaupt Weberstühle von den	82,922	
im ganzen Staate befindlichen		59,437

Die sehr viel größere Anzahl Stühle, auf welchen die Weberei nur als Nebenbeschäftigung betrieben wird, ist hierunter nicht begriffen, indem hier nur von Webern von Profession die Frage ist.

Rechnet man im Durchschnitte wegen der bei der Weberei nöthigen Nebenarbeiten, zwei erwachsene Personen auf einen Stuhl, so sind auf dem Lande und in den kleinen Städten 118,874 Pers. mit der Weberei gewerbsweise beschäftigt. Fügt man zu den gemeinen Handarbeitern und dem Gesinde, welche nach Vorigem

	1,737,103 Pers.
ausmachen, noch die vorerwähnten	44,303 „
Lehrburschen und	118,874 „
mit der Weberei beschäftigten Personen hinzu,	
so erhält man	1,900,280 Pers.

welche in die unterste Klasse gehören. Wenn diese statt der 1 Thlr. 6 Gr. $1^{3}/_{4}$ Pf., welche der Kopf im Durchschnitte zahlen soll, nur 12 Gr. vom Kopfe geben, so entsteht hierdurch ein Ausfall von 1,436,751 Rthlr., welcher eigentlich durch die höheren Beiträge in der ersten und zweiten Klasse unter der Voraussetzung gedeckt werden sollte, daß die dritte Klasse gerade den Durchschnittssatz aufbringt. Dies ist indessen auf keinen Fall zu erwarten; dagegen bringt aber die dritte Klasse mehr als den Durchschnittssatz auf. Die vorerwähnten Tabellen ergeben nämlich in den 889 kleinen Städten und auf dem platten Lande

a. Erb- und Zeitbesitzer von Grundstücken, worauf sie Landbau treiben, und zwar auf Grundstücken von mehr als 300 Morgen	11,984
Uebertrag:	11,984

	Uebertrag:	11,984
	von 15 bis 300 Morgen	359,422
	von weniger als 15 Morgen	517,811
b.	Handwerker, mit Ausschluß aller Weber . . .	151,412
c.	Gastwirthschaften und Schankstellen	40,467
d.	Handelsleute aller Art, Kaufleute, Krämer, Höker 2c.	39,048
	Summa:	1,120,144

Es fehlen hier noch zahlreiche Klassen, welche sich nicht nur aus den statistischen Tabellen mit Zuverlässigkeit übersehen lassen, namentlich Staats- und Kommunalbeamte, Wirthschaftsbeamte und Hausoffizianten, ferner Inhaber von Mühlen, Hüttenwerken und sonstigen größeren Fabrikationsanlagen.

Nimmt man inzwischen auch an, daß die Hälfte aller Besitzer von Grundstücken über 300 Morgen zur ersten Klasse zu ziehen sind, und daß außerdem in jedem Kreise im Durchschnitte etwa sechs Personen, als ansehnliche Beamte, Kaufleute und Fabrikinhaber noch zur ersten Klasse gehören: so ist die Anzahl aller zur ersten Klasse zu ziehenden Familien doch nur etwa auf 8000 in runder Summe zu schätzen.

Rechnet man ferner zur zweiten Klasse die übrigen Besitzer von Gütern über 300 Morgen, nämlich diejenigen, welche mit einem Besitzstande von 300 bis 500 Morgen in denjenigen Gegenden wohnen, wo Land geringen Werth hat; ferner etwa ein Achttheil der Besitzer von Gütern zwischen 15 und 300 Morgen, nämlich die Besitzer der ansehnlicheren Freigüter in guten Gegenden, sodann etwa ein Zwanzigtheil der Handwerker und Gastwirthe, nämlich diejenigen, welche sich durch vorzügliche Wohlhabenheit auszeichnen; dann von den Kaufleuten und Händlern, die offene Läden halten, und deren Zahl die Tabellen auf 19,976 angeben, die wohlhabendere Hälfte, endlich etwa fünfzehn Personen auf jeden Kreis im Durchschnitt, welche als mittlere Beamte, angesehene Wirthschafts- und Hausoffizianten, Inhaber kleinerer Fabrikanlagen 2c. noch hierher gehören könnten; so werden etwa 75,000 theils Familien, theils einzelne Personen ohne Haushaltung, die zweite Klasse bilden.

Wenn man auch mit dem Finanzministerio in dem vorliegenden Promemoria desselben wohl annehmen dürfte, daß etwa ein Fünftheil aller erwachsenen steuerpflichtigen Personen weder eine Haushaltung selbst für eigene Rechnung führt, noch als Ehegatte, Sohn oder Tochter in einer Haushaltung lebt, so ist doch dies Fünftheil in den verschiedenen Klassen sehr verschieden vertheilt.

Den bei weitem größten Theil desselben macht das Gesinde aus, welches mit wenigen Ausnahmen in der untersten Klasse steht, wo ohnehin nur nach Personen, nicht nach Familien gesteuert wird. Sodann gehören dazu die Handwerkslehrlinge und unverheiratheten Handwerksgesellen, wovon erstere in der untersten, letztere wenigstens der Mehrzahl nach in der dritten Klasse stehen dürften. Ferner sind dahin zu rechnen die Gehülfen der Künstler, die Handelskommis und Lehrlinge, und die unverheiratheten Wirthschafts- und Hausoffizianten, wovon die angeseheneren, als Buchhalter, Hauslehrer, Privatsekretaire ꝛc. in die zweite, die übrigen in die dritte Klasse gehören. Nur in großen Städten darf man endlich Personen suchen, die zur ersten Klasse gehörend, doch keine eigene Haushaltung anstellen; in kleinen Städten und auf dem Lande kann ein wohlhabender Mann ohne eigene Haushaltung schwerlich bestehen.

Mit Rücksicht auf diese Bemerkungen scheint Folgendes wenigstens ein wahrscheinlicher Anschlag des aus der Klassensteuer zu erwartenden Einkommens zu sein.

8,000 F. od.	24,000	P. zur ersten Klasse zu 24 Thlr. jährlich od. 2 Thlr. monatlich	192,000	Thlr.
66,000 F. od.	198,000	P. zur zweiten Klasse zu 12 Thlr. jährlich od. 1 Thlr. monatlich	792,000	"
	9,000	P. ohne Haushaltung zur zweiten Klasse zu 6 Thlr. jährlich oder 12 Gr. monatlich . .	54,000	"
1,144,424 F. od.	3,433,272	P. zur dritten Klasse zu 4 Thlr. jährlich od. 8 Gr. monatlich . .	4,577,696	"
	381,474	P. ohne Haushaltung zur dritten Klasse zu 2 Thlr. jährlich oder 4 Gr. monatlich . .	762,948	"
	1,900,280	P. zur vierten Klasse zu 12 Gr. jährlich od. 1 Gr. monatlich . .	950,140	"
Summa:	5,946,026	P., welche zusammen aufbringen. . . .	7,328,784	Thlr.

Die aufzubringenden	7,468,523 Thlr.
werden durch die hier veranschlagten	7,328,784 „
also noch nicht erreicht, sondern es fehlen noch .	139,739 Thlr.

welche hauptsächlich durch die Einschaltung der in dem vorliegenden Gesetzentwurfe nachgelassenen Mittelklasse zwischen der dritten und vierten, und überdies durch eine strenge Klassifikation möglichst noch aufzubringen sind. Auf jeden Fall zeigt diese Berechnung die Nothwendigkeit, bei der Klassifikation sehr genau zu verfahren.

Das Finanzministerium glaubt dabei von der Ansicht ausgehen zu müssen, daß es nothwendig sein werde, den Regierungen bestimmte Quanta vorzuschreiben, welche von ihnen durch die Klassensteuer aufzubringen sind, damit bei der Klassificirung nicht eine ungebührliche Nachsicht eintrete.

Die Regierungen würden dann in gleicher Art das von ihnen zu beschaffende Quantum unter die Kreise vertheilen, und jeden Landrath verpflichten, die ihm zugetheilte Summe aufzubringen.

Blos von dem Standpunkte des Kasseninteresses aus beurtheilt, ist dieses Verfahren allein sehr empfehlenswerth; und es läßt sich sogar behaupten, daß nur allein mittelst desselben der Eingang einer bestimmten Summe im ersten Jahre zu verbürgen ist.

Allein die Kommission hat auch nicht verkennen können, daß es noch gar sehr an hinreichenden Grundlagen für eine solche Vertheilung fehlt; und daß man eigentlich erst dann das Verhältniß der Beitragsfähigkeit der einzelnen Kreise und Regierungsbezirke wird übersehen können, wenn eine Veranschlagung durch den ganzen Staat ausgeführt, zweckmäßig geprüft, und überall mit Anwendung der allgemeinen Klassifikationsgrundsätze berichtigt worden ist.

Es ist bei dem vorgeschlagenen Verfahren fast unvermeidlich, daß die Steuersätze durch das Gesetz selbst nicht in Zahlen bekannt gemacht, sondern nur ihre Verhältnisse gegen einander ausgesprochen werden, damit die Behörden sich durch Auflegung höherer Sätze helfen können, wenn eine große Strenge im Klassificiren nicht ausreichen will. Von dieser Ansicht aus ist auch der vorliegende Gesetzentwurf gefaßt; und er enthält nur eine Milderung der hieraus entstehenden Unsicherheit für die Steuerpflichtigen dadurch, daß Sätze die nicht überschritten werden dürfen, festgestellt sind, nämlich:

zwei und einen halben Thaler monatlich für die Familie in der ersten,

ein und einen viertel Thaler monatlich für die Familie in der zweiten, zehn Groschen oder $^{5}/_{12}$ Thaler monatlich für die Familie in der dritten,

fünfzehn Pfennige monatlich für die steuerpflichtige Person in der vierten Klasse.

Dagegen ist aber von mehreren Mitgliedern der Kommission bemerkt worden, daß es den Grundsätzen einer wohlgeordneten Gesetzgebung gänzlich widerstreite, wenn der Steuerpflichtige nicht durch ein klares Gesetz belehrt werde, nach welchen Sätzen er beizutragen habe. Zwar finde bei aller Steuererhebung einige Willkür statt. Bei der Anlage von Grundsteuern beruhe die Abschätzung zum Theil auf einem gewissen Dafürhalten der Sachverständigen; bei Verbrauchssteuern sei wohl zuweilen zweifelhaft, wohin eine Waare zu rechnen sei; bei allen indirecten Steuern mildere oder schärfe der nöthig befundene Grad der Kontrolle sehr merklich die Belastung. Dies wären aber schon an sich selbst Unvollkommenheiten, die nur geduldet würden, weil man sie nicht zu vermeiden wisse. Nirgend gehe aber die Willkür doch so weit, daß selbst der Steuersatz der Verwaltungsbehörde zu bestimmen überlassen bleibe.

Es ist in Rücksicht dieser vielfach unterstützten Ansicht auch noch besonders in dem anliegenden Gutachten des Geh. Oberrevisionsraths v. Savigny auseinandergesetzt, daß bei einer Fassung des Gesetzes, welche den Steuersatz nicht klar ausspricht, selbst ein bedeutender Theil der gesetzgebenden Gewalt an die Verwaltungsbehörden geradezu abgegeben werde; und daß zu der unvermeidlichen Beschwerde, welche in der Steuerentrichtung selbst liegt, durch die Unbestimmtheit des Gesetzes noch ein vermeidliches Uebel hinzugefügt werde; nämlich die Ungewißheit des Steuernden, ob er auch nicht härter, als der Gesetzgeber habe beabsichtigen können, behandelt worden.

Die Kommission hat bei den Erörterungen hierüber einerseits sehr lebhaft die Nothwendigkeit anerkannt, den Ertrag der Staatseinkünfte möglichst sicher zu stellen; sie hat aber auch andererseits nicht verkennen mögen, daß ein bei ordentlichen Steuern ganz ungewöhnliches Verfahren in der vorgeschlagenen Unbestimmtheit des Steuersatzes liege. Es ist bemerkt worden, daß alles andere Staatseinkommen einer natürlichen Unsicherheit ausgesetzt sei, daß der Gang des Handels, die Theuerung oder Wohlfeilheit der Lebensmittel, Fruchtbarkeit oder Mißwachs, und andere Naturbegebenheiten einen gar nicht vorher zu berechnenden Einfluß auf den Ertrag der Zölle, der Verbrauchsabgaben, der Stempel, ja selbst der Grundsteuern und der Domainen habe; und es hat sehr zweifelhaft geschienen, ob, wenn man diese Unsicherheit bei sieben Achttheilen des Staatseinkommens sich gefallen zu lassen bereit und gefaßt sein müsse, eine unbedingte Nothwendigkeit statt finden könne, das eine Achttheil der Staatseinkünfte, welches in der Klassensteuer erhoben wird, durch ganz ungewöhnliche, und nur durch eine solche Nothwendigkeit zu rechtfertigende Mittel gegen Ausfälle sicher zu stellen. Man hat sich endlich dahin geneigt, dem Pleno des Königlichen Staatsraths auch in dieser Rücksicht eine zwiefache Fassung des Gesetzentwurfs vorzulegen. Es gehört zu den natürlichen Mängeln neuer Steuern, daß die Ertragsanschläge davon nur auf unsicheren Schätzungen beruhen, und daß man sogar erst bei der Verwaltung derselben die Erfahrungen sammeln muß, wodurch ihnen mit der mindesten Belästigung der Steuernden der höchste Ertrag abgewonnen wird.

Man kann sich nicht verhehlen, daß es ganz besonders an Erfahrungen über die zweckmäßige Verwaltung einer Klassensteuer fehlt, da eine ähnliche, ordentliche Abgabe im preußischen Staate bisher nicht bestanden hat; und es liegt hierin sogar ein nicht unerheblicher Grund wider die Einführung einer Klassensteuer überhaupt. Wenn dem ohngeachtet diese Steuer deshalb gewählt werden muß, weil es an anderen Mitteln fehlt, den Staatsbedarf aufzubringen; so kann ohnehin nur aus Ansichten, welche allein auf dem höchsten Standpunkte klar vorliegen, die Entscheidung darüber erfolgen:

ob es die Verhältnisse des Staats gestatten, die Folgen dieser natürlichen Unsicherheit, welche sich doch nur hauptsächlich auf das erste Verwaltungsjahr erstrecken dürften, zu übernehmen, und allenfalls durch außerordentliche Deckungsmittel zu übertragen?

oder

ob es unvermeidlich sei, dieser Unsicherheit durch eine ganz ungewöhnliche Erweiterung der Befugnisse der Verwaltungsbehörden, welche sogar eine Verletzung der allgemeinen Grundlagen der Steuergesetzgebung zu enthalten scheint, vorzubeugen?

Die eben vorgetragenen Bemerkungen haben auch auf das Gesetz über die Mahl= und Schlachtsteuer in so weit Bezug, als ganz aus gleichen Gründen bevorwortet worden, daß gesetzlich, und nicht, wie § 12 des vorliegenden Entwurfs des gedachten Gesetzes angenommen worden ist, blos durch die Verwaltungsbehörde, zu bestimmen sein dürfte, welcher von den drei zugelassenen Sätzen in jeder der mahl= und schlachtsteuerpflichtigen Städte als Staatslast zu erheben sei. Es ist dabei in der That auch sehr viel weniger Bedenken, als bei der Bekanntmachung der Klassensteuersätze, weil sich, wenn einmal eine Vertheilung der Abgaben auf einzelne Provinzen und Bezirke angenommen werden sollte, leicht im Allgemeinen übersehen läßt, wo die Klassensteuersätze vorzüglich hoch, oder vorzüglich niedrig zu stehen kommen; und wo also eine Erleichterung der Klassensteuer durch Mehreinnahme aus der Mahl= und Schlachtsteuer erforderlich ist, oder wo umgekehrt die Mahl= und Schlachtsteuer zur Erleichterung der Städte niedriger gestellt werden kann, weil ein höherer Klassensteuersatz unbedenklich zu erheben steht.

Ueberhaupt aber kann die Frage, ob die Steuersätze durch das Gesetz bestimmt ausgesprochen werden sollen, nur für den Fall zweifelhaft erscheinen, wenn für die Vertheilung der Abgaben auf die einzelnen Provinzen, und mithin für eine Ungleichheit der Sätze nach Verschiedenheit der Grundabgaben entschieden werden sollte. Sind die Abgabensätze für den ganzen Staat gleich, so ist es ganz unbedenklich, daß sie auch durch das Gesetz ausgesprochen werden.

Das Verzeichniß der 115 Städte, welche vorjetzt mahl= und schlachtsteuerpflichtig sein sollen, ist den vorliegenden Entwürfen der Gesetze beigefügt. Bei den Verhandlungen der Kommission sind noch 16 Städte in der Provinz Posen, nämlich:

Krotoschin mit	4,854	Einw.
Kempen mit	4,718	=
Gnesen mit	4,656	=
Inowrazlaw mit	3,867	=
Meseritz mit	3,802	=
Ostrowo mit	3,715	=
Schwerin mit	3,565	=
Zduny mit	3,424	=
Rogasen mit	3,896	=
Schönlanke mit	3,258	=
Filehne mit	3,073	=
Grätz mit	2,965	=
Bojanowo mit	2,848	=
Schneidemühl mit . . .	2,486	=
Chodziesen mit	2,571	=
Czarnikau mit	2,467	=
Summa:	56,165	Einw.

hinzugesetzt worden; so daß also von den 1024 Städten der Monarchie überhaupt 131 mahl- und schlachtsteuerpflichtig, und 993 klassensteuerpflichtig sein würden.

Am Schlusse der Verhandlungen ist noch bemerkt worden, daß auch die Stadt Goldberg in Schlesien mit 5587 Einwohnern sich sehr wohl zur Besteuerung durch die Mahl- und Schlachtsteuer eigne. Die Kommission hat dies vollkommen anerkannt, dieselbe aber nicht mehr in die vorliegenden Berechnungen aufnehmen können, da hierdurch die Abgabe des gegenwärtigen Gutachtens noch länger aufgehalten worden wäre. In der vorgeschlagenen Fassung der Gesetzentwürfe ist dieselbe gehörigen Orts eingeschaltet. Von den 10,800,122 Einwohnern des ganzen Staats sind hiernach 1,448,383 oder etwas über $^{2}/_{15}$ der Mahl- und Schlachtsteuer unterworfen.

Insbesondere sind mahl- und schlachtsteuerpflichtig

a.	In Ost- und Westpreußen von . .	1,585,806	E.	203,884
	also von . .	1,000	=	129
b.	In Posen	866,625	=	109,031
	also von . .	1,000	=	126
c.	In Brandenburg und Pommern von	2,036,910	=	426,139
	also von . .	1,000	=	209
d.	In Schlesien (ohne Goldberg). . .	2,036,645	=	203,419
	also von . .	1,000	=	100
e.	In Sachsen	1,243,065	=	213,091
	also von . .	1,000	=	171
f.	In Westphalen	1,084,341	=	78,493
	also von . .	1,000	=	72
g.	In beiden Rheinprovinzen. . . .	1,946,730	=	214,326
	also von . .	1,000	=	110

Wären in der Provinz Posen die vorbenannten sechszehn Städte nicht noch zugesetzt worden: so würden daselbst von 866,625 Einwohnern nur 52,866, also von 1,000 61 mahl- und schlachtsteuerpflichtig geworden sein. Dies schien um so weniger statthaft, als man in den dortigen Städten noch eher durch Verbrauchssteuern, als durch eine Klassensteuer etwas aufzubringen hoffen darf.

Ueberhaupt würde man auch in andern Provinzen noch eine bedeutende Anzahl Städte zusetzen müssen, wenn man blos die Absicht haben dürfte, die Hebung zu erleichtern; weil Städte, in denen einiger Verkehr und Gewerbe ist, durch Mahl- und Schlachtsteuern unfehlbar mehr Einkommen leichter aufbringen können, als durch eine Klassensteuer. Geht man dagegen von der Ansicht aus, die Störungen des innern Verkehrs möglichst zu vermeiden: so wird man die Zahl der mahl- und schlachtsteuerpflichtigen Städte noch sehr beschränken müssen. Die Erfahrung wird erst lehren, welche von beiden Rücksichten die überwiegende ist. Als Vorbereitung dazu dient inzwischen, daß den Städten unter gewissen Bedingungen die Wahl zwischen beiden Arten von Abgaben gelassen worden.

Für das platte Land und die kleinen Städte, das ist für 13/15 der Nation, kann die Gewerbesteuer nur als ein Zuschlag zur Klassensteuer angesehen werden. Der gemeine Handwerker, Schuhmacher, Schneider, Schmidt, Schlosser, Tischler, Böttcher, Radmacher u. s. w. kommt in solchen Ortschaften äußerst selten so weit, neben dem Lehrburschen noch mehr als einen Gesellen zu halten: die Zahl der Gesellen und Lehrlinge zusammen genommen ist sogar nicht einmal so groß, als die Zahl der Meister.

Nach den statistischen Tabellen für 1816 hatte das platte Land und die kleinen Städte

Schuhmachermeister . .	37,506,	Gesellen u. Lehrl.	15,926
Schneidermeister . . .	33,857,	= = =	11,868
Schmiedemeister mit Inbegriff der Schlosser und überhaupt aller Arbeiter in Metall	30,708,	= = =	13,547
Alle übrigen Handwerker mit Ausnahme der Weber	49,341,	= = =	47,264
Summa: Meister	151,412,	Gesellen u. Lehrl.	88,605

Ebenso wenig ist in der Regel daran zu denken, daß an solchen Orten offene Läden gehalten werden können, worin fertige Schuhe, Kleidungsstücke, Meubles u. s. w. zur Auswahl und zu Jedermanns Kauf ausgestellt werden. Wenn der Meister nicht hinlänglich mit bestellter Arbeit beschäftigt ist, macht er Vorräthe für den Jahrmarkt, auf welchem Jeder seinen Bedarf zu kaufen pflegt.

Die große Mehrzahl der Tuchmacher in den kleinen Städten hat nur einen Stuhl. Bei Leinwebern, Züchnern und Raschmachern wird vielleicht noch auf einem zweiten Stuhle durch einen erwachsnen Sohn oder Tochter gewebt. Der Betrieb des Gewerbes auf mehr als zwei Stühlen tritt nur in wohlhabenden Familien ein.

Der bei weitem größte Theil aller Handwerker auf dem Lande

und in den kleinen Städten ist daher nach den Bestimmungen des vorliegenden Gesetzentwurfs völlig frei von Gewerbesteuer und kann um so mehr die Klassensteuer richtig abtragen, welche ihn im Mittelsatze mit acht Groschen monatlich treffen wird. Nur die wenigen wohlhabenden Handwerker in den gedachten Ortschaften sind gewerbesteuerpflichtig: aber auch für diese ist der Mittelsatz der Gewerbesteuer nur acht Groschen monatlich, und dieser Satz kann für die minder Begüterten unter ihnen bis auf die Hälfte ermäßigt werden, wogegen die Reicheren den dadurch entstandenen Ausfall übertragen. Bäcker und Fleischer sind etwas höher belegt: allein das Publikum hat auch durchaus keinen Vortheil davon, wenn arme Leute ohne Verlag diese Gewerbe betreiben: und es ist daher gar kein Grund vorhanden, den Betrieb derselben im Kleinen zu begünstigen. Jedoch sind auch die Mittelsätze für Bäcker nur 8 bis 12 Groschen, für Schlächter nur 12 bis 16 Groschen monatlich; je nachdem sie in Ortschaften von mehr oder weniger als 1,500 Einwohnern leben.

Der Handel, die Krämerei und Hökerei, das Halten von Wirthshäusern und der Bier- und Branntweinschank verdienen um so weniger Schonung, als zur großen Belästigung des Publikums und zum Nachtheile der Sitten sich weit mehr Menschen zu diesen Gewerben drängen, als das wirkliche Bedürfniß erfordert. Es ist daher ganz billig, daß jeder Betrieb derselben, auch der kleinste besteuert werde. Indessen sind die Steuersätze den Verhältnissen der kleinen Städte und des platten Landes angemessen gestellt.

Der Mittelsatz ist monatlich:

für den Handel mit kaufmännischen Rechten ein Thaler,

für den Handel ohne kaufmännische Rechte, also für Krämerei und Hökerei vier bis acht Groschen,

für Gast-, Speise- und Schankwirthschaft acht bis zwölf Groschen, je nachdem in den beiden letzteren Fällen nehmlich das Gewerbe in Ortschaften von mehr oder weniger als 1,500 Einwohnern betrieben wird. Für die Aermeren können diese Sätze bis auf die Hälfte in der Regel ermäßigt werden; die Reicheren decken dagegen den hierdurch entstandenen Ausfall. Es bleibt daher möglich, daß eine kleine Hökerei in einem abgelegenen Dorfe, wo sie doch sehr nützlich sein kann, gegen die geringe Abgabe von zwei Groschen monatlich betrieben werde.

Im Allgemeinen wird hiernach der Ertrag der Gewerbesteuer auf dem Lande und in kleinen Städten nicht sehr erheblich sein. Es ist aber mit dieser Abgabe hauptsächlich nur darauf angesehen, den lohnendern Gewerbebetrieb zu treffen, welcher sich in den großen und in den nahrhaften mittlern Städten vereinigt.

Auch in diesen hat es die Abgabenbehörde nicht mit dem armen Weber und den geringern Handwerkern zu thun, welche mühselig den täglichen Bedarf erarbeiten. Alle diese dürftigen Gewerbetreibenden sind frei in Folge des Grundsatzes, daß bei der Weberei erst mehr als zwei Stühle, bei den übrigen Handwerkern aber nur das Halten offner Läden und Magazine, oder mehr als eines Gesellen neben dem Lehrlinge steuerbar werden. Erst bei den Wohlhabendern tritt also der Steuerfall ein, und diese können ohne Zweifel zum Theil sehr ansehnliche Abgaben tragen.

Darin liegt ferner ein sehr wesentlicher Vortheil, daß vermöge der Stellung, welche der vorliegende Gesetzentwurf der Gewerbesteuer giebt, sehr leicht ausgemittelt werden kann, was jede größere und mittlere Stadt von jeder Hauptabtheilung ihrer Gewerbe aufbringen muß. Hierdurch gewinnt die Abgabe an Ertrage; indem man jeden auf den Mittelsatz verweisen kann, und nur diejenige offenbare Dürftigkeit auf eine niedrigere Besteuerung Anspruch machen darf, welche von den Gewerbsgenossen selbst anerkannt wird, und für deren Uebertragung durch verhältnißmäßig höhere Beiträge der Wohlhabendern die Billigkeit klar entscheidet. Eben weil die Aermsten nach der vorbeschriebenen Einrichtung ganz steuerfrei bleiben, hat man diesen Grundsatz ohne Härte sich gestatten können. Für die Fälle, wo sehr dürftige alte oder sonst zu schwerer Arbeit unfähige Menschen ihre Existenz durch eine kleine Hökerei sichern, ist dadurch hinreichend gesorgt, daß auch in den größten Städten der niedrigste Steuersatz für dieselbe nur zu 4 Groschen monatlich angesetzt ist. Der äußerste Fall, welchen man annehmen kann, ist doch, daß eine solche Hökerei wenigstens das gemeine Tagelohn, welches in großen und mittleren Städten nicht unter acht Groschen geschätzt werden kann, einbringen muß. Dies beträgt auf vierundzwanzig monatliche Arbeitstage acht Thaler, und die Steuer von vier Groschen ist daher nur ungefähr 2 Prozent des Gewinnstes. Es kommt hierzu, daß in den großen und mittlern Städten in der Regel keine Klassensteuer erhoben wird, und daß also daselbst die Gewerbesteuer für Personen, welche kein Grundeigenthum besitzen, die einzige directe Abgabe ist.

Ein Hökereigewerbe, welches in großen und mittlern Städten nicht acht Groschen täglich abwirft, ist in der That nichts andres, als ein Vorwand zum Müßiggange. Es wird der zu erwartenden Revision der Gesetze für die Gewerbsamkeit und der Wirksamkeit der

Kommunalbehörden überlassen werden können, hierin, neben einer vernünftigen Freiheit, auch diejenige öffentliche Ordnung und Zucht einzuführen, welche das Bedürfniß der Sicherheit und Sittlichkeit erfordert.

Die Gesellschaften von Steuerpflichtigen, welche Personen aus ihrer Mitte ernennen sollen, um den bekannten Betrag der Gewerbesteuer unter sich zu vertheilen, können durch die Neuheit der Sache zu einigen Besorgnissen Anlaß geben. Da indessen viel gemischtere Wahlversammlungen für die Kommunalverfassung durch die Städteordnung schon bestehen, und durch die zu erwartende Kommunalordnung noch allgemeiner eingeführt werden dürften; da ferner diese Anordnung als eine Begünstigung betrachtet werden muß, welche den Gewerbetreibenden auszumitteln überläßt, was außerdem obrigkeitlich bestimmt werden müßte; und da endlich in Gemeinen, worin eine Vereinigung auf diesem Wege nicht auszuführen ist, die Festsetzung des Beitrages eines jeden Einzelnen durch die Ortsobrigkeiten, als Strafe der Unordnung, der Widersetzlichkeit und des Mißtrauens, zuletzt immer noch eintreten kann und muß: so scheinen die Besorgnisse in dieser Hinsicht nicht so erheblich, um eine für die Bildung eines Gemeingeistes sehr zweckmäßige Einrichtung deshalb aufzugeben.

Die Vertheilung des Landes in vier Abtheilungen, nach welchen die Gewerbesteuer verschieden behandelt und erhoben wird, hat zu keinen besonderen Bemerkungen bei der Kommission Anlaß gegeben. In der Regel stehen in der ersten und zweiten Klasse diejenigen Städte, welche Mahl- und Schlachtsteuerpflichtig sind; und man hat sich nur insofern eine Ausnahme gestattet, als einige Fabrikstädte aufgenommen worden sind, welche bei sehr lebhafter Gewerbsamkeit doch nicht zur Mahl- und Schlachtsteuer gezogen worden sind, weil ihre offne Lage und zerstreute Bebauung die Controlle zu sehr erschwert, oder weil man überhaupt annehmen zu müssen glaubte, daß die Einwohner nach ihren bisherigen Gewohnheiten eine directe Steuer der indirecten Besteuerung vorziehen würden. Auch sind diejenigen sechszehn Städte, welche im Großherzogthum Posen von der Kommission noch nachträglich für geeignet zur Mahl- und Schlachtsteuer geachtet worden sind, in der dritten Klasse geblieben; weil die Gewerbsamkeit in denselben offenbar auf einer zu niedrigen Stufe steht, um die Besteuerung in der zweiten Klasse zu vertragen. Die größere Gewerbsamkeit in denjenigen neun Städten, welche zur ersten Klasse gezogen worden, ist so augenscheinlich, daß diese Abtheilung wohl hinlänglich gerechtfertigt erscheinen dürfte.

Daß die Gewerbsverhältnisse in der großen Anzahl von Städten, welche nicht zu den beiden ersten Abtheilungen gehören, noch sehr verschieden sind, ist allzu einleuchtend, als daß man nicht ihre Sonderung in 2 Abtheilungen im Allgemeinen für nothwendig anerkennen müßte. Städte, wie Freienwalde, Neustadt=Eberswalde, Luckenwalde, Treuenbrietzen, Havelberg, Perleberg, Templin und Oderberg haben offenbar eine ganz andere Gewerbsamkeit, als Buchholz, Teltow, Saarmund, Ketzin, Pritzerbe, Rhinow, Lindow und ähnliche Ortschaften. Darin liegt aber eine große Schwierigkeit, die Grenze bestimmt zu ziehen, weil eigentlich die eine Abtheilung unmerklich in die andre übergeht. Die Kommission hat es daher nur billigen können, daß zwar die Abtheilung im Allgemeinen nach der Volkszahl gemacht worden, dabei aber Ausnahmen zu gestatten auf den Bericht der mit den örtlichen Verhältnissen genauer bekannten Regierungen ausgesetzt worden ist.

Man muß im Allgemeinen annehmen, daß die Stadtgemeinen öfter eine Herabsetzung in die vierte Klasse zur Erleichterung nachsuchen, als, durch einen gewissen Ehrenpunkt veranlaßt, die Versetzung in die dritte Klasse fordern werden. In dieser Rücksicht erscheint es nicht unzweckmäßig, daß die Grenze etwas niedrig angenommen ist. Es befinden sich unter den Städten von mehr als 1500 Einwohnern wahrscheinlich mehrere, welche sich zur Versetzung in die vierte Klasse eignen; dagegen dürften sehr wenige von denjenigen Städten welche weniger als 1500 Einwohner enthalten, mit gutem Grunde eine Versetzung in die dritte Klasse ansprechen können.

Die Ermittelungen des angemessenen Gewerbesteuersatzes für Brauereien und Branntweinbrennereien hat ganz eigenthümliche Schwierigkeiten, und hat daher auch zu vielfachen Erörterungen Anlaß gegeben. Der Vortheil aus diesen Gewerben bestimmt sich zwar keineswegs nach der Scheffelzahl des verbrauchten Malzes oder Branntweinschrotes allein, sondern ganz vorzüglich auch nach der Natur des Absatzes und der Nutzung der Abgänge. Ein Brauer in einer großen Stadt, welcher an bestimmte Kunden, die sogleich baar bezahlen, Absatz hat, und die Hefen zu sehr hohen Preisen täglich an die Bäcker absetzen kann, zieht von der nämlichen Quantität Malz sehr viel größere Vortheile, als derjenige, welcher durch großen Rabatt und langen Kredit unsichere Schänker zur Abnahme reizen muß, und die Hefen höchstens auf Branntwein zu benutzen vermag. Allein solche Umstände sind keiner Schätzung fähig; und man kommt immer auf Besteuerungen nach dem Fabrikationsquan=

tum zurück, welche die Gewerbesteuer in der That nur in einen Zuschuß zur Verbrauchssteuer verwandeln.

Unter diesen Umständen hat die Kommission sich endlich dahin geeinigt, daß man die Gewerbesteuer vom Brauer und Branntweinbrenner doch im Ganzen allerdings auf eine ungefähre Schätzung ankommen lassen müsse, welche man nur dadurch beschränken könne, daß einerseits die jährliche Gewerbesteuer von einer Brennerei niemals unter sechs Thalern, und von einer Brauerei niemals unter zwei Thalern betragen dürfe, und daß andererseits jeder höhere Steuersatz doch niemals drei Prozent der letztjährigen Malzsteuer oder des letztjährigen Blasenzinses übersteigen dürfe. Ferner ist hierbei noch angenommen worden, daß Brennereien, welche blos als landwirthschaftliches Nebengewerbe und blos zur Fütterung des eigenen Viehstandes betrieben würden, insofern steuerfrei sein sollten, als der Umfang, worin das Gewerbe betrieben werde, eine noch billig zu bestimmende Grenze nicht übersteige, indem das landwirthschaftliche Gewerbe bereits durch die Grundabgaben besteuert ist, welche in einigen Provinzen sogar ausdrücklich ein Fixum für die damit verbundene Brennereiberechtigung enthalten. Die Brauerei zum Verkauf ist selbst als landwirthschaftliches Nebengewerbe niemals so enge mit dem Wirthschaftsbetriebe verbunden, daß eine gleiche Steuerfreiheit für sie gerechtfertigt wäre. Dagegen setzt man ausdrücklich voraus, daß — wie auch schon in dem vorliegenden Entwurfe angenommen worden, — die Brauerei, welche mehrere in einem gemeinschaftlichen Lokal betreiben, nur als ein Gewerbe im Ganzen besteuert, nicht aber jeder Theilnehmer einzeln zur Gewerbesteuer als Brauer angezogen werden soll. Diese Bestimmung ist wegen derjenigen städtischen Braukommunen nothwendig, wo das Gewerbe zuweilen dergestalt vertheilt ist, daß auf einen Brauberechtigten kaum jährlich ein Gebräue kommt.

Ein ziemlich weit verfolgter Zweifel entstand noch darüber:

ob die in dem vorliegenden Gesetzentwurfe vorbehaltene Befreiung derjenigen Landleute von der Gewerbesteuer, welche als Nebengeschäft Roggenbrod backen, um es in den Städten auf offenem Markte an Markttagen zu verkaufen, nicht auf Brod jeder Art, ohne Unterschied der Getreideart, ausgedehnt werden solle?

Es gab die Bemerkung dazu Anlaß, daß in vielen Gegenden das gewöhnliche Brod, auch des Aermeren, keineswegs blos aus reinem Roggen, sondern bald aus Roggen und Weizen, bald aus Roggen und Gerste gemischt, gebacken würde, daß diese Mischungen sogar schwer zu erkennen wären, und daß die strenge Beschränkung auf Roggenbrod leicht den Zweck — eine Concurrenz gegen die Bäcker zum Besten der Armen zu beleben — vereiteln könne, wenn die Landleute, die gelegentlich solches Brod einbrächten, wegen in ihrer Gegend ganz gewöhnlicher Mischungen als Defraudanten behandelt, und zu einer besonderen Versteuerung dieses Nebengeschäfts angehalten würden. Dagegen wurde aber bemerkt, daß selbst das Backen von Roggenbrod zum Verkauf in dem vorerwähnten Falle überhaupt nur ausnahmsweise gewerbesteuerfrei gelassen werde, um einer einmal angenommenen Meinung zu schonen, und daß die Defrauden gegen die Mahlsteuer sich gar nicht würden übersehen lassen, wenn man dies Gewerbe noch weiter aufmuntern und ausdehnen wollte.

Die Kommission hat mit acht Stimmen gegen sechs die letztere Rücksicht für überwiegend geachtet. Der Gegenstand ist überhaupt von sehr untergeordneter Wichtigkeit.

Die unterzeichnete Kommission wünscht und hofft, daß die vorstehenden Betrachtungen die Berathungen in dem Königlichen Staatsrathe über die ihr vorgelegten Gesetzentwürfe, nehmlich:

1. über die Steuerausgleichung und Regulirung des Abgabenwesens;

2. wegen Einführung einer Klassensteuer;

3. wegen Entrichtung einer Mahl- und Schlachtsteuer in den größeren Städten an Stelle der Klassensteuer;

4. wegen Veränderung in der bisher bestandenen Gewerbesteuer befördern möge und fügt daher den bereits angeführten Beilagen, nehmlich:

der Uebersicht, wie die auf die Provinzen zu vertheilenden 24 Millionen Thlr. in denselben aufkommen dürften, unter A. und dem Gutachten des Geh. Oberrevisionsraths v. Savigny zu § 5 des Klassensteuergesetzes und § 12 des Mahl- und Schlachtsteuergesetzes unter B.

noch ferner bei

die in Folge der von ihr abgehaltenen Berathungen umgearbeiteten Entwürfe der vier vorbenannten Steuergesetze cf. s. pl. die Abschnitt 5 gegebene Parallele.

Auch legt dieselbe zu näherer Erläuterung noch gehorsamst das Promemoria vor, welches auf Veranlassung des Finanzministerii verfaßt worden ist, um über die Gründe Rechenschaft zu geben, welche die letztlich bestellt gewesene Steuerkommission bei der Abfassung der vorgedachten Entwürfe geleitet haben. Es ist auf dieses Promemoria in gegenwärtigem Gutachten mehrmals Bezug genommen worden.

Berlin, den 3. April 1820.

A.

Mit drei Beilagen.

Uebersicht

wie die auf die Provinzen zu vertheilenden 24 Millionen Thaler in denselben aufkommen dürften.

Nummer.	Namen der Provinzen.	Deren Bevölkerung nach der Aufnahme am Schlusse des Jahres 1818.	Zu 24,000,000 Thaler sind nach der Bevölkerung beizutragen.	Das Einkommen an Grundsteuern und Servis, welches darauf anzurechnen ist, beträgt nach der Beilage 1.	Mithin bleiben noch aufzubringen überhaupt.	Mithin bleiben noch aufzubringen vom Kopf.			Von den Steuern aus dem Gesetze v. 8. Febr. 1819 ist an Reinertrag nach der Beilage 2 zu erwarten überhaupt.	Von den Steuern aus dem Gesetze v. 8. Febr. 1819 ist an Reinertrag nach der Beilage 2 zu erwarten vom Kopf.		
		1.	2.	3.	4.	5.			6.	7.		
			Rthlr.	Rthlr.	Rthlr.	ℛ	Sgr	₰	Rthlr.	ℛ	Sgr	₰
1.	Ost- und Westpreußen. . . .	1,586,806	3,524,000	1,031,000	2,493,000	1	13	9	908,485	—	13	9
2.	Posen	865,625	1,925,800	501,300	1,424,500	1	15	5½	496,476	—	13	9
3.	Brandenburg u. Pommern . .	2,036,910	4,526,500	1,479,900	3,046,600	1	11	11	1,360,354	—	16	—
4.	Schlesien. . . .	2,036,645	4,525,800	2,095,000	2,430,800	1	4	8	933,341	—	11	—
5.	Sachsen	1,243,065	2,762,300	1,762,900	999,400	—	19	3½	613,714	—	11	10
6.	Westphalen . .	1,084,341	2,409,600	1,232,900	1,176,700	1	2	—½	246,024	—	5	5½
7.	Rheinprovinzen	1,946,730	4,326,000	2,059,500	2,266,500	1	3	11	468,710	—	5	9½
	Der ganze Staat .	10,800,122	24,000,000 macht vom Kopf 2 Rthlr. 5 Gr. 4 Pf.	10,162,500	13,837,500	1	6	9	5,027,104	—	11	2

Nach deren Abzug bleiben noch aufzubringen: überhaupt.	Nach deren Abzug bleiben noch aufzubringen: vom Kopf.			Hiervon werden aufkommen durch die Mahl- und Schlachtsteuer nach den Mittelsätzen in den dazu bestimmten Städten nach der Beilage 3: von Einwohnern.	überhaupt.	vom Kopf.			Hiervon werden aufkommen durch die Klassensteuer: von den übrigen Einwohnern.	überhaupt.	vom Kopf.			Mit Inbegriff von 8⅓ Prozent für Ausfälle u. Verwaltungskosten, beträgt die Klassensteuer vom Kopf.		
8.	9.			10.	11.	12.			13.	14.	15.			16.		
Rthlr.	Rt	Sgr	Pf	Rthlr.	Rthlr.	Rt	Sgr	Pf	Rthlr.	Rthlr.	Rt	Sgr	Pf	Rt	Sgr	Pf
1,584,515	1	—	—	203,884	252,686	1	5	9	1,381,922	1,331,829	—	23	1½	1	1	3
928,024	1	1	8½	109,031	133,136	1	5	3½	757,594	794,888	1	1	2	1	3	5½
1,686,246	—	19	11	426,139	632,134	1	11	7	1,610,771	1,054,112	—	15	8½	—	17	1½
1,497,459	—	17	8	203,419	263,412	1	7	1	1,833,226	1,234,047	—	16	2	—	17	7½
385,686	—	7	5½	213,091	292,333	1	8	11	1,029,974	93,353	—	2	2	—	2	4½
930,676	—	20	7	78,493	104,690	1	8	—	1,005,848	825,986	—	19	8½	—	21	6
1,797,790	—	22	1½	214,326	285,861	1	8	—	1,732,404	1,511,929	—	20	11½	—	22	10
8,810,396	—	19	7	1,448,383	1,964,252	1	8	6½	9,351,739	6,846,144	—	17	7	—	19	2

Preußen Colonne 8	1,584,515 Rthlr.
ab Mahl- und Schlachtsteuer im höchsten Satze . .	314,618 „
bleiben durch Klassensteuer aufzubringen	1,269,897 Rthlr.
dies giebt auf den Kopf	22 Gr. ½ Pf.
und mit den Hebungskosten ꝛc.	24 „ ½ „
Posen Colonne 8	928,024 Rthlr.
ab Mahl- und Schlachtsteuer im höchsten Satze . .	166,084 „
bleiben durch Klassensteuer aufzubringen	761,940 Rthlr.
dies giebt auf den Kopf	24 Gr. 1½ Pf.
und mit den Hebungskosten	26 „ 4 „
Sachsen Colonne 8	385,686 Rthlr.
ab Mahl- und Schlachtsteuer im niedrigsten Satze .	222,495 „
bleiben durch Klassensteuer aufzubringen	163,191 Rthlr.
dies giebt auf den Kopf	3 Gr. 9½ Pf.
und mit den Hebungskosten	4 „ 2 „

Beilage 1.

Erläuterung zur Spalte 4.

Bei Feststellung des ausgeworfenen Betrags der Grundsteuern sind die Personal-, Gewerbe- und Nahrungsabgaben ausgeschieden, und die Remissionsfonds, die Provinzial- und Kommunalausgaben in Abzug gebracht, dagegen sind die Kreiskassenverwaltungskosten in den angesetzten Beträgen mitbegriffen.

Um für die steuerfreien Domainen und Forsten, welche in jeder Provinz belegen sind, eine verhältnißmäßige Grundsteuer in Anrechnung zu bringen, sind vorläufig vom reinen Ertrage derselben 16⅔ Prozent berechnet.

Die Servisbeiträge sind nach einer vom Königl. Ministerio des Innern mitgetheilten Nachweisung angesetzt.

Danach haben sich ergeben in dem Regierungsbezirke	An Grundsteuern von steuerpflichtigen Grundstücken.	An Grundsteuerbeiträgen von den steuerfreien Domainen und Forsten.	An städtischem Servis.	Summa.
	Rthlr.	Rthlr.	Rthlr.	Rthlr.
Königsberg	311,410	31,036	78,816	421,262
Gumbinnen	169,713	33,027	25,188	227,928
Danzig	112,778	8,653	53,932	175,363
Marienwerder	·157,599	23,184	25,727	206,510
Summa in Ost- und Westpreußen	751,500	95,900	183,663	1,031,063
wofür in runder Summe ausgeworfen sind	— —	— —	— —	1,031,000
Posen	333,581	28,484	— —	362,065
Bromberg	120,313	18,888	— —	139,201
Summa in der Provinz Posen	453,894	47,372	— —	501,266
wofür in runder Zahl angesetzt sind	— —	— —	— —	501,300
Berlin	106	15,321	131,417	146,844
Potsdam	286,444	59,794	79,356	425,594
Frankfurt	256,773	62,748	51,338	370,859
Stettin	197,490	45,191	52,547	295,228
Köslin	116,576	8,086	21,250	145,912
Stralsund	55,332	24,184	16,000	95,516
Summa in Brandenburg u. Pommern	912,721	215,324	351,908	1,479,953
wofür in runder Zahl angesetzt sind	— —	— —	— —	1,479,900

Danach haben sich ergeben in dem Regierungsbezirke	An Grundsteuern von steuerpflichtigen Grundstücken.	An Grundsteuerbeiträgen von den steuerfreien Domainen und Forsten.	An städtischem Servis.	Summa.
	Rthlr.	Rthlr.	Rthlr.	Rthlr.
Breslau	549,927	9,589	85,122	644,638
Oppeln	444,002	— —	29,517	473,519
Reichenbach	467,202	— —	35,288	502,490
Liegnitz	435,416	— —	38,928	474,344
Summa in Schlesien	1,896,547	9,589	188,855	2,094,991
wofür in runder Zahl angesetzt sind	— —	— —	— —	2,095,000
Magdeburg	694,750	116,111	8,237	819,098
Merseburg	629,325	74,418	— —	703,743
Erfurt	218,863	21,183	— —	240,046
Summa in Sachsen	1,542,938	211,712	8,237	1,762,887
wofür in runder Zahl angesetzt sind	— —	— —	— —	1,762,900
Münster	419,779	— —	— —	419,779
Minden	324,799	11,926	— —	336,725
Arnsberg	476,433	— —	— —	476,433
Summa in Westphalen	1,221,011	11,926	— —	1,232,937
wofür in runder Zahl angesetzt sind	— —	— —	— —	1,232,900
Köln	450,596	— —	— —	450,596
Düsseldorf	380,385	— —	— —	380,385
Kleve	251,187	2,449	— —	253,636
Koblenz	335,886	2,100	— —	338,046
Trier	263,288	8,717	— —	272,005
Aachen	353,959	10,898	— —	364,857
Summa in den Rheinprovinzen	2,035,301	24,224	— —	2,059,525
wofür in runder Summe angesetzt worden sind	— —	— —	— —	2,059,500

Beilage 2.

Zur Spalte 7 der Uebersicht.

Zur Erläuterung und Begründung der Ansätze von dem wahrscheinlichen Ertrage der Steuern aus dem Gesetze vom 8. Februar 1819, wie solches hier angenommen worden, wird Folgendes bemerkt:

I. in Ost- und Westpreußen ist

a. die Steuer vom Branntwein zu 10 Quart vom Kopf angesetzt, weil der Branntweinverbrauch dort bekanntlich sehr groß ist, die Getreidepreise gewöhnlich niedriger, wie anderwärts, stehen, mithin die Branntweinfabrikation dort der in andern Provinzen, namentlich in den Marken und Pommern nicht nachstehen dürfte; es sich aber ergiebt, daß in den Provinzen Brandenburg und Pommern, wenn man auch Berlin ganz außer Acht läßt, bisher gegen 10 Quart und einschließlich Berlin 13 Quart für den Kopf versteuert worden. In Ost- und Westpreußen ergeben zwar die bisherigen Administrationsnachrichten, die angenommene Branntweinproduction noch nicht; dieses mag indessen der unsichern Kontrolle beizumessen sein, welche die sonst bestandene Schrootversteuerung nur zuließ, indem sich andererseits ein starker Hang zu defraudiren zeigte, und die Akten neuerdings Zugeständnisse enthalten, die officiell von Besitzern großer ländlicher Brennereien in Vorstellungen erfolgt sind, daß der größere Theil der Steuer dort seither defraudirt worden.

b. Die Steuer vom Braumalz ist darnach angesetzt, wie solche die bisherigen Consumtionsnachweisungen ergeben, mit einem verhältnißmäßigen Zuschlage für die Kreise Kulm und Michelau, wo die Steuer sonst nicht bestand.

c. An Tabackssteuer haben nach Maaßgabe der Nachrichten über den gewöhnlichen Erntegewinn nur 8000 Rthlr. angesetzt werden können. Aehnliche Nachrichten liegen auch den bei andern Provinzen angesetzten Steuerbeträgen für Tabacksblätter zum Grunde. Hiernach sind berechnet:

zu a. für Branntwein von 1,585,806 Einwohnern zu 12 Gr. 6 Pf.	825,940	Rthlr.
zu b. für Braumalz	279,400	=
zu c. für Tabacksblätter	8,000	=
	1,113,340	Rthlr.
Hiervon abgezogen 15 Prozent an Verwaltungskosten mit	167,001	=
bleibt Reinertrag	946,339	Rthlr.

II. In Posen finden dieselben Verhältnisse statt; es ist daher mit Zugrundelegung des obigen Ergebnisses nach der Einwohnerzahl berechnet:

a.	Branntwein	451,367	Rthlr.
b.	Malz	152,688	=
c.	Taback	4,372	=
		608,427	Rthlr.
	ab 15 Prozent	91,265	=
	Reinertrag	517,162	Rthlr.

III. In Brandenburg und Pommern gründen sich die

a.	vom Branntwein zu	1,173,900	Rthlr.
b.	vom Braumalz zu . . . . angenommenen Steuererträge auf die früheren Administrationsextrakte, nach deren Resultat in Rücksicht des hinzugetretenen Regierungsbezirks Stralsund und die zur Provinz Brandenburg gelegten Theile des Herzogthums Sachsens ein verhältnißmäßiger Zusatz geschehen ist.	397,100	=
c.	von den Tabacksblättern ist zu rechnen auf	95,800	=
d.	vom Weinmost auf	300	=
		1,667,100	Rthlr.
	Zu 15 Prozent betragen die Verwaltungskosten	250,065	=
	Nach deren Abzug bleibt an Reinertrag	1,417,035	Rthlr.

IV. In Schlesien sind ebenfalls auf den Grund der früheren Administrationsextracte, und mit verhältnißmäßigem Zusatz für den hinzugekommenen Theil der Oberlausitz angenommen

a.	für Branntwein.	862,700	Rthlr.
b.	für Braumalz	225,700	=
c.	Hierzu kommen für Tabacksblätter . .	53,800	=
d.	für Weinmost	1,600	=
		1,143,800	Rthlr.
	Nach Abzug der 15 Prozent Verwaltungskosten	171,570	=
	bleibt als Reinertrag	972,230	Rthlr.

V. In Sachsen ist man beim Ansatze des Ertrags

a.	von Branntwein zu	524,700	Rthlr.
b.	von Braumalz zu . . . . den Etatsanschlägen der Regierungen gefolgt. Zwar ist nach 9 monatlicher Erfahrung seit Einführung des betreffenden Steuergesetzes die Branntweinsteuer gegen	214,000	=
	Uebertrag:	738,700	Rthlr.

Uebertrag: 738,700 Rthlr.

den angenommenen Betrag etwas zurückgeblieben, was um so mehr beachtet werden muß, als von dem Export des Nordhäuser-Branntweins ein großer Theil der Steuer vergütet wird.

Dagegen darf man aber auch nicht außer Acht lassen, daß die bisherige Einnahme die geringere Branntweinfabrikation in den Monaten Juni, Juli und August einschließt.

Die Einnahme vom Braumalz hat den angenommenen Betrag erreicht. Im Ganzen wird daher auf Erfüllung der Etatsanschläge gerechnet werden können.

c. Hierzu kommen für Tabacksblätter . .	11,500	=
d. für Weinmost	1,900	=
macht zusammen	752,100	Rthlr.
so daß nach Abzug an Verwaltungskosten mit	112,815	=
an Reinertrag bleibt	639,285	Rthlr.

VI. In Westphalen sind angenommen:

a. an Branntweinsteuer	251,000	Rthlr.
b. an Braumalzsteuer	50,000	=

Es sind dabei vorzüglich die Etatsanschläge der Regierungen berücksichtigt worden; mehr hat man darum nicht ansetzen mögen, weil nach 7 monatlicher Erfahrung seit Einführung der betreffenden Steuergesetze dieser Ertrag noch nicht gedeckt ist. Es treffen nur etwa 4½ Quart auf den Kopf.

c. Hierzu für Tabacksblätter	500	=
	301,500	Rthlr.
Die Verwaltungskosten zu 15 Prozent gerechnet mit	45,225	=
abgezogen, ergiebt sich als Reinertrag	256,275	Rthlr.

VII. In den Rheinprovinzen berechnet sich die Branntweinsteuer nach der Erfahrung seit ihrer Einführung noch nicht völlig auf 3 Quart vom Kopf. Es dürfte aber wohl auf eine Fabrikation von 3⅓ Quart zu rechnen sein.

In dem Regierungsbezirke Minden, bei freilich mangelhafter

Administration, war die Steuer von 3⅓ Quart aufgekommen, und in den Rheinprovinzen scheint zum Theil weniger fabrizirt zu werden, wie im Mindenschen.

a.	Hiernach ist angenommen die Branntweinsteuer	338,000 Rthlr.
b.	an Braumalzsteuer ist nach der bisherigen Erfahrung zu erwarten . . . . . . womit auch die Etatsanschläge der Regierung übereinkommen.	140,000 „
c.	an Weinmoststeuer ist zwar von der vorjährigen guten Erndte auf 246,413 Rthlr. zu rechnen, man hat aber im Durchschnitt nur ⅓ dieses Betrages mit . . . . anrechnen mögen.	82,000 „
d.	An Steuern von Tabacksblättern sind zu erwarten	14,400 „
		574,400 Rthlr.
	Nach Abzug der Verwaltungskosten	86,160 „
	bleibt Reinertrag	488,240 Rthlr.

Vorstehend sind demnach überhaupt vereinnahmt in reinem Steuerertrage für

beide Preußen	946,339 Rthlr.
Posen	517,162 „
Brandenburg und Pommern .	1,417,035 „
Schlesien	972,230 „
Sachsen	639,285 „
Westphalen	256,275 „
Rheinprovinzen	488,240 „
Ueberhaupt also	5,236,566 Rthr.

Da indessen wegen der Unsicherheit eines noch so wenig von der Erfahrung unterstützten Anschlages in dem Hauptetat über die Einnahmen und Ausgaben des Staats der Ertrag der Abgaben aus dem Gesetze vom 8. Februar 1819 überhaupt nur auf 5,000,000 Rthlr. veranschlagt worden: so werden auch hier für mögliche Ausfälle noch vier Prozent abgesetzt, und es kommen demnach folgende Reinerträge hier nur in Rechnung.

Beide Preußen	908,485 Rthlr.
Posen	496,476 „
Uebertrag:	1,404,961 Rthlr.

Uebertrag:	1,404,961	Rthlr.
Brandenburg und Pommern .	1,360,354	"
Schlesien	933,341	"
Sachsen	613,714	"
Westphalen	246,024	"
Rheinprovinzen	468,710	"
Ueberhaupt also	5,027,104	Rthlr.

Die Erträge der einzelnen Steuern nach vorstehender Berechnung sind folgende:

Vom ganzen Staate zusammengenommen giebt

A. Die Branntweinsteuer		
nach dem Anschlage	4,427,607 Rthlr.	
Hievon 4 Prozent für etwanige Ausfälle	177,104 "	
Bleiben wahrscheinliche Roheinnahme	4,250,503 Rthlr.	
Hievon 15 Prozent Hebungskosten mit	637,575 "	
Bleibt Reinertrag		3,612,928 Rthlr.
B. die Braumalzsteuer		
nach dem Anschlage . . .	1,458,888 Rthlr.	
Hievon 4 Prozent für etwanige Ausfälle	58,356 "	
Bleiben wahrscheinliche Roheinnahme	1,400,532 Rthlr.	
Hievon 15 Prozent Hebungskosten	210,080 "	
Bleibt Reinertrag		1,190,452 "
C. Die Weinmoststeuer		
nach dem Anschlage . . .	85,800 Rthlr.	
Hiervon 4 Prozent für etwanige Ausfälle	3,432 "	
Bleiben wahrscheinliche Roheinnahme.	82,368 Rthlr.	
Hiervon 15 Prozent Hebungskosten	12,355 "	
Bleibt Reinertrag		70,013 "
	Uebertrag:	4,873,393 Rthlr.

		Uebertrag: 4,873,393 Rthlr.
D. Die Steuer von Tabacksblättern nach dem Anschlage	188,372 Rthlr.	
Hievon 4 Prozent für etwanige Ausfälle	7,535 "	
Bleiben wahrscheinliche Roheinnahme	180,837 Rthlr.	
Hievon 15 Proz. Hebungskosten	27,126 "	
Bleibt Reinertrag		153,711 "
Ueberhaupt also Reinertrag aus diesen vier Steuern . . . . wie umstehend.		5,027,104 Rthlr.

Beilage 3.

Erläuterung zur Spalte 12.

Um den muthmaaßlichen Ertrag der Mahl- und Schlachtsteuer in den damit zu belegenden Städten auszumitteln, sind die Verzehrungsquantitäten für diejenigen Städte, welche bisher der alten Accise unterworfen waren, nach den subdividirten Acciseextracten, für die andern Städte aber nach ihrer Bevölkerung, mit Rücksicht auf ähnliche Städte der vorerwähnten Kategorie angenommen, und es ergiebt sich die Steuer nach den Mittelsätzen.

I. In Ost- und Westpreußen.

Bei den 12 Städten, Königsberg, Memel, Braunsberg, Pillau, Tilsit, Gumbinnen, Insterburg, Danzig, Elbing, Marienburg, Graudenz, Marienwerder, mit 194,843 Einwohnern	275,976 Rthlr
In Thorn mit 9041 Einw., nach dem Durchschnitt aus den vorgenannten Städten 1—12 berechnet	12,808 "
zusammen von 203,884 Einwohnern	288,784 Rthlr.
zieht man 12 ½ Prozent Verwaltungskosten ab, mit	36,098 "
so bleibt Reinertrag	252,686 Rthlr.
(Nach den höchsten Steuersätzen würde der Reinertrag sein	314,618 Rthlr.
Nach den geringsten Steuersätzen	196,200 ")

II. In der Provinz Posen.

Bei den 5 Städten Posen, Bromberg, Rawicz, Lissa und Fraustadt mit 52,866 Einwohnern ist der bisherige Ertrag von Marien-

werder zum Grunde gelegt, wonach aufkommen würden	83,704 Rthlr.
Bei den 16 Städten Krotoszin, Kempen, Meseritz, Rogasen, Schwerin, Ostrowo, Zduny, Gräz, Bojanowo, Gnesen, Inowrazlaw, Schönlanke, Filehne Chodziesen, Schneidemühl und Czarnikau mit 50,165 Einwohnern, ist der Ertrag der Städte in Preußen zu Grund gelegt, jedoch mit Ausnahme von Königsberg, Memel und Danzig. Darnach würden aufkommen	68,451 =
zusammen von 109,031 Einwohnern	152,155 Rthlr.
Nach Abzug von 12½ Prozent Verwaltungskosten	19,019 =
bleibt Reinertrag	133,136 Rthlr.
(Nach den höchsten Steuersätzen würde der Reinertrag sein	166,084 =
nach den geringsten Sätzen	103,593 =

III. In Brandenburg und Pommern.

Bei den 26 Städten Berlin, Charlottenburg, Potsdam, Brandenburg, Prenzlau, Spandau, Neu=Ruppin, Rathenau, Wriezen, Schwedt, Wittstock, Frankfurt, Landsberg, Küstrin, Züllichau, Königsberg, Krossen, Stettin, Stargard, Anklam, Treptow a. d. R., Demmin, Swinemünde, Kolberg, Stolpe, Köslin, mit 385,245 Einwohnern	659,894 Rthlr.
Bei den 2 Städten Guben und Kottbus mit 12,896 Einwohnern, nach einem Durchschnitt aus den vorgenannten Städten des Frankfurter Regierungsbezirks	20,733 =
Bei den 3 Städten Stralsund, Greifswalde und Wolgast mit 28,201 Einwohnern, ist nach dem Ertrage der Städte Kolberg und Köslin die Einnahme arbitrirt zu	41,812 =
zusammen von 426,139 Einwohnern	722,439 Rthlr.
Nach Abzug von 12½ Prozent Verwaltungskosten	90,305 =
Reinertrag	632,134 Rthlr.
(Bei Anwendung der höchsten Steuersätze würde der Reinertrag sein	798,844 =
bei den geringsten Sätzen	484,132 =

IV. In Schlesien.

Bei den 17 Städten Breslau, Brieg, Oels, Neisse, Ratibor, Oppeln, Neustadt, Schweidnitz, Hirschberg, Glatz, Frankenstein, Jauer, Reichenbach, Glogau, Liegnitz, Grüneberg, Sagan, mit 189,246 Einwohnern	280,079	Rthlr.
Bei den 2 Städten Görlitz und Lauban mit 14,173 Einwohnern ist nach dem Ertrage der vorgenannten 17 schlesischen Städte ein gleiches Einkommen verhältnißmäßig angenommen zu . . .	20,963	=
zusammen von 203,419 Einwohnern	301,042	Rthlr.
Nach Abzug von 12½ Prozent Verwaltungskosten	37,630	=
bleibt Reinertrag	263,412	Rthlr.
(Dieser würde bei Anwendung der höchsten Steuersätze	328,276	=
der geringsten Steuersätze	206,592	=
betragen).		

V. In Sachsen.

Bei Burg mit 9,820 Einwohnern . . .	11,850	=
Bei Magdeburg mit 36,071 Einwohnern nach Frankfurt berechnet	67,382	=
Bei den 18 Städten Halberstadt, Quedlinburg, Aschersleben, Salzwedel, Stendal, Halle, Naumburg, Merseburg, Zeitz, Torgau, Wittenberg, Weißenfels, Eilenburg, Erfurt, Mühlhausen, Nordhausen, Langensalza, Heiligenstadt, mit 167,200 Einwohnern, nach dem Ertrage der Städte in den Regierungsbezirken Potsdam und Frankfurt berechnet . . .	254,863	=
zusammen von 213,091 Einwohnern	334,095	Rthlr.
Nach Abzug von 12½ Prozent Verwaltungskosten	41,762	=
bleibt Reinertrag	292,333	Rthlr.
(Nach den höchsten Sätzen würde sich derselbe auf	372,502	=
nach den geringsten auf	222,495	=
belaufen).		

VI. In Westphalen.

Bei den 12 Städten Münster, Koesfeld, Wahrendorf, Bocholt, Minden, Bielefeld, Paderborn, Herford, Soest, Hamm, Dortmund, Arnsberg, mit 78,493 Einwohnern, ist nach den Städten in den

Regierungsbezirken Potsdam und Frankfurt die zu erwartende Einnahme berechnet zu . . . . 119,646 Rthlr.
hievon ab 12½ Prozent Verwaltungskosten mit . 14,956 =
bleibt Reinertrag . . . . 104,690 Rthlr.
(welcher nach den höchsten Steuersätzen auf . . 133,785 =
nach den geringsten . . . . 79,652 =
zu stehen kommt).

VII. In den Rheinprovinzen.

Bei den 15 Städten Köln mit Deutz, Bonn, Düsseldorf, Wesel, Kleve, Duisburg, Emmerich, Koblenz mit Ehrenbreitstein, Kreuznach, Wetzlar, Trier, Saarbrück, Saarlouis, Aachen, Jülich, mit 214,326 Einwohnern, ist, wie in der Provinz Westphalen, der Ertrag der Städte in den Regierungsbezirken Potsdam und Frankfurt zu Grunde gelegt, solcher ergiebt . . . . 326,698 Rthlr.
Nach Abzug von 12½ Prozent Verwaltungskosten 40,837 =
bleibt Reinertrag . . . . 285,861 Rthlr.
(Nach den höchsten Sätzen würde der Reinertrag sein 365,303 =
Nach den niedrigsten . . . . 217,489 =)

Da in der einen Provinz größere oder mehr Städte bestimmt sind, wo die Mahl- und Schlachtsteuer erhoben werden soll, als in der andern, so steht sie mit der Bevölkerung im Ganzen nicht im gleichen Verhältnisse. So würde z. B. überall den Mittelsatz angenommen, und auf die ganze Bevölkerung vertheilt, auf den Kopf fallen:

1. in Ost- und Westpreußen .	3	Gr.	$9\frac{9}{10}$ Pf.
2. in Posen	3	=	$8\frac{2}{10}$ =
3. in Brandenburg und Pommern	7	=	$5\frac{4}{10}$ =
4. in Schlesien	3	=	$1\frac{2}{10}$ =
5. in Sachsen	5	=	$7\frac{7}{10}$ =
6. in Westphalen	2	=	$3\frac{7}{10}$ =
7. in den Rheinprovinzen . .	3	=	$6\frac{3}{10}$ =

B.

Gutachten

zu § 5 des Klassensteuergesetzes und zu § 12 des Mahl= und Schlachtsteuergesetzes.

Der der Kommission des Königlichen Staatsraths mitgetheilte Entwurf geht dahin, daß für beide Steuern lediglich allgemeine Grundsätze ausgesprochen, die Anwendung aber auf einzelne Bezirke und die Individuen in denselben, also die Festsetzung der an jedem Orte wirklich zu zahlenden Steuer, den verwaltenden Behörden überlassen bleiben soll.

Meines Erachtens stehen dieser Einrichtung zwei Gründe entgegen.

1. Der König würde dadurch für den vorliegenden Fall einen bedeutenden Theil der gesetzgebenden Gewalt an die Verwaltungsbehörden geradezu abgeben. Bestände nun dasjenige, was diese Behörden noch hinzufügen müßten, um zu rein practischen Bestimmungen zu gelangen, in bloßer Kalkulatur; so ließe sich darüber noch eher wegsehen, obgleich ich selbst dann die Sache nicht räthlich finden könnte. Allein es ist einleuchtend, daß jene practischen Bestimmungen auf dem bloßen Wege der Rechnungen nicht gefunden werden können; sondern daß vielmehr noch gar manche Erwägung und Beurtheilung als Mittelglied eintreten muß, worüber die Meinungen ganz anders getheilt sein könnten, als über ein bloßes Rechnungsexempel, und durch diesen Umstand wird die erwähnte Delegation der gesetzgebenden Gewalt noch um vieles bedenklicher.

2. Der einzelne Steuerpflichtige würde das Maaß seiner Verpflichtung von dem Gesetzgeber nicht erfahren, also auch nicht im Stande sein, so wie bei andern Steuern, dasjenige, was ihm die Verwaltungsbehörde abforderte, mit dem gesetzlichen Maaßstab zu vergleichen. So würde für den Steuerpflichtigen zu dem Uebel, welches in der Entrichtung der Steuer liegt, noch ein drückendes Gefühl der Unsicherheit im Verhältniß zu den verwaltenden Behörden hinzugefügt werden; und das unvermeidliche reelle Uebel würde durch ein sehr vermeidliches ideelles Uebel erhöht, während die Staatskasse aus dieser Erhöhung durchaus keine neue Einnahme erhalten könnte.

Um sich das Gewicht dieser beiden Gründe recht fühlbar zu machen, braucht man nur in Gedanken die Art von Unbestimmtheit, welche ich in den mitgetheilten Entwürfen bedenklich finde, auf alle unsre übrige Steuern anzuwenden. Bei dieser allgemeinen Durchführung glaube ich nicht, daß irgend Jemand eine solche Einrichtung räthlich finden würde. Was aber in einer solchen allgemeinen Anwendung auf den ersten Blick als verwerflich erscheint, wird, wenn man es nach den vorliegenden Gesetzesentwürfen auf den kleineren Theil unserer Steuern beschränkt, zwar ein geringeres Uebel werden, aber doch nicht aufhören, ein Uebel zu sein.

In der mündlichen Diskussion ist zur Vertheidigung der in Frage stehenden Stellen angeführt worden: diese Steuern bedürften deshalb eine eigenthümliche Behandlung, weil sie das Komplement des ganzen Steuerplans enthielten, folglich an ihrem Ertrage durchaus nichts fehlen dürfe.

Hierauf antworte ich:

a. Jene beiden Steuern haben in dieser Rücksicht durchaus nichts eigenthümliches. Ob künftig in der Klassensteuer oder in der Stempelsteuer u. s. w. ein Ausfall gegen den Etat statt finden wird, für die Klasse ist dieses gleich empfindlich, mithin ist auch die Gefahr der Unsicherheit, welche von jeder neuen Steuer unzertrennlich ist, in beiden Fällen gleicher Art, und gleich groß; und es ist also auch nicht einzusehen, warum gegen diese Gefahr ungleichartige Schutzmittel aufgesucht werden sollten.

b. Soll in der That die Klassensteuer nach einem gleichförmigen Grundsatz, verbunden mit dem Princip der Quotisation, durch alle Provinzen durchgeführt werden; so ist nicht einzusehen, warum nicht die Festsetzung des wirklichen Steuersatzes für jeden Bezirk durch Königliche Bestätigung und in der Form des Gesetzes sollte geschehen können. Sollte dagegen die Absicht dahin gehen, die Klassensteuer zuerst in einzelnen Provinzen versuchsweise auszuführen, und dann nach dem wirklichen Ertrage dieser Provinzen in den übrigen Provinzen höhere oder niedrigere Sätze anzunehmen, um auf diesem Wege am Ende genau die etatsmäßige Summe von 6,837,500 Thlr. zu erlangen; so wäre damit freilich die gesetzliche Bestimmung der Steuersätze nicht wohl vereinbar, aber ich würde auch dieses Verfahren für ungerecht halten.

Savigny.

V.

Parallele des Gesetzentwurfs über die Einrichtung des Abgabenwesens, sowie der Klassen- und der Mahl- und Schlachtsteuer für die Fälle, daß die Quotisation angenommen oder abgelehnt werden sollte.

Es ist das Bestreben gewesen, bei aller Genauigkeit in Mittheilung schätzbaren Materials den Text nicht zu sehr zu überlasten und hat daher auch bei der Besprechung der Zoll- und äußeren Verbrauchssteuergesetzgebung, da dies möglich war, lediglich eine Verweisung auf die Gesetzsammlung stattgefunden. Es war aber nicht möglich dies Verfahren einzuschlagen bei den Gesetzvorlagen über die Einrichtung des Abgabenwesens, wie sie die Steuerkommission nach Inhalt des mitgetheilten Gutachtens für den Fall, daß man auf eine Quotisation einging, oder auch für den entgegengesetzten Fall vorlegte. Die Ausgangspunkte sind zu verschieden als daß man nur einzelne Unterschiede hervorheben und sonst auf das schließliche Gesetz einfach recurriren könnte.

Ein Gleiches gilt bezüglich der Klassensteuer sowie der Mahl- und Schlachtsteuer, da diese eben sich unmittelbar an das allgemeine Gesetz anlehnten und der Beitrag nach fünf Klassen (§ 5 des Klassensteuer- resp. § 12 des Mahl- und Schlachtsteuergesetzes) sich nach der Quote richten sollte, die als der Bedarf für jeden Regierungsbezirk erschien. Anders verhält es sich bezüglich der Gewerbesteuer, da für diese ein solcher Zusammenhang mit dem allgemeinen Gesetz von vornherein ausgeschlossen blieb und schien es hier geeignet, sich darauf zu beschränken, eine genaue Parallele der Vorlage der Steuerkommission mit dem wirklichen Gesetz vorzunehmen, nach welcher dem Einzelstudium namentlich unter Hinweis auf die nachfolgenden Staatsrathsprotocolle eine solche Vergleichung anheimgestellt werden dürfte.

Die nachfolgende Gegenüberstellung wird die Verschiedenheiten bei den erstgedachten 3 Gesetzentwürfen klar stellen und ist dabei nur davon Abstand genommen das Verzeichniß der Mahl- und Schlachtsteuerpflichtigen Städte mit aufzunehmen, da sich dasselbe in dem definitiven Gesetz im Wesentlichen wiederfindet. —

Gesetz
über die Einrichtung des Abgabenwesens.

Entwurf im Fall einer stattfindenden Quotisation.*).	Entwurf, wenn die Quotisation nicht stattfindet.
Wir Friedrich Wilhelm ꝛc.	Gleichlautend.
Um die Reform der Steuergesetzgebung zu vollenden, welche Wir in der Verordnung vom 27. October 1810 Unsern getreuen Unterthanen zugesichert, würden Wir vor Allem theils zur Ausgleichung der Provinzen untereinander, theils zur Sicherstellung des Geldbedürfnisses für den Staatshaushalt eine Revision der Grundsteuer in den einzelnen Provinzen zu verfügen nöthig gefunden haben, wenn es Uns in Betracht der Schwierigkeiten, die mit solcher Maasregel unzertrennlich verbunden sind, rathsam geschienen hätte, diesen die Provinzialinteressen vorzüglich nahe berührenden Gegenstand den künftigen Ständen, deren Bildung Wir beschlossen haben, zur weiteren Berathung vorzubehalten.	
Da jedoch die Verwaltung des	

*) Wenn auch dieser Entwurf große Aehnlichkeit mit dem bereits mitgetheilten über die Steuerausgleichung hat, so beziehen sich doch die Staatsrathsprotokolle nur auf diese Vorlagen.

Staats keinen Zeitverlust in Herbeischaffung des öffentlichen Geldbedarfs gestattet, so haben Wir wegen Erhebung der zur Bestreitung der Staatsausgaben erforderlichen Steuern nach vernommenem Gutachten Unseres Staatsraths, Nachstehendes angeordnet:

§ 1.	§ 1.
Die Auflagen sind fernerhin:	Gleichlautend.

a. Die Zölle und die Verbrauchssteuern von ausländischen Waaren nach dem Gesetz vom 26. Mai 1818.

b. Die Abgabe vom Salz nach dem Gesetz vom 17. Januar 1820 und den früheren diesen Gegenstand betreffenden Verordnungen.

c. Die Stempelsteuer, wie solche mit Einschluß der Einschreibegebühren durch ein besonderes Gesetz bestimmt werden wird.

d. Die Gewerbesteuer, nach einem neuen Gesetz vom heutigen Tage.

e. Die Grundsteuer in ihrer gegenwärtigen Verfassung, und nach den Bestimmungen, die dieses Gesetz in § 8 enthält.

f. Die Steuer vom inländischen Branntwein, Braumalz, Weinmost und Tabacksblättern nach dem Gesetz vom 8. Februar 1819.

g. Eine Klassensteuer, und da, wo diese nicht erhoben wird,

h. eine Mahl- und Schlachtsteuer, beides (g. und h.) nach Inhalt der heute besonders ergehenden Gesetze.

§ 2.	§ 2.
Soweit der öffentliche Geldbedarf durch die Einkünfte des Staats aus der Verwaltung der Domainen, Forsten, Bergwerke, Posten, Lotterie und anderer nutzbarer Rechte und Einrichtungen, sowie durch den Ertrag der in § 1 unter a. bis d. verzeichneten Abgaben nicht gedeckt wird, soll derselbe nach	Fällt aus.

Maaßgabe der Bevölkerung auf die einzelnen Provinzen vertheilt und durch die in § 1 unter e. bis h. genannten Steuern von ihnen aufgebracht werden.	
Die Provinzen werden in folgender Art zusammengestellt: a. Ost- und Westpreußen. b. Posen. c. Brandenburg und Pommern. d. Schlesien. e. Sachsen. f. Westphalen. g. Die rheinischen Provinzen.	
§ 3.	§ 2.
Es sollen von drei zu drei Jahren a. Das jährliche Bedürfniß aller einzelnen Verwaltungszweige des Staats, b. Die Mittel dasselbe herbeizuschaffen,	Gleichlautend bis c.
c. Die Uebersicht der Summen, welche von jeder einzelnen Provinzialabtheilung im Verhältnisse der Bevölkerung des vorletzten Jahres gemäß der Bestimmung des § 2 aufzubringen sind, öffentlich bekannt gemacht werden.	c. fällt aus.
Der von Uns genehmigte allgemeine Etat der gewöhnlichen Ausgaben und Einnahmen des Staats für die drei nächsten Jahre vom 1. Januar 1820 bis 31. December 1822, ist nebst der Uebersicht für die einzelnen Provinzialabtheilungen beigefügt.	Gleichlautend, doch fehlt: „nebst der Uebersicht für die einzelnen Provinzialabtheilungen."
§ 4.	Fehlt ganz.
Der specielle Beitrag der Provinzen wird zunächst aus den Grundsteuern und dem Ertrage der Abgaben, die in jeder Provinz aus dem Gesetze vom 8. Februar 1819 aufgekommen sind, entnommen; nur das Fehlende wird im Wege der Klassen-, Mahl- und Schlachtsteuer aufgebracht.	
§ 5.	§ 3.
Die Grundsteuer wird in jeder Pro-	Gleichlautend.

vinz nach den Grundsätzen und Vorschriften erhoben, welche darin gegenwärtig zur Anwendung kommen.

Wo jedoch die Verschiedenheit der Grundsteuerverfassung in einer und derselben Provinz eine Ueberlastung einzelner Bezirke hervorbringt, sollen die überlasteten Bezirke gegen die begünstigten durch die Klassen-, Mahl- und Schlachtsteuer ausgeglichen werden.

§ 6.	§ 4.
Doch wird hierbei verordnet, daß schon jetzt an keinem Orte, woselbst die Grundsteuer in Folge der eingetretenen Staatsveränderungen neu eingeführt oder erhöht worden ist, der Belauf derselben den fünften Theil des Reinertrages vom verpflichteten Grundstücke übersteigen dürfe. Der Grundbesitzer, der eine höhere Belastung durch die Grundsteuer behauptet und zu erweisen vermag, kann die Herabsetzung auf den fünften Theil des Ertrages fordern. Bezirks- und Gemeindeabgaben dürfen hiebei nicht in Anschlag gebracht werden.	Gleichlautend.
§ 7.	§ 5.
Von den Domainengrundstücken und Forsten des Staats, welche bisher keine Grundsteuer erlegt haben, ist der sechste Theil ihres reinen Ertrages der Grundsteuer der Provinz hinzugerechnet worden. Werden nach Anleitung des Gesetzes vom 9. März 1819 Domainengrundstücke veräußert, so sind sie mit der landüblichen Grundsteuer, doch in keinem Falle niedriger als mit dem Sechstel des Reinertrages zu belegen.	Gleichlautend.
§ 8.	§ 6.
Der Servis, welcher bisher von den Städten und Districten in den östlichen Provinzen bezahlt wurde, wird von	Gleichlautend.

denselben im bisherigen Betrage bis zu der im Eingange dieses Gesetzes angedeuteten Reform der Grundsteuer zu den Staatskassen entrichtet.

Wo gar kein Realservis erhoben wird, oder wo der Beitrag zur allgemeinen Serviskasse mehr beträgt als der Realservis, steht es der Gemeine frei, ihren Servisbeitrag den Grundbesitzern als Grundsteuer verhältnißmäßig aufzulegen, oder andere, den örtlichen Verhältnissen angemessene Abänderungen bei der obersten Verwaltungsbehörde in Antrag zu bringen.

§ 9.

Die Gemeinden sind schuldig, die Grundsteuer mit Einschluß des im § 8 gedachten Servises von den Zahlungspflichtigen einzuziehen, und in monatlichen Beiträgen vor Ablauf jedes Monats an die ihnen angewiesene Kasse abzuführen.

§ 7.

Gleichlautend, statt: „im § 8,“ „im § 6.“ —

§ 10.

Die Erhebung der Mahl- und Schlachtsteuer geschieht in denjenigen Städten die in dem anliegenden Verzeichniß benannt sind. Wenn jedoch eine dieser Gemeinen, in welchen bisher eine Mahlsteuer nicht erhoben wurde, vorziehen sollte, das von der Mahl- und Schlachtsteuer erwartete Einkommen auf dem Wege der Klassensteuer aufzubringen, so hat sie ihren Antrag zu Unserer unmittelbaren Entscheidung an die vorgesetzte Behörde zu richten.

Auch soll den Städten, die im Verzeichnisse nicht genannt sind, die Wahl der Mahl- und Schlacht- statt der Klassensteuer gestattet sein, wenn die oberste Verwaltungsbehörde die Hebung den örtlichen Verhältnissen nach hinlänglich gesichert findet.

§ 8.

Gleichlautend.

§ 11.

Gegen Entrichtung der im § 1 fest-

§ 9.

Gleichlautend.

gesetzten Steuern hören alle bisherigen darunter nicht begriffenen Abgaben auf namentlich

A. An Consumtionssteuern

a. die Accise vom Gemahl, Fleisch und Brennmaterial, sowie die Landconsumtionssteuer vom Schlachtvieh in den alten Provinzen (§§ 4–6 Verordnung vom 8. Februar 1819);

b. die Generalaccise, Landaccise, Fleischsteuer und der Mahlgroschen oder dessen Surrogat in Sachsen;

c. die besondere Mahl- und Schlachtsteuer in einzelnen Distrikten zwischen der Elbe und Weser und im Mindenschen Regierungsbezirk;

d. die Schlachtsteuer im Großherzogthum Posen und einem Theil des Marienwerderschen Regierungsbezirks;

e. die Octroi in den westphälischen und rheinischen Städten (§ 15).

B. An persönlichen Steuern:

a. die durch das Edict vom 7. September 1811 eingeführte Personensteuer, überall, wo sie bisher erhoben worden;

b. die Personen- und Karaktersteuer im Herzogthum Sachsen;

c. die in einem Theil des Arnsberger Regierungsbezirks erhobene Vermögenssteuer.

d. die französische und bergische Personal- und Mobiliarsteuer in den westlichen Provinzen.

C. Die Gewerbesteuer

a. die durch das Edikt vom 2. November 1810 eingeführte allgemeine Gewerbesteuer;

b. sämmtliche Gewerbe-, Patent- und Nahrungssteuern, die in den seit dem 1. Januar 1813 wieder oder neu erworbenen Landestheilen bisher erhoben worden sind.

D. Alle unter den directen Steuern in den Etats aufgeführten Abgaben, die nach einer von dem Finanzminister anzustellenden Prüfung ihrer Natur nach zu einer der unter A. B. C. benannten Steuern zu rechnen sind.

E. Desgleichen soll in dem Großherzogthum Sachsen der ganze jetzige Betrag der Quatembersteuer erlassen sein, dieser Erlaß jedoch in der Art stattfinden, daß an der unter der Benennung Magazinmetze oder des Magazingetreides noch bestehenden Naturallieferung, ferner an den auf die Gewerbe, oder auf die Personen gelegten Quatember- oder Schocksteuern, nach vorgängiger Erörterung so viel abgesetzt wird, als zusammen genommen, dem jetzigen Betrage der Quatembersteuer gleich ist.

§ 12.

Es hören ferner auf:

a. das Naturalquartier des Militairs in den Bürgerhäusern, und zwar der Offiziere binnen längstens 6 Monaten nach Verkündigung dieses Gesetzes, der Gemeinen und Unteroffiziere aber in dem Verhältnisse, in welchem die Kaserneneinrichtung nach dem Maaße der vorhandenen Mittel fortschreiten kann.

b. die außerordentlichen Zuschüsse der Städte zum reglementsmäßigen Servis für die Offiziere, oder der s. g. Hilfsservis;

c. vom Jahr 1821 ab die Beiträge der Stadtgemeinen zur Unterhaltung der vom Staat angeordneten Gerichts- und Polizeibehörden, welche jedoch im ungestörten Besitze der Locale verbleiben, die sie jetzt inne haben.

§ 10.

Gleichlautend.

§ 13.

Staatseinkünfte, die auf einem speciellen Erhebungstitel beruhen, z. B. die dermalige Abgabe der Menoniten für den Erlaß der Militairpflicht und dergl. m. sind unter den aufgehobenen Abgaben nicht begriffen.

§ 11.

Gleichlautend.

§ 14.

Diejenigen Landestheile, worin wegen ihrer abgesonderten Lage die im § 1. lit. a. b. u. f. angeordneten Verbrauchsabgaben nicht erhoben werden können, werden bei der Ausmittelung und Feststellung des Beitrages ihrer Provinz zu den Staatslasten, gleich den übrigen Theilen derselben behandelt. Gestatten jedoch örtliche Verhältnisse die Erhebung einiger in diesem Gesetz genannten Abgaben nicht, so müssen sie durch einen höheren Beitrag zu den übrigen Abgaben gegen die andern Theile der Provinz ausgeglichen werden.

§ 12.

Diejenigen Landestheile, worin wegen ihrer abgesonderten Lage die im § 1 lit a. b. u. f. angeordneten Verbrauchsabgaben nicht erhoben werden können, sind verpflichtet, andere Abgaben dagegen zu übernehmen, welche nach ihren besonderen Verhältnissen durch besondere Verordnuugen festzusetzen sind.

§ 15.

Die Bezirks- und Gemeindeausgaben müssen von den Bezirken und Gemeinen besonders aufgebracht werden. Glauben sie auf dem Wege einer Erhöhung der Klassen- oder der Mahl- und Schlachtsteuer die Beiträge der einzelnen Mitglieder am angemessensten erheben zu können, so ist ihnen solches zwar verstattet, doch nur insofern, als dadurch das gesetzlich höchste Maaß dieser Steuer nicht überschritten wird.

Andere Auflagen und Ausschläge für die Bezirks- und Gemeindebedürfnisse können nur dann erhoben werden, wenn sie entweder in der Verfassung oder auf landesherrlicher Bewilligung beruhen, wenn sie fortdauernd erforderlich und den Bestimmungen der allgemeinen Steuergesetze, sowie der Freiheit des innern Verkehrs nicht hinderlich sind.

§ 13.

Uebereinstimmend dagegen mit der Aenderung in Absatz 2.

„So ist ihnen solches unter Genehmigung der vorgesetzten Regierung gestattet.“

§ 16.

Mit der Ausführung dieses Gesetzes soll der Finanzminister sich ohne Verzug und in dem Maaße beschäftigen, daß, so wie die Einrichtungen zu Erhebung der neu angeordneten Steuern vollendet worden, und mit deren Ein-

§ 14.

Gleichlautend.

führung vorgegangen werden kann, die laut § 11. aufgehobenen bis dahin noch zu erhebenden Steuern, aufhören.

(Es ist § 9 allegirt.)

Wir befehlen allen Unsern Behörden und Unterthanen, sich nach den Vorschriften dieses Gesetzes gehorsam zu achten.

Gegeben.

Gleichlautend.

Gesetz
wegen Einführung der Klassensteuer.

Wenn die Quotisation stattfindet.	Wenn die Quotisation nicht stattfindet.
Wir Friedrich Wilhelm ꝛc.	Gleichlautend.
Durch das allgemeine Gesetz, welches Wir über die Einrichtung des Abgabenwesens am heutigen Tage vollzogen, haben Wir die Erhebung einer besonderen Abgabe unter der Benennung einer Klassensteuer angeordnet, über welche Wir hiedurch nach erstattetem Gutachten Unseres Staatsraths folgende nähere Bestimmungen festsetzen.	
§ 1.	§ 1.
Der Klassensteuer sind alle Einwohner, ohne Unterschied, unterworfen, wenn sie durch gegenwärtiges Gesetz nicht ausdrücklich davon befreit, oder durch frühere Specialbestimmungen seit dem Jahre 1815 von den gewöhnlichen Personalsteuern nicht bereits entbunden sind.	Gleichlautend.
§ 2.	§ 2.
Befreit von der Klassensteuer sind:	Gleichlautend.
a. die Einwohner derjenigen Städte, in denen der Staat eine Mahl- und Schlachtsteuer erheben läßt.	
b. Fremde, wofür in dieser Beziehung nur diejenigen Ausländer zu achten sind, welche sich nicht ein volles Jahr an demselben Orte aufhalten.	

c. Kinder vor vollendetem vierzehnten Jahre.

d. Alle beim stehenden Heer und bei den Landwehrstämmen in Reihe und Glied befindliche active Militairpersonen, nebst den in ihren Haushaltungen lebenden Mitgliedern ihrer Familie, in so fern sie selbst, oder diese ihre Angehörigen kein eignes Gewerbe oder keine Landwirthschaft treiben.

Auch die Landwehrmänner ersten Aufgebots sind für den Monat, in welchem sie zur Uebung einberufen werden, von der Klassensteuer frei.

Während eines Krieges sind die Familien aller unter den Waffen stehenden Militairpersonen frei, in so fern sie nicht eigenes Gewerbe oder Landwirthschaft treiben.

e. Arme, die von Almosen aus Staats- oder Gemeindekassen leben.

f. Diejenigen, die in öffentlichen Anstalten auf öffentliche Kosten verpflegt werden.

§ 3.

Die Steuer wird der Regel nach in 4 Klassen erhoben, in welche die Steuerpflichtigen nach leicht erkennbaren Merkmalen, die in jedem Regierungsbezirke durch eine besondere Instruction bestimmt und durch die Amtsblätter bekannt gemacht werden sollen, eingetheilt werden, so, daß die Lohnarbeiter, gemeines Gesinde und Tagelöhner die unterste oder vierte, der geringere Bürger- und Bauernstand die dritte und die wohlhabenden Einwohner die beiden ersten Klassen bilden.

Für die Verschiedenheit des kleinen Grundbesitzes und Gewerbebetriebs kann, nach dem Ermessen der obersten Verwaltungsbehörde, zwischen der dritten und vierten noch eine Klasse eingeschaltet werden. Mehr als 5 Klassen werden nirgend gebildet.

§ 3.

Gleichlautend.

Was im Verfolg dieses Gesetzes von der fünften Klasse gesagt wird, bezieht sich da, wo sie nicht vorhanden ist, auf die vierte.

§ 4.

a. Die Hebung geschieht in der Regel nach Haushaltungen.

b. Zur Haushaltung gehört der Hausherr, oder wo Frauen selbstständig eine Wirthschaft führen, die Hausfrau mit ihren Angehörigen, denen sie Wohnung und Unterhalt geben.

c. Kostgänger, oder Personen, die mit Gehalt oder Lohn zu Dienstleistungen angenommen sind, werden nicht zu den Angehörigen einer Haushaltung gezählt.

d. Steuerpflichtige, welche weder einer besteuerten Haushaltung angehören, noch eine eigene Haushaltung führen, zahlen die Hälfte des Steuersatzes ihrer Klasse als Personensteuer.

e. in der untersten Klasse wird die Steuer überhaupt von den einzelnen Zahlungspflichtigen, mithin auch von jedem besteuerten Angehörigen einer Haushaltung, als Personensteuer entrichtet.

§ 4.

Gleichlautend.

§ 5.

Sobald der Bedarf für jeden Regierungsbezirk, oder, bei etwaniger Verschiedenheit der Landestheile für jeden Specialbezirk in Folge der Quotisation festgestellt ist, bestimmt die Regierung die Steuersätze für jede Klasse in folgender Art:

a. die durch die Klassensteuer aufzubringende Summe wird durch die Volkszahl dividirt.

b. Das Fünffache der hierdurch gefundenen Zahl ist der Mittelsatz der Klassensteuer für eine Haushaltung und wird in der Regel von der dritten Klasse gezahlt.

c. Dieser Mittelsatz darf jedoch fünf Thaler jährlich nicht übersteigen.

§ 5.

Die Steuer beträgt monatlich:

a. in der ersten Klasse
 aa. für die Haushaltung 2 Thlr.
 bb. für einen Einzelnen 1 Thlr.

b. in der zweiten Klasse
 aa. für die Haushaltung 1 Thlr.
 bb. für den Einzelnen 12 Gr.

c. in der dritten Klasse
 aa. für die Haushaltung 8 Gr.
 bb. für den Einzelnen 4 Gr.

d. in der Zwischenklasse zwischen der dritten und vierten, wo dieselbe nach § 3 stattfindet
 aa. für die Haushaltung 4 Gr.
 bb. für den Einzelnen 2 Gr.

e. in der untersten Klasse von jeder steuerbaren Person, ohne Unterschied

d. Der hiernach ausgemittelte Steuersatz der dritten Klasse wird aufwärts in der zweiten Klasse auf das Dreifache, in der ersten auf das Sechsfache und abwärts in der vierten auf die Hälfte für jede Haushaltung bestimmt.

e. in der fünften Klasse entrichtet jede steuerpflichtige Person den achten Theil des Mittelsatzes (litt. b.)

(Statt der Fassung des Eingangs dieses Paragraphen ist eine anderweite Fassung dahin vorgeschlagen):

„Das Verhältniß der Quotisation aller Steuerpflichtigen jedes Regierungsbezirks oder jedes Specialbezirks muß für jedes Erhebungsjahr durch ein besonders bekannt zu machendes Gesetz in dem Maaße festgestellt werden, daß jeder Steuerpflichtige aus demselben den Satz ersehen könne, den er für das laufende Jahr zu erlegen verpflichtet ist."

ob sie zu einer Haushaltung gehört oder nicht, 1 Gr.

§ 6.

a. Die Klassification geschieht überall, nach den durch die Regierungen abzufassenden und durch den Finanz-Minister zu genehmigenden Instructionen, von den Kommunalbehörden unter Aufsicht der Landräthe.

b. von eben denselben werden die Jahresrollen und die Ab- und Zugangslisten angefertigt.

c. die Erhebung geschieht durch die Gemeindebeamten, welche die Grund- und Gewerbesteuer einziehen.

d. die Formen der Geschäftsführung werden nach Verschiedenheit der Provinzialverhältnisse durch besondere Instructionen vorgezeichnet. Für die vorschriftsmäßige Vertheilung und Einziehung der Steuern sind die Regierungen verantwortlich.

§ 6.

Gleichlautend.

§ 7.

a. Jeder Eigenthümer eines bewohn-

§ 7.

Gleichlautend.

ten Grundstücks oder dessen Stellvertreter haftet der Behörde, welche das Verzeichniß der steuerpflichtigen Haushaltungen und Personen aufnimmt, für die richtige Angabe derselben.

b. Jedes Familienhaupt ist für die richtige Angabe seiner Angehörigen, seines Hausstandes und seiner andern steuerpflichtigen Hausgenossen verantwortlich.

c. Jede bei der Aufnahme des Verzeichnisses unterlassene Angabe einer steuerpflichtigen Person soll, außer der Nachzahlung der rückständigen Steuer, mit einer Geldbuße des vierfachen Jahrbetrages derselben belegt werden.

d. Das Verfahren gegen diejenigen, welche sich einer Uebertretung dieses Gesetzes schuldig machen, findet nach der Bestimmung der Steuerordnung vom 8. Februar 1819 §§ 91—95 und der Declaration des § 93 v. 20. Januar 1820 statt.

e. die Vergehungen der Steuerbeamten werden nach § 59 der Steuerordnung vom 8. Februar 1819 geahndet.

§ 8.

a. Die Bekanntmachung der Steuerrollen erfolgt mit dem Anfange jedes Jahrs.

b. Sobald sie geschehen, muß der Steuerpflichtige in den ersten acht Tagen jedes Monats seinen Beitrag voraus entrichten. Es hängt von ihm ab, ihn auch für einen längeren Zeitraum bis zum ganzen Jahresbetrage zu bezahlen.

c. die Säumigen werden von dem Steuerempfänger aufgefordert, die Zahlung binnen 3 Tagen zu leisten, nach deren fruchtlosem Ablauf mit der Beitreibung verfahren wird.

d Spätestens 5 Tage vor dem Ablauf jedes Monats muß die eingehobene Steuer, nebst der Nachweisung der etwa

§ 8.

Gleichlautend.

unvermeidlichen Ausfälle und der Reste an die zum weitern Empfang bestimmte Kasse abgeliefert sein.

e. Der Steuerempfänger ist für diejenigen Steuern selbst verantwortlich, bei denen er den wirklichen Ausfall oder die fruchtlos verhängte Exekution nicht sofort nachweisen kann, und muß solche vorschußweise zur Kasse entrichten. —

§ 9.

a. Elf Zwölftel des durch die Steuerrollen nachgewiesenen Solleinkommens bleiben für die Bedürfnisse des Staats bestimmt.

b. aus dem letzten Zwölftel werden zunächst die Kosten der örtlichen Erhebung, welche den Gemeinden obliegt, bestritten. Sie erhalten dafür vier Procent des Einkommens.

c. der Ueberrest des Zwölftels wird einem Provinzialfonds zur Deckung von Ausfällen überwiesen.

d. Diesem Fonds wachsen auch die Zuflüsse zu, die sich bei der Mahl- und Schlachtsteuer nach § 18 der heutigen Verordnung ergeben.

e. Von der Bruttoeinnahme der Steuern, die aus dem Gesetze vom 8. Februar 1819 erhoben werden, soll in Städten, welche der Mahl- und Schlachtsteuer unterworfen sind, der achte Theil, an den übrigen Orten aber der sechste Theil zur Bestreitung der Verwaltungskosten abgesetzt, und der übrig bleibende Reinertrag nur auf Höhe derjenigen Summe, die nach dem Etat zur Erfüllung des quotisirten Provinzialbeitrags erforderlich ist, zur Staatskasse gezogen und der etwaige Ueberschuß dem Provinzialfonds zur Deckung der Ausfälle überwiesen werden.

f. Die Verwaltung dieses Fonds verbleibt den Regierungen, welche darüber besondere Rechnung führen und

§ 9.

Die örtliche Erhebung der Steuer liegt den Gemeinden ob, welche dafür einen Antheil an der eingezogenen Summe erhalten, der jedoch vier Prozent nicht übersteigen darf.

eine Uebersicht seines Zustandes jährlich durch die Amtsblätter bekannt machen. Die Bestände werden von Jahr zu Jahr übertragen. Wachsen sie in dem Maaße an, daß sie nach dem pflichtmäßigen Ermessen der Finanzbehörde, zur Sicherheit für etwaige Ausfälle nicht mehr erforderlich sind, so wird der entbehrliche Theil zur Herabsetzung des von der Provinz aufzubringenden Quotisationsbeitrages verwendet.

§ 10.

Der Finanzminister hat dieses Gesetz zur Ausführung zu bringen, und Wir befehlen allen Unsern Behörden und Unterthanen, sich nach dem Inhalte desselben pflichtmäßig zu achten.

Gegeben.

§ 10.

Gleichlautend.

Gesetz
wegen Einrichtung einer Mahl- und Schlachtsteuer.

Im Falle der Quotisation.

Wir Fr. W. 2c. 2c. verordnen hiermit im Verfolg Unsres heutigen Gesetzes über die Einrichtung des Abgabenwesens wegen Erhebung einer Mahl- und Schlachtsteuer nach angehörtem Gutachten Unsres Staatsraths, wie folget:

§ 1.

Die Mahl- und die Schlachtsteuer werden in der Regel neben einander entrichtet.

§ 2.

a. Die Mahlsteuer wird von allen Getreidearten, Körnern und Hülsenfrüchten erhoben, welche zu Mehl, Schroot, Graupen, Grütze und Gries durch eine Mühle bereitet werden.

b. Alles Malz und dasjenige Getreide, welches die Inhaber einer Brenne-

Wenn die Quotisation nicht stattfindet.

§ 1.

Gleichlautend.

§ 2.

Gleichlautend.

rei oder Brauerei erweislich zur Destillation oder zum Brauen verwenden, ist dieser Steuer nicht unterworfen.

§ 3.

Es sollen erhoben werden:

a. von einem Ctr. Weizen
ein höchster Satz von 21 Gr. 4 Pf.
ein Mittelsatz von . . 16 = — =
ein niedrigster Satz von 12 = — =

b. Von einem Ctr. Roggen, Gerste, Buchweizen, Spelz und andern Getreidearten und Hülsenfrüchten
ein höchster Satz von 5 Gr. 4 Pf.
ein Mittelsatz von . . 4 = — =
ein niedrigster Satz von 2 = 8 =

§ 3.

Es sollen erhoben werden:

von 1 Ctr. Weizen 16 Gr.,

von 1 Ctr. Roggen, Gerste, Buchweizen, Spelz und andern Getreidearten und Hülsenfrüchten 4 Groschen.

§ 4.

a. Wenigstens ein Viertel Ctr muß auf einmal zur Mühle gesandt werden. Kein Müller darf eine geringere Quantität annehmen.

b. Bei der Verwiegung wird für den Sack nichts abgerechnet, auch macht es bei der Versteuerung keinen Unterschied, ob das Getreide trocken oder angefeuchtet sei.

c. Dagegen soll auch bei der Verwiegung jeder Getreidepost ein Uebergewicht unter einem sechszehntel Ctr. nicht berücksichtigt werden.

§ 4.

Gleichlautend.

§ 5.

Wer Weizen mit anderem Getreide vermischt mahlen läßt, muß von dem Gewichte der ganzen Mischung die Weizensteuer entrichten.

§ 5.

Gleichlautend.

§ 6.

a. Die Steuer muß erlegt werden, bevor das Getreide zur Mühle kommt.

b. Alles Getreide muß mit einem vom Steueramt ausgegebenen Mahlzettel versehen, und jeder Sack muß mit dem Namen des Steuerpflichtigen bezeichnet sein.

§ 6.

Gleichlautend.

c. Mahlzettel werden in der Regel nur zum Vermahlen des Getreides in den zur Stadt gehörigen Mühlen ertheilt. Doch kann deren Ertheilung zum Mahlen auf entlegenen Mühlen vom Finanzminister auch in solchen Fällen nachgegeben werden, wo die städtischen Mühlen den Bedarf zu beschaffen nicht vermögen. Die Vorsichtsmaaßregeln zur Sicherung des richtigen Eingangs der Steuer werden alsdann der Oertlichkeit gemäß besonders bestimmt.

§ 7.

a. In den Städten, in welchen eine Mahlsteuer erhoben wird, ist es nicht erlaubt bewegliche Mahlmühlen, Handmühlen und Stampfen zu halten.

b. Zur Anlegung einer Mühle, die mit thierischer Kraft oder durch Dämpfe getrieben wird, ist die Genehmigung der Regierung erforderlich.

§ 7.

Gleichlautend.

§ 8.

Die Schlachtsteuer wird von allem geschlachteten Rindvieh, Schaafen, Ziegen und Schweinen, mit Einschluß der Kälber, Lämmer und Ferkel, entrichtet.

Schlachtsteuer. § 8.

Gleichlautend.

§ 9.

Es sollen von einem Centner Fleisch erhoben werden können:

ein höchster Satz von	1 Rthlr.	4 Gr.	
ein Mittelsatz von	1 „	— „	
ein niedrigster Satz von	— „	20 „	

§ 9.

Von 1 Ctr. Fleisch soll 1 Thlr. erhoben werden.

§ 10.

Bei erfolgender Verwiegung wird das ganze ausgeschlachtete Stück unzerschnitten mit dem Fleische, den Knochen und dem Fette gewogen. Füße, Eingeweide und Darmfett werden nicht mitgewogen.

§ 10.

Gleichlautend.

§ 11.

a. Die Steuer kann auch nach Stücksätzen entrichtet werden.

§ 11.

Gleichlautend.

b. Der Finanzminister soll in jeder Stadt die nach der Localität angemessenen Sätze, je nachdem gewöhnlich größeres und schwereres, oder kleines und leichteres Vieh geschlachtet wird, für das Stück von jeder Art Schlachtvieh bestimmen.

c. Hiernach bleibt es sodann dem Steuerpflichtigen überlassen, entweder die Steuer von dem Stücke vor dem Schlachten zu erlegen, oder vorher, unter dem Erbieten zur Versteuerung nach dem Gewicht gegen Bestellung eines Pfandes den Schlachtzettel des Steueramts auszuwirken und den Rumpf des geschlachteten Viehes hiernächst zur Waage zu bringen.

§ 12.

a. Der Mittelsatz der Steuern (§§ 3 – 9) gilt als Regel.

b. Wo der höhere und wo der niedere Satz anzuwenden sei, wird auf den Bericht der Regierung vom Finanzminister bestimmt, insofern die Steuer zur Staatskasse fließt.

c. Insofern durch die Steuer zugleich der Stadtkasse ein Einkommen verschafft werden soll, muß der zu erhebende Satz auf die Nachweisung des Bedürfnisses durch die Stadtbehörde, mittelst gemeinschaftlicher Verfügung der Ministerien der Finanzen und des Innern festgesetzt werden.

d. Bei Versendungen aus einer steuerpflichtigen Stadt in eine andere begründet die Verschiedenheit der Steuersätze keinen Anspruch auf Nachsteuer oder auf Vergütung. Auf Gegenstände, von welchen die Mahl- oder Schlachtsteuer entrichtet worden, wird keine Vergütung gezahlt, wenn sie an mahl- oder schlachtsteuerfreie Orte innerhalb Landes versandt werden.

§ 12.

Es findet keine Steuervergütung auf Waaren statt, die, nachdem sie in Folge des gegenwärtigen Gesetzes versteuert worden sind, in Landestheile gebracht werden, welche statt der Mahl- und Schlachtsteuer die Klassensteuer entrichten.

§ 13.

a. Wer innerhalb des Bezirks der

§ 13.

Gleichlautend.

steuerpflichtigen Stadtgemeine oder überhaupt im Umfange der Stadt sich aufhält, ist, ohne Ausnahme, die Steuer zu tragen verpflichtet.

b. Einzelne Vorstädte, Vorwerke oder andere bewohnte Anlagen, die der Oertlichkeit nach nicht unter gehöriger Aufsicht zu halten sind, können durch die Regierung unter Zustimmung des Finanzministers zur Klassensteuer angezogen und von der Mahl- und Schlachtsteuer ausgeschlossen werden.

§ 14.

Bäcker, Schlächter oder andere Personen, die mit Mehl, Graupe, Grütze, Gries, geschrotenen Hülsenfrüchten, Brod, Backwerk, Nudeln, Stärke und Puder, oder mit Fleisch und Fett von Rindvieh, von Schaafen, Ziegen und Schweinen, sowie mit Waaren, die aus solchem Fleisch und Fette zubereitet sind, als Talglichter, Schinken, Würste u. s w. einen Handel treiben, sollen von den Früchten, die sie vermahlen lassen, oder vermahlen einführen, und von dem Viehe, welches sie schlachten lassen, oder geschlachtet einführen, und dann, wenn sie nicht in der Stadt, aber in nicht größerer Entfernung als einer halben Meile von dem steuerpflichtigen Stadtbezirk an einem der Klassensteuer unterworfenen Ort sich niedergelassen haben, die Mahl- und Schlachtsteuer ebenso zu entrichten schuldig sein, als wenn sie zur Stadt gehörten, ohne deshalb von der Klassensteuer ihres Wohnorts entbunden zu werden.

§ 14.

Gleichlautend.

§ 15.

a. Werden die im § 14 benannten Gegenstände in Quantitäten von einem Achtel Zentner und darüber in eine steuerpflichtige Stadt eingebracht, so müssen sie gleich bei der Ankunft dem

§ 15.

Gleichlautend.

Steueramt angemeldet und versteuert, oder es muß demselben nachgewiesen werden, entweder daß sie aus dem Auslande eingeführt und die Steuer an der Grenze entrichtet worden, oder daß sie aus einer mahl- und schlachtsteuerpflichtigen Stadt herkommen.

b. Für das Gewicht des Sacks oder der sonstigen Umgebung womit die Waare zur Verwiegung gelangt, wird bei der Versteuerung kein Abzug gestattet, es bleibt aber auch ein Uebergewicht, welches nicht $^1/_{16}$ Ctr. der auf einmal zur Verwiegung gekommenen Quantität beträgt, unberücksichtigt.

c. Die Entrichtung der Steuer von solchen Waaren wird dahin bestimmt:

aa. von Kraftmehl, Puder, Graupe, Grütze und Gries wird das Doppelte,

bb. von Mehl das Ein- und Eindrittelfache,

cc. von Schroot und Backwerk aller Art das Einfache des Satzes bezahlt, welchen das Getreide, woraus diese Erzeugnisse bereitet werden, steuert,

dd. die Fleisch- und Fettwaaren werden mit ein und ein Drittel des Satzes von dem in den Städten ausgeschlachteten Fleische berechnet.

d. Eine Unterlassung der Anzeige bei der Ankunft der Waaren in der Stadt wird als eine Defraudation angesehen und geahndet.

e. Auch derjenige macht sich einer solchen schuldig, welcher dergleichen Waaren zum Handel in kleineren Quantitäten mittelst Wiederholung einbringt oder einbringen läßt.

§ 16.

a. Müller und Schlächter müssen dem Steueramt anzeigen, welche Mühlengebäude, Schlachthäuser rc. sie zum Betriebe ihres Gewerbes benutzen.

b. Nur in diesen zur Anzeige gebrachten Localen, die unter Aufsicht

§ 16.

Gleichlautend.

des Steueramts stehen, dürfen sie ihr Gewerbe betreiben ꝛc.

c. Müller und Schlächter sind verpflichtet, dasjenige genau zu beobachten, was von der obersten Verwaltungsbehörde wegen zu führender Mahl- und Schlachtbücher ꝛc. und überhaupt zur Kontrolle der Steuer entweder allgemein oder, mit Berücksichtigung örtlicher Verhältnisse, besonders vorgeschrieben wird.

d. Das Müller- und Bäckergewerbe kann nur mit Erlaubniß der obersten Verwaltungsbehörde vereint betrieben werden.

§ 17.

a. Defraudationen ziehen die Confiscation der Waaren, woran solche begangen werden, sowohl für Gewerbtreibende als für andere Steuerpflichtige nach sich.

b. Außer der Confiscation treten die Strafen ein, welche die Steuerordnung v. 8. Febr. 1819 (§§ 60–65 §§ 83—90) auf die Uebertretung der gesetzlichen Vorschriften zur Gefährdung der Steuer angedroht hat. Ueberall wo in diesen Vorschriften von Brennern und Brauern geredet wird, findet die Anordnung auf diejenigen Gewerbtreibenden Anwendung, welche die Mahl- und Schlachtsteuer zu entrichten schuldig sind.

c. In Ansehung des Verfahrens werden die Bestimmungen der Steuerordnung v. 8. Febr. 1819 §§ 91—95 und der Declaration vom 20. Januar 1820 angewendet.

d. In gleicher Art sollen diejenigen Vorschriften der Steuerordnung vom 8. Februar 1819, welche die zur Kontrolle der Steuer getroffenen Maaßregeln der Steuerbehörde zum Gegenstande haben, namentlich die §§ 49, 54—59 und 72 sowohl von den Steuer-

§ 17.

Gleichlautend.

beamten, als von den Steuerpflichtigen beobachtet werden.

§ 18.

a. Die Erhebung der Steuer geschieht durch die Zoll- oder Steuerämter.

b. Von der gesammten Einnahme wird der achte Theil zur Bestreitung der Verwaltungskosten des Staats abgesetzt. Die übrigen sieben Theile sind der Beitrag jeder Provinz zu der von ihr aufzubringenden Quotisationssumme.

c. Was über den Etat einkommt, wird dem Provinzialfonds überwiesen, der nach § 9 des Gesetzes über die Klassensteuer besonders gebildet wird.

§ 18.

Die Erhebung der Steuer geschieht durch die Zoll- oder Steuerämter.

§ 19.

Wir übertragen dem Finanzminister die Ausführung obiger Vorschriften, welche von Unsern Behörden und Unterthanen gemessenst zu befolgen sind.

Gegeben. Berlin.

§ 19.

Gleichlautend.

VI.

Die Berathungen in Pleno des Staatsraths vom 20.—29. April 1820.

Die Acten des Staatsraths sowie des Staatskanzleramts enthalten eine vollständige Literatur über die Frage ob man durch das allgemeine Abgabengesetz eine Quotisation einführen solle oder nicht. Es würde zu weit führen, namentlich da auch in Hoffmann's Gutachten das für und wider genügend hervorgehoben ist, auf alle diese Arbeiten hier einzugehen.

Die Hauptgegner der Quotisation waren v. Bülow und Scharnweber. Ersterer hatte bereits im Staatsministerium mit aller Energie gegen eine auf der Bevölkerungsziffer beruhende Quotisation angekämpft und so sehr man auch von allgemeinem Standpunkte aus dem Bestreben, welches die auf der Quotisation beruhende Gesetzesvorlage im Auge hatte, Härten und Ungleichheiten bei der Grundsteuer auf diese Weise, da eine Grundsteuerregulirung nicht möglich war, zu beseitigen, geneigt sein möchte, so erfordert es doch die Gerechtigkeit anzuerkennen, daß Bülow auf die großen practischen Bedenken dieses Projects hinwies.

Er hat diesem Gedanken nicht allein im Staatsministerium sondern auch noch später in letzter Stunde durch Ueberreichung eines langen Promemoria vom 29. März 1820 an Hardenberg Ausdruck gegeben. Dies Promemoria griff die ganze neue Gesetzgebung mit großer Heftigkeit in allen ihren Theilen an und wenn ihn auch Hardenberg wegen dieser noch zu guterletzt bewirkten Störung unterm 19. April sehr bestimmt zurechtwies, so ist doch nicht zu verkennen, daß seine Gründe bei der Majorität des Staatsraths für die Verwerfung des Princips der Quotisation entscheidend wurden.

Es seien einige Hauptargumente hervorgehoben:

„Soll aber, wie es in der Fassung des ganzen Edikts und selbst in der Ueberschrift desselben zu liegen scheint, der Grundsatz der Quotisation nach der Bevölkerung ein Hauptprincip der ganzen Steuergesetzgebung und die Basis des ganzen Abgabenwesens werden, hat man dabei, wie es mir scheint, den politischen Zweck, die Frage, was einzelne der in dem Edikt bezeichneten Provinzen im Verhältniß zu den übrigen geben können, für immer zu entscheiden, und will man dadurch die Verhandlungen über die Besteuerung für die Zukunft ganz provinzialisiren, und die Berathungen der künftigen Reichsstände, die in dem neusten Edikt über das Staatsschuldenwesen zum erstenmal genannt sind, über die höchstwichtige Frage der Prägravation ganz vermeiden, so ist meines Erachtens zu bedenken, welch' ein Schritt durch die Aufstellung dieses Grundsatzes und dieses Maaßstabes geschieht und welche politische Folgen er haben kann?"

„Dieser Schritt, wodurch von einem mathematischen Punkte aus, das Verhältniß der Steuerlast der Provinzen von oben herab bestimmt wird, ist, soweit meine Kenntniß der Finanzgeschichte der Europäischen Staaten geht, bis jetzt noch nirgend und niemals geschehen. Es fragt sich daher billig, ob er geschehen könne?" — —

„Was nun besonders die Bevölkerung als einzigen Maaßstab der Quotisation betrifft, so scheint mir derselbe an sich schon höchst unvollkommen und einer der gefährlichsten zu sein, die die statistische Rechenkunst aufzustellen vermag." — — —

„Selbst arithmetisch läßt sich die Ungerechtigkeit dieses Maaßstabes nachweisen. Denn wenn z. B. 8100 Menschen, die in der Provinz Jülich und Berg auf einer Quadratmeile wohnen und also auf jede Seele nur 2—2½ Morgen Land zu rechnen sind, nach diesem Quotisationsmaaßstabe den höchsten Satz in den allgemeinen und Quotisationssteuern bezahlen, (also zwischen 5 und 6 Rthlr. im Ganzen pro Kopf) so erhebt der Staat von jedem Morgen Land, deren 22,220 eine Quadratmeile ausmachen, über 2 Rthlr. Ertrag und mithin mehr als der Eigenthümer für sein Land Pacht erhalten kann." —

Will man dagegen einwenden, daß der Ertrag nicht von dem Grund und Boden, sondern von den Gewerben erhoben wird, die auf dieser Fläche getrieben werden, so muß man dagegen bedenken, wie wenig eigentlich zahlungsfähige Individuen in diesen Fabrikgegenden vorhanden sind und daß vielleicht unter 50 Individuen immer nur Einer ist, der mehr erwirbt, als die Kosten der kümmerlichsten Existenz hinwegnehmen." — . . .

„Dieser Maaßstab hat ferner noch das gegen sich, daß er auf einzelne Kommunen angewandt, anerkannt unrichtig und falsch ist."

„Es wird gewiß Niemand der Ansicht sein, daß ein armes Kolonistendorf im Magdeburgischen sich selbst bei der doppelten Seelenzahl mit einem reichen Bauerndorf in Ansehung der Steuerfähigkeit vergleichen lasse; oder daß man in Luckenwalde, wo eine neuerlich, der Servisabgabe wegen veranlaßte Auspfändung ergeben hat, daß in mehr als 100 ausgepfändeten Häusern nur für 30 Thlr. Werth an abpfändungsfähigen Objecten vorhanden waren, ebensoviel Steuern, als in dem wohlhabenden Krossen erheben könne." . . .

„Endlich ist die B e w e g l i c h k e i t des gewählten Maaßstabes der Bevölkerung einer seiner hauptsächlichsten Fehler". . . .

„Wenn nun aus diesen Gründen die Quotisation nach der Bevölkerung wegen des sehr möglichen politischen Nachtheils, wegen der Unrichtigkeit des gewählten Maaßstabes und der daraus entstehenden Unsicherheit des Ertrages zu verwerfen, so fragt es sich ob ein andrer Maaßstab um den Zweck zu erreichen möglich." —

Dies wird von Bülow in längerer Durchführung verneint, zum Schluß aber sehr gewandt dahin raisonirt, daß wenn ohne Quotisation die neuen Gesetze ihre Aufgabe allgemeine Härten und namentlich die Verschiedenheiten der Grundsteuern zu heben und auszugleichen außer Stande seien, nichts übrig bleibe als diese Steuern durch andere zu ersetzen. Dies seien aber seine ursprünglich vorgeschlagenen. —

Dieselben sind zur Genüge erörtert. Interessant bleibt noch der wissenschaftlichen Quelle Erwähnung zu thun, auf die sich dieser wärmste Vertheidiger indirecter inländischer Belastung in seiner umfangreichen Schrift bezog. Es ist dies der französische Schriftsteller Gervaise: recueil administratif des contributions. Er citirt den folgenden interessanten Passus: Tom. III. p. 181 a. a. O.

„l'autre systeme des répartitions, que l'on prétend opposer à celui de la loi de december 1790 consiste à supposer que la richesse imposable est partout en proportion de la population et à cotiser chaque section du territoire français d'aprés cette donnée. La population, disent les partisans de ce système, est le signe le moins équivoque de la prospérité d'un pays, elle présuppose la richesse; un pays n'a d'habitans que ce qu'il en peut nourrir. Partant ensuite de ce principe absolu, comme autrefois certains économistes de leur chimère de l'impôt unique, ils divisent la somme totale de la contribution, qu'ils veulent lever par le nombre d'habitants de la France. Le departement, qui compte le plus des têtes paye le plus, et de même les cantons et les communes.

Mais parcequ'on a bien senti qu'une telle méthode appliquée separément à la contribution foncière serait trop ridicule on a proposé pour le succès de cumuler les deux contributions foncière et mobilière et de les répartir comme une seule masse sur les departements etc. — On préviendra, dit-on, par ce procédé nouveau toute inégalité. — La richesse et la population dit-on encore partent de deux sources, qui leur sont communes le sol et l'industrie. C'est par la fertilité du sol et l'étendue de l'industrie combinées, qu'un pays est riche; c'est aussi par l'effet des mêmes causes, qu'il est plus ou moins peuplé. En réunissant l'impôt foncier et l'impôt personel ou mobilier et répartissant ensuite cumulativement en raison de la population effective, on aura atteint tout à la fois la double source de richesse de chaque pays, le produit territorial et le produit industriel: l'égalité proportionelle se trouvera établie.... „Ainsi dans chaque commune il faudra un cadastre local ou des matrices de rôle, qui fassent connaître la mésure des terres et leur valeur spécifique pour la formation d'un rôle de la contribution foncière. Il y aura aussi un second rôle de contribution simplement personelle pour le montant de l'inscription civique etc. etc.“ — Qu'y aurait il donc à gagner à cette nouvelle méthode de répartir l'impôt? — Plus d'égalité, nous dit-on, entre les différentes sections de territoire de la république. Ah! qu'on dise plus d'injustices, de murmures! Qu'on y prenne garde: de funestes expériences ne nous ont trop appris qu'en administration l'esprit de système n'était pas toujours d'accord avec la raison; cette raison éclairée et circomspecte qui ne veut compromettre ni les intérêts des peuples, ni le sort des gouvernements. Celle-ci calcule, examine, délibère long temps avant de ce hazarder en déroutes nouvelles; l'esprit de système au contraire, ne voit, ni ne veut voir les obstacles qui resistent à ses projets; il prend son vol; il s'abandonne aux vents. Qu'arrive-t-il? Il a eu l'imprudence d'Icare, il en éprouve le sort. Malheur alors aux peuples et aux gouvernements, qu'il a entraînés."

Das Plenum des Staatsraths entschied sich mit 36 gegen 13 Stimmen gegen die Quotisation.

Es folgt nun die Berathung der eigentlichen Gesetze und ist es bezüglich derselben am angemessensten erschienen die Original-Protocolle hier aufzunehmen.

Dritte Sitzung: Verhandelt im Königlichen Staatsrath den 20. April 1820:

Der Gegenstand der heutigen Sitzung betrifft die Berathung über die entworfenen neuen Steuergesetze. Durch selbige soll mit Vorbehalt der annoch wegen der Grundsteuer zu treffenden Maaßregeln die durch die Gesetze vom 26. Mai 1818 und 8. Februar v. J. begonnene Steuerreform vollendet und das in der Staatseinnahme gegen die Ausgabe noch vorhandene Deficit gedeckt werden. Sie sind von einer dazu besonders ernannt gewesenen Immediatkommission unter Vorsitz des Herrn Finanzministers ausgearbeitet worden und bestehen aus folgenden Entwürfen.

1. Ueber die Einrichtung des Abgabenwesens,
2. Ueber die Einführung einer Klassensteuer,
3. Ueber die Entrichtung einer Mahl- und Schlachtsteuer,
4. Wegen Entrichtung der Gewerbesteuer.

Nachdem solche von dem gesammten Staatsministerium berathen waren, so haben Sr. Majestät zur Prüfung derselben im Staatsrathe mittelst Allerh. Kabinetsordre vom 12. Febr. d. J. eine besondere Kommission aus Mitgliedern des Staatsraths bestehend ernannt, welche in ihrem unterm 3. d. Mts. abgegebenen ausführenden Gutachten sich zwar im Ganzen für die in Vorschlag gebrachten Steuern erklärt, jedoch bei mehreren einzelnen Bestimmungen Veränderungen und Modificationen vorgeschlagen und daher auch anderweitig ausgearbeitete Gesetzentwürfe übergeben hat.

Der Vortrag der Sache wurde durch den ernannten Referenten Wirkl. Geh. Oberregierungsrath Hoffmann gehalten.

Bei Eröffnung der Discussion äußerte indessen zuvörderst ein Mitglied sein Bedenken, daß, da das Deficit in den Staatseinnahmen nur ungefähr 4—5 Millionen betrage, es nicht rathsam sein dürfte, deshalb, wie es nach dem vorliegenden Plane geschehen sei, eine Mehrung von 10—12 Millionen in dem ganzen Steuersystem vorzunehmen, indem jede Steuerveränderung, durch welche mehr aufgebracht werden solle, einen unangenehmen Eindruck mache, die Unterthanen an die bisherigen Steuern sehr gewöhnt wären, dasjenige was ihnen bei einer Steuerveränderung erlassen würde, gewöhnlich nicht beachteten, sondern die neue Steuer nur danach berechneten, was im Ganzen dadurch aufgebracht werden solle. In dieser Rücksicht müsse er anheimgeben, ob nicht der Versuch zu machen sei, ohne so große Veränderung in den bisherigen Steuern das Deficit zu decken.

Ein anderes Mitglied bemerkte, wie es sich verpflichtet halte, darauf aufmerksam zu machen, welche bedenkliche Folgen die vorgeschlagenen Steuergesetze nach sich ziehen könnten, zumal bei der Gährung, welche in den Gemüthern herrsche und dem überaus großen Betrage, womit das Land von Neuem belastetet werden solle, indem bis jetzt der Fall wohl noch nicht vorhanden gewesen, daß auf einmal eine Steuererhöhung von mehr als 5 Millionen stattgefunden habe.

Bei jeder neuen Steuer frage es sich zuerst, ob solche nothwendig sei, und so wenig er bestreiten wolle, daß bei Feststellung des Finanzetats für den Staatsbedarf mit der möglichsten Sparsamkeit zu Werke gegangen sei, so wären doch dem Staatsrath die Materialien, auf welchen der Etat beruhe, nicht mitgetheilt worden und er befinde sich daher auch außer Stande die Nothwendigkeit der vorgeschlagenen neuen Steuern nach eigner Ueberzeugung zu beurtheilen. Bei der großen Schuldenlast des Preußischen Staats und der äußerst bedeutenden Anstrengung, welche das Land vom Jahr 1806 ab habe machen müssen, könne man in der Ausgabe nicht blos bei dem Nützlichen stehen bleiben, sondern müsse sich auch auf das aller Nothwendigste beschränken und die Ausgabe lediglich nach der vorhandenen Einnahme bestimmen. Aus diesen Gründen müsse er daher auch wünschen, daß es dem Staatsrath gefallen möge Sr. Majestät ehrerbietigst den Wunsch auszudrücken:

daß ein nochmaliger Versuch gemacht werde, ob die in Antrag gebrachte Erhöhung der bisherigen Steuern sich nicht durch größere Ersparung bei der Ausgabe vermeiden lasse,

und im Falle es unzulässig wäre, solches vor der vorzunehmenden Berathung über die vorliegenden Gesetzentwürfe zu thun,

wenigstens diesen Wunsch am Schluß des Sr. Majestät zu erstattenden Berichts aufzunehmen.

Er glaube nicht, daß der Staatsrath die Grenzen seiner Befugnisse dadurch überschreite, weil es jedem Unterthan frei stehe, seine Zweifel über Gesetze und Einrichtungen dem Monarchen ehrerbietigst vorzutragen, im Gegentheil halte er es für Pflicht des Staatsraths solches zu thun.

Dieser Antrag wurde von mehreren andern Mitgliedern des Staatsraths unterstützt.

Der Herr Finanzminister v. Clewitz erwiederte hierauf:

Der Staatsbedarf sei von des Königs Majestät nach genauer Untersuchung desselben und nach erfolgter Herabsetzung in den Ausgaben auf 50,863,150 Thlr. festgestellt worden. Dieser königlichen Bestimmung sei eine Ausmittelung des Staatsbedarfs unter dem Vorsitz des Herrn Staatskanzlers vorangegangen und das Resultat davon eine Summe von 55,893,722 Thlr. und deren Herabsetzung auf 50,863,150 Thlr. gewesen. Des Königs Majestät hätten also nach vorheriger Ausmittelung schon 5,030,572 Thlr. Ersparungen befohlen. Der hiernach normirte Hauptfinanzetat habe darauf noch von dem gesammten Staatsministerium in Einnahme und Ausgabe geprüft werden müssen. Allem, was mehr eingenommen, oder weniger ausgegeben werden sollte, hätte Sr. Majestät die Bestimmung gegeben, daß es in den Staatsschatz fließen solle. Daß noch wesentliche Ersparungen, namentlich durch Vereinfachung der Verwaltung, Einziehung von Behörden, Beschränkung der Beamtengehälter herbeigeführt werden solle, liege in Sr. Majestät Absicht und in aller obersten Verwaltungsbehörden eifrigstem Bestreben, aber der Erfolg lasse sich nicht auf einmal, sondern nur allmählig erreichen, indem die überschießenden Beamten theils nur nach und nach unterzubringen und noch weiter mit Wartegeld zu versehen, theils zu pensioniren wären, durch die Versetzung aber noch Kosten aufliefen. — Das Bedürfniß des Staats bliebe also jetzt auf 50,863,150 Thlr. fest und könne auch nicht zu hoch erscheinen, da darunter außer 10,143,000 Thlr. zum Staatsschuldenwesen nur 40,720,150 Thlr.

für die laufende Verwaltung blieben. Soviel aber enthalte schon ein Generaltableau der Einnahmen und Ausgaben vom Jahre 1803/4, obwohl er dabei bemerken müsse, daß darunter auch Etatsüberschüsse und Ersparungen mitbegriffen wären.

Wenn die vorgeschlagene Klassen-, Particular-Mahl- und Schlacht- und die Gewerbesteuer über den Betrag der dafür wegfallenden Steuern und mit Inbegriff der beabsichtigten Stempelerhöhungen eine Mehrbelastung von 5 Millionen Thalern herbeiführe, so dürfe die Nation doch nicht übersehen, daß ihr die Gesetzgebung seit 1807 große Vortheile zugewendet habe, z. B. durch Freiheit beim Güterbesitz und Gewerben, große Lasten abgenommen z. B. Vorspann und Fouragelieferung; daß die Schuldenlast besonders Folge der Zustände und Kriege seit 1806 sei, daß zu deren Verminderung und Verzinsung die Domainen höchst beträchtlich beitragen sollen; und daß überhaupt die Preise der Dinge gestiegen seien.

Wolle man sich statt der vorgeschlagenen Steuern nach andern Surrogaten umsehen, so müsse man nicht vergessen, daß von den Haupteinnahmequellen die Domainen und Forsten schon aufs Höchste angezogen wären, und ihre Bestimmung erhalten hätten, daß die Grundsteuer für jetzt unberührt bleiben soll; daß die indirecte Steuer an der Grenze und die innern Getränkesteuern schon regulirt wären, zuletzt also nur die persönlichen Steuern, oder von den indirecten das Gemahl und Fleisch übrig blieben. Möge man nun entweder die erstere zum Theil verdoppeln, oder auf die doch verworfene allgemeine Mahl- und Schlachtsteuer zurückkommen wollen, so werde man immer um mehr als 2½ Millionen Thlr. hinter dem Bedarf zurückbleiben. — Was die besorgte Unzufriedenheit betreffe, so wären die Steuergesetze vom 26. Mai 1818 und 8. Februar 1819 ohne gewaltsame Widersetzlichkeit, wie sie in früheren Jahren wohl stattgefunden, durchgeführt, aber das hoffe er unter Sr. Majestät kräftigem Schutz auch für die neuen, besonders wenn zweckmäßige Belehrungen vorangingen. —

Von Seiten des Präsidiums wurde erklärt, daß der Staatsrath nach seiner Verfassung und nach der von Sr. Majestät erst neulich ganz bestimmt zu erkennen gegebenen Allerhöchsten Willensmeinung nur über Gegenstände in Berathung treten könne, über welche derselbe zum Gutachten aufgefordert sei, die Frage, ob und welche Ersparnisse in der Ausgabe des Staats zu bewirken seien, kein Gegenstand der Berathung sein dürfe, da Se. Majestät hierüber das Gutachten des Staatsraths nicht nur nicht erfordert, sondern solche ganz bestimmt zum Gutachten über die Aufbringung des nach jener Ermäßigung von 55,030,572 Thlr. auf 50,863,150 Thlr. angenommenen, in einen allerhöchst unmittelbar vollzogenen Etat bestimmt angewiesenen, für jetzt unerläßlichen Bedarfs aufgefordert habe.

In jedem Falle dürfe durch eine weitere Erörterung hierüber die Prüfung der vorgelegten Gesetzentwürfe nicht ausgesetzt werden und es würde nur am Schluß derselben in nähere Erwägung gezogen werden können, ob und was Se. Majestät in der vorgedachten Beziehung zu äußern nöthig und nach der Verfassung für zulässig befinden werde. Diesem gemäß wurde daher auch die weitere Erörterung dieses Gegenstandes ausgesetzt und zur Sache selbst übergegangen. —

Bei derselben kommt es zunächst auf die beiden Vorfragen an:

1. ob das fehlende Staatsbedürfniß durch die vorgeschlagenen oder durch anderweite Steuern aufzubringen sei? und im ersten Falle, ob

2. bei Einrichtung der vorgeschlagenen Klassensteuer auf die jetzt bestehende Verschiedenheit der Grundsteuer in den einzelnen Provinzen Rücksicht genommen werden soll, oder nicht?

In Ansehung der ersten Frage, welche auch die Bestimmung, ob das Bedürfniß durch bloße Veränderung in der Art der Erhebung und der Sätze von schon bestehenden Steuern aufgebracht werden könne, in sich faßt, wurde anerkannt, daß Alles, was sich namentlich in letzterer Beziehung vorschlagen lasse, nicht schnell und sicher genug den Zweck erfüllen werde. Der Staatsrath vereinigte sich ohne Abstimmung daher auch für die vorgeschlagenen Steuern im Allgemeinen.

In Ansehung der zweiten Frage fand aber in den Meinungen eine größere Verschiedenheit statt.

Der Herr Finanzminister setzte zuvörderst die Gründe auseinander, welche die zur Ausarbeitung des neuen Steuerplanes niedergesetzt gewesene Kommission zu dem vorgeschlagenen Quotisationssystem veranlaßt hätten; bemerkte jedoch, daß auch auf den anderweiten, von der Staatsrathskommission vorgeschlagenen Wegen, das Bedürfniß gedeckt werden könne.

Mehrere Mitglieder erklärten sich gegen die Quotisation und insbesondere gab der Herr Generallieutenant v. d. Knesebeck gegen dieselbe den von ihm verlesenen Aufsatz mit dem Wunsche zu Protokoll, daß derselbe dem Herrn Finanz-Minister zur weiteren Prüfung mitgetheilt werden möge.

Es wurde daher auch die Frage zur Abstimmung gestellt:

ob bei Bestimmung der Klassensteuer und ihres Surrogats, der Mahl- und Schlachtsteuer überhaupt die einzelnen Provinzen quotisirt werden sollten?

in welcher sich die Mehrheit mit 36 gegen 13 Stimmen gegen die Quotisation erklärte. — Nach diesem Beschluß kommt es also auf die für den Fall der Quotisation vorgelegten Gesetze nicht mehr an.

Vierte Sitzung. Fortgesetzt den 21. April 1820.

In der heutigen Sitzung wurde mit Durchgehung der einzelnen Gesetzentwürfe und zwar zunächst mit demjenigen über Einrichtung des Abgabenwesens der Anfang gemacht, wobei der Kürze wegen ein für allemal bemerkt wird, daß bei denjenigen Paragraphen ꝛc. über welche in dem gegenwärtigen Protocoll keine ausdrückliche Bemerkung aufgenommen ist, der Staatsrath auch nichts Wesentliches zu erinnern gefunden hat.

Dies vorausgesetzt entstand:

1. Bei dem Eingange dieses Gesetzentwurfs zuvörderst die Frage, ob es rathsam sei, darin einer Revision der Grundsteuer ausdrücklich zu erwähnen. Bei der Abstimmung hierüber erklärte sich indessen die Mehrheit mit 32 gegen 15 Stimmen dafür, und auf mehrere Erinnerungen darüber, die über die jetzige Fassung des Eingangs erhoben worden waren, vereinigte sich der Staatsrath, denselben in folgender Art zu fassen:

„Wir ꝛc. Um die Reform der Steuergesetze zu vollenden, welche Wir in der Verordnung vom 27./10. 1810 Unsern getreuen Unterthanen zugesichert, würden Wir vor Allem eine Revision der Grundsteuer in den sämmtlichen Provinzen nöthig gefunden haben, wenn es Uns nicht in Betreff der Schwierigkeiten, die mit einer solchen Maßregel unzertrennlich verbunden sind, rathsam geschienen hätte, diesen die Provinzialinteressen vorzüglich mehr berührenden Gegenstand der Berathung mit den Ständen vorzubehalten. Da jedoch der Staatsbedarf fortdauernd gesichert bleiben muß: so haben Wir wegen Erhebung der zur Bestreitung der Staatsausgaben erforderlichen übrigen Steuern nach vernommenem Gutachten Unsres Staatsraths Nachstehendes angeordnet:

2. In § 1 zu c sollen die Worte: „mit Einschluß der Ein-

schreibegebühren" weggelassen werden und zu e statt § 8 gesetzt werden § 3—7.

Ferner sollen bei g gleich im Anfange die Worte „an Stelle der abzuschaffenden persönlichen Steuern"
zugesetzt werden, um dem Irrthum vorzubeugen, als ob der ganze Betrag der Klassensteuer eine neue Auflage sei.

3. Aus § 3 ist die Bestimmung, daß der Staatsbedarf alle 3 Jahre bekannt gemacht werden soll, wegzulassen, da sie bereits in der Allerhöchst unterm 17. Januar d. J. erlassenen und durch die Gesetzsammlung unter Nr. 579 bekannt gemachten Kabinetsordre zu II. enthalten ist. Es soll daher auch auf diese Allerhöchste Kabinetsordre Bezug genommen und blos der 2. Theil dieses § beibehalten werden.

4. Von § 3 fällt die letzte Periode weg, da sie hier bloß aus einem Mißverständniß abgedruckt worden, und den Fall der Quotisation voraussetzt.

5. Im § 5 soll es statt „in Folge der eingetretenen Staatsveränderungen" heißen „in Folge der seit 1789 eingetretenen Staatsveränderungen."

6. In § 6 soll hinter „östliche Provinzen" eingeschaltet werden: „zur Generalserviskasse oder zu der Hauptinstitutenkasse" und statt „Reform der Grundsteuer" gesagt werden: „Revision der Grundsteuer."

7. Zu § 9 ist zu d statt: „ihrer Natur" „ihrer jetzigen Natur nach" zu setzen und hinzuzufügen, daß auch die Thür- und Fenstersteuer, wo sie noch stattfinden, ebenfalls aufhören sollen.

8. Im § 10 soll zu a gesagt werden, „des garnisonirenden Militairs" um dem Mißverständniß vorzubeugen, daß auch bei Märschen oder einzelnen Kommandos dem Offizier kein Naturalquartier angewiesen werden darf.

9. In § 11 ist hinter „dermaligen" noch einzuschalten „besondere" und dagegen sollen die Worte „für den Erlaß der Militairpflicht" weggelassen werden.

10. Im § 13 fand man die letzte Periode nicht bestimmt genug gefaßt, daher sie in folgender Art abzuändern:

„Andere Auflagen und Ausschläge für die Bezirks- und Gemeinbedürfnisse können jedoch nur dann erhoben werden, wenn sie bereits bestehen und fortdauernd erforderlich sind, oder wenn sie in der Verfassung oder auf landesherrlicher Bewilligung beruhen, in allen Fällen aber nur insofern sie den Bestimmungen der allgemeinen Steuergesetze in der Freiheit des innern Verkehrs nicht hinderlich sind."

Fünfte Sitzung. Fortgesetzt den 22. April 1820.

Zu dem gestern berathenen Gesetze wurden heute noch 2 nachträgliche Erinnerungen gemacht und vom Staatsrath angenommen, nämlich:

es soll im § 9 der Abschnitt g in nachfolgender Art gefaßt werden. „Desgleichen soll dem Herzogthum Sachsen so viel an Abgaben erlassen werden, als der ganze jetzige Betrag der Quatembersteuer ausmacht, dieser Erlaß jedoch in der Art stattfinden, daß zunächst auf die unter der Benennung der Magazinmetze oder des Magazingetreides noch bestehende Naturallieferung, ferner die auf die Person oder auf die Gewerbe gelegten Quatember- oder Schocksteuer, soweit solche noch aus den Katastern mit Ueberzeugung zu ermitteln sind, in Anrechnung kommen.

Was dann noch übrig bleibt, soll zur Erleichterung derjenigen Unterthanen des Herzogthums Sachsen verwendet werden, welche durch die neuen Steuern verhältnißmäßig am meisten belastet werden. —

Zu § 13 soll hinter „Genehmigung" eingeschaltet werden: „die vorgesetzten Regierungen, welche deshalb vom Finanzministerium mit allgemeiner Anweisung versehen werden sollen."

Hiernächst ging der Staatsrath zur Prüfung des unter d vorgelegten Gesetzentwurfs zur Einführung einer Klassensteuer über; und zwar desjenigen Exemplars davon, welches für den Fall angefertigt ist, daß keine Quotisation stattfindet.

In Rücksicht dieses Entwurfs wurden folgende Erinnerungen gemacht.

1. Zum § 2 Buchstabe a wurde vorgeschlagen, daß von der hier angedeuteten Befreiung wenigstens diejenigen öffentlichen Beamten, welche ein Gehalt von mehr als 1000 Thlr. bezögen, ausgenommen und mit der ersten Klasse der vorgeschlagenen Klassensteuer herangezogen würden, indem sie die Mahl- und Schlachtsteuer seither schon entrichtet hätten, also an demjenigen Orte, wo sie bereits bestanden haben, durch die neuen Steuern nicht getroffen würden, und es um so weniger Bedenken habe, sie mit der Klassen-

steuer heranzuziehen, als sie durch den Erlaß der ehemaligen inneren Accise schon in ihren Ausgaben gewonnen hätten.

Ein anderes Mitglied bemerkte, daß es den üblen Eindruck der neuen Steuern gewiß sehr mildern und dem vorliegenden Gesetze einen um so willigern Eingang bei dem Volke verschaffen würde, wenn dasselbe sich überzeuge, daß die Staatsbeamten nicht geschont seien. In dieser Rücksicht halte er es daher auch angemessen, daß den Beamten in einem steigenden Verhältniß nach der Größe ihrer Gehälter ein Gehaltsabzug gemacht, oder eine besondere Steuer auferlegt werde.

Von einer andern Seite geschah endlich der Vorschlag, daß überhaupt die ersten Klassen der Klassensteuer in allen Städten, wo auch Mahl- und Schlachtsteuer stattfinde, neben dieser eingeführt werde, da durch die vorzunehmende Steuerveränderung vorzüglich das platte Land betroffen werde, und es um so billiger sei, daß die größeren Städte noch besonders herangezogen würden, als der Regel nach in ihnen mehr Wohlhabenheit als auf dem platten Lande herrsche und die erste Klasse der Klassensteuer an sich nicht von der Bedeutung sei, um drückend zu werden.

Gegen diese Vorschläge wurde indessen erinnert, daß die Beamten, welche in Orten wohnten, wo die Klassensteuer eingeführt werden solle, durch diese, und da wo die Mahl- und Schlachtsteuer stattfinde, durch letztere gleich jedem andern Unterthan getroffen würden und eine besondere Steuer für sie in Vorschlag zu bringen, theils außer den Grenzen der jetzigen Berathung liege, theils an sich nicht rathsam sei und es in jedem Falle besser sein würde, ihre Gehälter um so viel, als man sie zu hoch fände, geradehin herabzusetzen; wie denn auch schon Einschränkungen, welche bei dem Beamtenpersonal zu machen wären auf Befehl Sr. Majestät beim Staatsministerium berathen würden; daß endlich, was den letzteren Vorschlag betreffe, selbiger sich schon darum nicht rechtfertigen lasse, weil Jedermann in der Mahl- und Schlachtsteuer mehr bezahle, als in der Klassensteuer, und namentlich in großen Städten die Ausmittelung der Klassen mit solchen Unannehmlichkeiten verknüpft sei, daß sich sicher eine bedeutendere Stimme gegen die neue Einrichtung wegen dieser Schwierigkeit, als wegen der Abgaben erheben würde.

Die Mehrheit des Staatsraths entschied sich bei der Abstimmung über die Frage: ob die erste Klasse der Steuer auch in diejenigen Städte einzuführen, wo die Mahl- und Schlachtsteuer erhoben wird? mit 26 gegen 18 Stimmen für die verneinende Meinung.

Es kam hiernächst noch auf die Frage an: sollen Königliche Diener, welche mehr als 1000 Thlr. Gehalt beziehen, außer den allgemeinen, jetzt einzuführenden Steuern, von ihrem Gehalt noch besonders besteuert werden? welche gleichfalls zur Abstimmung gebracht und im Fall ihrer bejahenden Entscheidung der weitern Prüfung vorbehalten wurde, ob alsdann diese Maaßregel auch auf Militairs, welche ein gleiches Gehalt bezögen, auszudehnen sei? In der Abstimmung erklärten sich 27 Stimmen für die Negation und 15 für die Affirmation, weshalb es auf die weitere Frage nicht ankam. Zwei Mitglieder enthielten sich der Stimmen (wohl Militairs).

2. Wurde zu § 2 ad d beschlossen hinter den Worten: „ersten Aufgebots" den Zusatz zu machen: und ihre Familien sofern sie in die unterste Klasse steuern, da man es billig fand, diese Erleichterung auch auf die Familien der Landwehrmänner auszudehnen.

3. Bei § 3 wurde zuvörderst erinnert, daß nicht nur die hier angegebenen Unterscheidungen von den verschiedenen Klassen so unbestimmt wären, daß besonders in den beiden ersten Klassen eine völlige Ungewißheit darüber herrsche, wer zu der einen oder zu der andern gehöre, sondern daß es auch eine große Unzufriedenheit erregen dürfte, wenn die Bestimmung der einzelnen Unterscheidungszeichen lediglich in die Hände der Verwaltung gelegt werden sollte.

Von Seiten des Finanzministeriums wurde hierauf erwidert, daß es wegen der großen Verschiedenheit aller hierauf Bezug habenden Verhältnisse nicht möglich sei, darüber nähere allgemein zutreffende Merkmale in dem Gesetz anzugeben, daß jedoch die an mehreren Orten deshalb schon angestellten Proben es bewiesen haben, daß bei der Ausführung selbst keine erheblichen Schwierigkeiten zu besorgen wären.

Der Staatsrath ging daher über die erwähnten Bedenken hinweg, beschloß jedoch, daß es in dem Gesetz ausgedrückt werden solle, daß die den Regierungen zu ertheilende Instruction dem Könige zur Entscheidung und Bestätigung vorgelegt werden würde.

4. Machte der Prinz August bei dem nämlichen Paragraphen den Antrag die Zahl der Klassen zu vermehren, um den reicheren und wohlhabenderen Theil der Einwohner stärker heranzuziehen und dadurch die Unzufriedenheit bei den ärmeren Klassen wegen der

ihnen auferlegten Steuer zu vermindern, indem für einen reichen Mann eine Steuer von 27 Thlrn., welche er in der ersten Klasse nur zu bezahlen habe, in keinem Verhältniß mit der in der untern Klasse angeordneten Steuer stehe:

Sechste Sitzung. Fortgesetzt den 24. April 1820.

Der in der letzten Sitzung wegen Vermehrung der Klassen gemachte Antrag wurde in der heutigen Sitzung erneut und von mehreren Mitgliedern unterstützt. Es wurde dagegen erwidert, daß die Frage, ob man für den wohlhabenderen und reicheren Theil der Unterthanen die Zahl der Klassen vermehren wolle, in beiden Kommissionen, sowohl in der, welche die Gesetzentwürfe ausgearbeitet, als auch in der, welche sie vor ihrer jetzigen Vorlegung geprüft habe, bereits zur Sprache gekommen sei, daß man sie indessen aufgegeben habe, theils weil es gar zu schwierig sei, leicht erkennbare Merkmale aufzufinden, um ohne in eine Einkommen- oder Vermögenssteuer zu verfallen, welche man bei ihrer großen Gehässigkeit und practischen Unausführbarkeit durchaus vermeiden zu müssen geglaubt habe, die wohlhabenderen und reicheren Klassen in einem angemesseneren Verhältniß stärker zu belasten, theils weil man sich davon nur einen geringen Erfolg für das Staatseinkommen verspreche. Um diese Schwierigkeiten zu beseitigen, geschehe der Vorschlag zwar mehrere Klassen festzusetzen, jedoch in einer angemessenen Bekanntmachung darüber den wohlhabenden und reicheren Theil der Bevölkerung aufzufordern, sich freiwillig in eine höhere Klasse zu setzen und darin zu steuern.

Andere Mitglieder waren der Meinung, daß solches ebenfalls von keinem erheblichen Erfolge und wegen des Odiums, den diese Maßregel bei der dadurch betroffenen Volksklasse verbreiten würde, auch nicht rathsam sein dürfte.

Man kam überein zuvörderst im Allgemeinen darüber abzustimmen: ob außer der Besteuerung durch die vorgeschlagene Klassen-, Mahl- und Schlachtsteuer überhaupt eine höhere Besteuerung für die reichen Einwohner stattfinden solle? und behielt sich vor, bei der bejahenden Entscheidung dieser Frage demnächst noch weiter sich zu entschließen, wie viel Klassen man zu der höheren Besteuerung machen wolle, und ob eine analoge Maßregel auch in Ansehung derjenigen Städte zu treffen sei, wo die Mahl- und Schlachtsteuer eingeführt werden solle. —

In der Abstimmung erklärten sich 27 Stimmen für und 17 Stimmen gegen eine solche höhere Besteuerung und in Folge dieses Beschlusses vereinigte sich der Staatsrath über folgende zwei Fragen weiter abzustimmen:

a) ob bei der beschlossenen Erhöhung blos eine Klasse mit 48 Thlr. als Maximum, oder mehrere Klassen anzunehmen?

b) sollen auch die reicheren Einwohner in denjenigen Städten wo keine Klassensteuer stattfindet, durch ein angemessenes Surrogat für die beschlossene Steuererhöhung herangezogen werden oder nicht? —

Die letzte Frage mußte aus dem Grunde so gestellt werden, weil der Staatsrath in der vorigen Sitzung bereits angenommen hat, daß die erste Klasse der Klassensteuer in denjenigen Städten nicht einzuführen sei, wo die Mahl- und Schlachtsteuer stattfindet.

Man war zugleich einverstanden, daß im Falle bei der letzten Frage die Entscheidung des Staatsraths für die Affirmation ausfiele, den Verwaltungsbehörden zuvörderst darüber Vorschläge gemacht werden müßten, in welcher Form und wie hoch die Steuer zu bestimmen sei.

Die Mehrheit erklärte sich nun bei der ersten von diesen beiden Fragen (a) mit 37 gegen 7 Stimmen für eine Klasse mit dem Satze von 48 Thlr. und bei der zweiten Frage (b) mit 30 gegen 15 Stimmen für die bejahende Entscheidung.

Nach diesen Beschlüssen ist also die Zahl der Klassen in § 3 auf 5 resp. auf 6 zu bestimmen und danach der Gesetzentwurf zu ändern. Wegen der besondern analogen Besteuerung derjenigen Städte, wo die Mahl- und Schlachtsteuer stattfindet, soll aber Sr. Majestät anheimgestellt werden, darüber die weitern Vorschläge des Finanzministeriums zu erfordern. —

5. Zu § 4 Buchstabe c wurde der Vorschlag gemacht, daß in der untersten Klasse die Steuer blos auf drei Personen für die Familie oder Haushaltung beschränkt werde, weil es für sie zu drückend sein könnte, wenn die Steuern hier bei einer stärkeren Familie personenweise gerechnet werden sollten und dieser Vorschlag wurde auch bei der Abstimmung darüber mit 31 gegen 14 Stimmen angenommen, wonach also der Gesetzentwurf zu ergänzen ist.

6. Der § 5 ändert sich gleichfalls nach den heut genommenen vorher zu 4 und 5 bemerkten Beschlüssen und ist danach beziehungsweise zu vervollständigen und abzuändern.

7. In § 6 ist bei dem Buchstaben a in Gemäßheit des in der vorigen Sitzung genommenen Beschlusses, daß die Instructionen vom Könige genehmigt und bestätigt sein müssen, auf den § 3 Bezug zu nehmen, damit es keinen Zweifel leidet, daß die Klassification nach dieser Instruction erfolgen soll.

8. Zu § 8 Buchstabe a wurde das Bedenken erhoben, daß diese Bestimmung so wie sie jetzt gefaßt sei, bei der ersten Einführung der Steuer Zweifel erregen könne, da diese im Laufe des Jahres erfolge und daselbst beschlossen, daß zur Vermeidung eines Mißverständnisses dieserhalb ein Zusatz im Gesetzentwurf gemacht werden solle.

9. In demselben Paragraph solle beim Buchstaben c hinter „Ablauf" die Worte „durch die competenten Executionsbehörden" hinzugefügt und hinter „Steuerempfänger" der § 9 allegirt werden, um keinen Zweifel übrig zu lassen, durch welche Behörde die Execution zu verfügen und wer als Steuerempfänger zu betrachten sei.

10. Der § 9 ist nicht ganz richtig gefaßt und soll in folgender Art geändert werden:

„die örtliche Erhebung der Steuern liegt den Gemeinen ob, welche dafür einen Antheil von 4% der eingezogenen Summen erhalten.

Siebente Sitzung. Fortgesetzt den 27. April 1820.

Bei Eröffnung der Sitzung kam es zuvörderst in Anregung, daß wider Erwarten die Verhandlungen des Staatsraths in der vorliegenden Sache in das Publicum gedrungen wären und dadurch das Geheimniß des Staatsraths ungebührlich verletzt worden sei, welches schon einmal mit der Sache wegen der Compensationsanerkenntnisse der Fall gewesen sein solle. Das Präsidium äußerte hierauf, daß es sich annehmen lasse, daß der gesammte Staatsrath die Ueberzeugung theile, wie dringend nothwendig es sei, das Geheimniß über Alles, was in den Sitzungen geäußert und verhandelt werde, strenge zu bewahren, da durch dergleichen Verbreitungen nicht nur gar zu leicht irrige Meinungen und Urtheile im Publicum veranlaßt würden, sondern auch der Sache selbst außerordentlich geschadet und die Würde und Achtung des Staatsraths in hohem Grade compromittirt werden könne, daß daher schon diese Anregung sicher die größte Vorsicht bewirken werde und zu dem Ende derselben ausdrücklich im Protocoll in vorstehender Art gedacht werden solle.

In Betreff der bisherigen Berathung über die vorliegenden Gesetzentwürfe beschloß der Staatsrath bei Verlesung des darüber aufgenommenen Protocolls, daß die bei § 8 ad e festgesetzte Allegation des § 9 in dem Gesetz wegen der Klassensteuer fortbleiben könne, da es sich bei Prüfung der Redaction ergeben habe, daß diese Allegation an sich nicht nöthig sei, im Gegentheil nur zu Mißverständnissen Anlaß gebe.

Auch behielt sich bei dieser Gelegenheit Se. Durchlaucht der Fürst Radziwill vor über den Steuerbetrag in der untersten Klasse noch ein besonderes Votum zum Protocoll zu geben, indem Sie den angenommenen Satz, vorzüglich für die Provinz Posen, zu hoch hielten. Es wurde hierauf der von des Königs Majestät unterm 17. Januar d. J. vollzogene Etat für den gewöhnlichen Staatsbedarf in den Jahren 1820, 1821 und 1822, welcher dem Gesetz wegen Einrichtung des Abgabenwesens § 3 beigefügt werden soll, sämmtlichen Mitgliedern des Staatsraths zur Einsicht urschriftlich vorgelegt und dann zur Prüfung des Gesetzentwurfs „wegen der Mahl- und Schlachtsteuer“ übergegangen, bei welchem der Staatsrath Nachstehendes zu bemerken fand:

1. Aus Veranlassung des § 3 wurde beschlossen, daß sowohl in diesem als den übrigen Gesetzentwürfen, wenn von Groschen und Pfennigen die Rede ist, zugesetzt werden soll „Brandenburgisch“, um darüber keinen Zweifel zu lassen, nach welchem Münzfuß die Geldsätze zu berechnen sind.

2. Aus demselben Paragraphen soll das Wort „Speltz“ weggelassen, jedoch die Regierung zu Coblenz, in deren Departement dieser Gegenstand nur allein zur Sprache kommt, instruirt werden, daß von enthülsetem Speltz der Steuersatz des Weizens, von unenthülsetem der des Roggens erhoben werden soll.

3. In § 6 ad c ist statt Getreides zu setzen „Weizens“ und hinter „Finanzminister“ hinzuzufügen, oder der von ihm dazu beauftragten Behörde.

4. Um dem Mißverständniß vorzubeugen, als ob überall zur Anlegung von Mühlen, welche durch thierische Kraft oder Dämpfe getrieben werden, die Genehmigung der Regierung erforderlich sei, welches keineswegs beabsichtigt wird, auch nicht rathsam ist, soll der § 7 so gefaßt werden, daß beide darin unter a und b enthaltenen Bestimmungen nur für die Städte Anwendung finden, in welchen die Mahlsteuer eingeführt ist.

5. In § 12 soll statt „Waaren“ gesetzt werden „mahl- und schlachtsteuerpflichtige Waaren.“

6. Ist dieser Paragraph annoch mit der, in der anderweiten, für den Quotisationsfall gefertigten Redaction unter d enthaltenen Bestimmung zu ergänzen, da solche gleichfalls auf den jetzt angenommenen Fall der Nichtquotisation Anwendung findet.

7. Zu § 15 Buchstabe a wurde es, vorzüglich um diese Bestimmung mit der nachfolgenden unter b, in Uebereinstimmung zu bringen, angemessen befunden, den nicht steuerpflichtigen Satz von den hier in Rede stehenden Gegenständen auf $1/_{16}$ Ctr. herabzusetzen.

8. Wurde der Antrag gemacht, daß, da zur Controle der in diesem Paragraph enthaltenen Festsetzungen künftig wieder eine Visitation an den Thoren der steuerpflichtigen Städte nöthig werden dürfte, diese aber in Gemäßheit der Steuergesetze vom 26. Mai 1818 und 8. Februar 1819 aufgehoben sei, die Wiedereinführung derselben, wenn auch nicht unter dieser, so doch unter einer milderen Benennung in dem Gesetz ausdrücklich erwähnt werde, indem sonsten die Verwaltungsbehörde ohne gesetzliche Autorisation zu ihrer Wiedereinführung nicht ermächtigt sei. — Einige Mitglieder hielten es indessen bedenklich solches zu thun, da dadurch leicht die Vermuthung im Publicum entstehen könne, daß es Absicht sei, die alte Thorvisitation in ihrem ehemaligen Umfange wieder einzuführen, welches nicht bezweckt werde. Eine Revision und Beobachtung an den Thoren habe aber auch nach der Emanation der vorgedachten Gesetze stattgefunden und sei zur Sicherung der Gefälle nicht zu entbehren, weshalb es ihrer Erwähnung in dem Gesetze auch nicht bedürfe.

Da man sich hierüber nicht vereinigen konnte, so wurde die Frage zur Abstimmung gebracht:

> Soll der jetzigen Fassung annoch ein Zusatz wegen der bei dem Eingang der Waaren zu veranlassenden Beobachtung gemacht werden, oder nicht?

jedoch mit 30 gegen 12 Stimmen verneinend entschieden.

Ueber den übrigen Theil dieses Gesetzentwurfs wurde nichts erinnert und derselbe daher mit den vorbemerkten Veränderungen von dem Staatsrath angenommen.

Achte Sitzung. Fortgesetzt den 28. April 1820.

In Ansehung des Gesetzentwurfs wegen Entrichtung der Gewerbesteuer mit dessen Prüfung heut vorgegangen wurde, sind folgende Erinnerungen aufzunehmen gewesen.

1. Der § 9 soll in der Art normirt werden, daß auch die zweite unter b darin gemachte Bestimmung blos für den Fall zu verstehen sei, wenn das Vermiethen möblirter Zimmer gewerbsmäßig geschieht.

2. Im § 12 ad a ist hinter dem Wort „ohne" der Zusatz zu machen: „auch außer den Jahrmärkten", da es nicht die Absicht ist, dergleichen kleine Handwerker, welche mit ihren Waaren blos Jahrmärkte beziehen, mit der Gewerbesteuer zu belegen.

3. Als man zum § 25 gekommen war, hielt man es für zweckmäßig, erst die dazu gehörige Anlage durchzugehen, aus welcher zuvörderst die darin unter 3 von Rogäsen bis Czarnikow ausschließlich benannten Städte des Großherzogthums Posen weggelassen werden sollen, indem sie blos aus einem Irrthum in diese Beilage aufgenommen sind und nicht hingehören. *)

4. In eben diesem Abschnitte der Beilage soll der Zusatz gemacht werden, daß da die Gewerbsamkeit der einzelnen Städte an sich wandelbar ist, die Ansetzung von hier nicht benannten Städten in die zweite Klasse, sowie gegenseitig die Absetzung von benannten Städten aus derselben, besonderer Festsetzung mit Genehmigung Sr. Majestät des Königs vorbehalten bleibe;

5. wurde wider die in dieser Beilage unter Nr. 8—11 aufgestellten Grundsätze, nach welchen die Gewerbesteuer angelegt und erhoben werden solle, von mehreren Seiten Zweifel erregt. Man fand es nicht nur in Absicht des Finanzinteresses bedenklich, daß aus der neuen Besteuerung die beiden in dem bisherigen Gewerbesteueredikt bestimmten untersten Klassen von Gewerbetreibenden größtentheils weggelassen würden, da durch selbige doch ein sehr bedeutender Theil der Gewerbesteuer aufgebracht worden sei, sondern auch das Prinzip der Besteuerung an sich nicht verhältnißmäßig und consequent, indem daraus das Mißverhältniß entstehen würde, einmal, daß wenn Jemand in einer Stadt der untern Abtheilungen das nämliche

---

*) Die 16 Städte, die irrthümlich in die zweite Steuerabtheilung gesetzt waren und in Folge dieses Beschlusses in die dritte kamen, sind:

Rogäsen, Schwerin, Meseritz, Graiz, Bojanowo, Krotoszin, Zdemy, Ostrowo, Kempen, Inowrazlaw, Gnesen, Chodziesen, Schneidemühl, Filehne, Schoenlanke, Czarnikow. —

Gewerbe von ungleich größerer Bedeutung treibe, als ein Anderer in einer Stadt der höheren Abtheilungen, er danach weniger Steuer entrichte, als dieser; zweitens, daß durch Vermehrung der steuerpflichtigen Gewerbetreibenden an einem Orte sich der Betrag der Steuer erhöhe, obgleich der Regel nach gerade dadurch die Fähigkeit des Einzelnen zur Entrichtung der Steuer geschwächt werde und umgekehrt, daß durch die Verminderung der das nämliche Gewerbe an einem Orte treibenden Personen, ihre Gewerbesteuer sich ermäßige, obgleich die Einträglichkeit des Gewerbes gewöhnlich dadurch gewinne. Man hielt es daher auch für zweckmäßiger den bisherigen Gewerbesteuertarif zu verbessern und nach einem verbesserten Tarif die Steuer künftig zu erheben. —

Von der andern Seite wurde zwar allerdings die Richtigkeit der letzteren Erinnerungen anerkannt, jedoch bemerkt, daß, was zuvörderst den Umstand anlange, daß durch die Vermehrung der Gewerbetreibenden die Einträglichkeit der Gewerbe geschwächt, gleich wohl die Steuer erhöht werde, dieses vorzüglich diejenigen Gewerbe nur treffe, deren Vermehrung aus polizeilichen Rücksichten auch nicht zu begünstigen sei und daß man eben darum durch diese Festsetzung diese Gewerbe habe erschweren wollen, so lange das längst beabsichtigte und dringend nothwendige Gewerbepolizeigesetz noch nicht erschienen sei. Was die übrigen Erinnerungen betreffe, so sei die Gewerbesteuer an sich nach so mäßigen Sätzen normirt, daß die Ungleichheit derselben in den bemerkten Fällen niemals drückend werde, oder ein erhebliches Mißverhältniß verursachen könne.

Dagegen bestehe der wesentliche Vorzug des vorliegenden Entwurfs gerade darin, daß jener die unterste Klasse von Gewerbetreibenden frei lasse und die Steuer mehr auf die bedeutenderen Gewerbe werfe. Es werde dadurch nicht nur die Verwaltung sehr vereinfacht, und deren Eingang mehr gesichert, sondern auch die beabsichtigte polizeiliche Maaßregel, welche bei den untersten und minder erheblichen Gewerben ganz besonders nöthig wäre, möglich gemacht, indem das Steuerinteresse damit nicht weiter wie bisher in Kollision komme, sondern man jetzt freie Hand habe.

Aus Veranlassung dieser Debatte wurde zuerst im Allgemeinen darüber abgestimmt:

Soll die vorgeschlagene Abtheilung der Städte bei Regulirung der Gewerbesteuer stattfinden oder nicht?

Die Mehrheit erklärte sich mit 24 gegen 17 Stimmen für die

Beibehaltung dieser Abtheilungen und man vereinigte sich demnächst folgende 3 Fragen aufzustellen:

a) ob das, was eine Klasse von Gewerbetreibenden in einem Orte oder Kreise aufzubringen habe, nach den im Gesetzentwurf enthaltenen Grundsätzen im Ganzen bestimmt, oder nach einem darüber zu erlassenden Tarif für die Einzelnen festgestellt werden soll?

b) Soll der Tarif auch für die Bäcker und Fleischer gegeben werden, oder es in Rücksicht ihrer bei der Gesetzesvorlage bleiben?

c) Sollen von der Gewerbesteuer diejenigen Meister frei bleiben, welche nur einen Gesellen oder Gehilfen haben?

Die zweite Frage war deshalb nothwendig, weil man darüber einverstanden war, daß in Rücksicht der Bäcker und Fleischer nicht ganz die nämlichen Verhältnisse einträten, wie bei den übrigen Gewerbetreibenden und sie daher auch nicht unter die erste Frage begreifen wolle. Ebenso war man in Absicht der letzten Frage einverstanden, daß wenn ein Meister nur einen Lehrling halte, letzterer behufs der Steuerpflichtigkeit des ersteren niemals mitgerechnet werden kann.

In Rücksicht der ersten Frage zu a erklärte sich bei der Abstimmung die Mehrheit mit 21 gegen 20 Stimmen *für* einen zu erlassenden Tarif, in Rücksicht der zweiten zu b aber mit 38 gegen 3 Stimmen und in Rücksicht des dritten zu c mit 34 gegen 7 Stimmen *für* die Beibehaltung des Gesetzentwurfs.

Nach diesen Beschlüssen hat also der Staatsrath die in dem vorliegenden Gesetzentwurf über den hier in Rede stehenden Gegenstand enthaltene Bestimmung blos mit der Veränderung angenommen:

„daß die Steuer *nicht* nach einem für die Gesammtzahl der Gewerbetreibenden des Orts oder Kreises anzunehmenden *Mittelsatz* regulirt, sondern nach einem für die Einzelnen mit Rücksicht auf die beibehaltenen Städteabtheilungen zu erlassenden Tarif aufgebracht werden solle." —

Da jedoch diese Veränderung nur mit dem Uebergewicht *einer* Stimme durchgegangen ist, und man es nicht rathsam fand, deshalb die Berathung über den vorliegenden Gesetzentwurf auszusetzen, zumal es noch dahin steht, ob der König diese Veränderung zu genehmigen geruhen werde, so beschloß man mit dem Vorbehalt der Allerhöchsten Entscheidung darüber in der Berathung fortzufahren.

Neunte Sitzung. Fortgesetzt den 29. April 1820.

6. Bei der weitern Prüfung der Beilage, — die Steuerabtheilungen und Steuersätze betreffend — war der Staatsrath einverstanden, daß im Falle der gestrige Beschluß wegen des Tarifs von Sr. Majestät bestätigt werden sollte, sich dadurch nur

a) die Abschnitte A bis C incl., ingleichen der Abschnitt H

b) ferner aus dem Abschnitte D u. E diejenigen Bestimmungen welche die 3. und 4. Abtheilung angehen,

ändern würden, die übrigen Bestimmungen dieser Anlage aber dessen ungeachtet stehen bleiben.

Jedoch ist bei dem Abschnitte F und G der Beilage ein Irrthum in der Redaction vorgefallen und diese Abschnitte sollen daher in folgender Art abgefaßt werden. — F für die Brauerei und G für die Brennerei wird die Gewerbesteuer nach Maaßgabe des Umfanges und Ertrages entrichtet. Der Steuersatz kann bei der Brauerei niemals unter 2, bei der Brennerei niemals unter 6 Thlr. betragen. Die Sätze sind so einzurichten, daß sie jedesmal auf 2, 4, 6, 8, 12, 18, 24, 30, 36, 48 und von da weiter mit 12 steigend bestimmt werden. — Als Anhalt zur Schätzung dient, daß in der Regel 24 Scheffel jährlichen Verbrauchs an Malz oder Branntweinschrot mit 8 Gr. Gewerbesteuer zu belegen sind. Der Verbrauch des vorletzten Jahres wird bei dem folgenden zum Grunde gelegt. Brennereien, welche nur als ländliches Nebengewerbe betrieben werden, sind frei insofern nicht über 200 Scheffel jährlich verbrannt werden.

Auch wurde in Rücksicht des Abschnitts L (Hausirer) beschlossen: daß den preußischen invaliden Kriegern die Gewerbescheine zu den hier benannten Gewerben zwar unentgeldlich ertheilt werden sollen, jedoch nicht rathsam gefunden, in dem Gesetze selbst darüber etwas zu erwähnen, um zu diesen Gewerben keine Aufmunterung zu geben, da deren Vermehrung nicht zu wünschen sei.

7. Zu § 26 des Gesetzentwurfs, auf welchen man jetzt wieder zurückkam, fand man es zweckmäßig, es nachzulassen,

daß die Regierungen auch von andern gewerbetreibenden Klassen, als hier benannt werden, (Kaufleute, Gast- und Speisewirthe, Bäcker und Schlächter) Gesellschaften oder Genossenschaften bilden können, wenn solches den örtlichen Verhältnissen nach ausführbar sei. Es soll dieserhalb ein Zusatz beigefügt werden.

8. Zu § 28 fand man es gleichfalls angemessen, die Bestimmung hinzuzufügen, daß wenn in einer Stadt oder in einem Kreise nicht soviel Gewerbetreibende wären, um die erforderliche Zahl von Abgeordneten und Stellvertretern wählen zu können, alsdann von ihrer Gesammtheit die Steuer vertheilt werden solle.

9. Im § 30 (Vertheilung der Steuer durch die Behörde) ist statt „berechtigt" zu setzen „verpflichtet."

10. und im § 34 hinter „im Voraus" hinzuzufügen: „folglich jedesmal für ein ganzes Jahr", damit deshalb um so weniger Ungewißheit herrsche.

Auf die übrigen, wider einzelne Bestimmungen gemachten Erinnerungen fand der Staatsrath einzugehen nicht angemessen und derselbe hat daher auch den vorgelegten Gesetzentwurf unter den vorbemerkten Modificationen für den Fall angenommen, daß Se. Majestät den in Antrag gebrachten Tarif nicht genehmigen sollte. *)

Hiermit war die Prüfung der einzelnen Gesetzentwürfe beendet.

Ein Mitglied trug indessen noch darauf an und verlas auch einen darüber von ihm verfaßten Aufsatz, daß der Staatsrath es bei Sr. Majestät allerunterthänigst bevorworten möge, in dem neuen Steuergesetz zugleich die drückende Last des Blasenzinses durch Ermäßigung desselben, oder billige Fixation zu erleichtern, oder hier in demselben doch wenigstens die Allerhöchste Zusicherung zu ertheilen, indem solches den neuen Steuergesetzen eine geneigtere Aufnahme verschaffen würde, da der Blasenzins in den mehrsten Provinzen die gehässigste von allen Abgaben sei.

Das Präsidium bemerkte, daß der Staatsrath durch diesen Antrag seine Befugnisse in der vorliegenden Sache überschreiten würde und daher auch auf denselben um so weniger eingehen könne, als der König die Frage, ob und welche Erleichterungen in Absicht des Blasenzinses zulässig wären, bereits zur Berathung des Staatsraths verwiesen hätte und vor Beendigung der diesfälligen Prüfung ein Antrag auf Ermäßigung desselben schon an sich nicht passend sein würde.

Von einer andern Seite kam es in Anregung, es jetzt in

---

*) Das geschah und ist das Gesetz vom 30. Mai 1820 wegen Entrichtung der Gewerbesteuer mit fast allen oben gedachten Modificationen ergänzt, daher weder im Prinzip noch in seinen wesentlichen Bestimmungen von dem Gesetzentwurf über die Gewerbesteuer erhebliche Abänderungen sich vorfinden. Es hat daher nicht für nothwendig erschienen den Entwurf selbst in den Text aufzunehmen. cf. s. pl. Ges.-S. 1820 S. 147—164. D.

nähere Ueberlegung zu nehmen, ob der Staatsrath Sr. Majestät den Wunsch äußern wolle, daß ein nochmaliger Versuch gemacht werde, ob die in Antrag gebrachte Erhöhung der bisherigen Steuern sich nicht vermeiden, oder doch wenigstens bedeutend ermäßigen lasse, indem der Staatsrath ohne eine solche Untersuchung kein bestimmtes Urtheil über die Zweckmäßigkeit der vorgeschlagenen Steuern abgeben könne, da das Urtheil über die Zweckmäßigkeit einer Steuer zunächst von der Ueberzeugung ihrer Nothwendigkeit abhänge. —

Das Präsidium erwiderte hierauf, daß die Nothwendigkeit bereits vor der Vorlegung der Gesetzentwürfe geprüft worden sei, daß der König in der Kabinetsordre vom 12. Februar d. J., durch welche solche dem Staatsrath zugefertigt wären, sich bereits bestimmt dahin ausgesprochen, daß der angenommene Staatsbedarf von 50,863,150 Thlr. für jetzt unerläßlich sei und daher auch nur über die zweckdienlichsten Mittel, diesen Staatsbedarf aufzubringen, das Gutachten des Staatsraths erfordert hätte. Bei dieser so bestimmten Allerhöchsten Willensmeinung könne es über die in Anregung gebrachte Frage um so weniger eine Discussion nachgeben, als Se. Majestät nur noch neuerlich, wie bereits erwähnt worden, in der Gensdarmerieangelegenheit es dem Staatsrath sehr mißfällig zu erkennen gegeben habe, daß derselbe in die Erörterung eines Gegenstandes eingegangen sei, über welchen sein Gutachten nicht erfordert gewesen.

Es wurde zwar von andrer Seite bestritten, daß hier ein gleicher Fall, wie bei der Berathung über die Gensdarmerie einträte, allein das Präsidium suchte näher auseinander zu setzen, daß auch damals die Ueberzeugung, daß eine Untersuchung über die Nothwendigkeit und Räthlichkeit des ganzen Instituts der Prüfung der Zweckmäßigkeit der vorgeschlagenen Gestaltung vorhergehen müsse, die die von dem Könige gemißbilligte Berathung über die erste Frage veranlaßt habe. Auch die Erklärung des § 20 der Verordnung wegen Einführung des Staatsraths, daß in solchem nur von der Berathung ganz fremder Gegenstände, nicht aber von solchen die Rede sei, welche in ganz genauer und enger Verbindung mit den vorgelegten Fragen ständen, welche bei dieser Gelegenheit geltend gemacht wurde, erklärte das Präsidium nicht als richtig annehmen zu können, weil sich unter den meisten Sachen ein Zusammenhang finde, und sich keine Grenze für die Befugnisse des Staatsraths angeben lassen würde. Auch verlas der Herr Staatsminister Frh.

v. Altenstein ein Schreiben des Fürsten v. Hardenberg, worin derselbe in seiner Eigenschaft als Präsident des Staatsraths gleichfalls erklärt, daß der Staatsrath durch eine Erörterung der in Rede stehenden Frage seine Befugnisse überschreiten würde und für den Fall, daß die Frage über die Möglichkeit durch Ersparnisse die Auflegung neuer Steuern zu umgehen, wieder zur Sprache kommen sollte, ein weiteres Gutachten darüber beigefügt hat. Auf die Bemerkung, daß ein solches Gutachten schon auf die Discussion der Frage selbst eingehen würde, unterblieb die Verlesung desselben.*)

Es wurde hierauf indessen bemerkt, daß der Staatsrath, wenn er gleich allerdings in der Regel nicht befugt sei, über Gegenstände zu berathen, über die der König sein Gutachten nicht erfordert habe, es dennoch Fälle und Zeiten geben könne, wo der Staatsrath nicht nur befugt, sondern sogar verpflichtet sei, seine Ansichten über Gegenstände, die mit den ihm vorgelegten Sachen in nothwendiger Verbindung stehen, Sr. Majestät ehrerbietigst zu äußern, wenn darüber auch nicht ausdrücklich das Gutachten erfordert worden. Ein solcher Fall sei aber, wenn mit einer so bedeutenden Umänderung des ganzen Steuersystems über 5,000,000 Thlr. Steuern mehr aufgebracht werden sollen, wohl vorhanden, und bei den bekannten landesväterlichen Gesinnungen und Absichten Sr. Majestät die Lasten Ihres Volks überall möglichst zu erleichtern, lasse sich mit Zuversicht erwarten, daß eine dahin zweckende Aeußerung nicht mißfällig, im Gegentheil zur Zufriedenheit werde aufgenommen werden.

Ein anderes Mitglied äußerte, daß seiner Ueberzeugung nach der Staatsrath durch eine solche Aeußerung auch den Inhalt der Königlichen Kabinetsordre nicht überschreite und es trug darauf an, einen Aufsatz verlesen zu dürfen, worin dies näher auseinandergesetzt sei. Unter der Voraussetzung, daß die Ausführung sich darauf beschränke, nachzuweisen, daß auch dem wörtlichen Inhalte der Allerhöchsten Kabinetsordre vom 12. Februar d. J. zufolge der Staatsrath zur Untersuchung der obigen Frage befugt sei, willigte das Präsidium in die Verlesung, bemerkte jedoch als ein Theil desselben verlesen war, daß da die Ausführung nicht sowohl auf den Worten der Kabinetsordre als auf Folgerungen beruhe, es auf die weitere Verlesung dieses Aufsatzes nicht ankommen dürfte, da sich der Staatsrath streng an die Worte halten müsse und wenn der Sinn

*) Wird weiter unten mitgetheilt werden.

wirklich zweifelhaft sei, die Verpflichtung habe, vor aller weiteren Discussion bei Sr. Majestät über die richtige Erklärung anzufragen. Das Präsidium erklärte, daß solches, so sehr es auch die den bisherigen Anträgen und Erörterungen zum Grunde liegenden Gesinnungen ehre, es sich doch bei der von Sr. Majestät namentlich dem Präsidenten zur Pflicht gemachten ganz genauen Beobachtung der dem Staatsrathe vorgezeichneten Schranken, außer Stande sehe, die Erörterung hierüber weiter fortsetzen zu lassen. Es bemerkte solches, daß der König aus dem Protokoll der Sitzungen zu ersehen geruhen würden, daß die vorbemerkten Anträge erfolgt seien und daß deren weitere Verfolgung blos durch die Erklärung des Präsidiums, keine Discussion hierüber zulassen zu dürfen, unterblieben sei und daß sich der Staatsrath daher hierbei um so mehr beruhigen könne, da es jedem Mitgliede ohnehin frei stehe, seine Meinung über den vorliegenden Gegenstand Sr. Majestät ehrerbietigst vorzutragen. —

Auf den ausdrücklichen Antrag mehrerer Mitglieder las der Herr Staatsminister Frh. v. Altenstein zwar das vom Herrn Staatskanzler mitgetheilte Votum vor, bemerkte aber am Schluß, daß er gegenwärtig die Verhandlungen des Staatsraths über die ihm vorgelegten Gesetzentwürfe für beendigt halte, womit die Sitzung geschlossen wurde.

Unterzeichnet sind: Friedrich Wilhelm, Kronprinz. Wilhelm, Prinz von Preußen. Wilhelm, Prinz von Preußen. Friedrich, Prinz von Preußen (Bruder). August, Prinz von Preußen. Carl, Herzog von Mecklenburg. Anton Radziwill. Ancillon (mit Vorbehalt). Beguelin, von Witzleben, Schoeler, Vincke (mit Vorbehalt.) Graf Spiegel, Albrecht, Staegemann, Rother, Ribbentrop, Diedrichs, Savigny, von Heydebreck, von Bülow (Oberpräsident). Fürst Putbus, Lottum, Kamptz, Rehdiger, Nicolovius, von Seegebarth, von Wittgenstein, von dem Knesebeck (mit Vorbehalt), von Bülow (Minister) (mit Vorbehalt), von Klewitz, von Schuckmann, von Brockhausen (mit Vorbehalt), Graf von Gneisenau, von Kircheisen, Scharnweber, Hoffmann.

Altenstein. Friese.

VII.

Abschluß.

Persönlich hatte Hardenberg in den Gang der Verhandlungen nicht eingegriffen. Er überließ das Präsidium, obgleich er durch die Kabinetsordre vom 20. März 1817 ausdrücklich zum Präsidenten berufen war, schon seit längerer Zeit und auch in diesem kritischen Augenblick an Altenstein. Da die Opposition, der durch die Verordnungen des 17. Januar 1820 die Prüfung des Staatsbedürfnisses in allen seinen Details abgeschnitten war, den erforderlichen Mehrbedarf nun doch nicht durch die neuen Steuern gewähren, sondern durch Ablehnung derselben das ganze Werk nochmals in Frage zu stellen drohte, so richtete Hardenberg in elfter Stunde an Altenstein am 27. April folgendes Schreiben.

„Auf den Fall, daß wider Vermuthen der Antrag im Königlichen Staatsrath erneuert werden sollte, Sr. Majestät gegen die neuen Steuergesetze Vorstellungen zu machen und dagegen den Betrag der vorgeschlagenen Steuern durch anderweitige Ersparungen aufzubringen, bitte ich Euer Excellenz ergebenst das anliegende Votum in meinem Namen im Staatsrath abgeben zu wollen. Zugleich bin ich im Voraus überzeugt, daß Euer Excellenz fest darauf beharren werden, daß der Staatsrath nicht befugt ist, Berathungen über Gegenstände anzustellen, die nicht zu dem Ende von des Königs Majestät an denselben gebracht worden sind, oder auf solche Berathungen Anträge zu gründen. Die Königliche Kabinetsordre vom 3. Februar d. J. wegen der Gensdarmerie schärft diese Vorschrift noch aufs Neue ein.“

Das Votum lautet:

Es ist sehr leicht ausgesprochen und klingt ohne weitere Untersuchung dem Ohre eines Jeden sehr angenehm:

keine neuen Auflagen! Man muß Ersparungen machen, nicht mehr ausgeben als man einnimmt!

Wer wird hiermit nicht übereinstimmen? Aber nur bedingt!

Wer wird nicht anerkennen, daß es weit erfreulicher, weit besser sei, überall keine neuen Auflagen nöthig zu haben, als die Mittel mühsam aufsuchen zu müssen, deren der Staat bedarf, und die Lasten so wenig drückend als nur möglich für dessen Glieder zu machen?

Geben ist seliger denn Nehmen.

Ein Blick auf Preußens neueste Geschichte und auf seine gegenwärtige Lage belehrt uns, daß wir uns nicht in dem ersten glücklichen Fall befinden, wohl aber in dem zweiten. Die Höhe unsrer Ausgaben, unsre Schuldenlast, rührt von unsern großen Unglücksfällen seit 1806 her, von den Anstrengungen, womit wir unsere Freiheit und Selbstständigkeit rühmlichst wieder erkämpften.

Die Pflicht des preußischen Staatsmanns ist daher: einen wohldurchdachten Plan auszusinnen, nach welchem

1. Unsern Verpflichtungen vollständig genügt und der Credit wie bisher aufrecht erhalten, die Staatsschuld nach und nach abgetragen,

2. Die nothwendigen gewöhnlichen Staatsausgaben zugestanden,

3. Zu den außerordentlichen, welche die Wiederherstellung und Einrichtung oder Verbesserung so vieler Gegenstände zur Beförderung des Staatswohls, des Handels, der Gewerbe, des Geldumlaufs und Geldverdienstes der Landeseinwohner erfordert, Rath geschafft werde.

Verbinde man hiermit Ersparungen, wo sie möglich sind, ohne den Zweck zu vereiteln: Das ist das Augenmerk Sr. Majestät des Königs und der Männer, welchen Höchstdieselben die Verwaltung des Staats anvertrauten.

Daher sind schon 5,030,572 Rthlr. jährlich von dem Ausgabeetat für 1820 abgesetzt, deren eine Hälfte Se. Majestät an Ersparungen bei dem Militair befohlen haben, deren andre Hälfte aber von den Civil-Ausgaben abgehen soll. Daher ist man ernstlich darauf bedacht durch Vereinfachung der Verwaltung noch weitere

Ersparnisse vorzubereiten, deren wohlthätige Wirkung aber erst nach und nach erscheinen kann.

Diese Wirkung wird jedoch auch in Absicht auf die oben gedachten 5 Millionen erst später ganz erfolgen; denn wenngleich ihre Ersparung angeordnet ist, so irrt man doch sehr, wenn man glaubt, daß sie gleich in vollen Maaße eintreten werde. Man kann nicht unmögliche Dinge möglich machen, nicht mit einer Härte verfahren, die weder im Gemüthe unsres landesväterlichen Monarchen, noch im Geiste der preußischen Verwaltung liegt. Die besoldeten und mit Pension oder Wartegeld versehenen Menschen sind einmal da. Will man, kann man sie dem Hungertode Preis geben, sie die zum Theil den Staat gerettet und seine Unabhängigkeit mit ihrem Blute erkauft haben?

Die Ausgaben zur Fortsetzung der Administration, zu Bauten 2c. können zwar beschränkt werden, aber doch nicht so, daß die Verwaltung gefährdet, die Gebäude und Anlagen, wenn nichts für ihre Unterhaltung geschieht, zusammenfallen ...

Es liegt in der That ein höchst ungerechter Tadel der Verwaltung darin, wenn man den oben angeführten Satz: keine Auflagen, Ersparen, mit den Einnahmen auskommen! im versammelten Staatsrath ohne gründliche Sachkenntniß ausspricht und Besorgnisse wegen entstehender Unzufriedenheit durch die neuen Lasten äußert. Am andern Tage ist die Rede davon an allen Straßen-Ecken und es giebt kein wirksameres Mittel Unzufriedenheit zu erregen und vorzubereiten, als dergleichen gleichsam öffentliche Aeußerungen, die, die Absicht, aus der sie fließen, mag noch so gut sein, den schädlichsten Einfluß haben.

Wollte man statt der vorliegenden neuen Steuern den Betrag derselben durch Ersparnisse aufbringen, so sehe ich wahrlich nicht ein, wie das zu bewirken sein könnte.

Die Ausgabe auf das Militair ist die stärkste; aber ist sie in unsrer stürmischen Zeit nicht auch die nothwendigste?

Will man die Pensionen streichen, die Civilbesoldungen vermindern? Welche Ungerechtigkeit, welche Klagen, welche Unzufriedenheit würde dadurch entstehen? Kann man die Administration lähmen? Ist es möglich die Schulden-Verzinsung und Abzahlung zu sistiren?

Ich fordere Den auf, der es vermag, noch 5 Millionen Ersparnisse zu bewirken, aufzutreten und sie nachzuweisen, ohne den

Staat in die größten Gefahren der Zerrüttung zu versetzen. Dagegen sind die vorgeschlagenen Abgaben bei Weitem zum größten Theil nicht neue Lasten, sondern nur Veränderung in der Art sie zu tragen. Eine genaue Vergleichung der Lasten vor 1806 mit denen, welche jetzt den Unterthanen auferlegt werden sollen, würde gewiß ein befriedigendes Resultat geben. Manche der alten fallen gegen die neuen weg. Man vertraue doch der Administration! Sie wird gewiß Ersparnisse eintreten lassen, wo sie irgend möglich sind. Sie werden nach und nach wirken, aber desto sicherer und mit weniger Gefahr. Aber an einer solchen Administration, wie die wäre, welcher jene Maximen zum Grunde lägen, möchte ich nicht Theil nehmen; ich würde eilen, mich davon loszumachen.

gez. Hardenberg.

Es ist schon gezeigt worden, daß dieser Druck, den Hardenberg auf die Gemüther auszuüben bestrebt war, insofern ohne Erfolg blieb, als Altenstein darauf erst am Schlusse des Staatsrathsprotokolls vom 29. April zurückkommen konnte und zwar auch nur historisch, weil er sonst befürchten mußte, daß gerade eine Debatte über dieses Gutachten dasjenige hervorrufen würde, was er so ängstlich in seiner Stellung als Präsident hatte vermieden wissen wollen — die Erörterung über das Staatsbedürfniß und die Nothwendigkeit der neuen Steuern.

Der Ausweg den Altenstein in dem Sitzungsprotokoll v. 29. April 1820 für die widersprechenden Mitglieder des Staatsraths genommen, nämlich dem Könige durch Separatvota die Bedenken gegen die neuen Steuergesetze vorzutragen, wurde im umfassendsten Maaße eingeschlagen. —

Mittelst Berichts vom 10. Mai 1820 überreichte Altenstein dem Könige die geschlossenen Verhandlungen.

„Die ursprünglichen Gesetzesentwürfe gingen von dem Gesichtspunkte aus, daß um die große Verschiedenheit, welche in den einzelnen Provinzen bei der Grundsteuer herrscht auszugleichen

a) künftig nur

1. die Zölle und die Verbrauchssteuern von ausländischen Waaren nach dem Gesetze vom 26. Mai 1818,

2. die Abgabe vom Salz nach dem Gesetz vom 17. Januar 1820 und den früheren diesen Gegenstand betreffenden Verordnungen,

3. die Stempelsteuer, wie solche durch ein besonderes Gesetz werde bestimmt werden und

4. die Gewerbesteuer nach einem neuen Gesetz nach überall gleichen Grundsätzen und blos mit der ad 1 zwischen den östlichen und westlichen Provinzen stattfindenden Verschiedenheit erhoben,

b) dasjenige was dadurch und durch die Einkünfte aus den Domainen, Forsten, Bergwerken, Post, Lotterie und übrigen Regalien zu dem nothwendigen Staatsbedürfniß nicht aufgebracht würde, auf die einzelnen Provinzen nach dem Prinzip der Bevölkerung quotisirt.

c) auf die hiernach jede Provinz treffende Quote zuvörderst

aa) ihre gegenwärtige Grundsteuer,

bb) der Ertrag aus den durch die Gesetze vom 8. Februar v. J. verordneten Steuern vom inländischen Branntwein, Braumalz, Weinmost, Tabak

abgerechnet und das alsdann an ihrer Quote noch fehlende Quantum durch die vorgeschlagene neue Klassen-, Mahl- und Schlachtsteuer aufgebracht werden sollte.

Die Prüfungskommission hatte in ihrer Mehrheit dieses Prinzip auch anfänglich angenommen, dasselbe jedoch alsdann verworfen und sind dann die für solchen Fall bereits vorbereiteten Gesetzentwürfe zur Berathung gelangt.

Das Gesetz wegen Entrichtung der Gewerbesteuer ist nur eventuell angenommen worden. Der Staatsrath hat das Prinzip, nach welchem die Sätze der Gewerbesteuer regulirt werden sollen (Mittelsätze) nicht verhältnißmäßig, sondern es für zweckmäßiger gefunden, selbige nach einem für die einzelnen Gewerbetreibenden jedoch mit Beibehaltung der vorgeschlagenen Städteabtheilungen festzustellenden T a r i f zu reguliren (wie das Gesetz von 1810). Diese Meinung ist nur mit e i n e r Stimme Majorität durchgegangen, 20 Stimmen haben f ü r das im Gesetzentwurf vorgeschlagene Vertheilungsprinzip sich erklärt. Falls sich also der König für die Ansicht dieser Mehrheit erklären sollte, so müßte noch ein solcher Tarif ausgearbeitet werden.

Indem ich hierüber die Allerhöchste Entscheidung anheimstelle, halte ich mich verpflichtet, über die vorliegenden Gesetzentwürfe annoch folgende zur Sprache gebrachte Gegenstände ehrfurchtsvoll auszuheben, worüber es gleichfalls einer besonderen Festsetzung bedarf.

1. Hat der Staatsrath aus den im Protokoll vom 22. und 24. v. M. unter 4 bemerkten Gründen es zweckmäßig gefunden, be-

der Klassensteuer annoch für den wohlhabenderen und reicheren Theil der Einwohner eine Klasse mit dem Steuersatze von 48 Thlr hinzuzusetzen. Der vorgeschlagene höchste Satz war nehmlich nur 24 Thlr jährlich. Da jedoch die Mahl- und Schlachtsteuer das Surrogat der Klassensteuer sein soll, indem diese nur da stattfindet, wo jene nicht eingeführt wird, so hält es die Mehrheit des Staatsraths für angemessen:

Daß für die wohlhabenderen und reicheren Einwohner derjenigen Städte, wo keine Klassensteuer stattfindet, eine analoge höhere Besteuerung als sie gegenwärtig durch die Mahl- und Schlachtsteuer entrichtet würde, besonders festgesetzt werde und hat daher Euer Königlichen Majestät allerunterthänigst anheimgestellt, dieserhalb die Vorschläge des Finanzministers zu erfordern.

2. War in § 3 des Entwurfs wegen der Mahl- und Schlachtsteuer auch Spelz ausdrücklich genannt. Der Staatsrath fand die Abänderung ad 2 des Protokolls vom 27. v. M. zweckentsprechend.

3. Findet der Staatsrath gemäß Nr. 6 des Protokolls vom 29. v. M. es zwar billig an Invalide unentgeldlich Gewerbescheine zu ertheilen, aber nicht rathsam, dieserhalb im Gesetz etwas zu erwähnen.

4. Das baldige Erscheinen des neuen Münzgesetzes sei dringend wünschenswerth.

Dies vorausgesetzt komme ich wieder auf das Allgemeine der Sache zurück.

Euer Majestät werden aus den Protokollen huldreichst zu ersehen geruhen, daß von mehreren Mitgliedern des Staatsraths der Wunsch geäußert worden:

Euer Majestät allerunterthätigst anheimzugeben, ob nicht der Versuch annoch zu machen sei, die beabsichtigte Steuererhöhung wo nicht gänzlich zu vermeiden, doch wenigstens zu ermäßigen. Da die Möglichkeit hiervon sich indessen ohne eine weitere Erörterung über die Nothwendigkeit der in Vorschlag gebrachten höheren Steuern nicht würde haben beurtheilen lassen, Euer Majestät aber in der Allerhöchsten Kabinetsordre vom 12. Februar d. J. bereits zu äußern geruht haben, daß die für den gewöhnlichen Staatsbedarf angenommene Summe von 50,863,150 Thlr. für jetzt unerläßlich ist, und daher auch nur über die zweckdienlichsten Mittel solche aufzubringen, insoweit die bestehenden Einnahmen dazu nicht hinreichend sind, das Gutachten des Staatsraths erfordert haben, dieser aber seiner Verfassung nach sich nur über diejenigen Dinge berathen darf, welche ihm zum Gutachten zugefertigt sind und Euer Majestät noch neuerlich ihn angewiesen haben, sich von dieser Vorschrift nicht zu entfernen: so hielt ich mich aus den in den Protokollen dem Staatsrathe eröffneten Gründen um so mehr verpflichtet, die Discussion über den obigen Antrag abzulehnen und es auch nicht einmal zur Abstimmung über die Kompetenz des Staatsraths wegen eines solchen Antrags kommen zu lassen, da, wenn der Staatsrath befugt sein sollte, in solchem Falle über seine Kompetenz abzustimmen, es nur von solchem abhängen würde, jeden Gegenstand seiner Berathung zu unterwerfen und es sich garnicht absehen läßt, wohin eine Discussion über einen dazu nicht gehörig vorbereiteten Gegenstand führen dürfte, ein jedes Mitglied aber theils in seiner anderweiten Stellung, theils nach seinem allgemeinen Verhältniß Euer Königlichen Majestät diejenigen Bedenken vortragen darf, wozu solches sich in seinem Gewissen verpflichtet erachtet."

Ich hoffe, daß Euer Majestät mit diesem Verfahren einverstanden sind.

Vierzehn separate Vota lagen dem Bericht an, drei davon beziehen sich auf Specialbestimmungen, elf haben principiellen Charakter. Die letzteren gingen aus: 1. vom Prinzen Wilhelm (Kaiser Wilhelm), 2. und 3. vom Prinzen Friedrich und Wilhelm, Bruder des Königs, 4. vom Prinzen August, 5. von Herzog Karl von Mecklenburg, 6. vom Oberkammerherrn von Wittgenstein, 7. vom Feldmarschall von dem Knesebeck, 8. vom Staatsminister von Brockhausen, 9. vom Oberpräsidenten von Vincke, 10. vom Wirklichen Geheimen Legationsrath Ancillon, 11. vom Oberpräsidenten von Bülow.

Alle diese 11 Vota können hier natürlich einen Platz nicht finden. Immerhin bleibt es von großem Interesse, daß mit Ausnahme des Kronprinzen sämmtliche Prinzen des Königlichen Hauses, der Herzog Karl von Mecklenburg und so hervorragende Staatsmänner wie der Oberpräsident von Vincke und der Wirkliche Geheime Legationsrath Ancillon zu dieser den äußersten Schritt thuenden Opposition gehörten. Nachdem was verhandelt war ist es nicht schwierig den Hauptinhalt dieser Separatvota auf die beiden Fragen zuzuspitzen:

1. ob die neuen Steuern zu umgehen oder zu ermäßigen und ob die reicheren Klassen zur Erleichterung der ärmeren mehr heranzuziehen (die Nothwendigkeit der neuen Steuern).

2. ob der Staatsrath berechtigt gewesen nach seiner Verfassung (Verordnung wegen Einführung des Staatsraths vom 20. März 1817 Ges.-S. v. 1817 S. 67 ff.) und bei der Wichtigkeit der berathenen Gesetzentwürfe trotz der in der Verordnung vom 17. Januar 1820 getroffenen Allerhöchsten Bestimmungen noch in eine Berathung über das Staatsbedürfniß einzutreten.

Die erste Frage beantwortete mit aller Präcision und Kürze der damals 23jährige Prinz Wilhelm, unser allergnädigster Kaiser und König in seinem Votum vom 5. Mai 1820. —

Votum des Prinzen Wilhelm (Sohn):

„Da von mehreren Mitgliedern des Königlichen Staatsraths bei Gelegenheit der Prüfung der Gesetzentwürfe über die neuen Steuern der Wunsch ausgedrückt ist, Euer Majestät unterthänigst vorzustellen, daß bei so bewandten Umständen und in der jetzigen Zeit die Ausschreibung fünf Millionen neuer Steuern einige Bedenklichkeit zu haben scheine, daher Euer Majestät ergebenst anheimzustellen sei, ob Allerhöchstdieselben nicht in Ihrer Weisheit die Mittel finden würden, die neuen Steuern zu umgehen oder sie zu ermäßigen und die reichern Klassen der Nation und die höher besoldeten Beamten zur Erleichterung des ärmern Volks mehr anzuziehen, so kann ich diesem Wunsch und den ihn unterstützenden Gründen nur beitreten; und da im versammelten Staatsrath keine förmliche Berathung über diesen Gegenstand zugelassen worden ist, so erlaube ich mir und glaube mich bei meiner Ueberzeugung verpflichtet, diesen Wunsch bei Unterzeichnung des Protokolls hier noch besonders auszudrücken und ihn den väterlichen Gesinnungen und der höheren Prüfung Euer Majestät auf das ehrerbietigste empfehlen zu müssen.“

gez. Wilhelm.

Es ist in diesen schlichten Worten der Weg vorgezeichnet, der viele Jahre später und nach heftigen politischen Stürmen eingeschlagen wurde, um der directen persönlichen Besteuerung, speciell der Einkommensteuer ihre Stellung als Härten und Ungleichheiten beseitigende, die reicheren Klassen entsprechend heranziehende, allgemeine Landesabgabe anzuweisen.

Die zweite oben angedeutete mehr staatsrechtliche Frage scheint nach eingehender Prüfung am zutreffendsten von Vincke gelöst zu sein:

Votum des Oberpräsidenten von Vincke vom 29. April 1820.

„Es ist meine Meinung:

1) daß es Umstände geben kann, welche dem Staatsrath unbedingt gebieten, auch unaufgefordert dem Könige seine Ansicht in ehrerbietiger Vorstellung darzulegen,

2) daß eine dringende Veranlassung hierzu eben jetzt wirklich vorhanden ist, wo es sich davon handelt 13,937,000 Thlr. neue und veränderte Steuern auszuschlagen, um einen Mehrertrag von 5 Millionen zu gewinnen und solchen ohne Beachtung der vorhandenen Steuerverschiedenheit, wie die jetzt aufhörenden Steuern gleichmäßig über alle Provinzen zu verbreiten,

3) daß wenn auch so dringende Umstände nicht hier vorhanden wären, die Kompetenz des Staatsraths

nicht blos über Zweckmäßigkeit, sondern auch über Nothwendigkeit der neuen Steuern sich auszusprechen,

in diesem besondern Falle bei Vergleichung des Allerhöchsten Kabinetsbefehls vom 12. Februar d. J. an den Staatsrath und 17. Januar cr. an das Königliche Staatsministerium vollkommen begründet erscheint, indem der letztere ausdrücklich verheißet:

„das Resultat der Berathungen des Staatsministeriums über den projectirten Hauptfinanzetat zum Zweck der weitern Prüfung und Begutachtung der Gesetzentwürfe an den Staatsrath gelangen zu lassen,"

ja des Königs Majestät sich ausdrücklich vorbehalten

„nach Beendigung der bei dem Staatsministerium und dem Staatsrathe darüber stattfindenden Berathungen näher zu bestimmen, unter welchen etwaigen Modificationen die jetzt projectirten neuen Abgabenerhöhungen eintreten sollen,"

4) daß ich daher dem Antrage zu einem ehrerbietigen Vortrage an des Königs Majestät, eine nochmalige sorgfältige Erörterung allergnädigst zu befehlen, ob nicht durch Ausgabeersparnisse das Bedürfniß der neuen Steuern zu umgehen,

unbedingt beistimmen und solche für völlig gerechtfertigt erachten muß, zumal der Allerhöchste Kabinetsbefehl vom 17. Januar d. J. nur die Erhöhung des Bedarfs unter jeder Bedingung verbietet, dagegen eine anderweite Erörterung nach weiteren Ermäßigungen bei den Militär- und Civilverwaltungszweigen ausdrücklich befiehlt." —

Es erübrigt nur noch darauf aufmerksam zu machen, daß auch abgesehen von diesen beiden Fragen die Mängel der Klassen- und Gewerbesteuer den hervorragenden Staatsmännern dieser Opposition durchaus geläufig waren. — Eines der gediegensten dieser 11 Vota nach Form und Inhalt ist dasjenige Ancillon's*) vom 6. Mai 1820. Dasselbe verbreitet sich im Eingange ebenfalls über die beiden schon beregten Fragen, geht aber dann zu einer recht interessanten Kritik der Steuergesetze selbst über. Es sei nur Einiges hervorgehoben:

„Die Klassensteuer ist ein Mittelding zwischen der Kopf- und Vermögenssteuer. Von der Kopfsteuer hat sie das gehässige, daß sie in den untersten Klassen der Tagelöhner das Leben selbst zu besteuern scheint und doch ist das Leben an sich kein steuerbarer Gegenstand, denn es ist, nur an sich, die Quelle aller Bedürfnisse. Ueberdem hat diese Steuer nicht einmal die Bestimmtheit und Gleichheit der Sätze für alle Individuen, welche der gewöhnlichen Kopfsteuer eigenthümlich sind, sondern ziehet sogar verhältnißmäßig die ärmeren Klassen weit mehr als die reichen an. Man hat diesen Mängeln abhelfen wollen, indem man die Steuerpflichtigen in vier Klassen gebracht hat und also dieser Steuer den Charakter einer Vermögenssteuer hat geben wollen. — Allein es ist eine Vermögenssteuer ohne ein richtiges, bestimmtes, feststehendes Abschätzungsmittel. Da die Merkmale, welche die Klassen unterscheiden, nach keinem festen Prinzip angegeben sind, so wird man das Gesetz der Willkür beschuldigen um so mehr, da es von der Verwaltung abhängen wird, dieses oder jenes Individuum in diese oder jene Klasse zu versetzen und dieselbe zwar mit Billigkeit und Verstand, aber nie nach einer festen Norm zu Werke gehen kann. Die Bearbeiter dieser neuen Steuergesetze haben diesen Mangel selbst gefühlt und haben dessen Folgen vorzubeugen gesucht einmal durch die Niedrigkeit der angenommenen Sätze und durch die geringe Anzahl der Klassen. Aber sie haben damit die Nachtheile des Gesetzes gemildert, ohne sie zu heben."

Für die Mahl- und Schlachtsteuer spricht sich Ancillon als Vertheidiger der indirecten Belastung, da es eine reiche und sichere

*) Ancillon bis 1810 Prediger am alten Werder und Professor der Geschichte an der Militairacademie, folgte auf Delbrück als Erzieher Friedrich Wilhelm's IV. und erhielt später als Staatsminister die definitive Verwaltung des auswärtigen Amts, starb 19. April 1837.

Finanzquelle sei, im Prinzip aus, macht aber sehr mit Recht einmal auf die Ungerechtigkeit aufmerksam, die durch die höhere indirecte Belastung des gemeinen Mannes in den mahl- und schlachtsteuerpflichtigen Städten gegenüber dem Klassensteuer zahlenden Landmann hervorgerufen werde und dann darauf, daß, wenn auch nicht in der alten Strenge, so doch im Prinzip die Thorsperre wieder errichtet sei.

Die neue Gewerbesteuer habe vieles Gute, namentlich, daß sie die Genossenschaft der Handwerker und Kaufleute wieder einführen werde und zwar nicht gebietend, sondern nur fördernd durch den ehrenvollen Wirkungskreis, den man ihnen anweise.

Die Freilassung der untern Klassen der Handwerker würde eine übermäßige und schädliche Vermehrung der kleineren Gewerbsniederlassungen begünstigen. Uebrigens sei die Gewerbssteuerregulirung verfrüht und sei besser bis zur Regulirung der Gewerbepolizei ausgesetzt geblieben.

Es sei zu beklagen, daß mit dem Abschluß dieses neuen Steuersystems kein Ausweg gefunden sei, die Grundsteuer, obgleich dies die Regierung öfters auf das Bestimmteste ausgesprochen hat, wenigstens so zu reguliren, daß offenbare Prägravationen beseitigt wären.

Rührend ist der schließliche Appell an die königliche Gnade.

„Sind diese Bedenken gegründet, so kann ich nicht Bedenken tragen, sie als Rath des Königs in aller Demuth und Ergebenheit vorzutragen. —

Es ist der Hauptvorzug und das schönste Kleinod der Monarchie, daß es Einen im Staate giebt, der durch seinen erhabenen Standpunkt, durch die innige, ewige Verbindung seines Namens mit dem Volk immer das Beste will und dessen Interesse mit dem des Ganzen immer zusammenfällt. — Wenn es dem Volke oder dem Einzelnen schlecht geht, so sagt das Volk in seiner Unbefangenheit „wenn es der König nur wüßte“ und huldigt so dem Monarchen und der Monarchie. Das Volk hat Recht, aber damit es Recht behalte, müssen die Räthe des Königs freimüthig als Männer, ehrerbietig als Unterthanen dem Wahrheit Liebenden das sagen, was sie für wahr und richtig halten.“

Ueber alle diese 11 Vota hat Hoffmann ein pro memoria von bedeutendem Umfange gefertigt, mit der Tendenz, alle erhobenen Einwendungen zu widerlegen. Dasselbe datirt vom 17. Mai 1820. — Es sind im Laufe der Darstellung so häufig die volkswirthschaftlichen Bestrebungen dieses Staatsmanns, namentlich seine Vorschläge bezüglich der Klassensteuer hervorgehoben worden, es haben seine Anschauungen über diesen Gegenstand nicht nur vom wirthschaftlichen, sondern noch viel mehr vom social-politischen Standpunkte aus in seinem Werke „die Lehre von den Steuern“ eine so eingehende Erörterung erfahren, daß man der Mühe überhoben ist, auf diese höchst voluminöse Arbeit hier noch näher einzugehen.

Am meisten angegriffen fühlte er sich natürlich als Fachmann durch das Votum Ancillon's. —

Ohne jeden Einfluß waren die in aller Ehrerbietung aber doch bestimmt ausgesprochenen Bedenken, wie solche in diesen Votis auf die Stufen des Thrones gelegt wurden, keineswegs.

Allerdings war in der Sache selbst, nachdem über den Schwerpunkt, um den sich Alles drehte, die Feststellung des Staatsbedürfnisses durch die Allerhöchste Kabinetsordre vom 17. Januar 1820 endgültig Bestimmung getroffen war, nachdem die Steuergesetze selbst auf alle Eventualitäten hin und mit Bezug auf alle Details durchberathen waren, nachdem der königliche Wille sich ausdrücklich dahin erklärt hatte, es sei zur Vermeidung größerer Ausfälle in den Staatskassen und zur Sicherung der Creditlage des Staats durchaus nothwendig, daß die neuen Steuergesetze schleunigst zur Ausführung gelangten, kaum noch etwas zu ändern.

Der König wollte aber dadurch, daß er den Prinzen seines Hauses und den andern Staatsmännern mit abweichender Meinung genaue Einsicht in die Finanzlage des Staats gewährte, nachträglich denselben die Ueberzeugung von der Nothwendigkeit der getroffenen Maaßregeln verschaffen.

Kabinetsordre vom 30. Mai 1820.

An Altenstein.

„Ich habe Ihren Bericht über die Verhandlungen im Staatsrathe wegen der neuen Steuergesetze vom 10. d. Mts. mit seinen sämmtlichen Anlagen erhalten und wohl erwogen.

So sehr Ich den geäußerten Gesinnungen einiger Mitglieder des Staatsraths, besonders der Prinzen Meines Hauses wegen

Ihrer guten Absicht, Gerechtigkeit widerfahren lasse, so kann Ich doch dem wohlgemeinten Antrage derselben: daß noch ein Versuch gemacht werde, die beabsichtigte Steuererhöhung wo nicht gänzlich zu vermeiden, doch bedeutend zu ermäßigen, keine Folge geben; sondern muß Mich entschließen, die Mir vorgelegten Edicte zu vollziehen. Auch das wegen der Gewerbesteuer habe Ich vollzogen und will die Meinung der Minorität zum Grunde legen, da sie nur eine Stimme weniger zählt als die entgegengesetzte und da der Staatskanzler ihr beitritt, wodurch paria entstehen, in welchem Falle seine Stimme für zwei gilt und den Ausschlag giebt. Sie erhalten die Edicte also sämmtlich hierbei vollzogen zurück. Ich billige vollkommen, daß Sie keine Discussion im Staatsrath über Fragen zugelassen haben, die demselben nicht zu diesem Zweck von mir vorgelegt waren. Ueber diesen Grundsatz ist auch in der Folge strenge zu halten. Die wichtige Angelegenheit, den Staatshaushalt betreffend, ist vom Jahr 1816 an und besonders 1817 vielfältig und sehr gründlich erwogen worden. Die Staatsrathsverhandlungen des letzterwähnten Jahres veranlaßten bekanntlich eine besondere Finanzkommission nebst dem Staatsministerium zu einer genauen Prüfung desselben, sowie der Finanzpläne des Staatsministers von Bülow. Die Resultate wurden Mir gegen das Ende des Jahres 1817 nach einer sorgfältigen Erwägung von dem Staatskanzler mit einem Plan für das Jahr 1818 vorgetragen, den Ich genehmigte und den der Erfolg aufs Vollkommenste bewährt hat. Im Anfang 1819 hat sich der Staatskanzler mit dem Staatsminister Grafen Lottum, dem Geheimen Oberfinanzrath von Ladenberg und dem Geheimen Oberfinanzrath Rother auf's Neue und im größten Detail mit den Finanzen in mehreren, wochenlang fortgesetzten Conferenzen beschäftigt. Als Folge davon hat er durch den Geheimen Oberfinanzrath Rother Arbeiten und Uebersichten anfertigen lassen, die Alles klar und deutlich nachweisen. Er hat Mir über diesen Gegenstand umständliche Vorträge gemacht, worauf sämmtliche Arbeiten dem Staatsministerium zugegangen, einige aber, besonders die Verordnung wegen des Staatsschuldenwesens vom 17. Januar 1820, weil die Aufrechterhaltung des Staatscredits höchst dringend war, nach reifer Prüfung von Mir sogleich vollzogen worden sind.

Eine unter dem Vorsitze des Finanzministers zusammengesetzte, aus den bewährtesten Räthen verschiedener Ministerien bestehende Kommission hatte die neuen Steuergesetze vorbereitet. Das Ganze wurde nunmehr auch vom Staatsministerium erwogen, welches einstimmig der Meinung war, daß größere Ersparungen jetzt ohne Nachtheil für die Verwaltung unanwendbar wären. Ich Selbst ordnete solche bei dem Militär an und die Steuergesetze gelangten hierauf an den Staatsrath, wurden durch eine unter dem Vorsitze des Staatsministers von Schuckmann angeordnete Kommission aus solchem, bei der sich die geschicktesten und erfahrensten Männer aus mehreren Sectionen fanden, sorgfältig geprüft und endlich dem Pleno übergeben. Bei solchem Hergang der Sache liegt wohl klar am Tage, daß die Fragen, welche einige Mitglieder des Staatsraths einer abermaligen neuen Prüfung unterworfen zu sehen wünschen, derselben nicht bedürfen und daß es als gewiß anzunehmen steht, daß die vorgeschlagenen Steuern unvermeidlich sind. Die Etats sind schon äußerst gespannt und die verwaltenden Behörden werden Mühe haben, damit auszureichen; die Ersparungen sind wohl angeordnet, aber sie können erst nach und nach eintreten. Bei vielen wird sich die Wirkung erst später zeigen und es werden ohnehin die angestrengteste Aufmerksamkeit und noch weitere Ersparungen schlechterdings nothwendig werden, um das Ganze auch mit den neuen Steuern zu halten. Die Zurücklegung dieser Gesetze bis nach einer anderweiten Prüfung würde aber schon bis zum 1. Juli d. J. einen Ausfall von 2½ Millionen verursachen, der sich jeden Monat um 417,205 Thlr. vermehren würde. Es ist also hohe Zeit diesem Zustande, bei dem der Staat nicht bestehen kann, ein Ende zu machen.

Die Steueredicte müssen ohne den mindesten Aufenthalt zur Ausübung kommen; nur soll der Eingang des Hauptedicts abgeändert werden, wie die Anlage lautet.

Damit aber in Sonderheit die Prinzen Meines Hauses die wahre Lage der Sache einsehen und die Ueberzeugung gewinnen mögen, daß das Beste des Staats die bisherigen Maaßregeln der Verwaltung überall pflichtmäßig geleitet habe und keine beträchtliche Einschränkungen, wodurch die Steuern zu vermeiden wären, ohne großen Nachtheil möglich sind, will Ich gern nachgeben, daß mit den Mitgliedern des Staatsraths, welche die oben gedachten Anträge gemacht und besondere Abstimmung abgegeben haben, eine Kommission aus dem Staatsrathe unter Ihrem Vorsitz, außer Ihnen bestehend aus den Staatsministern Graf v. Lottum und v. Klewitz, dem Staatssecretär und Präsidenten Friese, den Wirklichen Geheimen Oberfinanzräthen v. Ladenberg, Maaßen und Rother, Generalmajor und Generaladjutant v. Witzleben, Geheimen Staatsrath Ribbentrop, dem Wirklichen Geheimen Oberregierungsrath Hoffmann und Staatsrath Scharnweber gebildet werde, welche die sämmtlichen Finanzgegenstände, — mit Ausnahme des Staatsschuldenwesens, welches nach dem Gesetz vom 17. Januar d. J. unwiderruflich feststeht, genau durchgehe und prüfe, ob und welche Ersparungen noch ohne Ungerechtigkeit und Nachtheil für das Wohl, die Sicherheit und die Ehre des Staats gemacht werden können. Der Geheime Oberfinanzrath v. Ladenberg soll dabei den Vortrag haben und Ich will demnächst den Bericht und die Vorschläge der Kommission erwarten. Pläne zu weiteren Ersparungen sind bereits eingeleitet. Jeder ausführbare Antrag zu solchen und zu verbesserten Einrichtungen wird Mir aber willkommen sein und wird sich zum Besten des Staats und zur Erleichterung seiner Glieder benutzen lassen. Uebrigens fordere Ich den Finanzminister zum Gutachten darüber auf, ob und wie für die wohlhabenden und reichen Einwohner derjenigen Städte, wo keine Klassensteuer stattfindet, eine analoge höhere Besteuerung, als sie gegenwärtig durch die Mahl- und Schlachtsteuer entrichtet werden, besonders festzusetzen sei, lasse demselben die Abstimmung des Oberpräsidenten v. Bülow zur Prüfung zufertigen und trage demselben auf, die Regierung zu Coblenz wegen Besteuerung des Spelz zu instruiren, den Invaliden, welche sich als Leiermänner und Musikanten ernähren, oder umherziehend ein andres Gewerbe betreiben, den Gewerbeschein unentgeldlich zu ertheilen, empfehle ihm auch die Vorlegung des Stempelgesetzes zu beschleunigen. Das bereits berathene Münzgesetz werde Ich Mir endlich unverzüglich wieder vortragen lassen 2c."

Friedrich Wilhelm.

Der wesentliche Inhalt dieser Ordre wurde unter gleichem Datum durch Kabinetsordre an Hardenberg mitgetheilt, so wie der wesentlich geänderte Eingang des Hauptgesetzes, der so wie er in der Gesetzsammlung de 1820 S. 134 steht, von Hoffmann abgefaßt ist. —

Hardenberg hatte auf die Geschichte und die Streitfragen bedeutend mehr eingehend als der schließlich vom Könige angenommene Eingang diesen so gefaßt:

„Wir Friedrich Wilhelm 2c. sehen Uns genöthigt, um die Einnahmen des Staats mit den Ausgaben, welche die Verwaltung und das Wohl desselben so wie seine äußere Sicherheit erfordern in ein Gleichgewicht zu bringen zu einer Modifikation und mäßigen Erhöhung einiger Abgaben zu schreiten und Unsern getreuen Unterthanen Lasten aufzulegen, die Unsere landesväterliche Gesinnung ihnen gern ersparte, deren Tragung aber Jedermann nach dem so vielfältig bewährten Patriotismus willig übernehmen wird, da sie für die Herstellung des Wohlstandes im Lande, für dessen Sicherheit und für die Erfüllung der auf solchem haftenden Verpflichtungen unerläßlich sind; eine Ueberzeugung, die einem Jeden einleuchten muß, wobei aber auch Jeder die Beruhigung haben kann, daß Unsere erste Sorge sein wird, Erleichterungen jener Lasten zu bewirken, sobald die Umstände es nur irgend erlauben werden, so wie Wir auch jetzt schon eine auf die Erfahrung begründete Prüfung angeordnet haben: ob nicht in der Erhebungsart der Steuer vom Branntweinbrennen Abänderungen gemacht werden können, die den über solche entstandenen Beschwerden abhelfen könnten. — Die Abgaben, welche durch die Gesetze vom 26. Mai 1818 und 8. Februar 1819 eingeführt sind, haben die abgeschaffte Universalaccise, die aufgehobenen Binnenzölle und die verminderten Grenzzölle, die erlassene Naturalabgabe von Brodkorn und Fourage für das Militär, die Kosten, welche der aufgehobene Vorspann verursachte, in Unsern alten Provinzen; in den ehemals französischen die entrichteten und abgestellten droits réunis u. s. w. nicht ersetzt. Dem ungedeckt gebliebenen Staatsbedürfnisse sind außerdem die Zinsen und die durch Unsere Verordnung vom 17. Januar d. J. festgesetzten jährlichen Abträge der Schulden hinzugekommen, welche dem Staat bei Weitem zum allergrößten Theil durch die seit 1806 erlittenen großen Unglücksfälle, durch die glorreichen Befreiungskriege in den Jahren 1813, 1814 und 1815, durch den erfolgten Ländererwerb, durch die Festungsbauten und andere nöthige Anstalten zur Sicherheit der Landesvertheidigung zur Last gefallen sind.

Zwar ist Unser erstes Augenmerk bei Aufsuchung der Mittel zur Deckung der Staatsbedürfnisse auf Ersparungen im Haushalte gerichtet gewesen und Wir wollen solche auch noch fernerweit überall eintreten lassen, so weit es immer ohne empfindliche Störungen und Nachtheile für die innere Verwaltung, das Militärwesen und den Wohlstand des Landes nur irgend geschehen kann, der größte Theil des von den Verwaltungsbehörden geforderten Bedarfs ist auch durch Ersparungen an den Ausgaben abgesetzt worden. Das Uebrige kann aber nicht anders, als aus einer Veränderung und Erhöhung einiger Abgaben erfolgen. Unser landesväterliches Bemühen ist vor allen Dingen darauf gerichtet gewesen, solche auf eine Art bewirken zu lassen, daß die auf bloßes Tagelohn beschränkten Volksklassen so sehr als möglich verschont und übrigens auf mehrfache Weise Nutzen hervorgebracht werde.

Um die Reform der Steuergesetzgebung zu vollenden, welche Wir in der Verordnung vom 27. October 1810 Unsern getreuen Unterthanen zugesichert haben, würden Wir vor allen Dingen eine Revision der Grundsteuer in Unsern sämmtlichen Provinzen nöthig gefunden haben, wenn es Uns nicht in Betracht der Schwierigkeiten, die mit solcher Maaßregel unzertrennlich verbunden sind, rathsam geschienen hätte, diesen die Provinzialinteressen vorzüglich nahe berührenden Gegenstand der Berathung mit den Ständen vorzubehalten. Indessen haben Wir gesucht im Geist jener begonnenen Reform weiter vorzuschreiten und zunächst den Zweck zu befördern, die Abgaben zwischen Stadt und Land, welchem letzteren Eigenthum und freie Benutzung desselben mittlerweile gesichert worden ist, möglichst gleich zu stellen und diejenigen, welche auf den Arbeitslohn, die Waarenpreise und das Verkehr einwirken, in allen Provinzen so zu ordnen, daß das Verkehr zwischen denselben frei und ungestört sein kann.

Nach allen diesen Rücksichten verordnen Wir nach vernommenem Gutachten Unsres Staatsrathes Nachstehendes: —

So sehr auch Hardenberg darauf hingedrängt hatte, daß die neuen Abgabengesetze im Staatsrath durchberathen wurden, so war doch nachdem dies geschehen, die sofortige Einführung theils wegen der durch die Kabinetsordre vom 30. Mai 1820 an Altenstein angeordneten nachträglichen Prüfung des Staatsbedürfnisses theils wegen der Schwierigkeiten, die den Vorbereitungen zur Ausführung so umfangreicher durchgreifender Gesetze entgegentraten, nicht zu ermöglichen. —

Erst unterm 7. August 1820 erließ der König an Hardenberg die Kabinetsordre die Einrichtung des Abgabenwesens betreffend (Ges.-S. 1820 S. 133), durch welche dem Kanzler mitgetheilt wird, es habe nunmehr die aus den Prinzen des Königlichen Hauses und andern Mitgliedern des Staatsraths angeordnete Kommission, um wiederholentlich zu erwägen, ob es ohne Gefährdung höherer Staatszwecke möglich sei, den Staatsbedarf so erheblich zu ermäßigen, daß eine wesentliche Erleichterung der Abgaben gegen die vorgelegten Steuergesetze erfolgen könne, ihre Arbeiten vollendet mit dem Resultate, daß die Unvermeidlichkeit der vorgeschlagenen Abgaben bestätigt worden sei. Erst jetzt wird der Staatskanzler beauftragt die Gesetze

über die Einrichtung des Abgabenwesens,
wegen Einführung einer Klassensteuer,
wegen Entrichtung einer Mahl- und Schlachtsteuer und
wegen Entrichtung der Gewerbesteuer

sofort zu veranstalten, wobei angeordnet wird, daß bei der Klassensteuer die drei oberen Klassen vom 1. Juli, die übrigen vom 1. September 1820 die Steuer entrichten sollten.

Kolibri 360 GmbH
Ferdinand-Jühlke-Straße 7
99095 Erfurt, Deutschland
produktsicherheit@kolibri360.de